Deutsche Literatur

Eine Sozialgeschichte

Herausgegeben von
Horst Albert Glaser

Von der Handschrift zum Buchdruck: Spätmittelalter, Reformation, Humanismus

1320–1572 Band **2**

Herausgegeben von
Ingrid Bennewitz
und Ulrich Müller

rororo Rowohlt

Der Herausgeber dankt der Universität Essen für die finanzielle Förderung des Projekts.

Einige Artikel mußten leider gekürzt werden, um Überschneidungen zu vermeiden und um den vorgesehenen Umfang des Bandes einhalten zu können.

Zitate werden durch die in Klammern gesetzten Ziffern nachgewiesen. Hierbei bezieht sich die erste Ziffer auf die Titelnummer der Bibliographie, die der Anhang enthält, während die zweite, *kursiv* gesetzte Ziffer die Seite im zitierten Titel angibt.

Originalausgabe
Redaktion Burghard König
Umschlaggestaltung Werner Rebhuhn
Veröffentlicht im Rowohlt Taschenbuch Verlag GmbH,
Reinbek bei Hamburg, Juni 1991

Satz Times (Linotronic 500)
Gesamtherstellung Clausen & Bosse, Leck
Printed in Germany
2280-ISBN 3 499 16251 2

Inhalt

Ingrid Bennewitz / Ulrich Müller

Einleitung

Die im deutschen Sprachraum, auf Deutsch und Latein geschriebene Literatur des späten Mittelalters und der frühen Neuzeit ist außerordentlich reichhaltig und vielgestaltig. Im vorliegenden Band mußten daher mehr Werke behandelt werden als in allen anderen dieser zehnbändigen Reihe, d. h. bereits die Stoff-Fülle war ein Problem. Weitere Probleme kommen hinzu: Der lange Zeitraum sowie die Vielgestaltigkeit der hier vorzustellenden Literatur bedingten es, daß die Beiträge in einer Mischung von Systematik und Chronologie konzipiert und angeordnet wurden, wobei der Zwang zur Gliederung unvermeidlicherweise Inkonsequenzen und Uneinheitlichkeiten mit sich bringen mußte. So wird z. B. das neulateinische Theater in der Gruppe «Theater» (und nicht unter «Lateinische Literatur») behandelt, oder es werden einzelne Autoren wie Johannes von Tepl und Heinrich Wittenwiler gesondert hervorgehoben. Erinnert sei außerdem daran, daß die Grenzen zwischen «erzählender» und «lehrhafter» Literatur gerade damals außerordentlich unscharf waren. Ferner ist die Literatur dieses Zeitraums bisher in sehr unterschiedlicher Weise untersucht und berücksichtigt worden. Dies alles verursachte Schwierigkeiten für eine zusammenfassende Überblicksdarstellung: Die Autorinnen und Autoren der einzelnen Beiträge standen immer wieder vor der Aufgabe, eine umfangreiche und oft uneinheitliche Textfülle gliedern und vorführen zu müssen, deren einzelne Verfasser/innen und Werke in vielen Fällen nur wenig bekannt und sehr oft auch nur unzureichend erforscht sind.

Dazu kommt, daß der hier behandelte Zeitraum von etwa 250 Jahren eine Epoche tiefgreifender Umbrüche und Veränderungen war: Im Rückgriff auf die Antike und auf bereits im Hohen Mittelalter sich abzeichnende Tendenzen wurden in jenen Jahrhunderten die entscheidenden Entwicklungen eingeleitet und vollzogen, die das moderne Europa begründeten, im Sozialen und Ökonomischen, in Religion, Wissenschaft und Kunst.

Ein Teil dieser Entwicklung war die deutschsprachige und lateinische Literatur in Mitteleuropa, im sogenannten Heiligen Römischen Reich deutscher Nation. Von entscheidender Bedeutung war für sie die damals neuerfundene Distributionsform des Buchdrucks, die zu einer immer stärkeren Verbreitung des geschriebenen Wortes führte. Die Möglichkeiten, Wissen, Informationen, Unterhaltung und Agitation unter die Leute zu bringen, stiegen im Zuge der technischen und wirtschaftlichen Entwicklung in vorher nicht vorstellbarem Maße, und auch ein so einschneidendes Ereignisbündel wie die Reformation sowie die verschiedenen Reaktionen darauf waren zu einem wesentlichen Teil erst durch diese neue ‹Literatur-Technologie› möglich und wirksam.
Der in dem vorliegenden Band behandelte Zeitraum war durch die Konzeption der Reihe und die bereits erschienenen Bände vorgegeben. Im Interesse einer sinnvollen Darstellung war es allerdings notwendig, daß in einigen Beiträgen zeitlich weiter ausgegriffen wurde.
Das gemeinsame Ziel aller Beteiligten war es, das umfangreiche Literaturgelände der hier behandelten zweieinhalb Jahrhunderte möglichst übersichtlich und umfassend zu erkunden und zugänglich zu machen, und zwar unter gebührender Berücksichtigung der sozialen und historischen Bedingungen und Entwicklungen. Der Eindruck der Fülle sollte vermittelt werden, doch war Vollständigkeit weder möglich noch wurde sie angestrebt. Wie bei jedem Gemeinschaftswerk gab und gibt es bei den Beteiligten gelegentlich Unterschiede in der Bewertung, Akzentuierung und Darstellungsweise – wir hielten es nicht für unsere Aufgabe, hier durchgreifend zu vereinheitlichen.
Unser schönster Lohn für die jahrelange Arbeit an diesem Band wäre es, wenn seine Lektüre hinführen würde zur eigenen Beschäftigung und Auseinandersetzung mit den literarischen Werken jener Zeit: Neben Werken, die qualitativ keinen Vergleich mit anderen Epochen und Literaturen zu scheuen brauchen, gibt es dort nach wie vor noch viel Überraschendes und Neues zu finden und zu entdecken.
Es ist uns ein Bedürfnis, abschließend allen Beiträgern/innen für ihre durch große Kooperationsbereitschaft gekennzeichnete Mitarbeit zu danken, ferner dem Redaktions-Team in Essen und hier insbesondere Rita Glaser (die auch in kritischen Phasen stets das Ganze im Auge behielt) sowie Peter Stein (Salzburg) und Werner Wunderlich (St. Gallen) für ihre Mitwirkung bei der Planung.

Heinz Dopsch
Epoche – sozialgeschichtlicher Abriß

Grundlinien der politischen Entwicklung

Das negative Bild des Spätmittelalters wurde vor allem aus der Sicht der deutschen Reichsgeschichte geprägt. Die Ermordung Albrechts I. von Habsburg 1308 hatte die Hoffnung auf ein starkes Königtum, das sich gegen die Fürsten durchsetzen konnte, zunichte gemacht. So wie die Habsburger mußten auch ihre zunächst erfolgreichen Konkurrenten, die Luxemburger und die Wittelsbacher, vor allem bestrebt sein, eine starke Hausmacht als Grundlage ihres Königtums aufzubauen. Der Kaisergedanke, dem noch Dante Alighieri anläßlich des Italienzuges Heinrichs VII. von Luxemburg in bewegenden Worten Ausdruck verliehen hatte, war nur mehr ein Abglanz versunkener Zeiten. Ein starkes Kaisertum wurde von den Päpsten, die sich seit 1309 in der «babylonischen Gefangenschaft» des französischen Königtums in Avignon befanden, ebenso abgelehnt wie von den erstarkten Monarchien in Frankreich und England. Papsttum und Kaisertum, die durch Jahrhunderte die Einheit des abendländischen Christentums symbolisiert hatten, waren – bedingt durch die übersteigerten Ansprüche der Päpste auf Weltherrschaft – zu unversöhnlichen Gegnern geworden. Aber gerade in jenem aussichtslosen Kampf, den Ludwig der Bayer (1282 bis 1347) als Kaiser von des römischen Volkes Gnaden gegen den Papst in Avignon führte, wurde die Kluft zwischen Königtum und Fürsten in Deutschland wenigstens zeitweise überbrückt. Zur Abwehr des Anspruchs von Papst Johannes XXII. auf das Recht der Approbation des römisch-deutschen Königs bildete sich in Deutschland eine breite Oppositionsbewegung gegen die Kurie. Die von den führenden Köpfen dieser Partei, Marsilius von Padua und Wilhelm von Ockham, geübte scharfe Kritik am Papsttum fand durch eine gezielte Propaganda breite Aufnahme beim Volk. Im Kurverein von Rense (Rhens) stellten sich die deutschen Kurfürsten nochmals in nationaler Einigkeit hinter Ludwig den Bayern, um die Ansprüche Papst Benedikts XII. zurückzuweisen.

Daß die Tage der mittelalterlichen Kaiseridee gezählt waren, zeigte sich deutlich an der Vorgangsweise eines so geschickten Realpolitikers wie Kaiser Karls IV. (1316 bis 1378): Er entließ 1378 mit Burgund eines der drei Königreiche, die durch Jahrhunderte die Grundlage des Kaisertums gebildet hatten, aus dem Reichsverband und übertrug es an die französische Krone. Da auch vom Königreich Italien nur geringe Reste behauptet werden konnten, blieb die reale Macht des Kaisertums um so mehr auf Deutschland beschränkt. Auch der Hundertjährige Krieg, der seit 1339 zwischen Frankreich und England tobte, führte zu keiner Renaissance der Reichsgewalt. Neben der ständigen Rivalität zwischen Luxemburgern, Wittelsbachern und Habsburgern band das Vordringen der Osmanen auf dem Balkan, denen 1396 ein ungarisch-französisches Kreuzheer unter Sigismund von Luxemburg bei Nikopolis erlag, die wichtigsten Kräfte.

Die Überwindung des «großen abendländischen Schismas» auf dem Konzil von Konstanz (1414 bis 1418) bedeutete zwar nochmals einen Achtungserfolg für den römisch-deutschen König Sigismund. Mit der Verbrennung des tschechischen Reformators Jan Hus begannen aber damals die zwei Jahrzehnte währenden Hussitenstürme, die Teile des Reiches verwüsteten. Friedrich III., mit dessen Person das Kaisertum endgültig an die Habsburger überging, war schon von der Machtbasis her zu schwach, um der Reichsgewalt zu neuem Ansehen zu verhelfen. Außerdem verzettelte er seine wertvollsten Kräfte im Kampf gegen den Ungarnkönig Matthias Corvinus. Die immer wieder erneuerte Forderung nach einer durchgreifenden Reichsreform, wie sie in den Flugschriften der *Reformatio Sigismundi* und *Reformatio Friderici* vertreten wurde, scheiterte am Widerstand der Fürsten und der übrigen Reichsstände. Auch die beharrlichen Bemühungen von Friedrichs Sohn, Kaiser Maximilian I. (1459 bis 1519), sind bis hin zum *Ewigen Reichslandfrieden* von 1495 nur unvollkommenes Stückwerk geblieben. Von weittragender Bedeutung erwies sich hingegen eine Maßnahme, zu der sich Maximilian aus einer Notlage heraus gezwungen sah: Mit der Annahme des Titels «erwählter römischer Kaiser» 1508 in Trient wurde die seit dem Jahre 800 erforderliche Krönung des Kaisers durch den Papst hinfällig und damit die Kaiserwahl – so wie es bereits Ludwig der Bayer im 14. Jahrhundert gefordert hatte – der direkten Einflußnahme des Papsttums entzogen.

Von epochaler Bedeutung war auch die Heirat Maximilians I. mit Maria von Burgund, die freilich erst nach dem Tode Karls des Kühnen in der Schlacht bei Nancy 1477 erfolgte. Mit dem reichen Burgundererbe, das Maximilian zum Großteil gegen den Zugriff Frankreichs behaupten konnte, wurde der Aufstieg des Hauses Habsburg zur Weltmacht eingeleitet. Maximilians Enkel, Karl V. (1500 bis 1558), versuchte nochmals, einen universalen Machtanspruch des Kaisertums zu verwirklichen. Obwohl er mit Deutschland, den Niederlanden, Neapel, Spanien und den Kolonien in der Neuen Welt über ein Reich verfügte, «in dem die Sonne nicht unterging», ist er weniger am Widerstand Frankreichs als an der Reformation in Deutschland und dem vergeblichen Kampf um die Wiederherstellung der Einheit des Glaubens gescheitert. Vom Augsburger Bekenntnis am Reichstag des Jahres 1530 führte die Entwicklung über das Augsburger Interim (1548), das der Kaiser auf dem Höhepunkt seiner Macht durchsetzte, schließlich zum Augsburger Religions- und Landfrieden (1555). Mit dem Rückzug des Kaisers und der Übertragung der Glaubenshoheit an die Fürsten war für die folgenden Jahrzehnte der Weg zum landesfürstlichen Absolutismus vorgezeichnet. Die Anerkennung des Jesuitenordens (1540) und die Maßnahmen des Konzils von Trient (1545 bis 1563) leiteten aber zugleich eine Phase der inneren Erneuerung der katholischen Kirche ein. An die Spitze dieser «Gegenreformation» sollte die österreichische Linie des Hauses Habsburg als Träger des Kaisertums treten.

Bevölkerungsentwicklung und Wirtschaftsstruktur

Der Ernährung einer wachsenden Bevölkerungszahl waren im Mittelalter enge Grenzen gesetzt. Die relativ primitive Agrartechnik ließ beim Getreideanbau nur Ernteerträge zu, die zwischen dem Zweifachen und maximal dem Vierfachen der Saatmenge lagen. Größere Mißernten mußten daher zwangsläufig zu Hungersnöten führen, zumal häufig auch das dringend benötigte Saatgetreide zur Stillung des ärgsten Hungers aufgezehrt wurde. Die in extensiver Form betriebene Viehzucht, die im Mittelalter einen beachtlichen Anteil an der gesamten Volksernährung hatte, gestattete ebenfalls keine rasche Produktionssteigerung. Trotzdem konnte die Bevölkerungsvermehrung des Hochmittelalters bis zum Ende des 13. Jahrhunderts ohne große Krisen verkraftet werden. Günstige klimatische Bedingungen, Neurodungen und Landesausbau vor allem in den Ostgebieten, die Besiedlung höherer Regionen in den alpinen Bereichen und die Siedlungsverdichtung im Landesinneren schufen dafür die Voraussetzungen. Die aufblühenden Städte und die Bergbaugebiete als überregionale Wirtschaftszentren nahmen die überschüssige Landbevölkerung auf. Dabei blieb die Ernährungslage insgesamt relativ günstig. Den zeitgenössischen Quellen ist zu entnehmen, daß der Fleischkonsum auch bei den Mittel- und Unterschichten relativ hoch war und daß selbst nach teuren Nahrungsmitteln wie Fischen eine große Nachfrage bestand. Neben dem Import von Seefischen diente die von Böhmen ausgehende Intensivierung der Teichwirtschaft der Befriedigung dieses Bedürfnisses.
Am Beginn des 14. Jahrhunderts weist allerdings die europaweite Hungersnot der Jahre 1315 bis 1317 darauf hin, daß die Bevölkerungszunahme zu ernsten Problemen führte. Landesausbau und Siedlungsver-

dichtung sind in den folgenden Jahrzehnten völlig zum Stillstand gekommen. Einen tiefen Einschnitt brachte dann die Beulenpest mit dem «Großen Sterben» der Jahre 1347/51. In Deutschland ist – so wie im gesamten Europa – etwa ein Drittel der Bevölkerung dem Schwarzen Tod zum Opfer gefallen. Auch in den folgenden Jahrzehnten wurde Deutschland in fast regelmäßigen Zeitabständen von Pestepedemien und anderen Seuchen heimgesucht.

Der enorme Bevölkerungsrückgang führte zu einem fühlbaren Mangel an Arbeitskräften und vor allem im Bereich der städtischen Wirtschaft zu einem starken Ansteigen von Preisen und Löhnen. Der durch die Bevölkerungsabnahme drastisch verringerte Bedarf an Nahrungsmitteln brachte hingegen einen rapiden Verfall der Preise für Getreide und Fleisch. Die damit verbundene Landflucht führte zugleich mit den starken Bevölkerungseinbußen in manchen Teilen Deutschlands zur Verödung Tausender von Dörfern, ganz allgemein aber zu einer merklichen Siedlungsverdünnung. Die Pest jedenfalls war neben einer allgemeinen «Krise des Feudalsystems» die Hauptursache für die Agrardepression des Spätmittelalters. Im Gegensatz dazu mußte die städtische Wirtschaft keinen Einbruch hinnehmen. Die Intensivierung von Fernhandel und Verkehr bescherte manchen Städten sogar eine ausgesprochene Blütezeit.

Wenn es auch ein Jahrhundert dauern sollte, bis die großen Bevölkerungsverluste der Pest wieder ausgeglichen waren, so setzte doch schon am Ende des 15. Jahrhunderts eine auffallende, in manchen Gebieten sogar explosive Vermehrung der Bevölkerung ein. Diese Entwicklung konnte weder vom Arbeitsmarkt noch von der Nahrungsmittelversorgung her wirklich verkraftet werden. Auch auf dem Lande kam es nun – wie schon Jahrzehnte vorher in den Städten – zur Bildung einer breiten Unterschicht von Kätnern, Seldnern, Häuslern und Brinksitzern, die nicht mehr von der eigenen Landwirtschaft leben konnten. Dieses ländliche Proletariat, das kaum etwas zu verlieren hatte, bildete zu einem guten Teil das Reservoir für jene Aufrührer, die im großen Deutschen Bauernkrieg 1524/26 zu den Waffen griffen.

Durch das anhaltend starke Bevölkerungswachstum waren auch die bedeutenden Menschenverluste der Bauernkriege binnen weniger Jahre mehr als ausgeglichen. Im Bereich der Ernährung führte das zu einer Intensivierung des Getreideanbaus auf Kosten der Viehhaltung. Nur damit gelang es, den stark erhöhten Bedarf an Nahrungsmitteln halbwegs auszugleichen. Mißernten konnten allerdings immer wieder zu großen Hungerkrisen führen, wie sie am Ende der hier behandelten Epoche für das Jahr 1573 bezeugt sind.

Papier, Buchdruck und technische Neuerungen

Jahrhunderte hindurch waren Lesen und Schreiben fast ausschließlich eine Domäne der Geistlichkeit geblieben. Nur wenige Kaiser und Könige des Hochmittelalters vermochten ihren Namen zu schreiben und selbst zu lesen. Aber auch adlige Dichter von Wolfram von Eschenbach über Ulrich von Liechtenstein bis zu Oswald von Wolkenstein waren weder des Lesens noch des Schreibens kundig, andere wie Heinrich Veldeke, Hartmann von Aue und Gottfried von Straßburg konnten zwar lesen, bedienten sich aber zur Niederschrift ihrer Werke wohl – wie es in einigen Bildern der *Manessischen Liederhandschrift* dargestellt ist – eines Schreibers. Daß die sicher vorhandene Ablehnung des mittelalterlichen Adels gegenüber der als ‹unritterlich› angesehenen Schriftkultur auch Ausnahmen zuließ, zeigt das Beispiel des steirischen Reimchronisten Otachar ûz der Geul (1260/65 bis um 1320). Sein am Beginn der hier behandelten Epoche verfaßtes Riesenwerk hat durch die erstaunlichen, auch über die Reichsgrenzen hinausgehenden Detailkenntnisse Aufmerksamkeit erregt. Erst kürzlich konnte nachgewiesen werden, daß dieser ritterliche Gefolgsmann der Herren von Liechtenstein mit hoher Wahrscheinlichkeit bereits im 13. Jahrhundert an der Universität Padua studiert hat.

Entscheidenden Anteil an der Einschränkung der Schriftlichkeit auf den Klerus und wenige Berufsschreiber hatte zweifellos der Beschreibstoff. Das teure Pergament, das unter dem Einfluß des Christentums im Frühmittelalter an die Stelle des billigen Papyrus getreten war, blieb für einen Großteil der Bevölkerung unerschwinglich. Deshalb kam der Einführung des Papiers als Grundlage für die Bildungsexplosion des Spätmittelalters entscheidende Bedeutung zu. Bereits im 8. Jahrhundert war das von den Chinesen streng gehütete Geheimnis der Papiererzeugung durch Kriegsgefangene den Arabern bekannt geworden. Arabische Papiermühlen, die in Spanien und auf Sizilien arbeiteten und nach Italien exportierten, brachten Jahrhunderte später das Papier nach Europa. Nachdem im 13. Jahrhundert die Italiener und Franzosen selbst mit der Papiererzeugung begonnen hatten, arbeiteten gegen Ende des 14. Jahrhunderts auch in deutschen Städten wie Nürnberg und Ravensburg die ersten Papiermühlen. Im 15. Jahrhundert hatte das Papier als billiger Beschreibstoff im Alltag bereits dem Pergament den Rang abgelaufen. Dieser Wechsel war aber eine der entscheidenden Voraussetzungen für das Aufblühen der Universitäten in Deutschland. Es ist kein Zufall, daß sich in der zweiten Hälfte des 14. Jahrhunderts und im 15. Jahrhundert nicht nur die Universitätsgründungen im Reich häuften, sondern auch die Zahl der Studenten bedeutend zunahm. Erst das billige Papier ermöglichte selbst Angehörigen von weniger begüterten Volksschichten den Zugang zur Schriftlichkeit und zum Studium. Auch die Entstehung deutscher Schulen neben den bis dahin dominierenden lateinischen Pfarrschulen und die Anstellung deutscher Lehrer in Marktorten und Dörfern hat dazu geführt, daß im 15. und 16. Jahrhundert deutschsprachige Werke wie Flugschriften oder Luthers Bibelübersetzung eine noch nie gekannte Verbreitung erfuhren.

Das Papier bildete zudem auch die unbedingt notwendige Voraussetzung für eine der größten Erfindungen des deutschen Mittelalters: den Buchdruck. Um 1450 gelang es Johann Gensfleisch, genannt Gutenberg (um 1400 bis 1468), in Mainz erstmals bewegliche Lettern zu schaffen, mit denen man schwarze Buchstaben auf Papier drucken konnte. Das System wurde von Johann Fust (um 1400 bis 1466), dem der in Geldnöten befindliche Gutenberg seine Apparatur verkaufen mußte, und von dessen Schwiegersohn, Peter Schoeffer, weiter vervollkommnet. Ihm gelang mit Lettern, die wohl noch Gutenberg hergestellt hatte, 1455 der meisterhafte Druck der zweiundvierzigzeiligen *Gutenbergbibel*. Kurz darauf begann der Buchdruck seinen Siegeszug durch Europa. Um 1500 waren bereits 40000 Editionen mit einer Gesamtauflage von etwa 30 Millionen Büchern gedruckt. Weit größere Teile der Bevölkerung konnten jedoch mit Hilfe von Flugschriften erreicht werden. Wer diese nicht selbst lesen konnte, verstand zumindest die beigefügten Illustrationen, die im Holz- oder Metallschnitt hergestellt waren.

In der Zeit des Humanismus konnte man damit, wie es einem Ulrich von Hutten (1488 bis 1523) gelang, seine Ideen rasch und propagandistisch umsetzen. Im großen Deutschen Bauernkrieg sind die grundlegenden Programme wie jenes der *Zwölf Artikel gemeiner Bauernschaft* (1525) vor allem in Form von Flugschriften im ganzen Reich verbreitet und auch vom Großteil der Bevölkerung rezipiert worden. Das Beispiel des Verfassers der *Zwölf Artikel*, des Kürschnergesellen Sebastian Lotzer (1490 bis nach 1525) zeigt, daß damals auch aus den Reihen des Handwerks gebildete und bibelfeste Männer hervorgegangen sind. Aber auch die Wirksamkeit der großen Reformatoren wie Martin Luther (1483 bis 1546), dessen Schriften den Verlauf des Bauernkriegs nachhaltig beeinflußt haben, wären ohne die Voraussetzung des Buchdrucks niemals in diesem Umfang möglich gewesen. War es einst den Predigten der Priester und Bischöfe von der Kanzel herab, den Verlautbarungen der Richter auf den Gerichtstagen und der Tätigkeit von Herolden und Boten vorbehalten geblieben, die Masse des Volkes zu informieren, so konnte diese nun mit Hilfe der Flugschriften viel rascher und umfassender erreicht werden. Der landesfürstliche Absolutismus, dessen Entstehung in diese Zeit zurückreicht, hat sich dieser Vorteile vor allem in Form von gedruckten Mandaten und Polizeiordnungen bedient.

Neben der Papiererzeugung und dem Buchdruck dürfen aber die anderen technischen Errungenschaften des Spätmittelalters nicht übersehen werden. In den Städten vermittelte die Einführung der Turmuhr am Ende des

14. Jahrhunderts den Menschen eine neue Einstellung zur Zeit. Die Anwendung und Vervollkommnung der Schraube, um die sich kein Geringerer als Leonardo da Vinci (1452 bis 1519) große Verdienste erworben hatte, war sowohl für die Erfindung des Schraubstocks als auch für den Einsatz der Druckerpresse eine unabdingbare Voraussetzung. Im 16. Jahrhundert bediente man sich auch zur Prägung von Münzen und Siegeln größerer Pressen, in der Eisenverarbeitung ist 1532 der Einsatz der Walze bezeugt. Zur Energiegewinnung gelangten schon seit 1430 horizontale Wasserräder als Vorläufer der späteren Turbinen zum Einsatz; einen noch besseren Wirkungsgrad erzielten die in Norddeutschland und Holland eingesetzten großen Windmühlen. Enorme Fortschritte gelangen im Bergbau, wo durch den Einsatz von Pumpen und Schöpfwerken («Wasserkunst») Stollen in mehr als 500 Meter Tiefe vorgetrieben werden konnten. Bei der Scheidung von Edelmetallen bediente man sich der Saigertechnik, die im frühen 16. Jahrhundert durch das Amalgamierungsverfahren abgelöst wurde. Der Verhüttungsprozeß wurde durch den Einsatz von Gebläseöfen und ständig verbesserten Hochöfen beschleunigt und rationalisiert. Das Wirken des Paracelsus (eigentlicher Name: Theophrastus Bombastus von Hohenheim, 1493 [?] bis 1541) kennzeichnet den Beginn der neuzeitlichen Chemie. Bei der Herstellung von Glas und Keramik gingen die wesentlichen Impulse, die auch auf Deutschland einwirkten, von Italien aus. In der Textilerzeugung sind die schon im 15. Jahrhundert bekannte Seidenmühle und das Flügelspinnrad als wesentliche Neuerungen zu nennen.

Auch für diesen raschen Fortschritt der Technik war der Buchdruck eine wesentliche Voraussetzung. Während noch die Erfindungen eines Leonardo da Vinci ohne Breitenwirkung geblieben waren, da sie nicht im Druck bekanntgemacht wurden, erlebte das *Bergbüchlein* des Rubin von Calw, das 1505 erschien, binnen weniger Jahre sechs Auflagen. Noch größere Bedeutung kam Georg Agricolas Werk *De re metallica* zu, das 1556 in Basel aufgelegt wurde. Nachdem schon im Hausbuch der Mendelschen Zwölfbruderstiftung zahlreiche Neuerungen abgebildet und beschrieben worden waren, gab Jost Ammann 1568 in seiner *Eygentlichen Beschreibung aller stände auf erden* einen vollständigen Überblick über 76 Handwerke. Die wesentlichen technischen Erfindungen, deren Liste beliebig fortgesetzt werden könnte, wurden nicht von Wissenschaftlern, sondern von Praktikern gemacht, die man als Architekten und Ingenieure bezeichnete.

Kaum überschätzt werden kann der Einfluß, den die Verbesserungen im Verkehr und im Transportwesen auf die sozialen Verhältnisse hatten. Auf dem Festland führte der Einsatz von Kutschen und schweren Fuhrwerken zur Verbesserung des Straßennetzes und zum Bau von steinernen Brükken. Noch bedeutender waren die Fortschritte in der Seefahrt, die sich

nicht nur in der Entdeckung der Seewege nach Amerika und Indien niederschlugen, sondern durch den Einsatz großer Frachtschiffe auch die begehrten Importgüter aus Indien und der Neuen Welt nach Deutschland und Europa brachten. Die Ausweitung des Gesichtskreises im Zeitalter der Entdeckungen hat ebenso wie der erstaunliche technische Fortschritt auf das gesellschaftliche Leben zurückgewirkt. Viele Güter des täglichen Bedarfs, die früher dem Adel und dem reichen Bürgertum vorbehalten waren, wurden nun auch für die ärmeren Schichten der Bevölkerung erschwinglich.
Im Gegensatz dazu blieben die Fortschritte auf dem Gebiet der Landwirtschaft mehr als bescheiden. Die Forcierung des Getreideanbaus auf Kosten der Viehzucht brachte zwar – auf die gesamte landwirtschaftliche Fläche umgelegt – ein wesentlich erhöhtes Kalorienangebot. Da aber auch hier die Grenzen bald erreicht waren und weder in der Agrartechnik noch in der Züchtung neuer Getreidesorten ein entscheidender Durchbruch gelang – der Anbau von Mais und Kartoffeln wurde erst später forciert –, blieb die stark steigende Bevölkerung bis zu den großen Menschenverlusten des Dreißigjährigen Krieges stets von Hungersnöten und wegen der schlechten Ernährungslage auch zunehmend von Seuchen bedroht.

Die Gesellschaftslehre des Mittelalters war vom System der «drei Ordnungen» geprägt. Durch die Aufgabe des Betens, des Kämpfens und des Arbeitens war das Volk in die drei Stände des Klerus, des Adels und der Bauern geteilt. An dieser Aufgliederung wurde auch festgehalten, als sich das Bürgertum längst als neuer Stand etabliert hatte. Mit der Bildung von Landständen, die in den meisten deutschen Territorien während des 14. und 15. Jahrhunderts dem Landesfürsten gegenübertraten, erlangten zwar neben den Prälaten und dem Adel, der bisweilen in zwei Kurien gegliedert war, auch die Städte (und teilweise auch die Märkte) Sitz und Stimme auf den Landtagen und damit eine bescheidene Möglichkeit zur Einflußnahme auf die landesfürstliche Politik. Die Bauern blieben hingegen – wenn man von wenigen Ausnahmen wie Tirol, wo sie einen gleichberechtigten vierten Stand bildeten, absieht – von jedem Anteil am politischen Leben ausgeschlossen. Sie waren auch der einzige Stand, dem es im Gegensatz zur Ministerialität und zum Bürgertum nicht gelang, die Merkmale ihrer unfreien Herkunft abzustreifen und die persönliche Freiheit zu erringen. Daß die gesellschaftliche Position der Bauern von manchen Zeitgenossen als ungerecht empfunden wurde, zeigt jener bekannte Holzschnitt des Petrarcameisters, bei dem die schwer arbeitenden Bauern zwar die Wurzeln des Ständebaums bilden, aber – ganz im Gegensatz zu den sonst üblichen Darstellungen – auch in der Krone des Baumes sitzen und die Früchte genießen.

Adel

Durch Jahrhunderte hatte der alte, freie Adel sowohl im weltlichen als auch im kirchlichen Bereich die Spitzenpositionen der Gesellschaft eingenommen. Seit dem 11./12. Jahrhundert war dieser Adel aber durch hohe Verluste in den Kriegen, speziell auf den Kreuzzügen, durch Heiratsbeschränkungen zur Wahrung des Besitzstandes, durch ‹biologische Erschöpfung› und zahlreiche andere Gründe dezimiert worden. Während die verbleibenden Geschlechter nach dem Aufbau eigener Herrschaften und Territorien strebten, wurden die führenden Aufgaben im Kriegsdienst, in der Verwaltung, im Rechtswesen und im Hofdienst jenen Aufsteigern aus der unfreien Gefolgschaft *(familia)* eines Herrn übertragen, die man nach ihrem Dienst *(ministerium)* als Ministerialen bezeichnet. Das Schlagwort von der ‹adligen Unfreiheit›, mit dem die Ministerialität gern charakterisiert wird, faßt zwei Merkmale zusammen, die in Wirklichkeit durch einen zeitlichen Abstand von fast zwei Jahrhunderten getrennt waren. Schon im 11. und 12. Jahrhundert hatten die Ministerialen die Funktionen des alten Adels übernommen und einen bedeutenden gesellschaftlichen Aufstieg erlebt. Als ‹neuer Adel› wurde die Ministerialität von den noch blühenden gräflichen und edelfreien Geschlechtern aber erst im 13./14. Jahrhundert anerkannt, als die Merkmale der einstigen Unfreiheit geschwunden waren und es auch zu einer rechtlichen Angleichung und zum Connubium mit dem alten Adel kam.

In seinen Auswirkungen ist dieser Aufstieg der Ministerialität in den Adel jedoch kaum zu überschätzen. Da der zahlenmäßige Niedergang des freien Adels auch über das Spätmittelalter hinaus unverändert anhielt, wurde die Ministerialität, auf die sich die Fürsten beim Aufbau ihrer Landesherrschaft stützten, in vielen Bereichen zu einer ‹staatstragenden Führungsschicht›. Zu einem durchgreifenden Wechsel kam es im bayerisch-österreichischen Raum, wo sich heute nur noch zwei Geschlechter nachweisen lassen, die edelfreier Herkunft sind: die Wittelsbacher und die Grafen von Ortenburg, ein Zweig des einstigen Kärntner Herzogshauses der Spanheimer. Um so ungehemmter waren in diesen Gebieten die Aufstiegsmöglichkeiten für den Adel ministerialischer Herkunft. Mit den im 15. Jahrhundert einsetzenden Nobilitierungen durch die Habsburger konnten einzelne Familien vom Ritterstand in den Herrenstand und weiter in den Grafenstand vordringen. Nur wenige Jahrzehnte nach dem Ende des hier behandelten Zeitraums wurde 1608 Karl von Liechtenstein sogar in den erblichen Fürstenstand erhoben. Andere Geschlechter ministerialischer Herkunft wie die Auersperg, Schwarzenberg und Windischgraetz sollten folgen. Im Gegensatz dazu konnte sich im Norden Deutschlands der alte, edelfreie Adel nicht nur zahlenmäßig, sondern auch von seinem politischen Gewicht her viel stärker behaupten.

Die Vertreter des hier angesprochenen höheren Adels konnten ihre gesellschaftliche Position auch in der krisengeschüttelten Zeit des Spätmittelalters wahren, häufig sogar noch weiter ausbauen. Die führenden Positionen im Kriegswesen, im Fürstendienst, in der Diplomatie und am Kaiserhof blieben ihnen weiter vorbehalten. Die Idee des *miles christianus*, die zur Zeit der Kreuzzüge den gesamten Adel umfaßt hatte, wirkte in den von Fürsten gegründeten Ritterorden und Ritterbünden nach. Der Kreuzzugsgedanke führte den deutschen Adel im Gefolge der Fürsten freilich nicht mehr ins Heilige Land, sondern nach Preußen, wo man auf eher fragwürdige Weise Ruhm und Ehre im Kampf gegen Heiden erwerben konnte. Der höhere Adel besaß auch genügend Geld, um weite ‹Reisen zur Ritterschaft› als Vorstufen der späteren Kavalierstour zu unternehmen und auf den höfischen Turnieren mit wertvollen Harnischen zu prunken. Im 16. Jahrhundert begann sich eine deutliche Tendenz zum Hofadel, der sich beständig im Umkreis des Kaisers oder des Landesfürsten aufhielt, abzuzeichnen.

Der niedere Adel bekam hingegen die Krisenzeiten des Spätmittelalters früher und stärker zu spüren als andere Stände. Im 13. und 14. Jahrhundert waren die Abgaben der hörigen Bauern zunehmend von Naturalien in Geld umgelegt und so in den Urbarbüchern festgeschrieben worden. Die ständige Geldentwertung führte zu wachsenden Einkommenseinbußen. Mit der Verwendung von aufwendigeren Waffen und Rüstungen sowie von teuren Stoffen für die Kleidung stiegen jedoch gleichzeitig die Lebenshaltungskosten beträchtlich. Die ohnedies bescheidene wirtschaftliche Substanz wurde durch Erbteilungen bedeutend geschmälert. Außerdem büßte der niedere Adel seine angestammten Funktionen auf vielen Gebieten ein. Im Rechtswesen und in der landesfürstlichen Verwaltung liefen ihm gelehrte Juristen zunehmend den Rang ab. Der Kriegsdienst blieb zwar bis ins 14. Jahrhundert eine Domäne von Rittern und Edelknechten, die allerdings nicht mehr als Lehensaufgebot in den Kampf zogen, sondern sich als Söldner verdingten. Mit den Siegen der disziplinierten eidgenössischen Fußtruppen über die schwer gerüsteten Ritterheere ging aber die Dominanz des Adels auch auf diesem Gebiet zu Ende. Kaiser Maximilian I., der gern als letzter Ritter bezeichnet wird, hat mit dem Aufbau der Landsknechte nach Schweizer Vorbild dieser Entwicklung auch in Deutschland zum Durchbruch verholfen. Landsknechtsführer und Condottieri wie Georg von Frundsberg (1473 bis 1528) oder Georg Truchseß von Waldburg (1488 bis 1531) entstammten zwar weiterhin dem Adel, die kämpfende Truppe aber wurde nicht mehr von der Ritterschaft gestellt.

Mit dem Verlust der wirtschaftlichen Basis war auch die gesellschaftliche Stellung bedroht. Nicht nur die mittelalterliche Dichtung zeichnet das Bild des verarmten Ritters, der froh sein muß, seine Tochter an einen reichen Bauern zu verheiraten. Auch den Urkunden ist eindeutig zu ent-

nehmen, daß zahlreiche ritterliche Familien zuerst verarmt und dann im Bauerntum aufgegangen sind. Die Unterschiede waren ja weder in der Wirtschaftsführung noch in der Lebensweise sehr groß. Der bescheidene Ansitz des Ritters glich in manchen deutschen Territorien, wo er als Gesäß bezeichnet wird, einem wehrhaften Bauernhof. Saß der Ritter jedoch auf einer engen und abgelegenen Burg, dann war es dort meist feucht, kalt und finster. Die ‹Ritterrüstung› war für den einzelnen viel zu teuer; der kleine Landedelmann lieh sich, wenn er wirklich an einem Turnier teilnehmen durfte, den teuren Plattenharnisch im städtischen Leihhaus. Auch in der Landwirtschaft waren die Vertreter des niederen Adels oft eigenhändig tätig. Der sogenannte *Seifried Helbling* (Ende des 13. Jhs.) zeichnet ein markantes Bild von österreichischen Rittern, die nicht an Schlachtenruhm und höfischem Leben interessiert sind, sondern im Wirtshaus über die Erträge ihrer Äcker und ihre Erfolge in der Viehzucht diskutieren.
Als letzten Ausweg haben viele Angehörige des niederen Adels den Weg des Raubritters eingeschlagen. Wenn man sich dabei auch bemühte, seine Aktionen als berechtigte Fehdehandlungen hinzustellen, so dienten derartige Überfälle und Raubzüge, die sich gegen die schutzlosen Hintersassen eines Gegners richteten, meist doch nur der persönlichen Bereicherung. Vom einstigen Ideal des christlichen Ritters war nichts mehr geblieben. Auch der Schutz der eigenen Bauern gegen äußere Feinde und persönliche Gegner, wie er der Auffassung von Herrschaft als einem gegenseitigen Verhältnis entsprach, konnte nicht mehr gewährleistet werden. Schon in den frühen Aufständen des 15. Jahrhunderts haben sich die Bauern darauf berufen, daß der Adel seiner Schutzverpflichtung nicht nachkam, und deshalb die Abgaben verweigert. Insgesamt zeichnete sich beim niederen Adel im Spätmittelalter ein starker zahlenmäßiger Rückgang und auch ein deutlicher Verlust an Sozialprestige ab. Einen Ausweg bot im 16. Jahrhundert vor allem der verstärkte Eintritt in den landesfürstlichen Dienst und damit die Entwicklung zum Beamtenadel.

Klerus und Mönchtum

Die Situation der Kirche und des niederen Klerus im besonderen gelten geradezu als Symbol für die gesellschaftliche Krise des Spätmittelalters. Das Schisma der abendländischen Kirche mit Päpsten in Rom und Avignon verunsicherte durch den häufigen Wechsel der Oboedienz den gesamten Diözesan- und Pfarrklerus und verdoppelte gleichzeitig den Geldbedarf der Kurie. Dazu kam noch die enorme Bautätigkeit der Renaissancepäpste und der aufwendige Lebensstil, den die Päpste, ihre Nepoten und die Kardinäle pflogen. Zur Deckung dieser Summen wurden bedenkenlos die verschiedensten Kirchenämter von Bistümern bis zu

Pfarrstellen als Pfründen an die Meistbietenden vergeben, dem Kirchenvolk neue Steuern auferlegt und weitere Geldquellen durch anrüchige Methoden wie den Ablaßhandel erschlossen. An der Wende vom 15. zum 16. Jahrhundert hatte die Situation beim deutschen Pfarrklerus einen absoluten Tiefpunkt erreicht. Während das einfache Volk unter den ständigen Geldforderungen der Kirche litt, befanden sich die Pfarreien häufig in der Hand von Pfründenjägern, die mit den Einkünften daraus ihr aufwendiges Leben, das sie mit ihren Konkubinen fernab in Städten führten, finanzierten. Mit der Wahrnehmung der Seelsorge wurden Männer als Vikare betraut, die dafür keinerlei Voraussetzung mitbrachten.

Obwohl diese Mißstände beim einfachen Volk große Empörung hervorriefen und auch in der zeitgenössischen Literatur scharf gegeißelt wurden, blieben Reformen unmöglich. Seitdem auf den Konzilen von Konstanz und Basel die konziliare Idee, die das allgemeine Konzil über den Papst stellte, immer stärker an Boden gewonnen hatte, verbot gerade jener Papst Pius II. (1405 bis 1464), der einst als Enea Silvio Piccolomini den Reformern von Basel nahegestanden war, jede Appellation an ein künftiges Konzil. Um ihre eigene Autorität nicht zu gefährden, verhinderten die Päpste jede durchgreifende Reform, die nur über ein allgemeines Konzil erfolgen konnte, selbst um den Preis der Kirchenspaltung. Nach der Hinrichtung des Jan Hus 1415 waren die Hussitenstürme als eine breite, vom tschechischen Nationalismus getragene Volksbewegung losgebrochen. Ein Jahrhundert später fanden die Reformgedanken eines Martin Luther, der den Leuten ‹aufs Maul› geschaut hatte, weite Verbreitung beim einfachen Volk, das sich in nationaler Einigkeit gegen das römische Papsttum wandte. Gleichzeitig hatte Ulrich von Hutten die Mißstände an der Kurie in einer bis dahin unerhört scharfen Form angegriffen. Die auf dem Konzil in Trient beschlossenen Reformen kamen zu spät, um nochmals die Kirchenspaltung zu überwinden. Sie führten aber zu einer durchgreifenden Verbesserung der Pfarrseelsorge, wobei der Einrichtung von Priesterseminaren zur dringend notwendigen Ausbildung des Pfarrklerus besondere Bedeutung zukam.

Im Mönchtum waren die großen Reformen des 13. Jahrhunderts von den Bettelorden ausgegangen. Während aber die Franziskaner durch den Armutsstreit in sich gespalten waren und Teile ihrer Bewegung wie die Fratizellen sogar ins Ketzertum abglitten, verloren die einst als Volksprediger geschätzten Dominikaner durch ihren zunehmenden Einfluß an den Fürstenhöfen und als Werkzeuge der Inquisition immer mehr an Glaubwürdigkeit. Ludwig der Bayer wurde in seinem Kampf gegen die Kurie vor allem von führenden Vertretern der Bettelorden unterstützt.

Im Bereich des benedektinischen Mönchtums blieb der Melker Reform eine nachhaltige Wirkung ebenso versagt wie der Raudnitzer Reform bei den Chorherren. Wenn auch das städtische Bürgertum allmählich Zugang

zu den adligen Klöstern erhielt, so blieben diese doch vor allem eine Versorgungsstätte für die Oberschichten der Gesellschaft. Das oft bestürzende Bild, das in den Visitationsberichten des 15. und 16. Jahrhunderts vom Verfall der Zucht und Ordnung in den alten Klöstern gezeichnet wird, fand in der Verödung ganzer Gemeinschaften oder im fast geschlossenen Übertritt mancher Konvente zum evangelischen Glauben seine Bestätigung. Neben dem durchaus verdienstvollen Wirken jüngerer Bettelorden wie der Kapuziner und der Augustiner Eremiten leitete erst die Gründung der Jesuiten durch Ignatius von Loyola (1491 bis 1556) auch beim Regularklerus eine Phase der Reform und Erneuerung ein.
Relativ groß war die Wirksamkeit, die von Prädikanten und Leutpriestern als Verkündern eines neuen Glaubens – wenn auch nicht immer streng im Sinne Luthers – ausging. Sie, die oft selbst den Rand- und Unterschichten der Gesellschaft entstammten, unterstützten die Forderungen der Aufständischen im Deutschen Bauernkrieg und auch in manchen Kämpfen um die Machtverteilung in den Städten. Häufig hatten sie entscheidenden Anteil an der Formulierung von Forderungsprogrammen, wie etwa Christoph Schappeler (1472 bis 1551) auf die Abfassung der *Zwölf Artikel*. Die scharfen Stellungnahmen Luthers im Bauernkrieg führten jedoch dazu, daß manche dieser Volksprediger eigene, radikalere Wege gingen, wie Thomas Müntzer (1525 hingerichtet) in Mühlhausen, oder sich Sekten wie den Wiedertäufern zuwandten. Zum Aufbau einer einheitlichen, geordneten Seelsorge bedurfte es auch noch auf seiten der Protestanten großer Anstrengungen.

Stadtbevölkerung

Die deutsche Städtelandschaft bietet an der Wende zur Neuzeit ein buntes Bild. Das Spektrum reichte von den großen Reichs- und Residenzstädten mit einer sehr heterogenen Bevölkerung über die landesfürstlichen Städte bis zu manchen winzigen grundherrlichen oder patrimonialen Städten, die sich nur durch ihr Stadtrecht von den Märkten unterschieden, diesen an Größe aber oft deutlich nachstanden. Die Bewohner solcher Ackerbürgerstädte lebten zum Großteil vom Ackerbau und von der Viehhaltung, die nicht nur in der Umgebung, sondern auch in der Stadt betrieben wurde. Die Einschätzung des Spätmittelalters als ‹Goldenes Zeitalter des Städtewesens› ist umstritten. Daß die entscheidenden Initiativen in Wirtschaft und Handel von den Städten ausgingen und das Bürgertum auch im Bereich von Kunst, Kultur und Bildung neue Maßstäbe setzte, steht aber außer Zweifel.
Die mit Abstand größte deutsche Stadt war am Ende des Mittelalters Köln, das über 40000 Einwohner hatte. Mehr als 20000 Einwohner zählten Augsburg, Danzig, Lübeck, Magdeburg, Metz, Nürnberg und Straßburg, aber auch Prag und Wien, die als kaiserliche Residenzstädte zuneh-

mend an Bedeutung gewonnen hatten. Zur Abwehr der Forderungen von Ritterbünden, die sich im 14. Jahrhundert in Süddeutschland gebildet hatten, kam es auch zu Vereinigungen der Städte wie dem Schwäbischen und dem Rheinischen Städtebund. Die größte wirtschaftliche und politische Bedeutung kam zweifellos der Hanse zu. Unter der Führung Lübecks beherrschten die Hansestädte den Handel im Nord- und Ostseegebiet von Brügge und London bis Nowgorod. Nachdem die dänische Vorherrschaft im Frieden von Stralsund 1370 beseitigt worden war, wuchs die Zahl der Hansestädte im 15. Jahrhundert auf über 160 an. Auch Städte außerhalb des Reichsgebietes wie Breslau und Krakau, Wisby und Stockholm traten dem Bund bei. Der Niedergang der Hanse wurde durch den Einfluß der Reformation eingeleitet, mit dem in Lübeck so wie in manchen anderen Städten anstelle der patrizischen Ratsherrschaft ein demokratisches Gemeinderegiment die Führung übernahm. Der neue Bürgermeister Jürgen Wullenwever wurde selbst ein Opfer seiner überspannten Großmachtpolitik, 1535 als Wiedertäufer verurteilt und zwei Jahre später hingerichtet. Einem Versuch zur Reorganisation der Hanse blieb 1557 ein durchgreifender Erfolg versagt. Damals war die Initiative im Fernhandel bereits auf die süddeutschen Reichsstädte mit Großunternehmern wie den Fuggern und Welsern übergegangen.
War es im 13. Jahrhundert einigen Städten wie Köln und Straßburg gelungen, in harten Kämpfen die bischöfliche Stadtherrschaft abzuschütteln, so mehrten sich im 14. und 15. Jahrhundert die innerstädtischen Auseinandersetzungen. In allen größeren Städten hatte eine zahlenmäßig kleine Gruppe von Fernhändlern, Großkaufleuten und in der Stadt ansässigen Adligen als Patriziat oder Meliorat die Stadtherrschaft an sich gezogen. Sie stellten den Bürgermeister, besetzten den Stadtrat und das Stadtgericht und kontrollierten die städtische Wirtschaft. An Macht und Besitz dem Landadel oft weit überlegen, führten diese Patrizierfamilien einen aufwendigen Lebensstil und betrachteten sich als ständisch dem Adel gleichgestellt, wie die häufige Bezeichnung als Ritterbürger *(miles et civis)* anzeigt. Nicht selten hielten sich diese ratsfähigen Geschlechter ein ständiges bewaffnetes Gefolge, an dessen Spitze sie selbst beritten in den Kampf zogen. Vom Patriziat sind aber auch die wesentlichen Anstöße zur Gestaltung der Städte ausgegangen. Sie nahmen die Baumeister für den Neubau von Kirchen und Rathäusern unter Vertrag – charakteristisch dafür ist der Stil der «deutschen Sondergotik» – und verpflichteten auch Maler und Bildhauer, denen sie die Ausstattung dieser Bauwerke übertrugen. Ebenso sind die bedeutenden Leistungen auf dem Gebiet der Dichtung und Literatur, vor allem der Chronistik, und die Ansätze zu einem städtischen Schulwesen hier zu nennen. So trat seit dem Spätmittelalter die ‹bürgerliche› Stadtkultur in Wettstreit mit der bis dahin allein dominierenden Kultur der Kirche und des Adels.

Die zahlenmäßig weit größere Gruppe der kleinen Kaufleute und Handwerker mußte sich den Zugang zur Stadtverwaltung und den wichtigsten Ämtern erst allmählich erkämpfen. Obwohl sie in Gilden, Zechen und Zünften fest organisiert waren, wurden sie höchstens zum äußeren Rat zugelassen. So kam es in zahlreichen deutschen Städten seit dem Beginn des 14. Jahrhunderts, zunächst im Süden und Westen (Speyer, Straßburg, Augsburg, Frankfurt, Aachen, Konstanz, Ulm, Nürnberg), zu teilweise blutigen «Zunftkämpfen», in denen sich Handwerker und nichtpatrizische Kaufleute Zugang zum Stadregiment verschafften. In Deutschlands größter Stadt, Köln, konnten zunächst die Patrizier in der Weberschlacht 1371 ihre Vorherrschaft wahren, 1396 blieb die Opposition aus Kaufleuten und Handwerkern jedoch erfolgreich. Von den 22 Gaffeln, denen die Wahl der Ratsmänner zukam, blieben nur noch fünf den «Ritterzünften» vorbehalten. Die norddeutschen Hansestädte wurden am Ende des 14. und in den ersten Jahrzehnten des 15. Jahrhunderts von innerstädtischen Kämpfen erschüttert, darunter Bremen, Braunschweig, Hamburg, Lübeck, Stralsund, Wismar, Rostock, Danzig und Stade. Ein durchschlagender Erfolg war der Opposition lediglich in Braunschweig beschieden; auch in den mittel- und ostdeutschen Städten wie Chemnitz, Jena, Magdeburg, Mühlhausen und Halberstadt konnten die Kaufleute und Handwerker ihre Ziele nur teilweise verwirklichen.

Im Gefolge der Reformation kam es in manchen Städten zu neuerlichen Auseinandersetzungen zwischen den Anhängern und Gegnern der neuen Lehre. Dabei stand die Haltung der großen Reichsstädte oft im Gegensatz zur Politik der benachbarten Territorialherren. So entschied sich der Stadtrat in Augsburg und Nürnberg relativ früh für die Lehre Luthers, und auch Straßburg wurde evangelisch. Manchmal freilich kam es zu Radikalisierungen wie in Mühlhausen unter dem Einfluß von Thomas Müntzer (1489/90 bis 1525) oder im 1534 errichteten «Täuferreich von Münster», bei dem die Verwirklichung des Reiches Gottes auf Erden schließlich zu unglaublichen Exzessen in der belagerten Stadt führte.

Im Gegensatz zu den Geschäftshäusern und Kontoren der großen Handelsherren, die mit ihrer gediegenen Ausstattung und vollkommenen Buchführung den Geist der weiten Welt atmeten, blieb der Spielraum des städtischen Handwerks im Bannkreis von Zünften, Zechen und Bruderschaften relativ eng begrenzt. Es gab zwar Handwerkszweige wie die Kürschner oder die Goldschmiede, die an Sozialprestige und Einkommen deutlich vor den anderen rangierten. Meist sorgten aber die strengen Zunft- und Handwerksordnungen mit ihren bis ins Detail gehenden Vorschriften über die Zahl der Arbeitsplätze dafür, daß die relativ bescheidenen Einkünfte der Meister eines Handwerks auf einem einheitlichen Niveau blieben. In manchen Bereichen wurden sogar die gesamten Einnahmen eines Handwerks auf die Zahl der Meister aufgeteilt, wie das gelegentlich für die Tuchscherer, die in städtischen Läden tätig waren, bezeugt ist. Eine wichtige Funktion der Zünfte und Bruderschaften bestand neben der Kontrolle des Arbeitsmarktes im Aufbau einer bescheidenen Sozialfürsorge, die beim Tod eines Meisters den Fortbestand des Handwerks sicherte und auch der Meisterswitwe die befristete Führung des Betriebs ermöglichte. Von großer Bedeutung war das gemeinsame Handwerksbrauchtum und das geschlossene Auftreten bei religiösen Feiern und Prozessionen, bei denen auch Zunftzeichen und Zunftsymbole mitgetragen wurden. In manchen städtischen Pfarrkirchen erinnert bis heute die Ausstattung mit ihren Zunftaltären daran. Kulturelle Akzente wurden auch im Bereich von Dichtung und Liedkunst – berühmt sind die Meistersinger von Nürnberg – gesetzt.

Gegen das Wirken der Zünfte, das einerseits eine gewisse Zahl von Arbeitsplätzen garantierte, andererseits jeden freien Wettbewerb unterband, regten sich schon seit dem 14. und 15. Jahrhundert Widerstände. Den Maßnahmen, die einzelne Stadt- und Landesherren gegen die Zünfte ergriffen, blieb jedoch ein durchschlagender Erfolg versagt. Die Aufhebung aller Zechen und Zünfte, die Herzog Rudolf IV. von Österreich (1339 bis 1365) 1361 und 1364 verfügte, erzielte ebensowenig eine langfristige Wirkung wie die neue Polizei- und Handwerksordnung, mit der König Ferdinand I. (1503 bis 1564) 1527 auf Drängen des Adels erneut alle Vorrechte der Zünfte aufhob. Das städtische Handwerk wurde noch durch Jahrhunderte vom Zunftzwang beherrscht.

Schwieriger war die Kontrolle außerhalb der Städte, wo das Handwerk weniger straff organisiert war. Dort konnten einerseits Gesellen «auf der Stör» wesentlich leichter ihre Tätigkeit entfalten; andererseits bauten findige Unternehmer ein frühes Verlagswesen auf, wo in schlecht bezahlter Heim- und Handwerksarbeit eine erstaunliche Produktivität erzielt wurde, die für den Verleger hohe Gewinne abwarf. Im späten 16. Jahrhundert setzte sich – der erhöhten Nachfrage entsprechend – immer stärker der Trend zur Manufaktur durch, die manchem alten Handwerk den Boden entzog.

In einigen Städten stellte das Handwerk bis zu 80 Prozent der Bürger. Bei den Handwerksmeistern galten fast überall das Bürgerrecht und die Eheschließung als Voraussetzung für den Erwerb der Meisterwürde. Die Handwerksgesellen, die nur in Ausnahmefällen das Bürgerrecht erwerben konnten, zählten zur großen Gruppe der städtischen Inwohner. Das zahlenmäßige Verhältnis von Bürgern und Inwohnern ohne Bürgerrecht war in den einzelnen Städten unterschiedlich und konnte von einer Zweidrittelmehrheit der Bürger bis zu einem deutlichen Übergewicht der Inwohner variieren. Die Wanderjahre der Handwerksgesellen dienten nicht nur dem Erwerb neuer Fähgkeiten, sondern auch einem Ausgleich auf dem Arbeitsmarkt. Da viele Gesellen nachweislich mehr Zeit auf der

Wanderschaft als bei der Arbeit verbrachten, kam es trotz eines Mangels an Arbeitsplätzen zu keiner deutlich sichtbaren Arbeitslosigkeit. Eigene Zünfte, Zechen und Bruderschaften der Handwerksgesellen nahmen auch hier die Aufgabe der Sozialfürsorge wahr. Kam ein Geselle auf Wanderschaft in eine Stadt, so hatte er Anspruch darauf, mindestens drei Tage lang auf Kosten der «Handwerksbüchse» untergebracht und verpflegt zu werden, um in dieser Zeit eine freie Stelle für sich auszumachen. Während es bei größeren Handwerken eigene Gesellenherbergen gab, in denen es nicht selten zu Raufhändeln und Ausschreitungen kam, lebten in kleinen Handwerksbetrieben die Gesellen ebenso wie die Lehrlinge im Hause des Meisters. Der Zugang zur Meisterwürde blieb den meisten Gesellen zeitlebens verwehrt, soferne sie nicht Meistersöhne waren oder Gelegenheit fanden, in ein Handwerk einzuheiraten.

Eine Reihe von handwerklichen und gewerblichen Tätigkeiten galt als «unehrlich» und war damit in den Augen der Zeitgenossen diskriminiert. Dazu zählten nicht nur Spielleute, Abdecker, Totengräber, Henker und die als «Nachtkönige» bezeichneten Latrinenputzer, sondern auch manches Handwerk, das die Umwelt belastete. Färber, Gerber, Bleicher und Metzger waren zur einfacheren Entsorgung an Stadtbächen oder an Brücken angesiedelt, wo Abfälle und Schadstoffe einfach ins Wasser geworfen oder geleitet werden konnten.

In größeren Städten gab es eine relativ breite Unterschicht von fahrenden Händlern und Hausierern, Fuhrknechten, Trägern, Leibdienern, Knechten und Mägden im Dienste reicher Bürger. Auf fremde Unterstützung angewiesen waren nicht nur Kranke, Krüppel und Bettler, sondern auch die in den «Sundersiechenhäusern» separierten Leprosen, die eine Schelle tragen mußten, um von weitem erkannt zu werden. Die schwierige Aufgabe der Versorgung von Bedürftigen, die in manchen Städten 10 bis 20 Prozent der Bevölkerung ausmachten, blieb Bürgerspitälern, Bruderhäusern und anderen Stiftungen privater Natur sowie den städtischen Klöstern überlassen. Nur in Krisenzeiten griffen auch Bürgermeister und Rat ein. Zum städtischen Proletariat zählten auch Glücksspieler, Zuhälter und Dirnen. Die «gemeinen Töchter» waren im Frauenhaus untergebracht und entrichteten ansehnliche Steuern an die Stadt. Das Verhältnis der Menschen zur Sexualität war im Spätmittelalter relativ ungezwungen. Die Schließung von Bordellen und Bädern als Stätten der freien Liebe wurde nicht – wie zumeist angenommen – durch die am Ende des Mittelalters in ganz Europa grassierende Syphilis erzwungen, sondern erst in der zweiten Hälfte des 16. Jahrhunderts unter dem Einfluß der Gegenreformation verfügt.

Landbevölkerung

Das 13. Jahrhundert war für die Bauern eine Zeit des wirtschaftlichen Wohlstands. Nicht nur den Zeugnissen der mittelalterlichen Dichtung, sondern auch den zahlreichen Kleiderordnungen, die den Bauern das Tragen ritterlicher Kleidung und die Abhaltung allzu aufwendiger Feste untersagte, ist diese Entwicklung zu entnehmen. Der Aufstieg von Bauern in den niederen Adel, der in der Literatur wiederholt angesprochen wird, ist in Einzelfällen auch urkundlich nachzuweisen. Freilich konnte ein derartiges Unterfangen ebenso im Raubrittertum enden, wie es Wernher der Gartenaere (13. Jh.) am Beispiel des *Meier Helmbrecht* dargestellt hat. Im Spott, der von vielen Dichtern des Spätmittelalters über die Bauern ausgegossen wird, schwingt bisweilen auch deutlich der Neid über den Reichtum mancher Bauernfamilien mit.

Am Beginn des 14. Jahrhunderts sind mit der steigenden Bevölkerungszahl erste Krisenerscheinungen unter der Landbevölkerung festzustellen, zumal der Adel dazu überging, die Auswirkungen der Geldentwertung und der damit verringerten bäuerlichen Abgaben durch Gegenmaßnahmen aufzufangen. Dazu diente einerseits die systematische Steigerung der «ungemessenen Lasten», vor allem der Hand- und Spanndienste, deren Umfang und Dauer nicht genau schriftlich fixiert war; andererseits wurden Abgaben, die bereits in Geld umgelegt waren, erneut in Form von Naturalien eingefordert. Auch die zahlreichen Teilungen von Höfen und Gütern, zu denen die Bauern durch das starke Bevölkerungswachstum gezwungen waren, schmälerten die wirtschaftliche Basis. Im alpinen Bereich war damals die Besiedlung in Höhenlagen vorgedrungen, die ein ertragreiches Wirtschaften kaum mehr ermöglichten. Manche dieser hochgelegenen Höfe wurden später wieder aufgegeben oder in Almen ungewandelt.

Die ernormen Bevölkerungsverluste durch die große Pestepidemie 1347/51 erzeugten besonders auf dem Land einen fühlbaren Mangel an Arbeitskräften. Der gleichzeitige Verfall der Agrarpreise führte aber zu einer allgemeinen Landflucht, der die Grundherren zunächst kaum Einhalt zu bieten vermochten. In vielen Fällen wurden die Abgaben der Güter deutlich heruntergesetzt, oft sogar auf etliche Jahre hinaus ganz erlassen, um überhaupt Bauern für die Bewirtschaftung der verwaisten Höfe und Güter zu gewinnen. Auch bei den Leiheformen, mit denen die Bedingungen für die Übertragung der Güter an die Bauern festgelegt wurden, kam es zu einer deutlichen Besserstellung. Anstelle der im Hochmittelalter dominierenden Freistift, bei der den Bauern jährlich auch ohne besondere Ursache Grund und Boden entzogen werden konnte, trat in einigen Teilen Deutschlands das günstigere Leibgeding (Prekarie), das dem Bauern seinen Besitz auf Lebenszeit sicherte, und vor allem das Erbrecht (Erbzinsleihe), das eine Vererbung des Hofs innerhalb der Familie, selbst

an Töchter, vorsah. Freilich erwuchsen daraus auch dem Grundherrn durch zusätzliche Abgaben beim Besitzwechsel und regelmäßige Neueinschätzungen des gesteigerten Ertrags vermehrte Einnahmen.
Lange sollten sich aber die Bauern ihrer positiven Situation als gesuchte Arbeitskräfte nicht erfreuen. Im Osten Deutschlands begann man, die Bauern verstärkt an die Scholle zu binden und gleichzeitig den Umfang der Eigenbewirtschaftung von herrschaftlichem Dominikalland stark zu erweitern. Auf diese Maßnahmen gehen die Anfänge der Gutsherrschaft zurück, die als neuzeitliche Wirtschaftsform vor allem für Preußen typisch war. In Böhmen fällt hingegen der Schwerpunkt dieser Entwicklung als Folge der Schlacht am Weißen Berg (1620) und der Dezimierung des böhmischen Adels erst in das 17. Jahrhundert.
Im übrigen Deutschland hielt man zwar an der überkommenen Form der Grundherrschaft fest, griff aber verstärkt auf alte Rechte zurück, die längst vergessen waren und von den Bauern deshalb als unbillige Neuerungen betrachtet wurden. Die größte Bedeutung kam dabei der erneuten und fast anachronistisch anmutenden Intensivierung der leibrechtlichen Abhängigkeit zu, die als neue oder zweite Leibeigenschaft zum Schlagwort wurde. Tatsächlich läßt sich die Tendenz mancher Grund- und Territorialherren nachweisen, alle Hintersassen, die keinem anderen Herren unterstanden, einfach zu ihren Eigenleuten zu erklären. Die Einführung einer sorgfältigeren Verwaltung zur genaueren Überwachung der Abgaben und Dienste erforderte entsprechend ausgebildete Beamte. Die Lasten dafür und für die in allen Bereichen stark intensivierte Schriftlichkeit hatte die Landbevölkerung zu tragen. Klagen über die Erhöhung von Strafgeldern sowie die hohen Gerichtstaxen, Schreib- und Siegelgelder finden sich in fast allen Beschwerdeschriften des deutschen Bauernkriegs. Vergeblich kämpften die Bauern um ihr vermeintliches «gutes altes Recht». Sie konnten das Vordringen des römischen Rechts in der Verwaltung und den Trend zum neuzeitlichen Polizei- und Beamtenstaat doch nicht verhindern.
Gegen Ende des 15. Jahrhunderts führte ein enormes Bevölkerungswachstum, das man als «zweite Bevölkerungswelle» charakterisiert hat, zu einer drastischen Verschärfung der ländlichen Wirtschaftsverhältnisse. Gewerbe wie Schmiede, Tischlerei, Sattlerei und Mühlen, die vorher mit Bauernhöfen verbunden waren, wurden verselbständigt, obwohl sie kaum eine Lebensgrundlage boten. Durch neuerlich verstärkte Teilungen entstanden Achtel- und Sechzehntelhöfe, deren Besitzer nicht mehr von Ackerbau und Viehzucht leben konnten. Damit formierte sich ein ländliches Proletariat, das als Taglöhner, Knappen, Fuhrleute, fahrende Händler und Knechte sein Brot verdienen mußte. Die traditionelle Bindung an Grund und Boden war bei diesen Leuten nur mehr gering; um so empfänglicher waren sie für revolutionäre Ideen.

Humanismus, Reformation und Bauernkriege

Der Humanismus als die bedeutendste geistige Strömung der Renaissance wurde von Italien nicht einfach nach Deutschland übertragen, sondern erfuhr dort eine eigene, stark national gefärbte Ausprägung. Neben Erasmus von Rotterdam als dem unbestrittenen geistigen Führer gewann vor allem Ulrich von Hutten, der sich in leidenschaftlicher Form für ein «romfreies Germanien» einsetzte, großen Einfluß als Publizist. Die Verwendung der deutschen Sprache, mit der er die humanistische Tradition verließ, sicherte seinen Schriften eine große Popularität. Obwohl er zu Luther und Zwingli persönlichen Kontakt unterhielt und sich zeitweise als deren Mitstreiter betrachtete, wurde er von beiden Reformatoren wie auch von Erasmus abgelehnt.

Waren die Lehren eines John Wyclif und eines Jan Hus von der katholischen Kirche noch gewaltsam unterdrückt worden, so zerbrach mit dem Wirken von Martin Luther, über den der sächsische Kurfürst Friedrich der Weise seine schützende Hand hielt, die mühsam gewahrte Einheit der abendländischen Christenheit. Nicht nur als Begründer der Reformation in Deutschland, sondern auch als Literat hat Luther große Bedeutung erlangt. Die Übersetzung der Bibel ins Deutsche, die er auf der Wartburg unmittelbar nach dem Wormser Edikt (1521) und der Verhängung der Reichsacht über ihn in Angriff nahm, war eine sprachschöpferische Leistung von elementarer Kraft und Anschaulichkeit. Durch sie und die Flut der Flugschriften, denen der aufblühende Buchdruck auch unter den ärmeren Schichten eine unerhörte Verbreitung sicherte, sind die Deutschen ein lesendes Volk geworden.

In diesen Zeiten eines zunehmenden bäuerlichen Elends weckte Luther nicht nur mit seiner Glaubenslehre, sondern vor allem mit seinen Schriften *Von der Freiheit eines Christenmenschen* (1520) und *An den christlichen Adel deutscher Nation von des christlichen Standes Besserung* (1520) große Hoffnungen unter der Landbevölkerung. Die Tätigkeit von Prädikanten und Leutpriestern führte dazu, daß man alle Herrschaftsrechte, die sich nicht aus dem Wortlaut der Bibel begründen ließen, ablehnte. Auch die Forderung nach der freien Predigt des Evangeliums und der freien Wahl des Pfarrers wurde in der Berufung auf das göttliche Recht begründet. Dadurch unterscheiden sich die Bundschuhaufstände an der Wende vom 15. zum 16. Jahrhundert, die als geheime Verschwörung von einem einzelnen Drahtzieher organisiert wurden, und der große Deutsche Bauernkrieg 1524/26 von den zahlreichen ‹Voraufständen› des 15. Jahrhunderts, die sich in ihren Forderungen auf das Alte Recht stützten.

Die Bezeichnung Deutscher Bauernkrieg weckt die falsche Vorstellung von einer großen, geschlossenen Aufstandsbewegung. Tatsächlich kam es aber seit 1524 zu einer Vielzahl von größeren und kleineren Erhebungen der Landbevölkerung, die sich vor allem gegen die Grund- und Territorialherren richteten, aber nicht an der Stellung von Kaiser und Reich rührten. Der Widerstand wandte sich besonders gegen die weltliche Herrschaft der Kirche, so daß ‹Antiklerikalismus› zeitweise zu einem wesentlichen Merkmal der Bauernkriege wurde. Als ein Programm von überregionaler Bedeutung fanden die *Zwölf Artikel (gemeiner Bauernschaft)*, die Ende Februar 1525 von Sebastian Lotzer und Christoph Schappeler für den Baltringer Haufen in Oberschwaben zusammengestellt wurden, in den meisten Aufstandsgebieten Verbreitung. Die wesentlichen Forderungen betrafen die freie Wahl des Pfarrers, die Predigt des reinen Evangeliums, die Abschaffung der Leibeigenschaft und des kleinen Zehents (Viehzehents), freie Jagd und freie Holznutzung und wandten sich gegen die Erhöhung von Abgaben, Diensten und Gerichtsbußen sowie gegen die Aneignung von Gemeindegrund (Allmende).

So wie die *Zwölf Artikel* zielten die meisten Forderungsprogramme des Bauernkriegs nicht auf eine radikale Änderung der bestehenden Gesellschaftsverhältnisse. Ausnahmen bildeten nur Thomas Müntzer, der in Thüringen seine schwärmerischen Vorstellungen vom Reich Gottes verwirklichen wollte, und der Tiroler Bauernführer Michael Gaismaier (gest. 1530), dessen *Tiroler Landesordnung* zwar im Detail gut durchdachte und durchaus modern anmutende Ansätze enthielt, insgesamt jedoch nur als eine interessante Utopie zu bewerten ist. Gaismaier stand ebenso wie Schappeler in engem Kontakt zum Schweizer Reformator Huldrych Zwingli (1484 bis 1531), dessen Vorstellungen sowohl die *Tiroler Landesordnung* als auch die *Zwölf Artikel* maßgeblich beeinflußt haben. Namen wie Müntzer und Schappeler, Lotzer und Gaismaier zeigen an, daß die wichtigsten Programme des Bauernkriegs nicht von Bauern selbst, sondern von Vertretern anderer Gesellschaftsschichten wie Adligen und Gewerken, Bürgern und Handwerkern, Reformatoren und Prädikanten erstellt wurden.

Auch die Führer der Aufstände kamen nur zu einem geringen Teil aus dem Bauerntum. In Salzburg und Tirol, aber auch in den Bergbaugebieten von Sachsen und Thüringen hatten die Privatunternehmer im Bergbau (Gewerken) maßgeblichen Einfluß auf Organisation und Leitung der Erhebungen, während die kriegstüchtigen Bergknappen oft den harten Kern der kämpfenden Truppe stellten. In Franken traten Adlige teils aus Idealismus, wie Florian Geyer, teils aus opportunistischen Gründen, wie Götz von Berlichingen, an die Spitze der Bauern. Viele Gewerken, Bürger und Adlige haben sich so wie der «Ritter mit der eisernen Hand» rechtzeitig vom Aufstand zurückgezogen und den Bauernkrieg im Gegensatz zu den hart bestraften Bauern ohne großen Schaden überstanden.

Da auch Luther, der auf den Schutz der Fürsten angewiesen war, in seiner Schrift *Wider die Mordischen und Reubischen Rotten der Bawren* (1525)

die Aufstände in unerhört scharfer Form verurteilte, nachdem er zuvor so große Hoffnungen geweckt hatte, fühlten sich die Bauern am Ende des Krieges, nicht zu Unrecht, ‹verführt, verraten und verkauft›.
Die Folgen des Bauernkrieges sind unterschiedlich beurteilt worden. Sie führten in den Gebieten östlich der Elbe zu einer Intensivierung der Leibherrschaft, die sich in einer eingeschränkten Freizügigkeit und einer verstärkten Bindung an die Scholle niederschlug. In einigen Ländern, besonders im Süden Deutschlands, bemühten sich die Fürsten aber auch, den wichtigsten Beschwerden der Bauern Rechnung zu tragen und deutliche Mißstände abzustellen. Die *Tiroler Landesordnung* 1525 hat ebenso wie das *Mandat der Beschwerungen*, das der Salzburger Erzbischof Kardinal Matthäus Lang 1528 erließ, viele wichtige Forderungen der Bauern erfüllt. Wenn damit auch die unmittelbaren Folgen des Bauernkrieges heute günstiger beurteilt werden als noch vor wenigen Jahrzehnten, so vermochten diese Ereignisse doch den Trend zum neuzeitlichen Obrigkeitsstaat nicht zu wenden. Mandate und Polizeiordnungen sorgten für eine zunehmend intensivierte Überwachung der gesamten Bevölkerung und sind deutliche Anzeichen für die Entstehung eines landesfürstlichen Absolutismus, der von den Ideen der italienischen Renaissance maßgeblich beeinflußt war.

Lohnarbeit in Landwirtschaft, Gewerbe und Bergbau

Mit dem Bevölkerungswachstum nahm auch die Verarmung der Landbevölkerung zu. Innerhalb der Hofgemeinschaft waren davon vor allem Knechte und Mägde betroffen, deren Einkünfte und Arbeitsmöglichkeiten ständig sanken. Das stark anwachsende ländliche Proletariat mußte versuchen, in den verschiedensten Berufen ein Auslangen zu finden. Als Hausierer und fahrende Händler, die oft durch halb Europa kamen, auch im Saum- und Fuhrverkehr sowie bei der Holztrift, als Flößer und Schiffleute waren vor allem Angehörige der Landbevölkerung tätig. Als Taglöhner konnte man nicht nur bei der Feld- und Holzarbeit unterkommen, sondern auch im Weinbau, der überwiegend auf der Basis von Lohnarbeit abgewickelt wurde und mit dem (Wein-)Bergrecht besonders geregelt war.
Zunehmende Bedeutung erlangte die Lohnarbeit nicht nur in Gewerbe und Handwerk, im Verlagswesen und bei Dienstleistungen in den Städten, sondern vor allem im Bergbau. Beim Salzbergbau und der Salzgewinnung, die größtenteils verstaatlicht waren, konnte mit dem Besitz kleiner Höfe und Güter (Lehen) auch das Recht auf Arbeit im Bergbau verbunden sein. In das 15. und 16. Jahrhundert fällt die Blüte des Bergbaus in Gold und Silber. Die Bergreviere in Sachsen und Thüringen, aber auch jene im Ostalpenraum, wurden innerhalb weniger Jahrzehnte zu Ballungszentren der Bevölkerung, deren Versorgung genau geregelt

und sichergestellt werden mußte. In Schwaz in Tirol, damals dem größten Bergwerk Mitteleuropas, waren im frühen 16. Jahrhundert allein am Falkenstein 10000 Knappen tätig, insgesamt fanden mehr als 12000 Mann Beschäftigung. Fügt man die Zahl des Verwaltungspersonals, der im Verhüttungsprozeß tätigen Personen und der Familienangehörigen hinzu, so nimmt es nicht wunder, daß Schwaz mit seiner Einwohnerzahl zeitweise nach Wien an zweiter Stelle unter den Städten des Ostalpenraums stand.

Die Knappen genossen zwar gewisse Privilegien wie das Recht, Waffen zu tragen, und unterstanden auch einem eigenen Bergrichter, waren aber wirtschaftlich nicht auf Rosen gebettet. Einen wesentlichen Teil ihres Lohns erhielten sie überhaupt in Naturalien, den sogenannten Pfennwerten, ausgehändigt. Aus dem damit verbundenen Pfennwerthandel versuchten die Gewerken als Unternehmer, durch überhöhte Handelsspannen zusätzlich Gewinn zu ziehen. Schon in der ersten Hälfte des 16. Jahrhunderts begann sich in einigen Revieren wie in Schwaz ein Niedergang des Bergbaus abzuzeichnen. Schuld daran waren nicht die starken Zuflüsse von Gold und Silber aus der Neuen Welt, sondern eine zunehmende Erschöpfung der alten Lagerstätten. Manche Länder wurden durch den Niedergang des Bergbaus mit dem Problem einer Massenarbeitslosigkeit konfrontiert. Die Methoden, mit denen man dagegen ankämpfte, muten durchaus modern an: Der defizitäre Bergbau wurde verstaatlicht und die große Zahl der Knappen über Jahrzehnte, teilweise sogar über Jahrhunderte langsam abgebaut, um den Arbeitsmarkt nicht zu beeinträchtigen. So wie heute der Staat mußte im 16. und 17. Jahrhundert eben der Landesfürst einspringen, um solche Krisen zu meistern.

Auch die Problematik der Umweltschäden ist schon am Ende des Mittelalters vor allem in Bergbaugebieten deutlich zu fassen. Um manche ‹Gifthütten›, in denen Arsenik erzeugt wurde, war der Wald im Umkreis von einigen Kilometern abgestorben. Aber auch in der Umgebung der großen Verhüttungsanlagen klagten die Bauern darüber, daß durch die giftigen Rückstände und Niederschläge Wiesen und Wälder geschädigt würden und das Vieh auf den Weiden verende. Schon im 16. Jahrhundert mußte in zahlreichen Fällen Schadenersatz geleistet und die Betriebszeit von Hüttenwerken mit giftigen Emissionen auf bestimmte Jahres- und Tageszeiten eingeschränkt werden. Die Umweltproblematik an der Wende vom Mittelalter zur Neuzeit, deren Auswirkungen durch die Regeneration der Natur längst beseitigt sind, läßt allerdings keinen Vergleich mit den zum Teil bereits irreversiblen Schäden der Gegenwart zu.

Irene Erfen

Literaturbetrieb

Die kulturellen Voraussetzungen, die Lebensformen, in denen sich die vielfältigen Phänomene ereignen, die man im Begriff «Literaturbetrieb» aphoristisch zusammenfaßt, erweitern und differenzieren sich in jenem Zeitraum, der Spätmittelalter und Frühe Neuzeit gleichermaßen umfaßt, zunehmend. Zu den fortexistierenden sozial- und kulturgeschichtlichen Bedingungen mittelalterlicher Literaturformen [324a; 358] treten neue Aspekte, die bestimmend werden für die Existenzweise von Literatur bis in die heutige Zeit und die erwachsen aus der im 15. Jahrhundert entwickelten Technik der größeren Reproduzierbarkeit von Literatur: dem Buchdruck. Zudem verändern sich mit der ‹Literaturexplosion› des 15. Jahrhunderts [433] neben den Gebrauchsituationen von Literatur auch die literaturteilhabenden Gruppen, Momente, die die Produktions- und Rezeptionsbedingungen von Literatur in der Neuzeit steuern. Der Prozeß dieses Übergangs ist diffizil und langwierig, mittelalterliche und neuzeitliche Formen existieren während des hier zu skizzierenden Zeitraums noch weitgehend symbiotisch. Stadt und Hof stehen als Orte der Literaturproduktion und -rezeption gleichberechtigt nebeneinander. Die Grenzen sind fließend, und die Entwicklung verläuft nicht immer kontinuierlich, Zäsuren sind weniger kraftvoll als zögernd gesetzt und werden häufig zurückgenommen. Die Tradition höfischer Literatur reißt im Spätmittelalter nicht ab, neben ihr und gegen sie entstehen jedoch neue Literaturtypen und Aufführungsformen. So tritt neben die alte Versform zunehmend die Prosa, während daneben weiter Versepen der hochhöfischen Zeit abgeschrieben und gedruckt werden, eine Erscheinung, die weniger mit literarischem Engagement zu tun hat als vielmehr das Déjà-vu eines engbegrenzten Kreises spiegelt, der im retrospektiven Interesse an ritterlichen Themen eine erste Form von Romantik kreiert. So zeigt sich, daß Werke abgeschrieben, gedruckt, ausgeliehen und vererbt werden, mit deren inhaltlichem, aber auch sprachlichem Verständnis nicht

mehr gerechnet werden kann. Der wohl aussagekräftigste Fall sind die berühmten Wolframdrucke aus der Werkstatt Mentelins (1477), die einen für mögliche Leser im 15. Jahrhundert unverständlichen, weil korrupten Text bieten. Untersuchungen zur Verbreitung des *Parzival*-Drucks, die sich auf Besitzvermerke und Leser erstrecken, haben gezeigt, daß diese Ausgaben zwar keinen kommerziellen Erfolg erzielen, anscheinend aber ihr Publikum in einer Gruppe fanden, der Wolframs Werk weitgehend zur gelehrten oder standesgebundenen, d. h. adligen Selbstdeutung diente [511, *S. 134–136*]; ein Publikum, das in der Behauptung einer derartigen kulturellen Kontinuität gerade den Kontinuitätsbruch vollzieht [596].
Ein aus dem 15. Jahrhundert erhaltenes Adelstestament des Gerhard von Sayn, das Albrechts von Scharfenberg *Jüngeren Titurel* von etwa 1270 (der als Werk Wolframs galt) als Ritter- und Tugendlehre den Söhnen zur Beherzigung empfiehlt (1491) [511, *S. 137*], belegt dies ebenso wie die Wertschätzung des Werks bei dem konservativen Püterich von Reichertshausen, die so weit geht, daß er seinen berühmten Literaturkatalog, der auch Wolframs Werke auflistet, in der Titurel-Strophe schreibt (1462). Ein ebenso wichtiges Zeugnis legt eine umfangreiche Handschrift, das *Ambraser Heldenbuch* (1504 bis 1515/1516) ab, ein Auftragswerk Maximilians, das u. a. die beiden einzigen vollständigen bzw. fast vollständigen Fassungen der hochmittelalterlichen anonym überlieferten *Kudrun* und des ersten deutschen Artusromans, des *Erec* (um 1185) Hartmanns von Aue, enthält.
Zu Beginn des 16. Jahrhunderts werden Anstrengungen zur Neubelebung und Traditionspflege der Schriftkunst unternommen, die in konservativer Manier gegen die inzwischen gefestigte Druckkunst gerichtet sind [317]. Ein weiterer Beleg des exklusiven Anspruchs an ältere Literatur ist im zunehmenden antiquarischen Interesse zu sehen; kostbare Büchersammlungen werden angelegt, der Besitz rarer Bücher eröffnet Möglichkeiten der Selbstdarstellung. Püterichs Ehrenbrief gibt auch hier wertvolle Hinweise. Der Sammeleifer des Münchener Stadtadligen verbindet zwei Gebiete: höfische Literatur und genealogische Informationen. Er widmet seinen Ehrenbrief, der auch das Gegenseitigkeit einkalkulierende Angebot enthält, Bücher auszuleihen, der Erzherzogin Mechthild von Österreich, deren Hof nun wiederum exemplarisch jene Symbiose darstellt, die traditionell adlig-höfische Literatur mit der bevorzugten Förderung neuer humanistischer Bestrebungen – und dies heißt vor allem der neuen Übersetzungsliteratur und ihrer Autoren – verbindet (Hartlieb, Niclas von Wyle). Diese Autoren repräsentieren einen neuen ‹Bildungstyp›, Ärzte, Juristen, städtische Funktionsträger wie Stadtschreiber und Lehrer, Kanzleibeamte, Sekretäre und Diplomaten treten zunehmend als Literaturproduzenten hervor; sie schreiben literarische Werke, sie vermitteln, kompilieren und übersetzen, sie sind aber auch

zunehmend in der Frühdruckzeit als intellektuelle Mentoren der Drukker, wenn nicht sogar selbst als Verleger oder Geldgeber einflußreich. Es handelt sich dabei häufig um eine Bildungselite, die neben ihrer fachspezifischen Ausbildung literarische Interessen im weitesten Sinne hat (also auch Fachliteratur verfaßt) und literarische Kommunikationsformen pflegt. Die extensive Briefkultur des 15. Jahrhunderts, die den Briefstil Petrarcas begeistert aufnimmt und vor allem in der Rezeption der Aeneas-Silvius-Briefe durch deutsche Frühhumanisten zum Ausdruck gelangt, ist entscheidend durch diese Berufsgruppen geprägt und vermittelt in vielen Details ein Bild nicht nur des literarischen Engagements, sondern vor allem der Wege, über die Literatur und literarische Themen vermittelt wurden. Ein Teil dieses neuen ‹Gelehrtenadels› – wie er sich manchmal nach italienischem Vorbild stilisiert – hat an den italienischen Universitäten studiert und nicht nur medizinisches und juristisches Fachwissen, sondern häufig auch neue Werke (z. B. aus dem Bereich der italienischen Novellistik oder der neulateinischen Historiographie) mitgebracht oder die Aufmerksamkeit auf die Wiederbelebung traditioneller Künste wie Rhetorik und Eloquenz gelenkt. Aus diesen Kreisen haben sich auch die ersten ‹privaten› Büchersammlungen bzw. deren Verzeichnisse erhalten, die neben fürstlichen Bibliotheken (zu nennen sind vor allem die Sammler Kaiser Maximilian und seine Schwester Kunigunde, die Wittelsbacher oder Graf Eberhard von Württemberg) zahlreiche Informationen über literarische Vorlieben, Bücherbeschaffung und Vermittlung von literarischen Werken oder Fachschriften enthalten. Als Bibliomane bekannt war der Arzt Hartmann Schedel, dessen Sammlungsgrundstock schon eine ererbte Bibliothek bildete; wir kennen in Teilen den Bücherbesitz des Juristen Albrecht von Eyb, die Sammlungen von Hieronymus Münzer, Willibald Pirckheimer und Regiomontan und auch die Bibliothek des Hans Sachs. Vererbter Privatbesitz bildet zumeist auch den Grundstock der städtischen und Rats-Bibliotheken, so die Handschriften des Konrad Konhofer, die dieser dem Rat der Stadt Nürnberg übergab. Den Ratsbibliotheken, die als Wissensfundus zur Amtsführung angelegt waren, folgen im Zuge der Reformation die ersten städtischen Bibliotheken, Institutionen, die weniger die individuelle Lektüre als vielmehr – hierin den Archiven und Schulen vergleichbar – den Ausbau städtischer Unabhängigkeit befördern sollten [352; 344; 326].

Anteil der Frauen

Eine der beliebtesten Buchformen des späten Mittelalters sind die in zahlreichen Exemplaren überlieferten Stundenbücher, in denen, da sie der privaten Andacht dienten, eine größere Freiheit der Gestaltung möglich war als in den Brevieren der Geistlichkeit. Sie sind mit ihren vielfältigen Illuminationen zu einem Fundus der Sachkultur geworden. Die berühmten *Stundenbücher* des Duc de Berry (zu Beginn des 15. Jahrhunderts von den Brüdern von Limburg geschaffen) informieren in ihren detaillierten Bildern über bäuerlichen und fürstlichen Alltag, sie schildern die Eichelmast, einen winterlichen Bauernhof, die Eberjagd und den Fischfang mit Angel und Netz. Die zumeist überaus prächtigen und kostbaren Bücher spiegeln vielfach die künstlerischen Interessen ihrer adligen Benutzer wider, die Sujets lassen häufig spezielle Wünsche und Vorstellungen der Auftraggeber erkennen, unter denen in nicht unbeträchtlicher Zahl Frauen zu finden sind. Zu den immer wiederkehrenden Szenen der Stundenbücher gehören Darstellungen, die die Madonna oder eine Heilige in die Lesung eines Andachtsbuchs versunken zeigen. Häufig findet sich auf einer Stellage oder auf dem Boden noch ein zweites oder drittes Buch. Lesende Frauen als Gegenstand der Malerei und als Besitzerinnen von Andachtsbüchern im Spätmittelalter verweisen darauf, daß die seit dem frühen Mittelalter etablierte Tradition der Lektürefähigkeit der Frauen weiterbesteht. Ihr Einfluß auf Literaturproduktion und -rezeption hat sich jedoch quantitativ nicht unbedingt gegenüber den Mäzenatinnen des Hohen Mittelalters erweitert. Auch das späte Mittelalter kennt nur sehr wenige Schriftstellerinnen. Der Anteil, den Frauen an Lese-, Schreib- und Literaturfähigkeit behalten und erhalten, bleibt begrenzt und ist regional unterschiedlich groß. Die in Frankreich lebende Venezianerin Christine de Pisan (1363 bis 1430), Autorin und Malerin, präsentiert sich nicht nur in ihren Werken, sondern auch in den Abbildungen, die diese illustrieren, als gelehrte, studierte und studierende Frau. Sie verdient neben und vor der eigenen Autorentätigkeit ihren Lebensunterhalt zunächst mit dem berufsmäßigen Kopieren von Handschriften. Ebenso wie die Französin arbeitet die Augsburgerin Clara Hätzerlin (urkundlich bezeugt von 1452 bis 1476) in der gewerbsmäßigen Reproduktion von Handschriften. Ihre deutsche Schreibstube gewinnt Bedeutung bei der verlagsmäßigen Herstellung von ‹billigen› Papierhandschriften, einer der ersten Schritte zur modernen marktorientierten, nicht auftragsorientierten Buchproduktion. Auch andere Frauen – vor allem in klösterlichen Gemeinschaften – sind als Schreiberinnen seit dem Hohen Mittelalter belegt. Daß diese Tätigkeit jedoch nicht unangefochten als weiblich-angemessen akzeptiert wurde, zeigen die kritischen Reaktionen auf Clara Hätzerlins Berufstätigkeit [511, *S. 56f.*; 423].

Das 15. und 16. Jahrhundert kennt mit Elisabeth von Nassau-Saarbrükken, Mechthild, Eleonore und Margarethe von Österreich im deutschsprachigen Raum wichtige Literaturförderinnen, die selbst literarisch tätig waren. Der tatsächliche Anteil, den Frauen an Bildung und Ausbildung hatten, ist jedoch schwer zu ermessen. Aus dem italienischen Raum, vor allem aus Oberitalien und der Toskana, sind zahlreiche Beispiele der gebildeten, wohl auch der gelehrten Frau bekannt (es gibt adlige Erziehungsprogramme, die eine gleichartige Ausbildung für Knaben und Mädchen propagieren [146, *S. 162*]); der englische Hof kennt ebenfalls die lateinisch gebildete und in einigen Wissenschaften unterwiesene Adlige. Die in der italienischen und lateinischen Novellistik vorkommenden Damen können alle lesen und schreiben, beherrschen häufig sogar mehrere Sprachen. Dennoch sagt dies wenig über die tatsächliche Teilhabe an der Schriftkultur des Spätmittelalters aus. Christine de Pisan beklagt noch zu Ende des 14. Jahrhunderts, daß es nicht üblich sei, Frauen zur Schule zu schicken, und daß es keine Schulen für Frauen gebe. Christine wird wohl einen exklusiveren Schultyp im Sinn gehabt haben als jenen, den ein Werbeschild eines Lehrers von 1516 offeriert. Dort wird Elementarunterricht gleichermaßen für Männer, Frauen und Jungfrauen angeboten; der Kontext macht deutlich, daß hier nicht adlig-patrizische Damen, sondern erwachsene Frauen aus den Handwerkerkreisen einer Stadt angesprochen sind. Das *Hausbuch* des Johann Slossgin aus Köln berichtet, daß der wohlhabende Kaufmann zwischen 1426 und 1438 vier Töchter zur Pfarrschule schickt [40, *S. 49*; 41]. Für Köln sind allerdings auch aufgrund der besonders guten Bedingungen für die Berufstätigkeit der Frau zahlreiche Geschäftsfrauen belegt, die ihre Bücher selbst führten, so daß sich eine elementare, nicht aber eine wissenschaftliche Schulausbildung für Mädchen durchaus ökonomisch rentierte. Tätigkeiten ‹mithelfender› Frauen in den Schreibstuben der Handelshäuser sind überliefert, so die umsichtige Geschäftsführung der Margarete Runtinger in Regensburg (gest. 1410), die die Geschäftsbücher ihres Ehemanns führte [40, *S. 41;* 76]. Runtinger selbst war in erster Ehe mit einer Tochter aus der weitverzweigten Münchener Püterich-Familie verheiratet, seine zweite Frau Margarete kommt aus vergleichbaren Regensburger Verhältnissen.

Selten jedoch hatten Frauen Anteil an der neuen humanistischen Gelehrsamkeit. Die wenigen Ausnahmen im deutschsprachigen Raum – zumeist am italienischen Ideal, wenn nicht Vorbild orientiert – sind fast ausschließlich in ungewöhnlichen Familienverbänden zu finden und gelten häufig als Wunderkinder wie Ursula Ganter, die Tochter des Groninger Gelehrten Johannes Ganter, von der die Koelhoffsche Chronik über das Jahr 1489 berichtet [41, *S. 177ff.*]. Aber nur wenige Frauen haben in Deutschland das Vorbild der italienischen *feminae doctae* (die auch dort nicht der Regelfall war) erreicht. Vor allem Caritas Pirckheimer (1476 bis 1532), die bewunderte, lateinisch schreibende, gelehrte Briefpartnerin bedeutender Humanisten, wird zur Symbolfigur, zur *mulier erudita*. Allerdings ist sowohl bei ihr als auch bei den anderen gebildeten Damen der Humanistenkreise – wie Margarete Peutinger und ihren Töchtern – nicht zu verkennen, daß weibliche Bildung zum Erziehungsprogramm ihrer männlichen Verwandten gehörte, unter deren leitender Obhut sich als pädagogisches Ideal die *virgo docta* und die *uxor docta* verwirklichen sollten [862].

Lateinschulen und deutsche Schreibschulen

Die erwähnte Basler Schreibschulankündigung aus dem Jahr 1516 zeigt eine Unterrichtsszene, ein Privatissimum in einem Wohngemach. Ein Lehrer unterrichtet zwei Schüler, die schon im Erwachsenenalter stehen. Der darüberstehende Text wirbt um Schüler, preist die Güte des Unterrichts und verweist auf Lernmotive:

«Ist jemand, der gern lernen will, deutsch schreiben und lesen... jeder, der vorher keinen einzigen Buchstaben konnte, der wird es bald begreifen, so daß er bald selbst seine Schuld aufschreiben und lesen kann. Und wer es dennoch nicht lernt, weil er so ungeschickt ist, den will ich umsonst gelehrt haben und keinen Lohn von ihn nehmen, er sei, wer er will, Bürger oder Handwerksgesell, Frau oder Jungfrau, wer des Unterrichts bedarf, der trete ein, er wird getreulich unterrichtet um angemessenen Lohn. Allerdings (findet der Unterricht) der Knaben und Mädchen nur zur gewohnten Zeit nach den Fronfasten (statt). Anno 1516» (Basel, Kunstmuseum).

Obwohl auch Unterricht für Kinder angeboten wird, werden vornehmlich Erwachsene angesprochen, neben den Frauen ausdrücklich die in den Städten zahlreich vertretenen Handwerksgesellen. Der Adressatenkreis verrät, daß die Alphabetisierung zumindest in den Städten zunimmt, daß Lesen und Schreiben zu wertvollen Fähigkeiten avancieren, die breiten Bevölkerungsgruppen nützen. (Wie sich dies quantitativ ausdrückt, ist schwierig zu recherchieren, auch sind die regionalen Unterschiede sehr groß. Burke errechnet z. B. für eine wichtige Handelsmetropole wie Venedig in der zweiten Hälfte des 16. Jahrhunderts, die zahlreiche Fernhandelskontore aufweist, 30 Prozent Schreib- und Lesekundige. [325]) Die hier angepriesene Schule gehört wohl zum Typ der privaten Schulen, die jedoch an vielen Orten verboten waren, obgleich private Einrichtungen überhaupt die ersten deutschen Schreib- und Leseschulen beherbergten. Die deutsche Schule, die Lektürefähigkeit nicht am Lateinischen vermittelt und in ihrem Lehrangebot auf vielfältige Anforderungen des städtischen Lebens (Geschäftsbriefe, Rechenfähigkeit) reagiert, ist ein Novum des späten Mittelalters und der frühen Neuzeit, ihr Ort ist die Stadt, ihre Träger sind häufig Angehörige der städtischen Beamtenschaft wie Stadtschreiber und Kanzleiangehörige.

Im Spätmittelalter differenzieren sich Unterrichtscharakter, Unterrichtsinhalte und Unterrichtsorte zunehmend. Sind Lehrtätigkeit und Lehrinhalte im Hohen Mittelalter noch vollständig Monopol der Geistlichkeit und – bis auf die Ausbildung der Frauen – zuvorderst auf die Erziehung möglichen geistlichen Nachwuchses ausgerichtet, entwickeln sich ab dem 13. Jahrhundert Stiftsschulen, deren ‹äußere› Schulen zunehmend auch

Laien offenstehen (z. B. die Domschulen in Hamburg, Bremen und Lübeck). Die norddeutschen Hansestädte, über deren Schulwesen wir aus Dokumenten und auch aus archäologischen Untersuchungen eine Reihe von Informationen besitzen, bilden hier aufgrund der gestiegenen Bedürfnisse ihrer wirtschaftlichen Führungsschicht die Avantgarde. Daneben treten die Pfarrschulen, lateinische Elementarschulen, die jedoch schon auf Bedürfnisse des praktischen Lebens in der Stadt reagieren, indem sie vor allem Kenntnisse in Verwaltungstechniken wie Korrespondenz und Formularwesen vermitteln. Einige dieser Schulen wurden zu städtischen Patronatsschulen, andere Lateinschulen entstanden in den Städten durch Ratsbeschlüsse. – Wie wichtig der lateinische Unterricht in Spätmittelalter und früher Neuzeit bleibt, zeigen die Donate (die als Anfängerlehrbuch verwendete *Ars minor* des Aelius Donatus), die in zahlreichen Exemplaren und Auflagen aus den Werkstätten der Frühdrucker kamen.

Deutsche Schreib- und Leseschulen (dudesche scryffschule im niederdeutschen Raum) scheinen sich seit der Mitte des 14. Jahrhunderts entwickelt zu haben, wenn sie auch erst für das 15. Jahrhundert belegt sind; Unterrichtsfächer sind Lesen und Schreiben des Deutschen, Geschäftsschreiben, Rechnen. Sie waren (so zeigen jedenfalls die norddeutschen Belege) gegen Schulgeld öffentlich zugänglich und hatten Ratsprivilegien, d. h., sie waren geschützt. Daneben existierten ungenehmigte Kleinstschulen auf privater Basis respektive sich anbietende Wanderlehrer. Das Lehrpersonal all dieser verschiedenen Schultypen ist nicht ohne Einfluß auf das literarische Leben des Spätmittelalters und seine Organisationsformen geblieben. Vor allem die Leiter der Pfarrschulen sind durch vielfältige Pflichten an das städtische Leben gebunden, nicht nur durch Dienstleistungen im kulturellen Bereich (Leitung des Chorgesangs, Spieleinstudierung), sondern häufig auch in doppelter Funktion als Lehrer und Stadtschreiber. Sicher einer der bedeutendsten, für den beide Funktionen nachweisbar sind, ist der Autor des *Ackermanns aus Böhmen* (um 1400), Johannes von Tepl (auch: J. von Saaz, 1350 bis 1414). Neben diesen gebildeten *magistri puerorum* stellen sich die Lehrer der deutschen Lese- und Schreibschulen als Gruppe wesentlich weniger geschlossen dar, bedingt durch die disparaten Schulformen, die sich unter diesem Begriff subsumieren und die von den gerade institutionalisierten Konzessionsschulen bis zu nur schwer faßbaren Klipp- und Winkelschulen reichen. Aus jenem Bereich stammt auch die angeführte Werbeschrift, die nicht singulär, sondern für den ‹Gewerbecharakter› der neuen Schulen durchaus typisch ist. Ein anderes Prestige dagegen hatten deutsche Privatschulen, die gleich Repetitorien besondere Kenntnisse weitergaben. So unterhielt zum Beispiel der Stadtschreiber und Übersetzer Niclas von Wyle (um 1415 bis 1479) eine Privatschule, in der er wohl vor allem Formular-

und Titulaturwesen lehrte. Er entwickelte (wie auch andere Lehrer) eigenes, sehr begehrtes Unterrichtsmaterial, das anscheinend erfolgreich auf den Kanzleidienst vorbereitete, denn es finden sich Wyle-Schüler in wichtigen süddeutschen Kanzleien. Im 16. Jahrhundert nimmt die Bedeutung der deutschen Schulen in den Städten immer mehr zu; sie dienen der Förderung lokalen Nachwuchses, bereiten auf Ämterlaufbahnen vor und gewinnen besondere Funktionen bei der Etablierung sozialer Konventionen [352; 344].

Lesen – Hören – Sehen

Im Jahr 1461 widmet Niclas von Wyle seine Übersetzung der *Sigismunda*-Novelle des Florentiner Humanisten Leonardo Bruni dem Markgrafen Karl von Baden. Die Widmungsvorrede enthält Hinweise zur Aufführung, Vermittlung und Rezeption literarischer Werke und zeigt Möglichkeiten der Kommunikation und Interaktion literaturtragender Gruppen auf:

«Vsz dem buch bochacy daz in welcher zungen vil hübscher historien von schönem gedicht vnd hochen sinnen bergyffet. hat vor vil Jaren der hochgelert man Franciscus petrarcha die history von griselde lutend vsser dem welchen zu latin verkert, wie dann üwer gnade die selbe history nachmals aber von dem latin zu tütsche gebrach von mir hat gehöret.»

Der Markgraf hat demnach schon ein Stück ‹neue Prosa›, die berühmte 10. Novelle des 10. Tages aus Boccaccios *Decamerone* (1472), ‹gehört›. Dies zeigt zunächst (in Übereinstimmung mit zahlreichen ähnlichen Bemerkungen, die zum festen Kanon von Vorreden und Dedikationen gehören), daß die Rezeptionsform ‹Hören›, die im Bereich volkssprachlicher Literatur im Hochmittelalter zögernd zurücktritt [381; 703], noch nicht der neuzeitlichen Lektürehaltung, dem ‹stillen› Lesen, gewichen ist. Vor allem die Dedikationen an fürstliche Literaturinteressenten und -förderer erweisen, daß der öffentliche Vortrag (nicht nur der Lyrik, die weiter als Sangverslyrik existiert) immer noch zu den Aufführungsformen von Literatur gehört, ebenso wie dies von den literarisch engagierten Höfen des 12. und 13. Jahrhunderts bekannt ist. Dabei zeigt jedoch das Beispiel des Niclas von Wyle neben zahlreichen anderen, daß die literaturteilhabenden Kreise sich verändert haben; die Kommunikationsgemeinschaft umschließt die adligen Mäzene, die studierten neuen Gelehrten, die Verwaltungsbeamten oder literarisch dilettierende Fürstinnen wie Elisabeth von Nassau-Saarbrücken (nach 1393 bis 1456) und Eleonore von Österreich (1498 bis 1558). Hieran wird auch deutlich, daß die früher vorgenommenen Zuordnungen, die der Versform als Aufnahmehaltung das ‹Hören›, der Prosa jedoch Lesen zudiktieren, nicht tragfähig sind, sich vielmehr ebenso wie der Gegensatz adlig/bürgerlich als Fiktionen erweisen, die aus der Suche nach Trennungskriterien zwischen Mittelalter und Neuzeit erwachsen. Gerade in den Texten des 15. Jahrhunderts finden sich die verschiedenen Rezeptionsformen – wie Lesen und Sehen – nebeneinander. Neben schriftlichen Literaturformen bleiben mündliche Erzähltraditionen bestehen.

Die volkssprachigen Drucke der Inkunabelzeit, die aufgrund der schwierigen ökonomischen Bedingungen der jungen Kunst als Gradmesser etablierter Rezeptionserwartungen gelten dürfen, zeigen, daß erfolgreiche Werke überwiegend reich illustriert sind. Die Frühdrucke setzen das Betrachten der Holzschnitte als eine wesentliche Rezeptionsform voraus. Das Oeuvre des Ulmer Frühdruckers Johann Zainer, das wohl unter der literarischen Treuhandschaft des Frühhumanisten Heinrich Steinhöwel zahlreiche Werke enthält, die eine Art frühhumanistisches Programm offerieren, erweist, daß ein nicht illustriertes Werk wie die deutsche Übersetzung von Boccaccios *Decamerone* deutlich hinter der Übertragung der Vitensammlung *De Claris Mulieribus* (entst. 1360 bis 62, Ulmer Dr. 1473) des gleichen Autors, die zahlreiche Holzschnitte enthält, zurücksteht [128]. So ist es sicher auch bezeichnend, daß Mentelin, der Drucker des *Parzival* und des *Jüngeren Titurel*, die beiden volkssprachigen Werke nicht mit Holzschnitten ausstattete, da sein übriges Druckprogramm weitgehend lateinische Werke umfaßt, bei denen Illustrationen nicht erwartet oder sogar abgelehnt wurden und überdies die mögliche Gebrauchsfunktion der beiden Werke eine ‹moderne› Ausstattung mit Holzschnitten nicht erforderlich machte. Es läßt sich jedoch eine zunehmende Tendenz zu Illustrationen in Papierhandschriften und Frühdrucken feststellen, die die alte Rezeptionsform ‹Sehen› nicht nur fortsetzt, sondern sie in den neuen Medien wiederum institutionalisiert. Man hat immer wieder die Gebrauchsform ‹Sehen› als Hinweis darauf gewertet, daß die illustrierten Papierhandschriften und die aufwendig gestalteten Frühdrucke auch Analphabeten als Käufer- und Benutzerkreis ansprechen sollten – ein Argument, das vor dem Hintergrund der Bildungsverhältnisse des 14. bis 16. Jahrhunderts sicherlich nicht abzuweisen ist; andererseits finden sich derartige Hinweise bzw. entsprechende Ausstattungen auch in Büchern, die gewißlich in erster Linie an ein lesekundiges, teilweise sogar lateinkundiges Publikum gerichtet sind. Ein wichtiges Beispiel liefert hier die *Äsop*-Kompilation Heinrich Steinhöwels (*Esopus,* 1476), die – mit zweihundert Holzschnitten versehen – lateinische Texte und deutsche Übersetzungen nebeneinander bietet und wohl kaum die Holzschnitte den Analphabeten, die deutsche Übersetzung dem deutschsprachigen Lese- oder Hörpublikum und den lateinischen Text einzig einer lateinisch gebildeten Leserschaft vorbehielt.

Anscheinend, dies belegt zumindest die exzessive Zunahme der Illustrationen, ist das ‹Sehen› eines Buchs als Gebrauchsfunktion auch für den lesekundigen Benutzer attraktiv. Dies wird bekräftigt durch die Beobachtung, daß häufig, sowohl in den Handschriften der Manufakturen als auch in den Frühdrucken, Illustrationen unabhängig vom Inhalt der vermittelten Texte vorkommen und daß Holzschnitte in der Frühdruckzeit begehrte Handelsobjekte zwischen den Offizinen darstellen. Sie erscheinen sogar in Werken, mit denen sie inhaltlich und formal nichts verbindet – ein Verfahren der Werkstätten, das sein Vorbild schon in der Produktion der Handschriften-Manufakturen und ihrer stereotypen Bilder hat (Beispiele finden sich vor allem bei Diebolt Louber) [511, *S. 172*]. Die Erfindung des Holzschnitts forciert diese Entwicklung. Die frühen Blockbücher, die nichts anderes sind als eine Folge von Holzschnitten, kommen einem derartigen Bildbedürfnis entgegen, und es ist aufschlußreich, daß eine Gattung wie der ‹Totentanz›, die substantiell auf das Bild angewiesen ist, sehr früh schon ihr Verbreitungsmedium in Blockbuch und Frühdruck findet [847]. Auch die ersten eigentlichen ‹Massendrucksachen›, die Flugschriften des 16. Jahrhunderts, setzen auf die Suggestion des Bildes und sprechen damit nicht nur lesekundige Adressaten an.

Papierepoche

Zwei technische Entwicklungen bilden die Voraussetzung für die Produktion und Rezeption von Literatur seit dem 14. Jahrhundert und stellen somit auch die Basis für die moderne Buchproduktion und die ihr folgende Mediengesellschaft dar. Es sind dies die Erfindung des Holzschnitts als praktikable, preiswerte und einfache Vervielfältigungsmethode und die Etablierung der Papierproduktion in Europa. In Italien ist um 1276 die erste Papiermühle nachgewiesen [330, *S. 8*], aber erst das 14. Jahrhundert kann als erstes ‹papierverbrauchendes› bezeichnet werden. Die Produktion läuft langsam und zurückhaltend an; der neue Beschreibstoff, der das kostbare Pergament ablösen soll, wird nur zögernd aufgenommen. Wie lange es dauert, Papier als Schreibgrundlage durchzusetzen, zeigt die Tatsache, daß die erste deutsche Papiermühle erst um 1390 in Nürnberg eröffnet wird (von Ulman Stromer) und daß Institutionen, die große Quantitäten Beschreibmaterials verbrauchen wie die Kanzleien, erst allmählich auf Papier umstellen (so die österreichische Kanzlei ab 1326 [330, *S. 8*; 338; 339]). Bis zur Erfindung des Buchdrucks gibt es im deutschsprachigen Raum nur etwa zwölf Papiermühlen, den größten Teil im wirtschaftlich und kulturell aktiven Südwesten, dem späteren Zentrum der Druckkunst. Die Wasserzeichenforschung belegt jedoch, daß ein Teil der Frühdrucker seine Papiere noch von den leistungsstärkeren italienischen Mühlen bezieht. Aber vollständig ist das Pergament auch im Buchdruck nicht verdrängt, wie Drucke der 42zeiligen und 36zeiligen Bibel zeigen. Mit der Frage nach Verbreitung, Gebrauch und Verbrauch des

Papiers ist auch die heikle Frage nach den Kosten, nach dem Preis von Handschriften und gedruckten Büchern verbunden.
Ist es schon schwierig, aufgrund der wenigen alten Preisangaben Umrechnungen vorzunehmen (erschwert noch zusätzlich durch die verschiedenen Währungen, die konvertiert werden müssen), so ist es häufig unmöglich festzustellen, auf welches Format sich die Preise beziehen. Wenn man [338; 339] davon ausgeht, daß der Preis des Pergaments im Verhältnis zum Papier ca. vier zu eins stand, wird deutlich, daß die Kostenrelation zu Pergament zwar günstig, Papier aber immer noch relativ teuer und kein Massenprodukt war. Die Bezeichnung des Papiers als ‹billigem› Beschreibstoff bedarf somit immer der Relativierung und Korrektur durch die Frage nach den tatsächlichen Käuferschichten, die sich derartige Bücher leisten konnten, und nach der quantitativen Verbreitung der Papierhandschriften und Drucke.

Schreibstuben

Vorformen der ‹Massenproduktion› von Büchern finden sich in jenen Manufakturen, die im Gegensatz zu der im Hohen Mittelalter üblichen Auftragsarbeit gewissermaßen – wenn auch nicht in großem Ausmaße – auf Vorrat produzierten. Derartige Handschriften besitzen zumeist kein Bestellerwappen. Sie sind vornehmlich eine Erscheinung des frühen 15. Jahrhunderts. Gut dokumentiert ist die Schreibstube des Diebolt Louber in Hagenau, der selbst wohl schon Vorgänger gehabt hat, nämlich die Schreiber und Illustratoren der sogenannten elsässischen Schreibstube, aus der Handschriften um 1420 nachzuweisen sind [511, *S. 34ff.*]. Für Diebolt Louber selbst sind zwischen 1427 und 1467 die verschiedensten Tätigkeiten bezeugt, die wiederum die engen Verflechtungen zwischen den verschiedenen Kulturtechniken zeigen. Louber ist Schreiber, gibt Schreibunterricht, ist Verleger und Buchhändler und gehört als Gerichtsschreiber zu den neuen Funktionsträgern [511, *S. 36*]. Er beschäftigte eine beträchtliche Anzahl von Mitarbeitern in seinem Atelier, Schreiber und Zeichner, hat seine Bücher in Verzeichnissen aufgelistet, und es haben sich Annoncen erhalten, in denen er seine Produktion anpreist, etwa in folgender: «Item zú hagenowe vil húbscher buechere geistlich latinische buechere» [511, *S. 37*; 324].
An die Großproduktion Loubers knüpfen sich ebenso wie an die Programme der Inkunabeldrucker Überlegungen zum tatsächlichen Umfang der Produktion, zur Kapazität und zum Absatz und damit zur tatsächlichen Zahl der Bücherbesitzer respektive zur räumlichen Ausdehnung des Marktes. Zahlen, die von circa 10000 Handschriften ausgehen, sind realistischeren Beurteilungen gewichen, die einige hundert Handschriften ansetzen [511]. Aber selbst eine solche Anzahl setzt ein großes Handelsnetz oder zumindest die Teilhabe an einer entwickelten Verkehrsstruktur vor-

aus, Möglichkeiten, die im Falle Loubers bezeugt sind. Die Werkstatt fertigt noch Handschriften-Bücher an zu einem Zeitpunkt, als schon entsprechende Titel im Frühdruck erscheinen – ein Faktum, das mehrfach zu beobachten ist. Es weist auf Reserven gegenüber der ‹Schwarzen Kunst› hin und belegt wohl zum anderen, daß noch bis in die achtziger Jahre des 15. Jahrhunderts das Preisgefälle zwischen gedruckten Büchern und manufakturierten Papierhandschriften nicht so gravierend war. Zudem standen wohl auch noch nicht genügend gedruckte Bücher zur Verfügung.

Auch Clara Hätzerlin, deren berühmtes *Liederbuch* – eine Auftragsarbeit – bis heute in Teilen in ‹Gebrauch› geblieben ist, produziert Handschriften zu einer Zeit (1452 bis 1476) und an einem Ort (Augsburg), die schon gedruckte Bücher kennen. Ein evidentes Beispiel für das Nebeneinander von Handschriften und gedruckten Büchern bildet die Tätigkeit Conrad Müllers von Öttingen. Er schrieb 1468 noch den *Ackermann aus Böhmen* ab, obwohl er zu diesem Zeitpunkt schon in zwei Druckauflagen existierte [511, *S. 54*]. Im Gebrauch selbst wurde anscheinend kaum ein Unterschied zwischen geschriebenen und gedruckten Büchern gemacht; Sammelkodizes zeigen in vielen Fällen beide Buchtypen nebeneinander. Häufig haben gedruckte Texte handschriftliche Ergänzungen, die Fehlendes ersetzen (so das Berliner Exemplar des Zainerschen *Decamerone*, dessen Einleitung fehlt und durch eine handschriftliche Vorrede ersetzt ist). Puristische Ablehnung der Druckwerke, wie sie von italienischen Humanisten überliefert ist, findet sich im deutschen Sprachraum nicht so ausgeprägt; dennoch muß als ästhetisches und handwerkliches Prinzip der Inkunabelzeit gelten, daß gedruckt werden sollte wie geschrieben und daß die Handschrift und ihre Illuminationstraditionen das Leitbild auch für die Buchgestaltung im Frühdruck bleiben. So finden sich neben der gedruckten oder Holzschnitt-Initiale immer wieder von Rubrikatoren gemalte Initialen oder noch häufiger der dafür vorgesehene leere Platz, und eine der schönsten Schrifttypen der Inkunabelzeit, die Textura, zu der die Typen der 36zeiligen und der 42zeiligen *Bibel* gehören, ahmt spätmittelalterliche Prunkhandschriften nach [338; 339].

Frühe Offizinen

Auch nach Erfindung des Buchdrucks (um 1450 in Mainz, die frühesten datierbaren Drucke stammen aus dem Jahr 1454) bleibt die Dominanz der lateinischen Literatur bestehen. Nur ein geringer Prozentsatz der Literatur in den Programmen der Inkunabeldrucker ist volkssprachig, und quantitativ den größten Anteil an den Frühdrucken haben theologische Werke. Daraus ergibt sich, daß auch der größte Teil der Inkunabeln in geistlichen Besitz gelangt und der Buchdruck selbst in seinen Anfangsjahrzehnten noch keine Umstrukturierung literarischer Öffentlichkeit zur Folge hatte. Wie für die Handschriften der Schreibstuben ist es schwierig, den Gesamtumfang der Druckproduktion bis zum Jahre 1500 – den Zeitraum, den man gemeinhin als Inkunabel-(Wiegendruck-)Zeit bezeichnet – zu schätzen. Allein die Gesamtzahl der Titel wird mit unterschiedlichen Größen von 24000 bis 40000 angegeben [317]. Außerdem sind wenig gesicherte Fakten über die jeweiligen Auflagenhöhen zu gewinnen; die Mutmaßungen schwanken hier zwischen 100 und 500 Stück pro Auflage. Auch dies hat Einfluß auf die Struktur des Publikums. Zudem wird man zwischen umfangreichen Werken, die sich nur ein wohlhabender Käufer leisten konnte, und kleinen Druckerzeugnissen, die entsprechend billiger waren, unterscheiden müssen. Es sind zahlreiche Exemplare erhalten, für die eine Käuferschicht vorstellbar ist, die über elementare Schreib- und Lesekenntnisse verfügt und die sich, wie im bäuerlichen Bereich teilweise bis in die Gegenwart zu verfolgen, mit einem Kalender, einer Flugschrift oder einem religiösen Traktat als einzigem Buchbesitz begnügt [317].

Die neuen Vermittlungsmedien sind – wie schon erwähnt – an eine Reihe von technischen Neuerungen gebunden; hierbei handelt es sich meist um kostspielige und komplizierte Verfahren wie die Herstellung der Metallletter. Das neue Reproduktionsverfahren erforderte hohe Investitionen bei ungewissen Marktchancen, so daß viele Frühdrucker in wirtschaftliche Schwierigkeiten gerieten. Die Zahl der geschäftlich erfolgreichen Verleger ist in den ersten Jahrzehnten gering. Einer der wenigen, die reüssieren, ist der Nürnberger Anton Koberger, dem es gelingt, in den achtziger Jahren eine Art Großverlag zu etablieren. Er beschäftigt eine hohe Zahl von Mitarbeitern für die verschiedenen Druck- und Verlagstätigkeiten und verfügt über ein ausgedehntes Buchführernetz, das seine Produktion, bezeichnenderweise vor allem theologische Werke, vertreibt. Die Nachrichten von Konkursen früher Offizinen sind jedoch zahlreich und beginnen schon mit der Fama, die den Erfinder der Druckkunst, Johannes Gutenberg (eigentl. Name: J. Gensfleisch, um 1400 bis 1468), umgibt. Häufig betreffen sie gerade Drucker, die typographische Meisterwerke schufen wie Johann Zainer in Ulm [128].

Mit dem Buchdruck entstehen die Anfangsformen des Urheberschutzes [340], der sich zunächst nicht auf die Autoren, sondern auf die Verleger erstreckt. Jedoch äußert sich bald das Bedürfnis der Autoren, ihre Texte korrekt und nur mit eigener Zustimmung ausgehen zu lassen. Berühmtestes Beispiel ist Luthers *Vermanung an die Drücker*, mit der er 1525 auf den unautorisierten Druck eines gestohlenen Manuskripts reagiert. Von Sebastian Brant (1457 bis 1521) und Melanchthon (eigentl. Name: Philipp Schwartzert, 1497 bis 1560) sind Klagen über Entstellungen ihrer Texte in nachlässigen Nachdrucken bekannt, und 1539 wird der erste Prozeß um einen nicht genehmigten Vorlesungsnachdruck angestrengt. Die ersten Druckgenerationen gehen jedoch noch ganz von der mittelalterlichen Vervielfältigungsfreiheit aus; das gedruckte Buch unterscheidet sich hier nicht vom abgeschriebenen Manuskript. Erst allmählich – wohl auch unter dem Druck zunehmender wirtschaftlicher Schwierigkeiten – entstehen Bemühungen, Druckerzeugnisse zu schützen. Mailand und Venedig sind die ersten, die 1481 und 1486 Druckprivilegien erteilen, die vor Raubdrucken, wie man seither die nicht konzessionierten Drucke nennen muß, schützen sollen. Die ersten deutschen Privilegien stammen von 1501, 1510 und 1511. Deutlich ist dabei aber, daß zunächst nur von einem Schutz der Drucker gesprochen werden kann; der Schutz des Werks bzw. des Autors entwickelt sich erst sekundär. Parallele Entwicklungen lassen sich auf dem Gebiet der bildenden Kunst seit dem 16. Jahrhundert beobachten. Markanter Grenzstein für eine Neubestimmung der Urheberschaft ist das schützende Vorgehen der Stadt Nürnberg zugunsten Albrecht Dürers (1471 bis 1528), dessen Signet von Fälschern mißbraucht worden war.

Von Mainz, der Geburtsstadt der neuen Technik, breitet sich der Buchdruck allmählich im deutschen Sprachgebiet aus. Der Südwesten wird eines der Zentren mit Straßburg, Basel, Nürnberg, Augsburg und Ulm; im Norden wird 1475 in Lübeck die erste Offizin gegründet. Als wichtiger Druckort für lateinisch-theologische Literatur etabliert sich Köln, dagegen liegt der Schwerpunkt bei scholastisch-theologischen Werken in der Druckerstadt Leipzig. Volkssprachige Drucke erscheinen vor allem in Augsburg, Straßburg und Ulm, also an Orten, an denen entweder schon vorher derartige Schriften produziert und vertrieben wurden oder wo ‹Arbeitsgemeinschaften› zwischen Druckern und der ortsansässigen Bildungselite derartige Programme entstehen ließen. Die bisher genannten Orte haben fast alle eine besondere Bedeutung als Handelsstädte, die durch Anschluß an vorhandene Handelsnetze gute ökonomische Voraussetzungen bieten. Aber auch in den Universitätsstädten wie Heidelberg und Erfurt werden Werkstätten gegründet; zu Ende des 15. Jahrhunderts auch verstärkt an den Bischofssitzen und in den Klöstern, damit die liturgischen Texte unter direkter kirchlicher Regie gedruckt werden können [338; 339].

Ulrich Müller
Sangverslyrik

Das Mittelalter und die frühe Neuzeit kannten den Gattungsbegriff Lyrik noch nicht; er setzte sich im Deutschen, nach einigen frühen Beispielen, erst in der zweiten Hälfte des 18. Jahrhunderts durch. Verwendet man ihn jedoch für Texte des Mittelalters und der frühen Neuzeit, dann macht vor allem die Abgrenzung gegenüber den kürzeren Formen der lehrhaften Dichtung Probleme [vgl. dazu ausführlich 545]. Für den Zeitraum zwischen 1310/20 und 1572 lassen sich folgende Großgruppen unterscheiden, die man unter dem Oberbegriff ‹Lyrik› zusammenfassen kann:

1. Die gesamte volkssprachige Sangverslyrik, also die für den gesungenen Vortrag bestimmte deutschsprachige Lyrik, fast ausschließlich in Form des Liedes (das man formal definieren kann als eine Folge von metrisch und musikalisch identischen Einheiten bzw. Strophen). Sie fächert sich inhaltlich in einige Untergruppen auf wie Liebeslyrik, religiöse Lyrik, politische Lyrik, moralisch-didaktische Lyrik etc. Eine hinsichtlich der Autoren und deren sozialem Stand deutlich ausgegrenzte Gruppe, die auch damals stets als etwas Eigenständiges angesehen wurde, ist der Meistergesang.
2. Die sogenannte Sprechverslyrik in deutscher Sprache, also gesprochene, nicht strophisch gegliederte Lyrikformen wie der kurze «Spruch» (im Hochmittelalter vertreten durch einen Autor wie Freidank) und die «Rede», meist in Form der mehr oder minder didaktisch ausgerichteten «Reimpaar-Rede».
3. Von diesen deutschsprachigen Lyrikformen ist für das gesamte Mittelalter die mittellateinische Lyrik, für den deutschen Sprachraum des 16. Jahrhunderts dann die neulateinische Lyrik der Humanisten zu unterscheiden, beides Dichtungsformen, die sich sozusagen überregional der latein-europäischen Fach- und Gelehrtensprache bedienten.

Sangverslyrik 1310/20 bis ca. 1500

Die Tatsache, daß man zu Beginn des 14. Jahrhunderts im gesamten deutschen Sprachraum die lyrische Produktion der vorherigen Zeit, von circa 1150 bis in die damalige Gegenwart, in großen Sammelhandschriften zusammenfaßte, zeigt deutlich, daß die an Lyrik interessierten Sammler und Schreiber den Eindruck einer Art Epochengrenze hatten. Insofern markieren diese Sammelhandschriften einen Einschnitt in der Geschichte der mittelhochdeutschen Lyrik; zu nennen sind hier insbesondere die *Kleine Heidelberger Liederhandschrift* (= A) (Ende des 13. Jhs.), die *Weingartner-Stuttgarter Liederhandschrift* (= B) (14. Jh.), die *Große Heidelberger ‹Manessische› Liederhandschrift* (= C) (um 1310ff.) sowie die *Jenaer Liederhandschrift* (= J) (Mitte des 14. Jhs.). Die Lyrik des folgenden Zeitraums, also des späten Mittelalters, ist insgesamt dadurch gekennzeichnet, daß die Form der gesprochenen «Rede» stark zunimmt und daß dort jetzt Inhalte behandelt werden, die früher Themen der Sangverslyrik, und zwar insbesondere, aber nicht ausschließlich der sogenannten Sangspruchdichtung gewesen waren. Hier zeigt sich eine zunehmende Tendenz zur Leselyrik, was dann Ende des 15. Jahrhunderts noch verstärkt wurde durch die zunehmende Bedeutung des Buchdrucks für die Verbreitung von Liedern.

Die dominanten Themen der Lyrik sind allerdings mehr oder minder dieselben wie im Hochmittelalter: Liebe, Probleme der richtigen Lebensführung (Didaxe: Moral/Ethik), Politik und Religion. Auch in der poetischen Ausformung setzt sich die Tradition des Hochmittelalters fort, wenn auch mit vielerlei Variationen und Innovationen. Die Lyrik des späten Mittelalters galt deswegen lange Zeit in der Forschung – wie die gesamte Dichtung dieser Epoche – als zweitrangig und weniger wichtig.

Erst in den letzten drei Jahrzehnten hat sich hier ein Wandel abgezeichnet. Die seitdem intensiv betriebene Aufarbeitung der spätmittelalterlichen Lyrik durch Editionen und Monographien ist angesichts der gegenüber dem Hochmittelalter stark zunehmenden Menge der überlieferten Texte und Melodien noch immer in vollem Gang und konnte bisher nur zu wichtigen Einzel- und Teilergebnissen führen.

Besonders hervorzuheben ist, daß für die Sangverslyrik des Spätmittelalters – im Gegensatz zu derjenigen des 12. und 13. Jahrhunderts – zwar nicht sämtliche, aber doch die Mehrzahl der Melodien erhalten ist. Dies eröffnet die Möglichkeit, bei der Interpretation Text und Musik, die dort in jedem Fall eine okkasionelle Aufführungseinheit, in manchen Fällen aber durchaus auch eine wechselweise aufeinander bezogene Einheit im heutigen Liedverständnis bilden, in gebührender Weise zu berücksichtigen. Ferner ermöglicht diese Überlieferungslage, viele Lieder jener Epoche heute wieder aufzuführen. Diese bisher noch nicht wirklich umfassend genutzte Chance wird allerdings erschwert durch die besonderen

Bedingungen im Umgang mit der Musik des Mittelalters: Zumeist, vor allem bei der einstimmigen Musik, ist nur der Melodieverlauf notiert, und alles andere wie Tempo, Rhythmus, Art des Vortrags und der instrumentalen Begleitung war den ausübenden Künstlern gemäß der damals üblichen Musizierpraxis überlassen.
Die Menge des Vorhandenen sowie die Forschungslage bedingen es, daß ein Überblick über die Lyrik jener Epoche stark auswählen und exemplarisch vorgehen muß, daß er immer wieder in Gefahr ist, eigentlich Wichtiges zu vernachlässigen; er muß sich notgedrungen auf bestimmte Liedsorten sowie Autoren konzentrieren.

«Limburger Chronik» des Tilemann Elhen

Die *Limburger Chronik* des dortigen Notars Tilemann Elhen von Wolfhagen (um 1347/48 bis nach 1411), welche aus der Sicht der Limburger Führungsschicht und teilweise aufgrund eigener Beobachtungen und Kenntnisse das politische Geschehen und sonstige wichtige Zeitereignisse der Jahre 1335 bis 1398 mit starker Betonung einzelner Episoden berichtet, ist für die Lyrik jener Zeit eine interessante Quelle. Zum einen gibt der Verfasser zu bestimmten Jahren ausdrücklich an, welches Lied damals gerade ‹gesungen› wurde, also offenbar beliebt und in Mode war. Er vermittelt auch sonst anderswo kaum zu gewinnende Einsichten in den ‹Sitz im Leben› von Lyrik. Ein Beispiel dafür findet sich für das Jahr 1347: Tilemann erzählt, daß ein gewisser Reinhart von Westerburg, ein Gefolgsmann Kaiser Ludwigs, ein Scheltlied auf eine unzugängliche Dame verfaßt und vorgetragen habe (er zitiert sogar den Wortlaut), daß der Autor aber auf Einspruch des zuhörenden Kaisers einen Widerruf, also ein Frauenpreislied, dichten und singen mußte. Aber nicht nur zur Liebeslyrik erhält man solche anekdotenartige Einblicke, sondern auch zur geistlichen Lyrik.
Tilemann berichtet nämlich im Zusammenhang der Limburger Pestepidemie von 1349 ausführlich über die Bußprozessionen der Geißler und die Lieder, die dabei gesungen wurden: Gruppen von einigen hundert Männern seien mit Kreuzen, Fahnen, Fackeln und Kerzen von Stadt zu Stadt gezogen und hätten sich bei ihren Prozessionen mit Geißeln selbst blutig geschlagen. Dabei hätten sie, zwischen Vorsänger und Chor abwechselnd, verschiedene «Leisen» gesungen. Durch Tilemann und weitere Quellen kennt man die Texte und sogar die Melodien zu vieren solcher Lieder: Es sind Gemeinschaftslieder, die von der Passion Christi, vom Leiden Marias und von der Aufforderung zur Buße handeln. Sie gehören in die Tradition von Wallfahrts-, Pilger-, Passions- und Marienliedern, wie sie auch sonst erwähnt und mit einigen Beispielen erhalten sind.

Religiöse Gemeinschaftslyrik

Die gesprochene und gesungene Sprache der Liturgie war im katholischen Europa des Mittelalters grundsätzlich (so bis zum Zweiten Vaticanum) das Lateinische. Die Reformation, Luther und die evangelischen Kirchen brachten hier etwas prinzipiell Neues, unter anderem mit dem deutschsprachigen Gemeindegesang, dem Kirchenlied. Dennoch gab es im Mittelalter neben den zahlreichen deutschen Liedern mit religiösem, geistlichem und theologischem Inhalt, die sich insbesondere im Oeuvre und Repertoire vieler «Sangspruch-» und Meistersangautoren finden, auch eine nicht unbeträchtliche Anzahl von geistlichen Liedern in der Volkssprache, die von kleineren und größeren Gruppen gemeinschaftlich nicht innerhalb des eigentlichen Gottesdienstes, sondern an dessen Rand (mit paraliturgischer Funktion) und vor allem bei besonderen Anlässen gesungen wurden: etwa bei Wallfahrten und Prozessionen, bei religiösen Feiern und Andachten außerhalb des eigentlichen Gottesdienstes, in eher privaten Kreisen oder auch in einer klösterlichen Gemeinschaft. Eine wichtige Rolle spielten hierbei die Feste und Festzeiten des Kirchenjahres wie Advent, Weihnachten, Ostern, Pfingsten und die verschiedenen Marientage. Ein Teil dieser Lieder sind Übersetzungen aus dem Lateinischen, andere scheinen deutsche Neudichtungen zu sein; als besonders fleißige und erfolgreiche Übersetzer lateinischer Gesänge sind der Mönch von Salzburg (zweite Hälfte des 14. Jahrhunderts), einer der erfolgreichsten Liedautoren des deutschen Mittelalters, sowie Heinrich Laufenberg (um 1390 bis 1460) hervorzuheben. Neben den bereits erwähnten Bußliedern der Geißler sei noch die Gruppe der Weihnachtslieder genannt.

Für die weihnachtliche Andacht haben verschiedene Dichter, darunter insbesondere der Mönch von Salzburg und Heinrich Laufenberg, lateinische Hymnen und Lieder ins Deutsche übertragen, zum Beispiel: *A solis ortus cardine, Agnoscat omne saeculum, Dies est laetitiae, Puer natus in Bethlehem, Resonet in laudibus* [vgl. dazu 406]. Aus dem Umkreis der Mystik und von damit verbundenen Klöstern, möglicherweise von Frauenkonventen, scheinen zwei heute noch bzw. wieder bekannte Weihnachtslieder zu stammen, nämlich: *Es kommt ein Schiff geladen*, das gelegentlich dem Mystiker Johannes Tauler (um 1300 bis 1361) zugeschrieben wurde, sowie das lateinisch-deutsche Lied *In dulci jubilo*, das erstmals in der *Vita* des Mystikers Heinrich Seuse (um 1295 bis 1366) belegt ist. Einen in diesem Zusammenhang besonders interessanten Fall stellt das bereits erwähnte *Resonet in laudibus* dar: Es wurde in klösterlichen Gemeinschaften, wahrscheinlich in Frauenklöstern, beim weihnachtlichen Gottesdienst und der weihnachtlichen Andacht beim sogenannten Kindelwiegen gesungen, einer erbaulichen Szene, bei der mit verteilten Rollen und im gemeinsamen Chor das Wiegen des neugeborenen Jesuskindes sozusagen nachgespielt wurde. Daß diese Andachtshandlung dann zu einer Kernszene der geistlichen Weihnachtsspiele geworden ist, ist leicht zu verstehen. Der Mönch von Salzburg hat das *Resonet in laudibus* dann mit einem neuen deutschen Text versehen, und sein Lied *(Joseph, lieber nefe mein/hilf mir wiegen mein kindelein)* ist neben *In dulci jubilo* das älteste deutschsprachige Weihnachtslied, das heute noch gesungen wird.

‹Der Mönch von Salzburg› und Heinrich Laufenberg

Der «Mönch von Salzburg», dessen genauen Namen wir nicht kennen, ist nach Ausweis der Überlieferung (über hundert vollständige und fragmentarische Handschriften) der erfolgreichste deutschsprachige Lyriker des gesamten Mittelalters gewesen. Er war offenkundig Hofdichter beim Salzburger Erzbischof Pilgrim II., während dessen Regierungszeit (1365 bis 1396) Salzburg auf einem Gipfel seiner politischen und kulturellen Bedeutung stand; es gibt sogar die nicht beweisbare These (Michael Korth), der Erzbischof selbst sei der Verfasser der «Mönch-»Lieder.

Unter dem Namen des «Mönchs von Salzburg» sind die Texte und Melodien von insgesamt 49 geistlichen und 57 weltlichen Liedern überliefert. Ihre Thematik ist scheinbar so unterschiedlich, daß man in der Forschung immer wieder versuchte, zumindest zwei verschiedene Autoren anzunehmen; dies verkennt allerdings die Tatsache, daß man damals hinsichtlich der Unterscheidung von Geistlichem und Weltlichem und vor allem deren gegenseitiger Verträglichkeit andere Vorstellungen als in der Neuzeit hatte. Die Toleranzschwelle lag solange erheblich höher, als nicht fundamentale Glaubensinhalte bzw. die Herrschaftsinteressen des Klerus in Frage gestellt wurden – man vergleiche dazu nur die mittellateinische Lyrik der geistlich gebildeten bzw. dem Geistlichenstand angehörenden «Vaganten» (etwa in der Sammlung der *Carmina Burana*).

Die Melodien der geistlichen Lieder des «Mönchs» stehen zum größeren Teil in der Tradition des lateinischen Kirchengesangs, also des Gregorianischen Chorals. Diejenigen der weltlichen Lieder zeichnen sich durch raffinierte Rhythmisierungsmöglichkeiten, durch Bevorzugung pentatonischer und vor allem der damals ganz modernen Dur-Tonalität aus. Musiker vermeinen, hier den Einfluß von Komponisten wie Guillaume de Machaut (um 1300 bis 1377) oder zeitgenössischer Italiener zu bemerken, ohne daß dies im einzelnen bisher genauer untersucht worden wäre. Da aber der Salzburger Erzbischof enge Kontakte mit dem päpstlichen Hof in Avignon sowie dem Königshof in Prag, zwei Zentren des europäischen Musiklebens, hatte, wären entsprechende Beeinflussungen durchaus möglich gewesen. In einer Hinsicht steht der «Mönch» aber unbestreitbar am Anfang einer entscheidenden Entwicklung: Er ist der erste deutschsprachige Dichterkomponist, von dem mehrstimmige Notationen überliefert sind, und zwar zu einigen Tageliedern [vgl. 678], also Liedern, die von einer heimlichen Liebesnacht und dem anschließenden Abschied des Paares handeln. Einfache Mehrstimmigkeit, in Form des Übersingens oder des instrumentalen Borduns (das sind lange durchgehaltene, tiefe Stütztöne), wird es mutmaßlich im Deutschen schon früher gegeben haben, doch insgesamt hat die um 1200 in Frankreich sich herausbildende Polyphonie erst sehr spät und zögernd auf den deutschen Sprachraum übergegriffen. Der erste wirkliche Meister des deutschen mehrstimmigen Liedes wurde dann Oswald von Wolkenstein.

In seinem kleinen Tagelied-Zyklus probiert der «Mönch» die inhaltlichen und musikalischen Möglichkeiten der Gattung durch: Neben je einem einstimmigen Klagelied über eine einsame Nacht (Anti-Tagelied: *Das nachthorn*) und einer bäuerlichen Parodie (*Das kchuhorn*), wovon letztere alpenländisch-volkstümliche Musizierpraxis virtuos aufgreift, stehen ein Duett (*Ain enpfahen*) sowie ein höfisches Tagelied mit einfacher Bordun-Mehrstimmigkeit (*Das taghorn*) und ein weiteres, wo gleich drei Personen (Er, Sie, Wächter: *Dy trumpet*) in einem raffinierten zweistimmigen Satz singen. Andere weltliche Lieder handeln von höfischer Liebe und deren Neidern, von Freude und Sehnsucht der Liebe, aber auch von den Genüssen des Essens und Trinkens. Der nach einem lateinischen Vorbild verfaßte Martinskanon *Martein lieber herre*, zu Ehren des Heiligen Martin, dessen Festtag (der 11. November) den mit Essen, Trinken und «Martinsliedern» gefeierten Abschluß des bäuerlichen Wirtschaftsjahres bildete, ist wiederum das erste erhaltene Beispiel dieser Musikgattung im Deutschen. Es ist nicht übertrieben, in dem «Mönch», zu dem es mittlerweile auch Schallplatten mit ausgewählten Liedern gibt, den ersten großen Musiker Salzburgs vor Mozart zu sehen.

Die geistlichen Lieder des «Mönchs», die eine enorme Verbreitung hatten, sind teilweise Übersetzungen oder Nachdichtungen nach lateinischen Hymnen und Sequenzen, teilweise selbständige Neudichtungen im Kontext der herrschenden Tradition. Sie beziehen sich zum größeren Teil auf die Festtage des Kirchenjahres sowie auf Maria, und sie wurden wohl zur religiösen Erbauung neben dem Gottesdienst bzw. in Klöstern und bei verschiedenen religiösen Anlässen verwendet; im übrigen war Salzburgs liturgische Praxis damals bezüglich der Einbeziehung der Volkssprache besonders fortschrittlich.

Der um 1390 bei Freiburg im Breisgau geborene und am 31.3.1460 im Johanniterkloster von Straßburg verstorbene Heinrich Laufenberg, der als Pfarrer in und bei Freiburg lebte, hat neben einer umfangreichen gereimten Gesundheitslehre (*Regimen sanitatis*, 1429), die durch Handschriften und Frühdrucke eine weite Verbreitung erfuhr, insbesondere zahlreiche geistliche Lieder (circa 120) verfaßt. Hier ist er eine Art Pendant zum Salzburger «Mönch»: Er hat – vielleicht angeregt von jenem – einige lateinische Hymnen und Sequenzen übersetzt bzw. frei übertragen sowie neue Lieder geschrieben [vgl. 406]. Bezüglich des Inhalts sind es vor allem Lieder über Maria (Marienpreis, Mariengruß), Weihnachten und Neujahr. Seine Texte enthalten sich theologischer Gelehrsamkeit und des komplizierten geblümten Stils (etwa in der Art von Frauenlob oder Heinrich von Mügeln), und sie zeichnen sich immer wieder durch einen eindringlich-schlichten Ton aus. Des öfteren hat er Melodien weltlicher Lieder übernommen und mit neuen, religiösen Texten versehen: Diese Technik der geistlichen Kontrafaktur war im späten Mittelalter insgesamt weit verbreitet und hat sich bis in die Barockzeit gehalten (z. B.: Passionen von J. S. Bach). Die Beliebtheit der Laufenberg-Lieder zeigt sich darin, daß einige von ihnen noch im 19. und 20. Jahrhundert im Repertoire der Gesangbücher zu finden sind. Um so mehr ist es zu bedauern, daß die wichtigste Handschrift seiner Lieder (circa 120 Texte, circa 17 Melodien) beim Beschuß Straßburgs durch die preußischen Truppen 1870 in der dortigen Stadtbibliothek verbrannt ist.

Gelehrt-lehrhafte Lyrik: Heinrich von Mügeln

Den Typ des gelehrten Dichters mit offenkundig profunder geistlicher Ausbildung vertritt der vielleicht aus der Gegend von Meißen stammende Heinrich von Mügeln. Seine Wirkungszeit liegt kurz vor derjenigen des «Mönchs von Salzburg»; sie fällt etwa zusammen mit der Regierungszeit von Karl IV. (1346 bis 1378), und die Widmungen seiner Werke zeigen ihn in Verbindung mit diesem König, mit Herzog Rudolf IV. von Österreich, mit König Ludwig I. von Ungarn sowie dem Landesmarschall der Steiermark. Mügeln hat ein umfangreiches Werk in Vers und Prosa hinterlassen: *Psalmenkommentar*, deutsche und lateinische *Ungarn-Chronik*, *Valerius-Maximus-Auslegung,* Mariendichtung *Der Meide Kranz*, je eine lateinische Schrift über die Artes liberales und zu den Büchern des Alten Testaments, ferner über 400 Liedstrophen in verschiedenen Tönen, die sich zu verschiedenen, oft sehr langen Einheiten («Spruchketten», Liedern) zusammenfügen.
Die bei weitem umfangreichste und wichtigste Sammlung von Mügeln-Strophen, die Papierhandschrift cod. philos. 12 der Universitätsbibliothek Göttingen, ordnet die Strophen nach Themengruppen in 16 «Bücher». Dabei dominieren theologische, religiöse und wissenschaftliche Inhalte mit zumeist deutlich lehrhafter Tendenz, zum Beispiel über die Freien Künste, über Astronomie, Naturgeschehen, Traumdeutung und Fabeln, über das Alte Testament und vor allem Maria, über die verschiedenartigsten Fragen des menschlichen Lebens und Zusammenlebens. Thematisch, inhaltlich und musikalisch knüpft Mügeln deutlich an die Tradition der früheren Sangspruchlyrik und deren gelehrt-gesuchte Metaphorik und Sprachgestaltung an, den sogenannten geblümten Stil; es ist von daher nicht verwunderlich, daß Mügeln ebenso wie seine Vorbilder

Konrad von Würzburg und Frauenlob von prägender Wichtigkeit für den Meistergesang wurde. Mit seiner besonderen und immer wieder unverwechselbaren Technik des «Blümens» ist er für Spätere, die ihn auch durchaus namentlich erwähnen, ein stilbildendes Vorbild geworden.

Politische Lyrik: Erzähllieder und das Historische Volkslied

Seit etwa 1300 bildete sich eine Form der politischen Lyrik aus, die für das gesamte Spätmittelalter und die frühe Neuzeit kennzeichnend war und die in Resten bis in die Gegenwart nachlebte: das politische Erzähllied, das in balladenhafter Weise und unter Verwendung bestimmter Darstellungstechniken einzelne politische Ereignisse, insbesondere Schlachten und Kämpfe, aus einer sehr stark parteilichen Sicht berichtet. Immer wiederkehrende Motive sind etwa der Neuigkeitstopos am Anfang («Wollt Ihr etwas Neues hören...?»), Wappentierallegorien, Polemik gegenüber den Gegnern, sarkastische Kampfmetaphern (z. B.: der Kampf als Tanz, Bad, «Kirchweih» etc.). Solche Lieder sind aus dem gesamten deutschen Sprachraum erhalten, sie konzentrieren sich aber – zumindest nach Ausweis der Überlieferung – auf einzelne Ereignisse.

Eine auffällige Gruppe sind die sogenannten *Schweizer-Lieder*. Sie handeln, zumeist aus schweizerischer Sicht, von den Kämpfen zwischen den Schweizer Eidgenossen und den Habsburgern (Schlachten bei Sempach 1386, Näfels 1388, der «Züricher Krieg» 1443 bis 1446, der «Mühlhäuser Krieg» 1468 u. a.), zwischen den Schweizern und dem Herzog von Burgund (Schlachten bei Granson 1476, Murten 1476, Nancy 1477) sowie den Schwaben («Schwabenkrieg» 1499). Die *Schweizer-Lieder*, die in den verschiedenen eidgenössischen Chroniken, insbesondere im *Chronicon Helveticum* des eidgenössischen Gelehrten und Politikers Aegidius Tschudi (1505 bis 1572), erhalten sind, sind besonders intensiv von der Forschung untersucht worden [560].

Weitere Ereignisse, die in dieser Liedpublizistik meist mehrfach dargestellt wurden, sind unter anderem: die Kämpfe gegen die Hussiten und gegen die Türken, verschiedene Städtekriege sowie Auseinandersetzungen innerhalb von Städten (z. B.: «Soester Fehde» 1446/1447, «Markgrafenkrieg» 1449/1450, verschiedene Kämpfe in Franken), der «pfälzische Krieg» (1462), die Kämpfe in Holland 1489, die Kämpfe zwischen den Ditmarschern und dem dänischen König (Schlacht bei Hemmingstadt 1500), ferner Ereignisse um König Albrecht II. (1438/39), der überraschende Tod des jungen böhmischen Königs Ladislaus (1457) sowie das Ende des Nürnberger Bürgermeisters Niclas Muffel (1469).

Die Liedautoren verwenden mit zunehmender Häufigkeit bereits bekannte Melodien. Viele Verfasser sind unbekannt, andere dagegen nennen zumeist am Schluß ihren Namen, ohne daß man aber sonst weiteres über sie wüßte. Solche Autoren sind im 14. Jahrhundert etwa: Haspel und

Keppensen; im 15. Jahrhundert beispielsweise, in etwa chronologischer Reihenfolge nach den von ihnen behandelten Ereignissen: Nikolaus Uppslacht, Köne Finke, Konrad Attinger, Pfaffenfeind, Hofere, Frauenzucht, Radelere, Kipfenberger, Peter Weiglein, Isenhofer, Hans Ower, Vrischemei, Rosenberg, Jacob Veter, Mandelreiß, Gilgenschein, Hans von Westernach, Rudolf Montigel, Veit Weber, der Zollner, Hans Viol, Matthis Zoller, Fritz Fellhainer, Henze Gutjar, Peter Müller, Mathes Schantz, Hans Wick, Peter Meiler. – Die Namensreihe mag einen Eindruck von der Beliebtheit und Fruchtbarkeit dieser Liedgattung vermitteln, die sich im 16. Jahrhundert ungebrochen fortsetzte und dann in den Landknechtsliedern über den Dreißigjährigen Krieg (1618 bis 1648) einen späten Höhepunkt hatte.
Rochus von Liliencron, der 1865 bis 1869 in einer vierbändigen Edition diese Texte sammelte, nannte sie *Die historischen Volkslieder der Deutschen*. Der Terminus «Historisches Volkslied» ist seitdem eingebürgert, obwohl er in allen seinen Teilen unzutreffend ist [vgl. dazu 546]: Die Sammlung enthält nicht nur Lieder, sondern auch «Reimpaar-Reden» (die Grenzen zwischen beiden Gattungen sind hier fließend). Und wie oben ausgeführt, sind die individuellen Verfasser dieser auf die jeweilige Tagespolitik bezogenen, oft geradezu agitatorischen und also keineswegs ‹historischen› Texte oft durchaus namentlich bekannt. Außerdem ist zu berücksichtigen, daß sich solche «Reden» und Lieder auch im Werk anderer Autoren finden, die Liliencron ausdrücklich nicht berücksichtigt hat, so etwa bei dem «Rede»-Dichter Peter Suchenwirt oder den Liederdichtern Muskatblüt, Oswald von Wolkenstein und vor allem Beheim (zu allen dreien siehe unten). Der von Liliencron zwar nicht geprägte, aber durch ihn fast kanonisierte Begriff sollte, da er falsche Assoziationen hervorruft und eine unzutreffende Gruppierung vornimmt, vermieden werden (was auch immer mehr der Fall ist).

Hugo von Montfort und Oswald von Wolkenstein

Das 14. und 15. Jahrhundert kannte verschiedene Liederdichter, die in unterschiedlicher Weise die Tradition der früheren Liebeslyrik, aber auch der religiösen und didaktischen Lyrik fortsetzten. Für den Bereich der Liebeslyrik [vgl. dazu Horst Brunner in: 736] gehören hierzu neben dem bereits erwähnten «Mönch von Salzburg» Autoren wie Heinrich von Beringen (Anfang des 14. Jhs.), Johannes von Bopfingen (zweite Hälfte des 14. Jhs.), Eberhard von Cersne (Anfang des 15. Jhs.) und später Graf Heinrich von Württemberg (1448 bis 1519), für den anderen Bereich wiederum neben dem «Mönch» sowie dem kurz erwähnten Heinrich Laufenberg etwa Peter von Arberg (Mitte des 14. Jhs.), Konrad Harder (zweite Hälfte des 14. Jhs.) und Suchensinn (Ende des 14. Jhs.).
Zwei Autoren um 1400, die alle diese thematischen Bereiche vereinigen,

ragen heraus: der hochadlige Graf Hugo von Montfort sowie der Tiroler Landadlige Oswald von Wolkenstein, letzterer aus verschiedenen Gründen sicherlich ‹der› deutschsprachige Lyriker des späten Mittelalters. Gemeinsam ist beiden Autoren, daß sie keine fahrenden Berufsdichter oder Hofdichter waren wie wahrscheinlich Heinrich von Mügeln, Muskatblüt, Michel Beheim und wohl auch der «Mönch» und daß sie auch nicht den stadtbürgerlichen Meistersingern zuzuzählen sind. Sie waren adliger Herkunft (allerdings ganz unterschiedlichen Ranges), und bei ihnen diente das Verfassen und Singen von Liedern nicht dem Broterwerb; man könnte sie im ursprünglichen (und keineswegs abschätzig gemeinten) Wortsinn als «Dilettanten»-Dichter bezeichnen.

Graf Hugo XII. von Montfort-Bregenz (1357 bis 5.4.1423) gehörte dem Hochadel an und spielte eine wichtige politische Rolle: 1413 bis 1415 war er Landeshauptmann der Steiermark, und wie Oswald von Wolkenstein war er Mitglied des renommierten Drachenordens von König Sigmund. Drei einträgliche Heiraten vermehrten seinen nicht unbeträchtlichen Besitz. Hugo hat seine Gedichte in einer repräsentativen und von dem bedeutenden Illuminator Heinrich Auerhaym mit herausragenden Initialen versehenen Pergament-Handschrift sammeln lassen. Die insgesamt vierzig Texte (von denen zwei hinsichtlich ihrer Echtheit aus wenig überzeugenden Gründen angezweifelt werden und die durch Faksimiles, Transkriptionen und Editionen gut erschlossen sind) sind «Reden», gereimte «Briefe» und Lieder. Die dazugehörigen Liedmelodien, welche mit drei Ausnahmen überliefert sind, hat Hugo laut eigener Aussage und abweichend vom damaligen Usus nicht selbst verfaßt, sondern sie stammen von seinem Bregenzer Dienstmann («knecht») Burk Mangolt. Die formal und stilistisch nicht besonders komplizierten Texte behandeln zum einen das Thema Liebe/Minne gemäß der höfischen Tradition, teils stark didaktisch, teils – was neu ist – mit autobiographischem Bezug auf die Ehegattinen. Bei anderen stehen die Themen der Weltabsage, Sündenklage und moralische Belehrung im Zentrum. Insgesamt machen die Reden, Briefe und Lieder, die sich in Stil und Inhalt nicht grundlegend voneinander unterscheiden, einen durchaus persönlich-privaten Eindruck, und dem entspricht auch die geringe Streuüberlieferung.

Hinsichtlich der poetischen Qualität haben die Texte Montforts in der Forschung keinen besonders guten Ruf, zumal man sie immer wieder abwertend mit den Liedern Oswalds von Wolkenstein vergleicht. Doch tut man ihnen damit wohl Unrecht: Hugo hatte ein völlig anderes dichterisches Temperament als jener, und man muß sich in seine immer wieder durch fast selbstquälerisches Grübeln und Skrupel gekennzeichneten, nicht besonders ‹aufgeputzten› Texte erst einlesen, bevor man den dann unverkennbar persönlichen Stil und den durchaus echt wirkenden Ton erkennt.

Daß Oswald von Wolkenstein im Vergleich mit Hugo von Montfort in jeder Hinsicht als ein vor Temperament förmlich berstendes Kraftbündel wirkt, ist unbestreitbar. Er gilt heute als einer der herausragenden ‹Liedermacher› des deutschsprachigen Mittelalters, und man kann – mit der üblichen Unsicherheit, die bei qualitativen Rangfragen immer vorliegt – durchaus gute Gründe für das in den letzten Jahren populär gewordene Urteil beibringen, er sei der bedeutendste deutschsprachige Lyriker zwischen Walther von der Vogelweide und Goethe gewesen. Sein Werk und seine Biographie sind mittlerweile hervorragend erschlossen durch Editionen der Texte und Melodien, durch Übersetzungen, Faksimiles, Schallplatteneinspielungen und zahlreiche Monographien – in den letzten Jahren sind mehr Bücher über Oswald von Wolkenstein als über jeden anderen deutschsprachigen Lyriker des gesamten Mittelalters erschienen [694; 695; 714; 741; 742; 746; 750; 751; 756; 766; 787; 791; 800; 807; 822; 823].

Das Leben Oswalds ist außergewöhnlich gut dokumentiert durch über tausend Urkunden, durch einige Bildzeugnisse sowie durch seine zahlreichen autobiographischen Aussagen in den Liedern (die allerdings sorgfältig und wie immer bei Autobiographien vorsichtig interpretiert und ausgewertet werden müssen [vgl. 742]). Trotz einiger Unsicherheiten bei Einzelheiten ergibt sich daraus folgende Biographie [vgl. 791]: Oswald wurde 1376/78 als zweiter Sohn einer Südtiroler Landadelsfamilie geboren und kam in seiner Jugend, unter anderem wohl im Rahmen seiner Erziehung, offenbar weit in der damals bekannten Welt herum. Die Erbteilung 1407 brachte ihm einen nur bescheidenen Besitz, und er kämpfte Zeit seines Lebens mit den damals üblichen teils legalen, teils illegalen Mitteln um dessen Vermehrung. Nach einer Pilgerreise nach Jerusalem und nach ersten Tätigkeiten beim Brixener Bischof wurde Oswald beim Konstanzer Konzil (16. 2. 1415) von König Sigmund mit einem festen Jahressold in Dienst genommen, und für bzw. mit Sigmund unternahm er 1415/1416 eine große diplomatische Reise nach Südeuropa, welche ihm bedeutende Ehren eintrug (Aufnahme in den aragonesischen Kannen- und Greifenorden). Eine wichtige Rolle spielte er in den jahrelangen Auseinandersetzungen zwischen dem Tiroler Adel und dem Tiroler Landesherrn, Herzog Friedrich IV., dem er sich dann aber – wie schon früher der gesamte Adel Tirols – schlußendlich 1427 unterwerfen mußte. Er blieb auch in beständigem Kontakt mit Sigmund, der ihn allerdings nur gemäß seinen eigenen politischen Interessen und Möglichkeiten unterstützte, der ihn aber wohl 1431 in seinen neugestifteten Drachenorden aufnahm und mit dem er unter anderem 1432 in Italien war. Damals wurde wohl das berühmte Porträt der Innsbrucker Wolkenstein-Handschrift gemalt, das erste Individualporträt eines deutschsprachigen Autors, welches Oswald in Prachtkleidung, in vollem Ordensschmuck und auch mit seinen beiden physiognomischen Fehlern zeigt, nämlich einem untauglichen rechten Auge und einer leicht mißgestalteten Unterlippe. In unglückseliger Weise war der Streit mit dem Herzog verwoben mit einem privaten Besitzstreit um die Burg Hauenstein sowie eine Liebesaffäre mit einer gewissen «Hausmannin». Über diese Angelegenheit kennt man zwar nur die im einzelnen dunklen und beziehungsreichen Anspielungen Oswalds, doch hat – nach seiner Wiederentdeckung im 19. Jahrhundert – gerade diese Geschichte die Phantasie der Philologen und Schriftsteller bis heute ungemein beschäftigt und zur Ausbildung eines spannenden und süß-sauren ‹Liebesromans› geführt, der sich aber zum größten Teil nicht historisch nachweisen läßt. Die Vermischung dieser Probleme brachte Oswald 1421/22 und 1427 zwei unangenehme Gefangenschaften sowie zeitweilig allergrößte finanzielle und politische Schwierigkeiten ein. Nach der Beilegung seines Streits mit Herzog Friedrich IV. und vor allem nach dessen Tod (1439) erlangte Oswald in Südtirol und dessen Umkreis eine zunehmende Bedeutung, und als er am 2.8.1445 in Meran starb, war er eine der führenden Persönlichkeiten dieses Raums. Er wurde in der Klosterkirche des Stiftes Neustift, in das er sich bereits 1411 eingepfründet hatte und zu dessen Schutzherren er gehörte, begraben; sein mutmaßliches Grab wurde 1973 bei Restaurierungsarbeiten entdeckt, und Oswald hat, in Fortsetzung der bei ihm feststellbaren Ungewöhnlichkeiten, für einige Jahre eine für einen mittelalterlichen Autor ganz einmalige Bedeutung bei modernen Anthropologen und Gerichtsmedizinern erlangt.

Die Besonderheiten des Wolkensteiners als Dichter und Musiker kann man etwa wie folgt charakterisieren:

«Mit großer sprachlicher, rhythmischer und klanglicher Begabung ausgestattet, hat er in einer Mischung aus Kompensationsbedürfnis, Rechtfertigungsdrang, Exhibitionismus und – Angst sich und seine Umgebung dargestellt, pessimistisch und illusionslos zugleich. Er stammte zwar aus einer angesehenen Landadelsfamilie, er besaß wenigstens die unbedingt notwendigen wirtschaftlichen Voraussetzungen zur Entfaltung seiner Persönlichkeit, getrieben wurde er aber vom sozialen Erfolgsehrgeiz des Zweitgeborenen, vom Anerkennungsdrang des körperlich Benachteiligten. Er zeigt in seinen Liedern ein zwischen Sinnlichkeit und Schuldgefühlen schwankendes, gleichzeitig sensibles und gewalttätiges Ich, das sich im stetigen Kampf mit einem mächtigen Über-Ich und einem ebenso mächtigen Es befindet. Seine Lieder erweisen deutlich, daß ihr Autor einen Drang zur vollständigen künstlerischen Erprobung aller sich bietenden thematischen und formalen Möglichkeiten hatte, dem er ohne Rücksichten auf die Wünsche und Empfindlichkeiten eines zahlenden Publikums nachgeben konnte, gesteuert und gehemmt nicht vom Zwang des täglichen Broterwerbs eines Berufskünstlers, sondern allein zum Zweck der möglichst wirkungsvollen Selbstdarstellung. Dies alles hat er in Wort und Musik umgesetzt, seinen Zuhörern und späteren Lesern den Eindruck vermittelnd, als würde er in ganz ungewöhnlichem Umfang aus seinem eigenen

Leben und von seinen eigenen Problemen erzählen, und damit zur Identifikation einladend» [752, *S. 480f.*].

In zwei große Pergamenthandschriften (A, B), die Oswald selbst in Auftrag gab, in einer wohl etwas jüngeren Papierhandschrift (c) sowie einer durchaus umfangreichen, allerdings auf bestimmte Liedtypen konzentrierten Streuüberlieferung sind 130 Lieder mit fast allen zugehörigen Melodien sowie zwei Reimpaar-Reden überliefert. Die Art der Überlieferung legt nahe, daß außerhalb des engeren Familienkreises nur einige Lieder Oswalds damals eine größere Bekanntheit hatten. Gemäß der höfischen Tradition verwendete der Autor für die Mehrzahl seiner Lieder jeweils gesonderte Melodien, gebrauchte manche aber – in der Tradition der Sangspruchdichtung – auch mehrfach. Wahrscheinlich 39 Lieder haben mehrstimmige Melodien, wobei bisher für circa 15 von ihnen Vorlagen in Frankreich und Italien nachgewiesen werden konnten. Oswald hat also, nach Anfängen beim «Mönch von Salzburg», als erster deutschsprachiger Liederdichter die Polyphonie der Romanen in größerem Umfang rezipiert und wohl auch nachgeahmt, darunter auch die damals moderne burgundische Mehrstimmigkeit [vgl. 756; 678; 822]. Aufgrund der einstimmigen Melodien und deren Verhältnis zu den Texten hat Bruno Stäblein den Wolkensteiner als den «Schöpfer des (modernen) Individualliedes» [800] charakterisiert. Hinsichtlich der Musik, der Inhalte und der poetischen Technik ist bei ihm fast die gesamte Tradition aufgegriffen und verarbeitet, und zwar fast immer in einer Mischung von Bisherigem und Neuem.
In oft überraschenden Kombinationen hat Oswald sozusagen alle möglichen Themen und Inhalte behandelt. Für den Bereich der Liebeslieder gibt es bei ihm: Liebesklagen, Frauenpreis, Minneallegorien, Lieder an seine Verlobte und Ehefrau, Tagelieder, Pastourellen. Des weiteren hat er geistliche, moralisch-didaktische und politische Lieder der unterschiedlichsten Art verfaßt. Neu ist bei ihm das Ausmaß, mit dem er Autobiographisches in den Liedern verarbeitet bzw. autobiographische Lieder verfaßte. Auffällig ist dabei, daß er diese offensichtlich für einen Zuhörerkreis von gut informierten Kennern konzipierte; denn die historischen und biographischen Fakten sind oft in hohem Maße und bis zur grotesken Unkenntlichkeit verschlüsselt und bedürfen heute der eingehenden Kommentierung [vgl. 741; 742; 790]. Ferner finden sich bei ihm erstmals individuelle Naturschilderungen, die nur noch teilweise der traditionellen Stilisierung entsprechen. Oswald hat seine poetische und musikalische Begabung offenkundig auch zur politischen Eigenpropaganda eingesetzt. Obwohl seine Texte durch ihre sprachliche Vielfalt (Einbeziehung von Dialektwörtern und Fremdsprachen) und durch ihre oft komplizierte Metaphorik in Art des geblümten Stils teilweise anspruchsvoll und schwierig

sind, haben sie auch für heutige Hörer und Leser eine immer zu beobachtende Faszination und Wirkung. Sucht man Autoren aus der Zeit um 1400, die ihm qualitativ und in ihrer heutigen Wirkung irgendwie vergleichbar sein könnten, könnte man nur auf den *Ring* des Heinrich Wittenwiler und vor allem auf den *Ackermann aus Böhmen* des Johannes von Tepl verweisen.

Muskatblüt und Michel Beheim

Muskatblüt, wie Hugo von Montfort ein Zeitgenosse des Wolkensteiners, sowie Michel Beheim haben zum Teil ähnliche Ereignisse und Themen in ihren Liedern dargestellt, allerdings mit einem erheblich geringeren Grad der Verschlüsselung [vgl. 741; 725]. Mit großer Wahrscheinlichkeit ist dies darauf zurückzuführen, daß beide – im Gegensatz zu Oswald – auf gute Verständlichkeit bei einem breiteren und wechselnden Publikum angewiesen waren, von dessen finanziellen Zuwendungen sie ihren Lebensunterhalt bestreiten mußten.

Muskatblüt, der sich am Ende seiner circa hundert erhaltenen Lieder mit Namen zu nennen pflegt, war wahrscheinlich fast zur selben Zeit wie Oswald beim Konstanzer Konzil (1415). Anspielungen in seinen Liedern und Urkunden, die mutmaßlich auf ihn zu beziehen sind, legen nahe, in ihm einen teils fahrenden, teils in Mainz ansässigen Berufsdichter zu vermuten, der unter anderem im Dienst des Mainzer Erzbischofs stand. Muskatblüt knüpft in Inhalt und Stil deutlich an die Tradition der Sangspruchdichtung an, was sich auch darin zeigt, daß er nur vier verschiedene Melodien verwendet, zwei davon (die auch erhalten sind) für die überwiegende Mehrzahl der Lieder. Sie handeln von den moralischen, sozialen und politischen Problemen der Zeit und der Welt, von einigen wenigen politischen Ereignissen, und sie preisen unter Verwendung der überlieferten Bilder und Formeln Maria; dazu kommen einige recht konventionelle, wenig individuelle Liebeslieder. Auffällig ist eine Vorliebe für Allegorisches und für allegorische Personifikationen. Erwähnungen bei anderen Autoren, die Art der Überlieferung sowie die spätere Nachwirkung, unter anderem im Meistergesang, zeigen, daß Muskatblüt bei seinem Publikum angekommen ist.

Was man hinsichtlich der genauen Lebensumstände und der existentiellen Bedingungen bei Muskatblüt nur vermuten kann, darüber ist man bei dem jüngeren Michel Beheim, welcher jenen übrigens (in Lied 359 und 452) lobend als Vorbild erwähnt, sehr genau informiert, und zwar durch Informationen in seinen Liedern bzw. in den kommentierenden Überschriften, die vom Autor selbst stammen [vgl. dazu 575 und 382]. Denn das umfangreiche Werk Beheims (drei sangbare Reimchroniken, 452 Lieder mit bis zu tausend Versen, alles verteilt auf elf Melodien) ist mit einer für das Mittelalter ungewöhnlichen Authentizität überliefert, nämlich in verschiedenen Autographen bzw. von ihm eventuell korrigierten Handschriften [vgl. dazu 712]. Da diese Aufzeichnungen sich gelegentlich unterscheiden und auch deutliche Bearbeitungsspuren des Autors zeigen, erlauben sie einen Einblick in die Werkstatt und Lebenswirklichkeit eines Berufsdichters, wie man ihn sonst aus jener Zeit nicht kennt.

Beheim wurde 1416 oder 1421 in Sülzbach bei Weinsberg (Nordwürttemberg) als Sohn eines Webers geboren und lebte, nach anfänglicher Tätigkeit als Weber, als teils fahrender, teils zeitweilig ansässiger Berufs- und Hofdichter in Süddeutschland, Böhmen und Österreich bei verschiedenen Fürsten und Königen, trat aber nach Ausweis von Rechnungsurkunden auch in Städten auf. 1450 unternahm er eine große Nordlandreise, die er ausführlich darstellt; 1462 war er mitleidender Augenzeuge, als sein damaliger Herr, Kaiser Friedrich III., in der kaiserlichen Burg zu Wien von den Wiener Bürgern neun Wochen lang belagert wurde, was er im *Buch von den Wienern* (1462/66) mit allen Einzelheiten beschreibt. Nachdem er etwa 1467 bis 1474 im Dienste des Wittelsbacher Pfalzgrafen Friedrich I. gestanden war, wurde er – dies legen zwei Funde in Sülzbach nahe – wahrscheinlich «schulteis» in seinem Geburtsort und kam möglicherweise dort 1474/78 durch Mord oder Totschlag ums Leben. Seine durch eine klare, anschauliche, gelegentlich derbe Sprache gekennzeichneten Lieder, die immer wieder zum Erzählen tendieren, handeln von Religiösem (Heilsgeschichte), von allgemeinen Fragen der Moral und Ethik sowie von politischen Ereignissen und Problemen seiner Zeit. Er besaß beträchtliche, vor allem theologische Kenntnisse.

Die trotz aller Kritik an den allgemeinen Zuständen fast immer adelsfreundlichen politischen Lieder sind offenkundig meist im Auftrag oder Interesse eines bestimmten Herren entstanden, und Beheim gibt am Ende seiner *Pfälzischen Reimchronik* (1469) mit entwaffnender Offenheit zu, was andere Autoren gelegentlich vehement abstritten, daß nämlich seine Kunst ‹nach Brot› gehe. In der Forschung hat man ihm deswegen immer wieder Charakterlosigkeit vorgeworfen, dabei aber verkannt, daß dies nur die ehrlich und illusionslos formulierte Einsicht in die existentiellen Abhängigkeiten eines lohnabhängigen Berufs- und Hofdichters ist. Auch hat man diejenigen Stellen übersehen, an denen Beheim behauptet, wegen der politischen Tendenz oder einer zu direkten Meinungsäußerung eines Liedes oder einer Reimchronik beim ‹gegnerischen› Publikum oder sogar beim eigenen Herren in Schwierigkeiten geraten zu sein.

Nicht als Dichter, aber als Musiker, der jedoch insgesamt dem alten Stil verhaftet war, hat Beheim auf den Meistergesang gewirkt. Da man über keinen anderen Berufsdichter des deutschen Mittelalters so gut informiert ist, sollte man ihn heute nicht nur als begabten Erzähler, sondern auch als Prototyp eines ganzen ‹Künstlerstandes› hochschätzen.

‹Gesellschaftslieder›, Neidhart

Abgesehen von den Handschriften, die das Werk eines einzelnen Autors meist auf dessen eigene Veranlassung sammeln (sowohl bei allen bisher hier ausführlicher dargestellten), gibt es einen anderen wichtigen Überlieferungstyp für die deutschsprachige Lyrik des späten Mittelalters, nämlich Sammlungen, welche Lieder verschiedener Lyriker, oft ohne ausdrückliche Namensnennung, zusammenstellen. Nur durch Zuweisungen in gelegentlich vorhandenen Parallelhandschriften kann man einzelne dieser Autoren mitunter identifizieren. Die Lieder sind daher auch nicht genau datierbar. In der Mehrzahl handelt es sich um Liebeslieder, die man in der Forschung mit einem umstrittenen, aber mangels Besserem immer noch üblichen Terminus als Gesellschaftslieder bezeichnet [vgl. 757]. Sie stehen in der Tradition der früheren höfischen Liebeslyrik, doch haben viele einen Zug zum Volksliedhaften. Solche Sammlungen finden ihre Fortsetzung in entsprechenden, dann aber gedruckten «Liederbüchern» des 16. Jahrhunderts und der Folgezeit.

Unter den neun hierher gehörenden Sammlungen [vgl. 581] aus der ersten Hälfte des 15. Jahrhunderts befinden sich zwei Papierhandschriften, die heute in der Berliner Staatsbibliothek Preußischer Kulturbesitz aufbewahrt werden: Zum einen die im nördlichen Niederrheingebiet, etwa 1410/1430 geschriebene *Berliner Liederhandschrift*, sprachlich eine Mischung von Nieder- und Hochdeutschem sowie Niederländischem. Sie enthält – neben verschiedenen Großdichtungen – 86 Lieder ohne Autorzuschreibung, davon zwölf mit Melodien. Zum anderen das sogenannte *Lochamer-Liederbuch*, eine aus zwei Teilen bestehende Sammlung von Liedern und von Orgelsätzen des Nürnberger Organisten Conrad Paumann, die um 1450/55 in Nürnberg wahrscheinlich von einem gewissen «Frater Judocus» aus Windsheim geschrieben wurde und den Geschmack und die Interessen dortiger Musikliebhaber widerspiegelt. Ihren Namen hat die Handschrift nach dem späteren Besitzer, dem Nürnberger Patrizier Wolflein von Lochamer (geb. um 1490). Die Handschrift enthält ohne Autorangabe die Texte und Melodien (teilweise mehrstimmig) von 45 Liedern, darunter solcher bis heute bekannter Lieder wie *All mein gedencken, dy ich han* und *Ich spring an disem ring* (ferner des Tischsegens des Salzburger «Mönchs» und eines auch sonst weitverbreiteten Tagelieds des Wolkensteiners). Den Inhalt dieser ‹Gesellschaftslieder› bilden nicht mehr lange Klagen und unerfüllte Werbung um eine hochstilisierte Dame wie in der höfischen Liebeslyrik, sondern gegenseitige Liebe, Liebesfreude und Liebesleid von Mann und Frau, die Gleichrangigkeit von Mann und Frau sowie die das Liebesverhältnis behindernde Öffentlichkeit (die sog. «Klaffer», die als «Merker», «Neider» und «huote» bereits in der höfischen Lyrik erscheinen). Immer wieder vorkommende, feste Typen sind vor allem (wenn auch nicht nur): Werbe-

lieder, Liebesversicherungen, Sehnsuchtslieder, Preislieder, Neujahrslieder, Scheltlieder, Abschiedslieder und Tagelieder [vgl. 573].
Ein ähnliches Inhaltsrepertoire haben auch die entsprechenden Sammlungen aus der zweiten Jahrhunderthälfte. Dazu gehören vor allem das *Liederbuch des Hartmann Schedel* (aus Nürnberg, angelegt zw. 1461 bis 1467; mit mehrstimmigen Melodien), das von einer Augsburger Berufsschreiberin namens Clara Hätzlerin zusammengestellte *Liederbuch der Clara Hätzlerin* (geschrieben 1471), das um 1470/73 im Hessischen geschriebene *Königsteiner Liederbuch*, ferner – aus dem mittel- und niederdeutschen Sprachraum – das *Glogauer Liederbuch* (um 1480) und das in die dortige Universitätsszene gehörende *Rostocker Liederbuch* (Ende des 15. Jhs.), beide jeweils mit zum Teil mehrstimmigen Melodien. Besonders umfangreich und wichtig sind die Sammlungen der Hätzlerin (heute in Prag aufbewahrt) sowie diejenige aus Königstein im Taunus. Letztere enthält 169 Liedaufzeichnungen sowie vier Melodien, zumeist Liebeslieder, wovon sich 132 nur dort, also in keiner anderen Sammlung zu befinden scheinen. Das mit 360 Blättern besonders große *Liederbuch der Hätzlerin* zerfällt in zwei große, nicht ganz hälftige Teile: zuerst – was die moderne Bezeichnung nicht angibt – «Sprechverslyrik» («Reden», Freidank-«Sprüche»), dann Lieder, allerdings ohne jegliche Notation und zumeist ohne Autorzuweisung (darunter einige des «Mönchs von Salzburg», Peter von Arberg, Oswald von Wolkenstein, Muskatblüt und Suchensinn); auch hier dominiert das Thema Liebe.
Diese «Liederbücher», ob mit oder ohne Musiknotation, ob mit einstimmigen oder mehrstimmigen Melodien, zeigen zumeist das Lyrikinteresse eines städtisch-bürgerlichen Publikums, sicherlich verschieden von dem der dem kleinbürgerlichen Handwerkerstand angehörenden Meistersänger. Die mehrstimmigen Sätze beweisen einen zaghaften Anschluß an die Musikentwicklung in der Romania mit ihrer bereits hochentwickelten Polyphonie. Man darf vermuten, daß die Musik, zumindest für die Sammlungen mit mehrstimmigen Melodien, eine zunehmend wichtige, ja dominierende Rolle spielte.
Nicht in den hier ausgebreiteten Zusammenhang gehören Sammelhandschriften wie die *Kolmarer Liederhandschrift* (um 1460, der Überlieferung nach in Mainz geschrieben), eine Monumentalsammlung der frühen Meistersangepoche, sowie die etwa zur selben Zeit mutmaßlich in Nürnberg geschriebene umfangreiche Sammlung von Texten und Melodien Neidharts (*Berliner Neidhart-Handschrift* c). Letztere überliefert die Texte von 131 Neidhart-Liedern, zum Teil mit Melodien. Sie dokumentiert nicht nur die große Bedeutung Nürnbergs für die Lyrikgeschichte auch jener Zeit, sondern zeigt – zusammen mit anderen Neidhart-Handschriften der Zeit – die anhaltende Beliebtheit eines Lyrikgenres, in welchem sich Höfisches und Bäuerliches zu einer offenbar höchst erfolgrei-

chen Mischung verband und bei dem der Name des ‹Erfinders› zu einer Gattungsbezeichnung («Ein Neidhart») geworden war. Sein Stil und die in den Liedern dargestellten Auseinandersetzungen mit den Bauern wurden damals nicht nur von einem Liedautor wie Hans Heselloher, einem mutmaßlich herzoglich-bayerischen Beamten und Grundbesitzer aus der zweiten Hälfte des 15. Jahrhunderts, mit beträchtlichem Erfolg nachgeahmt, sondern sie wurden auch in anderen Literaturgattungen verarbeitet: im satirisch-didaktischen *Ring*-Epos des Heinrich Wittenwiler, in den Neidhart-Spielen und im Schwankzyklus von *Neidhart Fuchs* [vgl. 693]. Eingebettet in diese Schwänke waren einige Liedtexte Neidharts (stammen sie nun von dem Liederdichter des frühen 13. Jahrhunderts oder seien sie spätere Nachahmungen) – die einzigen, die in größerer Anzahl, also etwa neben einem Einzellied Walthers von der Vogelweide und zwei Liedern Oswalds von Wolkenstein, den Sprung in die neue Ära des Buchdrucks schafften. Die uns erhaltenen Drucke des *Neidhart Fuchs* wurden 1491/1497 von Johann Schaur in Augsburg, dann 1537 in Nürnberg sowie 1562 in Frankfurt hergestellt. Kein anderer Lyriker des Mittelalters hat, wenn auch in stark verwandelten Formen, ein so langanhaltendes, breites, intensives und produktives Nachleben gehabt.

Sangverslyrik ca. 1500 bis 1572

Für die deutschsprachige Sangverslyrik des 16. Jahrhunderts, die nun – wie die übrige Literatur jener Zeit – weitgehend in gedruckter Form, das heißt in Einblattdrucken, Heftchen und Büchern, verbreitet wird und daher ein gegenüber früher ungleich größeres Publikum erreichen kann, sind vorab einige grundsätzliche Feststellungen zu treffen. Als erstes ist wichtig, daß wahrscheinlich noch niemand die insgesamt erhaltene Menge von Texten und Melodien wirklich gezählt hat, daß sie also keineswegs auch nur hinlänglich aufgearbeitet ist. Das erschwert es auch, sie quantitativ zu gliedern und sie in dieser Beziehung mit der lateinischen Lyrik der Humanisten (um die es mit ihrer Erforschung letztlich nicht besser steht) zu vergleichen.

Ein weiteres Charakteristikum ist es, daß die für die mittelhochdeutsche Sangverslyrik typische und von dorther überkommene Verbindung von Wort und Musik jetzt im 16. Jahrhundert eine intensive Vielgestaltigkeit und Wechselseitigkeit bekommt. Aus den gleichen Traditionen der geistlichen und weltlichen Texte und Musik schöpfend, also gregorianischem Kirchgesang, höfischem und volkstümlichem Liedgesang der unterschiedlichsten Ausformung, entwickelten sich die beiden ‹Teilkünste› Musik und Dichtung im 16. Jahrhundert für die einzelnen Bereiche der Sangverslyrik hinsichtlich ihres Schwergewichts ganz unterschiedlich. An den Fürstenhöfen des frühen 16. Jahrhunderts bildete sich unter dem Einfluß der niederländischen Schule eine mehrstimmige Liedkunst heraus, in

der die Musik und deren polyphone Satztechnik über die teils übernommenen, teils neu geschaffenen Texte dominierte. Führend bei dieser Form der Hofmusik (nicht-Hof-*Lyrik*) war die bis 1519 bestehende Hofkapelle von Maximilian I. Das soll aber nicht bedeuten, daß die Musik für die eher volkstümlichen Gesellschaftslieder, die in den gedruckten Liederbüchern gesammelt wurden, nebensächlich gewesen wäre. Georg Forster hat in seiner Vorrede zur 1. Ausgabe der *Frischen Teutschen Liedlein* (1539), der wichtigsten und berühmtesten einschlägigen Liedersammlung, ausdrücklich betont, er habe «nicht der Text, sonder [!] der Composition halben die Liedlin in truck gegeben».
Im Gegensatz dazu war für die Kirchenlieder der Reformation der Text das Wichtige, der durch die Musik möglichst wirkungsvoll und populär vermittelt werden sollte. Dennoch legte gerade Luther auf die Musik und ihre Pflege besonderen Wert. Ganz in der Tradition der geistlichen Kontrafaktur griffen die protestantischen Kirchenliedautoren immer wieder auf eben dieselben Melodien der volkstümlichen Gesellschaftslieder zurück, die auch ein wesentliches Fundament der polyphonen Hofmusik bildeten. Hier ein Beispiel für die enge gegenseitige Verflechtung der Bereiche volkstümliches Gesellschaftslied, Hofmusik und Kirchenlied: Das heute noch berühmte Lied *Innsbruck ich muß dich lassen*, ein damals populäres und stilistisch schlichtes Gesellschaftslied über Abschied und Trennungsschmerz, wurde von dem Hofmusiker Heinrich Isaac (um 1450 bis 1517) für einen vierstimmigen Liedsatz verwendet, der der Musikwissenschaft als «Wunderwerk» [97, *S. 381*] gilt; seine Melodie wurde aber auch mehrfach mit geistlichen Texten kontrafaziert. Hofmusik und Kirchenmusik gebrauchen dieselben Grundprinzipien für die Konstruktion ihrer mehrstimmigen Liedsätze, nämlich *cantus firmus* und Hervorhebung der Ténorstimme. Das «Ténorlied» jener Zeit ist dadurch charakterisiert, daß die zentrale Melodie, die zumeist bereits durch die Tradition vorgegeben ist, in der Unterstimme, dem «Ténor», liegt, und nicht – wie im späteren Lied bis heute üblich – im «Diskant» (der Oberstimme). Und der Meistergesang steht natürlich gleichfalls in engen Verbindungen mit den anderen Bereichen der deutschsprachigen Sangsverslyrik (Hans Sachs hat zum Beispiel in seinem protestantischen Kirchenlied *Wach auff meins hertzen schöne* ein populäres weltliches Gesellschaftslied geistlich kontrafaziert; und das protestantische Kirchenlied ist personell und stilistisch stark dem Meistergesang verpflichtet).

Politisches Lied, Erzähllied, Ballade
Die bereits für den früheren Zeitraum beschriebene Form des politischen Erzählliedes setzt sich im 16. Jahrhundert mit steigender Häufigkeit fort. Die Texte für den Zeitraum von 1500 bis 1570 umfassen in Rochus von Liliencrons (natürlich nicht ganz vollständiger) Sammlung

mehr als zwei Bände, obwohl er die Texte über die kirchlichen Bewegungen ausgeschlossen hat. Im Zusammenhang fast aller Probleme und Ereignisse von öffentlichem Interesse (politisch und/oder kirchlich-religiös) wurden von Autoren, die sich teils mit Namen nennen, teils unbekannt bleiben wollen und sich oft nur als «Landsknecht» zu erkennen geben, parteiliche Lieder verfaßt. Gesungen wurden sie zu agitatorischen und propagandistischen Zwecken und in Drucken verbreitet. Die Liedpublizistik (und die gesamte Reimpublizistik) erlangte solche Ausmaße, daß es unmöglich ist, auch nur durch Aufzählung einen wirklichen Eindruck von den behandelten Themen oder der Vielzahl der Autoren zu geben. Einiges wenige sei beispielhaft genannt: An Themen erscheinen natürlich die vielen Ereignisse im Zusammenhang mit der Reformation (insbesondere die kriegerischen, aber etwa auch diejenigen um die Wiedertäufer von Münster), dann der Bauernkrieg, insgesamt fast alle wichtigen Schlachten, die Kämpfe gegen die Türken, Auseinandersetzungen in und um die Städte. Einzelne Ereignisse und Personen, die besonders oft in der Liedpublizistik vorkommen, sind: Kaiser Maximilian I. und Kaiser Karl V. (wie zu erwarten), natürlich der Papst und Luther, dann Herzog Ulrich von Württemberg, die Hildesheimer Stiftsfehde (1519), Herzog Heinrich IX. von Braunschweig (gegen den Luther 1541 auf die Melodie von *Ach du armer Judas* die zweistrophige «Leisen»-Parodie *Ach du armer Heinze* schrieb), der schmalkaldische Krieg (1546/47), die Belagerung Magdeburgs (1551), Herzog Moritz von Sachsen und Markgraf Albrecht von Brandenburg-Kulmbach. Ulrich von Hutten (1488 bis 1523) wird nicht nur in Liedern erwähnt, sondern er hat wohl 1521 selbst auch ein deutsches, sehr persönliches ‹Reiter- und Landsknechtlied› von hoher poetischer Qualität verfaßt *(Ich habs gewagt mit sinnen)*. Hervorzuheben sind auch die Lieder und Gedichte des Nürnberger Landsknechtes und Sängers Jörg Graff (1475/80 bis 1542), der im Laufe seines abenteuerreichen Lebens die verschiedensten Themen behandelte. Stilistisch in den gleichen Kontext gehören Erzähllieder, in welchen die Leiden protestantischer «Märtyrer» dargestellt werden. Luthers erstes Lied (*... von den zween Merterern Christi zu Brussel von den Sophisten zu Löuuen verbrant*, 1523) handelt von einem solchen Geschehnis, nämlich der Verbrennung zweier Augustinermönche am 1.7.1523 auf dem Marktplatz in Brüssel, und zwar auf Betreiben der Theologen der Universität Löwen (Leuven).

Andere Typen von erzählender Lyrik sind die im 16. Jahrhundert sehr beliebten und teilweise noch lange bekannten Balladen. Sie verarbeiten Themen der alten Heldensage (*Jüngeres Hildebrandslied, Ermenrichs Tod, Hilde-* und *Kudrun-Sage*), erzählen abenteuerreiche Geschichten um frühere Sänger *(Der edle Moringer, Tannhäuser, Der Bremberger)* und sonstige aufregende und sentimentale Geschichten (*Der Graf von Rom,*

Der Kerensteiner, vom *Ulinger* und den von ihm ermordeten Mädchen, *Der Herr von Falkenstein, Das Schloß in Österreich* etc.); auch das *Lied vom Hürnen Seyfried*, eine im 16. Jahrhundert mehrfach gedruckte große Ballade über Jungsiegfried, gehört hierher, deren Inhalt später mehrfach als «Volksbuch» wiederholt wurde. Die für das *Jüngere Hildebrandslied* und den *Hürnen Seyfried*, verwendete Epenmelodie, nämlich der «Hildebrandston», der in den *Bicinia* (1545) des Musikers und Verlegers Georg Rhau (1488 bis 1548) überliefert ist, aber mutmaßlich ins frühe 13. Jahrhundert zurückreicht, wurde jetzt wieder wichtig, daß diese Melodie von dem Wiener Sänger Eberhard Kummer für seine durch Konzerte und Schallplatten mittlerweile beträchtliches Aufsehen erregenden Aufführungsversuche des mittelhochdeutschen *Nibelungenlieds* gebraucht wird.

Volkstümliches Gesellschaftslied, Hofmusik und Liederbuchsammlungen

Die weltliche Sangverslyrik in Art des «Gesellschaftsliedes» wurde wie schon im 15. Jahrhundert an den Höfen und in städtischen Liebhaberkreisen gepflegt. Von den Musikern der fürstlichen Hofkapellen wurden die Anregungen der niederländischen Polyphonie aufgegriffen und auf das deutschsprachige Lied und dessen Melodien übertragen; unter Verwendung teils alter, teils neuer Texte und Melodien entstanden außerordentlich kunstvolle, zumeist vierstimmige Liedsätze. Am wichtigsten war hier die Hofkapelle Kaiser Maximilians I., die – bis zum Tod des Kaisers (1519) und ihrer dadurch bewirkten Auflösung – mit dem kaiserlichen Hoflager, wie im Römisch-Deutschen Reich üblich, örtlich unfest war und vor allem zwischen Innsbruck, Wien, Konstanz, Augsburg und (vermutlich) Nürnberg wanderte. Alle großen Musiker jener Zeit waren in irgendeiner Weise mit Maximilians Hof verbunden: Heinrich Finck (1445 bis 1527), Paul Hofhaimer (1459 bis 1537), Heinrich Isaac (um 1450 bis 1517) sowie dessen Schüler Ludwig Senfl (um 1486 bis um 1543), mit deren Werk die mit dem «Mönch von Salzburg» und Oswald von Wolkenstein beginnende deutsche Polyphonie einen ersten Höhepunkt findet.

Die eher volkstümlichen Formen des Liebesliedes, darunter auch die sogenannten Graslieder (pastourellenähnliche Lieder über eine Grasmagd), «Gassenhauer» und «Reiterlieder» und die anspruchsvollen Liedsätze der Polyphonie bilden das Repertoire der zahlreichen gedruckten Liedersammlungen (die neben den immer noch anzutreffenden gelegentlichen Handschriftensammlungen weit dominieren). In den gedruckten «Liederbüchern» faßten Drucker und Verleger zusammen, was sie in Einzelblättern, Heftchen und früheren Sammlungen finden konnten und von dem sie vermuteten, daß es für die Lieder- und Musikliebhaber in den Städten von Interesse wäre und diese zum Kauf bewegen könnte. Nürnberg spielte auch für diesen Typ von Drucken eine herausragende Rolle.

Von den immer zahlreicher werdenden, manchmal auch anonym publizierten Liederbüchern, die teils das eher volkstümliche, teils das eher höfische Repertoire bevorzugen, manchmal aber auch schlicht alles sammeln, sind wichtig: diejenigen des Erhart Öglin (Augsburg 1512), des Arnt von Aich (Köln, wohl 1513), des Peter Schöffer (Mainz 1513), des Johann Ott (Nürnberg 1534, gedruckt von Dürers Verleger Hieronymus Formschneider), des Johann Ott (Nürnberg 1544) und Caspar Othmayr (Nürnberg 1549), ferner die zahlreichen und vor allem in Zwickau (1531 ff.) und Nürnberg (1537 ff.) gedruckten Sammlungen von «Bergreien» (‹Tanzlieder› der Erzgebirgsknappen) sowie Sammlungen von «Gassenhawerlin» bzw. «Reutterliedlin» (beides unter anderem von dem auf Volksbücher spezialisierten Frankfurter Verleger Christian Egenolff, jeweils 1535).
Am wichtigsten und folgenreichsten waren Georg Forsters *Frische Teutsche Liedlein*, die in fünf Teilen 1539 bis 1556 in Nürnberg gedruckt wurden. Der vermutlich 1514 in Amberg geborene Forster studierte unter anderem in Heidelberg, war dort später pfalzgräflicher Leibarzt, lebte und wirkte aber von 1544 bis zu seinem Tod (12. 11. 1568) als Arzt in Nürnberg. Viele musikalische Kontakte und Kenntnisse erwarb er in Heidelberg, und er arbeitete fast sein Leben lang an seiner großen Liedersammlung. Sie enthält, wenn möglich mit Autornamen, vor allem Liebeslieder in Art der bereits beschriebenen Gesellschaftslieder mit all deren Untergattungen und höfischen Stilisierungen, ferner Balladen, Trinklieder («Martinslieder»), didaktische Lieder, Quodlibets (Verkoppelung verschiedener Lieder und Melodien) sowie einige religiöse und politische Lieder. Entscheidend für Forster und die Käufer der Sammlung waren nicht die Texte, sondern die Musik, also die Melodien und die vielstimmigen Sätze. Offenbar sammelte er im Hinblick auf eine repräsentative Vollständigkeit, teils unter Verwendung der bereits existierenden Kollektionen, teils auch noch nie gedruckte, wobei er die Texte und Melodien seiner Vorlagen, wie er selbst ausdrücklich sagt, nach seinen eigenen Vorstellungen ‹verbesserte›. Enge Zusammenarbeit bestand mit Komponisten und Musikern, mit denen er aus Heidelberg befreundet war: Caspar Othmayr (1515 bis 1553), Stephan Zirler (um 1520 bis 1568) und Jobst vom Brant (1517 bis 1570). Besonders stark vertreten in den *Frischen Teutschen Liedlein* ist das Werk von Ludwig Senfl (um 1486 bis 1543). Forsters Sammlung hatte eine lange Wirkung: viele spätere Liederbuchautoren und Musiker haben aus ihr geschöpft, unter anderem Orlando di Lasso (um 1532 bis 1594).

Martin Luther und das neue protestantische Kirchenlied

Wiewohl die Lieder in Luthers Werk quantitativ nur einen geringen Teil ausmachen, sind sie zusammen mit seiner Bibelübersetzung das literarisch (und musikalisch) Wirkungsvollste, was er hinterlassen hat [vgl. 228]. Wahrscheinlich unter dem Eindruck der von seinem radikaleren Rivalen Thomas Müntzer 1525 für dessen *Deutsch Kirchenamt* vorgelegten deutschen Übertragungen von zehn lateinischen Hymnen, bemühte sich Luther seinerseits, deutschsprachige Kirchenlieder zur Einbeziehung der Gemeinde in den Gottesdienst zu finden. Offenbar unter dem Zwang der Ereignisse hat er dann selbst in rascher Folge Lieder für den Gottesdienst, für Andachtszwecke und zur Verbreitung reformatorischer Gedanken verfaßt. Luther schloß sich durchaus an die Tradition der lateinischen Gregorianik und der früheren religiösen Lyrik in deutscher Sprache an; er übersetzte lateinische Hymnen und Gesänge, unter anderem einige, die sich bereits unter den Übertragungen des «Mönchs von Salzburg» finden, so den vom «Mönch» und Heinrich Laufenberg übersetzten Hymnus *A solis ortus cardine* (*Christum wir sollen loben schon,* 1524); er übersetzte ein lateinisches Lied des Johannes Hus (*Jesus Christus unser Heiland, der von uns,* 1524), bearbeitete ältere deutsche Texte (*Christ lag in Todesbanden*, 1524; *Nun bitten wir den heiligen Geist,* 1524), dichtete neue Texte (so *Nun freut euch, lieben Christen, gmein,* 1523, und das berühmte Weihnachtslied *Vom Himmel hoch da komm ich her,* 1533/35), und er schrieb vor allem Psalmlieder (so *Aus tiefer Not schrei ich zu Dir,* 1523, und *Ein feste Burg ist unser Gott,* 1526/28). Zumeist übernahm und bearbeitete er bereits vorliegende Melodien, scheint aber auch eigene komponiert zu haben. Seine insgesamt 36 geistlichen Lieder, die schnelle Verbreitung fanden, wurden zum Grundstock und Anstoß für viele weitere protestantische Lieder und – da Luther die Musik insgesamt sehr hoch einschätzte und für ihre Pflege sorgte – für die blühende Lied- und Musikkultur vieler evangelischer Kirchen.

Luther wurde schnell durch andere Autoren unterstützt, etwa von Lazarus Spengler (1479 bis 1534), Paulus Speratus (eigentl. Name: Paul Offer, 1484 bis 1551), Burkhard Waldis (um 1490 bis 1555), Hans Sachs (1494 bis 1576), Johann Walther (1496 bis 1570), Johannes Agricola (eigentl. Name: Johannes Schnitter, 1494/96 bis 1566), Nikolaus Decius (gest. 1541; *Allein Gott in der Höh sei Ehr*), Elisabeth Creutziger (um 1504 bis 1535), Herzog Albrecht von Preußen (1490 bis 1568) und viele andere. Auch die anderen Reformatoren wie Johannes Calvin (eigentl. Name: Jean Cauvin, 1509 bis 1564) förderten das volkssprachliche Kirchenlied oder schrieben (wie Ulrich Zwingli, 1484 bis 1531, der allerdings den kirchlichen Gemeindegesang grundsätzlich ausschloß) selbst Lieder. Neben Luther besonders wichtig sind die Konstanzer Johannes Zwick (um 1496 bis 1542) und vor allem Ambrosius Blaurer (1492 bis 1564), bei den Böhmischen Brüdern Michael Weiße (um 1488 bis 1534). Die zuerst in Einblattdrucken verbreiteten Lieder wurden von Druckern und Verlegern in kleinen Heftchen und in «Gesangbüchern» zusammengefaßt, die in immer rascherer Folge im gesamten deutschen Sprachraum erschienen. Das von Johann Walther, dem Kapellmeister des sächsischen Kur-

fürsten, betreute *Wittenberger Gesangbuch* von 1524 (zu welchem Luther eine Vorrede verfaßte), die gleichfalls in Wittenberg gedruckten Gesangbücher von Hans Lufft (1526) und vor allem Joseph Klug (1533, 1535, 1543), ferner dasjenige von Valentin Papst (Leipzig 1545) erlangten darunter eine besondere Bedeutung.
Aber auch katholische Gesangbücher wurden gesammelt und gedruckt; das erste gab 1537 Michael Vehe in Leipzig heraus. Diese Gesangbücher enthielten ältere vorreformatorische deutsche Lieder, Neudichtungen, etwa von dem Hessen Georg Witzel (1501 bis 1573), der sich Luther wieder abgewandt hatte, und von dem Lausitzer Generalkommissar Johann Leisentrit(t) von Julisberg (1527 bis 1586). Beide gaben in den Jahren 1541 und 1567 noch eigene Gesangbücher heraus. All diese Gesangbücher enthielten anfangs auch Lieder, die von den Protestanten übernommen wurden.
Das deutschsprachige Kirchenlied, insbesondere das der Lutheraner, aber auch dasjenige der anderen reformatorischen Kirchen und Sekten, war für die deutsche Literatur- und Musikentwicklung wohl die folgenreichste Neuerung des 16. Jahrhunderts. Die vielfältigen Auswirkungen davon reichen bis in unsere unmittelbare Gegenwart.

Neue Tendenzen

In der zweiten Hälfte des 16. Jahrhunderts kündigten sich zaghaft Entwicklungen an, die für die Folgezeit wichtig werden sollten. Aus dieser Zeit kennt man die ersten deutschen Gedichte in Formen, denen die Zukunft gehören sollte: die Gattungen des Sonetts (Christoff Wirsung 1556: *Zeit für andere torecht toll*) und des Sonettzyklus (Johann Fischart 1555: *An Ehr und Billigkeit liebende Leser. Etlich Sonnet*) sowie ‹importierte› Versformen, die nicht mehr für Gesang bestimmt waren, nämlich Hexameter (Konrad Gesner 1555: *Es macht alleinig der glaub die gleubige sälig*) und Alexandriner (Balthasar Froe 1572: *Auff einem Fluss sag ich ein Nimph trawt sehre*). An den fürstlichen Höfen in Dresden, München und Prag brachten nichtdeutsche Musiker wie der Flame Matthäus le Maistre (um 1510 bis 1577), der Nachfolger von Luthers Freund Johann Walther, wie Antonio Scandello (1517 bis 1580), wie Orlando di Lasso (um 1532 bis 1594) und Jacob Regnart (um 1540 bis 1599) neue Tendenzen in die Musik, unter anderem im Umgang mit dem deutschsprachigen polyphonen Lied, in dem die Vorherrschaft der *cantus-firmus*-Technik und der Ténor-Unterstimme abgelöst wurde.

Eva Klesatschke
Meistergesang

Daß städtische Handwerker dichten und komponieren, ist in der Geschichte der deutschen Literatur ein singuläres Phänomen. Die Meistersinger betrieben das Verfassen von Texten und Erfinden von Tönen als Nebenbeschäftigung. Erwerb war damit nur ausnahmsweise verbunden. Wir kennen heute noch etwa 380 Textautoren namentlich. Ein großer Teil vor allem der vorreformatorischen Meisterlieder ist anonym überliefert. Ohne daß es festgeschrieben gewesen wäre, war der Meistergesang eine weitgehend männliche Domäne.

Das Meisterlied ist in der Regel mehrstrophig mit ungerader Strophenzahl. Jede Strophe besteht aus zwei metrisch-musikalisch gleichen Stollen und dem Abgesang (Kanzonenform). Gezählt wurden Silben. Metrisches Schema, Reimschema und Melodie ergeben den Ton. Die Töne wurden durch den Namen des Tonautors und den Tonnamen gekennzeichnet (Beispiel: Hans Sachs, *Hohe Bergweise*).

Nicht zu allen Meistertönen kennen wir heute noch die Melodien. In der *Jenaer* und der *Kolmarer Liederhandschrift* und einigen weiteren Handschriften des 14. und 15. Jahrhunderts finden wir Melodien zu Sangspruchtönen, die von den Meistersingern weitertradiert wurden [vgl. 321]. Aus nachreformatorischer Zeit besitzen wir unter anderem umfangreiche Melodiesammlungen von Valentin Voigt, Adam Puschman und Benedict von Watt. Die größte Sammlung mit nahezu 500 Melodien bilden jedoch fünf Handschriften der Stadtbibliothek Nürnberg (um 1700). Alle Melodien sind einstimmig und wurden ohne Instrumentalbegleitung vorgetragen.

Einige Melodien fanden Eingang in die Liederbücher der Wiedertäufer und werden noch heute bei den Hutterern gesungen.

Das Meisterlied präsentiert sich mit einem noch in der heutigen Überlieferung enormen Textbestand und einer ungewöhnlich langen Kontinuität. Allein aus nachreformatorischer Zeit kennen wir etwa 13500 Lieder,

deren 30000 Überlieferungen sich auf nahezu 130 Handschriften verteilen. Die schöpferische Aktivität der Meistersinger erstreckte sich von der Mitte des 14. bis gegen Ende des 18. Jahrhunderts. Das jüngste überlieferte Meisterlied entstand 1788 in Memmingen.
Als Ursprungsort ihrer Kunst nahmen die Meistersinger Mainz an, was sich jedoch nicht verifizieren läßt. Institutionalisierung der Kunstausübung ist nirgendwo vor Beginn des 16. Jahrhunderts archivalisch nachweisbar. Für das 15. Jahrhundert läßt sie sich jedoch mancherorts erschließen, so in Straßburg und Nürnberg. Die Gesellschaften in Ulm und Memmingen behaupteten sich bis ins 19. Jahrhundert. Zwischen den einzelnen Gesellschaften herrschten rege Beziehungen.
Schulordnung und Tabulatur regelten Organisation und Kunstproduktion. Lieder, die bei den Wettbewerben, den sogenannten Singschulen, vorgetragen wurden, durften nicht gedruckt sein. Ansonsten konnten übernommene oder neuverfaßte Texte in neukomponierten und bereits bestehenden Meistertönen gesungen werden. Nicht alle Mitglieder schufen Texte und Töne. Für Verstöße gegen die Regeln wurde, je nach Schwere des Fehlers, eine bestimmte Anzahl von (Straf-)Silben notiert. Die Beurteilung oblag den Merkern. Der beste Singer wurde mit dem Schulkleinod belohnt. In der Regel waren die Singschulen öffentliche Veranstaltungen, bei denen geistliche Lieder vorgetragen wurden. Daneben gab es mancherorts auch Frei- und Zechsingen, in denen weltliche Lieder zum Vortrag kamen. In vielen Städten widmeten sich die Meistersinger auch dem Theaterspiel.
Die Meistersinger betrachteten sich als Erben der Sangspruchdichter des ausgehenden 12. bis 15. Jahrhunderts, der sogenannten Alten Meister. Den Ursprung ihrer Kunst verlegt eine zu Beginn des 16. Jahrhunderts entstandene Sage ins 10. Jahrhundert. Sie suggeriert das Wohlwollen von Klerus und weltlicher Obrigkeit auf höchsten Ebenen [vgl. 321, *S. 12ff.*; 465]. Die Sangspruchdichter dienten den Meistersingern jedoch nicht nur als ideologische Stütze, sie benutzten tatsächlich zahlreiche ihrer Töne jahrhundertelang weiter [vgl. 321]. Als Schutzpatron verehrten die Meistersinger König David, denn nach ihrem Ethos sollte die Kunst dem Lob Gottes dienen. Die starke Betonung dieses Ziels sollte wohl der städtischen Obrigkeit die Ausklammerung politischer Themen garantieren. Einen weiteren Eckpfeiler im Kunstverständnis der Meistersinger bildeten die Sieben freien Künste.

Themen und Quellen
Geistliche Lieder überwogen im Meistergesang zu allen Zeiten. Vor der Reformation beinhalteten sie vor allem mariologische und christologische Themen sowie scholastisch geprägte Dogmenspekulation. Biblische Stoffe spielten keine bedeutende Rolle. Die weltlichen Lieder befaßten

sich hauptsächlich mit Minne- und Frauenthematik, Moraldidaxe, Tierallegorese, Rätsel, Standeslehre und der Kunst selbst (Schulkünste).
Zu einem tiefgreifenden Einschnitt in der Thematik führte die Reformation. Die geistlichen Lieder widmeten sich nun überwiegend der Bibelversifikation, die am Ende meist in eine Auslegung mündete. Die Dominanz geistlicher Lieder ging deutlich zurück.
Mit der Vermehrung der weltlichen Lieder erweiterte sich die inhaltliche Palette: Neben Schulkünsten finden wir Schwänke, Fabeln, Allegorien, Lieder über historische Ereignisse und Personen sowie die antike Mythologie. Auch lokale Begebenheiten, Pest, Krieg, Hungersnot und Wunderzeichen – alles meist längst vergangen – sind beliebte Themen. Das Bearbeitungsverfahren gleicht dem der Bibelversifikation. Die Exegese am Schluß wird durch die Lehre ersetzt, die alles beispielhaft auf den Alltag transformiert. Die Inhalte beruhen selten auf eigener Erfindung.
Neuerscheinungen des Buchmarkts fanden oft schon nach wenigen Wochen Einzug ins Meisterlied. Was sich gut als Beispiel eignete, erfreute sich jahrhundertelanger Beliebtheit, wie die italienischen Renaissancenovellen, die Fazetienliteratur, protestantische Kompilationen oder Boccaccios *De claris mulieribus*, die Äsopschen Fabeln, Plutarchs Biographien und vieles andere mehr.

Von den Sangspruchdichtern zu den Meistersängern
Der zeitliche Beginn des Meistergesangs läßt sich nicht exakt fixieren. Im 13. Jahrhundert begannen sich Sangspruchdichter als «meister» zu bezeichnen. Sie betrachteten die *septem artes liberales* als Grundlagen ihrer Kunst. Formal bedienten sie sich bereits der Kanzonenform. Gegen Mitte des 14. Jahrhunderts wurde die prinzipielle Einstrophigkeit allmählich von mehrstrophigen Texten abgelöst, und das Prinzip der auktorialen Tonverwendung begann aufzuweichen. Etwa zur gleichen Zeit setzte unter den Dichtern ein sozialer Wandel ein: An die Stelle der fahrenden Berufsdichter traten zunehmend seßhafte Städter. Ob sie bereits größtenteils dem Handwerkertum angehörten und wieweit ihre Kunstausübung schon institutionalisierte Form aufwies, läßt sich nur partiell erschließen [vgl. 321, *S. 1ff.*; 575, *Bd. 1, S. 1f.*]. Diese Tendenzen überschnitten sich und führten zu verschiedenen Übergangsformen sowohl in der literarischen Produktion als auch in den Existenzformen der Dichter [vgl. 575, *Bd. 1, S. 370ff.*].
Die meisten Handschriften des 15. und beginnenden 16. Jahrhunderts [vgl. 575, *Bd. 1, S. 87ff.*; *Bd. 2, S. 30ff., 83ff.*] überliefern das Liedgut weitgehend anonym und undatiert und geben wenig preis über den situativen Hintergrund. Der Gebrauch der Sangspruchtöne überwiegt. Der Themenkanon ist mit mehr oder minder starken Präferenzen in allen

Handschriften der oben beschriebene. Einige wenige Lieder deuten auf Meistersinger aus Handwerkerkreisen hin. Eine Sonderstellung nimmt die *Kolmarer Liederhandschrift* (um 1460) aufgrund ihres Umfangs und des Überlieferungszeitraums ein. Ihre etwa 950 Texte in über 100 Tönen umspannen das 13. bis 15. Jahrhundert [vgl. 314, *S. 68ff.*; 472, *S. 234ff.*; 575, *Bd. 1, S. 35ff.; Bd. 2, S. 58ff.*].

Dichter wird das Netz gesicherter Fakten, wenn wir uns dem Nürnberger Meistergesang im 15. und beginnenden 16. Jahrhundert zuwenden. Hier kennen wir aus verschiedenen Quellen etwa 20 Namen, was auf eine rege Kunstausübung hinweist. Den Nürnberger Meistergesang kennzeichnen eine besonders starke geistliche Ausrichtung und der auffallend häufige Gebrauch zeitgenössischer Töne [vgl. 708, *S. 40ff.*; 575, *Bd. 1, S. 114ff.; Bd. 2, S. 92ff.*] Die wichtigsten vorreformatorischen Meistersinger in Nürnberg sind:

Fritz Kettner (belegt 1392 bis 1408); fünf Meisterlieder; sieben Töne [vgl. 732; 575, *Bd. 1, S. 286ff.; Bd. 2, S. 10f.*].

Der Bäcker Konrad Nachtigall (gest. 1484/85); vier Meisterlieder; dreizehn Töne.

Der aus Worms stammende Barbier Hans Folz (um 1435/40 bis 1513). Seine fast hundert Meisterlieder bilden nur einen Teil des literarischen Schaffens. Die inhaltlichen Schwerpunkte der geistlichen Meisterlieder liegen auf den Themen Maria, Trinität und Gott. In den weltlichen Liedern werden Minne und Ehe sowie der Meistergesang selbst thematisiert. Besondere Bedeutung kommt sechs Liedern zu, in denen sich Folz gegen die Tendenz wendet, nur Töne der Alten Meister zum Vortrag zuzulassen. Er selbst schuf 17 Töne [vgl. 691; 575, *Bd. 1, S. 295ff.; Bd. 2, S. 3ff.* 387, *S. 142ff.*].

Der vermutlich aus dem schwäbischen Raum zugezogene Leineweber Lienhard Nunnenbeck (zweite Hälfte des 15. Jhs. bis zwischen 1518 und 1527). Er unterrichtete Hans Sachs im Meistergesang. Sein erhaltenes Werk umfaßt einen Reimpaarspruch und 47 Meisterlieder. Nunnenbeck beschränkt sich weitgehend auf geistliche Themen, wobei die Akzente auf mariologischen Fragen – hauptsächlich auf der Unbefleckten Empfängnis – und auf der Trinitätsspekulation liegen. Seine neun Töne weisen komplizierte Strukturen auf [vgl. 708].

Hans Sachs (1494 bis 1576). Sein Werk trägt bis etwa 1520 vorreformatorische Züge. Nur die Hälfte seiner 50 Meisterlieder aus dieser Zeit sind geistlich. Vor allem mariologische und christologische Themen fanden sein Interesse. Die weltlichen Lieder beschäftigen sich zu einem großen Teil mit der Kunst, wobei die darin geäußerte Kritik offenbar in der Gesellschaft Streitigkeiten auslöste. Als neue Stoffe führte er Werke Boccaccios ein. Sachs' Frühwerk offenbart bereits sein Erzähltalent. Zehn seiner 13 Töne verfaßte er in der vorreformatorischen Schaffensperiode. 1520 brach Sachs' Meisterliedproduktion ab. Ursache war wohl vorrangig das Bedürfnis einer religiösen Neuorientierung [vgl. 575, *Bd. 1, S. 351ff.; Bd. 2, S. 20ff.*; 806].

Meistergesang nach der Reformation. Nürnberg
Der erste archivalische Beleg für eine Meistersingergesellschaft datiert von 1503. Unter den Mitgliedern dominierten Schuster und Angehörige metallverarbeitender Berufe. Gegen Ende des 16. Jahrhunderts gab es in der Nürnberger Gesellschaft Bestrebungen, eine Art Aufnahmeprüfung, Freiung genannt, einzuführen. Das Ritual wurde jedoch nie verbindlich. Von 1551 bis ins 17. Jahrhundert fanden auch Theateraufführungen der Nürnberger Meistersinger statt. Um 1780 löste sich die Gesellschaft auf [vgl. 733, *S. 183ff.*; 658].
Nach der Reformation spielte Hans Sachs die entscheidende Rolle. Er stellte den Meistergesang in den Dienst der neuen Lehre. In die Auslegungen seiner Bibelversifikationen floß nicht selten Polemik gegen die römische Kirche ein. Sehr verhüllt übte Sachs auch Kritik an religionspolitischen Entscheidungen des Rates. Wie er dem Meistergesang im geistlichen Bereich mit der Bibel ein enormes Themenpotential erschloß, erweiterte Sachs auch das weltliche Repertoire. Er bearbeitete zeitgenössische Literatur sowie die reichlich auf dem Buchmarkt erscheinenden Übersetzungen antiker Schriftsteller [vgl. 604]. Seine mehr als 4200 Meisterlieder, in denen sich sein literarisches Schaffen bei weitem nicht erschöpfte, sammelte er in 16 Meistergesangbüchern. Sachs' innovatorischer Durchbruch machte Nürnberg zum Vorbild für alle Meistersingergesellschaften [vgl. 711]. – Zu den nachreformatorischen Meistersingern in Nürnberg gehörten weiter:
Der Taschner Hans Vogel (gest. vor 1555). 40 Meisterlieder sind von ihm signiert überliefert, weitere lassen sich ihm zuschreiben. Seine 20 Töne erfreuten sich großer Beliebtheit. Neben Pfaffenschwänken und Eulenspiegelgeschichten beschäftigte ihn immer wieder das Thema der bösen Ehefrau [vgl. 628].
Der Kürschner und Goldreißer Benedict von Watt (1569 bis 1616). Der Großneffe des St. Gallener Humanisten Joachim von Watt (Vadianus, 1484 bis 1551) steht mit seinen 990 Meisterliedern hinsichtlich der Produktivität an dritter Stelle. Watt legte verschiedene Melodie-, Töne- und Textsammlungen an. In einigen Fällen handelte es sich dabei um bezahlte Auftragsproduktionen. Neben seinem Sammelinteresse galt Watts Vorliebe der zyklischen Bearbeitung großer biblischer Textkomplexe. Seine 27 Töne benannte er größtenteils nach Pelztieren [vgl. 733].
Der Ohrbandmacher und Hochzeitlader Hans Deisinger (1572 bis 1617). Sein 567 Meisterlieder umfassendes Werk besteht fast zur Hälfte aus biblischen und anderen geistlichen Zyklen. Im weltlichen Bereich beschäftig-

ten ihn Türken- und Pestgefahr als aktuelle Bedrohungen. Deisinger komponierte nur einen Ton [vgl. 733 *passim*; 387, *S. 114*].
Der Messerschmied Hans Winter (1591 bis 1627). Er war das Haupt sezessionistischer Tendenzen junger Meistersinger in den frühen zwanziger Jahren. In seinen 215 Meisterliedern überwiegen weltliche Themen. Häufig stößt man auf Polemik gegen Orden. Er komponierte einen Ton [vgl. 709; 715, *S. 45ff.*; 733, *S. 58ff.*; 387].
Der Lehrer Ambrosius Metzger (1573 bis 1632). Aus einer Handwerkerfamilie stammend, erhielt er eine akademische Ausbildung, erwarb den Magistergrad und wurde Lehrer. Er war bereits als Komponist und Dichter tätig, als er sich 1623 von Hans Winter im Meistergesang unterrichten ließ. Sein Werk umfaßte 340 Töne und 3000 Meisterlieder, von denen 1367 erhalten sind. Mit einem Zyklus von 155 Meisterliedern über Ovids *Metamorphosen* brachte er die antike Mythologie in bislang ungekanntem Umfang in das Themenrepertoire ein. Seine geistlichen Lieder werden von drei großen biblischen Zyklen bestimmt. Metzgers Töne bewegen sich zwischen fünf und 134 Reimen, neigen aber in der Mehrzahl zu ungewöhnlicher Kürze [vgl. 715; 733, *S. 84ff.*; 387, *S. 230ff.*].
Der Schuhmacher Georg Hager (1522 bis 1634). Aus der Familie Hager gingen sieben Meistersinger hervor [vgl. 387, *S. 177ff.*]. Georg Hager lernte nur durch den Meistergesang lesen und schreiben. Von seiner 13 Bände umfassenden Meisterliedersammlung sind heute noch fünf erhalten. Nach eigenen Angaben dichtete Hager 937 Meisterlieder – 624 davon sind überliefert – und versuchte sich auch in anderen Gattungen. Unter den geistlichen Liedern dominieren die Feiertagsevangelien und Episteln. Weit intensiver als alle anderen Meistersinger beschäftigte Hager die Türkengefahr. Hagers Oeuvre steht noch vollständig in der Sachs-Nachfolge. Allen Neuerungen abgeneigt, vertrat er auch in den Singschulstreitigkeiten der zwanziger Jahre die Seite der Traditionalisten. Er komponierte 17 Töne [vgl. 658].

Augsburg
Das erste urkundliche Zeugnis für eine Meistersingergesellschaft datiert von 1534. Auffallend ist in Augsburg der relativ hohe Anteil an Mitgliedern, die einer höheren Bildungsschicht angehörten. Von den Handwerkern waren Weber und Kürschner besonders stark vertreten [vgl. 387, *S. 22ff.*]. Im Gegensatz zu Nürnberg spielten in der Augsburger Gesellschaft konfessionelle Probleme im 16. und 17. Jahrhundert eine wesentliche Rolle. Große Bedeutung kam dem Theaterspiel zu. Während der Meistergesang in den dreißiger Jahren des 18. Jahrhunderts erlosch, sind Theateraufführungen bis 1772 belegt [vgl. 758, *S. 1ff.*; 380]. – Zur Augsburger Meistersingergesellschaft gehörten u. a.:
Der Messerschmied Raphael Duller (um 1480 bis um 1548, gehört zu den

ältesten Mitgliedern); drei Meisterlieder; zwei Töne [vgl. 758, *S. 14f.*; 380, *S. 14*].
Der Barchentweber Onoferus Schwartzenbach (gest. 1574); 44 Meisterlieder; 23 Töne; legte eine Meisterliedersammlung an [vgl. 758, *S. 15f.*; 380, *S. 14*; 784].
Der Schneider Sebastian Wild (belegt bis 1583; 31 Meisterlieder; 13 Töne; seine literarische Tätigkeit beschränkte sich nicht auf den Meistergesang [vgl. 380, *S. 14f.*; 758, *S. 16*].
Der Notar Johann Spreng (1524 bis 1601). Sein Studium befähigte ihn, griechische und lateinische Quellen im Original zu lesen und etliche Übersetzungen anzufertigen. Sprengs 306 Meisterlieder wirken durch das Fehlen von Schwänken, die starke Betonung von Endzeiterwartung, Memento-mori-Gedanken und die Ermahnung zur Christusnachfolge ernst und streng. In komplizierten Auslegungen schlägt sich seine Bildung nieder. Er komponierte einen Ton [vgl. 758, *S. 33ff.*; 811; 812].
Der Maler, Kürschner, Notar Daniel Holzmann (um 1536/46 bis um 1612/14). Sein literarisches Schaffen ging über die 135 Meisterlieder hinaus. Großen Raum nehmen unter seinen Meisterliedern Lebensbeschreibungen der Propheten und Apostel und Lehren antiker Philosophen ein [vgl. 758, *S. 17*; 825].
Georg Holzbock (Lieder von 1619 bis 1628). Sein Werk umfaßt einen Ton und 197 Meisterlieder. Darunter bilden Psalmversifikationen und Lebensbeschreibungen thematische Schwerpunkte. Von seiner Meisterliedersammlung ist nur das vierte Buch erhalten.

Ulm

Der früheste Beleg für eine Meistersingergesellschaft ist ein Ratsprotokoll von 1517. Unter den Mitgliedern dominierten die Weber. Zwischen 1536 und 1633 ist auch in Ulm Theaterspiel der Meistersinger belegt. 1839 wurde die Gesellschaft aufgelöst [vgl. 821]. – Zur Ulmer Meistersingergesellschaft gehörten u. a.:
Alexander Sauerweid (Lieder von 1625 bis 1628); 14 Meisterlieder.
Der Mathematiker, Astronom, Astrologe, Alchemist und Festungsbaumeister Johann Faulhaber (1580 bis 1635); acht Meisterlieder; fünf Töne; außerdem zahlreiche andere Schriften.
Der Weber Johann Baur (belegt 1650/65). Sein 241 Meisterlieder umfassendes Werk, das sein Sohn größtenteils in einem Buch aufzeichnete, besteht überwiegend aus geistlichen Zyklen. Von Baur kennen wir drei Töne.
Der Leichenbesorger Daniel Reuter (1739 bis 1820, jüngstes bekanntes Mitglied); fünf Meisterlieder.

Memmingen

Die Memminger Meistersingergesellschaft wurde 1600 unter der Führung von Johann Suppius und anderen gegründet. Unter ihren Mitgliedern befanden sich viele Tuchmacher, aber auch auffallend viele Angehörige einer höheren Bildungsschicht. Häufiger als in anderen Städten stößt man in Memmingen auf Familien, die sich über Generationen hinweg dem Meistergesang widmeten. 1875 wurde die Gesellschaft aufgelöst. Von Bedeutung war das Theaterspiel der Memminger Meistersinger. Um die Mitte des 17. Jahrhunderts wurden Stücke der Pegnitzschäfer, im 18./19. Jahrhundert Stücke von Morus, Molière und Kotzebue aufgeführt. Bemerkenswert ist eine Aufführung von Schillers *Räubern* 1784 [vgl. 366]. – Zur Memminger Meistersingergesellschaft gehörten u. a.:

Der Lehrer und Schreiber Johann Suppius (gest. 1655). Er stammte aus Nürnberg, kam 1600 nach Memmingen und wurde Mitbegründer der Memminger Meistersingergesellschaft. Von Suppius sind zwei Meisterlieder und zwei Töne überliefert.

Der Steuerschreiber Michael Schuster (1581/94 bis 1661); elf Meisterlieder; acht Töne.

Der Provisor Johann Friedrich Ötterle (1738 bis 1804); ein Meisterlied (jüngstes datiertes Lied); ein Ton.

Die bedeutendste ‹Meistersinger-Dynastie› war die Familie Hummel, von der wir aus über zwei Jahrhunderten 14 Meistersinger kennen. Der jüngste, Friedrich Hummel (1844 bis 1922), war der letzte Meistersinger, von dem wir Kenntnis haben.

Im süddeutschen Raum stehen außerdem München, Rothenburg o. d. T., Donauwörth, Nördlingen, Frankfurt und Mainz in Beziehung zum Meistergesang.

Straßburg

1597 weisen die Straßburger Meistersinger in einem Gesuch an den Rat auf ein mehr als hundertjähriges Bestehen hin. Die Gesellschaft konnte sich bis 1780 halten. Lederverarbeitende Gewerbe waren relativ stark vertreten. Auffallend ist die Zugehörigkeit mehrerer Geistlicher und die Mitgliedschaft von Frauen. Auch in Straßburg pflegten die Meistersinger das Theaterspiel. – Zur Straßburger Meistersingergesellschaft gehörten u. a.:

Der Pfarrer Johannes Zehenthofer (aus Villach, 1591 bis 1594 in Straßburg); die noch erhaltenen sieben Lieder stellen nur einen kleinen Teil seines Werks dar, das viele Zyklen umfaßte [vgl. 540, *S. 151 f.*].

Susanna Graner (1540/41 bis 1614); einzige namentlich überlieferte Straßburger Meistersingerin; zwei Meisterlieder.

Der Pfarrer und Verlagskorrektor Wolfhart Spangenberg (um 1567 bis 1636). Sein Vater Cyriacus (1529 bis 1604) verfaßte für die Straßburger

Gesellschaft den Traktat *Von der Edlen vnnd Hochberüembten Kunst der Musica... auch wie die Meistersenger auffkhommenn...* (1598), in dem er auf die historischen Ungereimtheiten der Ursprungssage hinwies [vgl. 321, *S. 32ff.*]. Wolfhart Spangenberg war von 1601 bis 1611 Mitglied der Straßburger Meistersingergesellschaft. Neben einem lehrhaften Gespräch *Singschul...* (um 1600) schrieb er den Traktat *Von der Musica; Singekunst oder MeisterGesang...* (17. Jahrhundert, zweites Jahrzehnt). Von Wolfhart Spangenberg sind 34 Meisterlieder überliefert, die jedoch nur einen Teil seiner literarischen Produktion ausmachen [vgl. 321, *S. 42ff.*].
Im südwestdeutschen Raum sind außerdem in Kolmar und Freiburg Meistersingergesellschaften nachweisbar, in beiden befanden sich Frauen unter den Mitgliedern.

Magdeburg
Ob in Magdeburg eine Meistersingergesellschaft bestanden hat oder nur einzelne Meistersinger die Kunst für sich pflegten, läßt sich nicht feststellen. Der bedeutendste Magdeburger Meistersinger war der Steuereinnehmer Valentin Voigt (1487/88 bis nach 1558). Neben Meisterliedern kennen wir von ihm auch andere Dichtungen. Seine 352 Meisterlieder gehören im wesentlichen drei großen biblischen Zyklen an und sind von dem kämpferischen Geist der ersten Reformationsjahrzehnte geprägt. Voigt überlieferte seine Meisterlieder in einer prachtvollen Handschrift [vgl. 810].

Breslau
Eine Bestätigung der Breslauer Tabulatur und Schulordnung 1598 durch den Rat weist auf eine bereits längere Existenz dieser Meistersingergesellschaft hin. – Zur Breslauer Meistersingergesellschaft gehörten u. a.:
Der Schneider, Krämer und Schulmeister Adam Puschman (1532 bis 1600). Sein Hauptinteresse galt der Poetik. 1571 erschien sein *Gründtlicher Bericht des Deudschen Meistergesanges*, eine Art Handbüchlein, im Druck. Die dritte Fassung (1596) weitete er zu einer allgemeinen deutschen Poetik aus. Auch der musikalischen Seite brachte Puschman großes Interesse entgegen. Er schuf selbst 37 Töne, denen er fast nur Vogelnamen gab, und legte in seinem heute verlorenen *Singebuch* (1584 bis 1588) eine handschriftliche Sammlung von über 300 Tönen an. Puschmans 180 Meisterlieder haben überwiegend geistliche Themen [vgl. 671; 605].
Der Schuhmacher Wolf Herold (gest. 1614); 35 Meisterlieder; sechs Töne [vgl. 384, *S. 39ff.*].
Kaspar Klippisch (Lieder von 1609 bis 1629); 128 Meisterlieder; ein Ton.

Auch in Brieg scheinen gelegentlich Singschulen stattgefunden zu haben.

Iglau

Nach einzelnen Singschulen in den sechziger Jahren wurde die Gesellschaft 1571 genehmigt. 1613 erfolgte eine Wiederbelebung, wobei man sich um Hilfe nach Nürnberg wandte. Als einzige Gesellschaft übernahmen die Iglauer den Nürnberger Brauch der Freiung. Unter den Iglauer Meistern dominierten die Tuchmacher. Der zweiten Iglauer Gesellschaft setzte 1622 die erzwungene Rückkehr zum Katholizismus ein Ende [vgl. 392; 605, *Bd. 1, S. 42f.*]. – Zur Iglauer Meistersingergesellschaft gehörten u. a.:

Der Tuchmacher Georg Schaller (Lieder von 1578 bis 1584); vier Meisterlieder (vgl. 384, *S. 64)*.

Andreas Ulrich aus Mährisch-Trübau (seit 1614 Mitglied); zehn Meisterlieder [vgl. 392, *S. 66*].

Jakob Thoma (belegt bis 1618); sechs Meisterlieder [vgl. 392, *S. 66*].

Der Tuchmacher Abraham Letscher (1574 bis 1621); 48 Meisterlieder [vgl. 392, *S. 60*].

In Mährisch-Schönberg gab es ebenfalls eine Meistersingergesellschaft. Örtlich nicht festzulegen ist der mährische Meistersinger Georg Gerstenzweig (Besenbinder, Lied von 1564).

Österreich. Steyr

Es gibt Hinweise, die vermuten lassen, daß es auch in einigen österreichischen Städten organisierte Kunstausübung, in anderen einzelne Meistersinger gegeben hat.

Von großem Einfluß auf die Entwicklung war der aus Essen stammende Kürschner Lorenz Wessel (1529 bis nach 1576); 43 Meisterlieder; 25 Töne. Er besuchte mehrere Städte und stellte bei einem Aufenthalt in Steyr eine Tabulatur zusammen [vgl. 605, *Bd. 1, S. 26ff.*].

Wessel dichtete ein Meisterlied, in dem er 13 Steyrer Meister aufzählt und Merker erwähnt; er scheint demnach eine voll entwickelte Meistersingergesellschaft vorgefunden zu haben. In der Namensliste fällt der hohe Anteil metallverarbeitender Gewerbe auf. Die um die Jahrhundertwende einsetzende Verfolgung der Protestanten entzog dem Meistergesang den Boden [vgl. 526, *S. 1ff.*].

Der bedeutendste Steyrer Meistersinger ist der Ahlenschmied Severin Kriegsauer (belegt 1567/70). Von ihm sind sieben Meisterlieder und 17 Töne überliefert.

Wels

Erst etwa 60 Jahre nach Hans Sachs' Besuch (1513) tauchen Nachrichten von Welser Meistersingern auf. Der bedeutendste ist Paul Freudenlechner (Lieder von 1575 bis 1616). Ein Aufenthalt in Breslau 1602/03 sowie viele Aussagen in seinen 80 Liedern deuten auf Verfolgung im Zuge der Gegenreformation hin. Statt der üblichen Bibelversifikationen bringt Freudenlechner gern kurze Bibelzitate mit ausführlichen, anspruchsvollen Deutungen. In seinem Liederbuch zeichnete er eigene und fremde Lieder auf [vgl. 526, *S. 19ff.*; 34; 396, *S. 70*; 599, *S. 5ff.*]. Außerdem wurden in Eferding und Schwaz Singschulen gehalten [vgl. 526, *S. 25ff.*; 396; 599].

Beurteilung

Verdienst der Meistersinger war zum einen die Verbreitung der Lehre Luthers und der Bibel, zum anderen, auf weltlichem Gebiet, die Vermittlung von Bildung an Schichten, denen der Zugang sonst verwehrt geblieben wäre. Wenngleich nicht alle Meistersinger begnadete Dichter waren, gibt es doch in ihren Reihen nicht wenige Autoren, die sprachliches und gestalterisches Geschick besaßen.

Musikalisch wurden die Meistersinger rasch unmodern, die Tendenz ging bereits im 15./16. Jahrhundert zum mehrstimmigen Lied. Wegen ihrer relativ abgekapselten, streng formalistisch ausgerichteten Kunstpraxis wurden sie häufig Zielscheibe des Spotts ihrer Zeitgenossen. Allerdings gab es schon im 17./18. Jahrhundert auch positive Darstellungen des Meistergesangs. Zu nennen ist zum Beispiel der Polyhistor Johann Christoph Wagenseil (1633 bis 1705). Im 19. Jahrhundert begann, im Zuge der Rückbesinnung auf altes Volksgut, die wissenschaftliche Beschäftigung mit dem Meistergesang. Beteiligt daran waren Jacob Grimm (1785 bis 1863) und Ludwig Uhland (1787 bis 1862). Zu Weltruhm kam der Meistergesang durch Richard Wagners Oper *Die Meistersinger von Nürnberg* (Drama 1862, UA 1868).

Werner M. Bauer
Theater

Das religiöse Spiel

Im 10. Jahrhundert setzte in allen christianisierten Teilen Europas, vermutlich nach byzantinischem Vorbild, eine rege Spieltätigkeit ein, die, in lateinischer Sprache, der kirchlichen Liturgie verpflichtet war. Diese kirchlichen Spiele sind ohne Zweifel Anstöße für das szenische religiöse Spiel des 14. bis 16. Jahrhunderts gewesen. Es handelte sich hauptsächlich um gestische Illustrationen von Offizien der das ganze Leben der Menschen umschließenden Liturgie des christlichen Kirchenjahrs. Am wichtigsten für diese Entwicklung waren drei Riten, die den Offizien des Höhepunkts der christlichen Heilsgeschichte angeschlossen waren, nämlich die *adoratio*, die *depositio* und die *elevatio crucis*, die den Tod und die Auferstehung Christi in symbolischen Akten darstellten und feierten. Die Umleitung der an sich ‹heiligen› Handlung in die Sphäre des Theatralischen bestand in der Überwindung der Schranken des liturgischen Zeremoniells durch die gruppenübergreifende Anerkennung ritueller Symbole, in denen die Todes- und Trauerstimmung der Karwoche überwunden wurden. Der Priester, der die Osterliturgie ausführte, wurde im Umschwung der Trauerstimmung zum Auferstehungsjubel in das religiöse Erlebnis seiner Gemeinde integriert und damit über die Grenzen seiner liturgischen Funktion hinausgehoben. Das geschah aber durch eine Erweiterung des liturgischen Rituals um eine vorerst sprachliche, dann auch mimisch-szenische Sequenz, die dem antiphonischen Wechselgesang zum Zweck der Veranschaulichung eine antwortende Partie gegenüberstellte. Das war die Basis der lateinischen liturgischen «Feiern», aus denen sich die Stränge des christlichen Theaters in seiner tragischen und komischen Form entwickelten.

Bis aus dem liturgieführenden Priester eine illustrierende Personenreihe wurde, die das Heilsgeschehen durch historische Exempla erklären konnte, vergingen aber fast dreihundert Jahre. Im Verlauf dieser Zeit

eroberte sich die sprachliche Gestaltung eine immer wichtigere Rolle, die im Zusammenwirken mit der Musik eine kultische Symbolhandlung ergab, deren unpersönlicher Charakter und deren liturgisch-feierliche Sprache die Haupteigenarten des älteren mittelalterlichen Dramas darstellen. Ausgangspunkte dieser Entwicklung waren jene Teile der Messe, die innerhalb des Rituals eine freiere inhaltliche Stellung einnahmen und dem Ausdruck von Emotionen über das Heilsgeschehen einen gewissen Raum gaben. Die alsbald fixierte sprachliche Ausgestaltung dieser Elemente, der sogenannten Tropen, war zwar nie offiziell Bestandteil der Liturgie, bald aber Ausgangspunkt von prozessualen Feiern innerhalb des Kirchenraums. An bevorzugter Stelle des festlichen Vollzuges standen die sogenannten Introitus-Tropen, die eng mit dem vokalischen Charakter der gregorianischen Musik zusammenhingen. Sie paraphrasierten die Bedeutung der Liturgie, indem sie zum Beispiel den Introitus der Ostersonntagsmesse (Resurrexi et adhuc tecum sum, Psalm 138) in einen Gesprächsgestus verwandelten, der als *Ostertropus* von vielen Forschern zum Keim des mittelalterlichen Theaters ernannt wurde: «Interrogatur:/ Quem quaeritis in sepulchro/o christicolae?/Responsum:/Jesum Christum Nazarenum.» Der Introitus der dritten Weihnachtsmesse läßt durch seinen hinweisenden Charakter ebenfalls Raum für szenische Ausgestaltung: «Quis es iste puer?/-Responsum:/Hic enim est...»
Diese Tropen, deren Ursprung umstritten ist (der *Ostertropus* wird Tutilo von St. Gallen oder dem Tropar von St. Martial in Lîmoges zugewiesen), waren Momente des rhythmischen Gefüges von innenräumlichen kirchlichen Prozessionen. Der feierliche Aufzug der Kleriker, der mit der Aufforderung «Procedamus in nomine Christi...» begann, wurde auf die mit Tropen ausgestatteten Teile des Rituals übertragen, die für szenische Ausgestaltung breitesten Raum öffneten: die schon genannte *Adoratio, Elevatio* und *Depositio crucis*, der Gang der Hirten zur Krippe, die Darreichung der Gaben durch die Magier, der Opfertod der bethlehemitischen Kinder sowie der Weg der Frauen zum Grab Christi, alles das wurde durch Prozessionen der Priester illustriert, welche die betreffenden Personen und Situationen als Elemente des Heilsgeschehens darstellten und somit zu Symbolen einer die gesamte Gemeinde umfassenden Heilsgeschichte erhoben. Diese Umzüge und die sie begleitenden Tropen wurden bereits im 11. Jahrhundert aus der Liturgie im engeren Sinn ausgeklammert, aber als besondere Feiern zugelassen, da sie als theatralische Veranschaulichung heilsgeschichtlicher Tatsachen angesehen werden konnten. In Prosa, in Hexametern und schließlich in Reimversen wurde der lateinische Tropus ab dem 11. Jahrhundert zum Instrument, dialogische Sprechweise zu gestalten und die heilsgeschichtliche Bedeutung des Meßrituals zu illustrieren und vom Alltag abzuheben. Der auf diese Weise dialogisierte *Ostertropus* stammt aus dieser Frühzeit und wurde der Ausgangs-

punkt einer rasch anschwellenden Inszenierungs- und Rhetorisierungstechnik.

Die Beschränkung auf den Innenraum der Kirche, die strenge Symbolhaftigkeit von Kleidung und Bewegung sowie der rituelle Gesangsvortrag der Sprache tragen schon bei den lateinischen Oster- und Weihnachtsfeiern das Abbild einer stufenförmig gegliederten, spirituell von einer metaphysischen Instanz aufgerufenen Weltordnung in sich. Für das Verständnis dieser im Kirchenraum abgehaltenen Feiern und Spiele sind zwei Perspektiven maßgebend, die auch für die spätere Entwicklung Verständnisschlüssel darstellen: Geistesgeschichtlich waren diese lateinischen liturgischen Feiern konsequenter Ausdruck des philosophischen Ideenrealismus und seiner spirituellen Welthierarchie, wie sie Thomas von Aquin (1224/25 bis 1274) in der *Summa contra gentiles* (entst. zw. 1259 und 1267, Dr. 1473) entworfen hatte. Hier wurde als zusammenhaltendes und notwendiges Element der Welt die Bedeutung alles Geschaffenen als *Imitatio Dei* betont: «Oportuit ad hoc, quod in creaturis esset perfecta Dei imitatio, quod diversi gradus in creaturis invenirentur.» Sozialgeschichtlich aber spiegelt dieser Gradualismus eine gesellschaftliche Hierarchie wider, in der das Oberste und das Unterste durch den Verweis auf die Imitatio Gottes geborgen und gleichermaßen existenzgerecht waren. Dieses Vertrauen in die metaphysische Verweiskraft der Realität fand seinen Niederschlag in der Statik einer Sozialordnung, die ihren realen Aufbau als Widerschein eines Stufensystems von Ewigkeit her existierender Ideen ansah. Daher war gleichsam im Scheinwerferkegel der Kirchenraumspiele und liturgischen Feiern als Darstellungsmittel die symbolische Interpretation nötig, keineswegs die drastisch-realistische Illustration der späteren religiösen Spiele. Analog dieser Funktion identifizierten sich die Priester-Darsteller keineswegs mit den von ihnen verkörperten Figuren, sondern wiesen auf sie hin. Die zusehende und miterlebende Gemeinde gehörte bereits zu ihnen, da die Interpretation der *Imitatio Dei* ja auf die Gegenwart aktiver Empfänger angewiesen war (im Sinne der Responsorien).

Für die szenische Realisation der liturgischen Feiern und Kirchenraumspiele ist noch anzumerken, daß die Darsteller immer Kleriker waren, Frauenrollen von Männern verwirklicht wurden und mit der fortschreitenden rhetorischen und szenischen Aufschwellung der Tropen eine zusätzliche wirkungsästhetische Seite zum Tragen kam: Dort, wo sich mimische oder sprachliche Ansätze komischer Elemente einfügen ließen (Salbenkrämer, Jüngerlauf, Weihnachtsspiel), wurden diese immer den antichristlichen Kräften im Heilsgeschehen zugewiesen. Das Komische als individualisierender Charakterzug fiel aus dem Rahmen der feierlichen Stilisierung der Figuren heraus, es ließ sich als subjektives Moment nicht mit dem Ewigkeitsanspruch vereinbaren, sondern mußte als überwindliches, das heißt zeitgebundenes Prinzip dargestellt werden. Das Anwachsen der nicht nur beim weltlichen Publikum so beliebten komischen Szenen signalisierte den entscheidenden Schritt von der Statik zur Veränderung in der Zeit, von der symbolischen Bedeutung zur Identifikation mit einem realistisch imitierten Weltausschnitt. Daß sich in diesem Schritt ein abermaliger Wandel von Geisteshaltung und Sozialordnung manifestierte, liegt auf der Hand. Das liturgisch gebundene Kirchenraumspiel existierte zwar weiter bis ins 16. Jahrhundert hinein, parallel dazu aber illustrierte ein anderer Spieltyp das Heilsgeschehen. Er wurde auf dem Markt, unter freiem Himmel, realisiert, in ihm drängten sich komische, burleske und realistische Szenen vor das Heilsgeschehen, und er wurde in der Landessprache abgeführt. Dieses geistliche Schauspiel blühte in der hier in Rede stehenden Zeit, und trotz seiner unverwechselbaren ästhetischen Struktur war es ein wichtiges Substrat für die spätere Entwicklung dramatischer Gattungen.

Überlieferung, Eigenarten und Inhalte der Texte

Das deutschsprachige geistliche Spiel des 15. und 16. Jahrhunderts war mit der oben beschriebenen Überlieferung der liturgischen Feiern und der lateinischen Kirchenraumspiele verbunden, allerdings nur in einem losen kausal-genetischen und keineswegs chronologischen Sinn. Doch wurde der ausschließliche Gebrauch des Lateinischen ab dem 13. Jahrhundert aufgegeben. Der Beginn dieser Erweiterung über den sakralen Raum des Lateinischen hinaus ist in den Liedern und Singanweisungen zu erblicken, die am Ende voll ausgeführter lateinischer Osterspiele stehen. So schließt das zu Anfang des 13. Jahrhunderts aufgezeichnete *Klosterneuburger Osterspiel* bereits mit der Anweisung: «Et populus universus iam certificatus de domino cantor sic imponit: Christ der ist erstanden.» Freilich fehlten die lateinischen gesungenen Partien, sozusagen der rituell-liturgische Kern, in der Praxis der Aufführungen nie, auch dort, wo sie nicht extra aufgezeichnet worden waren. So stellt das *Osterspiel von Muri* (Mitte des 13. Jahrhunderts aufgezeichnet), in dem tatsächlich die lateinischen Tropen fehlen, eine zur Verwendung bei einer Aufführung angefertigte Soufflierrolle nur für den deutschen Text des ganzen Spiels dar, und das *St. Galler Weihnachtsspiel* (Mitte des 15. Jahrhunderts offenbar nach einer älteren Vorlage niedergeschrieben) ist ein Lesetext. Es wurde in einen Sammelband mit vorwiegend erbaulich-didaktischen religiösen Traktaten eingetragen und zeichnet sich durch epische Ausgestaltung der Sprecherangaben aus sowie durch das aus diesem Grund erfolgte Weglassen der Regieanweisungen und der gesamten lateinischen liturgischen Teile, deren Kenntnis beim intendierten (geistlichen) Leser vorausgesetzt werden konnte.

Die Regel sind allerdings derartige Fälle unter den überlieferten Texten nicht. In den meisten Aufzeichnungen ab dem Beginn des 15. Jahrhunderts sind die deutschsprachigen Szenen entweder ohne Zusammenhang mit den lateinischen liturgischen Grundlagen, oder sie variieren die Tropen inhaltlich, ohne sie zu übersetzen. Dies reicht vom Einfügen von Füllversen bis zur eigenständigen Nachgestaltung, die ihrerseits wieder zu kleinen zusätzlichen Szenen anwachsen konnte, was auf das oft beachtliche rhetorische Können der Ausgestalter schließen läßt. Diesen Vorgang macht zum Beispiel das *Trierer Osterspiel* deutlich, in dem die variierende Bekräftigung gegenüber dem Tropus den Gestus untermalt (aufgezeichnet zu Beginn des 15. Jahrhunderts:

«Angeli simul cantant: / Non est hic, quem quaeritis, sed cito euntes / nuntiate discipulis eius et Petro, / quia surrexit Ihesus. / Secundus abgelus dicit Rickmum: / Hye enyst hy, hye yst vff erstanden / vnd yst zue Galilea gegangen. / dat saget synen jungern vnde Petro! / dar vmbe dye gancze werlde sal wesen fro, / Et tunc angeli simul cantant, Venite et videte locum': / Venite et videte locum, ubi positus erat dominus! / alleluia! alleluia! / Tertius Angelus dicit Rickmum: / Sehyt yn das grab, / da god selber yn lach: / her yst vff erstanden / vnd yst zue Galilea gegangen.»

Aus dieser Aufzeichnung allein ist ersichtlich, daß die Entwicklung des deutschsprachigen geistlichen Spiels in einer Art räumlichen Ausdehnung bestanden hat: Der Kern der lateinischen liturgischen Feier setzte gleichsam Schalen an, die im Gebrauch der Volkssprache immer breitere Publikumskreise in das umfassende Heilsgeschehen einbezogen, das im Spiel symbolisiert war. Die hier angedeutete Eigenart der Überlieferung hat eine der größten Schwierigkeiten der Erforschung dieser Spieltexte zum Inhalt: Die Textgestalt wurde vom Moment der Loslösung von der formelhaften Sakralsprache des Lateinischen an durch die Bindung an die Aufführungspraxis bestimmt. Dies brachte neben den Heften und Codices als Überlieferungsträgern der Texte auch die für den theatralischen Bereich so charakteristische «Rolle» hervor. Das war ein aufgerollter, langer Pergament- oder Papierstreifen (z. B. die sog. *Frankfurter Dirigierrolle* [Anfang des 14. Jahrhunderts]), auf dem die gesprochenen Verse einer einzelnen Rolle des Spiels aufgezeichnet worden waren, oder die Regieanweisungen, wobei der gesprochene Text nur durch Stichworte angedeutet wurde. Die Überlieferung des geistlichen Spiels in dieser Zeit ist also ausschließlich durch den praktischen Aufführungsgebrauch der Texte getragen. Das heißt aber, daß der einzelne Text eines Spiels, sofern er überhaupt komplett überliefert wurde, in den meisten Fällen eine für eine konkrete Aufführung hergestellte Fassung repräsentiert.
Das ist auch der Fall in Städten oder Landschaften, die eine lange oder reiche Spieltradition haben. Dort sind die nebeneinander existierenden und oft in einem Handschriftenkorpus überlieferten Texte keineswegs Variationen eines Archetyps, sondern Zeugnisse zu konkreten, immer

wieder aufs neue an die konkreten Sozialsituationen adaptierten Aufführungen. Diese Zweckhaftigkeit der Texte hatte Konsequenzen für die Anlage und Gestalt der Handschriften. Bezeichnend ist das Schmalfolioformat der Handschriften (z. B. *Innsbrucker Osterspiel, Donaueschinger, Egerer* und *Alsfelder Passionsspiel* etc.), die sehr oft starke Gebrauchsspuren aufweisen: beschädigte Ränder und Ecken, eingelegte oder eingeklebte Zettel oder ganze Lagen mit den entsprechenden Textänderungen. Diese Tatsachen beeinflussen natürlich die Interpretation und literarhistorische Einordnung und Einschätzung der Texte: Es handelt sich bei der überwiegenden Mehrzahl um reine Gebrauchshandschriften. Das wird nicht nur durch die Auszüge und die auf die Versanfänge beschränkten Dirigierrollen, von denen oben die Rede war, erhärtet, sondern auch durch die Existenz von Einzelrollentexten, die offensichtlich zum Zweck des Einlernens vor den Aufführungen angefertigt worden waren (z. B. *die Steinacher Salvatorrolle*, die *Gothaer Botenrolle*). Darüber hinaus gibt es (besonders in den Texten Luzerner und später Tiroler Provenienz) Eintragungen von Spielerverzeichnissen und Regiematerial. Neben den Einzelhandschriften existieren einige Sammelhandschriften, die in Regionen mit hohem Spielbedarf von geistlichen oder weltlichen Spielleitern angefertigt oder in Auftrag gegeben wurden, so etwa die Hs. Nr. 960 der Universitätsbibliothek Innsbruck (von 1391), die nach dem Aufbewahrungsort benannte *Erlauer Spielhandschrift* und der von dem Bozener Lateinschulmeister Benedikt Debs gesammelte Codex, der nicht nur geistliche Spiele enthält, sowie das große Spielarchiv, das der Sterzinger Maler und Spielleiter Vigil Raber (gest. 1552) sammelte und das von ihm angefertigte Einzelhandschriften geistlicher und weltlicher Spiele enthält, die ein innerlich zusammenhängendes Korpus bilden, das die Spieltätigkeit der Tiroler Region in der ersten Hälfte des 16. Jahrhunderts dokumentiert.
Nachdem der sprachliche Wechsel vom Lateinischen zum Deutschen und der reine Gebrauchscharakter der überlieferten Textträger als Grundkennzeichen der ganzen Gattung anzusprechen sind, muß nach den behandelten Stoffen und den Bearbeitern bzw. Autoren dieser Spiele gefragt werden.
Gemäß dem Schwellungscharakter der Spieltexte, die überwiegend von der Liturgie ausgingen, haben im Rahmen der Stoffe die Leidensgeschichte, die Geburt und das Leben Christi das größte Gewicht. Wenn Stoffe aus dem *Alten Testament* gewählt wurden, dann haben sie meist eschatologische Konnotationen. Gestaltet wurden folgende Stoffe und Motive aus der *Bibel*: die Weltschöpfung, die Erschaffung der Engel, Luzifers Bestrafung, die Erschaffung der Menschen, deren Sündenfall und Vertreibung aus dem Paradies. Sehr beliebt waren dann Kain und Abel, die Opferung Isaaks, Jakobs Betrug an Esau, Joseph und seine Brüder, David und Goliath, Salomons Urteilsspruch sowie die Susannaszenen.

Die Darstellung des Weihnachtsgeschehens griff allmählich nicht nur auf das Leben Marias zurück, sondern wurde auch durch die Einbeziehung von Hirten und Dreikönigsszenen, der Flucht nach Ägypten und den bethlehemitischen Kindermord erweitert. Den breitesten Raum nehmen die Szenen aus dem Leben Jesu ein. Er reicht vom Auftreten des zwölfjährigen Jesus im Tempel über die Hochzeit zu Kanaa und die diversen Wunder bis zur Bekehrung der Maria Magdalena, deren Weltleben breit ausgesponnen wurde. Genau bis in alle Einzelheiten wurde die Passion Jesu dargestellt: Einzug in Jerusalem, Abendmahl, Gefangennahme, Verhöre, Verurteilung und Kreuzigung waren ebenso Gegenstände zentraler Darstellung wie die Grablegung, Auferstehung und die Himmelfahrt des Erlösers. Dazu kamen die auflockernden Nebenszenen, die der Spielfreude und dem drastischen Verdeutlichungswillen Gelegenheit zur Verwirklichung einräumten: Christi Höllenfahrt, das Bestreben der Teufel nach der Wiederauffüllung der Hölle, die Salbenkrämerszenen, der Grabgang der Marien, Christi Erscheinungen und der Jüngerlauf. Auch das Pfingstwunder und Mariä Himmelfahrt wurden aus dem biblischen Bereich genommen. Dem Gebiet der Eschatologie entsprachen die Antichrist- und Weltgerichtsspiele sowie die Dramatisierungen des Gleichnisses von den klugen und den törichten Jungfrauen.
Unter den Legendenstoffen können drei Gruppen unterschieden werden: die Marienlegenden (die Spiele um die Päpstin Jutta und die Teufelsbundspiele um die Figur des Theophilus), reine Heiligenlegenden (Georg, Alexius, Dorothea und Katharina) und Kreuzlegendenspiele, welche die Kreuzauffindung und die Kreuzerhöhung zum Gegenstand haben [461].
Dazu kommt die eigentümliche Gruppe der *Marienklagen*, abermals ein Zeugnis dafür, daß einzelne besonders rührende oder drastische Szenenfolgen, denen im Gesamtgefüge der Leidensgeschichte Christi nur eine Episodenrolle zufiel, sich rasch verselbständigen konnten. Unter Marienklage versteht man eine Szenenfolge im Zusammenhang mit der Kreuzigung, in der die Mutter Maria gemeinsam mit den anderen Marien das Leiden und den bevorstehenden Tod Jesu beklagt. Dabei wird sie vom Lieblingsjünger Johannes, auch vom sterbenden Jesus selbst getröstet. Die Spielhandlung selbst besteht lediglich im Tod Jesu und in der Kreuzabnahme. Der Schwerpunkt liegt in der selbständigen sprachlich-dialogischen Ausgestaltung der Klageszene, die an sich auch innerhalb der Passionsspiele vorkam, hier aber zu einem formal eigenständigen Kurzspiel ausgeformt wurde.

Bei dieser Fülle von Stoffen und Motiven sowie bei deren Kombination und Variation stellt sich die Frage nach den Quellen. Diese Frage zielt ebenso nach dem Bildungsstand der Spielbearbeiter und Spielverfasser wie nach der geistlichen Informationsbasis des Publikums. Neben den

Osterfeiern und Osterspielen in lateinischer Sprache – so ist die lateinische *Visitatio sepulchri* sicher die Keimzelle der deutschsprachigen Osterspiele gewesen – rückt hier die Kenntnis des Alten und des Neuen Testaments in den Vordergrund; ebenso sind die jeweiligen Legendentraditionen zu nennen, ferner die Apokryphen und die theologische Literatur. Die Erhellung gerade dieser Quellen gibt den Blick auf theologische Literatur im weitesten Sinne frei, etwa auf die *Historia scholastica* (2. Hälfte d. 12. Jahrhunderts) des Petrus Comestor (um 1100 bis 1179), das *Speculum quadruplex* des Vinzenz von Beauvais (um 1190 bis 1264) und die *Legenda aurea* (um 1263 bis 1273) des Jakobus von Vorago (eigentlicher Name: J. von Varazze, um 1228/29 bis 1298).
Sehr oft trat in Regionen mit besonders reger Spieltätigkeit der Fall ein, daß neben dem stets möglichen Rückgriff auf die *Bibel* ein anderes Spiel als Stoff- und Motivquelle diente. So kam es dazu, daß ganze Reihen von Spieltexten entstanden, die einer oder mehrere Spielleiter einer Region durch Bearbeitung von Texten der benachbarten Region erstellten.
Mit der Frage nach den Quellen ist die nach den Spielleitern und Verfassern der Spieltexte eng verbunden. In den Osterfeiern und den lateinischen Kirchenraumspielen waren es Geistliche, denen die Betreuung der festlichen Spiele anvertraut war. Daneben traten aber sehr bald Stadtschreiber als urkundlich bezeugte Spielleiter auf. Dies ist etwa der Fall bei den Sterzinger Aufführungen von 1496 und 1503 sowie in der Tätigkeit der bereits oben erwähnten städtischen Lehrer bzw. Maler Benedikt Debs (gest. 1515) und Vigil Raber. In manchen Fällen war der Spielleiter darstellerisch an der szenischen Verwirklichung des Textes beteiligt, bevorzugt als *Precursor* (Ausschreier), der ja die Übersicht über die Darsteller und den Verlauf des Ganzen haben mußte. Da es eine nachweisbare persönliche Verfasserschaft sehr selten gibt, hatte die Funktion des Spielleiters großes Gewicht: Entweder konnte er aus dem in fast jeder Diözese vorhandenen Textmaterial auswählen oder sich eine Handschrift eines neu bearbeiteten und besonders erfolgreichen Spiels aus der Nachbarstadt ausleihen und wieder abschreiben lassen, ein Vorgang, der aber häufig mit der Abtretung von Privilegien oder mit einem finanziellen Entgelt verbunden war. Sehr oft wurde ein Spiel oder eine aktuelle Bearbeitung eines überkommenen Spieltyps dadurch weiter verbreitet, daß rhetorisch gebildete Geistliche und Bürger, die eine neue Version eines bekannten Spielstoffes gesehen hatten, nach diesem Modell ihre lokale Spieltradition umformten oder erweiterten.
Höchstwahrscheinlich haben die im 15. Jahrhundert an manchen Orten von fremden Zuschauern der großen Passionen erhobenen Eintrittsgelder unter anderem den Sinn gehabt, das Weitertragen besonders erfolgreicher Textteile und Szenen in die Nachbarorte zu erschweren. Auch die Versetzung von Weltgeistlichen und Mönchen in andere Sprengel oder

Klöster ihres Ordens hat zur Verbreitung einzelner feststehender Szenen beigetragen, deren inhaltliche Übereinstimmung nur durch die Adaptionen an den regionalen Dialekt variiert wurde. Nur auf diese Weise scheinen zum Beispiel die Übereinstimmungen der Salbenkrämerszenen erklärbar oder der Scherzworte, die der als Gärtner verkleidete Jesus Maria Magdalena zuruft. Diese Erweiterungen des als Allgemeingut verbreiteteten liturgischen Kerns waren als erfolgreiche Details der Osterspiele bald in jeder Region übernommen worden. Diesen Verhältnissen gemäß sind – im Gegensatz zu den Spielleitern etwa innerhalb der Alsfelder, Bozener, Sterzinger, Luzerner und Zurzacher Überlieferung – persönliche Verfasser von konkreten Einzeltexten geistlicher Spiele nur ausnahmsweise bekannt. Darunter sind von der literarhistorischen Forschung Dietrich Scheinberg (*Spiel von Frau Jutten*), Arnold Immessen (Wolfenbüttler *Sündenfall*, 2. Hälfte d. 15. Jhs.) und Jakob Ruoff (die protestantisch ausgerichtete Zürcher Passion *Lyden unseres Herren Jesu Chrysti*, erstmals gedr. 1545) als gesichert betrachtet worden, während im Fall der *Zurzacher Passion* die Verfasserschaft von Matthias Gundelfinger (gest. 1518) unsicher ist. Ebenfalls hat der Luzerner Stadtschreiber Renward Cysat (1545 bis 1614) überkommene Texte grundlegend bearbeitet, so daß sie als eigenständige Leistung eingeschätzt werden können. Der Normalfall lag dagegen im sakralen Charakter der ganzen Spieltätigkeit begründet: Die Stoffe waren heilsgeschichtliches Gemeingut der Christenheit, jeder Spielleiter konnte daher nach lokalem Bedürfnis und persönlichem Belieben neue Variationen zu bereits Bestehendem schaffen.

Aufführungspraxis und Verbreitung

Da die Texte immer nur einen Teil der künstlerischen Gesamtwirkung des dramatischen Genres ausmachen, kann gerade bei dem funktionell so sehr gebundenen geistlichen Spiel die Textgestalt nur im Zusammenhang mit der Aufführungspraxis gesehen werden.

Ökonomisch wurden die Aufführungen der geistlichen Spiele hauptsächlich von kirchlichen Instanzen, den Bürgerschaften der Städte und wohl auch von reichen Darstellern bezahlt, denen die Mitwirkung Ehre und soziale Repräsentanz bedeutete. Gewöhnlich trug die örtliche Kirchenbehörde die Kosten für den liturgischen Teil (z. B. die Prozessionen), während die Spieler Kostüme und Requisiten besorgten. Dabei spielten eigene Vereinigungen und Bruderschaften eine dominierende Rolle. Diese Vereinigungen waren mit den Handwerkerzünften verbunden, wie die *Bekrönungsbruderschaft* in Luzern, *die Gottsleichnamsbruderschaft* in Wien, die *Michaelsbruderschaft* in Friedberg, die *Prozessionsbruderschaft* in Marburg oder die *Passionsbruderschaften* in Mainz und Würzburg. Die Kosten für Bühnenaufbauten, für die Bewirtung der Spieler und der Ehrengäste sowie für sonstige fürsorgende und schützende Maßnahmen hingegen trugen die Stadtverwaltungen. Derlei Maßnahmen reichten von der Preisaufsicht in Herbergen und Gasthäusern bis zum Schutz der Ghettoeingänge, vom Schutz gegen Überfälle und Diebstähle während der mehrtägigen Spielzeit bis zur Feuerwache. Die Zeitdauer der Spiele, besonders der Passionen, ist mit zwei bis vier Tagen zu veranschlagen, wobei die siebentägige *Bozner Passion* von 1514 wohl als Ausnahme anzusehen ist. Von Alsfeld und Luzern werden tägliche Spielzeiten von 6 bis 18 Uhr berichtet, die sich über drei Tage erstreckten. Die Spiele begannen gewöhnlich mit einer Aufforderung des Praecursors, nun zu schweigen und auf den gewählten Plätzen zu verharren. Es folgte ein gemeinsames Gebet, mit dem das Spiel von Zuschauern und Darstellern gemeinsam eingeleitet wurde. Beendet wurde das Spiel mit einem gemeinschaftlichen Lied, einer Segenspendung oder einer Messe, wodurch die Eingliederung aller Beteiligten in die Liturgie des Kirchenjahres gewährleistet war. Dem widersprach die obligate Essenseinladung der Darsteller durch die Spielveranstalter (Kirche, Stadtrat) nicht, die das ganze Geschehen abschloß.

In den lateinischen Osterfeiern und in den frühen Kirchenraumspielen waren die Geistlichen offenbar selbst die Darsteller. Sie werden in der Regieanweisung in ihrer Gesamtheit sogar manchmal als *clerus* bezeichnet, während das Spiel, seiner Nähe zur Liturgie gemäß, *officium* heißt. Laien – immer ehrbare Bürger, für die die Mitwirkung eine Anerkennung oder Hebung ihres sozialen Status bedeutete – übernahmen dann die Darstellung, als sich die Spiele durch Rollenzahl und Stil aus dem Kirchenraum hinaus auf Platz und Markt ausdehnten. Doch auch dann blieben die Leitung des Spiels und die Rollen heiliger Personen Geistlichen überlassen, obwohl deren Mitwirkung der kirchlichen Behörde schon relativ früh suspekt zu werden begann. So ermahnte das Konzil von Trier (1227) die Priester ausdrücklich, dem Spiel im Kirchenraum abzusagen: «Item non permittant sacerdotes ludos theatrales fieri in ecclesia et alios ludos inhonestos.» Fast hundert Jahre später wandte sich ein Edikt von Worms (1316) nicht nur gegen die Teilnahme von Klerikern an Spielen, sondern auch gegen die Mitwirkung von Fahrenden: «... clerici non spectaculis, non pompis intersint, ioculatoribus ... non intendant nullaque eis sub poena excommunicationis dona tribuant.» Ein solches Verbot weist keineswegs darauf hin, daß etwa das geistliche Spiel von Fahrenden mit initiativ geschaffen worden ist, sondern es belegt die Tatsache, daß schon zu Beginn des 14. Jahrhunderts die didaktische Ausrichtung und der beginnende realistische Darstellungsstil die nur im Kirchenraum mögliche symbolisch-hierarchische Art der Präsentation abzulösen begann. Man brauchte immer mehr Menschen, und besonders für die drastischen und komischen Zwischenspiele scheute man sich nicht mehr, die auf diesem

Gebiet bekannte Routine der Ausgestoßenen zu Rate zu ziehen. Außerdem konnte diese sozial verfemte Gruppe eben sinngemäß die gegenerlöserischen Kräfte der menschlichen Heilsgeschichte verkörpern: die Teufelsszenen, die derb-erotischen Auftritte des Salbenkrämers mit seiner betrügerischen Frau samt Dienern und Unterdienern. Das waren die Füllsel zwischen den hochpathetischen Höhepunkten der religiösen Handlungsebene, die man auf Wunsch der Zuschauer und Veranstalter beliebig einschieben konnte, wenn man über genügend Leute (für diese komischen Szenen eben auch Fahrende) verfügte. So heißt es im *Sterzinger* (dem sogenannten *Pfarrkircher*) *Passionsspiel* (entst. bald nach 1400) ausdrücklich, daß man in die Wegstrophen der Marien das Salbenkrämerspiel einschalten könne, wenn es gerade passe: «Hic potes introducere medicum cum servo suo, si placet.»
Die Osterfeiern und die älteren liturgischen Spiele kamen ihrem Charakter gemäß mit wenigen Darstellern aus. So benötigt die sogenannte *Lichentaler Marienklage* (Ende des 13. Jhs.) für ihre 146 Verse zwei Sprechrollen, während die sogenannte *Egerer Passion* (nachweisbare Auff. von 1443 bis 1517) mit ihren 8312 Versen mindestens 187 Personen zu ihrer szenischen Verwirklichung braucht. Freilich besagen diese Zahlen nicht allzuviel, denn sie waren von der Größe des Aufführungsorts und vom Reichtum der Veranstalter abhängig: Je größer und wohlhabender die veranstaltende Stadt, desto mehr Statisten konnte man sich bei den Massenszenen leisten. Häufig mußte ein und dieselbe Person mehrere Rollen übernehmen, wogegen es Rollen gab, zum Beispiel den *Salvator* der mehrtägigen Passionen, die von mehreren Darstellern gespielt wurden.
Aus all diesen sozialhistorischen Daten geht mehr als aus den erhaltenen Handschriften hervor, daß die darstellerischen Realisierungen der geistlichen Spiele, also ihre eigentliche theatralische Form, unter dem Einsatz aller menschlichen Ausdrucksmittel der Zeit bunt, bizarr und augenfällig gewesen sein mußten. Die als geschichtliche Wahrheit angenommene christliche Eschatologie weitete inhaltlich jedes religiöse Spiel zum Weltspiel aus, in welchem daher alle Darstellungsmittel und alle Künste ihren Stellenwert besaßen. Obwohl die Handschriften darüber nur teilweise Auskunft geben – sie zeichnen in den Regieanweisungen oft nur das ausdrücklich auf, was von der tradierten Inszenierungsnorm abweichen sollte –, kann man über Kostüme, Darstellungs- und Vortragsstil etwa folgendes sagen: Frauenrollen wurden im geistlichen Spiel stets – von einigen späteren Ausnahmen abgesehen – von Männern gespielt. Masken im schauspielerischen Sinn waren selbstverständlich. Man verwendete Perücken, falsche Bärte in symbolischen Farben (so waren Christi Feinde stets rothaarig) und in besonderen Fällen Gesichtslarven, besonders in den Teufelsauftritten, aber auch für den Praecursor. So weist eine Bemer-

kung im *Bozner Lichtmeßspiel* (Ende des 15. Jhs.) darauf hin, daß der Praecursorauftritt larvenlos zu erfolgen habe: «Primo exit Precursor non larva nec equina barba indutus, sed honestis vestimentis.» Durch die zeitgenössische Malerei ist das Tragen von Masken ebenfalls belegbar, durch urkundliche Zeugnisse auch das Schminken.

In diesem Zusammenhang steht die Frage nach den Kostümen. Erfüllte im frühen liturgisch gebundenen Spiel die symbolische Meßkleidung der Priester mit einigen sprechenden Requisiten voll ihren symbolischen Sinn (z. B. Chorrock und Spaten in der Hortulanus-Szene), so führte der Zug zu augenfälliger Didaxe zu immer genauerem Detail, das aber stets aus dem zeitgenössischen Alltag oder dem tradierten Bereich religiöser Allegorik entnommen wurde. Kostümierung im historischen Sinn war nicht gebräuchlich, sie hätte dem Zweck der Spiele widersprochen. Doch gab es sie sehr wohl bereits als handlungstreibendes Motiv, wenn zum Beispiel in der *Alsfelder Passion* sich der Teufel als altes Weib verkleidet, um in dieser Maske zu Herodes zu kommen.

Wichtig für die gesamte Wirkung und Form der geistlichen Spiele war auch die Vortragskunst der Darsteller. Zu ihren Aufgaben gehörten Singen, Sprechen und Gestik. Doch scheint die Art und Weise, in der dies geschah, durch die soziale Verankerung der langen Spieltradition selbstverständlich und keiner eigenen schriftlich fixierten Anweisung wert gewesen zu sein. Die älteren lateinischen Texte sind ausnahmslos gesungen worden und blieben als unveränderte liturgische Teile auch in späteren Spieltexten in Form von Gesangspartien voll erhalten. Die ästhetische Würdigung dieser Teile kann nur im Zusammenhang mit der Einschätzung der musikalischen Notation erfolgen, die allerdings meist erst seit dem 14. Jahrhundert erhalten und oft schwer deutbar ist. Auch im realistischen Spiel der späteren Zeit ragten die gesungenen lateinischen Partien als liturgische Grundlagen der sakralen Handlung heraus. Doch finden sich genug Zeugnisse und sogar fragmentarische Neumierungen dafür, daß auch der deutsche Text in der Form des *accentus* geboten wurde; das war eine Art rezitativischer Sprechgesang, der in den alten lateinischen Spielen den Gegensatz zur lyrisch reflektierenden Melodie, dem *concentus*, verkörperte.

Höchstwahrscheinlich wurden bei den späteren Massenszenen die benötigten Laiendarsteller von den Geistlichen in die Kunst des richtigen Vortrags eingeführt und in der Gesangstechnik geschult. Die im älteren lateinischen Spiel häufigen Anweisungen zum richtigen Vortrag weisen auf einen Beginn der Beteiligung von nicht so sehr geschulten Laien am Spiel hin. Stimmstärke, Stimmfarbe und Zeitmaß, ob laut geschrien, geflüstert, deklamiert oder beiseite gesprochen werden sollte, das waren die Inhalte dieser Anweisungen, die in ihrem konkreten Realismus schon sehr früh bis ins Detail gingen, wie eine Regieanweisung des *Benediktbeu-*

rer Passionsspiels (um 1230) bereits belegt. Hier wird das angstvolle Stöhnen des sterbenden Christus graphisch durch die Trennung der Silben «E-ly, e-ly lama ubactany» angedeutet, was zweifellos einen Hinweis für den Darsteller bedeutet, seine liturgische Deklamation durch naturalistische, stoßweise Aussprache zu ersetzen. Derartige Anweisungen waren auch in den Teufelsszenen wichtig, in denen die Qual der sündigen Seelen durch Tonlage und Vortragsweise ebenso wiedergegeben wurde wie das Jammern der enttäuschten Teufel. So vermerkt das *Innsbrucker Osterspiel* (entst. zwischen 1320 und 1350) ganz klar: «Tunc Lucifer currit ad palatium, clamans alta voce: / Gesellen, lieben gesellen alle, / kumt mit eyme grußen schalle / vnd merket myne clage, / dy ich uch wil sage . . .» Die Marien- und Apostelauftritte in den *Erlauer Spielen* (erhalten in Sammelhs. von 1563), der *Sterzinger* und der *Alsfelder Passion* (Auff. von 1501, 1511 und 1517 bezeugt) nehmen vielfach die spätere Oratorientechnik des 17. Jahrhunderts vorweg [211].

Fragt man nach all diesen verbindlichen Beschreibungskategorien der Aufführungsmodalitäten nach Aufführungsorten und regionaler Verteilung der Spiele im deutschen Sprachraum, so können etwa folgende Aussagen gemacht werden, wobei von vornherein zu beachten ist, daß die meisten bekannten Spieltexte nach ihrem Fundort benannt worden sind und nicht nach dem Ort ihrer Aufzeichnung und theatralischen Verwirklichung: Die regionalsprachlichen Beschreibungskriterien der Texte sind für die Annahme von Spiellandschaften nicht immer geeignet, da sie den Übernahmeweg, nicht unbedingt aber die Realisierungsorte nachzeichnen. Doch kann man bei den erhaltenen Spielen, die dem Umkreis der Osterliturgie angehören, im wesentlichen von einer rheinfränkisch-hessischen, einer alemannisch-schwäbischen und einer tirolisch-bairischen Zugehörigkeit sprechen. Für Mittel- und Niederdeutschland sind die Textüberlieferungen viel zu lückenhaft, um eine eigene Traditionslandschaft rekonstruieren zu können. Die Weihnachtsspiele sind in den gleichen Landschaften angesiedelt wie die Osterspiele. Die Heiligenspiele dagegen sind nur punktuell zu belegen. Ihre Aufführungsdaten sind im Gegensatz zu den an das Kirchenjahr gebundenen Spielen nicht fixiert; dasselbe gilt von den eschatologischen Spielen, doch auch hier werden die Spiellandschaften von bürgerlichen Handelszentren und Verkehrsstraßen definiert, unter denen der bairisch-alemannische Raum in der Textüberlieferung einen gewissen Vorrang einnahm. Als Fastnachtsspiele dagegen wurden ausnahmslos die Moralitäten im deutschen Sprachraum bezeichnet, eine Problematik, die in ihrem Widerspruch zwischen Spielstoff und Aufführungspraxis besonders für den niederdeutschen Raum zu gelten hat [550 und 461].

Soziale Aussage

Die Aufführungspraxis zog zunehmend eine beträchtliche Erweiterung des Aktionsraums mit sich. Dem Verlassen der Kirche und der Ausdehnung der Spielsphäre bis auf den Marktplatz entsprach die rhetorische Aufschwellung der Texte über das Ritual der Liturgie hinaus. Auch wurde immer häufiger der jeweilige regionale Dialekt der Volkssprache in diesen Erweiterungen verwendet. Das alles deutete auf einen Wechsel in der Weltwahrnehmung und auf eine Schwerpunktverschiebung im herrschenden sozialen und politischen System. Die feierliche, streng ritualisierte Gestik der lateinischen Osterspiele mit ihrem Hinweischarakter auf das Heilsgeschehen war einem didaktischen Anliegen gewichen, dessen Adressat eine Publikumsmasse war, der die symbolische Aktion der Priester nicht mehr genügte, weil sie sie weder sprachlich noch bildungsmäßig verstand. Man verlangte danach, das Heilsgeschehen in der augenfälligen Form des Alltags zu sehen, mit dem man sich identifizieren konnte. Der niedere Klerus, dem die Seelsorge unter den ‹kleinen Leuten› oblag, wollte wohl aus pastoraltheologischen Gründen das Komische als Verkörperung des gegenweltlichen Prinzips dargestellt wissen. Daran ließen sich Predigtexempla und drastische Ermahnungen knüpfen. Die Beliebtheit der derben Salbenkrämerszenen leitete sich aus diesem doppelten Aspekt her: die Schaulust des breiten Publikums, das mit den Stationen der Heilsgeschichte im großen und ganzen vertraut war, und die didaktische Absicht der oft aus der gleichen sozialen Sphäre stammenden Geistlichkeit und ihrer bürgerlichen Mäzene lassen sich immer wieder aus den Praecursor-Reden ablesen, so an jener häufig zitierten Stelle aus der *Sterzinger Passion* (entst. bald nach 1400, Auff. 1514):

«Darumb seydt petrüebt hewt in got / Vnd treybt daraus nit schimph noch spot. / Als man manigen groben menschen vindt: / Alspald er enphindt. / Das ainer in ainem reim misredt, / So treybt er dar aus sein gespött / Vnd lacht der figur gar. / Des man tuen solt fürbar: / Wan es doch zw eren Jhesu Christ / Gäntzlich angefangen ist / Vnd nit aus gespötterey / Noch in sölicher pueberey, / Als ims offt ainer fürnympt, / Dem es nit wol tzimpt. / Vnd doch durch got an gefangen ist. / Vmb zw bedencken das leiden Jhesu Christ, / das durch sölichs spill / der es sunst petrachten wil, / Vn mer zw andacht wirt bebegt / Wan so man es mit worten redt. /» [518; 229].

In diesen Versen ist jene pastoraltheologische Lehrhaftigkeit, die sich hinter Vers und Spiel versteckte, betont und verteidigt. Für ihre Verwirklichung wurde vor allem die Alltagswelt in grotesk überhöhter Form in die Zwischenakte des Heilsgeschehens einbezogen. Das Irdische und Allzuirdische, ursprünglich als Demonstration seiner Wertlosigkeit, als Gegenwelt zum Heilsbereich dargestellt, gewann stetig an Gewicht und Raum. Es wurde schließlich zum Hauptmittel, durch das man die Wirkung des Transzendenten in der Geschichte veranschaulichen wollte. Das Spiel wurde somit immer ‹realistischer›, im Vortäuschen der Alltagswirklichkeit zunehmend vervollkommnet. Der Anreiz für das Publikum, sich mit dem solcherart Dargestellten zu identifizieren, wurde durch diese Entwicklung verstärkt. Aus den Teilhabern eines symbolisch präsenten religiösen Vorgangs wurden sensations- und unterhaltungslüsterne Zuschauer eines Spektakels. Die einzelnen Szenen verloren zugunsten des Identifikationsanreizes den durch die Heilsgeschichte vorgegebenen Zusammenhang.

Man hat hierin ein Zeugnis für den Einfluß der nominalistischen Theologie gesehen [351]. Tatsächlich entsprach ja die zunehmende Konzentration auf das einzelne, das möglichst sinnfällig dargestellt und ausgemalt wurde, einer Weltsicht, die von einer unmittelbaren, intuitiven Erkenntnis der Einzeldinge ausging und für die die allgemeinen Begriffe von den Dingen keine Existenz hatten, sondern vom menschlichen Geist gebildet waren. Damit galt aber auch der sprachliche Ausdruck für diese Begriffe nur als Zeichen (*nomina*), das im menschlichen Geist existierte und keine den Dingen selbst innewohnende Qualität bedeutete. Diese erkenntnistheoretischen Ansätze, die seit dem 12. Jahrhundert mit dem Ideenrealismus parallel gelaufen waren, rückte Wilhelm von Ockham (um 1285 bis um 1349) ins Licht der europäischen Öffentlichkeit. In seinem Gedankengebäude stand dem nominalistischen Erkenntnisweg ein rein voluntaristischer Gottesbegriff gegenüber, in dem absolute Freiheit und Allmacht beschlossen waren. Durch seine Flucht vor einer Verurteilung am päpstlichen Hof zu Avignon nach München und durch seine Parteinahme für Ludwig den Bayern in dessen Streit mit Papst Johann XXII. über die Armutsfrage und den Laizismus waren Ockhams Gedanken auch im deutschen Sprachraum nicht nur unter Geistlichen heißdiskutierte Neuansätze kirchlichen und gesellschaftlichen Lebens. Seine Thesen bedeuteten in sozialer und politischer Hinsicht in letzter Konsequenz eine neue Abgrenzung der Zuständigkeit weltlicher und kirchlicher Macht und scharfe Betonung der Rechte des Fürsten gegenüber der Kurie. Im Armutsstreit plädierte Ockham dafür, daß die Kirche dem Beispiel Christi folgen und auf weltliche Macht und Güter verzichten solle. Seine Vorstellung von der Kirche beruhte auf der Ablehnung der Relation. Kirche setzte er mit der Vielheit von Einzelpersonen gleich, von denen jede in Gnadenwahl und Verdammnis allein an Gottes Willen hänge. Alle anderen Vorstellungen, sogar die von der Kirche als Rechtsperson, lehnte Ockham ab. Da er auch die Sprachen als bloße Zeichensysteme ansah, die auf menschlicher Konvention beruhten, gab es für ihn keine ‹heiligen› Sprachen als von Gott bevorzugte Instrumente der Offenbarung. Eine Beschränkung der Offenbarungsmöglichkeit auf etwa Latein, Griechisch oder Hebräisch hätte eine Beschränkung der göttlichen Allmacht bezeichnet. Daß dieses geistige Gebäude auf die Reformation und den Humanismus vorauswies, gilt als erwiesen; daß es in der deutschen Literatur der Zeit diskutiert und künstle-

risch ausgedrückt wurde, belegen Autoren wie Heinrich von Meissen (genannt Frauenlob, um 1250/60 bis 1318), Heinrich von Mügeln (belegt von 1340 bis 1369) und Johann von Tepl (auch: J. von Saaz, 1350 bis 1414). Daß dieser Umbruch im Ideengebäude der Zeit direkt im geistlichen Spiel reflektiert wurde, ist nicht nachweisbar. Augenscheinlich sind jedoch die Inszenierungsart und die zunehmende inhaltliche Breite der Spiele ebenso Ausdruck einer sich ändernden sozialen Basis wie der Nominalismus mit seinem Eintreten für Armut, Laienfrömmigkeit und Gewaltentrennung.
Diese neue gesellschaftliche Entwicklungsstufe zeichnete sich in der Inszenierung der geistlichen Spiele ab. Das ältere lateinische Kirchenraumspiel trug Prozessionscharakter oder war in die Liturgie als retardierendes, unterstreichendes Moment eingeschoben. Mit dem Heraustreten aus dem Kirchenraum auf den Marktplatz wurde der Sukzessionscharakter (Stufencharakter) aufgehoben zugunsten einer stationären Bühne, die unveränderlicher Hintergrund des Geschehens war. Das beweisen die erhaltenen Aufführungspläne zur *Alsfelder* und *Villinger Passion* sowie die Handzeichnung Renward Cysats für die Inszenierung des ersten Tags der *Luzerner Passion* von 1583 [518]. Schon das ältere lateinische *Klosterneuburger Osterspiel* (Anf. d. 13. Jhs. aufgezeichnet) hatte den liturgischen-sukzessiven Charakter zugunsten einer statisch-bedeutsamen Bühneneinteilung aufgegeben. Hier war bereits das Raummodell der großen geistlichen Freilichtspiele des endenden 15. und des 16. Jahrhunderts vorgestellt: eine Dekoration, die aus Himmel und Hölle, aus den beiden Polen christlicher Zeitperspektive, bestand, die einander gegenüber aufgestellt waren. Bei den großen Freilichtaufführungen verkörperte der dazwischen liegende «Plan» (Marktplatz, Domplatz) die Welt als Schauplatz des Heilsgeschehens, das sich unter den Augen Gottes und des Satans vollzog. Die optischen Schauplätze dieses Spielgeschehens (*loca*) waren alle gleichzeitig während der gesamten Vollzugszeit vorhanden. Diese Simultaneität entsprach der Art, in der die Menschen dieser Zeit die sie umgebende Realität wahrnahmen.
Das bezeugt ein Seitenblick auf die zeitgenössische Tafelmalerei: Man stellte die Einzeldinge nebeneinander in den Raum und ordnete sie nicht durch eine verbindliche räumliche, sondern durch eine dem Maler und dem präsumptiven Betrachter gemeinsame symbolische Perspektive, die nicht nach der ‹Natur›, sondern nach der angezielten Bedeutung gewählt war. Simultaneität bewies auch das Fehlen einer einheitlichen Blickrichtung der Zuseher, welche diese dreidimensionale Raumbühne von allen oder drei Seiten umschlossen, während die einzelnen *loca* durch die Bewegungen der Darstellergruppen in den Scheinwerferkegel der Spielhandlung gerückt wurden. Dieses Prinzip konnte ebenso im gleichzeitigen Ablauf einzelner Szenen sichtbar werden, etwa wenn die eine noch

gesprochen und die andere bereits bewegungsmäßig vorbereitet wurde, oder wenn die Hauptsituation pantomimisch als statischer Hintergrund für einen gefühlvollen (*Marienklage*) oder komischen (*Salbenkrämerszene*) retardierenden Einschub nötig war, um die Kontinuität des Ganzen – oft mühsam genug – zu wahren.

Stoffe und Strukturen der geistlichen Spiele blieben immer gleich. Trotzdem gab es Punkte, in denen die Alltagsrealität mit ihren aktuellen politischen Anliegen in die Spiele eindrang. Dabei ging es nicht um realistische *imitatio*, sondern um das Anhäufen von Elementen zeitgenössischer Realität zum Zweck der Eindringlichkeit. Die ehrfurchtgebietenden Personagen der Schrift und der Legende wurden als Träger alltäglicher Reaktionsweisen hingestellt und somit dem seelischen Motivierungsbedürfnis des Publikums angepaßt. So wurde die unbefleckte Empfängnis Mariä dadurch plausibel gemacht, daß man Joseph als unbeholfenen alten Mann darstellte. Im *Hessischen Weihnachtsspiel* (zwischen 1450 und 1460 geschrieben) erscheint er als ein sich für die Schwangerschaft seiner Frau schämender, impotenter Hahnrei, dessen Klagen einen blasphemischen Eindruck vermitteln: «adir was sal ich begynnen / Maria wirt eyn kint gewynnen: / da bin ich werlich unschuldig ane / ich wil nu von ir lan / und wil nicht lenger bliben hie / ...»

In diese Kategorie gehört auch der Streit zwischen Petrus und Johannes um die Weinflasche beim Jüngerlauf, wobei das Unterliegen des ersteren in der Darstellung durch Hinken plausibel gemacht wurde. Durch breites Ausmalen ihrer Fehler und Sünden gewannen die Personen des Heilsgeschehens für das Publikum offenbar erst die vom Klerus angepeilte Glaubwürdigkeit: Petrus mußte als Lügner, Thomas als Ungläubiger, Magdalena als Dirne vorgeführt werden, um das sogenannte Menschliche als krassen, aber für alle nachvollziehbaren Weg zum Heil erscheinen zu lassen.

Dem entsprachen die Versuche, das Handeln der Personen zu motivieren. Geld und Genußstreben spielen für die auftretenden Figuren eine gewichtige Rolle. Wie angeworbene Söldner des 15. Jahrhunderts wollen die Grabwächter für ihren Dienst im voraus bezahlt werden, und der Salbenkrämer feilscht mit den Marien um den Preis seiner zweifelhaften Produkte. Sogar Judas wird dem Publikum als mißtrauischer Wechsler vorgeführt, der die einzelnen Münzen des Blutgeldes genau auf ihre Echtheit hin ansieht und schlechte Stücke zurückweist. Er verhält sich wie eine bekannte Figur des städtischen Lebens. Das Genußstreben äußert sich darin, wie wichtig Essen und Trinken für die bürgerlichen Darsteller und ihre Rollen waren. Die Grabwächter tranken Wein, das Osterlamm wurde als Festtagsbraten dargestellt, und eines der gefährlichsten Laster des Zeitalters, die Trunksucht, erhielt in den niederdeutschen Spielen eine Personifikation, einen Spezialteufel.

Am besten für die identifikatorische Auseinandersetzung mit der Realität eigneten sich die Teufelsszenen. Der Rahmen dafür war die alte Legende von der Höllenfahrt Jesu, die das apokryphe Nikodemusevangelium erzählte: Christus sprengt die Tore der Hölle, holt die Auserwählten seines Vaters, aber die Hölle muß nun wieder gefüllt werden. Der von Christus überwältigte Luzifer wird von Satan getröstet und schickt nun Unterteufel in die Welt, um die Hölle wieder mit Abgefallenen zu bevölkern. Diese werden an Ketten eingebracht und erweisen sich als Vertreter der städtischen Hauptberufe, deren Korruption, Laster, aber auch komische Seiten bei dem Verhör durch Luzifer hervortreten. Im *Innsbrucker (Neustifter) Osterspiel* wurde die Instruktion, die Luzifer seinen Unterteufeln gab, zu einem Pandämonium der spätmittelalterlichen Ständeordnung: Er sendet seinen Satan zuerst an den päpstlichen Hof nach Avignon, dort seien die meisten Höllenaspiranten zu finden:

«Sathan, Sathan, min vil liber kumpan, / lauf hen keyn Avian / brenge mir alczu mal / den babest vnd den kardenal, / patriarchen vnd legat, / dy den luten geben bosen rat / ...»

Dann marschieren Reichsfürsten, Ministerialen und die Vertreter der wichtigsten Handwerkerzünfte auf, zum Gaudium eines Publikums, das sich größtenteils aus den gleichen sozialen Schichten zusammensetzte wie die Dargestellten. Bürger lachten über Bürger [872], die Rüge zeigte eine Welt zwischen den Stadtmauern, wo die Politik und die Heilsgeschichte zum Nutzen und Frommen des gewerblichen Alltags gedeutet wurden. Dazu kam noch die Gestalt des Bauern, höchstwahrscheinlich durch die Nachbarschaft der Fastnachtsspiele initiiert und in einer Region, die die soziale Problematik dieses Standes ganz nah vor Augen hatte:
So erschien in der sogenannten *Pfarrkircher Passion* (1486) auf Lucifers Liste der gefangenen Seelen auch die eines Bauern. Er wird als Inkarnation des Unerfreulichen geschildert. Bei den gesetzlich gebotenen Fronarbeiten sei er langsam, bei Übergriffen auf fremdes Eigentum dagegen schnell und beim Bezahlen der Steuern nachlässig. Die gebotene Selbstcharakteristik des Grundnährstandes weist bereits auf die beginnende Trennung zwischen städtischem Bürgertum und Bauerntum hin, deren Antagonismus die Schuld an wirtschaftlichem Mißwuchs zugeschoben wird:

Ich was auf der erd ein pawr / Und trueg gar faulcklich stain an dy maur. / Ich pegund zw nachent pawen und prachen, / Das mier dy nachpawren übel sprachen. / Ich thet zw nachent män und schneyden; / Darumb ich pey dier muesz ewigklich pleiben. / Meinem herren verlaugnet ich den zinsz. / Ich was wol so krumpes sins, / Das ich niner gab rechten zechent, / Das meine kinder noch sechent. / Ich macht mit fürkaufen das koren tewr / (Das trayb ich alczeit vert und hewr).

Es ist allerdings fraglich, ob im geistlichen Spiel von einer Sozialkritik im verändernden oder auch nur didaktischen Sinn gesprochen werden kann. Wie oben gezeigt, war die symbolisch-illustrative Wirkung auf eine nicht bezweifelbare christliche Wahrheit in der Geschichte bezogen, die als Weltdrama zwischen Gott und Satan erscheint. Der Hinweischarakter der auftretenden Figuren markiert Positionen, die für diesen Prozeß nötig sind, nicht Rollen, deren Konfiguration und simuliertes Innenleben eine vom Zuschauer abgesetzte Spielwelt bieten. Freilich bewies die zunehmende Wirklichkeitsimitation nicht nur eine stärkere Neigung der Zuschauer, die ursprünglich religiöse Intention zu ästhetisieren, das heißt eben zum ‹Theater› zu machen, sondern auch nur mehr einzelne, punktuell wirksame Szenen wahrzunehmen und deren «Da capo» zu verlangen. Dafür sprach das Eindringen der Höllenszenen in die Neidhartspiele, die Verselbständigung der Salbenkrämerszene und der Ständesatire zu eigenen weltlichen Spielen, die sich dann mannigfaltiger politischer Stellungnahme öffneten. Die Säkularisation zum Theater als vornehmlich literarischer Gattung war damit vollzogen.
Dieses hier beschriebene geistliche Spiel in den deutschen Regionalsprachen erlebte seine Gebrauchshöhepunkte und hauptsächlichen Aufzeichnungszeiten im 15. und in der ersten Hälfte des 16. Jahrhunderts. Mit der Einführung der Reformation trat es zurück und machte dem protestantischen Schulspiel und dem Jesuitentheater Platz. In den Alpenregionen – besonders im alemannischen und tirolischen Raum – blieb es noch bis in die ersten Jahrzehnte des 17. Jahrhunderts in Übung und sank dann zum dörflichen religiösen Brauchtum ab, bis die ersten aufklärerischen kaiserlichen Verordnungen in der Mitte des 18. Jahrhunderts die Prozessionen und die damit verbundenen szenischen Darstellungen in den katholischen Ländern aus Gründen der ‹wahren Andacht› untersagten.

Das weltliche Spiel

Ebenso wie das geistliche ist auch das weltliche Spiel in unserem Zeitraum nur vor dem Hintergrund des Ablaufes des Kirchenjahrs verständlich. Die Vielfalt der gestalteten Stoffe ist – allerdings ausschließlich im Bereich des Säkularen – unbegrenzt. Die aus den überlieferten Texten selbst ablesbare, fast durchgängig gebrauchte Bezeichnung «Fastnachtsspiel» scheint nicht die Bezeichnung eines Genres zu sein, sondern eher die einer allen diesen inkohärenten Spielen mehrheitlich gemeinsamen Aufführungszeit im Rahmen des Kirchenjahrs, wobei noch der Sog einer im 15. Jahrhundert in Nürnberg beheimateten Modeform eine Rolle gespielt haben mag. So scheint unter diesem Vorbehalt die synonyme Verwendung der Termini «Fastnachtsspiel» und «weltliches Spiel» vorerst möglich zu sein. Das weltliche Spiel des ausgehenden Mittelalters besteht aus Genres komischer Eigenart, an deren Realisation neben Tanz und Musik auch – ebenso wie im geistlichen Spiel – typisierende Masken mitwirkten. Die Länge der erhaltenen Texte ist ebenfalls recht variabel; sie reicht von 22 bis zu 2260 Versen. Die Zahl der Darsteller schwankt zwischen zwei und 71.

Eine eindeutige Entstehungsursache des weltlichen Spiels wird sich wohl weder auffinden noch beschreiben lassen. Allerdings hat die neue, an Sozialgeschichte und Verhaltensforschung orientierte Kulturgeschichte in der Gestalt des Narren einen Zugang zum Ursprung des Komischen in der spätmittelalterlichen Literatur erblickt. Die mittelalterliche Narrenfigur ist zweifellos nicht immer eine Inkarnation des Fröhlichen gewesen, sondern war eher als eine Verkörperung der Gegenwelt im Sinne des augustinischen Zweistaaten-Modells gemeint [256].

Das geht aus dem Zusammenhang zwischen den Bibellesungen des Fastnachtsonntags und bestimmten Fastnachtsbräuchen ohne weiteres hervor. Hier erscheint der Narr – den Eingangsworten des 52. Psalms gemäß – als der Gottferne und als der, der das mit tönenden Schellen besetzte Kleid trägt und so nach Korinther 13/1 die wahre christliche Liebe (*caritas*) nicht hat, sondern nur die Geilheit. Diese Narrenfigur und die durch sie verkörperte Gegenwelt wurde in einem klar abgegrenzten Zeitraum des Jahres dadurch beschworen, daß die Alltagsmenschen, die ja die Träger der Wertordnung der «civitas Dei» waren, in die Rolle des Narren, eben des Vertreters der gottfernen verkehrten Welt, schlüpften und als Teufel, Dämonen und Tiere die Heilsordnung verlachten und in ihrer Rolle ad absurdum führten. Der Wiener Universitätstheologe und Dominikaner Franz von Retz (um 1343 bis 1427) schildert in seiner *Lectura super Salve Regina* knapp nach 1400 das Fastnachtsspiel der Wiener Bürgerschaft:

> «Item vagantur quidum in sistris et tympanis in quinternis et lauctis, in sistris et fistulis concrepantes, coreas ducentes per plateas et angulas discurrentes et se mutuum fatigantes, ut pre lassitudine vix valeant stare... Rursum alii larvis monstruosis se deformant, figuras hominum figuris bestiarum decorant, noctem in diem commutant et sine cessatione se et alios inquietant et hanc anxiam occupationem pre fatuitate dulcedinem putant.»

Diese Sätze betreffen ausdrücklich nur die Fastnachtsbräuche und -belustigungen, doch ist in ihnen der Hinweis auf eines der archaischen Grundelemente des Komischen enthalten: Das spontane Lachen im Alltag enthält durch seine Ambivalenz einen guten Teil Aggression. Das ist daran sichtbar, daß das Lächerliche einer Situation oft genug über die Schranken der Verhaltensnormen hinweggeht und geradezu durch deren Zerstörung oder Umkehrung Lachen erregt. Wir lachen nicht nur über den Narren, sondern fast immer auch mit dem Narren. Vom Komischen kann erst gesprochen werden, wenn das Lachen durch ein Ritual sozialer Verhaltensnormen oder künstlerischer Formüberlieferung kommunikative Funktion bekommt. So ist das Komische als ein Lächerliches anzusehen, das durch bestimmte Normen einer sozialen oder ästhetischen Tradition gleichsam gefiltert ist. Erst dann eignet es sich zur Darstellung gegeneinander gerichteter Gruppen innerhalb eines gesellschaftlichen Bereiches [198].

Hier könnten auch die Schlüssel zum Verständnis des Fastnachtspiels und seines Verhältnisses zum Fastnachtsbrauchtum liegen. Der Narr als Vertreter der verkehrten Welt und damit des tobenden aggressiven Gelächters über die normale (= genormte) Weltordnung wird in vorgegebenen Sozialtypen ritualisiert – und so entstehen die komischen Figuren, die vom Aufführungsanlaß her in fast jeden Stoff des weltlichen Spiels eindringen: der unflätige, unbeholfene Bauer oder die Frau, die durch schrankenlose Äußerung erotischer Ansprüche die herrschende Verhaltensnorm umkehrt. Beide Figuren können durchaus als soziale Angstträume des frühen Stadtbürgertums angesehen werden, wie die schweren Bauernaufstände und die weitverbreiteten Ehezucht-Bücher samt der Zölibatslösung Luthers beweisen. So gesehen hat das Fastnachtspiel die alte Narrenfigur tatsächlich aus dem sozialen Ritual des Brauchtums herausgehoben und ist durch die ästhetische Tradition der didaktischen Literatur (z. B. Wittenwilers *Ring*) und des geistlichen Spiels zu einer Frühform der Komödie geworden. Die Entschärfung des aggressiven Gelächters durch die Einbettung und Aufteilung der Narrenfigur in literarische, vorgeformte Stofftraditonen bedeutet aber auch letztlich das Heraustreten des Zuschauers aus der Identifikation mit der Narrenrolle. Damit lachte man nicht mehr so sehr mit dem Narren als über ihn, der zur Figur einer literarischen Überlieferung oder didaktisches Vehikel in einer historisch-sozialen Krisensituation wurde. In dieser Funktion wird das Lächerliche aber endgültig komisch; die Narrenfiguren werden zum Mittel, die Fehler des herrschenden Gesellschaftszustandes aufzudecken und durch das Lachen zu heilen. Damit war der Weg in die Entwicklung zur späteren bürgerlichen Komödie gewiesen, die sich zum Normensystem, das sie anzugreifen schien, im Grunde affirmativ verhielt. Diese verschiedenen Stufen komischer Wirkung lassen sich in allen Gattungen des weltlichen Spiels im 15. und 16. Jahrhundert nachweisen.

Jahreszeitenstreitspiele

Streitgespräche mit verteilten Rollen standen in der Literatur des europäischen Mittelalters in hohem Ansehen. Sie stammten aus der lateinischen Überlieferung und waren vorerst an kein bestimmtes literarisches Genre geknüpft, sondern werden meist mit dem in der Rhetorik gängigen Namen *Altercatio, Conflictus, Judicium* etc. bezeichnet. Diese Tradition reicht vom *Ludus septem sapientium* (Mitte d. 4. Jhs.) des M. C. Ausonius über das *Judicium coci et pistoris iudice Vulcano* des Vespa (etwa 3. Jh. n. Chr.) bis in die Karolingerzeit. Dazu kommt noch die Tradition der bukolischen Elegie, besonders durch Vergils III. und IV. *Ekloge*, ebenso durch Calpurnius und Nemesianus: So ist in einem Streit zwischen Sommer und Winter aus der Karolingerzeit der Hirt Palaemon aus Vergils III. *Ekloge* Schiedsrichter. Auch die Problemsammlungen der Klosterschulen nahmen auf die ganze Tradition Einfluß. Die Dialektik als dritte Kunst des Triviums sah in der Dialogform und im fingierten Prozeß Mittel zum Lernen und zur Übung, sich mit dogmatischen und moralischen Fragen auseinanderzusetzen. Früh tauchte für diese Streitgespräche die Bezeichnung *Ludus* auf im Sinne eines Aufgeführten und Fingierten. Dazu passen schon Zeugnisse aus dem 13. Jahrhundert, die gerade für das Streitpaar Frühling–Herbst wertvolle Belege darstellen. Robert Grossetest, Bischof v. Lincoln (um 1175 bis 1253), hatte schon seinen Diakonen untersagt, an der Aufführung solcher von Klerikern verfaßten Spiele teilzunehmen oder ihnen zuzusehen. Im Gegensatz zu diesen älteren lateinischen Texten enden die nachweislich aufgeführten Frühling-Herbst-Spiele des 16. Jahrhunderts mit einem Sieg des Herbstes, des Vertreters der Vitalsphäre.

Es sind nur zwei Texte dieser Tradition im Spätmittelalter als weltliche Spiele überliefert: ein alemannischer aus dem 14. Jahrhundert und ein Tiroler, den der Sterzinger Maler und Spielführer Vigil Raber 1512 aufzeichnete. Auch für Wesel sind zwischen 1412 und 1428 fünf Aufführungen von Mai-Spielen bezeugt, doch ohne Textüberlieferung. Ihre Zugehörigkeit zu den Jahreszeitenspielen ist daher unsicher. In beiden überlieferten Texten treten Mai und Herbst als Herrscher mit ritterlichem Gefolge auf, um die Vorzüge der eigenen Person und Herrschaft anzupreisen und die andere Partei herabzusetzen. Das Tiroler Spiel läßt den Herbst durch die Überlegenheit seiner Rede- und Scheltkunst siegen. Im alemannischen Spiel gibt es eine kriegerische Handlung: die hungrige Tochter des Mai flieht zum Herbst, darüber entsteht zuerst mit Wörtern, dann mit Waffen ein Streit, in dem ebenfalls der Herbst siegt. Über Zeit und Art der Aufführung beider Spiele wissen wir wenig. Die Vorstellung von ihrer Darbietung etwa zur Erntezeit unter freiem Himmel liegt nahe. Doch die Dominanz des Kreatürlichen paßt als Thema auch zum «vasnachtspil» und seiner Funktion als Darstellungsmittel des gegenweltlichen Narrenspiels. Die Literarizität und das hohe rhetorische Niveau besonders des jüngeren Tiroler Texts lassen die Annahme eines Zusammenhangs mit sogenanntem Erntebrauchtum nicht zu. Das Streben nach apotropäischer und burlesker Wirkung weist auf die städtische Fastnacht hin, wofür das aggressive Moment sozialer Umwertung bezeichnend ist: Es fehlt zwar die fastnächtliche Figur des Bauern, doch werden höfische Minnetermini darin verspottet, einmal unter deutlicher Anlehnung an einen Text Walthers von der Vogelweide. Auch ist der Zusammenhang mit der Stiltradition der sogenannten *niederen Minne* spürbar, wobei im Spiel die Tradition der Pseudo-Neidharte aufgegriffen wird. Die Gefolgsleute des Herbstes zitieren wörtlich eine Passage aus dem Gedicht *Neidharts Gefräß*, das in der sogenannten *Sterzinger Miszellaneenhandschrift* überliefert ist. Da Vigil Raber diese Handschrift besaß, liegt ihre Benützung bei der Redaktion dieses Spieltexts nahe. Diese Anspielungen, für ein literarisch einigermaßen gebildetes Publikum gedacht, sagen eine den geistlichen Spielen ähnliche Zweiteilung der Welt aus, nur mit verkehrten Vorzeichen: Im Bereich gegenweltlicher Komik liegt der Schwerpunkt auf dem kreatürlichen Dasein, während die allegorisch-spirituelle Welt das «May», der hohen Minne, nur ein transitorisches Gleichnis ist. Die Jahreszeitenstreitspiele verkörpern mit ihren sprechenden Maskennamen (Lilgnpusch, Sumerwunn; Hühnerschlunt, Lernpecher) nicht nur die großen Themen der Rollenrepräsentation und der Kreatürlichkeit (Namensentlehnungen aus *Meier Helmbrecht* [zw. 1250 und 1282] im alemannischen Spiel), sondern auch einen möglichen Typus fastnächtlicher Unterhaltung: das Reihenspiel mit Scheltauftritten [474; 475].

Neidhartspiele

Wir besitzen vier Texte und das höchstwahrscheinlich zu einem dieser Texte gehörende Szenar. Zwei der überlieferten Spieltexte und das Szenar sind im österreichischen Raum gefunden worden: 1896 wurde in der Stiftsbibliothek von St. Paul in Kärnten eine im 15. Jahrhundert zusammengebundene Sammelhandschrift von Briefformularien gefunden, die ein 66 Zeilen umfassendes Neidhartspiel, das sogenannte *St. Pauler Neidhartspiel*, enthielt. Über das Ursprungsland der Handschrift herrscht Ungewißheit, doch gibt es Hinweise auf die Umgebung von Passau, während die Sprache des Spiels bairisch-österreichische und alemannische Merkmale aufweist: Sie deutet allgemein auf den süddeutschen Sprachraum hin, ohne sich in einer besonderen schweizerischen oder österreichischen Provinz lokalisieren zu lassen.

Das sogenannte *Sterzinger Neidhartszenar* und das *Sterzinger Neidhartspiel* gehören in den Kreis der im Sterzinger Spielarchiv überlieferten Texte, die von Vigil Raber gesammelt bzw. abgeschrieben wurden. Das Szenar, die einzige volkssprachliche Dirigierrolle eines weltlichen spätmittelalterlichen Spiels, paßt genau zum *Sterzinger Neidhartspiel* [794; 524].

Auch das *Große Neidhartspiel* (15. Jh.) gehört sprachlich in den oberdeutschen Raum. Es ist in einer Sammelhandschrift überliefert, die ein von insgesamt fünf Schreibern stammendes Kompendium von Spieltexten darstellt und von einem gewissen Claus Spaun, der für einen Augsburger Kaufmann gehalten wird, in Auftrag gegeben wurde.

Das *Große Neidhartspiel* repräsentiert mit seinem großen Personalaufwand (insgesamt 103 auftretende Personen, davon 69 Sprechrollen) und seinen immerhin 2624 Textzeilen (samt den Regiebemerkungen) eines der umfangreichsten, die totale Weltdarstellung erstrebenden weltlichen Spiele des 15. Jahrhunderts.

Das sogenannte *Kleine Neidhartspiel* (15. Jh.) – 236 Zeilen und 27 Sprechrollen enthaltend – steht in derselben Wolfenbüttler Handschrift aufgezeichnet.

Durch das Szenar und die ausführlichen Spielanweisungen in den erhaltenen Texten ist die Aufführungspraxis vorstellbar. Mit Ausnahme des *Kleinen Neidhartspiels*, das sicher für fastnächtliche Stubenaufführungen gedacht war, wurden die Spiele im Freien aufgeführt. Marktplatz oder Dorfanger boten für die Simultantechnik Raum. Bezeugt sind Aufführungen von Neidhartspielen u. a. in Arnheim (1419), Baden/Aargau (1432), Nürnberg (1479), Bamberg und Passau (1488), Eger (1516), Laufen (1517), Burghausen (1519) und Südtirol (1534). Daß der Neidhartstoff als Spiel und Schwank über den ganzen deutschen Sprachraum verbreitet war, ist auch aus den Wandmalereien in adeligen und bürgerlichen Trinkstuben ersichtlich: Illustrationen von Neidhartschwänken sind dabei überaus beliebt (Veilchenschwank, Faßschwank) und von der Schweiz und Südtirol bis Meißen, Osnabrück und Rostock gefunden und dokumentiert worden [794].

Die urkundlichen Zeugnisse gebrauchen sehr oft die Wörter «choren nithardi» oder «nyterdes dantz»: Das kann durchaus im Sinne von Spielaufführungen gemeint sein, in denen Musik- und Tanzeinlagen ja einen wesentlichen Teil der Gesamtdarbietung darstellten. Daß die Verbreitung und Beliebtheit der Neidhartschwänke und -spiele ein Syndrom für die sozialen Gegensätze des Zeitalters waren, geht noch aus zwei bedeutsamen Zeitzeugnissen hervor:

Der Wiener Theologe und Historiker Thomas Ebendorffer (1387 bis 1464) erwähnte in seinem *Tractatus de quinque sensibus* (vor 1452) den Spott, der in den Neidhartliedern gegen die Bauern herrsche «sicut patet in cantilenis Neidhart ad quas rustici passionantur et irridentur», und Kaiser Maximilian I. schrieb am 8. 3. 1495 an seinen Onkel, den Erzherzog Sigismund von Tirol, daß er in Geldern einen Bauernaufstand niedergeschlagen und deswegen keine Zeit für Fastnachtsbelustigungen gehabt habe:

> «So verkunden wier ewr liebe daz wier dyse vasnacht nicht getrauert haben. dan alain haben wier Neytharts tancz zugericht. daz ist vnser kurcztail gebest mit vnsern pasen pauren. der ligen nun etbauil hundert gefangen vnd pegraben vnd noch so ist vnser rabisch nicht gefult nach der alten gebonhait.»

Diese Sätze sind ein noch stärkerer Beleg für die sozialgeschichtliche Aktualität und Verbreitung unserer Spiele als die erhaltenen Rechnungszeugnisse zu konkreten Aufführungen. Sie weisen nicht nur auf die hauptsächliche Aufführungszeit für die ganze Gattung hin, sondern beweisen wohl auch, daß hier *Neytharts tancz* redensartlich für die bewaffnete Austragung des ständischen Konflikts zwischen Adel und Bauern verwendet wird. Diesen Konflikt gestalten nun die Spiele anhand der bekannten Fabel von Neidharts Veilchensuche und des bösen Streichs, den ihm die Bauern dabei spielen. Damit ist freilich die Struktur der Neidhartspiele in erster Linie als Adaption einer literarischen Überlieferung erklärlich. In dieser Tradition ist der Bauernhaß zu verstehen, der den eigentlich historischen Inhalt der Neidhartspiele darstellt. Es ist die Welt der Winterlieder des historischen Lyrikers Neidhart von Reuenthal (Nîthart von Riuwental, gest. vor 1246). Aus dem empirischen Erleben in den Minnesang aufgenommen, unterstrich sie gerade die höfische Welt um so einprägsamer. Dadurch sehr rasch zum Topos geworden, wurde der *Nîthart*, wie man bald die ganze Gattung von Tanzliedern mit fiktiven Sprechrollen nannte, mit dem zunehmenden Verfall der Sozialträger höfischer Wertkategorien rasch zur didaktischen und unterhaltenden Gebrauchsliteratur des Bürgertums, das jene höfischen Wertkategorien, der wirtschaftlichen Lage entsprechend, sich aneignete. Diesen Prozeß beweisen die vielen Pseudoneidharte, die breite Schwankliteratur und eben das Neidhartspiel.

In all diesen Genres lag – wie auch in den vormals echten Neidhart-Liedern – ein starkes mimetisches Element. Die Befestigung des höfischen Wertbereichs erfolgte in den echten Neidhart-Liedern durch die Fiktion eines Rollen-Ichs, das die dörfliche Welt angeblich selbst als authentisches Abenteuer erlebt hatte. Diese Situation färbte erst auf die Haltung und die Sprache des Rollen-Ichs ab und führte dann zur Dialogisierung und Episodeneinteilung, wie wir sie aus den späteren Pseudoneidharten kennen; sie reicht vom Ursprungsstück, dem Veilchenreigen, bis zur Darstellung der Rachetaten Neidharts an den Bauern.

Die Spiele nun führen jene in der literarischen Tradition der *Nîtharte* stehenden Motive voll aus; doch an keiner Stelle verraten sie etwa einen Ursprung aus Frühlingsbräuchen, sondern stets die Hand bewußter dramatischer Formung. Das *St. Pauler Neidhartspiel* ist das älteste und einfachste. Es wird von drei Sprechrollen getragen (*proclamator, ducissa, nithardus*) und von einer Reihe Statisten, deren Auftritte nicht näher benannt werden, doch selbstverständlich sind. Der gesprochene Text bezieht sich auf entsprechende Gruppen, deren ornamentale Mitwirkung stets mitgedacht werden muß. Daraus ergab sich der fragmentarische Eindruck auf den modernen Leser: Die Szenen bei Hofe, der Diebstahl des Veilchens, die Prügelei mit den Bauern sowie die Verbannung Neidharts vom Hofe sind als pantomimische Darbietungen zu denken. Die gesprochenen Szenen bieten den Bestand, der in allen anderen Neidhartspielen das tragende Gerüst ist. Der Proklamator berichtet zu Beginn von der Wette Neidharts, der Herzogin die erste Blume des Jahres zu bringen, um sich damit ihre Gunst für ein Jahr zu erobern und so dem Hof die Freude am Frühling durch dieses galante Vorkommnis und durch seine Fertigkeit im Singen und Dichten noch zu vertiefen. Neidhart ist mit allen Fertigkeiten begabt, die den wahren Ritter und Hofmann auszeichnen:

«Genad liebin frawe min /
Waz ir gebietent, daz sol sin /
Vnd wil mich dez verpflichten /
daz best daz ich mak /
bedin macht vnd tak /
Durch alle schön frawen gut /
Wil ich wesen hoch gemut /
Suchen mit richem schal /
Wil ich blumen vnd vial /
Vnd vind ich dann daz blumelin /
So mussent ir min bul sin»

Die folgende Veilchensuche hat man sich nach der Regieanweisung wohl als Tanzpantomime vorzustellen: «Vadat nithardus et ponat florem sub pilles et redeat», ebenso den Auszug der Herzogin mit ihren Damen zum Standort des Veilchens, der mit der bekannten Blamage endet, die aber im St. Pauler Spiel nicht ausgesprochen wird. Die Vermutung [666], daß das *St. Pauler Neidhartspiel* die älteste Dramatisierung des Stoffes sei, weil hier von einer Ersetzung des Veilchens durch Fäkalien nicht geredet werde und also ein bloßer Diebstahl der Blume durch die Bauern vorliege, wird dadurch erhärtet, daß Neidhart in seiner abschließenden Trutzrede an die Bauern diesen die zeitübliche Strafe für Raub und Diebstahl in Aussicht stellt, nämlich das Abhacken einer Hand oder eines Fußes, aber noch keine Racheaktionen unternimmt. Darin ist auch der publikumswirksame Schlußeffekt des Spiels begründet, der wiederum die Vermutung von Tanz oder Pantomime nahelegt: Neidhart ruft den Bauern zu, daß sie ihm ihre Füße als Pfand für die angetane Schmach hierlassen und «vf den stelczen hain gan» müßten, ein Abgang des Reigens, der sicher artistische Einübung voraussetzte.
Die anderen drei Neidhartspiele sind mit hoher Wahrscheinlichkeit jünger als das *St. Pauler*. Sie setzen drei Dinge voraus: eine beim Publikum verbreitete Kenntnis der Neidhartschwänke, Einblicke in das Zeremoniell höfischer Minnebräuche und die integrierende Nachbarschaft des Fastnachtspiels. Diese Voraussetzungen sind an folgenden Strukturelementen ersichtlich: Die ursprünglich einfache Spielhandlung von Hofwette – Veilchensuche – Blamage Neidharts – Rachedrohung wird um burleske Einschübe erweitert. Die Racheakte Neidharts an den Bauern geben Raum für drastische Mimik mit zotigen Pointen sowie für breite

rhetorische Aufschwellung durch Ständesatire und Ständeverhöhnung. So besteht etwa das *Kleine Neidhartspiel*, das formal den Nürnberger Fastnachtspielen am nächsten steht [666; 524], in einem wesentlichen Teil aus Beschimpfungen, mit denen je zwei Reihen auftretender Ritter und Bauern sich vor dem beginnenden Kampf gegenseitig einschüchtern. Während des Kampfes wird auch die Figur des Teufels bemüht, der die Seelen der Erschlagenen in die – vielleicht durch eine Ecke des Bühnenraums dargestellte – Hölle hinabziehen will. Die Nähe, ja fast völlige Integration des Neidhartstoffes in die Form des Fastnachtspiels ist hier klar ersichtlich.

Die beiden großen Spiele hingegen, das *Große Neidhartspiel* und das *Sterzinger Neidhartspiel*, bereichern die Veilchenhandlung um beliebte Nummern aus dem Schwankrepertoire, die besonders dazu angetan sind, derbe Mimik, Standesgegensätze und wohl auch bereits rhetorische Pointierung zur Geltung zu bringen. So finden wir im *Großen Neidhartspiel* neben der Veilchensuche als ablaufablösendem Element die Episoden von Neidhart als Schwertfeger (nicht als Schwank überliefert), den Beicht- und den Kuttenschwank, ein eingeschobenes Teufelsspiel, den Schwank mit dem Weinfaß und die Episode, in der Neidhart scheinbar als sein eigener Rivale auftritt. Auch ist ein äußerer Aufbau bereits deutlich sichtbar: Die verschiedenen Schwankszenen sind durch Tanz- und Musikeinlagen miteinander verbunden, die gleichzeitig die angestrebte parodistische Wirkung der folgenden oder vorhergehenden Spieleinheit unterstreichen. So bereitet der liturgische Vorbilder verspottende Gesang der Teufel Luzifers Predigt vor, die wie alle übrigen Teufelsszenen aus den geistlichen Spielen entlehnt ist:

«Da singen die Teuffl all mit einander dz gesangk /
Luciper vnserem heren /
Sullen wir alle eren /
Podrius paldrius poldrianus /
  Lucifer spricht /
Das was ain gut singen /
Dz emb all wol muss gelingen /
Singt mir noch ein mal den gesangk /
Es sit mir gar wol zu dankck /
  Da singen sy aber zum andernmal Lucifer /
  Lucifer thut ain predig»

Oder die von Neidhart angeführten, für Mönche ausgegebenen Bauern, enthüllen ihre unüberwundene Weltlichkeit durch einen groben Hunger-Gesang, der bei der Wiederholung sogar in ein Quodlibet mündet:

«Da singen die pawren all vndereinander /
Awe ich han ein weyttes loch /
Hiet ich nu ain grosses koch /

Die kue ist vngemolchen noch /
Wie mag ich mich erfüllen doch /
Da get der hertzog vnd Neythart wider dannan /
Vnd die pawren heben wider an zu singen vnd /
singt ein jeglicher wz er will»

Weitere formale Verfeinerungen in Hinblick auf den Aufbau einer von der Zuschauersphäre abgesetzten eigenen Spielwelt präsentieren das «Sterzinger Neidhartspiel» und das zu diesem gehörige Szenar. Schon beim Einleiten des Spiels werden die traditionellen Funktionen des Einschreiers (Praecursors) auf zwei Rollen aufgeteilt. Im *Großen Neidhartspiel* heischt der Einschreier vom Publikum Raum und Schweigen. Er fungiert aber auch als Vorsteller und Bote der Herzogin sowie als Verbindungsmann zum Publikum, dem er den Ausgangspunkt des Spiels, die Veilchensuche und den dafür ausgesetzten Preis, erklärt. Im *Sterzinger Neidhartspiel* dagegen gibt es zwei Vorsprecher, deren erster für eventuelle Vortragsfehler der Schauspieler im voraus um Entschuldigung bittet, während der zweite die einziehende Hofgesellschaft vorstellt. Ebenso verschieden präsentiert sich der Schluß der beiden großen Spiele: das *Große Neidhartspiel* endet damit, daß Neidhart ein Pferd und neuen Kleiderstoff als Lohn für seine Rachetaten an den Bauern bekommt. Das *Sterzinger Neidhartspiel* aber wird wieder vom ersten Einschreier abgeschlossen. Während die Darsteller in der Reihenfolge des Spielbeginns den Aufführungsplatz verlassen, beschließt der erste Praecursor das Stück mit dem Hinweis auf die Sinnlosigkeit und Schädlichkeit des ständischen Hasses, allerdings deutlich an die Adresse Neidharts, dessen Name hier zweideutig verwendet wird. Die Person steht für eine Situation, die sich geschichtlich fortgepflanzt hat, ihren Trägern aber letztlich nichts brachte als gegenseitigen Schaden. Damit wird die Nachbarschaft des Spieles zu den zeitgenössischen Schwanksammlungen ganz klar: Der Neidhart der beiden großen Spiele, obwohl noch im Rollenverhältnis der literarischen *Neidhart*-Überlieferung stehend, setzt besonders dort, wo er im Spiel historisch gesehen wird, den Helden des Schwankbuches von *Neidhart Fuchs* voraus, das von einem unbekannten Verfasser gegen Ende des 15. Jahrhunderts zusammengestellt worden war (Dr. 1491/97).
Die Nähe der Spiele zur zeitgenössischen Schwankliteratur zeigte auch die Perspektive auf, unter der die Ständekonflikte der Neidhartspiele gesehen wurden. Es war der Standpunkt des sich entwickelnden Stadtbürgertums, von dem aus der Klassenkonflikt gesehen wurde. Der Protagonist Neidhart funktionierte wie ein Katalysator: Durch seine Streiche wurden die Bauern lächerlich, die den Adel nachahmten, durch seine Gerissenheit erschien der Adel als schwächliche, dem Untergang geweihte Klasse.
Szenisch und sprachlich leben die Neidhartspiele von der Technik der An-

häufung und der rhetorischen Aufschwellung. Die stereotype Wiederholung und die Bauernsatire ließen die Stücke unter die Kategorie des Fastnachtspiels rücken. Diese in den Vorreden betriebene terminologische Adaption ist aber weder vom Stoff noch von der Aufführungspraxis her ganz gerechtfertigt.

‹Eigentliche› Fastnachtspiele

Auch das ‹eigentliche› Fastnachtspiel, das den weltlichen Spielen die zunehmend generalisierende Genrebezeichnung gab, stellte dem Publikum eine beträchtlich breite Palette von Stoffen vor. Vorgeformtes und aus der populären literarischen Tradition Bekanntes wurden bevorzugt. Die geistlichen Spiele, die zeitgenössische Schwankliteratur, Versnovellen, Minneallegorien, die burleske Heldenepik, die *Gesta Romanorum* und antike Stoffe waren das Reservoir für die Fastnachtspiele. Seltener wurden ernste Stoffe und zeitgenössische politische Ereignisse gestaltet. Wie bei den geistlichen Spielen ist das Publikum der Fastnachtspiele unter dem mittleren Bürgertum der Städte zu suchen, ebenso die (Laien-) Schauspieler, die sich aus den Spielgesellschaften der Handwerker (Nürnberg, Wesel, Recklinghausen, Regensburg, Salzburg, Preßburg, Brennerstädte) oder den Knappschaften der Bergleute (Sterzing, Schwaz) rekrutierten [550]. Nur in Lübeck waren auch die höheren Stände an der Tradition und der Realisation der Fastnachtspiele beteiligt. Diese waren dort Angelegenheit der patrizischen Zirkelbruderschaft, was einen stärker literarisierten Geschmack und eine gewisse Öffnung in transzendente Bereiche gewährleistete.

Die Verfasser der Fastnachtspiele sind zu einem Großteil nicht bekannt. Trotzdem sind die Texte ursprünglich Werke individueller Autoren gewesen, die allerdings mit den Schreibern der Texte sehr selten identisch sind. Die Verbreitung fastnächtlichen Brauchtums, die seit der Mitte des 13. Jahrhunderts belegt ist, stellt nicht die Entwicklung der Fastnachtspiele dar; wohl sind aber einige bekannte Autoren von Fastnachtspielen mit dem Meistersang, vor allem in Nürnberg, verbunden.

Fastnachtspiele wurden im gesamten deutschen Sprachraum aufgeführt, von den Behörden nicht immer gern gesehen, von der Bürgerschaft unter beträchtlichem Aufwand ausgestattet. Etwa 57 Orte kommen als Aufführungsstätten in Betracht, allerdings konnte sich nur in vier Städten eine Spieltradition bilden [550]: Lübeck, Eger, Nürnberg und Sterzing (Tirol). In Lübeck gibt es Nachrichten, welche die Aufführung von Fastnachtspielen zwischen 1430 und 1537 belegen. Es gibt eine Liste von 74 Spieltiteln, die auf eine vorherrschende didaktisch-moralische Tendenz schließen lassen und der antiken und der mittelalterlichen Sagenwelt sowie der politisch-allegorischen Tierdichtung entnommen sind. Aus der Lübecker Tradition ist nur ein einziger Text erhalten, nämlich *Henselyns boek* (Dr. um

1500, wahrscheinlich basierend auf dem 1484 aufgeführten Spiel *Von der rechtverdicheyt*). Auch für die sieben mit der Lübecker Überlieferung nicht zusammenhängenden niederdeutschen Spiele, deren Texte erhalten sind, ist eine stark moralisierende, didaktische Haltung signifikant. Sie lösen sich spürbar vom Aufführungsanlaß der Fastnacht, gestalten moralische und religiöse Anliegen des bürgerlichen Alltags oder nehmen sogar zu zeitgenössischen politischen Ereignissen (z. B. *Der scheveklot*) Stellung.

Von den Fastnachtspielen, die nachweislich zwischen 1442 und 1522 in Eger aufgeführt worden sind (25 urkundlich nachgewiesene Aufführungen), ist leider kein Text erhalten.

Das wichtigste traditionsbildende Zentrum für das Fastnachtspiel war aber zweifellos Nürnberg gewesen. A. v. Kellers berühmte Sammlung, die nicht nur Fastnachtspiele, sondern auch geistliche Stücke, Moralitäten und Texte aus anderen Gattungen enthält, weist mehr als hundert Fastnachtspiele auf, die aus lokalhistorischen Anspielungen und sprachlichen Gegebenheiten her der Stadt Nürnberg zuzuweisen sind. Das schließt nicht aus, daß einige von ihnen alemannischen, niederdeutschen oder österreichischen Ursprungs sind. Die wichtigsten Handschriften stammen aus der zweiten Hälfte des 15. Jahrhunderts und sind in Dresden, Wolfenbüttel, Nürnberg und München aufbewahrt [535; 474; 475], wobei der schon erwähnten Handschrift Spaun die wichtigste Rolle als Überlieferungsträger zukommt. Die hohe Zahl der aus Nürnberg überlieferten Stücke weist für das 15. Jahrhundert den oberdeutschen Raum als Hauptverbreitungsgebiet der Fastnachtspiele aus. Unter den aus dem 15. Jahrhundert überlieferten Nürnberger Texten lassen sich ausnahmsweise zwei Autorennamen nachweisen, nämlich Hans Rosenplüt und Hans Folz, die auch für die Weiterentwicklung des Meistersangs von großer Bedeutung waren. Schon in den nächsten Generationen erreichen – bis weit ins 16. Jahrhundert hinein – die erhaltenen Fastnachtspiele von Hans Sachs, Peter Probst und Jacob Ayrer den Höhepunkt und die Grenzen des Genres. Diese Autoren – im modernen Sinn – unterscheiden bereits zwischen «fastnachtspil» und «comedien» und berühren infolge ihrer Nähe zu anderen Gattungen (Renaissancenovelle und Schwank) sowie infolge des Vorbildes der englischen Komödianten am Ende des Jahrhunderts die Grenze zu den Frühformen der Komödie.

Mit der Nürnberger Entwicklung verbunden ist auch Tirol als Spielzentrum. Um 1500 führte die wirtschaftliche Blüte der Brennerstädte zu einer bürgerlichen Spielkultur, die sich in geistlichen und weltlichen Spieltraditionen äußerte. Die amtlich bestellten Hüter und Regisseure der geistlichen Spiele waren auch Träger der Fastnachtspielüberlieferung. Der Sterzinger Maler und Spielleiter Vigil Raber hat ein Textkorpus weltlicher Spiele abgeschrieben, worunter das bereits erwähnte Tiroler Jahreszeitenspiel *May und herbst* ist, sowie 24 Fastnachtspiele. Diese sind zwar größtenteils Übernahmen und Weiterbildungen Nürnberger Stücke, aber örtlichen, sprachlichen und sozialen Gegebenheiten angepaßt. Die rhetorische und formale Technik der Tiroler Fastnachtspiele übertrifft allerdings die der Nürnberger Vorbilder um ein Beträchtliches, was sicher mit der Nachbarschaft der hochentwickelten geistlichen Spiele der Sterzinger und Bozener Region zusammenhängt.

Während sich die *Neidhartspiele* und die *Jahreszeitenstreitspiele* vor allem von den gleichbleibenden Stoffen her definieren, lassen sich unter den Fastnachtspielen bereits zwei formale Typen unterscheiden: nämlich die Reihenspiele, in denen die Akteure nacheinander versifizierte Einzelreden halten, und die Handlungsspiele, in denen diese Reden von Interaktionen begleitet sind [474; 475]. Zum zweiten Typus zählen die überaus beliebten Gerichtsspiele (in denen ein verführtes Mädchen das Heiratsversprechen vor dem Richter einklagt) und alle Spiele mit sexueller Thematik. Der erste Typus wird besonders von den Werbe- und Tanzspielen verkörpert, in denen die Vertreter der bürgerlichen Stände um eine allegorische Frauenfigur werben (Frau Venus), die meist dem schlagfertigsten Verhöhner der übrigen Bewerber ihre Gunst schenkt. Das technisch hochentwickelte Tiroler Spiel *Die zwenn stenndt* (1535) bildet hier eine Ausnahme; es verbindet das alte komische Motiv der Magdklage (*Actio de sponsu*) mit dem Thema der Reformation [460].

Konfessionalität und Bürgerlichkeit

Reformation und Humanismus veränderten Gestalt und Funktion der Fastnachtspiele, besonders in der Überlieferung der Nürnberger, der niederdeutschen und der alemannischen Bürgerkultur. Wo der Wandel des religiösen und bildungsmäßigen Denkens mit den bürgerlichen Verhaltensnormen zu einer Synthese gelangte, wurde die fastnächtliche Spieltradition zur Grundlage der modernen bürgerlichen Komödie. Wo dagegen eine stets enger werdende religiös-ideologische Gruppe ein Ausdrucksmittel politischer Stellungnahme suchte, wurde das weltliche Spiel zum Indoktrinierungsinstrument der jeweiligen konfessionellen Parteien.

Freilich muß diese Aussage differenziert werden. Zu den Spieltraditionen, die sie in den jeweiligen Regionen vorgefunden hatten, nahmen die einzelnen Reformatoren in verschiedener Weise Stellung. Gemeinsam jedoch war ihnen allen eine generelle Abneigung gegen das ältere geistliche Spiel, von dem einige Hauptgattungen (Legendenspiel, Marienklagen, Passion) unter das Verdikt der neuen Glaubens- und Pastoraltheologie fielen. Luther brachte diese Einwände in dem bekannten Sermon *Von der Betrachtung des heiligen Leidens Christi* auf einen gemeinsamen Nenner: Er schlug die theatralische Darstellung gegenüber der Lebenspraxis in

der Nachfolge Christi als geringfügig an und kritisierte die auf sentimentale und oft grausam-bizarre Effekte ausgerichtete Darstellungsweise der Passionsspiele.
Philipp Melanchthon (eigentl. Name: Ph. Schwartzert, 1497 bis 1560) dagegen setzte sich für ein Schultheater nach dem Vorbild der Humanistenspiele ein. Das humanistische Schuldrama sollte mit seinen pädagogischen und ästhetischen Zielsetzungen in den Dienst der Reformation treten. Luther wurde überzeugt und empfahl als Stoffe für diese erzieherisch-propagandistischen Schulspiele besonders allegorisch ausdeutbare Bücher des Alten Testaments (Judith, Tobias, Esther, Daniel). Diese Tendenz zum Zweck der Glaubensverbreitung und der Jugenderziehung verband sich mit dem Vorbild der antiken Dramatiker Terenz und Plautus, mit denen sich die protestantischen Humanisten beschäftigten. Melanchthon erhob in seiner Schule Terenz zum Muster des Lateinunterrichts und veranstaltete selbst zwei Terenz-Ausgaben für Unterrichtszwecke (1516 und 1526) [419; 420]. Fast alle protestantischen Schulordnungen empfahlen Terenz-Lektüre und Terenz-Aufführungen. Diese Synthese zwischen biblischem Stoff und antiker Formgebung schuf den Typus des protestantischen Schuldramas, allerdings auf der Basis der vorhandenen Spieltraditionen, vor allem natürlich des Fastnachtspiels.
Eines der Hauptverbreitungsgebiete dieses Typus war die Schweiz. Hier reichte die Palette vom reinen, noch die alten monströsen Wirkungsmittel des Fastnachtspiels anwendenden Kampfspiel bis zur ernsten Gestaltung biblischer Stoffe in der Volkssprache. In diese Stücke sind meist rüpelhafte Szenen einmontiert, um die beabsichtigte polemische Wirkung zu erreichen. Hier soll als typisch vorerst Niklas Manuel (um 1484 bis 1536) genannt sein, der als eine Art Allroundbegabung zugleich Maler aus der Schule Holbeins, Architekt, Autor und Politiker war. Als unbedingter Anhänger der Reformation – hierin den Schweizer Städten Zürich, Basel und Bern folgend – pflegte er das zum antirömischen Kampfinstrument umfunktionierte Fastnachtspiel, zum Beispiel *Vom Babst und seiner Priesterschafft oder Der Totenfresser* (1524), *Der Ablaßkrämer* (1525). Diese Spiele sind durch holzschnittartig geordnete Reihenauftritte, groteske Personenzeichnung sowie durch die Verwendung des Dialekts und zotige Derbheit gekennzeichnet, doch verraten rhetorische Technik und bewußte Allegorisierung schon die Nähe des Humanismus. Das gilt auch für Spiele wie *Barbali* (1526) und das bekannte *Spyl von dem Elßlin trag den Knaben vnd von Uli Rechenzan mit irem eelichen Gerichtshandel* (1529), das eine Art *Actio de sponsu* mit stark antikatholischem Einschlag darstellt. Die alte Narrenfigur und die von ihr repräsentierte Gegenwelt erscheinen in diesen Spielen nicht als das schlechthin Verkehrte, sondern als der politische und konfessionelle Gegner.
Dies kennzeichnet – trotz aller inhumanen Verhöhnungen – eine begin-

nende Rationalisierung und Säkularisierung des komischen Elements. Es beschreibt nun einen verabscheuungswürdigen Gegner, aber immerhin einen Gegner, der in Raum und Zeit einer weltgeschichtlichen Auseinandersetzung historisch eingebunden ist. Doch erfolgte dann sehr rasch eine ästhetische Ritualisierung und Verfeinerung dieser rein polemischen Haltung. Dabei wirkte besonders das niederländische Beispiel auf Norddeutschland und die im Norden vorhandene allegorisch-moralische Tradition des älteren Fastnachtspiels. So entstand im nord- und niederdeutschen Raum neben dem lateinischen Schuldrama ein allegorisch-komisches Bibelspiel, das in hochstilisierter Form und deutlich an den lateinischen Vorbildern geschult, auf das gebildete Bürger- und Schülerpublikum im Sinne der Reformation wirken wollte. Der beliebteste Stoff war der vom verlorenen Sohn, die berühmteste Gestaltung stammt von Burkhard Waldis (um 1490 bis 1555), der daraus eine Art von protestantischem Weltspiel machte. Mit beträchtlichem szenischem und personellem Aufwand erhebt *De parabell vom verlorn szon* (1527) die biblische Erzählung zum Symbol des irrenden Menschen, der zum wahren, das heißt protestantischen Glauben durch die Begegnung mit dem Evangelium emporgeläutert wird. Der verlorene Sohn ist der vom ursprünglichen Evangelium abgefallene Christ, der durch Sünde und Gnade wieder zum Vater zurückkehrt. Durch weitgehenden Verzicht auf grobe Polemik und durch Einfügen realistisch-komischer Szenen aus dem sündhaften Leben des verlorenen Sohns (Zechgelage im Bordell, großer Auftritt des Hurenwirts) erwies sich Waldis als bühnensicherer Dramatiker. Die Funktion der realistischen Szenen aus dem Alltag scheint gegenüber dem älteren Fastnachtspiel bereits geändert. Verweisen diese dort auf die zeitlos verkehrte Gegenwelt, so deuten sie hier auf den geschichtlichen Zustand vor der Reformation hin. Die Wirkung wurde durch geschickt eingefügte Rühreffekte noch gesteigert. So leitet am Beginn der Spielleiter, der schon wie ein Prediger auftritt, das Stück durch ein langes Argumentum mit moralischer Auslegung ein, und ein Kind liest nochmals das Evangelium vom verlorenen Sohn, um die Zuschauer teilnehmend zu stimmen. Auch werden allgemein bekannte Volkslieder als eine Art zwischenreflektierender Couplets einmontiert, etwa das aus späteren Sammlungen (A. v. Arnim, Uhland) bekannte: «Wo sall ich mich erweren / Ich armes brüderlin ...». Im zeitgenössischen weltlichen Spiel gab es 25 Dramatisierungen des Stoffs in deutscher, zwei in lateinischer Sprache.

Ein weiteres Zentrum des protestantisch engagierten komischen Spiels, besonders des Schulspiels, ist das Elsaß gewesen, dessen Städte (Straßburg, Colmar, Burgheim) eine beachtliche humanistische Schulkultur aufgebaut hatten, die sich mit der Übung der bürgerlichen Meistersinger verband. Dies ist an den weltlichen Spielen von Jörg Wickram (um 1500/05 bis um 1560/62) ablesbar, der neben biblischen Schuldramen (z. B. ein

Spil von dem verlornen sun, 1540, nach einer *Acolastus*-Bearbeitung) das bürgerliche Fastnachtspiel der Meistersinger im Zeitsinne weiterentwikkelt. *Der trew Eckart* (UA 1532, Dr. 1538) und *Das Narren gießen* (UA 1537, Dr. 1538) stehen in der Überlieferung der spätmittelalterlichen Ständesatire, die *Weiberlist* (1543) dagegen verschmilzt humanistisches Bildungsgut mit der alten Frauenschelte, die aber gleichsam protestantisch umgebogen wird. Die alte monströse Obszönität wird zu einer Art bürgerlicher Gebrauchsanweisung im Umgang mit der Sexualität domestiziert.

Der bairisch-österreichische Raum stand ebenfalls unter der Einflußperspektive des aus den Niederlanden importierten neulateinischen Stilmusters und der elsässischen Zentren. So gestaltete Sixtus Birck (1501 bis 1554) den ebenfalls sehr beliebten Susannen-Stoff (*Die historiy von der frummen Gottesfürchtigen Frawen Susanna*, 1532) zu einem Propagandastück für die Reformation. Seine Verführungskomödie *Joseph* (1539) prangert in der Gestalt der Potiphar die alte Kirche als Jugendverführerin an. Bemerkenswert ist, daß Birck in seinen komischen Spielen nach antikem Vorbild Chöre einführt, die das Geschehen zusammenfassen und in der gewünschten konfessionellen Linie interpretieren. Ähnliches kann auch bei dem gebürtigen Österreicher Paul Rebhun (um 1500 bis 1546) konstatiert werden, dessen *Hochzeitsspill auff die Hochzeit zu Cana Galilee* (1546) im Rahmen des biblischen Stoffes ein fastnächtlich-realistisches Abbild einer Zwickauer Handwerkerhochzeit bietet. Ein vorbildliches Schultheater entwickelte sich auch im Zuge der Selbstbehauptung der österreichischen protestantischen Landstände gegen den immer stärker werdenden Druck der katholischen Zentralmacht in Wien und Prag. Hier waren ebenfalls die engen Verbindungen mit der Straßburger Akademie maßgebend gewesen, deren Anregungen durch rührige Lehrer an die Schulen von Linz, Wels und Steyr in Oberösterreich weitergetragen wurden. Georg Calaminus (eigentl. Name: G. Roehrich, 1547 bis 1595), Thomas Brunner (um 1535 bis 1571) und Georg Mauritius (1539 bis 1610) verarbeiteten hier die gängigen Stoffe und Formen in lateinischer und deutscher Sprache. In Wien trat noch Wolfgang Schmeltzl (um 1500 bis nach 1560) hervor, der sieben deutsche Schulspiele verfaßte (hinter denen wohl Rebhuns Vorbild steht), die aber (z. B. *Comedia des verlorenen Sohns*, 1545) an religiöser Tiefe und polemischer Kraft den alemannischen und niederdeutschen Dramatisierungen biblischer Stoffe weit nachstehen.

Daß sich in den Jahren von 1500 bis 1550 in der Stellung der Autoren etwas Entscheidendes geändert hatte, steht nach dem hier Gesagten außer Zweifel. Im konfessionellen Kampf gewann die Einzelperson und ihr Engagement große Wichtigkeit. Der Name des Spielverfassers erhielt Gewicht und Ansehen, auch in den traditionellen weltlichen Spielgattungen, die wie das Fastnachtspiel noch immer beliebte städtische Unterhaltungsmuster boten. Hier wies die Nürnberger Entwicklung mit den weltlichen Spielen von Hans Sachs (1494 bis 1576) in die Zukunft. Seine selbstgefertigte *Summa all meiner gedicht* (1567) verzeichnete insgesamt 210 Spieltexte, worunter sich 85 Fastnachtspiele befinden. Die von ihm für die anderen Texte gebrauchten Gattungsbezeichnungen – «Comedia» und «Tragedia» – weisen auf die Nachbarschaft und oberflächliche Kenntnis des Humanistentheaters hin, sind aber kaum stichhaltige, weil nicht konsequent verwendete Bezeichnungen für willkürliche Akteinteilung und dilettantische Stoffrezeption. Unter den Fastnachtspielen dagegen findet man Meisterstücke seines Könnens und sieht, wie sich das Genre zur Frühform der bürgerlichen Komödie weiterentwickelt. Soziales Selbstbewußtsein, städtische Umwelt, selbstverständliche Zugehörigkeit zur Reformation und didaktische Ausrichtung – sie verändern bei H. Sachs das alte aggressive Narrenspiel von der verkehrten Welt. Komik bedeutet von nun an das Lachen *über* den Narren, der als Normenbrecher des bürgerlichen Wertsystems entweder als Gegenstand des Spotts und der Verachtung oder als Gegenstand des heilenden, in die Ordnung zurückverweisenden Lachens gesehen wird. Der frühbürgerlichen Lesekultur Nürnbergs angehörend, hat H. Sachs alle durch Lektüre erreichbaren Stoffe, vor allem die der zeitgenössischen Schwanksammlungen, in seinen Fastnachtspielen gestaltet. So entnahm er den Stoff des Fastnachtspiels *Die Burgerinn mit dem Thvmbherrn* (1553) einer Spezialüberlieferung der *Gesta romanorum*, die in der Übersetzung des protestantischen Geistlichen Jacob Kammerlander eine weitverbreitete Lektüre waren. Das Bild der Ehe, das Sachs in diesem Spiel entwirft, nimmt das spätere soziologische Modell von bürgerlicher Kanalisierung der Sexualität voraus. Ebenso verrät die Arbeitsteilung zwischen Mann und Frau im Haushalt sowie die daraus resultierenden Geschlechterrollen eine realistische Darstellungweise, die nur mehr humoristisch, nicht mehr im Gattungszwang der Obszönität, auf die einfache und am großen Vorbild Terenz erlernte Bühne gebracht wird.

Bei Sachs' Nachfolger Jacob Ayrer (um 1543 bis 1605) entwickeln sich die Fastnachtspiele zu rein didaktischen Kleinkomödien, die für die Zuschauer Verhaltensexempel darstellen und zunehmend nach dem Wahrscheinlichkeitsprinzip gebaut sind (z. B. *Die ehrlich Peckinn mit ihren drey vermeinten Bulern*, 1598). Unter dem Eindruck der Begegnung mit den englischen Komödiantentruppen trat Ayrer in eine andere Theatertradition ein. Mag seine *Comedia von der schönen Sidea*... (Dr. erst 1618) noch eine oberflächliche Adaption der englischen Spiel- und Stoffpräsentation sein, so weist sie doch in die weitere Zukunft des weltlichen Theaters: in die Entwicklung der literarischen Komödie, welche die alten Formen des Spätmittelalters ablöste.

Jozef IJsewijn
Neulateinische Theatertexte

Der Ursprung des neulateinischen Theaters ist in Italien zu suchen, wo deutsche Scholaren die Wiederbelebung klassischer Theaterformen und das Aufblühen einer lateinischen Studentenbühne kennengelernt haben. – Die von Nikolaus von Kues (1401–1464) in einer deutschen Klosterbibliothek 1429 wiederentdeckten letzten zwölf Komödien des Plautus mußten erst nach Italien gelangen, um dort studiert und nachgeahmt zu werden, bevor sie ungefähr ein dreiviertel Jahrhundert später auch die deutsche Bühne erreichen konnten. Es darf zugleich darauf hingewiesen werden, daß mehrere humanistische Bühnenspiele italienischer Autoren uns nur deswegen überliefert sind, weil deutsche Studenten Abschriften mit nach Hause gebracht haben und diese seitdem in deutschen Bibliotheken aufbewahrt blieben. Ein treffendes Beispiel fruchtbringender Verpflanzung bietet das in Prosa abgefaßte Geschichtsdrama *Historia Baetica* («Eine Andalusische Geschichte»), 1492 in Rom von Carlo Verardi (1440–1500) verfaßt und feierlich in einem Kardinalspalast aufgeführt. Der Nürnberger Arzt Hartmann Schedel (1440–1514) hat das Stück für sich in Italien kopiert; Jakob Locher (1471–1528), ein Schüler Sebastian Brants, hat es 1493 wohl ebenfalls in Italien abgeschrieben; Brant hat es dann ein Jahr später in Basel drucken lassen, während Locher selbst noch einen Schritt weiter gegangen ist: Er hat die *Historia Baetica* nachgeahmt in einem eigenen Prosadrama in fünf Akten, *Historia de rege Franciae* (1494/95), das von Karl VIII. von Frankreich und dessen Kampf um Neapel handelt. Damit hat er in das zu dieser Zeit entstehende Humanistentheater Deutschlands die Zeitgeschichte als Thema eingeführt, und er tat es abermals 1497 mit seiner *Tragoedia de Thurcis et Soldano*, einem Stück über die aktuelle Türkengefahr.
Der italienische Ursprung des humanistischen Theaters bedeutet jedoch nicht, daß jeder Ansatz, jedes Thema oder jede Quelle aus diesem Land stammen. So ist bekannt, daß der *Henno* (Heidelberg 1497) des Johannes

Reuchlin (1455–1522) nicht getrennt werden darf von der *Farce de Maistre Pathelin*, die Reuchlin vielleicht in Orléans gesehen hat und, wie es scheint, noch vor dem Bekanntwerden der lateinischen Übersetzung Alexandre Connyberts (um 1490 bis um 1505) ausgebeutet hat. Vieles ist auch einheimisch, stammt also aus Deutschland und den davon im Spätmittelalter und der Renaissance nicht zu trennenden Niederlanden (*Germania Inferior*). Man denke an die Fastnachtspiele oder an die besonders während der Glaubenskämpfe von beiden Parteien bevorzugten «Moralitäten», an erster Stelle den *Jedermann*. Im Jahr 1536 erschien in Köln der *Homulus*, die erste lateinische Bearbeitung des ursprünglich brabantischen *Elckerlyc*-Spiels. Sie stammte aus der Feder eines Maastrichter Oberlehrers, Christianus Ischyrius (Sterck) aus Freialdenhoven, Jülich. Der *Homulus* erlebte wenigstens sieben Ausgaben in Köln, Antwerpen und Krakau, darüber hinaus eine deutsche Bearbeitung (1540). Sprachlich von Terenz und inhaltlich von Erasmus beeinflußt, rügte Ischyrius die kirchlichen Mißstände, blieb aber Rom treu. Ebenfalls innerhalb der katholischen Lehre blieb Georgius Macropedius (eigentl. Name: Georg von Langenfeld, 1475/87 bis 1558).

Wie er selbst im Prolog zu den *Rebelles* sagt, hatte er seine Anregung zur dramatischen Dichtung von Reuchlin erhalten. Im *Hecastus* (1539), einem seiner bestgelungenen Dramen, behandelte er mit eindrucksvoller dramatischer Kraft das Thema der Heilsfrage, das Kernstück der *Elckerlyc*-Moralität.

Zwei weitere Große des neulateinischen Theaters standen sich mit ihren Bearbeitungen desselben Themas gegenüber. Der eine war Thomas Naogeorgus (eigentl. Name: Th. Kirchmair, um 1508/09 bis 1563), der bedeutendste Dramatiker der deutschen Reformation, und zwar mit seiner Tragödie *Mercator seu Iudicium* (1540). Ihn bekämpfte der Löwener Minorit Livinus Brechtus (1515 bis 1560) mit seiner «christlichen Tragödie» *Euripus. Tragoedia christiana de vitae humanae inconstantia* (1548 gespielt, 1549 gedruckt). Brecht hat eine europäische Wirkung erzielt, indem er am Anfang des jesuitischen Ordensdramas oft als dessen Musterautor gegolten hat. In Deutschland wurde *Euripus* in Köln nachgedruckt (1555), kopiert und von Cleophas Distelmayer 1582 zu Augsburg auf deutsch übersetzt.

Das neulateinische Theater Deutschlands ist also ein Amalgam von aus Italien übernommenen klassischen (d. h. lateinischen und griechischen) sowie humanistischen Traditionen einerseits sowie von einheimischen, oft mittelalterlichen, vereinzelt auch aus anderen Gegenden übernommenen Stoffen und Themen andererseits.

Selbstverständlich fand man das neulateinische Theater vorwiegend in den städtischen Lateinschulen von Münster bis Zürich und von Basel bis Zwickau, ferner an den Universitäten und «Akademien» (Heidelberg,

Straßburg, Wien usw.), bisweilen – wenn auch weniger als in Italien – an fürstlichen bzw. bischöflichen Höfen. Sein Publikum waren also vorwiegend Schüler und Studenten, bisweilen Hofleute und gerade anwesende Diplomaten, denen man während eines Festtages Unterhaltung bieten wollte. Die Ziele des humanistischen Theaters sind vor allem pädagogisch (nämlich die Schüler gutes Latein zu lehren), des weiteren moralisch (die Jugend christlich und tugendhaft zu erziehen, kirchliche Mißbräuche zu tadeln) und bisweilen panegyrisch (einen Fürsten zu loben, eine Heirat zu feiern u. ä.). Seit dem dritten Dezennium des 16. Jahrhunderts entwikkelte sich immer kräftiger die religiöse Polemik als dramatischer Niederschlag der Reformationskonflikte, und vereinzelt, wie beim Thema des deutschen Bauernkriegs, entsteht daraus direkte Sozialkritik. Dieses Theater diente dem neuen bzw. alten Glauben oft auf äußerst scharfe und aggressive Weise, was etwa ein Titel wie Naogeorgs *Incendia seu Pyrgopolinices tragoedia... nephanda quorundam papistici gregis exponens facinora* (*Der Bapst und seiner Papisten erschreckliche Anschlege...*, 1541) klar belegt.
Gängiger Einschätzung zufolge ist das neulateinische Theater als kulturhistorisches Dokument weit wichtiger als wegen seiner literarischen Qualität. Sicher hat es begabte Dramatiker gegeben wie Sixtus Betuleius (eigentl. Name: S. Birck, 1501 bis 1554), Thomas Naogeorgus (1508 bis 1563) und Nicodemus Frischlinus (1547 bis 1590). Oftmals aber war das erste Anliegen, die Schüler möglichst viel und gutes Latein zu lehren; man war deshalb mehr auf die Bereicherung des Wortschatzes und den Terentianischen Sprechstil bedacht als auf den Inhalt, die psychologische Handlungsführung usw. Andererseits ermöglichte eben die Verwendung der lateinischen Sprache die Überwindung aller Sprach- und Dialektgrenzen. Typisch ist die 1540 von Nicolaus Brylinger in Basel herausgegebene Sammlung von Bibeldramen, *Comoediae ac Tragoediae... ex novo et vetere Testamento desumptae*, insgesamt zehn Stücke, davon sieben aus den Niederlanden (Gnapheus' *Acolastus*, Crocus' *Ioseph*, Papaeus' *Samarites*, Zovitius' *Ovis perdita*, Macropedius' *Hecastus, Bassarus* und *Andrisca*), eines aus Frankreich (N. Barptolomaeus' *Christus Xilonicus*) und nur zwei aus Deutschland (Bircks *Susanna* und Naogeorgus' *Pammachius*). Der erstgenannte Dichter, der Holländer Cornelius Gnapheus (1493 bis 1568), hat viele Jahre in Elbing, Königsberg, Emden und Norden (Ostfriesland) gearbeitet. Sein noch in Holland entstandenes Bühnenspiel *Acolastus sive de filio prodigo*; *Der verlorene Sohn* (1529) hat die Entwicklung des Schuldramas in Deutschland stark beeinflußt. Im 16. Jahrhundert hat es allein in Deutschland (Köln, Leipzig usw.) zumindest zwanzig Ausgaben erlebt. Es wurde direkt benutzt – um als Beispiel einen lateinischen Autor zu nennen – von Christophorus Stymmelius (eigentl. Name: Ch. Stummel, 1525 bis 1588) in Stettin, und zwar für die Komödie

Studentes (UA 1545), eine moralisierende Schilderung des Studentenlebens (ein beliebtes Thema der Humanistenbühne schon in Italien), die mehr als ein Jahrhundert lang ein Erfolg war. Noch in der Mitte des 17. Jahrhunderts wurde *Studentes* in Holland neu bearbeitet von einem «Ignotus Peerdeklontius (!)» und in dieser Form zweimal aufgelegt (1647 und 1662). Es entstand ein Kreislauf Holland–Deutschland–Holland, der von keinen nationalen Grenzen gehemmt war. Solche Beispiele ließen sich beliebig vermehren: Reuchlins erstes Drama, *Sergius sive capitis caput* (1496), wurde zwischen 1512 und 1518 von Eligius Eucharius mit seinen Schülern in Gent (Flandern) aufgeführt, zusammen mit einigen Komödien italienischer und französischer Verfasser sowie einer eigenen Bearbeitung der populären *Griseldis*-Geschichte nach Boccaccio und Petrarca.

Übrigens wanderten nicht nur die Dramen hin und her, sondern auch die Autoren selbst: Neben dem bereits erwähnten Gnapheus auch Jacobus Schoepperus aus Dortmund, einer der bedeutenderen Vertreter des humanistischen Bibeldramas. Er hat in Löwen (Brabant) im Collegium Trilingue studiert und dort das Studententheater kennengelernt. Um 1550 schrieb er vier Dramen, darunter *Ectrachelistes sive Joannes decollatus* (*Johannes der Täufer*, Köln 1546), das noch 1565 in Straßburg kurz nach der Erneuerung des dortigen akademischen Theaters aufgeführt wurde. Zugleich bearbeitete Schoepper auch je ein Spiel zweier Löwener Kollegen, nämlich von Petrus Philicinus aus dem Hennegau und von Jacobus Zovitius aus Zeeland. Dieser niederländisch-deutsche Theateraustausch erreichte einen Höhepunkt mit den Werken des «christlichen Terenz» Cornelius Schonaeus aus Gouda/Holland (um 1541 bis 1611), dessen Komödien ungefähr hundert Ausgaben erlebten, davon über die Hälfte in Deutschland, mit einer Streuung der Druckorte von Köln bis Leipzig.

In Form und Sprache zeigt das neulateinische Theater eine wachsende Vertrautheit mit den klassischen Modellen: Plautus und Terenz für die Komödie; für die Tragödie Seneca. Vereinzelt gab auch Euripides das Modell ab, der in lateinischen Übersetzungen gelesen und bisweilen auch gespielt wurde: zum Beispiel *Hecuba* und *Iphigenie in Tauris* in der Version von Erasmus; ferner die *Phoenissai*, für das Straßburger Theater übersetzt von dem Schlesier Georgius Calaminus (eigentl. Name: G. Roehrich, 1547–1595). Sophokles und Aischylos waren bis in die zweite Hälfte des 16. Jahrhunderts weniger bekannt. Die erste Aischylos-Ausgabe erschien 1518 in Venedig, die erste lateinische Übersetzung in Basel 1555. Erst durch diese Arbeit eines Franzosen aus Montpellier, Joannes Sanravius (eigentl. Name: J. de Saint-Ravy), konnte ein fruchtbarer Rezeptionsprozeß beginnen.

Vor dem 16. Jahrhundert findet man kaum mehr als leidlich dramatisierte Dialoge (eine übliche Bezeichnung dafür war «Dialogus»), die sich nur wenig von den «Colloquia» (Schülergesprächen) unterscheiden. Von dieser Art war Wimpfelings *Stylpho* (Heidelberg 1480), der als Intermezzo bei einer akademischen Rede ‹aufgeführt› (oder vorgelesen?) wurde. Allmählich entstanden richtige Komödien und Tragödien, mehrfach charakterisiert als «nova» bzw. «christiana». Die Nachbildung klassischer Typen verlief jedoch nicht ohne gewisse Freiheiten, die mehrere Autoren explizit für sich in Anspruch nahmen. Diese Unabhängigkeit innerhalb einer sonst ziemlich strikten Imitation der Antike zeigt sich auch in der Vermehrung der Gattungen.

1492 war in Rom die «Tragicomoedia» entstanden, eine Gattung, in welcher zwar tragische Figuren (Fürsten, Heroen usw.) auftreten, die aber ein glückliches Ende hat. Marcellino Verardi lieferte dafür das Vorbild mit *Fernandus Servatus*, einem Stück über König Ferdinand von Spanien zur Zeit der Reconquista Granadas. Seit dem 16. Jahrhundert begegnet man dieser neuen Gattung auch in Deutschland und den Niederlanden. 1544 erschien in Basel Gnapheus' *Hypocrisis. Tragicomoedia*, eine seltsame Verchristlichung der Amor-und-Psyche-Geschichte des Apuleius: Jupiter zieht Psyche wegen ihrer Heirat mit Cupido zur Verantwortung. Die Unterstützung durch ihre Gefährtin Hypocrisis kann ihr nicht helfen, und Hypocrisis selbst wird in die Unterwelt verbannt. Psyche trennt sich von Cupido und wird in neuer Ehe verbunden mit «Reue» – ein nach christlicher Interpretation ‹glücklicher Ablauf›. Dieses erstaunliche Werk scheint damals für das deutsche Publikum nicht ohne Reiz gewesen zu sein, denn es wurde noch 1587 an der Altdorfer Akademie aufgeführt. Allerdings war Gnapheus nicht der erste Dichter von Tragikomödien im deutsch-niederländischen Bereich. Schon 1501 hatte beispielsweise der aus Pommern stammende Johannes von Kitzscher eine *Tragicomedia de Iherosolimitana profectione*, das heißt über eine Jerusalemfahrt des Herzogs von Pommern, verfaßt. Auch das Umgekehrte wurde versucht, nämlich ‹tragische Komödien›, in welchen nichtfürstliche Personen tragisch zugrunde gehen. Sebastian Bircks berühmte *Susanna* (1532, lat. 1537) ist eine solche «comoedia tragica», seine *Judith* (1539) ein «drama comicotragicum».

Allerdings wurden die Begriffe Komödie und Tragödie bei weitem nicht immer hinsichtlich der Gattung präzise verwendet. Im Ordensdrama der Jesuiten war «comedia» öfter Synonym für «drama» oder «fabula sacra/fabula sancta», auch wenn fürstliche Heroen auftraten. Typisch ist eine *Comoedia* (Fulda 1575) über Elisabeth, die Tochter des Königs von Ungarn und Gemahlin des Landgrafen von Thüringen, die früheste bekannte lateinische Dramatisierung des Elisabeth-Stoffes in Deutschland, zugleich eines der ältesten Jesuitendramen Deutschlands. Über dieselbe Elisabeth – eine Prinzessin – wurde aber 1615 im Prager Kolleg auch eine *Tragicomoedia* aufgeführt. Ein noch stärkerer Gegensatz zeigt sich an den

Esther-Bearbeitungen: Naogeorg nennt seinen *Hamanus* (1543) zutreffend eine Tragödie, denn Esther ist die Gattin des Perserkönigs; der Holländer Cornelius Laurimannus schrieb aber dennoch eine *Esthera regina: comoedia sacra* (Löwen 1562).
Sprachlich wurden vor allem Plautus und Terenz belehnt. Wer heute das neulateinische Theater studiert, sollte mit der Lektüre dieser Dichter anfangen. Ciceronianischer Purismus ist den Dramatikern meistens völlig fremd, im Gegenteil: Sie lieben ausgefallene Worte (z. B. aus dem Werk des Gellius) und schaffen auch neue. Bei Naogeorg liest man etwa das Verb «incaespitare»; aus der Antike kennt man nur das sehr seltene Substantiv «incaespitator». Umgekehrt findet man im Münchener Jesuitendrama *Theophilus* (1596) das Substantiv «elargitor», während aus der Antike nur das Verb «elargiri» tradiert ist.
Heinrich Knaust (1524 bis nach 1577) bildet sogar das Wort «Pecuparumpius» als Titel für seine Komödie über heitere Armut (1573/74). Auch findet man die verschiedensten Sprachspielereien und Varianten. Altmodische Schulmänner läßt man scholastisches Latein reden wie *Codrus* bei Johann Kerckmeister (Münster 1485), der das Humanistenlatein sogar für Französisch hält. Betrunkene sagen l statt r wie Naogeorgs Hamanus (von 1217: «... tlistes sedele in pulvele»). Im späten 16. Jahrhundert spürt man die wachsende Freude an Archaismen, die in der Tragödie *Pompeius Magnus* (1610) des Johannes Lauremberg (1590 bis 1658) gipfelt; dieses Werk ist vollständig in einem pseudo-archaischen Latein verfaßt.
Zu Beginn des neulateinischen Theaters wurden die Spiele meistens in Prosa geschrieben. Von der Verstechnik eines Plautus oder Terenz hatte man keinerlei Ahnung. Bisweilen wurden kürzere Verspartien wie Hexameter eingefügt, so etwa schon in Wimpfelings *Stylpho*. Derartiges findet sich auch später noch in der Satire *Eckius dedolatus* (1520), in der der katholische Theologe Johannes Eck wohl von Willibald Pirckheimer ebenso meisterhaft wie ungerecht verspottet wird. Schließlich wurden oft jambische Senare benutzt, auch in Tragödien (Locher hatte noch im Epilog seiner Tragödie *De Thurcis et Soldano* entschuldigend gesagt: «Iambis non mea scripta volant»). Viele Autoren, etwa Naogeorg, beanspruchten jedoch ein bestimmtes Maß metrischer Freiheit. Chorlieder waren selbstverständlich immer metrisch; elegische Disticha, sapphische Strophen und Hedecasyllaben waren sehr beliebt, aber auch andere lyrische Strophenformen finden sich nicht gerade selten.
Zum Formalen gehört schließlich noch die allerdings selten verwendete Sprachmischung. Eine Ausnahme bleiben Einfügungen einiger Worte bzw. Sätze in der Volkssprache, und zwar nach dem berühmten Beispiel des Punischen in Plautus' *Pseudolus*. Weniger selten sind griechische Wörter und bisweilen mehrere Verse, so in Naogeorgs großem anti-

päpstlichem Drama *Pammachius*, ferner im *Eckius dedolatus*, ein sicheres Zeichen für wachsende Kenntnis und zunehmendes Prestige des Griechischen, und zwar im Gegensatz zum konservativ-theologischen Argwohn gegen jene Sprache.

Inhaltlich bietet das neulateinische Theater des deutschsprachigen Raums eine große Vielfalt. Die überaus reichlich fließenden Inspirationsquellen sind Bibel und Schule. Hinzu kommen Figuren und Ereignisse aus der alten und neueren Geschichte, ferner mittelalterliche Stoffe. Von letzteren ist die schon erwähnte ‹Moralität› *Jedermann* natürlich die bekannteste. Wie Reuchlin eine französische Farce übernahm, wurde bereits oben gezeigt. Fast ein Jahrhundert später bearbeitete der Sachse Martin Hayneccius (eigentl. Name: M. Heinecke, 1544 bis 1611) das Kindermärchen des Meisters Kecks, das dem Fabliau «Le vilain qui conquit paradis par plaid» nahesteht. Diese Komödie, *Hansoframea seu Momoscopus* (Leipzig 1581; deutsch *Hans Pfriem*, 1582), schildert, wie ein Kritikaster mit scharfer Zunge trotzdem in den Himmel gelangt und dort den Heiligen die Leviten liest, indem er ihnen ihre irdischen Fehler in Erinnerung bringt. In mittelalterlicher Tradition steht auch die klassische Überarbeitung eines Dramas der Hroswitha durch Chilianus Eques (eigentl. Name: Kilian Reut[h]er), *Martyris Dorotheae Passio* (Leipzig 1507); wie bekannt, war Hroswitha von Conrad Celtis wiederentdeckt worden.

Derartige ‹bodenständige› Spiele sind jedoch im Gesamtbild des humanistischen Theaters in der Minderzahl geblieben, ebenso – hier wohl aus moralischen Gründen – die Komödien rein plautinischer bzw. terenzianischer Art mit Figuren wie Kupplern und Dirnen. Die Mehrzahl der Themen stammt aus der *Bibel*: Moses und David, Joseph und Tobias, Ruth, Esther, Judith oder Susanna sind beliebte Figuren aus dem Alten Testament, Christus als guter Hirte, der arme Lazarus, der Verlorene Sohn u. a. aus dem Neuen Testament. Einige Dramen erreichen ein künstlerisch eindrucksvolles Niveau, wenn man sie auch nicht mit der vollendeten Kunst späterer Dichter wie Racine oder Vondel vergleichen sollte. Bedeutende Leistungen waren Bircks lateinische *Susanna* (Augsburg 1537), Johannes Sapidus' *Anabion* (über die Auferweckung des Lazarus; Straßburg 1539) und – last but not least – die Komödie *Nabal* (1549) des Zürcher Dekans Rudolf Gwalther (1519–1586). Diese ist eine seltene, dafür aber besonders gelungene Dramatisierung der Geschichte von David, dem ungerechten Viehzüchter Nabal und dessen frommer Frau Abigail aus *Samuel* I,25. Es wären noch viele Bibel-Dramatiker zu nennen; erwähnt seien im katholischen Bereich nur Autoren wie Hieronymus Ziegler (1514 bis 1562) in Ingolstadt und Martinus Balticus (um 1532 bis 1601) in München, Protestanten wie Naogeorg und – in Marburg – Aegidius Hunnius (1550 bis 1603). Es gibt insgesamt kaum

einen Bühnendichter, der nicht auch «fabulae sacrae» geschrieben hätte.
Bibeldramen wurden bisweilen aktualisiert; so wurde Bircks *Judith* auf die Türkengefahr bezogen. Daneben gab es explizite Geschichtsdramen. Aktuelle Themen waren die Türken, bald auch die Religionskonflikte und die mit ihnen verbundenen Gewalttaten. Der deutsche Bauernkrieg wurde in grellen Zügen geschildert von Hermann Schottenius aus Hessen (*Ludus Martius sive bellicus*, Köln 1526); die von Heinz von Wolfenbüttel 1540 in Kursachsen veranstalteten Brandlegungen sind das Thema von Naogeorgs *Incendia seu Pyrgopolinices* (1541). In dieser Tragödie wütet abermals Papst Pammachius im Auftrag Satans. Schon 1538 hatte Naogeorg das mehr prinzipielle Kampfdrama *Pammachius* verfaßt, in dem Christus den Papst erst Freveltaten verüben läßt, um die Strafe dann um so deutlicher verhängen zu können. Auch als reine Allegorie kommt der Krieg (Mars) auf die Bühne, etwa bei Johannes Prasinus in seiner Tragödie *Philaemus* (postum München 1548): der ‹blutliebende› Tyrann versucht mit der Hilfe von Mars, Irene (= Frieden) und deren Kinder zu verbannen.
Helden aus der alten Geschichte betreten erst später die Bühne, ein übrigens gesamteuropäisches Phänomen. Schon 1547 veröffentlichte Ziegler einen *Cyrus Major* über den durch Herodot und Xenophons *Kyropädie* popularisierten Perserkönig. Die Bühnengeschichte Cäsars beginnt erst 1550 mit einer Tragödie des Franzosen Muret. In Deutschland könnte man den *Caesar* des aus Pommern stammenden Caspar Brulovius (eigentl. Name: C. Brülow, 1585 bis 1627) nennen (Straßburg 1616). Frischlin bearbeitete den Streit zwischen den Helvetiern und Cäsar in seinen *Helvetiogermani* (1588). Sein *Julius Redivivus* gehört jedoch mehr in die dritte große Gruppe des neulateinischen Theaters, diejenige nämlich, die sich mit dem Schulbetrieb und pädagogisch-literarischen Problemen befaßt. Das Stück könnte man sogar als Krönung dieser Gruppe ansehen. Seit dem Entstehen des humanistischen Theaters hat es Spiele gegeben, welche das Thema ‹Bildungsstreit› behandelten: Humanismus gegen Scholastik; Barbarentum gegen klassische Eloquenz; die richtige Bildung der Jugend usw. Diese Stücke reichen von Wimpfelings *Stylpho* (1480) und Kerckmeisters *Codrus* (1485) über Heinrich Bebels *Dialogus de optimo studio scholasticorum* (1501/06) hin bis zu Hayneccius' *Almansor sive ludus litterarius* (1578) und zu Nicodemus Frischlin. Letzterer hat diese Probleme in zwei Dramen dargestellt, im *Priscianus Vapulans* (1578; dem ‹Geprügelten Grammatiklehrer›) und im *Julius* (1584). Frischlin stand am Ende eines jahrzehntelangen Kampfes, und er blickte mit Stolz auf ein Zeitalter, das die Barbaren besiegt hatte und in welchem die klassische Latinität dergestalt blühte, daß sogar Caesar und Cicero sich darüber erstaunt hätten.
Vieles konnte in diesem knappen Überblick nicht ausgeführt werden, auch

wenn es historisch wichtig oder interessant war: die Sonderstellung des ‹Erzhumanisten› Conrad Celtis (eigentl. Name: Konrad Pickel [1459 bis 1508]) in der Theatergeschichte (der *Ludus Dianae*, 1501, ist wenig mehr als eine Reihe von Lobliedern auf Kaiser Maximilian I.) oder die allegorischen Dramen wie etwa Conrad Chelidonius' *Voluptatis cum Virtute disceptatio* (Wien 1515) und vieles mehr. Manches soll auch durchaus als nur vorläufige Darstellung und Wertung betrachtet werden. Die meisten Autoren sind bislang unzureichend oder nur in ihren deutschen Schriften bzw. gar nicht untersucht, geschweige denn zuverlässig ediert worden. Es ist daher kaum möglich, sie historisch und literarisch einzuordnen und kritisch einzuschätzen. Bis dieses Ziel erreicht wird, bleibt noch ein langer Weg zu gehen.

Hans-Joachim Behr
Höfischer Roman und Heldenepik

Der höfische Roman, Produkt der zweiten Hälfte des 12. Jahrhunderts, ist von Anfang an so zahlreichen Veränderungen ausgesetzt, daß seine Kontinuität geradezu in der Variation zu bestehen scheint. Das zeigt sich schon daran, daß etwa der vieldiskutierte Artusroman ‹klassischen› Zuschnitts mit seiner Krise des Helden und der Doppelwegstruktur genaugenommen nur den *Erec* und den *Iwein* Hartmanns von Aue beschreibt, während der *Lanzelet* Ulrichs von Zatzikhoven ihm noch nicht, der *Parzival* Wolframs von Eschenbach schon nicht mehr vollständig entsprechen. Dieser aber wirkt seinerseits traditionsbildend, mag dabei auch die Kontrastierung von Artus- und Gralswelt, von Parzival- und Gawan-Handlung als Legitimation für noch größere Stoffülle, für eine ausschließlich quantitative Vermehrung von *aventiuren* mißverstanden worden sein. So lassen sich bereits in der ersten Hälfte des 13. Jahrhunderts Tendenzen erkennen, die für die weitere Entwicklung des höfischen Romans Bedeutung erlangen. Da ist zunächst eine zunehmende Vielgestaltigkeit zu beobachten, die sein zentrales Anliegen, die Selbstverwirklichung des Einzelnen in der Verbindung von *minne* und *êre* einerseits, der Erfüllung der gesellschaftlichen Verpflichtung andererseits, an immer wieder neuen Paradigmen diskutiert. Letztere gehen zum Teil auf vorhöfische Stoffe zurück, werden aber ebenso nach bewährtem Verfahren aus französischen oder lateinischen Vorlagen entlehnt. Zu ihr gesellt sich als weitere Tendenz das Streben nach Vollständigkeit, eine Art historiographischer Komplettierung des Erzählten, sobald sich ein Text nicht mehr nur mit Ausschnitten aus dem Leben eines Helden begnügt, sondern diese zur Familien-, wenn nicht gar zur Universalgeschichte umformt.
Mit der Erweiterung der Erzählinhalte korrespondiert aber auch der Verlust der literarischen Vorrangstellung des Artusromans. Denn seit dieser den perfekten Helden als Handlungsträger entdeckt hat, der problemlos in einer immer dämonischeren und groteskeren Umwelt sein Erlösungs-

werk vollbringt, dient er nicht länger als vorbildhafte Beschreibung ritterlicher Lebensbewältigung. Infolge ihrer Idealität wohnt der neuen Kunstfigur kein allgemeinverbindlicher Rollencharakter mehr inne. Auf diese Weise vom Identifikationsmuster einer feudalen Kriegerelite zum Träger spannender Unterhaltung reduziert, verliert der Artusroman seine ehedem sinnstiftende Funktion und tritt gleichrangig neben andere Erzählstoffe. Das gilt besonders für die Heldenepik, vor allem für den Sagenkreis um Dietrich von Bern, der den skizzierten Tendenzen nach Agglutinierung prinzipiell gleichwertiger *Aventiuren* und der Erweiterung zur Herrschergeschichte hervorragend entgegenkommt. Dennoch scheinen Gattungsunterschiede weiterhin bestanden zu haben, da Artusroman und Heldenepik zwar gelegentlich in denselben Sammelwerken überliefert werden, aber untereinander keinerlei Fusion eingehen, bis sie sich endlich, auch hier miteinander vereint, doch in unterschiedlichem Maße berücksichtigt, im Prosaroman des Spätmittelalters wiederfinden.

Artusroman

Der Artusroman Chrestien-Hartmannscher Prägung ist gekennzeichnet durch die Suche des Helden nach dem ihm zukommenden Platz im Spannungsfeld von Individualität und gesellschaftlicher Bindung. In die statische Idealität des Artushofes bricht von außen die *Aventiure* ein, die einen Einzelnen aus der schützenden Gemeinschaft der Anderen separiert und ihm das Bestehen einer speziellen Aufgabe abverlangt. Nachdem er diese ohne allzugroßen Aufwand siegreich bestanden hat, kehrt er hochgeehrt und im Besitz einer schönen Frau an den Artushof zurück, der ihm seine neue Reputation demonstrativ bestätigt. Sehr schnell aber zeigt sich, daß der Prozeß der Bewußtseinsbildung beim Helden mit dessen Erfolgen nicht Schritt gehalten hat. Aus der Unfähigkeit, die an ihn gestellten Ansprüche miteinander zu vereinbaren, entsteht eine hochgradige Identitätskrise, die nur durch den (vorläufigen) Verzicht auf die derzeitigen Standesprivilegien und die Bereitschaft, sie sich durch eine neuerliche *Aventiure*-Fahrt zurückzugewinnen, behoben werden kann. Diese erfolgt in zwei kongruenten, durch eine Zwischeneinkehr am Artushof deutlich voneinander abgesetzten Handlungssträngen, die nach dem Prinzip der Steigerung angelegt die Defizite des Helden beharrlich thematisieren, bis es ihm schließlich gelingt, seinen Anspruch auf Glück mit seiner sozialen Funktion in Einklang zu bringen: im tätigen Einsatz für die Gesellschaft, das heißt als Beschützer derjenigen, die Willkür und Gewalt hilflos ausgeliefert sind. Gleichzeitig restituiert er damit seine vor der Krise innegehabte Reputation, nur mit dem Unterschied, daß diese sich jetzt als dauerhafte, weil aus der Erkenntnis der eigenen Identität hervorgegangene, erweist.
Doch schon in den ersten Jahrzehnten des 13. Jahrhunderts verliert dieses

Modell seinen Verbindlichkeitscharakter. Um Gralskönig werden zu können, muß Parzival den Artushof wieder verlassen, und obwohl dieser in seinen ethischen Normen an keiner Stelle im Text abgewertet wird, vermag er die Gralswelt bestenfalls in ihren Randzonen zu tangieren. Indes, der entscheidende Bruch resultiert aus der Konzipierung eines anderen Heldentypus, wie er sich seit dem *Wigalois* des Wirnt von Gravenberg durchzusetzen beginnt. Dieser neue Protagonist ist als Ritter von Anfang an vollkommen; unbeirrbar geht er seinen Weg, besiegt scheinbar problemlos Ungeheuer und mit magischen Kräften ausgestattete Gegenspieler und erfüllt so die von ihm übernommene *Aventiure*, seine *Aventiure*; denn es besteht kein Zweifel daran, daß er als einziger sie zu meistern vermag. Bewußtseinsdefizite und Identitätskrisen sind diesem Helden fremd, und damit entfällt auch die Notwendigkeit, Versäumnisse und Fehler in Korrektiv-*Aventiuren* aufzuarbeiten. Daher muß er, um dem Text ein Mindestmaß an Spannung zu erhalten, mit immer stärkeren und monströseren Gegnern konfrontiert werden, die er schließlich – und da läuft das neue Modell Gefahr, sich selbst zu konterkarieren – nicht mehr aus eigener Kraft, sondern nur noch durch magische Hilfsmittel und Unterstützung von außen bezwingen kann.

Dementsprechend uneinheitlich sind auch die darauf gefundenen Antworten: Gawan ist in der *Crône* über weite Strecken nur noch anteilloser Beobachter eines vor und neben ihm veranstalteten Feuerwerks von Zauber-*Aventiuren*; der Stricker macht – sehr zum Ärger des Pleier – Daniel zum denkenden Helden, der im gezielt herausgearbeiteten Kontrast zum Haudegentum der Massenschlachten überlegene Gegner dadurch bezwingt, daß er sich die Eigendynamik der jeweiligen *Aventiure* zunutze macht; im *Jüngeren Titurel* endlich ist die Wertewelt des Artushofes zugunsten einer ausschließlich religiös definierten Gralsgemeinschaft aufgehoben.

Vermutlich aus der zweiten Hälfte des 13. Jahrhunderts stammen der *Wigamur* und der *Gauriel von Muntabel* des Konrad von Stoffeln (die Zuschreibung ist unsicher, da nur die Donaueschinger Handschrift D den Verfassernamen überliefert). Wigamur, als Kind von einer Meerfrau geraubt und aufgezogen, verläßt als junger Mann gänzlich unerfahren sein unter dem Meeresspiegel gelegenes Domizil und kehrt in die Welt zurück. Einem Toten raubt er Rüstung und Pferd, ein wenig später von ihm im Zweikampf besiegter Ritter erteilt ihm Unterricht in standesgemäßer Lebensweise. Nachdem er schließlich eine Jungfrau aus einer brennenden Burg befreit hat, gelangt er an den Hof von König Ittras, wo er zum Musterritter avanciert. Von dort zu Artus unterwegs, rettet er einen Adler vor einem Geier; jener wird fortan sein ständiger Begleiter. In weiteren Kämpfen am Artushof setzt er sich für schutzlose Frauen ein, die von machtgierigen Feinden in ihrer Herrschaft bedroht sind. Den üblichen

Lohn für seine Hilfe, Land und Hand der jeweiligen Dame, lehnt Wigamur indes entschieden ab: Er sei als Ritter noch immer zu unbekannt und außerdem unstandesgemäßer Herkunft. Dieses Motiv kulminiert, als er seinem ihm unbekannten Vater, König Paltriot, im Zweikampf gegenübersteht und der königliche Streiter sich nach den Personalien seines jugendlichen Kontrahenten erkundigt. Dadurch aber erkennen sich Vater und Sohn, und Wigamur braucht nun nicht länger auf eine standesgemäße Frau zu verzichten. Er findet sie in Dulciflor, der Tochter von Paltriots ehemaligem Kriegsgegner, und weil beide Könige sogleich zugunsten der Jugend resignieren, wird Wigamur Herrscher über ein Doppelkönigreich. Zuvor aber muß er erst seine Frau Dulciflor aus der Gefangenschaft eines Ritters, den er einst bei einem Turnier besiegt hatte, befreien.

Gauriel, den seine Ehefrau, eine Fee, verlassen und überdies durch Zauberei körperlich verunstaltet hat, weil er gegen das ihm auferlegte Schweigegebot verstoßen hatte, kommt in Begleitung seines Wappentieres, eines Ziegenbockes, an den Artushof. Die Fee hatte ihm die Auflage gemacht, zur Wiedergutmachung seines Frevels die besten Ritter der Tafelrunde (Erec, Iwein, Gawan) zu besiegen und als Gefangene in ihr Land Fluratrone zu bringen. In zahlreichen harten Kämpfen, in deren Verlauf es auch Tote und Schwerverwundete gibt, hat Gauriel schließlich den gewünschten Erfolg, und so steht der Versöhnung und Entzauberung nichts mehr im Wege, nachdem er und seine Gefangenen sich den Weg nach Fluratrone gegen Drachen und Riesen freigestritten haben. Weil aber Gauriel wegen der dem Artushof zugefügten Verluste Ginover eine einjährige Betätigung im Dienste der Tafelrunde versprechen mußte, brechen sie alsbald wieder auf. Unterwegs befreien sie den König von Pronaias von seinen heidnischen Widersachern, vom Artushof aus erretten Gauriel, Erec und der sonst unbekannte Ritter Pliamin eine Grafentochter aus der Gewalt eines Entführers, wobei sie sich erneut den Zugang zu dessen Zauberreich Schritt für Schritt freikämpfen müssen. Schließlich ist die vereinbarte Einsatzfrist für Ginover beendet, und damit der Held zu guter Letzt nicht gar noch nach prominentem Vorbild die rechtzeitige Rückkehr versäumt, holt ihn die Fee persönlich am Artushof ab.

Trotz des unterschiedlichen Inhalts haben beide Texte zahlreiche Gemeinsamkeiten. Da ist zunächst die Person des Helden. Obwohl Gauriel sein Unglück durch seine Schwatzhaftigkeit selbst verschuldet hat, spielt dieser Umstand im Roman keine Rolle. Wie im *Wigamur* sind es äußere Faktoren (die vermeintlich unedle Geburt, die von der Fee gemachten Auflagen), die das Handeln der Protagonisten bestimmen. Korrektiv-*Aventiuren*, in denen Gauriel etwa Schweigsamkeit hätte beweisen müssen, fehlen völlig. Außerdem werden beide Helden nach dem Muster des *Iwein* von Tieren begleitet. Hier vor allem streifen die Texte die Grenze

zur Parodie, wenn etwa Wigamurs Adler auch das Beschaffen von Nahrung seinem neuen Herrn anheimstellt (V. 1518–1524) oder der Bock als tatkräftiger Kampfgefährte Riesen und Ungeheuern das Fürchten lehrt (V. 307–316) und schließlich sogar Iweins Löwen tötet (V. 1854–1860). Indes, von Persiflage kann keine Rede sein. Da weder die Vollkommenheit des Helden noch die auf ihr beruhende Erzählkonzeption zur Disposition stehen, mag auch so ziemlich jedes Einzelmotiv, angefangen bei den heiratswilligen Damen im *Wigamur*, die trotz Bedrohung am Ende dann doch leer ausgehen, bis hin zu Artusrittern, deren einziges Vergnügen Mord, Totschlag und Brandstiftung ist (V. 754–765), in seiner Verwendung konterkariert sein. Ursache dafür ist der Umgang mit den literarischen Vorbildern. Beide Autoren schreiben mit (über)deutlichem Bezug auf die Meister ihres Genres (Hartmann, Wolfram): aber beide verstehen unter produktiver Auseinandersetzung mit ihnen offensichtlich nur stoffliche Überbietung (so kreiert der *Gauriel* neben Gawan aus dessen etwa bei Ulrich von Zatzikhoven belegter Namensform Wâlwein einen zusätzlichen Superritter, gegen den sein Held dann einen weiteren strahlenden Sieg erringen kann) oder Substitution von Teilaspekten (so wird aus Iweins Löwe ein Adler resp. ein Ziegenbock). Daß dabei durch die Inkonzinnität von erzählerischem Aufwand und erzähltem Ergebnis komische Nebeneffekte auftreten, scheint als Problem nicht gesehen zu werden. Damit reduziert sich jedoch das Gattungsmuster des Artusromans auf bloße Übersteigerung seit langem bekannter Denk- und Darstellungsschemata, ist insofern nicht mehr produktiv und wird als Medium neuer Weltentwürfe ungeeignet.
Nach der geistlich-klerikalen Revision der Gralsgeschichte im *Jüngeren Titurel* erfährt der Stoff in der ersten Hälfte des 14. Jahrhunderts eine neuerliche Bearbeitung, mit keiner anderen Begründung als der, daß Wolfram seinerzeit nicht alle *Aventiuren* seines Helden berücksichtigt habe. Und in der Tat: Da dem Text eine um die späteren Fortsetzungen erweiterte Fassung von Chrestiens *Le Conte du Graal* zugrunde liegt, gibt es so manche (neue) Episode zu berichten. Die Rede ist vom *Rappoltsteiner Parzival* (früher: *Neuer Parzival*, 1331/36), einem Werk von immerhin fast 37000 Versen. Trotzdem ist es vor allem Gawan, dessen *Aventiuren* berichtet werden; aber auch andere Artusritter wie Gaheries, Segremors und Boors kommen zum Zuge. Ein Epilog von 558 Versen gibt Aufschluß über die Entstehung der Dichtung. Danach hat, neueren Forschungen zufolge, der Straßburger Domherr Ulrich V. von Rappoltstein (daher der Name des Textes) zwei Schreiber mit einer Abschrift von Wolframs *Parzival* beauftragt, nachdem er diesen durch die Goldschmiede Claus Wisse und Philipp Colin hatte ‹komplettieren› lassen. Beide aber übersetzen nicht unmittelbar aus dem Französischen, obwohl sie die Sprache beherrschen, sondern versifizieren eine von dem Juden Samson

Pine angefertigte Prosaübertragung. Die Gründe für dieses Verfahren sind unbekannt, doch es scheint, als habe der Auftraggeber einerseits auf eine Versübersetzung Wert gelegt, andererseits die offensichtlich recht wortgetreue Prosaversion Pines hinreichend berücksichtigt sehen wollen. Da Abfassung und Niederschrift des Textes fünf Jahre in Anspruch nahmen und die Handschrift selbst 1336 fertiggestellt wurde, ist der *Rappoltsteiner Parzival* relativ exakt zu datieren. Nach Inhalt und Problemstellung ist er freilich Wolframs gleichnamiger Dichtung nur schwer zu vergleichen: die Unterschiede zwischen Artus- und Gralswelt sind weitgehend nivelliert. Parzival verzichtet wegen weiterer *Aventiuren* schon auch einmal auf die Würde eines Gralskönigs, während Gawan als der eigentliche Repräsentant vorbildhaften Rittertums in Erscheinung tritt.

Weitere Bearbeitungen des Artusstoffes sind aus dem 14. und frühen 15. Jahrhundert nicht bekannt. Vorhandene Texte aber wurden nichtsdestoweniger immer wieder abgeschrieben und bezeugen damit ein anhaltendes Interesse an Artus und seinen Eliterittern. In dieser Zeit entstehen auch großangelegte Epik-Sammelhandschriften, als deren bekannteste wohl das *Ambraser Heldenbuch* (so benannt nach Schloß Ambras in Tirol, wo die Handschrift sich bis zu ihrer Überführung nach Wien befand) zu gelten hat. Kaiser Maximilian I. hat es 1504 in Auftrag gegeben und damit Hans Ried, einen ehemaligen Schreiber seiner Kanzlei, der inzwischen als Zolleinnehmer am Eisack (bei Bozen) Dienst tat, betraut. Obwohl Hans Ried sich zeitweilig nur dieser Aufgabe widmete, hat er die Fertigstellung der Handschrift nicht mehr erlebt: 1516 ist er gestorben, die Illustrationen des (fragmentarischen) Schlußteils datierte der damit befaßte Maler (Ulrich Funk d. Ä.?) auf 1517. Mögen sich bei Auswahl und Anordnung der Texte auch keine absolut verbindlichen Kriterien nachweisen lassen, so ist doch eine gewisse Tendenz unverkennbar: Im ersten Teil dominiert der höfische Roman (*Moriz von Craûn*, *Iwein*, Heinrich von dem Türlin: *Mantel*, *Erec* – hierfür die einzige, nahezu vollständige Handschrift), der Mittelteil umfaßt ausschließlich Heldendichtung (*Nibelungenlied, Klage, Kudrun* und fünf Epen aus dem Sagenkreis um Dietrich von Bern), der Schlußteil akzentuiert besonders die novellistische Kleinepik mit deutlichem Schwerpunkt auf dem bayerisch-österreichischen Raum (Herrand von Wildonie, Ulrich von Lichtenstein, Wernher der Gartenaere). Seiner Funktion nach steht das *Ambraser Heldenbuch* vermutlich im Zusammenhang mit Maximilians *memoria*-Pflege [679], d. h. einer bereits zu Lebzeiten betriebenen Sorge um sein Angedenken. Seine eigene Herrschertätigkeit sollte an literarische Vorbildgestalten (wie Artus, Dietrich von Bern etc.) angeschlossen werden.

Wiederum ist es ein hochgestellter Gönner, für den sich der Münchner Maler und Schriftsteller Ulrich Füetrer (gest. 1496) im letzten Drittel des

15. Jahrhunderts des Artusstoffes annimmt: Herzog Albrecht IV. von Bayern-München. An dessen Hof hatte sich mit Jakob II. Püt(e)rich von Reichertshausen, dem Organisten Conrad Paumann, dem Mediziner Johannes Hartlieb, Jörg von Eysenhoven und Andreas Heselloher ein kulturell höchst interessierter Personenkreis zusammengefunden, der einem eher konservativen Kunstverständnis huldigte. Besonders von Jakob Püterich zum Schreiben animiert und aus dessen Privatbibliothek mit Literatur unterstützt, befaßt sich Füetrer gleich mehrfach mit Dichtungen aus dem Artuskreis: im *Lanzelot* (in Prosa), einer Kurzfassung des Prosa-Lancelot aus dem 13. Jahrhundert, im strophischen *Lanzelot*, einer Überarbeitung des eigenen Textes in Titurelstrophen, und vor allem im *Buch der Abenteuer* (zwischen 1470/75 und 1478) (5644 Titurelstrophen). Dieses besteht seinerseits aus zwei Büchern, über deren Konzeption und inneren Bezug lange Zeit Unklarheit herrschte. Dabei hat Füetrer den Schlüssel für das Verständnis des Textes selbst mitgeliefert: im sogenannten Baumgleichnis gegen Ende des ersten und zu Beginn des zweiten Buches. Darin sind zwei Bildbereiche übereinandergeblendet, ein diachroner, der Wachstum und Entfaltung eines Baums über die Jahre hinweg verfolgt, und ein synchroner, der seine (jeweils neue) Ausstattung mit Zweigen und Blättern beschreibt. Auf den Text angewendet bedeutet das: Parallel zueinander werden im 1. Buch Gralsgemeinschaft (von den Anfängen unter Senebor bis zur *translatio* des Grals nach Indien) und Tafelrunde in ihrer ‹historischen› Entwicklung dargestellt, bis sich die beiden Erzählstränge in der Person Parcivals überschneiden; im 2. Buch werden ‹Heldenbiographien› additiv aneinandergereiht (Wigalois, Seifried de Ardemont, Meleranz, Iban, Persibein, Poytislier, Flordimar). Dient so der erste Teil des Textes dazu, die Genese perfekten Rittertums nachzuzeichnen, für die der Trojanische Krieg als eine frühe Vorstufe und Merlin als der ‹Erfinder› der Tafelrunde ebenfalls Bedeutung erlangen, so werden im 2. Buch sieben weitere Paradigmen vorbildlich ritterlichen Verhaltens dargestellt, die konzentrisch um ebendieses als Mittelpunkt angeordnet sind. Zielpunkt ist indes die Person Herzog Albrechts IV.: Er wäre, gäbe es das Amt heute noch, einzig möglicher und darüber hinaus idealer Gralskönig (V. 564,1–565,4).

Die Entwicklung des Rittertums findet damit in Albrecht Abschluß und Höhepunkt gleichermaßen. Daß dies nicht nur eine verbale Huldigung Füetrers an seinen Gönner und Landesherrn darstellt, offenbart ein Blick auf den politischen Kontext [401]. Denn Albrecht hatte es verstanden, seine in Italien erworbenen Kenntnisse moderner Territorialverwaltung in die Tat umzusetzen, hatte dabei Mitregenten aus der eigenen Familie und den seit alters an der Herrschaft beteiligten Adel mehr und mehr entmachtet und sich selbst als Oberhaupt eines zentralistisch geführten Staates etabliert. Gegen solche ‹Neuerungen› revoltierte besonders der in seiner Führungsrolle betroffene bayerische Adel, wobei er sich zur ideologischen Absicherung seiner Aktionen auf die vom Herzog preisgegebenen Werte der Vergangenheit berief. Im *Buch der Abenteuer* dreht Füetrer den Spieß ganz einfach um: Indem er Albrecht zur zeitgenössischen Idealbesetzung für das Amt des Gralskönigs stilisiert, macht er ihn zum kompetenten Kenner und Wahrer gerade jener traditionellen Normen und Werte, die seine Gegner ihm abzusprechen bemüht sind. Literatur wird somit gezielt als Mittel der Politik verstanden und eingesetzt.

Heldenepik

Im Gegensatz zum höfischen Roman basiert die deutsche Heldendichtung auf Stoffen der germanischen Zeit, überwiegend solchen des 5. und 6. nachchristlichen Jahrhunderts, die – so die am häufigsten vertretene und wohl auch wahrscheinlichste Entstehungstheorie – zunächst in kürzeren Preisliedern mündlich tradiert wurden, sich danach durch Kombination und größere erzählerische Breite zu umfangreicheren Gebilden erweiterten, bis sie im 13. Jahrhundert erstmals niedergeschrieben wurden. Obwohl damit naturgemäß eine tiefgreifende literarische Umgestaltung verbunden ist, eignet selbst noch der schriftlich fixierten Heldenepik eine gewisse Idiosynkrasie gegen den zeitgenössischen Erzählstil, der sie bestenfalls mehr oder minder zu amalgamieren vermag. Bis auf ganz wenige Ausnahmen – Albrecht von Kemenaten als der Verfasser des *Goldemar* (um 1230) und der noch immer rätselhafte Heinrich der Vogler in *Dietrichs Flucht* (Ende d. 13. Jhs.) – ist Heldenepik nach wie vor anonym: nicht nur darin, daß sich ihre hochmittelalterlichen Bearbeiter nicht namentlich nennen, sondern auch im Verzicht auf Autorenangaben innerhalb der handschriftlichen Überlieferung oder in Literaturexkursen. Das gilt selbst dann, wenn jüngere Texte ohne heldenliedähnliche Vorstufen hinzugedichtet oder ältere ‹modernisiert› werden; offenbar hat sich die (wie auch immer bedingte) Anonymität der Werke zu einer Art Gattungsgesetz verfestigt, so daß gegen sie auch bei Neuschöpfungen nur selten verstoßen wird.

Weitere Unterscheidungsmerkmale lassen sich in den Bereichen von Wortschatz und Stil nachweisen. Zu nennen wären hier die Bevorzugung archaisierender Vokabeln zur Kennzeichnung der Akteure (*degen, recke, wîgant*), ihrer Charaktereigenschaften (*balt*: kühn, *snel*: tapfer, *maere*: berühmt) oder Waffentechnik (*gêr* anstelle von *sper*, *brünne* für *harnasch, marc* für *ros* bzw. *ors*) und die Verwendung rhetorischer Ausdrucksmuster wie der epischen Vorausdeutung (ausdrücklicher Hinweis des auktorialen Erzählers darauf, daß bestimmte Ereignisse oder Personenkonstellationen Folgen haben werden), der Hyperbel oder der sprachlichen Variation [502, S. 17–23]. Allerdings gelten diese Feststellungen nur *cum grano salis*, da vor allem Wolfram und mit ihm all jene, die sich an seiner

Art zu dichten orientieren, stilistische Merkmale der Heldenepik übernehmen. Ähnliches gilt für die Strophenform als zusätzliches Unterscheidungskriterium. Während zunächst der höfische Roman ausschließlich in Reimpaaren, Heldendichtung hingegen in Strophen abgefaßt ist (*Nibelungenlied*, um 1200), bedeutet auch hier die Entwicklung der Titurelstrophe und ihre Verwendung zur Darstellung der Gralsgeschichte einen Bruch mit der Tradition, so daß in der Folgezeit weitere Romane in Strophen (etwa der *Jüngere Titurel*, um 1270), aber auch Heldenepen in Reimpaarversen (*Klage, Dietrichs Flucht, Laurin, Biterolf und Dietleib*) möglich werden. Dennoch kommt es zu keiner Gattungsmischung, obwohl es so abwegig nicht wäre, einen herausragenden Ritter der Tafelrunde etwa gegen Dietrich von Bern antreten zu lassen. Aber ein solcher Kampf findet nicht statt, wie umgekehrt die gelegentliche Erwähnung Artus' in der Heldendichtung (*Dietrichs Flucht*, V. 106,131 und 493; *Wunderer* Str. 3.1) auch nur dazu dient, eigene Akteure durch den Vergleich besonders hervorzuheben.

Wie es scheint, hat die Verschriftlichung des Nibelungenstoffes die Abfassung weiterer Epen ausgelöst oder zumindest begünstigt. Dabei erweist sich der Sagenkreis um Dietrich von Bern (*Dietrich-Epik*, 1230/1300) als besonders produktiv. Sein Protagonist ist in seiner Rolle schon im *Nibelungenlied* festgelegt: als der vom eigenen Onkel Ermenrich um Thron und Krone gebrachte Herrscher, der am Hof des Hunnenkönigs Etzel Zuflucht gefunden hat und dessen persönliche Tragik es ist, als Krieger zwar stets überlegen, als Sieger jedoch ohne Fortüne zu sein. So kann er sich, entgegen seiner Absicht, aus den Kämpfen zwischen Hunnen und Burgundern nicht heraushalten, verliert mit Ausnahme seines Waffenmeisters Hildebrand alle seine Gefolgsleute, und als er in einer Art Gewaltakt die letzten überlebenden Nibelungen (Hagen, Gunther) besiegt und gefangennimmt, führt das nur zu ihrer Ermordung im Kerker. Am Schluß bleibt ihm und Etzel als gemeinsame Funktion nur noch die Totenklage.

Dieses Bild des am Ende erfolglosen Siegers bestimmt jenen Teil der mittelhochdeutschen Dietrichepik, die im allgemeinen als ‹historische› bezeichnet wird. Freilich ist dabei zu berücksichtigen, daß ihr geschichtlicher Kern, die Invasion Theoderichs (= Dietrichs) in Italien, seine Siege gegen Odoaker (489 und 490 n. Chr.) und dessen Ermordung in Ravenna (= Raben), merkwürdig umgestaltet wurde: Aus dem Aggressor wird der rechtmäßige Landesherr, als dessen Residenzstadt Verona (= Bern) erscheint, während der Angegriffene und meuchlings Erschlagene als skrupelloser Thronräuber firmiert. Die Thematik der Texte (*Dietrichs Flucht, Rabenschlacht, Alpharts Tod*), die allesamt dem 13. Jahrhundert angehören, ist dabei im wesentlichen immer dieselbe: Dietrich, obgleich gegen Erm(en)rich siegreich, verzichtet auf die Königswürde, um dadurch gefangene Vasallen auszulösen, oder, weil ihm der Schmerz über die eigenen Verluste die Herrschaft sinnlos erscheinen läßt. Lediglich in *Alpharts Tod* wird die Macht behauptet, doch auch hier um den Preis eines hochgeschätzten Waffengefährten.

Eine zweite Gruppe von Dietrichepen, meist als *aventiure-* oder märchenhafte Epen bezeichnet, konzentriert sich jeweils auf ein besonders markantes Einzelgeschehen, das sich im allgemeinen (Ausnahme: *Virginal*) als Auseinandersetzung mit einem besonders kampfstarken Kontrahenten erweist. Auch ist es nicht immer Dietrich, der schließlich den Gegner entscheidend besiegt. Als Texte sind hier zu nennen: der *Goldemar* Albrechts von Kemenaten, *Eckenlied*, *Laurin* mit dem *Walberan* als Fortsetzung, *Sigenot, Virginal* und *Wunderer*, mit Ausnahme des letzten nach Stoff und Inhalt ebenfalls Produkte des 13. Jahrhunderts. Allerdings ist in diesem Zusammenhang eine ähnliche Tendenz zu beobachten wie beim späten Artusroman. Ältere Bearbeitungen werden um mehr oder weniger gleichartige Episoden ergänzt, wobei auch hier der Vollständigkeitsaspekt im Vordergrund zu stehen scheint. In anderen Fällen ist es der verhältnismäßig ‹offene› Ausgang eines Textes, der zum Weiterdichten animiert, so daß sich gewissermaßen Fortsetzungsgeschichten herauskristallisieren. Neue, selbständige Werke sind im Vergleich dazu relativ selten, und auch sie bedienen sich meist vorgefertigter Erzählmuster, die miteinander zu kombinieren und gegebenenfalls umzudeuten die individuelle Leistung der jeweiligen Autoren ausmacht.

Zu den erweiternden Neubearbeitungen des 14. Jahrhunderts gehört der *Jüngere Sigenot*, wie seine ältere Vorlage in der dreizehnzeiligen Strophe des ‹Bernertones› verfaßt. Das Erzählschema ist in beiden Texten dasselbe: Gegen den Rat Hildebrands hat sich der jugendliche Dietrich mit dem Riesen Sigenot auf einen Zweikampf eingelassen und ist prompt besiegt und in einer Erdhöhle (Schlangenhöhle) gefangengesetzt worden. Hildebrand, der ihn sucht, trifft nun seinerseits auf Sigenot und wird ebenfalls zunächst überwältigt, kann sich aber wieder befreien und den Gegner in einem weiteren Kampf erschlagen.

Mit Hilfe einer Leiter aus Leder, die ihnen der Zwergenherzog Eggerich (Eckerich) zur Verfügung stellt, gelingt es, Dietrich aus seinem Gefängnis herauszuholen. Gemeinsam kehren sie sodann nach Bern zurück. Der jüngere Text (204 Strophen gegenüber ursprünglich 44) behält den Handlungsverlauf exakt bei, reichert ihn aber im Anfangs- und Mittelteil durch zusätzliche *Aventiuren* (so rettet Dietrich auf seinem Weg zu Sigenot einen Zwerg aus der Gewalt eines Waldmenschen) und eine weitaus detailliertere Gestaltung der Ausgangserzählung, besonders in den Kampfszenen, stark an. Der Schlußteil (Str. 186–203) hingegen ist wörtlich beibehalten (Str. 26–43). Überbietung der Vorlage (Sigenot hat wie weiland Siegfried eine Hornhaut und ist daher nur schwer zu verwunden, was

Hildebrands Sieg noch strahlender erscheinen läßt), eine bessere Handlungsmotivation im einzelnen (die Zwerge helfen Dietrich, weil er einen von ihnen gerettet hat, während Sigenot sie zu Dienstleistungen zwang) und darüber hinaus mehr Anschaulichkeit (wenn etwa der Riese während des Kampfes Bäume ausreißt, um für den Einsatz seiner Eisenstange mehr Bewegungsfreiraum zu schaffen) sind somit die wesentlichsten Faktoren, die den jüngeren Text gegenüber dem älteren auszeichnen.
Der spätestens um 1250 entstandene *Laurin* erfährt vermutlich zu Beginn des 14. Jahrhunderts im *Walberan* seine Fortsetzung. Den Anknüpfungspunkt bildet Laurins Gefangenschaft in Bern nach seiner Unterwerfung. Wie früher in der Chanson-de-geste-Literatur die Niederlage eines heidnischen Vasallenkönigs zum Eingreifen seines im Osten lebenden Lehensherrn führte (vgl. *Rolandslied*), so rüstet jetzt Laurins Onkel, der Zwergenkönig Walberan, um sich an Dietrich zu rächen. Doch die einstigen Gegner haben inzwischen Freundschaft geschlossen. Trotzdem kommt der Kriegszug zustande, und als sich das bislang unsichtbare Zwergenheer vor Bern zum Kampf stellt, geraten die Verteidiger der Stadt sehr schnell ins Hintertreffen: Dietrich selbst wird von Walberan niedergestreckt und schwer verwundet. Da vermittelt Laurin zwischen den verfeindeten Parteien und söhnt sie miteinander aus. Ein großes Friedensfest schließt sich an, einer der ganz seltenen Fälle innerhalb der Heldenepik, die nicht mit der sonst üblichen extensiven Metzelei enden, wofür gerade der *Laurin* ein recht instruktives Beispiel bietet. Doch vielleicht liegt darin sogar die Intention des *Walberan*, einen versöhnlichen Gegenentwurf zur Diskussion zu stellen und sich dazu auch noch der eingeführten Gattungsmerkmale zu bedienen.
Der jüngste Text aus dem Bereich der *Dietrichepik* ist der frühestens in den ersten Jahrzehnten des 14. Jahrhunderts entstandene *Wunderer* (angebliche Parallelen zum *Wigamur* sind ohne Beweiskraft), ursprünglich in Reimpaaren verfaßt, danach in die vierzeilige, zäsurgereimte Strophe der sogenannten Heunenweise umgeschrieben. Ein Mädchen flüchtet sich vor dem wilden Wunderer, der sie wegen eines abgelehnten Heiratsantrages aufzufressen geschworen hat, in den Palast König Etzels und sucht dort Schutz; doch weder der Herrscher selbst noch seine Vasallen sind bereit, für sie zu kämpfen. Selbst Rüdiger zögert, so daß schließlich nur der jugendliche Dietrich als Beschützer übrigbleibt. Inzwischen ist auch der Wunderer angekommen und hat sich gewaltsam Eintritt in den Palast verschafft. Im Kampf vor den Augen der Hofgesellschaft wird Dietrich zwar schwer verwundet und auch einmal bewußtlos zu Boden gestreckt, kann aber schließlich den Gegner töten. Das Mädchen gibt sich daraufhin als Frau Saelde zu erkennen, verheißt dem Sieger zum Dank immerwährende Unterstützung und entschwindet.
Man hat versucht, den Text als Literarisierung Tiroler Volkssagen [713]

oder als Annäherung an den Artusroman [904] zu interpretieren; doch ist beides nur bedingt richtig, da weder Etzel und seinen Rittern eine der Tafelrunde analoge *helfe*-Funktion zukommt (nicht umsonst ist Dietrich von der ‹Männerrunde› auch räumlich getrennt) noch die (tatsächliche oder vermeintliche) Herkunft eines Motivs schon dessen Deutung supponiert. Statt dessen fällt auf, daß der Autor sorgsam darauf bedacht ist, seine Geschichte in den Erzählzusammenhang der Dietrichepik zu integrieren: vom Aufenthalt des Helden im Umkreis der Damen (Str. 87f.) bis hin zu dem in deutschen Texten nicht behandelten Höllenritt Dietrichs als Strafe für seine Sünden, im *Wunderer* jedoch als zeitlich begrenzte Bußleistung umgedeutet (Str. 130–132). Auch der Hinweis, der Streit am Hunnenhof grenze den Text von der übrigen Dietrichepik ab [904], wird durch das *Nibelungenlied* widerlegt. Trotzdem ist das heldenepische Umfeld wohl nur Beiwerk, erzählerische Staffage; denn nicht nur die bedrohte Jungfrau und ihr menschenfressender Kontrahent, sondern auch der Kampf selbst tragen eindeutig allegorische Züge (der Triumph der Barbarei bedingt zwangsläufig den Verlust der *saelde*) und ordnen damit den Text den zahlreichen anderen allegorisierenden Dichtungen des 14. und 15. Jahrhunderts zu. Die Einkleidung in den Dietrichstoff aber ist Strategie, das heißt konkreter Erzählrahmen einerseits und Anpassung an den Publikumsgeschmack andererseits.

Außerhalb des Dietrichkreises steht das *Lied vom Hürnen Seyfried* (179 Strophen im sogenannten Hildebrandston), dessen Datierung freilich zwischen dem 13. und 15. Jahrhundert schwankt. Der Text besteht aus drei ursprünglich wohl separaten Teilen (daher die Widersprüche im Handlungsverlauf), die wahrscheinlich erst im Spätmittelalter (der älteste Überlieferungszeuge ist ein Nürnberger Druck um 1530) zusammengefügt wurden. Die Strophen 1 bis 15 befassen sich mit der Jugendgeschichte des Helden bis zum Drachenkampf und dem Gewinn der Hornhaut, die Strophen 16 bis 172 mit der Befreiung Krimhilts aus der Gewalt eines zum Flugdrachen verzauberten Mannes, der Erringung des Nybling-Schatzes, dessen anschließender Versenkung im Rhein und der Hochzeit mit Krimhilt, die Strophen 173 bis 179 mit der Ermordung Seyfrieds durch Hagen. Verbindungen zu anderen heldenepischen Texten (*Nibelungenlied, Rosengarten A, Wolfdietrich D*, aber auch der *Thidrekssaga*) sind unbestritten, führen aber bei der Rekonstruktion der Liedgenese auch nicht weiter. Erstaunlich ist die große Resonanz beim Publikum, die sich in einer mehr als hundert Jahre andauernden Druckgeschichte dokumentiert (der letzte Textzeuge stammt aus dem Jahr 1642).

Von der ungebrochenen Attraktivität der Gattung zeugen auch die *Heldenbücher*, wie sie – zunächst in handschriftlicher, dann in gedruckter Form – seit Beginn des 14. Jahrhunderts in Erscheinung treten. Man versteht darunter «Sammelüberlieferungen ausschließlich oder überwiegend heldenepischen Inhalts» [500, *Sp. 947*]; insofern ist das schon behandelte *Ambraser Heldenbuch* ein nicht eben typischer Vertreter seiner Art. Ältestes Beispiel ist das nur fragmentarisch erhaltene, um 1300 niedergeschriebene *Rheinfränkische Heldenbuch*, bekanntestes und vielleicht repräsentativstes das *Dresdner Heldenbuch* des Kaspar von der Rhön. Es wurde in der zweiten Hälfte des 15. Jahrhunderts vielleicht im Auftrag Herzog Balthasars von Mecklenburg angefertigt und enthält im Rahmen seiner elf Texte neunmal reine Heldenepik (*Ortnit, Wolfdietrich A, Ekkenlied, Rosengarten A, Jüngerer Sigenot, Wunderer, Laurin, Virginal* und *Jüngeres Hildebrandslied*), während die beiden letzten Stücke (*Meerwunder, Herzog Ernst G*) Lieder heldenepischen Charakters darstellen. Sie wurden nachträglich in den Überlieferungsverband aufgenommen [500, *Sp. 950*]. Mit dem Aufkommen des Druckwesens nahm auch die Anzahl der Heldenbücher zu; von 1483 (Johann Prüss in Straßburg) bis 1590 (Siegmund Feyerabend in Frankfurt/M.) sind immer neue Textgruppierungen und Redaktionen nachweisbar [900, *S. 13–27*]; die Reihe der unveränderten Nachdrucke und Neuauflagen reicht gar bis weit ins 19. Jahrhundert hinein.

Prosaauflösungen

Gleichzeitig zur Bewahrung der strophischen Epik im Heldenbuch kreiert das Spätmittelalter im Prosaroman seine eigene Ausdrucksform insofern, als die einzige nichtstrophische Dichtung des deutschen Hochmittelalters, der ‹Lanzelot-Gral-Roman›, keinerlei Nachwirkung hatte. So entstehen denn im 15. und 16. Jahrhundert Prosaerzählungen von Stoffen ganz unterschiedlicher Provenienz, Neuschöpfungen ebenso wie Entlehnungen aus dem Französischen und Italienischen oder Umarbeitungen höfischer Epen in das neue Medium der Prosa. Für letztere hat sich der Begriff ‹Prosaauflösung› eingebürgert. Dabei ist es wohl nicht nur die Beliebtheit eines Textes gewesen, die seine Umformung bewirkte: Zahlreiche Dichtungen, deren handschriftliche Überlieferung breites Publikumsinteresse signalisiert, bleiben unberücksichtigt, andere werden gleich mehrfach bearbeitet. Umgekehrt fällt auf, daß Epen, die bereits vorher wenig Anklang gefunden hatten, den Übergang in die Prosa nicht oder nur selten schaffen. Die Gesetze des Marktes scheinen demnach mitentscheidend gewesen zu sein: Umgeschrieben und gedruckt wird, was sich aller Voraussicht nach auch verkaufen läßt, wobei die Besonderheit des Stoffes ebenso zu berücksichtigen ist wie der Umstand, daß ein (strophischer) Text aufgrund spezifischer Rezeptionsbedingungen bereits so weit verbreitet sein kann, daß eine Sättigung des Käuferinteresses angenommen werden muß. Der sogenannte *Anhang zum Heldenbuch* enthält eine stark verkürzte Prosa-Darstellung der Dietrichsage, angereichert um *Ortnit*, *Wolfdietrich, Goldemar* und eine recht eigenwillige Variante des Nibelungenstoffes. Offensichtlich ist es nicht möglich, sich gegen die ‹Heldenbücher› auf dem Markt zu behaupten. Demgegenüber ist das nur ein einziges Mal in ein ‹Heldenbuch› aufgenommene *Lied vom Hürnen Seyfried* (Joachim Löw, Mitte des 16. Jahrhunderts) anscheinend unverbraucht genug, daß sich eine ‹Volksbuch›-Version (ältester, nicht erhaltener Druck von 1657) auch finanziell lohnt.

Obwohl der Begriff der Prosaauflösung kaum definitorische Schwierigkeiten bietet, ist es mitunter nicht einfach, ihm die entsprechenden Texte zuzuordnen, da deren Vorlagen (die jeweiligen höfischen Versromane oder eigenständige Entlehnung aus fremdsprachigen Quellen) nicht immer zweifelsfrei festzulegen sind. Unproblematisch sind jedoch der *Gregorius auf dem Stein* (Vorlage: der *Gregorius* Hartmanns von Aue, der älteste Druck stammt von 1471/72), der *Wilhelm von Österreich* (Vorlage: Johann von Würzburg, ältester Druck von 1481), *Tristrant und Isalde* (Vorlage: Eilhart von Oberg, ältester Druck von 1484) und der *Wigoleis vom Rade* (Vorlage: der *Wigalois* des Wirnt von Gravenberg, ältester Druck von 1493). Sie insgesamt zu charakterisieren, fällt schwer, obwohl Gemeinsamkeiten unverkennbar sind. Zu ihnen gehört eine generelle Tendenz zur Kürze, der Verzicht «auf einen Teil der rhetorischen Inszenierung» [544, *S. 51*], was sich in einer veränderten Erzählhaltung niederschlägt. Die Darstellung ist weitgehend auf den unmittelbaren Handlungsverlauf beschränkt, während deskriptive und reflektierende Passagen ausgespart werden. In dieser Reduktion jedoch eine ‹Trivialisierung› zu sehen, ist verfehlt, da mit ihr eine gegenläufige, wenn auch quantitativ geringere Tendenz zur Erweiterung korrespondiert. Eine solche Beobachtung mahnt zur Vorsicht; denn offensichtlich liegt in dem Verzicht auf höfisches Sprechen nicht der Verlust jeglichen Stilempfindens, sondern die Schaffung und Anwendung eines neuen, andersartigen Kunstideals begründet. Dieses ist ebenso rhetorisch fundiert wie das seiner hochmittelalterlichen Textvorlagen: Dem *brevitas*-Prinzip folgend, determiniert es Handlung überwiegend kausal (in der höfischen Epik dominiert finales Denken) und erkennt ihr in der Reduktion auf das bloße Geschehnis Linearität und Bewegung als die entscheidenden Wesensmerkmale zu. Damit verliert die Einzelepisode an Bedeutung und wird zum beispielhaften Fall für das Anliegen des Textes insgesamt, so wie dieser seinerseits als konkretes Exempel potentieller Lebensbewältigung firmiert.

Die paradigmatische Bewertung des Erzählten erlaubt auch dessen Verwendung in außerliterarischen Funktionen. Hier wäre an die Prosaauflösungen einiger «Spielmannsepen» zu denken. Die verschiedenen Handschriften des *Münchener Oswald* sowie dessen ostschwäbische Prosabearbeitung (3. Viertel des 15. Jahrhunderts) scheinen zumindest teilweise im Zusammenhang mit der Ausbreitung des Oswald-Kultes im süddeutsch-österreichischen Raum zu stehen [479], und die Prosafassung des *Orendel* von 1512 (Augsburg: Hans Othmar) ist eine Propagandaaktion zur Verehrung des ‹Grauen Rockes› anläßlich seiner Ausstellung vom 3. Mai 1512 in Trier, bei der auch Kaiser Maximilian I. anwesend war. Keine Prosaauflösung stellt hingegen der *Herzog Ernst F* (2. Hälfte des 15. Jahrhunderts) dar, da er eine relativ wörtliche, gelegentlich sogar erweiternde Übersetzung der lateinischen *Herzog-Ernst*-Prosa C ist. Die Verbindung beider Texte zu dem Augsburger Kloster St. Ulrich und Afra legt aber auch hier außerliterarische Entstehungszusammenhänge nahe.

Trotz unterschiedlicher Sujets und Verwendungsabsichten verbindet alle Prosaversionen, daß ihre Stoffgrundlagen in die eigene, zeitgenössische Realität transformiert werden. In keinem einzigen Fall geht es um eine mehr oder weniger exakte Archivierung tradierter Denk- und Handlungsnormen, sondern um produktive Aneignung, um Überführung in Eigenerfahrung zum Zweck frühneuzeitlicher Weltdeutung. Einstige Verstehensmuster werden dabei konsequent außer Kraft gesetzt. So ist der *Aventiure*-Weg eines Wigoleis oder Tristrant nicht länger stellvertretende Identitätssuche eines Angehörigen der hochmittelalterlichen Kriegerelite für seine der gleichen Schicht zuzurechnenden Hörer, weder Verpflichtung zu gesellschaftsbezogener ritterlicher Tat noch einigendes Ideologem für alle noch so disparaten Adelsgruppierungen. Statt dessen erscheint Rittertum oftmals als schaurig-schönes Relikt einer Zeit, in der das Faustrecht das Zusammenleben der Menschen bestimmte, schön insofern, als der Einzelne seine Rolle in der Gemeinschaft selbst festzulegen schien, schaurig, weil der Schwächere immer in Gefahr war, unterdrückt und übervorteilt zu werden. Wenn demgegenüber die Prosaromane das Bild einer zwar zunehmend bürokratisierten, dafür aber in ihren Rechtsinstitutionen verbindlicheren und somit insgesamt kalkulierbareren Umwelt zeichnen, so steckt darin auch ein Stück Utopie, ein Gesellschaftsentwurf, der erst noch eingelöst werden muß.

Leopold Hellmuth
Geschichtsepik und Reimchronistik

Hatte die weltliche mittelhochdeutsche Erzählkunst um die Mitte des 12. Jahrhunderts mit bedeutenden Geschichtsdichtungen eingesetzt, so war die Leitform der Großepik der Jahrzehnte um 1200, der Artusroman, in wesentlichem Maße durch eine Loslösung aus allen geschichtlichen Bindungen, durch ein Heraustreten aus dem Rahmen der christlichen Heilsgeschichte bestimmt. Im Gegensatz zu den mit dem Ablauf der Weltgeschichte untrennbar verbundenen Herrschern Alexander und Karl der Große hatte König Artus in den Dichtungen des Hochmittelalters längst alle Bindungen an seine frühmittelalterliche Herkunft verloren und war zum Garanten einer von mythischen Zeitstrukturen bestimmten idealen Welt geworden, die im linearen teleologischen Geschichtsbild des Christentums verständlicherweise keinen Platz finden konnte. Doch schon der in besonderem Maße an Geschichtsdichtungen interessierte Hof Hermanns von Thüringen zeigt, daß die «unbekümmerte Geschichtslosigkeit» des Artusromans [411] auch in den Jahrzehnten seiner größten Blüte historische Stoffe nie gänzlich zu verdrängen vermochte.
So finden sich neben der arthurischen Tradition reiner Fiktionalität das ganze 13. Jahrhundert über Dichtungen, deren Autoren ihrem Stoff durch eine Verknüpfung mit historischen Ereignissen offenbar ein höheres Maß an Glaubwürdigkeit zu verleihen suchten: Schon die ursprünglich orientalische Erzählung *Athis und Profilias* ist mit den Schauplätzen Athen und Rom eindeutig in der realen Geographie verankert. Und in der noch vor der Mitte des 13. Jahrhunderts entstandenen Erzählung *Die gute Frau* wird die Protagonistin zur Begründerin des Geschlechts «von künec Karle». In der etwas jüngeren Erzählung von *Mai und Beaflor* wiederum ist der Vater der unschuldig verfolgten Beaflor Kaiser von Rom, und die Handlung spielt teils in Italien, teils in Griechenland.
Vor allem aber schuf Rudolf von Ems (gest. zwischen 1250 und 1254), der mit seinem fragmentarischen *Alexanderroman* und der unvollendeten

Weltchronik knapp vor der Mitte des 13. Jahrhunderts als erster deutschsprachiger Autor nach der höfischen Blütezeit Geschichte wieder zum Thema großer Dichtungen machte, mit seinem *Wilhelm von Orlens* (nach 1235) einen pseudohistorischen Roman, der im Bestreben nach einer historisch-geographischen Einbettung des Erzählten die bisher genannten Werke bei weitem übertrifft. Rudolf verwendet nämlich in seiner idealisierenden Fürstenbiographie, die dem Protagonisten als Ahnherrn Gottfrieds von Bouillon einen bedeutenden Platz in der christlichen Heilsgeschichte zuweist und die an realen Orten Nordwesteuropas spielt, offenbar ganz gezielt Techniken eines historisierenden Romans.

Im wohl zwischen 1260 und 1275 entstandenen *Jüngeren Titurel* Albrechts wurde schließlich der Versuch unternommen, nun auch die «mythischurzeitliche Artus-Grals-Welt» durch eine mit römischen Kaisern verknüpfte trojanische Genealogie des Gralsgeschlechts «in die christliche Weltgeschichte zurückzuholen» [851].

Dieses Bestreben, die erzählte Geschichte mit historischen Ereignissen und bekannten Schauplätzen zu verbinden, ist neben dem Enzyklopädisch-Lehrhaften, dem Stoff- und Episodenreichtum und dem Hang zu größerer Konkretion aber auch eines der Hautpmerkmale der letzten großen Versromane des deutschsprachigen Mittelalters: So etwa erhält der Protagonist des wohl bald nach 1300 entstandenen *Apollonius von Tyrlant* Heinrichs von Neustadt, der auch in jenem von Heinrich hinzugefügten umfangreichen Einschub trotz aller Inkonsequenzen in den geographischen Angaben durchaus an realen Orten des östlichen Mittelmeergebiets und des Vorderen Orients spielt, als römischer Kaiser einen zentralen Platz in der christlichen Heilsgeschichte. Und auch der im zweiten Jahrzehnt des 14. Jahrhunderts abgeschlossene Roman *Wilhelm von Österreich* Johanns von Würzburg ist – zumindest vordergründig – eine aus konventionellen Motiven zusammengestellte adelige Liebesgeschichte aus der Mittelmeerwelt der Kreuzzüge. Der um oder bald nach 1300 entstandene *Reinfried von Braunschweig* wiederum beruht nicht nur auf sagenhaften Überlieferungen über die Kreuzfahrt Heinrichs des Löwen, sondern entwickelt eine in die Erzählung integrierte Geschichtsgeographie bemerkenswerter historischer Schauplätze.

Gerade in den letztgenannten Werken bleiben die Genealogien allerdings ohne logische und kausale Verbindungen, sind die weltgeschichtlichen Anspielungen voller Inkonsequenzen und Widersprüche. Selbst wenn man mit einem sehr unkritischen Geschichtsdenken des spätmittelalterlichen Laienpublikums rechnet, können die jegliche Zeitstruktur preisgebenden genealogischen Konstruktionen schwerlich als Absicherungen gegen den Lügenvorwurf intendiert gewesen sein, der im Mittelalter gegenüber der fiktiven Dichtung vorgebracht wurde. Eher schon wird man in diesem freien Umgang mit ‹historischen› Persönlichkeiten und Ereignissen eine Rückwirkung der im Artusroman gewonnenen erzählerischen Freiheit in die Historie vermuten dürfen.

Karlsepik, Alexander- und Trojaroman

Das Interesse des gesamten Spätmittelalters am Historischen führte im 14. und 15. Jahrhundert zu zahlreichen Neubearbeitungen der traditionellen Stoffe von Karl, Alexander und Troja. Die hauptsächliche Ursache dafür wird wohl weniger in einer erst jetzt durchsetzbar gewordenen kirchlichen Ächtung der fiktiven Literatur [239] als in einem fundamentalen «Bedürfnis nach Selbstidentifikation und damit zugleich nach Orientierung in einer sich wandelnden und unabsehbar andringenden Welt» [452] zu suchen sein. Neben den Willehalmfortsetzungen bestimmte vor allem der in zahlreichen Handschriften verbreitete *Karl* (um 1220) des Stricker für lange Zeit das Karlsbild eines breiteren Publikums. Erst zwischen 1320 und 1350 entstand mit dem *Karlmeinet* eine für ihre Zeit charakteristische Karlsbiographie neuer Art, die aber nur eine sehr geringe Verbreitung fand. Bemerkenswerterweise läßt die gewaltige, von einem Aachener (?) Geistlichen aus verschiedenen älteren Karlsdichtungen geschaffene Kompilation keinerlei Bestreben nach formaler und konzeptioneller Vereinheitlichung erkennen: Nach einem sonst nur in Fragmenten erhaltenen Werk erzählt der *Karlmeinet* (= Carolus magnitus, «der kleine Karl der Große») zunächst von Karls Flucht nach Spanien, seiner Jugend am Hof des Sarazenenkönigs und seiner Entführung der Prinzessin Galie. Nicht völlig widerspruchsfrei schließt sich daran der zweite Teil über die Verleumdung Galies durch verräterische Höflinge und ihre Versöhnung mit Karl an. Der Mittelteil über Karls Kriegszüge, seine Krönung und seine Kämpfe gegen die Sarazenen wurde offenbar erst vom Kompilator des *Karlmeinet* nach lateinischen und volkssprachlichen Quellen zusammengestellt. Auf die wiederum aus einer selbständigen Dichtung übernommene Erzählung von der Errettung des Kaisers vor der Verschwörung seines Schwagers folgt eine erweiterte Bearbeitung des Rolandsliedes. Die gewaltige Kompilation endet mit einer kurzen Beschreibung der letzten Lebensjahre des Kaisers und seines Todes.

Einerseits wird Karl in den Volksbüchern zu einem rohen, heimtückischen und von seinen Vasallen abhängigen Herrscher, andererseits lebt das Bild des exemplarischen christlichen Kaisers das ganze Spätmittelalter hindurch in Chroniken und Legenden weiter. So etwa tritt der Kaiser in der Reimpaardichtung *Karl der Große und die schottischen Heiligen* (1. Hälfte des 14. Jhs.) als Bekehrer der heidnischen Bayern und als Eroberer von Regensburg auf. Der Wunsch, die lokale Vergangenheit zu glorifizieren und Privilegien auf den Kaiser zurückzuführen, verhalf kirchlichen Karlstraditionen im Spätmittelalter aber auch zum Eingang in eine Reihe von Stadtchroniken.

Größer als an den Erzählungen von Karl war im deutschsprachigen Spätmittelalter allerdings das Interesse für die auch in ihren extremsten Formen durchwegs als historisch empfundenen Geschichten von Alexander und Troja: 1352 beendete ein wohl österreichischer Autor namens Seyfrit eine Bearbeitung der aus dem 12. Jahrhundert stammenden Fassung I^2 der *Historia de preliis*. Trotz des bescheidenen Anspruchs, nicht mehr als eine getreue Auslegung der Quelle zu bieten, fand das Werk mit seiner positiven Sicht des Protagonisten beträchtliche Verbreitung.

Um 1390 schuf dann ein unbekannter alemannischer Autor nach der im frühen 13. Jahrhundert entstandenen *Historia Alexandri* des Quilichinus von Spoleto einen Alexanderroman, der teils nach der Selbstbezeichnung des Werkes als *Großer Alexander*, teils nach dem Herkunftsort der Haupthandschrift als *Wernigeroder Alexander* bekannt ist. In kunstloser Sprache erscheint der antike Welteroberer in diesem letzten gereimten Alexanderroman – einem veränderten Geschichtsbewußtsein entsprechend – nicht nur als Exempel für die menschliche Hilflosigkeit angesichts des Todes, sondern in einer erstaunlich ‹modernen› Sicht vor allem auch als Vollbringer letztlich sinnloser Heldentaten, die der Menschheit nichts als Leid brachten.

Bei weitem erfolgreicher als die um die Mitte des 14. Jahrhunderts entstandene niederdeutsche Glaubenslehre des *Großen Seelentrosts* mit ihrer stark gekürzten Fassung der Alexandersage und die Übersetzung der *Historia de preliis* durch einen unbekannten niederdeutschen Meister namens Babiloth vom Beginn des 15. Jahrhunderts war das Alexanderbuch des bayrischen Arztes Johannes Hartlieb (nach 1400 bis 1468) aus der Mitte des 15. Jahrhunderts. Dies ist zweifellos darauf zurückzuführen, daß Hartlieb seine Übersetzung einer bayrischen Fassung der Alexandervita des Achiprespyters Leo nicht nur als Beispiel dafür anlegte, wie «ain fürst groß adelich tugent vnt manhait hören sehen und auch erlangen mag», sondern daß er in seiner leicht lesbaren Bearbeitung mit enzyklopädischer Ausbreitung von Wissensstoff gleichzeitig dem Unterhaltungsbedürfnis eines breiten Publikums und dem Geschmack seiner Zeit entgegenkam.

Früher als beim Alexanderstoff wurden bei den Trojadichtungen die Versromane durch Werke in Prosa verdrängt. Zwar fand der ‹klassische› Trojaroman des deutschen Mittelalters, der um 1280/1290 entstandene *Trojanerkrieg* Konrads von Würzburg (um 1230 bis um 1290), in Auszügen noch Eingang in die sogenannte *Erweiterte Christherre-Chronik* und die *Weltchronik* Heinrichs von München, doch in die Neuzeit hinein wirkte das Werk erst durch die Prosabearbeitung im sogenannten *Buch von Troja I*. Als Ergänzung zu Konrads *Trojanerkrieg* in diesem Werk wurde die *Historia destructionis Trojae* (1287) des sizilianischen Juristen Guido de Columnis im 15. Jahrhundert mehrfach ins Deutsche übertragen. Die anonymen Übertragungen dieses Prosaromans, der seinen Erfolg nicht nur einer frauen- und neuerungsfeindlichen Tendenz, sondern darüber hinaus einer grundsätzlich pessimistischen Perspektive verdankte, waren allerdings fast durchwegs nur in einer einzigen Handschrift verbreitet. Guidos Trojaroman scheint dem deutschsprachigen Publikum des späten 14. und des 15. Jahrhunderts so gut wie ausschließlich durch die Übertragung des Nördlinger Ratsherrn und Amtsmanns Hans Mair (urkundl. belegt 1382 bis 1407) aus den frühen neunziger Jahren des 14. Jahrhunderts bekanntgeworden zu sein. Denn die leicht kürzende, Guidos moralisierende Passagen aber beibehaltende Übersetzung, die die geringe Ursache der ungeheuren Katastrophe besonders hervorhob, war nicht nur handschriftlich ziemlich verbreitet, sondern lieferte gemeinsam mit dem *Buch von Troja I* auch den Text der ältesten gedruckten Trojabücher. Mit dem 15. Jahrhundert endet im deutschen Sprachgebiet die auf Konrad von Würzburg und Guido de Columnis beruhende mittelalterliche Trojatradition, und nach dem zweiten Jahrzehnt des 16. Jahrhunderts wurde auch deren letzter unmittelbarer Ausläufer, das gedruckte Trojabuch, nicht mehr aufgelegt. Während der Nürnberger Lienhard Nunnenbeck (gest. zwischen 1518 und 1527) in seinem um 1510 entstandenen großen *Troja-Meisterlied* noch von der mittelalterlichen Tradition ausging, benützte Hans Sachs (1494 bis 1576) in seinen Bearbeitungen des Trojastoffs bereits Übersetzungen antiker Originale, also einen Quellentyp, der eine neue Phase der Rezeptionsgeschichte des Trojastoffs begründete.

Antike Stoffe wurden im Spätmittelalter einem breiten Publikum aber auch durch die sogenannten Historienbibeln vermittelt. Diese durch apokryphe und profangeschichtliche Zutaten ergänzten Prosabearbeitungen der biblischen Erzählungen waren sowohl beim Adel, dem Bürgertum wie auch beim Klerus und in den Klöstern als Erbauungs-, Schul- und Geschichtsbücher bis in die 70er Jahre des 15. Jahrhunderts hinein hoch geschätzt. Besitzvermerken, Schreibern und Druckern nach zu schließen waren diese oft nur als ‹Bibeln› bezeichneten Kompilationen vom späten 14. Jahrhundert an im gesamten deutschen Sprachgebiet vertreten. Hauptverbreitungsgebiete der von Humanismus und Reformation gänzlich verdrängten Historienbibeln waren allerdings das Elsaß und der bayrisch-österreichische Raum.

Chroniken

Noch stärker als in der ‹Historisierung› der nachhöfischen Epik und in der Neubehandlung der ‹klassischen› historischen Stoffe kam das Interesse des spätmittelalterlichen Laienpublikums am Historischen in einer anhaltenden Blüte volkssprachlicher Geschichtsliteratur zum Ausdruck. Sie war einerseits gekennzeichnet durch eine zunehmende Ablösung von der lateinischen Historiographie, andererseits durch eine von Publikums- und Auftraggeberinteressen bestimmte Aufspaltung in Weltchroniken, Landeschroniken und Stadtchroniken.

Der handschriftlichen Überlieferung nach zu schließen, bestimmten die gereimten Weltchroniken aus der Blütezeit dieser Gattung in der zweiten Hälfte des 13. Jahrhunderts weitgehend auch noch die universalhistorischen Kenntnisse der auf deutschsprachige Texte angewiesenen Laien des 14. und 15. Jahrhunderts. So etwa stammen die Handschriften der *Weltchronik* des Jans Enikel zu etwa gleichen Teilen aus dem 14. und dem 15. Jahrhundert, und selbst die mehr als ein Jahrhundert früher gedichtete *Kaiserchronik* (1147/50) wurde bis zum Ende des 15. Jahrhunderts immer noch abgeschrieben. Die handschriftliche Überlieferung der gereimten mittelhochdeutschen Weltchroniken zeigt allerdings auch, daß diese zumeist aufwendig gestalteten und reich bebilderten Repräsentationsstücke mittelalterlicher Bibliotheken im Laufe ihrer Überlieferungsgeschichte so sehr verändert wurden, daß sie letztlich ihre Selbständigkeit gänzlich verloren. Im Gegensatz zu den Werken der mittelhochdeutschen Klassiker, die nahezu unverändert überliefert wurden, behielten die Weltchroniken meist nur in unmittelbarer zeitlicher und räumlicher Nähe zum Autor ihre ursprüngliche Fassung. Vielfach wurden sie noch vom Autor durch Fortsetzungen ergänzt oder einem geänderten Zeitgeschmack entsprechend formal überarbeitet. Weitaus am häufigsten wurden die Weltchroniken allerdings in Form von Kompilationen überliefert, in denen vorhandene Texte oder Textteile mehr oder weniger gekonnt zu einem neuen Ganzen zusammengesetzt wurden. Solche durch eine außerordentlich große Variabilität des Textbestandes charakterisierte Kompilationen, bei denen die Namen der Autoren der einzelnen Teile längst in Vergessenheit geraten waren, bestimmen das Bild der deutschsprachigen Weltchronistik des 14. Jahrhunderts.

Aus dieser spezifischen Überlieferungssituation der Weltchroniken heraus entstand in der ersten Hälfte des 14. Jahrhunderts die bis heute mit Ausnahme einiger weniger Passagen unedierte, in den Handschriften zwischen 56000 und 100000 Verse umfassende *Weltchronik* Heinrichs von München. Heinrich war ein Kompilator, dessen Tätigkeit sich auf das An- und Ineinanderfügen der größeren Erzählblöcke und der kürzeren Verspartien bzw. auf die Versifizierung der Passagen aus den Prosaquellen beschränkt haben dürfte. In ihrer ‹offenen› Form repräsentiert die Weltchronik Heinrichs von München, die aus einer wohl noch im 13. Jahrhundert entstandenen Kompilation mehrerer Weltchroniken mit dem *Marienleben* (um 1316) des Karthäusermönchs Philipp und zahllosen Einschüben aus historischen Texten aller Art erwachsen ist, die Gebrauchssituation der gereimten Weltchronistik in der ersten Hälfte des 14. Jahrhunderts. In der Verschmelzung umfangreicher Passagen aus der volkssprachlichen Geschichtsdichtung mit dem chronikalischen Basistext geht Heinrichs *Weltchronik* allerdings in einer für den historischen Wahrheitsbegriff des deutschsprachigen Publikums im 14. und 15. Jahrhundert höchst aufschlußreichen Weise über die vorangehenden Weltchronik-Kompilationen hinaus.

Etwa zur gleichen Zeit wie jene Weltchroniken des späten 13. Jahrhunderts, die der Gattung in den vielfältigen Kompilationen des 14. und 15. Jahrhunderts zu ihrer größten Wirkung verhelfen sollten, waren im Zusammenhang mit der zunehmenden Laienbildung, der Ausbildung der Territorialstaaten und der wachsenden Bedeutung der Städte als neue Formen der Reimchronistik aber auch schon Landes- und Städtechroniken entstanden. Obwohl die heilsgeschichtlich orientierte mittelalterliche Weltchronistik letztlich bis zu der noch immer nach dem Schema der Sechs Weltalter gegliederten Prosa-Weltchronik Hartmann Schedels von 1493 reicht, verlagert die deutschsprachige Chronistik des Spätmittelalters bei aller Gleichzeitigkeit von Welt-, Landes- und Stadtchronistik ihr Interesse von der Universalgeschichte zur regionalen Historiographie. Die nach dem Schwinden der zentralen Königsmacht aus dem Legitimationsbedürfnis der Territorialfürsten entstandene Landeschronistik hatte im dritten Jahrzehnt des 14. Jahrhunderts nach Werken wie der *Braunschweigischen Reimchronik* (12. Jh.), Jans Enikels *Fürstenbuch* (letztes Drittel d. 13. Jhs.) und vor allem Ottokars *Steirischer Reimchronik* (um 1310) ihre eigentliche Blüte allerdings bereits hinter sich.

Nur im entlegenen Nordosten des deutschen Sprachgebiets wurde die Reimchronistik unter den spezifischen Bedingungen des Deutschen Ordens auch zu einer Zeit noch als adäquate Form regionaler Chronistik empfunden, in der sie in den zentralen Gebieten bereits weitgehend durch die Prosachronistik verdrängt wurde. Neben der geographischen Randlage war die ungebrochene Kontinuität der altertümlichen Kreuzzugsideologie zweifellos die Hauptursache dafür, daß die Autoren des Deutschen Ordens bis zum Ende des 15. Jahrhunderts an der veralteten Tradition der Reimchronistik festhielten. So etwa wird der Kampf gegen die Heiden – wie einst im *Rolandslied* – noch in der bis auf 650 Verse verlorenen, gereimten *Deutschordenschronik* Wigands von Marburg aus den neunziger Jahren des 15. Jahrhunderts in heilsgeschichtlicher Sicht interpretiert. Die unerbittliche Kreuzzugsgesinnung, die ansonsten längst durch die höfische und bürgerliche Kultur überwunden worden war, findet sich als bestimmendes Element aber auch in den anderen, teils nur fragmentarisch oder in Prosaauflösungen überlieferten Deutschordenschroniken des 14. Jahrhunderts. Unter ihnen nimmt die bereits in den dreißiger Jahren entstandene *Kronike von Pruzinlant* des Ordenskaplans Nikolaus von Jeroschin aufgrund ihrer Verbreitung wie auch ihrer literarischen Qualität eine herausragende Stellung ein.

Für den speziellen Zweck der Beschreibung kriegerischer Aktionen wurde zur gleichen Zeit aber auch noch im Süden und Westen des deutschen Sprachgebietes fallweise die Form der Reimchronik benützt. Über ihre eingeschränkte Thematik hinaus ist diesen literarisch anspruchslosen Darstellungen ihre Entstehung in unmittelbarer zeitlicher Nähe zu den geschilderten Ereignissen und ihr unverhohlen parteiischer Standpunkt gemeinsam. So etwa beschrieb der unbekannte Autor der *Appenzeller Reimchronik* den Kampf der Appenzeller Bauern gegen die Herrschaft der Äbte von St. Gallen aus der von Bauernhaß geprägten Sicht eines Bürgers von St. Gallen, und zwar noch vor der entscheidenden Wendung des Krieges im Jahre 1405. Ihm war es primär ebenso um eine getreue Wiedergabe der Geschehnisse zu tun wie Hans Erhart Tüsch, der seine Beschreibung des Burgunderkriegs von 1474 bis 1477 unmittelbar nach dem Ende der Kämpfe dichtete. Obwohl Tüsch auf Seite der Straßburger selbst am Krieg teilgenommen hatte, ist seine noch 1477 gedruckte *Burgundische Historie* ungleich stärker durch die Benutzung von Dokumenten als durch persönlich Erlebtes geprägt. Mit ihrem Detailreichtum bei gleichzeitigem Verzicht auf die Darstellung größerer Zusammenhänge ist die *Burgundische Historie* ein typisches Werk ihrer Zeit. In der Wahl der Reimform als «Zugeständnis an den Geschmack des breiten, rückständigen Publikums» [673] ist sie im Umfeld der Stadtchronistik des späten 15. Jahrhunderts freilich bereits ein Anachronismus.

Unmittelbar nach der Belagerung von Neuß in den Jahren 1474/75 schilderte der Neußer Stadtschreiber Christian Wierstrait dieses Ereignis in seiner bereits 1476 in Köln gedruckten, gereimten *History des beleegs van Nuys* vom städtischen, kaiserlichen Standpunkt. Und selbst der Krieg der Eidgenossen mit Kaiser Maximilian I. und dem Schwäbischen Bund von 1499 wurde noch von den Stadtschreibern Hans Lenz und Nikolaus Schradin aus lokalpatriotischer Schweizer Sicht in zwei unabhängig voneinander unmittelbar nach den Kämpfen gedichteten Reimchroniken dargestellt.

Als Zeitdichtungen mit eingeschobenen Kriegsliedern sowie mit ihrem Stil und Wortschatz stehen diese letzten Werke der spätmittelalterlichen Reimchronistik den damals verbreiteten historischen Volksliedern und der weitgehend zu reinen Kampfesschilderungen herabgesunkenen Heldenepik ungleich näher als der von universellen Ansprüchen getragenen Reimchronistik der vorangegangenen Zeit. Trotz der formalen Konvergenz von Lied und Reimchronik bleiben gerade im Werk Michel Beheims (1416/21 bis 1474/78), bei dem die Strophenchronik in den sechziger und frühen siebziger Jahren des 15. Jahrhunderts ihren Höhepunkt erreichte, Lied und Chronik metrisch getrennt. Thematisch und durch ihre Entstehung in unmittelbarer zeitlicher Nähe zu den erzählten Ereignissen, sind Beheims Reimchroniken aber den oben erwähnten Werken unmittelbar verwandt. Im *Buch von der Stadt Triest* schildert er die Belagerung der kaisertreuen Stadt durch Venedig im Jahre 1463 in klarer, verständlicher Sprache aus kaiserlicher Sicht. Nur die nach Beheims Vorbild gedichtete *Pfälzische Reimchronik* steht mit ihrer Einbeziehung der Geschichte der pfalzgräflichen Familie in einem unmittelbaren Zusammenhang mit der gereimten Landeschronistik.

Obwohl die Versform bei Michel Beheim zweifellos in erster Linie durch den mündlichen Vortrag bedingt war, wird man aus ihrer Verwendung zur Darstellung geschichtlicher Ereignisse der jüngsten Vergangenheit schließen dürfen, daß bestimmte Publikumsschichten selbst im ausgehenden 15. Jahrhundert keinen grundsätzlichen Widerspruch zwischen Versform und dem Anspruch auf historische Wahrheit sahen. Lange bevor sich die Erkenntnis durchsetzte, daß eine Aussage in gebundener Rede einem angeblich «lügenhaften», eigengesetzlichen Transformationsprozeß unterworfen sei, hatte sich das neu entstehende «bürgerlich»-städtische Bewußtsein in einer seit dem 2. Drittel des 14. Jahrhunderts rasch aufblühenden, ungeheuer reichen Prosachronistik das ihm gemäße Identifikations- und Legitimationsmodell geschaffen.

Obwohl die Chronistik der spätmittelalterlichen deutschen Städte in ihren Anfängen etwa mit Gotfried Hagens *Boich van der stede Colne* (gegen 1270) formal noch gänzlich in der Tradition der Reimchronistik stand, zeigt sich die Neuartigkeit der Stadtchronistik nicht nur in ihrer Aversion gegen die höfische Form, sondern vor allem in der Besonderheit ihrer Voraussetzungen. Ungleich stärker als aus den älteren Gattungen der Historiographie entwickelte sich die Stadtchronistik des 14. und 15. Jahrhunderts aus zeitgenössischen Nachrichten und dem in den Rathäusern verwahrten Verwaltungsschrifttum der Städte: sie diente vor allem der «Sicherung erworbener Rechtspositionen» und der «Durchsetzung korporativer Interessen» [596] gegenüber den Landesherren und rivalisierenden Städten. Gerade durch die intensive Heranziehung von Urkunden und Protokollen, deren nüchterne Prosa zweifellos einen wesentlichen Einfluß auf das Abrücken der Stadtchronistik vom Reim ausgeübt hat, wurden die häufig von Stadtschreibern verfaßten Stadtchroniken zu einem ungemein facettenreichen Spiegel der Interessen und Ziele der sich konsolidierenden städtischen Oberschicht.

Ingrid Bennewitz
Prosaroman/‹Volksbuch›

Aus der Sicht zeitgenössischer Literaturrezeption haftet der Begriffsbildung ‹Prosa-Roman› zweifelsohne eine verzichtbar scheinende Redundanz an, erweckt doch die Gattungsbezeichnung ‹Roman› wie selbstverständlich die Vorstellung des für uns unabdingbar dazugehörigen stilistischen Mediums, der Prosa. Dennoch liegen die Gründe für Einführung und Verwendung dieser Bezeichnung [544] anstelle des älteren Volksbuchbegriffs auf der Hand: Sie bietet eine klare Abgrenzungsmöglichkeit sowohl gegen den mittelalterlichen ‹Versroman›, also den in vierhebigen Reimpaarversen geschriebenen höfischen Roman, als auch gegen den neuzeitlichen Roman, dem die Prosa als schon traditionell gattungsimmanentes Medium, dessen Verwendung keiner weiteren Rechtfertigung mehr bedarf, ebenso selbstverständlich ist wie die theoretische und literarästhetische Reflexion über die Gattung selbst. Beides gilt für den Roman des 15. und 16. Jahrhunderts noch keineswegs in gleichem Ausmaß. Dort bedarf die fiktionale Darstellung in Prosa durchaus noch der auktorialen Verteidigung und ist untrennbar verbunden mit dem Anspruch auf ‹Wahrheit› des Erzählten; theoretische Reflexionen über Gattung und Inhalt finden sich spärlich (Wickram, *Knabenspiegel*).
Die seit und durch die Romantik geprägte Bezeichnung ‹Volksbuch› hingegen leidet spätestens seit Joseph Görres' Schrift *Die teutschen Volksbücher* (1807) unter der irreführenden Begriffskontamination von Rezeptions-, Entstehungs- und Gattungs- bzw. Genrekonstituenten [513, vgl. dort auch die Volksbuch-Konzeptionen von Reichardt und Goethe; 876 u. 544]. Görres' Ausgangspunkt bildete die Situation des literarischen Marktes im 18.(!) Jahrhundert; sein Interesse galt im Sinne der historischen Identitätssuche der Romantik dem Wieder-Finden einer nationalen «Volksliteratur» (vergleichbar der «Volkslied»-Konzeption Arnims und Brentanos). Daher erschienen in seiner Sammlung nicht nur fiktionale Texte des Spätmittelalters und der frühen Neuzeit, sondern auch

kleinere naturwissenschaftliche/medizinische Schriften, Reiseberichte, Bauernkalender, ein Traumbuch, religiöse Erzählungen, Legenden, Rätsel, Sprüche usw. Doch verengte sich der Volksbuch-Begriff nach Görres zusehends, da sowohl die Neubearbeitungen von Vertreter/inne/n der romantischen Schule (Tieck, Friedrich und Dorothea Schlegel, Brentano u. a.) als auch die Wiederaufnahme bzw. Fortsetzung der Drucklegung (vgl. die Volksbuch-Editionen von Schwab, Simrock u. a.) wesentlich auf den Bereich der umfangreicheren fiktionalen Texte/Textsammlungen konzentriert blieben. Hand in Hand mit steigenden Auflagenzahlen und wachsender Verbreitung auch in sozial weniger privilegierten Schichten ging die Anpassung an gewandelte literarische und soziale Erwartungshaltungen – nunmehr ein Prozeß bewußten und gewollten Um-Schreibens – wie auch die endgültige intellektuelle und moralische Abwertung der Lektüre einher. Beide Prozesse kennzeichnen, wenngleich nur in Ansätzen, schon die Diskussion des 16. Jahrhunderts. Dabei sollte freilich nicht außer acht gelassen werden, daß eben in genauem Gegensatz zur Suggestion der Bezeichnung ‹Volks›-Buch bis ins 16. Jahrhundert diese Texte weder in bezug auf ihren ästhetischen Anspruch noch auf ihre Verbreitung ‹populäre› Lektüre werden konnten, sondern im Gegenteil keine geringen literarischen (Vor-)Kenntnisse und Interessen voraussetzten; darüber hinaus waren sie finanziell allenfalls für Angehörige des Adels bzw. des städtischen Patriziats erreichbar – so lautet etwa die Adresse in Sigmund Feyerabends (1528 bis 1590) Riesenkompendium von Liebesromanen *Das Buch der Liebe* (Frankfurt 1587): *Allen hohen Standespersonen/Ehrliebenden vom Adel/ zuechtigen Frauwen vnd Jungfrauwen*, und setzt erst in erheblich kleinerer Drucktype eher beiläufig hinzu: *Auch jederman in gemein so wol zu lesen lieblich vnd kurtzweilig*. Schon aus diesem Grund sollte die Bezeichnung ‹Volksbuch› nur auf die späte Rezeption vor allem des 17. und 18. Jahrhunderts angewendet werden, und selbst hier nicht auf vereinzelte, gattungsästhetisch ohnedies nicht exakt zu bestimmende Textsorten, sondern auf eine nach literatursoziologischen Gesichtspunkten (Verbreitung, Preis, «Aufmachung» etc.) charakterisierte Buchgattung [442; 876; 544].
Für die Verfasser und Editoren der Prosaromane im 15. und 16. Jahrhundert stellte die Gattungsbezeichnung offenbar das geringste Problem dar. Die Texte nennen sich selbst *historien* (vgl. dazu Knape), aber auch *buoch* oder *lesen* (vgl. die Titelseite des schon zitierten *Buch der Liebe*: *Das Buch der Liebe/ Inhaltendt/ Herrliche Schone / Historien Allerley Selten vnd newen Exempel/...*); die frühneuzeitliche Terminologie birgt also kaum einen Rückhalt für zeitgenössische literarhistorische Differenzierungsbestrebungen in sich. Einen Ausweg bietet der Vorschlag von J.-D. Müller [543; 544], nämlich nach Gattungs- und Funktionstypen zu unterscheiden, also «Abenteuer-, Schwankroman, Exempel-, Schwank-

sammlung, Novelle» usw. Daß die Grenzen dabei im Einzelfall fließend sein werden, kann und sollte daran erinnern, daß dieses Bemühen zwar aus wissenschaftlicher Perspektive notwendig, im Grunde aber der historischen Erscheinung der Texte selbst fremd ist. Vergleichbares gilt für die (bewußte) Vermischung fiktionaler und nicht-fiktionaler Texte/Textpassagen, die in untrennbarem Zusammenhang mit dem Wahrheitsanspruch der *historien* zu sehen sind. Historiographische Ausführungen bis hin zur Übernahme ganzer Passagen aus Städtechroniken u. ä., das Einfügen angeblich ‹historischer› Dokumente; der Versuch, anhand der Chronologie und des Wappens eines Adelsgeschlechts *(Melusine)* die Stimmigkeit noch so fantastischer Erzählwelten zu untermauern, gehören ebenso zu den Kennzeichen des Prosaromans wie der wenig prätentiöse Umgang der Autor/inn/en und Bearbeiter/innen mit der eigenen kreativen Arbeit am Text: Der Großteil der Texte erscheint bereits anonym oder wird im Zuge der Wiederauflage(n) re-anonymisiert. Die Bitte um Korrektur allfälliger sprachlicher Fehlleistungen zählt zu den stehenden Topoi.

Die Verwendung von Prosa für nichtfiktionale Textsorten besitzt zu diesem Zeitpunkt bereits eine lange Tradition; seit Jahrhunderten wurden juristische, verwaltungstechnische, (natur)wissenschaftliche, theologische Schriften in Prosa abgefaßt. Doch für den fiktionalen Bereich hat sich im deutschen Sprachraum mit Ausnahme der Werke der Mystiker/innen das Schreiben in Prosa nicht durchgesetzt. Dabei ist insbesondere an den *Prosa-Lancelot* zu denken (Mitte bis Ende des 13. Jhs.), der allein schon vom Umfang her, aber ebenso aufgrund des hohen stilistischen und inhaltlichen Niveaus sowie der überaus komplexen Handlungsführung Zweifel aufkommen läßt, daß es sich um den ersten und einzigen Versuch prosaischen Schreibens hätte handeln sollen.

Jedenfalls gilt auch noch für das 15. und 16. Jahrhundert, daß durchaus nicht alle Gattungen in Prosaauflösungen umgeschrieben werden konnten: Die Heldenepik etwa blieb resistent und konnte sogar weiter in versifizierter Form gedruckt werden. Erst 1726 erschien die erste Prosabearbeitung des *Gehörnten Siegfried*.

Am Beginn des deutschen Prosaromans (gegen 1430) stehen Übersetzungen, vor allem aus dem Bereich der französischen Heldenepik-*(chanson-de-geste-)*Tradition, aber auch aus lateinischer Prosa, die ihrerseits wieder eine Übertragung italienischer Texte darstellen konnte (*Decameron*-Novellen). Relativ spät erst finden sich Romane ohne direkte Vorlagen: *Fortunatus* (1509); oder die Erzählungen Jörg Wickrams (um 1500/05 bis um 1560/62): *Galmy* (1539), *Gabriotto und Reinhart* (1551), *Knabenspiegel* (1554), *Der Goldfaden* (1557); *Von guten und bösen Nachbarn* (1556). Die Spannbreite der Themen reicht dabei von der Wiederbelebung mittlerweile sozial längst überholter feudaladeliger Lebensmodelle (‹Ritter-Renaissance›) über das Ambiente spätmittelalterlicher oder von Zügen der Frührenaissance geprägter Hofhaltungen und Lebensmodelle des Adels und des Stadtpatriziats bis hin zum Milieu der Kaufleute und Handwerker.

Den Auftakt bilden die Übersetzungsleistungen zweier Frauen, beide Angehörige des deutsch-österreichischen Hochadels. Elisabeth (nach 1393 bis 1456) übernahm nach dem Tod ihres Mannes, Philipp I. von Nassau-Saarbrücken, selbst die Regierung der Grafschaft bis zur Übernahme durch ihre Söhne; sie unterhielt Beziehungen zu französischen und deutschen Höfen, die nachweislich humanistische und Renaissance-Literatur aktiv förderten (Nancy, Heidelberg, [Mechthild von] Rottenburg). Von den vier *chanson-de-geste*-Übertragungen, die Elisabeth zugeordnet werden, ist ihre Autorschaft nur in zwei Fällen (*Loher, Hug Schapler*) direkt bezeugt. Doch der Zusammenhang der vier Romane ist genealogisch festgelegt: *Sibille* spielt in der Jugend des französischen Königs Ludwig (Sohn Karls d. Gr.), *Loher* berichtet von seinem Leben und Tod; *Hug Schapler* von der Verheiratung seiner Tochter mit dem ‹halbproletarischen Retter des Landes›, dem mütterlicherseits von einem Metzgergeschlecht abstammenden gleichnamigen Helden; Herpin im gleichbenannten Roman muß das Land auf der Flucht vor eben jener verräterischen Hofclique verlassen, die auch in den anderen drei Texten als Feindbild präsent ist. Die französischen Vorlagen wurden im Auftrag von Elisabeths Mutter erstellt; die Übersetzungen dürften etwa von 1430 bis 1440 entstanden sein. Ihr Sohn Johann gab eine repräsentative Prachthandschrift von Elisabeths Werken in Auftrag. Bis auf *Sibille* wurden alle Romane in zahlreichen Drucken neu aufgelegt. Auffällig ist, daß einige Male selbst dort, wo Herausgeber/Drucker üblicherweise zu re-anonymisieren pflegten, Elisabeths Autorschaft hervorgehoben wird; vermutlich sollte ihr Name (oder besser: ihre gesellschaftliche Position) zur Steigerung des Sozialprestiges der moraldidaktisch so angefeindeten Textsorte dienen.

Auch Eleonore von Tirol (1430 bis 1480) war eine politisch aktive Herrscherin; in Abwesenheit ihres Mannes übernahm sie mehrmals die Regierung. Ihre Ehe scheint wenig glücklich gewesen zu sein; sie blieb kinderlos – damit war Eleonore auch die einzig mögliche Form der gesellschaftlichen Anerkennung für eine Frau verwehrt. Zwar bemühte sich der Tiroler Hof offensichtlich um die zeitgenössische Literatur, doch konnte er niemals mit den Höfen der großen Mäzenat/inn/en (Albrecht IV., Mechthild von Rottenburg) gleichziehen, und auch der Kontakt zu diesen Höfen scheint weniger ausgeprägt gewesen zu sein, als es die ältere Forschung wahrhaben wollte. Eleonore dürfte jedenfalls an den literarischen Bestrebungen führend beteiligt gewesen sein [dagegen jetzt kritisch Hahn, 343 a]. Heinrich Steinhöwel widmete Eleonore 1473 seine Übertragung von Boccaccios *De claris mulieribus* und preist sie als die hundertste der neunundneunzig berühmten Frauen. Ihre Autorschaft für die Übersetzung A des französi-

schen *Pontus*-Romans geht aus Vorreden späterer Druckausgaben hervor; denn im Gegensatz zu der durch komplexen rhetorischen Stil geprägten Übersetzung B, die anonym bleiben sollte, wurde die zwischen 1450 und 1465 entstandene und Eleonore zugeschriebene Version zahlreiche Male gedruckt. Der Held Pontus darf dabei als repräsentativ für den ‹neuen› Männertyp des Prosaromans der folgenden 150 Jahre (Gabriotto, Camillus etc.) gelten: Zwar muß er sich immer noch in Kampf und Turnier bewähren, doch was ihn in erster Linie attraktiv für die weibliche Protagonistin erscheinen läßt, ist vielmehr seine körperliche Schönheit, Emotionalität und Kultiviertheit. So ist Pontus nicht nur gottesfürchtig, sondern – wie ausdrücklich betont – reinlich (er wäscht sich jeden Morgen die Hände), freigebig, nachgiebig, fair im Verlieren, hat gute Manieren; geht dort nicht hin, wo «vnzucht getrieben ward»; kurzum, «er ist ein liebhaber aller Zvcht» und ein Adonis dazu: «er war groß! wolgeschickt von Brust vnd Rucken/ klein von Bauch»; er hat... «ein lieblich Gesicht/... vnd sahe gleich als ein Engel». Freilich hindert dies den «Engel» im Ernstfall nicht daran, seinen Gegner zu massakrieren: ... «Pontus jhm die Nasen/ den Mund/ vnd das Kinn/ abschluge/ daß es nur an der Haut hienge». – Sidonia hingegen repräsentiert den Typus der aktiv handelnden, sich ihrer politischen Möglichkeiten bewußten Heldin, die zwar zeitgemäß letzten Endes auf den ‹männlichen Erlöser› angewiesen bleibt, doch zumindest für sich in Anspruch nimmt, diesen selbständig und notfalls gegen den Widerstand der Eltern oder einflußreicher Höflinge auszuwählen.
Überhaupt gilt für die Prosaromane, daß trotz titelgebender männlicher Protagonistenrolle häufig die Handlung sehr viel stärker von den Frauen vorangetrieben wird: so etwa in Elisabeths von Nassau-Saarbrücken *Wahrhafftige(r) Geschicht von Herczog Herpin*, deren erster Teil wesentlich die Geschichte der (anonym bleibenden) Herzogin berichtet. Obwohl zu diesem Zeitpunkt bereits hochschwanger, erzwingt sie in einer Unterredung mit Kaiser Karl die Umwandlung des Todesurteils gegen ihren Mann in einen Verbannungsspruch, bringt völlig allein ihr Kind zur Welt und nimmt, nachdem sie von Räubern überfallen wurde, allein, in Männerkleidung, die Suche nach Mann und Kind auf. Sie verschafft sich ihren Lebensunterhalt selbständig, etwa mit Knechtsarbeit, besiegt in göttlichem Auftrag einen Riesen und einen lügnerischen Ritter und überzeugt schließlich durch ihre Tapferkeit im Heidenkampf. Aufgrund ihrer Schönheit verliebt sich die Tochter des Königs in sie, die sich nun ihrerseits über erwartbare Verhaltensmuster hinwegsetzt. Sie läßt den vermeintlichen jungen Ritter in ihre Kammer bringen und fordert ein erotisches Beisammensein ein. Nicht viel anders ergeht es dem Sohn des Herzogs mit seiner Geliebten: sie erklärt ihm kurzweg, daß sie ihn «vmb (s)einer schonheit willen» liebe und ihn, wenn es nach ihr ginge, heiraten würde (also nicht sie, sondern er ‹wird geheiratet›).

Schwerlich läßt sich ein zweiter Prosaroman finden, dessen Stoffkreis durch gleichbleibendes Rezeptionsinteresse – von der Romantik (Fouqué) bis hin zu Theodor Fontane (*Stechlin*) und der zeitgenössischen Romangeschichte (Irmtraud Morgner, Manuel Mujica Láinez) – ähnlich aktuell geblieben ist wie Thürings von Ringoltingen (1410/15 bis 1483) Bearbeitung der *Melusine* (1456). An der Person dieses Autors läßt sich deutlich zeigen, wie sehr vor der vorschnellen Charakterisierung solcher Texte mit Hilfe scheinbar plausibler ständischer Kategorien (etwa als ‹bürgerlich›) gewarnt werden muß. Thürings Familie zählte zur städtischen Oberschicht von Bern; er selbst war seit 1456 Schultheiß. Da die stadtbürgerliche Oberschicht zum Teil die gleiche Herkunft vorzuweisen hat wie der Landadel des Umkreises, ist eine Abgrenzung so gut wie unmöglich; jedenfalls war Thüring dem adeligen Widmungsträger seiner *historie*, Rudolf von Hohenberg, keineswegs ständisch unterlegen [vgl. 876].
Die Geschichte von der schönen Melusine, die als Folge eines mütterlichen Fluchs nur dann ‹Erlösung› erreichen kann, wenn sie einen Mann findet, der ihr jeden Samstag Ehe-Urlaub gewährt, damit sie ihre zweite Natur, die der Schlangenfrau, des *Meerwunders*, annehmen kann, hat unzählige Interpretationen gefunden; zweifelsohne bietet sie mythologischen und psychologischen Ansätzen [867; 886; 698] ebenso viel Material wie sozialhistorischen oder textgeschichtlichen [769; 876; 839]. Vom Erzähler als ‹wahre› Geschichte präsentiert, die der genealogischen Legitimation eines französischen Adelsgeschlechtes dient (und umgekehrt: die Existenz der adeligen Familie, ihr Wappen – die Schlangenfrau – und die noch existierenden Repräsentationsbauten dokumentieren die ‹Wahrheit› der Fiktion), bildet ihr Zentrum erst in zweiter Linie die Liebesgeschichte zwischen Melusine und Reymund, dem besitzlosen Sohn eines verarmten Adeligen, dessen einzige ‹Heldentat› die irrtümliche Ermordung seines Onkels und Adoptivvaters bleiben soll. In aller Ausführlichkeit wird hingegen die Karriere der Heldin und ihrer Söhne erzählt: Insgesamt schenkt Melusine zehn Söhnen das Leben, die mit einem besonderen (körperlichen) Merkmal zur Welt kommen, parallel zu ihrer Tätigkeit als Bau- und Landesherrin, an der Reymund allenfalls in der Rolle des interessierten Zusehers partizipiert. Auch nach dem Treuebruch Reymunds bleibt die Sympathie des Erzählers eindeutig auf seiten seiner Protagonistin, die er ihrem samstäglichen Erscheinen zu Trotz («oberhalb dem Nabel ein schoen Weiblich Bild, ... aber von dem Nabel hinab ... ein grosser langer und ungehewrer Wurmschwantz») als Inbegriff der christlichen Fürstin und Mutter stilisiert.
Neben den Übersetzungen des Niclas von Wyle waren es vor allem die Werke Heinrich Steinhöwels (1412 bis 1482), die für die Diskussionen um adäquate Übersetzungstheorien und -praktiken bestimmend werden sollten. Neben zahlreichen Übertragungen von Novellen humanistischer Au-

toren (Petrarca, Boccaccio, Poggio) und einer Fabelsammlung *(Esopus)*, die eine kaum noch überschaubare Verbreitung in den folgenden Jahrzehnten fand [496], initiierte Steinhöwel mit seiner Version des *Apollonius* (Dr. 1471) die Rezeption des spätantiken/hellenistischen Stoffkreises im Bereich des Prosaromans. Die Geschichte des Apollonius, die rund 150 Jahre zuvor durch Heinrich von Neustadt (um 1312) als (lateinischer) Versroman bearbeitet worden war, wird eingeleitet mit einem Abriß der Geschichte Alexanders des Großen, seines Todes und der Teilung des Reiches. Zugleich mit der historischen Einbettung der *historie* ist damit auch dem Anspruch auf ‹Verifizierbarkeit› Genüge getan; denn um die Tochter eines dieser Nachfolgekönige, die noch dazu in einem erzwungenen Inzestverhältnis mit ihrem Vater lebt, bewirbt sich Apollonius, der König von Tyrent. Eben weil er dazu in der Lage ist, aufgrund seiner Weisheit die Rätselfragen (Turandot-Motiv) korrekt zu beantworten und damit das Inzestverhältnis aufzudecken, muß Apollonius fliehen, um nunmehr als anonymer Schiffbrüchiger eine zweite ‹Karriere› zu lancieren. Der Erwerb der adäquaten Braut, die übliche Trennungs- und Prüfungserfahrung des jungvermählten Paares und die Geschichte der ‹zweiten Generation› – hier der Tochter Tarsia, die wiederum entführt wird und letztendlich im Bordell landet, bis sie der Vater ‹befreit› – münden ins obligatorische happy-end, das gar noch fiktiv-literarisch fixiert wird: Apollonius läßt sein Leben in zwei Büchern be-schreiben, von denen er ein Exemplar in den Tempel zu Ephesus, das zweite aber in seine eigene Bibliothek legt.

1509 erschien in Augsburg der *Fortunatus*: die Erzählung vom jähen sozialen Aufstieg eines verarmten Bürgersohns, initiiert durch seine Begegnung mit der Jungfrau des Glücks, die ihm sechs Glücksgüter zur Auswahl stellt. Fortunatus wählt den Reichtum – und damit falsch, daran läßt schon die «vorred» keine Zweifel: «Unnd in alweg vernufft und weißhait für all schaetz diser welt/ zu begeren und zu erwoelen ist». Doch während Fortunatus die gesellschaftliche Integration und sinnvolle Nutzung seines Reichtums wenigstens in großen Zügen bewältigt, scheitern seine beiden Söhne an dieser Aufgabe. Der *Fortunatus* dürfte die zeitgenössischen Rezipient/inn/en insbesondere wegen der ausführlichen Schilderungen der Reisen des Helden fasziniert haben: Hier finden sich etwa lange Passagen aus der Schedelschen Weltchronik und vergleichbaren nichtfiktionalen Texten (volkssprachliche Chronistik, Reiseliteratur, Pilgerberichte), die völlig mit dem fiktionalen Geschehen verschmolzen werden. Auch dieser Roman sollte eine breite und andauernde Rezeption finden; sie reicht von Hans Sachs' «Tragedia» *Der Fortunatus mit dem wunschseckel* bis zu den Bearbeitungen von Chamisso, Tieck, Uhland, Bauernfeld u. a. [vgl. 703].

Neben höfischen Liebesromanen, die im traditionellen Adelsmilieu spielen (*Galmy*, 1539; *Gabriotto und Reinhart*, 1551) verfaßte der Kolmarer Autor Jörg Wickram mehrere Erzählungen mit nichtadeligen Protagonisten: *Knabenspiegel, Goldfaden, Von guten und bösen Nachbarn*. Der *Knabenspiegel*, ein *schoen kurtzwyligs büchlein*, schildert die Karriere des armen Adoptivkindes, das durch Fleiß und Strebsamkeit zum Doktor der Rechte avanciert, und die entgegengesetzte Karriere seines reichen Stiefbruders, an dem alle Erziehungsbemühungen scheitern, bis er nach dem tiefen sozialen Abstieg Einsicht in die eigenen Fehlleistungen gewinnt und seine gesellschaftliche Reintegration beginnen kann. Wickram hat seinem moraldidaktischen Erziehungsmodell ein Nachwort beigefügt, in dem zwischen den fiktiven Figuren von Leser und Autor die Frage nach Fiktionalität und Wahrheitsanspruch des Stoffs diskutiert wird: eine der wenigen direkten Anmerkungen zu literaturästhetischen Fragen im frühen Prosaroman.

Mit dieser kurzen Charakterisierung ist freilich nicht einmal nur annähernd die Liste der bekannten Romane dieser Zeit komplettiert. Unter den frühen Prosaromanen ist insbesondere noch auf Johannes Hartliebs Bearbeitung des *Alexander-Romans* (Dr. 1473) zu verweisen; unter den Liebesromanen auf die *fast schoene vnd kurztweylige Histori von der schoenen Magelona* des Veit Warbeck (Dr. 1535) und *Florio und Biancefora* (1499); unter den *chanson-de-geste*-Bearbeitungen auf *Olwyer und Artus* und *Valentino und Orso* (beide 1521) des Schweizers Wilhelm Ziely; *Fierabras* (1532), *Die Haymons Kinder* (1534) sowie auf *Kaiser Octavianus* (Wilhelm Salzmann, 1535). Stärker noch als die Romane Jörg Wickrams ist der 1559 in Frankfurt/Main gedruckte *Brissoneteus* (Autor vermutlich Georg Messerschmidt) [vgl. 869] didaktisch ausgerichtet. Dazu treten die Prosaauflösungen mittelhochdeutscher Versepen, die Novellenübersetzungen sowie die der Schwankliteratur nahestehenden Sammlungen: *Faustbuch*, *Wagnerbuch*, *Ulenspiegel*, *Lalebuch* bzw. *Schiltbürgerbuch*. Einen eigenen Typus verkörpern auch die (auto)biographischen Romane Kaiser Maximilians I., *Freydal* und *Theuerdank* [365].

Zwei Romanstränge sind es, die in Stillage und Typisierung der Protagonist/inn/en den Übergang zum Roman des 17. Jahrhunderts vorbereiten: die Rezeption hellenistischer Stoffvorlagen (Heliodors *Aithiopica* = *Theagenes und Chariclia*, übersetzt von Johannes Zschorn, Basel 1559) und des spanischen *Amadis*-Romans. 1569 bis 1575 ließ der für seinen Geschäftssinn bekannte Verleger Sigmund Feyerabend in Frankfurt die Bücher I bis XIII des *Amadis* erstmals auflegen. Mit der Veränderung des wohl ursprünglich tragischen Endes der anonymen Vorlagen durch den spanischen Autor Rodríguez de Montalvo wurde die Basis für den jederzeit neu aufgreifbaren und beliebig fortsetzbaren Generationenroman geschaffen, als dessen Prototyp die Geschichte des ersten Liebespaares,

Amadis und Oriana, dient und der binnen kurzem die europäische Literaturszene erobern sollte [vgl. 819]. Feyerabend verweist in seiner Vorrede ausdrücklich auf die Prädisponiertheit des weiblichen Publikums für diesen Romantyp: «...sonderlich aber von Frawen vnd Jungfrawen, sehr lieb vnd werth... gehalten», der insbesondere «zu vertreibung der Melancholey» geeignet sei. Durch eine rasche Erweiterung des Personenkreises, die Mischung von *aventiure-* und Liebeshandlung und die Einbindung zauberischer Mächte (für das Gute: die Dame Urganda; für das Böse: der Zauberer Arcolaos) entsteht eine komplexe Romanwelt, die niemals einem endgültigen Punkt – dem Sieg über das Böse etwa – zuzusteuern scheint. Im Gegensatz zu den vorangegangenen Liebesromanen kennt der *Amadis* nicht die Bindung erotischer Beziehungen an die Ehe, wenn auch sexuelle Beziehungen neben der Ehe abgelehnt werden. Doch die in aller erotischen Deutlichkeit geschilderten vorehelichen Beziehungen scheinen diesem Romantyp zufolge gänzlich problemlos zu sein, da in konsequenter Folge die Liebenden wenig später heiraten und voreheliche Kinder dabei anerkennen werden. In Hinblick auf Erotik und Leidenschaft ist dem *Amadis* allenfalls die Erzählung der ehebrecherischen Liebe von *Camillus und Emilie* (Frankfurt 1580) zur Seite zu stellen. Sie wird vom Erzähler deutlich legitimiert, da Emilie zur Heirat mit einem ihr nicht entsprechenden Partner gezwungen wurde.
Auf zwei Entwicklungen sei noch besonders verwiesen:

- Die Verfasser/innen und Editor/inn/en der Prosaromane rechnen am Beginn deutlich mit beiden Formen der Rezeption: dem Vor-Lesen, also dem lauten Vortrag durch ein Mitglied der Rezeptionsgemeinschaft und – wohl erst in zweiter Linie – der (stillen) Einzellektüre. Im Laufe des 16. Jahrhunderts dürfte sich eine Verschiebung zugunsten der zweiten Form anbahnen. Gerade sie schien jedoch, da nicht mehr gesellschaftlich kontrollierbar, den Kritikern der neuen literarischen Gattung moraldidaktisch besonders anfechtbar und gefährlich.
- Auch für die frühe Druckgeschichte des deutschen Prosaromans gilt im übrigen Vergleichbares wie für die davorliegende (und parallel weiterwirkende) Zeit handschriftlicher Tradierung: keineswegs bleibt die Erscheinungsform des Erstdrucks über die Jahrzehnte und Jahrhunderte hinweg konstant. Bewußte Umformungen, sprachliche Modernisierungen, Anpassungen an den gewandelten Publikumsgeschmack sind an der Tagesordnung.

Angesichts des Forschungsstandes muß die Geschichte des Prosaromans eine vorläufige bleiben; zu viele Faktoren der Überlieferungs- und Rezeptionsgeschichte nicht nur des deutschsprachigen, sondern des gesamteuropäischen Raumes und seiner Literatur im 15. und 16. Jahrhundert sind noch unbekannt.

Irene Erfen
Übersetzungsliteratur

Seit den Konzilien von Konstanz und Basel, die als große literarisch-politische Kommunikationsforen wirkten und von zahlreichen herausragenden Theologen, humanistischen Gelehrten und Dichtern ebenso wie von politischen Abenteurern besucht wurden, wird mit den in diesem Umkreis gepflegten Diskursformen wie Brief und Traktat auch die italienische und neulateinische Novellistik des 14. und frühen 15. Jahrhunderts im deutschen Sprachraum bekannt. Medium dieser Rezeption ist weitgehend die Übersetzung, und mit dieser verknüpft sind wichtige Bestrebungen, deren Gegenstand die Volkssprache ist. Träger dieser Übersetzungsliteratur sind vor allem Angehörige der neuen Bildungseliten, Universitätsabsolventen, die durch Studium oder berufliche Tätigkeit Zugang zu jenem engmaschigen Netz intellektueller Kommunikation haben, das zunächst nur Italien umspannt, jedoch seit den Konzilien auch die Universitäten, Kanzleien und Fürstenhöfe jenseits der Alpen erreicht. Wichtigstes Vermittlungsinstrument ist der Brief, sein vornehmster Produzent Francesco Petrarca, der nach antikem Vorbild streng formale Vorschriften entwirft. Briefe werden zu gesuchten Informationsquellen, die über herausragende Persönlichkeiten und wichtige ‹moderne› Werke wie die Novellen Boccaccios, die historischen Schriften Leonardo Brunis, neu oder wiederentdeckte antike Schriftsteller, aber auch über Kanzleirichtlinien, Titularwesen und Rhetorik berichten. Auch ein Teil der italienischen und neulateinischen Prosaschriften, die in diesen Kreisen entstehen, fingieren für Novellen und Traktate den Briefcharakter.
Einer der herausragenden Verfasser und gesuchten Adressaten ist Enea Silvio de' Piccolomini (auch: Aeneas Silvius, 1405 bis 1464), dessen umfängliche Korrespondenz ihn zum Multiplikator frühhumanistischer Literatur und Kommunikationsformen vor allem in Deutschland macht. Seiner kirchlichen Karriere geht eine lange Sekretariatszeit voraus, die er zum Teil in Wien verbracht hat und in der seine Kontakte mit Gelehrten

und politisch bedeutsamen Persönlichkeiten gründen. In dieser Zeit entstehen vielfache politisch-geschäftliche Beziehungen zu zahlreichen Ratsherrn oder Stadtschreibern der deutschen Städte oder zu Beamten der bischöflichen und fürstlichen Kanzleien. Neben den Tagesgeschäften finden sich in seinen Briefen Feuilletons, er informiert über aktuelle Themen, gibt aber vor allem Ratschläge, die den lateinischen Kanzleistil betreffen und die innerhalb kurzer Zeit zu Umorientierungen in wichtigen städtischen und fürstlichen Schreibstuben führen. Piccolomini wird zum bestimmenden Vermittler italienischer Kultur auch für diejenigen, die nur zeitweilig oder mittelbar zu seinem Kreis gehören oder die nur in kurzen Briefkontakt zu ihm treten.

So wird zu seinem eifrigsten stilistischen Nachahmer ein Übersetzer, der selbst nur sporadische Berührung mit Piccolomini gehabt hat, der Esslinger Stadtschreiber und Lehrer Niklas von Wyle (um 1410 bis 1478; genaue Daten sind nicht bekannt). Niklas von Wyle gibt die Aeneas-Briefe heraus und übersetzt einige seiner Prosastücke. Im schweizerischen Bremgarten geboren, höchstwahrscheinlich juristisch ausgebildet, findet er als Notar und Lehrer in Zürich Förderung durch Felix Hemmerlin, eine der Schlüsselgestalten des lateinischen Frühhumanismus, Teilnehmer am Basler Konzil und mit Gregor Heimburg, der eine wichtige Rolle in der Korrespondenz des Piccolomini spielt, in Fragen der Stilistik mitbestimmend für Wyle. Wyles Berufsstationen zeigen ihn – wie auch seine beiden Förderer – in politischen Positionen in den Städten (als Stadtschreiber von Radolfzell, Nürnberg und Esslingen) wie auch in engen Beziehungen zu süddeutschen Höfen. Er ist Kanzler des Grafen Ulrich von Württemberg, verkehrt am Hof der Pfalzgräfin Mechthild, widmet dem Markgrafen Karl von Baden eine Übersetzung, korrespondiert mit einflußreichen städtischen Beamten und Adligen. Die Dedikationen, die seinen Übersetzungen vorausgehen, vermitteln ein eindrucksvolles Bild dieser Kommunikationssituation, das schärfer konturiert wird durch die Eintragungen der Esslinger Missivenbücher, die einen genauen Einblick in Wyles weitgespannte Berufskontakte vermitteln [789].

Entsprechende Beobachtungen lassen sich für Heinrich Steinhöwel (1412 bis um 1477/78) und Albrecht von Eyb (1420 bis 1475) anstellen, die beiden anderen Übersetzer, deren Oeuvre durchaus mit demjenigen Wyles vergleichbar ist. So gehört auch der Ulmer Stadtarzt Heinrich Steinhöwel zu jenen neuen Funktionsträgern, die ihre Fachausbildung mit literarischen Interessen verbinden und die im städtischen Leben wie an den Höfen als Literaturvermittler wirken. Seine literarischen Arbeiten werden legitimiert durch den akademischen Anspruch des studierten Mediziners, eine Haltung, die er in der prätentiösen Vorstellung seiner Person und seines Ausbildungsgangs immer wieder zum Ausdruck bringt («doctor in erczney, maister der süben kunst, geschworner arczt ze Ulm»: *De claris mulieribus*, 1473). Eine vergleichbare Selbstdarstellung findet sich bei Hans Hartlieb (nach 1400/vor 1410 bis 1468), einem Arzt und Wissenschaftler, der als Leibarzt und Berater der Münchener Herzöge und Albrechts VI. in Wien wirkte. Seine Übersetzungen der berühmten minnetheoretischen Schrift *De amore* (um 1440) des Andreas Capellanus, des *Alexanderromans* (bald nach 1450), der *Brandanlegende* (1456/57) und des *Dialogus miraculorum* (um 1456), die für die Münchener und Wiener Höfe entstanden, sind Lehrschriften im weitesten Sinne, deren didaktische Intentionen durch den Vorweis der Gelehrsamkeit des Verfassers verbürgt werden [662], ein Gestus, der auch bei Niklas von Wyle und Albrecht von Eyb begegnet.

Zu den schon erwähnten Konzilien als Umschlagplätzen der italienischen und neulateinischen Literatur und der wichtigen Rolle der Briefkultur gehören vor allem die italienischen Universitäten. Dort lernten deutsche Studenten nicht nur die wiederentdeckte antike Literatur kennen, sondern nahmen auch Anteil an der italienischen und neulateinischen Novellistik, an der Viten- und Portraitliteratur oder an heftig diskutierten Fragestellungen wie der Kontroverse um Geburts- und Geistesadel, der Bedeutung der Bildung in der Fürstenerziehung, der Stellung des Höflings oder der Diskussion um die negativen Eigenschaften des Naturwesens Frau. So finden sich in den Matrikeln der oberitalienischen Universitäten die Namen wichtiger literarischer Initiatoren und Literaturförderer, die zum juristischen oder medizinischen Fachstudium nach Padua oder Pavia gegangen waren. Die Bibliothek des fränkischen Domherrn und Übersetzers Albrecht von Eyb und die Büchersammlung der beiden Schedels enthalten eine Reihe von Werken, die aus jenen italienischen Universitätsjahren ihrer Besitzer stammen, eigene Abschriften oder in Italien erworbene Handschriften. [388] Hermann († 1485) und Hartmann Schedel (1440 bis 1514) haben in Padua studiert, ebenso Nikolaus von Cues und Conrad Peutinger (1465 bis 1547), mit deren Namen wichtige Neuansätze in Philosophie und Wissenschaft des 15. Jahrhunderts verbunden sind. Aber auch Heinrich Steinhöwel war von 1438 bis 1443 an der Alma Mater Patavina inskribiert, die zu diesem Zeitpunkt schon ein Zentrum humanistischer Bestrebungen war. Dort studierte für kurze Zeit noch Albrecht von Eyb, der jedoch den größten Teil seiner juristischen Studien in Pavia und Bologna absolvierte [189].

Die Universitätsmatrikeln belegen ebenso wie Briefwechsel und Verweise in zahlreichen Dedikationen, daß sich im 15. Jahrhundert im Südwesten eine Kommunikationsgemeinschaft installiert, die weitgehend von Italien geprägt ist und deren intellektueller Zusammenhang – selbst in offenkundigen Gegensätzen – sehr stark ist. Sie verfügen über ein gemeinsames Bildungsreservoir und benutzen für ihre eigenen literarischen Arbeiten die gleichen topischen Versatzstücke und Argumentmuster, so daß es zwischen Übertragungen von Wyle, Steinhöwel und Eyb zahlreiche Übereinstimmungen in Themen- und Stoffwahl gibt. Die Übersetzungen sind nun aber nicht strenger Ausweis der Nachahmung italienischer Vorlieben; vielmehr mischt sich in Sammeleditionen (wie Wyles *Translatzion oder Tütschungen*, 1478) und Compilationen (wie Eybs *Ehebüchlein*, 1472) neue Prosa mit mittelalterlichen Stoffen und Vorlagen, so daß der etablierte Begriff des ‹süddeutschen Frühhumanismus›, der die Gruppe der Übersetzer vom ‹Gelehrtenhumanismus› absetzt, ungenügend erscheint. Der Begriff unterstellt eine programmatische Stringenz, die in den Werken, Druckprogrammen etc. so nicht aufzufinden ist und eine vielschichtige literarische und soziokulturelle Erscheinung inhaltlich nicht beschreibt [139; 820].

Kontroverse um das ‹richtige Übersetzen›

Ebenso alt wie die Geschichte der Übersetzungen ist die kontroverse Diskussion um die Prinzipien des richtigen Übersetzens. Römische Rhetoren streiten ebenso wie spätantike hellenistische Autoren über den Gegensatz von sinngemäßer und wörtlicher Übertragung, von Cicero und Horaz stammen vieldiskutierte Stellungnahmen, und mit Hieronymus übernimmt einer der Kirchenväter das Argumentationsmaterial in die Auseinandersetzung um die lateinische Bibel, die *Vulgata*. In der italienischen Frührenaissance entfachen Übersetzer und Historiker wie Leonardo Bruni (auch: Aretino, 1370 bis 1444) den Streit neu [158]. Sie wenden sich in polemischer Absicht gegen die mittelalterliche Übersetzungspraxis und binden die alte Kontroverse in den Kontext ihrer eigenen Übersetzungen aus dem Griechischen ein. Von daher ist es naheliegend, daß auch die Arbeiten der deutschen Frühhumanisten Spuren dieser aktuellen Diskussion tragen, nun allerdings nicht bezogen auf die literarischen Gegenstände, an denen sich das theoretische Interesse der Italiener entzündet, sondern reduziert auf ihre Vorlagen, unter denen die neulateinische Literatur eine zentrale Position einnimmt [188]. Wyle, Eyb und Steinhöwel übersetzen ausschließlich aus dem Lateinischen, einzig Arigo (eigentl. Name: Heinrich Schlüsselfelder, 15. Jh.) überträgt 1472 mit Boccaccios *Decamerone* ein Werk aus dem Toskanischen. Die Auseinandersetzung um den Primat der wörtlichen oder der sinngemäßen Übertragung ist für die Übersetzer jedoch nicht nur eine übersetzungstheoretische Frage; vielmehr geht es um die deutsche Sprache und die Forderung, sie am Vorbild des Lateinischen zu orientieren. Niklas von Wyle, der rigorose Verfechter der wörtlichen Übersetzung, formuliert, daß «ain yetklich tütsch, daz usz guten zierlichen vnd wol gesatzten latine gezogen ... wer, ouch gut zierlich tütsche vnd lobes wirdig, haissen vnd sin müste».
Demgegenüber steht die Konzeption Heinrich Steinhöwels, der sich – ebenso wie Albrecht von Eyb – ausdrücklich auf das Plädoyer des Horaz

für die sinngemäße Translation beruft. Beide Positionen haben ihre Tradition und ihre Parteigänger; daß sie jedoch im Kreis der süddeutschen Übersetzer, an der Prager Kanzlei und der Wiener Universität aktualisiert werden, hängt wohl mit den eingangs skizzierten Bildungsprozessen zusammen und dem pädagogischen Eifer, der beide Richtungen gleichermaßen prägt. Richten sich bei Heimburg und Wyle und in den Vorstellungen der Wiener Schule die Bestrebungen auf die ‹Bildung› der deutschen Sprache, die nach dem Vorbild des Lateinischen geformt werden soll [188], so ist die Gegenpartei, deren Konzepte sich letztlich durchsetzten (wie Luthers Überlegungen in den *Summarien über die Psalmen und Ursachen des Dolmetschens*, 1533, zeigen), eher an der Vermittlung von Literatur unter lebenspraktischer Maxime interessiert. So widmet Albrecht von Eyb sein *Ehebüchlein (ob einem mann sey zu nemen ein eelich weib oder nit)*, das eine Reihe von Renaissancenovellen zum Zweck ehetheoretischer Disputation versammelt, dem Rat der Stadt Nürnberg zur «sterckung irer pollicey vnd regimentz», das heißt zur Nutzanwendung. Er folgt bei seinen Übertragungen der *Ghismonda* (Boccaccio: *Decamerone*). Erste Novelle des vierten Tags nach der lateinischen Version des Leonardo Bruni) oder der *Marina* (anonyme lateinische Vorlage) den Prinzipien, die er auch seinen Plautus-Übersetzungen (*Menaechmi* und *Bacchides*, beide vor 1475) voranstellt: «solh baide Comedien vnd gedicht hab ich auß latein in teütsch gebracht nach meinem vermügen, nit als gar von worten zu worten, wann das gar vnuerstentlich ware, sunder nach dem synn vnd mainung der materien, als sy am verstendlichsten vnd besten lauten mügen». Die Beteuerung, für diejenigen zu schreiben, die die lateinische Sprache nicht beherrschen, findet sich wiederholt und nachdrücklich in sämtlichen Translationen Heinrich Steinhöwels, ohne daß daraus unbedingt auf ein rein lateinunkundiges Publikum geschlossen werden darf; vielmehr ist von einer symbiotischen literaturfähigen Rezeptionsgemeinschaft auszugehen [496; 346]. Verbunden ist diese Übersetzerhaltung zumeist mit der moralisch-didaktischen Absicht, den Nutzen der Lektüre vor Augen zu führen.

Trotz der Verschiedenheit von Übersetzungsweise, Themen und Vorlagen ist in der Übertragung eines der wichtigsten Literaturphänomene des 15. Jahrhunderts zu sehen. Neben Wyle, Eyb und Steinhöwel stehen zahlreiche (wenn auch weniger weit wirkende) andere Übersetzer, so Ludwig Hohenwang, Konrad Humery oder Hans Neithart, der Terenz übersetzt. Dabei zeigt sich jedoch, daß die Vertreter der verschiedenen übersetzungstheoretischen Positionen in vergleichbarer Manier und Intention ihr Publikum ansprechen. Sie bedienen sich dazu eines ausgefeilten Instrumentariums, das über Vorreden, Dedikationen, kommentierende Interpolationen, programmatische Anordnung der Texte in gedruckten Ausgaben bis zu Anleitungen in Orthographie, Interpunktion, aber auch

Interpretation reicht. So erläutern sowohl Steinhöwel als auch Wyle ihre Zeichensetzung, der Ulmer Arzt im Nachwort zum *Speculum vitae humanae* (1475), der Esslinger Stadtschreiber in der Widmungsvorrede an Mechthild von Österreich, die er seiner ‹Translatze› der beliebten *Euryalus-und-Lukretia*-Novelle (1462) des Aeneas Silvius Piccolomini vorangehen läßt. Bedenken gegen Erotik und Obszönität werden mit einer im 15. Jahrhundert vielzitierten Leseanleitung (dem Bienen-Blumen-Gleichnis) des kappadozischen Kirchenvaters Basilios d. Gr. beschwichtigt, die sich ursprünglich auf die Integration heidnischer Schriften ins Christentum bezog, von Bruni ins Lateinische übersetzt wurde und sich zum Beispiel im Druckprogramm der Zainerschen Offizin in Ulm findet, einer Werkstatt, die mit Heinrich Steinhöwel eng verbunden ist. Nach dem Vorbild der Italiener (insbesondere des Enea Silvio) verwendet Steinhöwel ebenso wie Niklas von Wyle die Passage mehrfach, im *Aesop* (*Esopus*, Dr. zwischen 1476 und 1480) als Lese- und Interpretationshilfe, um von der konkreten Fabel auf den dahinterstehenden moralischen Sinn zu verweisen, in der *De-claris-mulieribus*-Übersetzung nach Boccaccio zur Rechtfertigung der misogynen Tendenz des Werks, die ihr Potential zum Teil aus Inzest, Ehebruch und Prostitution zieht. Ähnlich verfährt Niklas von Wyle in der Dedikation zu *Euryalus und Lukretia* und steigert so die lehrhafte, warnende Tendenz der Novelle, wobei er diese Wirkung noch dadurch verstärkt, daß die Ehebruchsgeschichte, die wie alle Übersetzungen Wyles handschriftlich und/oder gedruckt einzeln verbreitet war, in programmatischer Absicht die Gesamtausgabe der 18 *Translatzen* eröffnet. Die Novelle des Aeneas Silvius dient gleich der nachfolgenden *Ghismonda* (wie Eybs Version nach Bruni und nicht nach Boccaccio) und der dritten Translatze (nach einem Brief des Enea Silvio) der Warnung vor «vnordentliche(r) liebe».

Die ‹Fallstricke der Liebe› sind vieldiskutierte Themen der Zeit, verbunden zumeist mit den Argumentmuster der Ehedidaxe und den traditionellen Topoi der Frauenfeindlichkeit, die im Spätmittelalter in kaum einem Schwank, Roman oder Traktat fehlen. In den Bereich dieser Thematik gehört auch die zehnte Novelle des zehnten Tages aus Boccaccios *Decamerone*, die *Griseldis* (um 1461), die in der lateinischen Fassung Petrarcas Eingang in das Reservoir der Ehedidaxe findet. Steinhöwel übersetzt sie ebenso wie Erhard Grosz († um 1450) ins Deutsche, Wyle kennt sie, und Albrecht von Eyb benutzt sie als Exempel in seinem *Ehebüchlein*. Auch in der deutschen Gesamtübersetzung des *Decamerone* ist die Novelle nach dem Vorbild Petrarcas umgestaltet, ein weiterer Beleg für die Gebrauchsorientierung und Funktionalisierung literarischer Texte, der sich auch Arigo, der deutsche Übersetzer des *Decamerone*, nicht entziehen kann. Arigos *Decamerone*-Übertragung geht circa 1476 aus der Zainerschen Offizin in Ulm hervor [129] und erscheint dann nur noch ein wei-

teres Mal im 15. Jahrhundert. Diese Übertragung bildet das Stoffreservoir, aus dem zahlreiche Autoren des 16. Jahrhunderts schöpfen, so Hans Sachs, Jörg Wickram und Montanus. Im Gegensatz zu Steinhöwel, Wyle und Eyb ist der Autor jedoch nur ein Schemen, nach zahlreichen Versuchen identifizierte Baesecke Heinrich Schlüsselfelder als Arigo, ein neuerer Vorschlag nennt den Wyle-Schüler Heinrich Oesterreicher [624].
Wyles Schülerkreis ist gut belegt [789; 139]; ein Beispiel bietet die 18. Translatze, eine Titulaturanleitung nach italienischem Vorbild, die als Lehrbuch in Stilistik und Orthographie gedacht ist und die für eine strengere Regelhaftigkeit der deutschen Sprache plädiert. Ihr Adressat, ein Ratsherr und ehemaliger Schüler Wyles, steht stellvertretend – wie in den übrigen Dedikationen der Übersetzungen – für eine größere Gruppe, hier Funktionsträger der Kanzleien, zu deren Gebrauch der Text gedacht ist. So findet sich in der Ratsschreibstube der Stadt Nürnberg der Wyle-Schüler Wilhelm von Hirnkofen, der nicht nur in der Amtstätigkeit sondern auch in den literarischen Interessen seinem Vorbild folgt: Er übersetzt die *Hofschelte* des Enea Silvio ins Deutsche.
Heinrich Steinhöwel, dessen Werk im Vergleich mit Wyle (aber auch mit Eyb) vielleicht am deutlichsten noch mittelalterliche Spuren in Themenwahl und Texteingriffen zeigt [905], wirkt auf andere Weise als Literaturvermittler: Er ist aktiv an der Förderung der jungen Druckkunst beteiligt. Das Programm der Zainerschen Offizin in Ulm ist wohl maßgeblich von ihm beeinflußt, zudem ist er als Geldgeber des Druckers bezeugt. Die Zusammenarbeit oder besser: das Mentorenverhältnis, denn Zainers wirtschaftlicher Niedergang setzt mit dem Tod Steinhöwels ein, beginnt mit einer reinen Fachschrift, Steinhöwels *Pestbüchlein* (1473), einer wiederholt gedruckten Vorsorge- und Therapieschrift. Das Interesse an der Werkstatt scheint sich aber nicht nur auf das eigene Werk erstreckt zu haben (Übersetzung von *De claris mulieribus*, *Deutsche Chronik*, *Griseldis*), vielmehr wird auch hinter der Herausgabe der *Decamerone*-Übersetzung die Initiative Steinhöwels vermutet. [128].

Exkurs: Fabel

Heinrich Steinhöwels ambitioniertestes Werk ist die Compilation, Edition und Übersetzung der großen *Aesop*-Corpora des Mittelalters. Er etabliert im sogenannten *Ulmer Aesop*, der 1476 aus der Werkstatt Johann Zainers ausgeht, nicht nur eine Textgemeinschaft, die bis weit in die Neuzeit tradiert wird; vielmehr gelingt in der Zusammenarbeit mit einem engagierten Drucker ein Buch, das zu den schönsten Dokumenten der Buchillustration zu zählen ist [128, *S. 93f.*]. Die lateinisch-deutsche Ausgabe *(Vita Esopi fabulatoris clarissimi e greco latina per Rimicium facta ... vnd fürbas das selb leben Esopi mit synen fabeln ...)* – mit über 200 Holzschnitten reich ausgestattet – umfaßt neben einer theoretischen Einführung in die Gattung ‹Fabel› *vita et fabulae*. Steinhöwel führt hier die wichtigsten mittelalterlichen Fabel-Corpora zusammen, den *Romulus*, den sogenannten *Anonymus Neveleti* und *Avian*. Ergänzt werden diese durch Rinuccio da Castiglione sowie eine Anzahl von Fazetien Poggios und Novellen des Petrus Alphonsi. Fabeln, und dies heißt zumeist aesopische Fabeln, werden während des gesamten Mittelalters rezipiert, ihre Lebensform ist die Adaptation und mithin auch die Übersetzung. So gehen dem *Ulmer Aesop* im Späten Mittelalter der *Wolfenbüttler Aesop* (1270), der *Magdeburger* (um 1400) und *Leipziger Aesop* (1420/50) voraus, vor allem die *Edelstein* (1349/50) genannte erste hochdeutsche ‹Autorensammlung› des Ulrich Boner (urkundl. belegt von 1324 bis 1349), deren Reimpaarfabeln erst durch den *Ulmer Aesop* verdrängt werden. Auch ihren Grundstock bilden die maßgeblichen lateinischen Sammlungen, der sogenannte *Anonymus Neveleti* und *Avian*.

Im Jahrhundert der Reformation folgt Martin Luther (1483 bis 1546) mit 14 Fabeln, die Steinhöwels *Aesop* zwar als Quelle benutzen, jedoch von dem Wittenberger in der – nicht ausgeführten – Absicht verfaßt wurden, die unmoralischen Tendenzen jener Sammlung zu korrigieren und auf Dauer das populäre Werk zu ersetzen. Schlüsselfabel ist dabei für den Reformator ebenso wie für Steinhöwel, Boner und die zahlreichen anderen Adaptationen die berühmte Fabel vom Hahn, der eine Perle oder einen Edelstein findet, womit dieser – der auf der Suche nach Körnern ist – wenig anzufangen weiß. Diese, bei Steinhöwel mit prononcierter Didaktik vorgetragene Geschichte, die im *Ulmer Aesop* die Reihe der Fabeln anführt, verweist auf den Gebrauchskontext der aesopischen Fabeln im literarischen Leben. Fabeln sind als Gattung gebrauchsorientiert, sie entstehen und finden Verwendung als Lese- und Übungsvorlagen, sie gehören als Übersetzungsstücke in den Lateinunterricht und dienen der Predigt als illustrierende Beispiele [496]. So ist es naheliegend, daß gerade der Übersetzer Steinhöwel sich der Fabelsammlungen annimmt und eine zweisprachige Ausgabe herstellt.

Horst Wenzel

Autobiographie und Reisebeschreibung

Die Unmittelbarkeit des Lebens in der alteuropäischen Gesellschaft, die Anerkennung der sozialen Regeln als Vorgaben der Natur, läßt es grundsätzlich ausreichend erscheinen, sich von Tag zu Tag neu zu behaupten, auf Langzeitplanung und auf die Erkundung fremder Welten zu verzichten. Eine allgemeine Ausdeutung des Lebens, den fehlenden Ordnungszusammenhang, liefert die *lex divina*, die als *lex naturae* die Einrichtung des Erdkreises beschreibt und den Einzelmenschen nicht als den besonderen, sondern als den allgemeinen Repräsentanten seines Standes definiert. Deshalb bleibt die Verbindlichkeit des kosmologischen Ordnungsentwurfes, bleibt der Geltungsanspruch idealer Lebensläufe auch so lange dominant, bis die Organisation des Alltagslebens am Hof und in der Stadt den Menschen seiner angeborenen Umgebung so entzweit, daß ihm die vorformulierte Definition von Welt und Leben problematisch wird.
Wo der agrarisch dominierten Lebensweise neue Lebensformen sich entgegensetzen, die nur noch mittelbar an die Natur gebunden sind (Hof/Stadt), wird die mögliche Distanz zur Natur notwendig – die Wahrnehmung von Welt als einer fremden Welt und die Wahrnehmung des Menschen in seiner jeweils eigenen Umgebung. Inmitten der komplexer werdenden Lebensbezüge reicht die theoretische Beschreibung des Erdkreises nicht mehr aus, ist die persönliche Erfahrung vielseitig handelnder Personen mit der universalistischen Weltsicht des Hochmittelalters immer schwerer zu vereinen. Die neu sich durchsetzenden Lebensformen erzwingen die erneute Orientierung in Raum und Zeit, und damit gewinnt die ästhetische Vermittlung von Lebens- und Welterfahrung zunehmend an Bedeutung.
In Autobiographie und Reisebeschreibung zeigen sich derart zwei verschiedene Seiten ein und desselben Vorgangs: Hier dominiert die Aneig-

nung des eigenen gesellschaftlichen Seins, dort die Wahrnehmung der fremden Welt – jeweils dargestellt durch einen einzelnen, der sich im Akt des Schreibens als vergesellschaftetes Ich manifestiert. Voraussetzung einer literarischen Selbstthematisierung, die das Verhältnis von Gesellschaft und Individuum ästhetisch vermittelt, ist also nicht die Absolutsetzung des Subjekts, sondern eine wachsende Bewußtheit über die Vielfalt gesellschaftlich möglicher Handlungen; Voraussetzung der Reisebeschreibung wäre dementsprechend die zunehmende Bewußtheit über die Besonderheit des eigenen Alltags. Autobiographie und Reisebeschreibung sind Texte der Gebrauchsprosa, vertreten einen Typus von Literatur, der im Übergang von der Erfahrung zur ästhetischen Erfindung haltmacht. Aus der Unmittelbarkeit des Lebens hervortretend in eine zunehmende Distanz zu den kanonisierten Weltbildern, organisiert ein jeweils historisch bestimmtes Subjekt schreibend seine Erfahrungen zu Literatur – Erfahrungen, die der Autor mit erzählerischen Mitteln darstellt, auswählt, interpretierend anordnet, akzentuiert, pointiert und so zu einem Ganzen fügt, das durch seine ästhetische Organisation anschaulich wird.

Autobiographie

Die volkssprachige Selbstbiographie wird in Deutschland erst gegen Ende des 14. Jahrhunderts in ihren frühen Anfängen ausgebildet, erreicht dann aber im 15. und 16. Jahrhundert eine außerordentlich weite Verbreitung. Als literarische Form ist die Selbstbiographie ein Novum, sie ersetzt die idealen Lebenslaufmuster der Vita, die sich allerdings auch in der neuen Form noch partiell behaupten.

Die Viten von Heiligen, von Kaisern, Königen und Fürsten sind noch kein Abbild empirischer Lebensformen, sie zeigen nicht die Grundfigurationen immer wiederkehrender Karrieren, sondern verbildlichen abstrakte Tugendkonzepte, die Idee der *vita religiosa*, der *vita regalis* und der *vita nobilis*. Der Lebenslauf der Vita ist aufgebaut nach dem Prinzip wachsender Tugend, wird strukturiert vom Ziel her mit der Absicht, ein präformiertes Ideal zu demonstrieren, intendiert die Devotion für das Prinzip und nicht die Interpretation des Alltags.

In der Selbstbiographie dagegen ist die ‹Wahrheit› eines Lebenslaufs nicht mehr vorgegeben, sondern wird in der retrospektiven Vergewisserung des Autors über die Denkwürdigkeiten seines eigenen Lebens hergestellt. Entstehung und Erscheinungsform einer ‹typischen› Selbstbiographie des späten Mittelalters hat Georg Misch in seiner monumentalen Geschichte der Autobiographie anschaulich skizziert:

«Der Sohn verzeichnet zu Nutz und Frommen der Angehörigen, was er vom Vater gehört hat, stellt aus alten Urkunden und Familienpapieren die Geschichte des

Geschlechts, mit besonderer Berücksichtigung der Besitzverhältnisse zusammen, fügt die eigene Geschichte und die seiner Kinder und Kindeskinder samt Lebensregeln oder sprichwörtliche Lehren, auch in Form direkter Anreden, hinzu, bald als Bürger aufgehend in die Chronik der Commune, bald als Familienmitglied verschwindend unter der Unzahl von Anverwandten, dann aber auch mit Bewußtsein sich selbt in den Mittelpunkt rückend oder die Selbstbiographie reinlich absondernd innerhalb einer Chronik der Vaterstadt.» [537, *Bd. IV 2, S. 585*]

Misch orientiert sich für unser heutiges Verständnis allzu einseitig am bürgerlichen Individuum; grundsätzlich jedoch erweist sich seine Skizze für die Selbstbiographie des Adels ebenfalls als zutreffend. Der Diversifikation persönlicher Collagen ist demnach kaum eine Grenze gesetzt, der Zusammenhang des Lebens primär abgedeckt durch eine Addition von Material und noch kaum erkennbar als ein linear fortschreitender Verlauf.

So ist Ulman Stromers (1329 bis 1407) *Puechel von meim geslechet und von abentewr* (umfaßt den Zeitraum 1349 bis 1407), das verschiedentlich zitiert wird als erste deutsche Selbstbiographie eines Bürgers, noch keine Lebensbeschreibung in zusammenhängender Erzählung, sondern eine pragmatisch motivierte Auswahl von Daten und Nachrichten zur Reichsgeschichte im 14. Jahrhundert, zur Stadtgeschichte von Nürnberg, zur Genealogie der Stromer, zur Geltung des Familienwappens, zur Einrichtung einer Papiermühle, zu Preisen und Geldverhältnissen in Nürnberg, Brügge oder Krakau und erst zuletzt zum Lebenslauf des Ulman Stromer selbst. Er gewinnt für uns deshalb noch kaum Konturen als Charakter, sondern erscheint primär als personaler Bezugspunkt der von ihm erfaßten Daten und Fakten. Er sammelt und verzeichnet über Jahre memorierenswertes Wissen aus den Lebens- und Wirkungsbereichen, an denen er partizipiert, stellt diese Daten jedoch weitgehend unverbunden nebeneinander; sie werden nicht organisiert zu einem sinnhaften Kontinuum, nicht vermittelt durch die Perspektive eines Ich, das in wechselnden Bezugssystemen und im Fortschreiten der Zeit sich identisch weiß mit sich selbst.

Geht es bei Ulman Stromer noch primär um die Aufbereitung von praktisch verwertbarem Wissen, so wird die Frage nach dem Selbst, nach dem eigenen Gewordensein und nach der Kontinuität der eigenen Person bei Burkhard Zink (um 1396 bis 1474/75) schon dringlicher gestellt. Die Selbstbiographie des Burkhard Zink ist eingefügt in seine *Chronik der Stadt Augsburg* (vor 1468), die schon früh das Etikett der subjektiven Färbung provoziert hat. Zinks Entwurf der Stadtgeschichte umfaßt den Zeitraum zwischen 1368 und 1468, also ungefähr den Lebenszeitraum des Chronisten, enthält die Darstellung der zeitgenössischen Geschichte, Anekdoten, kurze oder längere Autorenkommentare und unterhaltsame Erzählungen über zahlreiche Personen von mehr oder weniger großem

Interesse. Hier liegt der Ansatzpunkt für Burkhard Zinks elaborierte Selbstdarstellung, die gegen den Gattungstyp der Chronik sich als neue Form behauptet, dieses Rahmens zwar bedarf, ihn aber dennoch sprengt als ein «besunder buech», wie Zink selbst festhält: «In dem namen gots fach ich an zu schreiben diß nachvolgend besunder buech, wie ich Burkhart Zingg von meinen kintlichen tagen gelept und wes ich mich genietet han und wie es mir gangen ist.»

Im Unterschied zu Ulman Stromers Aufzeichnungen ist das «besunder buech» des Burkhard Zink durch die Ausgrenzung aus der Chronik Augsburgs von den Geschehnissen der Reichs- und Stadtgeschichte selbst entlastet. In dieser kaum bewußten Aufspaltung von biographischer und historiographischer Perspektive beginnt sich eine Abgrenzung von öffentlicher und persönlicher Geschichte abzubilden, die völlig neu ist: Dem Chronikschreiber Zink ist seine Stadt durchaus noch nicht bloßes Objekt, sondern mit ihm auch Subjekt der Darstellung, sie bestimmt seinen Gesichtskreis und sein Urteil. Als Biograph seiner selbst aber geht er nicht mehr auf in der Geschichte seiner Stadt, die ihm zwar Vorgeschichte ist und Rahmen, seinem engeren Gesichtskreis jedoch so lange entrückt bleibt, wie er sich auf den eigenen Werdegang konzentriert. In diesem Sinne ist der Autor viel mehr bei sich selbst als Ulman Stromer, und gleichzeitig ist der Horizont der eigentlichen Selbstdeutung viel enger: Der breiten, statuslegitimierenden Aufzählung der Vorfahren Stromers steht hier die Beschränkung auf Vater und Mutter gegenüber, dem Sippen- und Geschlechterverband die engere Familie, der Identifikation mit Nürnberg und dem Reich die Bindung an den engeren Wohnbezirk, an Haus und Nachbarschaft in Memmingen und Augsburg. Der chronikalische Zusammenhang von Stadt- und Reichsgeschichte macht diese Abgrenzung jedoch überhaupt erst möglich und bleibt der Ich-Geschichte dialektisch noch verbunden in der Isolierung, die das Ich erst eigentlich konstituiert.

Die bisher edierten Selbstbiographien des späten Mittelalters stammen etwa zu gleichen Teilen aus dem Adel und aus dem Bürgertum der Städte – was im Widerspruch steht zu der verbreiteten Anschauung, daß in der Selbstbiographie das ‹Bürgertum› und nur das ‹Bürgertum› zum Bewußtsein seiner selbst komme. Zugrunde liegt dieser perspektivischen Verzerrung eine dualistisch vereinfachende Sicht, die zwischen Adel und Stadtbürgertum zu entschieden eine Trennungslinie zieht. Die städtischen Geschlechter, die ihren vorrangigen Status durch aristokratische Lebensformen ausweisen – Grundbesitz und Mannschaft haben, Feste und Turniere feiern –, und der mitunter sehr flexible Adel, der seinerseits kaufmännisches Wirtschaftsdenken adaptiert und sich am Hof in Konkurrenz behaupten muß, zeigen im 15. und 16. Jahrhundert gleichermaßen ein Bedürfnis nach Selbstthematisierung, das sich ganz verschiedener Traditionen bedient.

Neben dem breiten Strom an genealogischem, chronikalischem und annalistischem Schrifttum, neben Reisebeschreibung und Vita, bleibt die Tradition der Confessiones von Augustinus bis zu Abälard zu erwähnen, sind aber auch die Handels- und Wirtschaftsbücher zu berücksichtigen, die häufig mit Privatnotizen angereichert werden und deshalb vielfach biographischen Charakter annehmen.
Autobiographische Äußerungen finden sich häufig in Briefen, Tagebüchern, Liedern, Reden usw. Selbst dort, wo der gattungskonstituierende Aspekt der biographischen Selbstthematisierung dominant ist, werden unterschiedliche Formen autobiographischen Redens verwendet, unterschiedliche Gattungstraditionen berücksichtigt. Deshalb signalisiert die Fülle autobiographisch produktiver Autoren auch keine Einheitlichkeit der Texte, weder bei den Adligen Georg von Ehingen, Wiwolt von Schaumburg, Ludwig von Diesbach, Christoph von Thein, Michel von Ehenheim, Georg von Frundsberg, Götz von Berlichingen, Sigmund von Herberstein, Sebastian Schertlin von Burtenbach, Hans von Schweinichen oder der hofnahen Helene Kottanerin, noch bei den Stadtbürgern Ulman Stromer, Burkhard Zink, Christoph Fürer d. Ä., Johannes von Soest, Albrecht Dürer, Lucas Rem, Thomas Platter, Felix Platter, Bartholomäus Sastrow oder im *Buch Weinsberg* [595; 596].
Es gibt für die Komplexität individueller Lebensverhältnisse lange keine feste, gesellschaftlich organisierte und durch öffentlichen Konsens legitimierte Form der literarischen Selbstdarstellung. Die neuen Ansätze behaupten sich deshalb auch nur selten öffentlich gegen die traditionellen Lebenslaufmuster und Karrieremodelle. Der Publikumsbezug bleibt zunächst sehr begrenzt; gedacht ist häufig nur an die unmittelbaren oder mittelbaren Nachkommen und Verwandten, die Darstellung des öffentlichen Lebens bleibt derart der Veröffentlichung weitgehend entzogen. Der Unterschied von Autobiographie und Memoiren, die Darstellung privaten respektive öffentlichen Lebens deutet sich darin schon an, ohne daß diese Abgrenzung bereits vollzogen wäre. Das macht die Anwendung des eingeführten Gattungsbegriffes durchaus problematisch, der eher auf die ausgebildete Form der Selbstthematisierung des 18. und 19. Jahrhunderts sich bezieht als auf die spezifische Form der Selbstbiographie im 15. und 16. Jahrhundert. Wenn man den Begriff jedoch nicht systematisch faßt, sondern ihn bewußt anwendet für die historisch sich verändernden Formen biographischer Sinnkonstitution, läßt sich der Gebrauch schon für das Mittelalter rechtfertigen.

Reisebeschreibung

Die Reisebeschreibung setzt eine gesellschaftliche Disposition zur Mobilität voraus, bezeugt das historisch signifikante Heraustreten aus den naturwüchsigen Lebens- und Sozialverhältnissen, das überhaupt erst mög-

lich macht, zu fragen, zu beobachten und aufzeichnend zu deuten, was die Fremde von den eigenen Verhältnissen abgrenzt und unterscheidet. Jede Reisebeschreibung interpretiert die Welt nach Maßgabe der gesellschaftlich vorgegebenen Wahrnehmungsmöglichkeiten, und als Medium der Weltauslegung dient sie zugleich der Selbstfindung des einzelnen. Deshalb verbietet sich auch die vielfach postulierte Zuordnung der Reiseliteratur zur eigentlichen Fachliteratur: Die Unterscheidung von geographischer Information und fabulösem Beiwerk, die aus der Perspektive der etablierten Wissenschaftssystematik naheliegt, verkennt das Multiversum der Wahrnehmungsbereiche, die das Faszinosum der Reise im Mittelalter erschließt, ebenso wie die Komplexität der traditionellen Wissensbestände, aus denen sich die Bilder fremder Welten im Mittelalter zusammensetzen.
Die historisch vorgegebenen Dispositionen, die den einzelnen zur Reise und zur Beschreibung dieser Reise in einem ästhetisch organisierten Text veranlassen, sind überaus vielfältig, wie Otto von Diemeringen (urkundl. belegt 1369 bis 1398) in seiner deutschen Version (1483) von *John Mandevilles Reisen* (vor 1400) ausführt [642]:

> «Wer nun eynen guden und hohen erbern mut hat und hohe erbare dynge understeen wil, dem sal nicht alleine gnungen eyns landes kuntschafft, und darumb durch farent etzliche lude verre fremede lande. Die eyne durch bedefart willen, die anderen durch andacht, die dritten durch rytterschaft, die veirden durch kauffmanschatz, die funfften durch wonder tzu beschauwen, die sesten durch mynne, durch ebenteure adir durch ander sache willen...»

Er gibt damit bereits ein Raster vor, das nur wenig zu modifizieren ist, um den Großteil der überlieferten Reisebeschreibungen darunter zu subsumieren: Pilgerreisen («durch bedefart, durch andacht»), Ritter- und Hofreisen («durch rytterschaft», «durch mynne»), Kaufmannsreisen («durch kauffmanschatz»), Reisen von Scholaren und Gelehrten («durch wonder tzu beschauwen»), Reisen von Abenteurern und Entdeckern («durch ebenteure adir durch ander sache willen»). Diese Differenzierung entspricht einer Differenzierung der Wahrnehmung bei den Autoren: Die Topographie der Reise wird nicht dargestellt und beschrieben als einheitlicher, geometrisch definierter Raum, sondern als Wahrnehmungs- und Erfahrungsraum, der die individuelle und gruppenspezifische Perspektive des Reisenden abbildet.
Ausgespart in der Auflistung des Otto von Diemeringen bleibt die Kriegsfahrt, obwohl der Krieg den ursprünglichen Anlaß liefert für ein Leben in der Fremde («ellende»), das noch im Mittelhochdeutschen als ein Synonym gilt für unfreiwillige Trennung, für Unglück und Elend. Mhdt. *reise* meint zunächst den Kriegszug, *reisen* ‹ins Feld ziehen›, ‹rauben›, ‹plündern›, der *reiswagen* ist der Kriegswagen (Frachtwagen) und das *reis-*

buoch keine Reisebeschreibung, sondern das Verzeichnis der im Krieg erfolgten Ausgaben. Ähnlich behält mhdt. *vart* neben der Bedeutung ‹Reise›, ‹Wallfahrt› vielfach die Bedeutung ‹Kriegsfahrt›. So demonstriert bereits der Sprachstand die historisch vorgegebene Dominanz des mobil machenden Krieges gegenüber allen anderen Möglichkeiten der Reise unter den Bedingungen des Feudalzeitalters: Archetyp der Reise ist der Krieg.

Pilgerreisen

Es sind die Kriegsfahrten im Zeichen des Kreuzes, die ‹bewaffneten Wallfahrten› nach Jerusalem, die dem Europäer zum erstenmal die umfassende Erfahrung einer neuen Welt ermöglichen, eine erste Phase anhaltender und breitenwirksamer west-östlicher Kulturkontakte einleiten, die den Orient zum integralen Bestandteil des europäischen Weltbildes machen. Aber ähnlich wie die ‹Neue Welt› Amerika im 15. und 16. Jahrhundert, wird die Welt des Orients zunächst interpretiert als negative Bestätigung der eigenen Ordnung, als der negative Garant christlich-abendländischer Identität.

Die frühesten Reisebeschreibungen können ungewohnte Lebensformen kaum verstehend nachvollziehen oder neutral objektivierend zur Kenntnis nehmen; die Erfahrung der Fremde wird vielmehr in Übereinstimmung gebracht mit der eigenen Lebenspraxis und den daraus resultierenden Parametern des Denkens. Das gilt besonders für all jene Reiseziele, die affektiv besonders stark besetzt sind und durch eine vorgegebene, konventionell definierte, womöglich theologisch fundierte Interpretation bereits erklärt und beschrieben sind. Charakteristisches Beispiel dafür sind die Fahrten nach Jerusalem und die typisierenden Stadtbeschreibungen, die solche Fahrten dokumentieren. Die Jerusalembeschreibungen von Steffan Baumgartner (1498), Sebald Rieter (1479) oder Dietrich von Schachten (1491), von Ludwig Tschudi (1519) oder Friedrich Rehlinger (1550) gleichen sich wie ein Reiseführer dem anderen. Die zahlreich überlieferten Pilgerberichte können hier nicht einzeln aufgeführt werden. Viele finden sich in Siegmund Feyerabends Sammlung *Das ist ein grundtliche beschreibung aller und jeder Meer- und Bilgerfahrten zum heyligen Lande* (1584). Die Texte bieten eine Aneinanderreihung von Sehenswürdigkeiten, die nicht aus subjektiver Sicht beschrieben werden, sondern nach Maßgabe ihrer fraglos gesicherten, objektiv festgelegten Qualität. Weil die Glaubensstätten Zeugnisse der Heilsgeschichte sind und in diesem Sinne heilig wie die Gottesworte selbst, ist für den Chronisten nichts anderes erforderlich als die Bestätigung eines vor aller Erfahrung festgelegten Vorwissens (Toposwissen). Es ist die Zeitlosigkeit der Heilsgeschichte, deren Zeit die Ewigkeit bleibt, und es ist der heilsgeschichtlich beglaubigte Mittelpunkt der Welt, die es zu erleben und auch darzustellen gilt. Nicht die individuelle Perspektive des Besuchers bestimmt demnach die Wahrnehmung, sondern das Objekt der Wahrnehmung prädestiniert die Sichtweise des Reisenden.

Anreise und Abfahrt sind demgegenüber unbedeutend, erscheinen aber heute um so interessanter, weil weniger generalisiert, weniger schematisch und zugleich stärker angereichert mit völkerkundlichen und geographischen Beobachtungen oder mit Bemerkungen zur eigenen Person des Autors. Etwa seit der Mitte des 15. Jahrhunderts zeigt sich mit der stofflichen Erweiterung der Reisebeschreibungen vornehmlich eine Zunahme solcher Äußerungen über Wind und Wetter, seltsame Tiere und Menschen, über fremde Sitten und Fertigkeiten (Erfahrungswissen). Bezeichnend dafür sind etwa die Schilderungen von Venedig oder Jaffa, die Dietrich von Schachten in seiner Reisebeschreibung gibt. Er will von Venedig das erzählen, was er «daselbstenn gesehenn». Auch hier dominiert die Einstellung auf das, was sehenswert ist, und nicht die individuelle Perspektive des Erzählers. Sehenswert sind aber nicht mehr ausschließlich die Glaubenszeugnisse und -denkmäler der Heilsgeschichte, sondern das Kuriosum einer Stadt auf hölzernen Pfählen, die Kanäle besitzt anstatt Gassen. Sehenswert ist also das Ungewohnte, das Fremde, das Seltene, das Kostbare, das den Ruhm einer Stadt ausmachen kann und seinen Abglanz wirft auf den, der es tatsächlich selbst gesehen hat. Eine konventionelle Beschreibung der heiligen Stätten und eine originelle Schilderung von An- und Abreise schließen sich also keineswegs aus: ‹Toposwissen› als schriftlich überliefertes Wissen von der Beschaffenheit der Welt, dessen Glaubhaftigkeit sich der christlich-antiken Tradition verdankt, und ‹Erfahrungswissen›, das aus direkter Beobachtung resultiert, sind hinsichtlich ihrer Glaubwürdigkeit zwar hierarchisiert, werden aber aggregativ verbunden in ein und derselben Textsorte [499]. Das gilt grundsätzlich auch für die Pilgerberichte der Geistlichkeit, die häufig in Latein abgefaßt sind und sich durch ihren Anspruch und die öffentliche Zielsetzung von den übrigen Schriften abheben. Das gilt bereits für Wilhelm von Boldensele (1333/36) und Ludolf von Sudheim (1336 bis 1341), aber auch für Bernhard von Breydenbach (um 1440 bis 1497) und ganz besonders für Felix Fabri (1438 bis 1502), Lesemeister des Dominikanerklosters in Ulm, der als geistlicher Begleiter adliger Pilgergesellschaften zweimal nach Jerusalem reist (1480 und 1483) und seine Fahrten so ausführlich und informativ beschreibt, daß er bereits früh zur Autorität geworden ist.

Ritterfahrten und Hofreisen

Adel realisiert sich als Hof- und Kriegsdienst, durch *consilium* und *auxilium*; zum Adelsleben gehört deshalb die Kriegsfahrt und die Hofreise und damit eine grundsätzliche, statusspezifische Mobilität. So erfährt

Georg von Ehingen (1428 bis 1508) von seinem Vater, «das sin will nit wer, dasz ich... in der ruow an der fürsten höff und in der herbergen also da hinden nidersitzen söllt». Georg zieht nach Rhodos, um die Türken zu bekämpfen, und weiter nach Jerusalem. Er wird nach seiner Rückkehr am Hof Herzog Albrechts VI. (1418 bis 1463) ehrenvoll empfangen, aufgenommen in die Rittergesellschaft vom Salamander und zum obersten Kämmerer des Herzogs bestellt. Der Friede in den habsburgischen Landen hindert eine Fortsetzung seiner Karriere, weil er keine Chance zu besonderer Bewährung bietet; deshalb geht er erneut auf Reisen:

«Esz war och guoter frid in allen rychen der kristenheit. Also ward ich gedenken, das mier nit nutz wer, mein zyt also zuo verlieren und still zuo liegen... und gedacht mir, ich wöllt understen in die treffenlichsten küngrych der kristenhait ziehen, und so lang von aim rych in daz ander, bisz ich zuo ernstlichen grossen sachen und handlungen kumen möcht» (*Des schwäbischen Ritters Georg von Ehingen Reisen nach der Ritterschaft*, nach 1495) [647].

Georg von Ehingen ist offenbar kein Einzelfall; denn immerhin werden nach der Satzung der ‹Turniergesellschaft zum Fisch und zum Falken› in Schwaben (1484) alle diejenigen von den Beitragszahlungen befreit, die «so with undt verr von Landt geritten / oder gezohen wären / Ritterschaft zu suchen». Die Erfahrung solcher Reisen wird nach den Mustern ritterlicher Idealität verarbeitet und umgedeutet. Die ritterliche Selbstdeutung läßt keinen Raum für diplomatische Aktivitäten, ökonomische Interessen oder politische Verwaltungstätigkeit. Entsprechende Motive spart Ulrich von Lichtenstein (um 1200 bis 1275) bei der Beschreibung seiner Minnefahrten im *Frauendienst* (um 1255) ebenso aus wie Peter Suchenwirt (um 1330 bis bald nach 1395) in den Adelsitinerarien seiner Wappengedichte oder Leo von Rožmital, dessen Ritter-, Hof- und Pilgerreise (1465 bis 1467) von Gabriel Tetzel (gest. 1479) aus Nürnberg aufgezeichnet wird. Eine erste bedeutende Ausnahme liegt vor in dem Reisebuch Hans Schiltpergers (geb. 1380), der 1396 in der Schlacht von Nikopol zunächst in die Gefangenschaft der Türken fällt, 1402 an die Mongolen gerät und insgesamt fast 30 Jahre als Sklave und Soldat durch weite Teile Asiens zieht. Grundsätzlich jedoch wirken die konventionellen Selbstdarstellungsmuster von Aventiurefahrt und Minnereise in der Literatur der Höfe so sehr nach, daß die Kommunikation über Kriegsfahrten und Hofreisen noch weitgehend in den traditionellen epischen und lyrischen Textgattungen geschieht. Beispiel dafür sind einerseits die frühen Prosaromane (*Melusine, Fortunatus*), andererseits die Reiselieder Oswalds von Wolkenstein (1376 bis 1445) oder Michel Beheims (1416/21 bis 1474/78).

Kaufmanns- und Handelsreisen

Die Intensivierung der Handelsverbindungen zwischen den großen europäischen Städten bildet sich ab in der gesteigerten Zahl von Aufzeichnungen, die merkantile Zwecke erfüllen und merkantile Aktivitäten festhalten, aber zugleich die Erfahrung fremder Menschen und ihrer Gewohnheiten mitteilen: die Sehens- und Merkwürdigkeiten fremder Städte und Länder, die Naturgewalten, denen sich der Kaufmann auf seinen Reisen schutzlos ausgeliefert sieht, und die Gefahren, die ihm und seinen Waren drohen durch Räuber, Piraten oder Seuchen.

Die Welser, Fugger, Baumgartner, Manlich, Imhoff, Rem und Fürer demonstrieren den Zusammenhang von Schriftlichkeit und Kaufmannschaft in ihren Aufzeichnungen, die zum Teil auch biographischen Charakter haben. Für die reisenden Kaufleute, die in ihrer Selbstdeutung durch traditionelle Rollenbilder weniger festgelegt sind als der Adel, erscheint der Konflikt zwischen eigenem Erfahrungswissen und erworbenem Vorwissen noch am geringsten, besteht die Möglichkeit zur individuellen Wahrnehmung am ehesten.

Die veränderte Raum- und Zeiterfahrung zeigt sich besonders deutlich im *Tagebuch des Lucas Rem aus den Jahren 1494–1541*, in denen sich Lebens- und Reisebeschreibung auf bezeichnende Weise vermischen: «Mein gepurrt, tail meins leben, fil und gros raysens». Für Lucas Rem (1481 bis 1542) wird die Überwindung des Raums zum wichtigen Verlangen, das Ausnutzen der Zeit zur hervorragenden kaufmännischen Tugend. Dies neue Verhältnis zur Zeit zeigt sich vor allem in der Rastlosigkeit seines Handelns (18. April 1502: «fruo rit Ich... tatt unmas fil reytens, gros arbait, mie, tag und nacht in Savoya hin und her»). Dementsprechend irritieren ihn nutzlose Wartezeiten, belastet ihn die Zeit, die er nicht mit «nutzlichen tugentlichen sachen» zubringen kann.

Neben kaufmännischen Daten berichtet Lucas Rem auffällig breit nur über zwei Bereiche: seine Krankheitsgeschichte und den Besuch von Kirchen, Klöstern, Wallfahrtsstätten und Reliquien. Den eingreifenden Beistand Gottes setzt der mittelalterliche Kaufmann grundsätzlich voraus: «Hat uns gott mit gnad und hilf geben 11 pro C°.», heißt es bei L. Rem zum Jahr 1536. Ein gutes Verhältnis zu diesem himmlischen Handelspartner sucht er deshalb durch Dotationen und Stiftungen, durch Wallfahrten und Reliquienkauf zu sichern. Ähnlich scheint die Aufmerksamkeit auf die Gebrechen des eigenen Körpers erklärbar aus dem Wissen um die Gesundheit als Bedingung kaufmännischen Wirkens (August 1521: «krank, elend und schwach fuor ich zu schiff aus köln, gantz undultig, dan kain doctor, noch ander, konten mir sagen, waz main krankhait were».) Es scheint also, daß die Tätigkeit im Handel, daß die Zwänge zur selbständigen Entscheidungsfindung, zur Eigenverantwortlichkeit unter Risiken, zu den wichtigsten Voraussetzungen gehören für die Selbstbehauptung gegenüber Autoritäten und für die Veränderungen der Wahrnehmungsmöglichkeit für das eigene Ich und die umgebende Welt.

Reisen in die Neue Welt

Bereits die portugiesische Erschließung von Ostindien (Vasco da Gama 1498), die Venedigs Mittlerrolle zwischen Orient und Okzident beendet, suchen die Nürnberger und Augsburger Kaufherren zu nutzen. Sie sind mit drei Schiffen beteiligt an der ostindischen Handelsfahrt unter Francisco d'Almeida (1505/06), die Balthasar Sprenger als «ain bestelter von wegen der Welser» begleitet und beschreibt (*Die Merfahrt vn erfarung nüwer Schiffung vnd Wege zu viln onerkanten Inseln vnd Künigreichen... wie ich Balthasar Sprenger sollichs selbs: in kurtz uerschyne zeiten: gesehen vn erfahren habe*, Dr. 1509) [785; 865]. Die Welser, Fugger, Imhoff, Hochstetter und Hirschvogel können aber auch die reichen Märkte in Westindien nicht ignorieren, die schon der *Kolumbusbrief* von 1493 (dt. Ü. 1497) wie eine Verheißung des gelobten Landes ausmalt:

> «Ouch in der abgeschribne insel synd sechß oder achterley thatlen bom. das ein wunder ist zu sehen. gegen denen die in vnsern lande synd. Des glichen vil anderley bom mit fruchten vn ouch krüter. vnd machent ouch honig vo mancherley gestalt. Des glihen in dem selben land ist mancherley ertz von metal. Und in diser ob geschribnen insel synd soliche gute felder zebuwe korn oder was man wil haben. Und die wasser der merteyl flißent vnd tragent gold mit yn uß den bergen.»

Die Einwohner dieses Paradieses, deren Nacktheit für Kolumbus zunächst Unschuld und Friedfertigkeit signalisiert, macht jedoch gerade ihre Wehrlosigkeit zu Opfern europäischer Wirtschaftsinteressen. Den physischen Strapazen in Gruben und Plantagen, den immer neuen militärischen Raubzügen, Hunger und Krankheiten fällt in wenigen Jahrzehnten die Bevölkerung ganzer Inseln und Landstriche zum Opfer. Die hohe Sterberate der Indianer macht deshalb den Handel mit den kräftigeren Arbeitssklaven aus Schwarzafrika zunehmend profitabel. Im Februar 1528 schließen die Welser mit dem spanischen Hof ein Abkommen, 4000 Negersklaven zum Höchstpreis von 50 Gulden pro Kopf für die spanischen Kolonien in der Neuen Welt zu liefern. Karl V. läßt sich den Vertrag, der den Welsern ein unrühmliches Monopol im Sklavenhandel mit Westindien einräumt, mit 20000 Gulden Provision honorieren. Der Abhängigkeit des Kaisers von immer neuen Krediten verdankt Bartholomäus Welser (nominell die Brüder Ehinger und Hieronymus Sailer), daß er im März 1528 die Hoheitsrechte über das weitgehend unerforschte Venezuela erhält. Der Welserfaktor Ambrosius Ehinger (gest. 1533) landet bereits 1529 im Mündungsgebiet des Orinoco, um als Statthalter Venezuelas die Kolonialisierung und die wirtschaftliche Ausbeutung des Landes durchzusetzen. Sein zeitweiliger Stellvertreter Nikolaus Federmann (um 1505 bis 1542) beschreibt in der *Indianischen Historia* (Dr. 1557) die ersten Jahre der Konquista. Seine Schrift basiert auf dem offiziellen Bericht, den jede Expedition ins Inland bei der spanischen Krone, dem Consejo Real y Supremo de las Indias, vorzulegen hatte. Er gibt also primär Rechenschaft über die eroberten Gebiete und über die verschiedenen Indianerstämme, denen er begegnet. Die Guaycarie etwa, urteilt Federmann, sähen «mehr schwartzen teufeln, dan menschen gleich», und diese Ablehnung, die heidnischen Indianer als Geschöpfe Gottes anzusehen, macht sie reduzierbar auf den Status der bloßen Naturhaftigkeit. In diesem Sinne äußert sich in aller Selbstverständlichkeit auch Philipp von Hutten (1511 bis 1546), der 1535 mit Nikolaus Federmann und dem neuen Statthalter Georg Hohermuth (um 1500 bis 1540) in Venezuela eintrifft:

«Den 24. Tag ward ausgeschickt Meister Andreas mit 70 Christen, der kam den 27. Tag wieder, bracht 53 Stuck Indier, die wurden alle bald unter die nothdürftigen Christen ausgetheilt. Den 30. Tag zog aus Stephan Martin mit 60 Christen zu Fuß und 10 zu Roß, kam den 9. Tag wieder, bracht 70 Stuck Indier, wurden ausgetheilt.»

In seiner *Zeitung aus India* (Dr. 1550) beschreibt Philipp von Hutten die Expedition Hohermuths, an dessen Seite er sich 1535 auf die Suche nach dem sagenhaften Dorado begibt, dem Goldland im Süden.
Nicht im Auftrag der Welser, aber immerhin auf einem ihrer Schiffe kommt Ulrich Schmidel (um 1500/11 bis um 1581) aus Straubing in die Neue Welt. Nach seiner Heimkehr beschreibt er seine Erfahrungen als

«Warhafftige Historien. Einer wunderbaren Schiffart / welche Ulrich Schmidel von Straubing / von Anno 1534 biß Anno 1554, in Americam oder Neuwewelt / bey Brasilia und Rio della Plata gethan. Was er in diesen Neuntzehen Jahren außgestanden / und was fuer seltzame Wunderbare Länder und Leut er gesehen: durch ermelten Schmidel selbst beschrieben.» (Entst. zw. 1554 und 1562, Dr. 1567)

Levinus Hulsius, nach Feyerabend (1567) und de Bry (1599) der zuverlässigste Herausgeber der *Warhafftigen Historie* (1599/1602), empfiehlt die Schrift in seiner Widmung an den Bischof von Bamberg wegen ihrer Lehrhaftigkeit für Christen, die ihre Erlösung durch den christlichen Glauben erst recht einschätzen könnten durch das Wissen um so viele

«arme wilde Leut/ so von Gott und seinen Geboten/ von keiner Erbarkeit/ Ehestand/ Zucht/ Gesetz/ Verstand noch Rath/ nie nichts gewust/ Sondern in aller Abgötterey/ Götzendiensten/ Unfletterey/ Unzucht/ Füllerey/ Menschenfleischfresserey unnd Unreinigkeit aufferzogen und gelebt haben».

Historisch und literarhistorisch am interessantesten ist von Hans Staden (1525/28 bis 1576) die *Warhaftige Historia und Beschreibung eyner Landtschaft der Wilden/ Nacketen/ Grimmigen Menschfresser Leuthen/in der Newenwelt America gelegen* (Dr. 1557). Staden lebt bei den Indianern, er spricht ihre Sprache und gewinnt damit die Perspektive des teilnehmenden Beobachters. Es scheint so, daß die Isolation während seiner Gefangenschaft, die erzwungene Partizipation an der fremden Kultur, die Ausgliederung aus der eigenen Welt und ihren Deutungsmustern eine besonders aufschlußreiche Sehweise ermöglicht.

Die Eroberung der Neuen Welt und ihre Aneignung im Medium Literatur ist ein so säkulares Ereignis, daß der Zusammenhang dieser Aneignungsformen mit den Modi schriftlichen Erzählens enger sein dürfte, als die Forschung vielfach konzediert. Die Berichterstattung aus der Neuen Welt, die zunächst noch geprägt ist von den Mythen und Interpretationsmustern der Alten Welt, entwickelt im Verlangen nach praktisch verwertbarem Wissen zunehmend präzisere Beschreibungsformen geographischer, botanischer und zoologischer Sachverhalte, die sich auch auswirken auf die Selbstwahrnehmung der Europäer, ihrer Natur- und ihrer Kulturbestände, ihrer Glaubensansprüche und deren Wirklichkeit. Die vermeintliche Geschlossenheit und Überschaubarkeit des mittelalterlichen Weltbildes geht mit den neuen Entdeckungen verloren, und dem partikularisierten Weltbild, der Pluralität der Kulturen, setzen neue Gesellschaftsentwürfe sich entgegen, die als Rekonstruktion einer universalen Ordnung gedacht sind und doch als Individualentwürfe die Möglichkeit demonstrieren, den eigenen Standpunkt in Frage zu stellen und sich davon zu distanzieren: Schon Thomas Morus gibt seine *Utopia* (1516) aus als den Bericht eines Begleiters des Amerigo Vespucci.

Die Neugierde nach der Neuen Welt, die Beglaubigung von Wundern in der Ferne und die Möglichkeiten für Bereicherung, die sie bietet, sind wahrscheinlich die Motive, die den Reisebeschreibungen aus der Neuen Welt ein größeres Publikum verschaffen und den Markt für die großen Reisesammlungen eröffnen, die seit Beginn des 16. Jahrhunderts in Portugal, Italien, in Frankreich und den Niederlanden gedruckt werden [16; 600]. Die erste deutschsprachige Sammlung, die Übersetzung der *Paesi Novamente Retrovati* von Fracanzio da Montalboddo (ed. 1507 in Venedig), gibt 1508 Jobst Ruchamer in Nürnberg heraus: *Newe unbekanthe landte Und ein newe Welte in kurtz verganger zeythe erfunden*. Ruchamer verspricht in seiner Vorrede «wunderbarliche und bysshere unerhörte Dinge, welche auch an etlichen Orten den geschrifften der alten Natürlichen Mayster und hochgelerten wyderwertige sein.» Während sie geschrieben hätten, daß «unther etlichen kraissen des hymels (auff dem erdtriche) kain wonunge der menschen» wären, hätten Seefahrer und Reisende das widerlegt.

Es folgt eine Übersetzung des *Novus Orbis* von Johann Huttich und Simon Grynaeus (Basel 1532), die Michael Herr in Straßburg vorlegt (*Die New Welt der landschaften unnd Insulen, so bis hieher allen Altweltbeschrybern unkant*, 1534), und die erste deutsche Reisesammlung, die

Siegmund Feyerabend 1567 in Frankfurt am Main verlegt. Sie umfaßt: 1. *Warhafftige Beschreibunge aller theil der Welt* (enthält den *Weltspiegel* des Sebastian Franck von 1533), 2. *Warhafftige Beschreibunge aller und mancherlei sorgfeltigen Schiffarten* (enthält auch Schmidel und Hans Staden). Es folgen, ebenfalls von Feyerabend, sein *Reyßbuch des heyligen Lands* (1584), von Theodor de Bry und seinen Söhnen *Americae* (1590f.) in deutscher und lateinischer Sprache (*Westindische Reisen*, ed. 1590 bis 1634, *Ostindische Reisen*, ed. 1598 bis 1628), danach eine *Sammlung von 26 Schiffahrten zu verschiedenen fremden Ländern* von Levinus Hulsius (1598ff.) und das *Seehanenbuch* von Conrad Löw (1598) über die Schiffreisen der Spanier, Portugiesen, Engländer und Franzosen im gesamten 16. Jahrhundert.

Werner Röcke
Schwanksammlung und Schwankroman

Lachend die Wahrheit zu sagen, ist Aufgabe und Privileg der Satire. Ihr höhnischer Spott zerreißt den Anschein von Tugend und Rechtschaffenheit, entlarvt deren wahren Kern und darf sich zu diesem Zweck – das gilt für die römischen «saturae», dann auch für ihre mittelalterlichen Adaptationen – ansonsten schärfstens verurteilter Mittel bedienen: einer aggressiv-verletzenden Komik, der persönlichen Invektive, von «Schmutz- und Schandworten» jeglicher Art.

Die Lizenzen des Lachens aber sind im Mittelalter keineswegs eindeutig. Theologischer Rigorismus denunziert das Lachen als Verstoß gegen den notwendigen Ernst in Kultus und Verkündigung, als Herrschaft des Fleisches über den Geist, der Welt über das Wort, als Beweis für die Selbsterhöhung des Menschen über Gott: Christus hingegen habe nie gelacht [897, *S. 10ff.*]. Bis ins Hochmittelalter werden Komik und Lachen denn auch nur selten geduldet, häufig als widergöttlich verurteilt. Erst mit der ‹Renaissance› des 12./13. Jahrhunderts findet die Vorliebe antiker Rhetorik für geistreichen Witz und kultivierte Komik auch in der theologischen Diskussion Beachtung und wird verschiedentlich, so etwa von den «Klerikeredelleuten» Hildebert von Lavardin oder John of Salisbury, als Ausdruck intellektueller und sprachlicher Kultur befürwortet. Spott und Hohn hingegen oder die Präsentation von Schmutz und Schund, Laster und Übel sind nach wie vor nur dann gestattet, wenn sie – wie in der Satire – der moralischen Besserung dienen. Die Satire soll, wie lehrhafte Dichtung überhaupt, die Wahrheit des Bösen aufdecken, um es vermeiden zu lernen; sie nicht abschwächen, sondern angesichts der erschreckenden Herrschaft des Bösen und Widergöttlichen zur Umkehr bewegen. Zu diesem Zweck ist jedes Mittel, auch das Lachen, von Nutzen. Von der bloßen Didaxe allerdings, also der belehrenden Ermahnung in Traktat, Predigt oder Spruchdichtung, ist die ‹Ernst-Heiterkeit› des Satirikers insofern unterschieden, als sie auf die bedrohliche Wirklichkeit der Sünden und Laster nicht nur mit deren Negation, sondern mit einer «Entübelung der Übel» antwortet [251, *S. 118*], die nicht nur verurteilt und ausgegrenzt, verdrängt und perhorresziert, sondern auch durch lachendes Vergnügen gemildert werden. Das betrifft alle nur denkbaren Bereiche des Bösen und des Übels («malum»), des Nichtigen und Verwerflichen: den Zweifel an Gottes Wort und Gottes Dienern, an der Weisheit und Gerechtigkeit der ständisch-hierarchischen Weltordnung und an der Möglichkeit von Recht und Tugend überhaupt (gnoseologisches Übel); die Abhängigkeit von Körper, Trieb und Natur auf der einen, die Freude an Obszönem und Häßlichem, körperlichen Exkrementen und der Durchbrechung sexueller und anderer Tabus auf der anderen Seite (ästhetische Übel); schließlich «mancherlei, bei dem wir heute nicht mehr realisieren, daß es traditionell als Übel galt: etwa die Veränderbarkeit und das Geschichtliche, etwa die Sinnlichkeit und das Individuelle» [251, *S. 114*].

Aus dem geschlossenen, moralisch-eindeutigen Weltbild mittelalterlicher Didaxe bleiben die Übel, bleibt also auch die Wirklichkeit der Welt ausgegrenzt; sie werden nur erwähnt, um desto trefflicher verteufelt zu werden. Erst in der komischen Literatur hingegen werden die Übel als Teil der Wirklichkeit anerkannt. Zwar werden sie verlacht, verhöhnt und verspottet; doch bleibt auch die resignative Einsicht, daß ihnen allein mit moralischen Appellen nicht mehr beizukommen ist. Die Geschichte des Lachens im Mittelalter ist deshalb auch eine Geschichte der Öffnung zur Welt, wie sie ist, und nicht nur, wie sie sein soll. Die Eindeutigkeit des moralischen Urteils ist damit verlorengegangen und durch das Nebeneinander von Gut und Böse, gültigen und nichtigen Verhaltensmustern ersetzt worden. Wenn das Übel aber nicht mehr ausgegrenzt, sondern integriert wird, hat das in der komischen Literatur des späten Mittelalters und der frühen Neuzeit eine auffällig paradoxe Verknüpfung von Freude und Bösartigkeit, lachendem Vergnügen und infamer Lust am Schaden anderer zur Folge. Die moralische Lizenz des Lachens, daß es der moralischen Einsicht, nicht der persönlichen Verletzung dienen müsse, tritt damit immer mehr zurück. In Exemplum und Schwank, Schwankroman und Schwanksammlung ist das auf unterschiedliche Weise und in unterschiedlichem Maße geschehen.

Exempla-Sammlungen

Zweifellos folgt auch die Schwankdichtung des Spätmittelalters häufig genug noch einem moralisch-lehrhaften Zweck; für die Exempla-Sammlungen Johannes Paulis (*Schimpf und Ernst*, 1522), Marquarts von Stein (*Ritter vom Turn*, 1493) oder auch Antonius Pforrs (*Buch der weißhait der alten Weisen*, um 1480) gar ist er konstitutiv. Gleichwohl verbinden auch diese Sammlungen die lehrhafte Komik des Exemplums mit ganz anderen Formen des Lachens: mit der Freude an der listigen Übervorteilung anderer, am Schaden um des Schadens, nicht eines bestimmten Vorteils willen, aber auch an der geistreichen Reaktion und witzigen Pointe. Das Nebeneinander unterschiedlicher Zwecke ist für die Schwankdichtung des 16. Jahrhunderts kennzeichnend, nicht ihre Eindeutigkeit.

Für die Ausbildung einer deutschsprachigen Schwankdichtung waren einerseits die lateinischen Exempla bedeutsam: kurze, auf die Illustration einer Lehre, Tugend oder eines Lasters abgestellte Beispielerzählungen (die berühmtesten Sammlungen: die um 1110 zu datierende *Disciplina clericalis* des Spaniers Petrus Alfonsi; die lateinische Bearbeitung des indischen *Pantschatantra*: *Directorium vitae humanae* von Johannes von Capua, um 1262; die Predigtlehren von Etienne de Bourbon, Jacques de Vitry oder John Bromyard), andererseits Schwankerzählungen *(Unibos, Modus Liebinc* und *Modus Florum)* sowie die satirische Tier- und Narrenepik (neben dem *Ysengrimus* des Genter Magisters Nivardus vor allem das *Speculum stultorum* von Nigellus Wireker von Longchamps, Mönch in Canterbury, der in seiner Erzählung vom vergeblichen Bemühen des Esels Burnellus um einen längeren Schwanz und um höhere Bildung die zeitgenössischen Mönchsorden einer beißenden Kritik unterzieht). Hinzu kommt der Einfluß der französischen Fabliaux sowie der zunächst nur im italienischen Frühhumanismus verbreiteten lateinischen Facetien: äußerst knappen, auf die witzig-geistreiche Pointe abhebenden Erzählungen von merkwürdigen Begebenheiten, Fällen besonders auffälliger Borniertheit, Sprachspielen und klugen Reaktionen.

Die deutsche Schwankdichtung des Spätmittelalters verbindet diese verschiedenen Traditionsstränge mit jeweils unterschiedlichen Akzenten. Dabei tritt der moralisch-lehrhafte Zweck des Vergnügens am komischen Helden immer weiter zurück und wird durch offenere, dafür häufig aber auch verletzendere Formen des Lachens ersetzt. Das Lachen ist nun immer weniger eine Funktion der moralischen Norm oder des offiziellen Ernstes, sondern «eine bestimmte Weise, mit dem Ernst zu leben, nämlich so, daß er zum Moment eingearbeitet, d. h. heruntergespielt wird» [177, *S. 135ff.*]. In den weitverbreiteten und populären Exempla-Sammlungen Johannes Paulis, Marquarts von Stein oder Antonius Pforrs indessen steht der lehrhafte Zweck des Lachens noch im Vordergrund. Ursprünglicher ‹Sitz im Leben› der Exempla war wohl die Predigt; die Überlieferung in Predigtsammlungen und -handbüchern deutet darauf hin, so vor allem die auch von Johannes Pauli fleißig benutzte *Summa Predicantium* des englischen Dominikaners John Bromyard (um 1320 bis 1384). Sie sollen der Illustration der Verkündigung dienen, die Aufmerksamkeit der Gemeinde erhöhen und das Verständnis auch der illiteraten Gemeindemitglieder ermöglichen. Daneben dienen die Exemplasammlungen aber auch und wohl von Anfang an einer erbaulichen Lektüre. So will Johannes Pauli (1450/54 bis nach 1522), ab 1479 in verschiedenen Klöstern des Franziskanerordens als Prediger, Lektor und Herausgeber der Schriften Geilers von Kaisersberg tätig, mit seinem *Schimpf und Ernst* all jenen, «die uff den schlössern und bergen wonen und geil sein», mit «erschrockenliche(n) und ernstliche(n) ding» ins Gewissen reden, aber auch seine Ordensbrüder und -schwestern in den Klöstern erheitern, «wan man nit alwegen in einer strenckeit bleiben mag», und schließlich die Prediger mit wirkungsvollen Mitteln gegen die «schlefferlichen menschen» versehen. Zu diesem Zweck durchlaufe sein Buch «der welt hystorien», bleibt also keineswegs auf das monastische Leben beschränkt, sondern öffnet sich der Vielfalt der Welt, um sie nach dem Ideal eines wahrhaft christlichen Lebens zu formen [881, *S. 13f.*].

Franziskanische Predigt und Mission verfolgt seit ihren Anfängen ähnliche Ziele: schon nach der *Regula bullata* der Franziskaner von 1223 (Cap. 9) soll die Minoritenpredigt «dem Nutzen und der Erbauung des Volkes (dienen), indem sie in kurzen Worten von Lastern und Tugenden, ewiger Strafe und himmlischer Glorie kündigt», die wirklichen Nöte aller, auch der niederen Stände ansprechen, sich also der Welt stärker als bisher öffnen und ihrer Verchristlichung dienen. Demgemäß gibt Pauli in *Schimpf und Ernst* einen Katechismus des äußeren Lebens, geordnet nach Tugenden, Lastern und Ständen. Das Exemplum dient der Verdeutlichung von bereits Bekanntem, Tradiertem, Geglaubtem. Es ist «seinem Wesen nach unproblematisch, (stellt) nicht in Frage und (weckt) keine Zweifel» [551, *S. 54*]; komische Pointe und lehrhafte Maxime stimmen überein. Verschiedentlich aber sind Paulis Erzählungen nicht mehr auf einen lehrhaften Zweck ausgerichtet, sondern berichten bemerkenswerte Begebenheiten, lächerliche Taten, geistreiche Reaktionen; auch Schandworte oder andere *pudenda* werden dabei keineswegs vermieden. In den meisten Fällen aber resultiert die komische Wirkung aus der Verschränkung oder Kontrafaktur unterschiedlicher Sprach- und Verstehensebenen, zum Beispiel sakraler und alltäglicher Sprache; aus dem Kontrast von Schlauheit und Dummheit, der Überlegenheit planender Kalkulation (List) u. a. Bereits in den noch von Pauli selbst verantworteten ersten Ausgaben von *Schimpf und Ernst* wird die geistlich-homiletische Funktion durch derlei Schwankerzählungen verwischt. In den späteren Ausgaben und Erweiterungen, insbesondere in den ab 1550 unter dem Titel *Schertz mit der Wahrheyt* erschienenen, tritt sie ganz zurück und gleicht sich den Facetien- und Schwanksammlungen des 15./16. Jahrhunderts an, aus denen die moralisch-lehrhafte ‹Ernst-Heiterkeit› nahezu ausnahmslos verschwunden ist.

Facetien

Die lateinische Facetiendichtung Italiens – am bekanntesten wurden die *Facetiae* des Kuriensekretärs und Humanisten Gian Francesco Bracciolini, gen. Il Poggio (1380 bis 1459, entstanden 1438 bis 1450) – fand insbesondere im Tübinger Humanistenkreis Interesse und Nachfolger: außer

Augustin Tünger, dem Konstanzer Kurienprokurator (geb. 1455) (*Facetiae Latinae et Germanicae*, 1486), vor allem Heinrich Bebel (*Libri facetiarum iucundissimi*, 1509 bis 1514).

1472 als Sohn eines Bauern geboren, studierte Bebel nach mehrjährigen Wanderungen zunächst in Krakau, dann bei Sebastian Brant in Basel und hatte von 1496/7 bis zu seinem Tode 1518 eine – im übrigen schlecht bezahlte – Professur für Rhetorik und Poetik an der neu gegründeten Tübinger Universität (1477) inne. Die *Libri facetiarum* sind Bebels bekanntestes Werk. Bedeutsam sind noch seine *Proverbia Germanica*, eine lateinische Sammlung und Bearbeitung deutscher Sprichwörter (1508), seine Poetik *Ars versificandi* (1506) sowie der allegorische Narrenzug *Triumphus Veneris* (1509).

Facetien sind Spielformen einer intellektuell-rhetorischen Kultur: knappe, auf überraschende Pointen hinauslaufende Erzählungen, die der Freude am geistreichen Einfall, an Sprachspiel und Mehrdeutigkeit des Sprechens, aber auch dem Spott über Tölpelhaftigkeit der *illiterati* huldigen; bei Bebel meist die Pfaffen und Bauern, über deren *rusticitas* sich die humanistisch Gebildeten erheben und somit ihrer Vorrangstellung versichern können. Dementsprechend geht es Bebel in den *Libri facetiarum* um die Einführung «guter Künste und Wissenschaften, sammt einer reinen und netten Latinität durch vernünfftige Vorstellungen», mit deren Hilfe «die schändliche Barbarey und Unwissenheit mit aller Macht vertrieben» werden solle [M. Cöchlin, in: 615, *S. 13*]. Zwar finden sich in Bebels Facetiensammlungen, wie schon im *Liber facetiarum* Poggio Bracciolinis, neben geistreichen und sprachspielerischen Stücken auch Sprichwortweisheiten und Obszönitäten, List- und Lügengeschichten; der höchst subjektive und intellektuelle Umgang mit christlichen Dogmen jedoch, das Spiel der Wortbedeutungen, der Spott über die Verkommenheit der Pfaffen und die Freude über die Gewitztheit der Klugen stehen im Vordergrund.

So in der Erzählung von dem Juden, der Christ werden will, gerade weil er die Laster Roms gesehen hat: Der Glaube der Christen könne, so schließt er, angesichts dieser Verkommenheit nur Bestand haben, weil er vom wahren Gott geschützt werde (I, 72). Oder aber in der geistreichen, jedoch nicht verletzenden Reaktion eines Bürgers auf den Spott eines Adligen, daß die Frau des Bürgers bei der häufigen Abwesenheit ihres Mannes so manchem schönen Gesellen begegnen müsse, wohingegen seine eigene Frau auf ihrem Schloß behütet sei: Eben deshalb, antwortet der Bürger, müsse sich die adlige Dame auch mit Stallburschen begnügen und bestätige sich das Sprichwort: «Der Adel ist ungestalt und die Häßlichkeit folgt ihm auf den Fersen» (I, 71).

Zwar werden gesellschaftliche Probleme wie die Rivalität zwischen Bürgertum und Adel oder die Gravamina gegen Kirche und Klerus durchaus berücksichtigt, zugleich aber in Lachen und Scherzen abgeschwächt. Facetienhafte Komik dient der Versöhnung, nicht der Anklage oder dem

Protest; soziale Erfahrungen mit Klerus und Adel werden stilisiert zur Freude an der geistreichen Pointe, die kirchlichen Gravamina belächelt und nicht verurteilt. Insofern dokumentieren Bebels *Libri facetiarum* nicht nur den Bildungs- und Überlegenheitsanspruch einer bürgerlich-humanistischen Elite, sondern auch deren vornehme Zurückhaltung gegenüber den aktuellen gesellschaftlichen und kirchlichen Entscheidungen, Reformen und Veränderungen. 1558 sind Bebels Facetien, vielleicht von dem durch seine Schwanksammlungen bekannt gewordenen Michael Lindener, ins Deutsche übersetzt, anschließend von allen Schwanksammlern und -autoren des 16. Jahrhunderts wie Wickram, Frey, Montanus, Schumann u. a. nachgeahmt oder ausgeschrieben worden (*Die Geschwenk Henrici Bebelij*, 1558). Während die ungeschminkte Wirklichkeit und also auch die Übel der Welt in der Exempladichtung nur aufgrund ihres moralischen Zwecks, in den Facetien als Beleg für die Unbildung und Barbarei gerechtfertigt waren, werden diese Lizenzen im sogenannten Schwankroman, im Anschluß an lateinische und deutschsprachige Vorbilder des 12./13. Jahrhunderts (*Speculum stultorum* des Nigellus Wireker von Longchamps; *Dialogus Salomonis et Marcolfi*; Strickers *Pfaffe Amîs*), erweitert.

Schwankromane

Als Schwankromane werden solche Schwanksammlungen bezeichnet, die durch einen gemeinsamen Helden, vielleicht noch durch einen biographischen Rahmen verbunden sind, ansonsten aber nur eine lockere Erzähleinheit bilden. Die beliebtesten, aber aufgrund ihrer Obszönität und sonstigen *mala* auch am entschiedensten verurteilten Schwankromane der Zeit sind die *Geschicht des Pfarrers vom Kalenberg* von dem ansonsten unbekannten Philipp Frankfurter aus Wien (Augsburg, um 1473), die *Frag und antwort Salomonis und Marcolfi*, von einem Anonymus aus dem *Dialogus Salomonis et Marcolphi* übersetzt (Nürnberg 1483), und *Ein kurtzweilig Lesen von Dyl Ulenspiegel* von dem Braunschweiger Zollschreiber Hermann Bote (Straßburg 1515). Weniger erfolgreich waren Achilles Widmanns *History Peter Lewen des andern Kalenbergers* (um 1558), der ursprünglich niederdeutsche *Bruder Rausch* (15. Jh.), Bartholomäus Krügers *Hans Clawert* (1587), Wolf Büttners *Claus Narr* (1572) oder auch der Bauernhaß des *Neidhart Fuchs* (1491/97). Charakteristisch für alle diese Texte ist, wenn auch mit erheblichen Unterschieden im einzelnen, die Freude der Schwankhelden am Verletzen ihrer Kontrahenten und am Bösen; ihre raffinierte Klugheit und planende Vernunft gegenüber der intellektuellen Beschränktheit ihrer Gegner; ihre Lust an der Infragestellung und Verhöhnung überkommener Werte und Überzeugungen, an Obszönem, Häßlichem und körperlichen Exkrementen. Wie die zeitgenössische, höchst ambivalente Rezeption zeigt, rufen sie damit

Empörung und befreiendes Lachen, die Freude am Tabubruch und die Angst vor der Infragestellung jeglicher Ordnung hervor.

Frag und antwort Salomonis und Marcolfi

Bereits der Titel der *Frag und antwort Salomonis und Marcolfi* markiert den antithetischen Aufbau des Textes: Einander gegenüber treten der mächtige und weise König Salomo des Alten Testaments auf der einen, der abstoßend häßliche, aber auch äußerst gewandte Bauer Markolf auf der anderen Seite. In ihrem Auftreten, ihrer Rede- und Handlungsweise repräsentieren sie entgegengesetzte Lebensformen und Mentalitäten: Salomo die Welt des feudalen Hofs, das Ideal der gerechten Herrschaft, der wohlgeordneten und gesitteten Gesellschaft, einer wechselseitigen, gleichwohl hierarchisch gebundenen Ethik aller Stände, unabhängig von ihren materiellen Bedingungen; Markolf hingegen die Welt bäuerlicher Alltagswirklichkeit, der höhnischen Infragestellung gerechter Herrschaft und der Propagierung des eigenen Vorteils. In der Auseinandersetzung mit Salomo wird diese Alltagswirklichkeit Markolfs wichtigster Bezugspunkt. Im ersten Textteil, einem Dialog zwischen beiden Kontrahenten, entwirft Salomo sein Ideal einer gesitteten Welt: das rechte Verhältnis von Herrschaft und Knechtschaft, die Zufriedenheit mit Gottes Gaben und dem verordneten Stand, aber auch das Lob der tüchtigen Hausfrau, von Liebe und Freundschaft, Fleiß und Gesittung, das heißt Prinzipien einer ständeübergreifenden Laienmoral in der Tradition biblischer Lehre. Markolf hingegen erkennt die ideale Gegensatzlosigkeit dieser Lehre nicht mehr an. Allerdings protestiert er nicht gegen sie, sondern paßt sich an und macht Salomo gerade dadurch lächerlich. So übersetzt er Salomos Appelle zu Nächstenliebe und wechselseitiger Fürsorge aller Stände als individuellen Nutzen, den Aufruf zum Vertrauen als obszönen Witz. Trotzdem bleibt sein parodistischer Witz auf sein Gegenbild bezogen; die ethischen und gesellschaftlichen Normen Salomos werden wohl verspottet, aber nicht überwunden. Demgegenüber hat sich der Bauer Markolf in den Erzählungen der nachfolgenden Schwankreihe von seinem Gegenbild gelöst: Weder akzeptiert er – im Schwank vom Fladen – die Herrschaftsansprüche Salomos noch – wie im Fuzadaschwank – die familiären Bande und Verpflichtungen zwischen seiner Schwester und ihm selbst, sondern gibt sie der Lächerlichkeit preis; und auch Salomos Überzeugung von der prägenden Kraft der Erziehung hat – im bekannten Schwank von den dressierten Katzen, die dennoch Markolfs Mäusen hinterherlaufen, keinen Bestand mehr. Auf eine höchst sinnfällige und seinen Kontrahenten immer wieder neu verblüffende Weise praktiziert Markolf die Aufkündigung aller Werte, Verbindlichkeiten und sozialen Regeln; seine Häßlichkeit erweist sich als Darstellungsmodus seiner Individuation und seiner Asozialität.

Von Max Horkheimer ist solcherart Asozialität als Signatur des frühbürgerlichen Zeitalters in einer auf Tausch und Konkurrenz fußenden Gesellschaft beschrieben worden [67, *S. 7ff.*]. Der Übergang von kollektiven Lebens- und Vergesellschaftungsformen in Stadt und Land zur Partialisierung der Gesellschaft in konkurrierende Individuen, Schichten und Interessengruppen; von der Überzeugung einer wechselseitigen Verantwortung aller Korporationen und Genossenschaften zum «Kampf aller gegen alle», zum «Reich der Abenteuer, dem Reich des privaten Gewinns, ...dem Reich des Geldes» [37, *S. 261*] nimmt in Mitteleuropa mit der Wende vom 12. zum 13. Jahrhundert an Bedeutung zu. Die Schwankreihe des lateinischen *Dialogus Salomonis et Marcolfi* aus dem ausgehenden 12. Jahrhundert reagiert auf diese Entwicklung ebenso wie ihre späteren Übersetzungen (ein ‹Spruchgedicht› aus dem 14. Jahrhundert; die Versübersetzung Gregor Haydens aus dem 15. und die Prosaübersetzung des 15. Jahrhunderts), indem sie eine höchst widersprüchliche Wirkungsmöglichkeit eröffnet: auf der einen Seite die Abwehr des häßlichen Helden, seiner Bösartigkeit und Bedrohlichkeit, die den Bestand von *ordo* und Norm gefährdet, auf der anderen Seite die Freude an seinem souveränen Umgang mit dem traditionellen Habitus des Denkens, Sprechens und Handelns. Zwar wird er als dämonische Verkörperung des Bösen perhorresziert, doch soll über ihn auch gelacht werden.

Geschicht des Pfarrers vom Kalenberg

Für Philipp Frankfurters *Geschicht des Pfarrers vom Kalenberg* und Hermann Botes *Ulenspiegel* gilt diese Ambivalenz – wie im übrigen auch ihre widersprüchliche Rezeption zwischen entschiedener Ablehnung und lebhaftem Interesse bestätigt – gleichermaßen. In der österreichischen Historiographie des 15./16. Jahrhunderts finden sich zahlreiche Hinweise auf den «abentewrist pfaff, genannt vom Kallenberg» [Ladislaus Sunthaim, zitiert nach 729, *S. 36*], einen gewissen Gundaker von Thernberg, der am Wiener Hof Herzog Ottos des Fröhlichen (1330 bis 1339) zusammen mit Neithart Fuchs (vgl. dazu den gleichnamigen Versroman, um 1491) sein närrisches Unwesen getrieben haben soll. Die ältere Forschung (so schon K. F. Flögels *Geschichte der Hofnarren* von 1789) ging denn auch von der Identität der historischen und der literarischen Figur aus. Erst neuerdings wird auch die literarische Leistung Frankfurters gewürdigt: Zwar habe er in seiner *Geschicht des Pfarrers vom Kalenberg* die historische Überlieferung verarbeitet, sei aber durchaus selbständig verfahren (E. Schröder, H. Rupprich).

Über diesen Philipp Frankfurter ist nichts Gesichertes bekannt. Immerhin möglich ist die Vermutung, daß der zwischen 1486 und 1511 in Wiener Grundbüchern nachgewiesene Wiener Bürger und Immobilienhändler gleichen Namens mit dem Verfasser der *Geschicht* identisch ist. Ihr Erstdruck datiert von 1473 (Augsburg). Im 15. und 16. Jahrhundert folgt eine Reihe weiterer Drucke und Übersetzungen, die einen beachtlichen literarischen Erfolg anzeigen.

Mögliche Gründe dafür sind nur zu vermuten, doch könnte die Vielfalt komischer Formen und Techniken, wie sie in Frankfurters *Geschicht* erstmals miteinander verbunden werden, die unterschiedlichsten Leseerwartungen angesprochen haben: einerseits der satirische Hohn auf die Verfehlungen in Klerus und Kirche (Bischofs- und Pfaffenschwänke), andererseits der komische Kontrast zwischen höfischer Etikette und der obszönen Ostentation des Leiblichen, Sexuellen und Skatologischen (Hof- und Bischofschwänke), dann auch die komische Reduktion des Pfaffen auf die Zwänge des alltäglichen Lebens und die Verkehrung von Nichtigem und Geltendem, Belanglosigkeiten und sakraler Aura; so vor allem, wenn sich der Kalenberger Pfarrer zum Heizen seiner Stube der hölzernen Heiligen seiner Kirche mit der dann auch sprichwörtlich gewordenen Aufforderung bedient: «Nun bück dich, Jeckel (= Jacobus; W. R.), du must in offen, / werst babst ob allen bisschoffen, / die stuben die muß werden warm» (1173–1175).
Und auch die Verhöhnung der Bauern seiner Gemeinde durch den Kalenberger Pfarrer selbst dürfte bei einem stadtbürgerlichen Lesepublikum Zustimmung gefunden haben, das sich nicht zuletzt im gemeinsamen Lachen über die dummen Dorftölpel seiner sozialen Identität als eines kultivierten und gebildeten Stands zu versichern sucht.
Die Sublimierung der bis ins Spätmittelalter üblichen Verachtung bäuerlichen Lebens zur listigen Übervorteilung macht den Witz der Erzählungen aus der Kalenberger Landpfarre aus. Dieser Erfolg des Pfarrers aber gründet, obwohl er nur im Eingangsschwank den Markt zu Wien besucht, ansonsten auf Pfarre und Herzoghof beschränkt bleibt, in einer bislang unbekannten Fähigkeit zu marktkonformem Kalkulieren und Rechnen, vorteilhafter Auslegung von Vertrag und Versprechen, einem Einblick in die Funktionsweisen von Investition und Gewinn, Werbung und Verkauf. Erstaunen erregt insbesondere seine Bereitschaft zu Nachteil und Verlust, Investition und hohen Kosten, die ihm gleichwohl ungeahnte Vorteile einbringt: Obwohl arm, kauft ausgerechnet der Student und zukünftige Kalenberger Pfarrer, nachdem er sich das erforderliche Geld gepumpt hat, einen übergroßen Fisch, nur um ihn an den Herzog zu verschenken. Dessen Gegengabe jedoch, die Kalenberger Pfarre, übersteigt die Investition bei weitem: Verlust bringt Gewinn, Investitionen auf eine ungewisse Zukunft hin erweisen sich als mögliche Garanten des Glücks und sozialen Aufstiegs. Denn der Fisch wird nicht zum Verzehr, sondern für weiterreichende Zwecke gekauft; er interessiert nicht als bestimmter Gebrauchswert, sondern nurmehr als abstrakter oder Tausch-

wert. Insofern ist auch das Geld, das der Student sich von seinem Gönner leiht, «ein wirklich lebendiger Wert, von dem man Früchte erwarten konnte» – eine Einstellung zum Geld, die man (so Georges Duby) «nicht zögern sollte ..., als kapitalistisch zu bezeichnen» [37, *S. 269*].
In den weiteren Erzählungen aus der Landpfarre treten andere Akzente einer frühbürgerlichen «Wirtschaftsgesinnung» (Sombart) zutage. Wird den Bauern beim Kirchenbau ihr Vertrauen in die Aufrichtigkeit ihres Pfarrers zum Verhängnis, so beim versprochenen Flug über die Donau seine Kunst der Werbung und des glitzernden Gebrauchswertversprechens, das es dem Kalenberger Pfarrer ermöglicht, seinen bereits verdorbenen Wein loszuschlagen. Versprechen und Vertrag, Tauschgerechtigkeit und wechselseitiger Nutzen als Grundsätze des Wirtschaftens haben für ihn ihre Verbindlichkeit verloren. Anstelle der *iustitia commutativa*, die – nach der spätmittelalterlichen Vertrags- und Soziallehre (z. B. des Wieners Heinrich von Langenstein) – Kauf und Verkauf, Arbeitsleistung und Entlohnung regeln soll, anstelle einer ausgleichenden und dennoch die Standesunterschiede berücksichtigenden Gerechtigkeit realisiert er nurmehr seinen eigenen Vorteil.
Während in der zeitgenössischen Didaxe, etwa den Narrendichtungen Sebastian Brants oder Thomas Murners, die fatalen Konsequenzen von Konkurrenz und Habgier, Übervorteilung, Betrug und weiteren Formen frühbürgerlicher Wirtschaftsgesinnung als *mundus perversus* bzw. als Reise des Narrenschiffs in den Untergang perhorresziert werden, rufen sie in Frankfurters *Geschicht* ungläubiges Staunen, wohl auch Verärgerung oder Wut, meist aber heiteres Vergnügen hervor. Narren- wie Schwankliteratur antworten auf die gesellschaftlichen und wirtschaftlichen Veränderungen, die mit dem «Zeitalter der Kaufleute» und der «Profitwirtschaft» [37] einhergehen, unterscheiden sich aber in Modus und Wirkungsabsicht ihrer Reaktion.

Ulenspiegel

Für Botes *Ulenspiegel* schließlich ist eine ähnlich paradoxe Verknüpfung von Freude und Bösartigkeit, aber auch das Nebeneinander unterschiedlicher Reaktionsweisen, Komikformen und Handlungsräume charakteristisch. So verbindet der «behend listige und durchtribene... Buren sun» aus dem Braunschweigischen die Fähigkeit zu rationalen Techniken wie Planung, Langsicht und Kalkulation mit einer besonderen Vorliebe für Gesten und Zeichen, sprichwörtliche Redensarten und deren Verbildlichung; die rhetorische Kunst in Kaufvertrag und Geschäft mit Körpersprache und stummem Tausch; die listige Infragestellung starrer Strukturen in Zunfthandwerk und Zunftorganisation mit einer infantil anmutenden Lust an allen Ausscheidungen des Körpers, obszönen Stellungen und Zeichen; die rücksichtslose Übervorteilung der Schwächeren und Dümmeren, der Vertrauensseligen und Mitleidigen mit den Resten kollektiver Mentalität, das heißt Erinnerungen an die Gemeinschaft des Dorfs, des gemeinsamen Fests, der Versorgung durch Bischof oder Fürst, eines kollektiven Rechts u. ä. Die Schwierigkeit der Figur liegt offensichtlich in ihrer Ambivalenz, nicht in ihrer Eindeutigkeit. Dennoch ist in der Ulenspiegel-Forschung meist nur ihre Reduktion auf einen Stand, auf eine Funktion und auf einen Zweck versucht, jede konkurrierende Deutung jedoch zurückgewiesen worden. Im Gegensatz dazu liegt die literarische Leistung des Autors Herman Bote gerade in der Verbindung unterschiedlicher Text- und Überlieferungsschichten zu einer komplexen literarischen Struktur; also populärer Traditionen, literarischer Anleihen (Strickers *Amîs*, Hans Folz, Frankfurters *Geschicht* u. a.), Sprichwörter und Redensarten zu einem literarischen Werk sui generis.

Sammler und Autor ist – nach dem Akrostichon der letzten Historienanfänge – der Braunschweiger Zollschreiber Herman Bote: Verfasser verschiedener Chroniken, u. a. einer Chronik der innerstädtischen Kämpfe in Braunschweig vom 13. Jahrhundert bis in die Gegenwart *(Schichtbuch)*; einer Ständedidaxe *(Räderbuch)* und einer Sprichwörtersammlung *(Köker)*. Möglich ist aber auch die Mitarbeit, zumindest die Überarbeitung des Textes durch den Straßburger Franziskaner Thomas Murner, der bereits im 16. Jahrhundert als Verfasser des *Ulenspiegel* genannt worden ist, sein genauer Anteil an dem endgültigen Text allerdings ist unbekannt. Der *Ulenspiegel* wird gegen 1509/10 erstmals gedruckt worden sein; in rascher Folge schließen sich zahlreiche Straßburger, Erfurter, Kölner u. a. Drucke an.

Nicht Ulenspiegels Figuration als Gaukler und Narr, plebejischer Volksheld oder Meister des Tauschvertrags, also nicht seine Reduktion auf bestimmte Interessen oder Verhaltensmuster machen die Werkstruktur von Botes Text aus, sondern die Gewichtung, die Berührungspunkte und Überlagerungen seiner verschiedenen Schichten: der Lebensformen, Schalkstreiche und lustigen Begebenheiten Ulenspiegels auf der einen, recht stereotypen Handlungsräumen wie Hof und Feudalherrschaft, Handwerk und Zunft, Wirtshaus und Markt auf der anderen Seite; schließlich auch ‹langdauernden› habituellen und mentalen Bedingungen seines Handelns. Ulenspiegels Vorgehensweisen und Handlungsräume in Zunft, Dorf und Hof verweisen auf langfristige Rhythmen historischer Veränderungen, so vor allem auf die Auflösung kollektiver Vergesellschaftungsformen bzw. die Partialisierung von Verbänden und Interessen, Lebens-, Organisations- und Arbeitsgemeinschaften in Stadt und Land, wie sie für das Spätmittelalter charakteristisch ist und auch die anderen Schwankromane prägt. Seine Schalkheit ist Darstellungsmodus dieser Veränderungen und ihrer zerstörerischen Konsequenzen, darüber hinaus Ausdruck seiner Affinität zu Körper und Körpersprache, zum Obszönen und Skatologischen, zu allen Präsentationsformen des Leibes, die im Zuge des Zivilisations- und Rationalisierungsprozesses zurückgedrängt werden, im *Ulenspiegel* aber noch erkennbar sind: Einerseits bedient er sich einer durchaus vorrationalen Körpersprache, andererseits einer abstrakt-kalkulatorischen Rationalität, die im Verlauf der Zivilisationsgeschichte, also der kontinuierlichen Trennung von Körper und Geist, zum einzigen Maßstab historischen und gesellschaftlichen Fortschritts avancierte, damit aber die Geschichte des Körpers, seiner Gesetze und seiner Logik gründlichst verdrängte.

Botes Text antwortet auf die «Geschichte dieser Grenzziehung» [51, *S. 9*] und entwirft seine Titelfigur als zugleich rational und vorrational, den Gesetzen des Leibes unterworfen, sie zugleich aber schon überwindend. Dabei verläuft diese Grenze nicht zwischen einzelnen Historien oder Historiengruppen, sondern durch die Titelfigur selbst hindurch. Der Schalk ist, wie es gleich die Eingangshistorie verdeutlicht, ‹mit allen Wassern gewaschen›, körperlicher Erfahrung und listiger Klugheit gleichermaßen verpflichtet. Er hat eine Vorliebe für körperliches Sprechen und eine körperliche Entäußerung von Sinn, zum Beispiel in Gestalt sprichwörtlicher Redensarten und ihrer Verbildlichung; für Formen identischer Rache, wenn – entsprechend dem *ius talionis* – erlittene Verletzungen auf die jeweils gleiche Weise und am gleichen Objekt zurückgezahlt werden; für eine Kommunikation über und durch die Öffnungen und Auswürfe des Leibes. Sie werden zu Ulenspiegels markantestem Zeichen seiner selbst: seines Geltungsanspruchs, seiner Rache, seines Überlebenswillens; verbinden sich aber auch mit seiner rationalen Kompetenz. Auch in diesem Fall ruft die Konfrontation von Ulenspiegels Schalkheit mit dem Gewohnten und Vertrauten, mithin die Verkehrung des Nichtigen und bislang Gültigen, Lachen hervor. Erst in den weiteren Schwankromanen des 16. Jahrhunderts aber ist die charakteristische Verschränkung von Bedrohung und Lachen und damit auch die Öffnung zur Wirklichkeit zurückgenommen bzw. durch penetrante Moralisierungen – wie in Bartholomäus Krügers *Hans Clawert* (Berlin 1587) und Wolfgang Büttners *Claus Narr* (Eisleben 1572) – oder aber durch platte Witzeleien – wie in Achilles Widmanns *Peter Leu*, dem «anderen Kalenberger» – ersetzt worden (Frankfurt, um 1558).

Schwanksammlungen

Ähnliches gilt für die Schwankzyklen des 16. Jahrhunderts, die auf den biographischen Rahmen der Schwankromane ebenso verzichten wie auf die Perhorreszierung der erschreckenden Wirklichkeit als häßlich oder böse, verletzend oder zerstörerisch. Vielmehr bieten sie eine bunte Folge unterschiedlichster Erzähltypen: komische und moralisch belehrende, Sprachwitze und Lebensweisheiten, überraschende Beispiele praktischer Schlauheit und fataler Unglücksfälle, obszöne Ostentationen des Leibes und des Sexuellen, aber auch Beispiele einer bürgerlich-protestantischen

Ethik. Am Anfang steht Jörg Wickrams (um 1500/05 bis um 1560/62) *Rollwagenbüchlein* (Straßburg 1555 mit 67 Schwänken; 1556 und 1557 erscheinen zwei neue Auflagen mit 12 bzw. 22 neuen Schwänken), das in rascher Folge durch eine ganze Reihe vergleichbarer Schwankzyklen ergänzt, aber auch genutzt und verarbeitet wird:

von Jakob Frey, Stadtschreiber im elsässischen Maursmünster (vor 1520 bis um 1562) *Die Garten Gesellschaft, darinn vil froelichs gesprechs, Schimpff reden, Spaywerck, und sunst kurtzweilig bossen, von Historien und Fabulen, gefunden werden* (Straßburg 1557), die im Frankfurter Druck von 1565 als *«ander theil des Rollwagens»* empfohlen wird; von Martin Montanus aus Straßburg (vor 1537 bis nach 1566) zunächst *Ein sehr schoen lustig und auß der massen kurtzweilig Buechlin, der Wegkürtzer genant, darinn vil schöner lustiger und kurtzweiliger Hystorien in Gärten, Zechen unnd auff dem Feld, sehr lustig zu lesen* (o. O. 1557), das Montanus als *«das dritte theil des Rollwagens»* vorstellt, dann noch *Das Ander theyl der Gartengeselschaft* (Straßburg ca. 1560); von Michael Lindener aus Leipzig (geb. 1520, nach 1561 wegen Mordes enthauptet) *Der Erste Theyl Katzipori. Darinn newe Mugken, seltzame Grillen, unerhörte Tauben, visierliche Zotten verfaßt unnd begriffen sein* (o. O. 1558) sowie das *Rastbüchlein. / Darinn schöne / kurtzweilige lecherliche und / lustige Bossen und Fablen, wel / liche Hystorien gleich sein, verfast und be / schryben seind* (o. O. 1558); schließlich von Valentin Schumann, Schriftgießer in Nürnberg, Augsburg u. a. (um 1520 bis nach 1559) das *Nachtbüchlein* (Augsburg 1559) und von Hans-Wilhelm Kirchhof aus Kassel *Wendunmuth. Darinnen fünff hundert und fünftzig höflicher, züchtiger, und lustiger Historien, Schimpffreden, und Gleichnüssen begriffen und gezogen seyn auß alten und jetzigen Scribenten* (Frankfurt 1563–1603).

Trotz aller Unterschiede im einzelnen stimmen diese Schwankzyklen darin überein, daß sie sich, ob nun in Anlehnung an literarische Quellen oder an «newe zeitungen», kursierende Erzählungen oder selbst Gehörtes, einer unverstandenen und undurchdringlichen Wirklichkeit zu vergewissern versuchen. Der Grund des Lachens liegt im Erstaunen über die bunte Fülle und Vielfalt der Welt, die sich zwar den gewohnten Wahrnehmungs- und Deutungsmustern entzieht, erstmals aber auch als solche anerkannt, nicht – wie in der Exempladichtung – dem Zweck moralischer Belehrung unterworfen oder – wie im Schwankroman – als bedrohlich abgewehrt wird. Nicht die Regel gilt es zu bewahrheiten, sondern den besonderen Fall, die partikulare Erfahrung und unerhörte Begebenheit. Zwar bedeutet das keineswegs den endgültigen Verzicht auf Belehrung, doch wird sie in den Sammlungen auf unterschiedliche Weise berücksichtigt.

Während bei Lindener und Schumann, auch bei Frey und Montanus die Vorliebe für obszöne Scherze, das provozierende Spiel mit Fäkalien und anderen *pudenda*, für Sprachwitz und Schlauheit die lehrhafte Absicht ganz zurücktreten läßt, bemühen sich Kirchhof und Wickram um die Illustration evangelischer Lebenslehre und bürgerlicher Wohlanständigkeit, wobei Kirchhof allerdings aus den Erzählungen seiner siebenbändigen Schwank-Enzyklopädie explizite und häufig recht penetrante Morallehren zieht, Wickram hingegen in aller Regel auf Belehrungen verzichtet, keineswegs aber auf die exemplarische Einübung solcher Verhaltensweisen, die für den Bestand der bürgerlich-protestantischen Ordnung und die entsprechende Reglementierung aller Lebensbereiche für unerläßlich galten. Deshalb habe er, so versichert Wickram in seiner Vorrede, dem verbreiteten Wunsch nach Unterhaltung und Entspannung entsprechen, gewissermaßen also der Ausnahmesituation von Fest und Reise sowie den ohnehin noch lockeren moralischen Lizenzen in Wirtsstube und Badehaus Rechnung tragen, zugleich aber auch zu ihrer moralischen Reglementierung beitragen wollen. Denn das *Rollwagenbüchlein* soll «on allen anstoß» gelesen werden können. Es soll gerade an den Stätten einer freieren Sexualmoral und Triebbindung «in aller zucht und gotsfurcht getrieben werden», also ebenfalls und nachdrücklich zur «Verchristlichung des alltäglichen Lebens» beitragen, wie sie im frühabsolutistischen Staat, insbesondere in protestantischen Ländern, mit einer umfassenden Sozialdisziplinierung in Schule und Haus, Kirche und Beruf, privatem und öffentlichem Leben begonnen worden ist. Auch im *Rollwagenbüchlein* entsteht der komische Effekt meist aus dem Kontrast von Norm und Normverstoß, Eindeutigkeit und Mehrdeutigkeit der Sprache, die eine bislang unbekannte Vielfalt und Widersprüchlichkeit der Welt zu erkennen gibt.

So mißversteht (Nr. 49) ein «einfältig weib» die Mahnung ihres Beichtvaters, sie dürfe während der Fastenzeit nur dann Eier und Fleisch essen, wenn sie «semblichs von unserm heilgen vatter dem bapst erkaufft», d. h. einen entsprechenen Ablaßbrief erworben habe. Der gewohnte Wortsinn ist ihr unbekannt, entsprechend komisch ihre Reaktion: «‹Ach›, sagt sy, ‹lieber mein herr, ich hab nye gewüßt, das der heylig vatter auch eyer und fleisch feil hett, sunst wolt ich im mein gelt ehe unnd lieber gegünt haben dann unsern metzgern.›» Oder ein Pfaffe (Nr. 67), der bislang «wenig von weltlichem brauch erfaren» hatte, beobachtet nachts Flußfischer bei ihrer Arbeit und Vesper, warnt aber, da er sich auf die finsteren Gestalten keinen Reim machen konnte, in seiner nächsten Predigt: «‹O liben fründt, helffend mir gott bitten für das volck in den grossen stifflen, so zuo nacht auff dem wasser faren... Ich sag euch, das es ein unnütz volck ist; was ander lüt deß tags ersparen, fressen sy zuo nacht›».

Doch ruft die Berücksichtigung von Vielfalt und Widersprüchlichkeit der Wirklichkeit nicht nur Lachen hervor, sondern läuft häufig auch – ähnlich wie im Sprichwort – auf die resignierte Anerkennung all dessen hinaus, was ohnehin der Fall und nicht mehr zu ändern ist. Die Wahrheit wird lediglich bestätigt, nicht aber, wie noch in der Exempladichtung, kritisiert oder in Frage gestellt. Dabei kann es sich dann auch um schockierende Berichte von unvorstellbaren Untaten handeln wie die «grausame und

erschrockenliche history» von dem Wirt, der im Anschluß an eine fatale Wette Frau und Kind ermordet (Nr. 55), «Von einem Kind, das kindtlicherweis ein ander Kind umbbringt» (Nr. 74), «Von einem einsidel, der sein eigen schwester ermort» (Nr. 72); oder um Alltagserfahrungen, daß der Betrüger noch immer eines gerissenen Betrügers gewärtig sein muß (Nr. 43), daß man eben, «wie man gmeinklich sagt... spott zum schaden haben» müsse (Nr. 42) usf.
Zwar dürften Erzählungen dieser Art zunächst einmal die Lust an Sensationen und «newen zeitungen» befriedigt haben, doch dienten sie wohl auch der Anerkennung und dem praktischen Arrangement mit dem faktischen Zustand der Welt bzw. legten die Einsicht nahe, daß erst Selbstbescheidung, Tugend und Ordnungssinn des Bürgers dem Chaos der Ereignisse und Begebenheiten zu steuern vermögen. Auch das *Rollwagenbüchlein* also scheint, obwohl Wickram in seiner Vorrede lehrhafte Absichten ausschließt, dem Ziel gesellschaftlicher Ordnung und Befriedung verpflichtet zu sein, das er dann auch in seinen späten Romanen, vor allem im *Nachbarn*-Roman (1556), programmatisch und praktisch-belehrend entwickelt.

Lalebuch

Erst im *Lalebuch. Wunderseltzame, Abentheurliche, vnerhörte*, *vnd bißher unbeschriebene Geschichten und Thaten der Lalen zu Lalenburg* von 1597 hingegen scheint das Ideal einer geordneten und gesitteten Welt und Gesellschaft endgültig verloren gegangen zu sein.

Die Erzählungen um die Bewohner von Laleburg im Königreich Utopien sind größtenteils aus früheren Schwanksammlungen und anderen Quellen entnommen, hier aber – ähnlich wie im Schwankroman – zu einem lockeren Erzählzusammenhang verbunden worden. Ob Johann Fischart, Wolfhart Spangenberg o. a. als Verfasser in Frage kommen, ist bislang nicht sicher entschieden. Die etwas jüngere Bearbeitung unter dem Titel *Die Schiltbürger* (Frankfurt 1598) nahm wohl der Pfarrer Johannes Mercator aus Zierenberg bei Kassel (gest. 1625) vor; der Vorschlag, die Reihenfolge von *Lalebuch* und *Schiltbürger*-Buch zu vertauschen, vermag nicht zu überzeugen [687].

Das *Lalebuch* ist als Warnung vor ständischer Anmaßung der Bauern gedeutet worden, die bürgerliche und feudaladlige Attribute beanspruchten und damit die ständische Ordnung gefährdeten [652]. Demgegenüber gründet die Narrheit der Lalen gerade auf dem Verlust einer solchen *ratio naturalis*, auf der Trennung von «großer und kleiner Haushaltung», der kleinen Welt des Dorfs und staatlichen Belangen, menschlicher Vernunft und Naturgesetz, und führt zu den fatalsten Konsequenzen. Einerseits wird die angenommene Narrheit der Lalen zu ihrer zweiten Natur. Sie regredieren auf einen vorrationalen Infantilismus und verweigern sich allen rationalen und habituellen Anforderungen des «Prozesses der Zivilisation», wenn sie den Kaiser auf Steckenpferden reitend begrüßen; der Schultheiß gerade in dem Moment seine Notdurft verrichten muß, da er den Kaiser begrüßen soll; und das einhergeht mit Wortverdrehungen, «verbalem Gesichterschneiden» usf. [899]. Andererseits verselbständigt sich die äußere Ordnung der Natur und Gesellschaft und wird zum Schicksal über ihnen, das sich blind und unvorhersehbar, ohne jede Möglichkeit des Einwirkens, vollzieht. Die «Ordnung der Dinge» (Foucault) wird als Macht der Dinge erfahren, die den Menschen bedroht und unverhofft – wie in den Slapsticks des Trickfilms – auf ihn zurückschlagen kann: so in der Geschichte von dem mitleidigen Lalen, der die Zweige seines Nußbaums im nahen Weiher tränken will, dem aber von den zurückschnellenden Zweigen der Kopf abgeschlagen wird; oder von dem Mühlstein, dessen Lauf vom Berg herab ein Lale verfolgen will, deshalb seinen Kopf hineinsteckt, dann aber zusammen mit dem Mühlstein elendiglich im Weiher ertrinkt. Diese fatalen Konsequenzen jedoch kommen den Lalen gar nicht in den Sinn. In grotesker Verkennung der Regeln der Natur vermuten sie vielmehr, ihr Dorfgenosse habe den Stein gestohlen, und lassen ihn als Dieb am «gemeinen Gut» ausrufen. Angesichts dieser höchst konsequenten Verkehrung von Ursache und Wirkung, menschlichem Zweck und Regel der Natur wirken auch die Erzählungen des *Lalebuchs* – ebenso wie die Schwankromane – bedrohlich und komisch zugleich; auch der Schrecken der unkontrollierten Natur also wird keineswegs verdrängt, sondern lachend vereinnahmt.

Diese paradoxe Komik jedoch ist vom Optimismus einer sinnvollen, dem göttlichen Willen verpflichteten Regelung weiter denn je entfernt, vielmehr Ausdruck der resignativen Einsicht, daß nach der Trennung von «kleiner und großer Haushaltung», privaten und öffentlichen Belangen, eine Einwirkung auf die gesellschaftlichen Verhältnisse und ihre vernünftige Organisation nicht mehr möglich ist. Das Lachen über die Streiche der Lalen ist auch Ersatz für den Verlust solcher Einwirkungsmöglichkeiten, also für das praktische Bemühen um die *ratio naturalis* der Gesellschaft und das Glück des einzelnen. Im zeitgenössischen Staatsroman – etwa der *Utopia* (1516) des Thomas Morus, auf den die Rahmenhandlung des *Lalebuchs* offensichtlich Bezug nimmt – wird die Möglichkeit einer vernünftigen Organisation der Gesellschaft und des individuellen Glücks noch einmal erprobt; im *Lalebuch* selbst hingegen ist diese Hoffnung verflogen. Es erscheint vielmehr als literarische Antwort auf die politische Ordnung des Fürstenstaates, in welchem die Konzentration politischer und gesellschaftlicher Befugnisse beim Souverän vollzogen, die Einübung in den absoluten Gehorsam gegenüber der Obrigkeit gepredigt und gesellschaftliche Macht nurmehr als blindes Schicksal erfahren wird.

Hans-Jürgen Bachorski
Heinrich Wittenwiler

Wie ein breites Panorama der Welt des späten Mittelalters, ihrer Denkformen und alltäglichen Handlungen, ihrer normativen Vorstellungen und literarischen Möglichkeiten scheint der *Ring* Heinrich Wittenwilers offen vor dem heutigen Leser zu liegen, doch als Ganzes konfrontiert ihn dieser Text mit einer Fülle von Rätseln. Das beginnt schon damit, daß bis heute, fast 140 Jahre nach Bechsteins erster Edition, über die außertextuellen Voraussetzungen kaum etwas Gesichertes bekannt ist und, wie zu erwarten steht, wohl auch keine neuen Erkenntnisse mehr folgen werden. Nach langandauernder Unklarheit über die Identität des «Haynreich wittenweylär», wie sich der Erzähler im Prolog nennt, meint man heute, daß es sich hierbei um einen im Toggenburgischen aufgewachsenen Magister und Advokaten am Bischofshof in Konstanz handle; doch gibt es hierfür nur Vermutungen und Wahrscheinlichkeiten, keine Beweise.
Ebenso unsicher ist die Forschung in der Datierung: Allenfalls ein Terminus post quem, 1360, steht fest, ansonsten spricht die Schrift des Manuskripts für die Zeit um 1400, Anspielungen auf das Konstanzer Konzil für die Jahre 1414 bis 1418. Über ein reales zeitgenössisches Publikum ist ebensowenig bekannt, wie es Rezeptionsbelege für den *Ring* gibt; allein über die intendierten Idealleser lassen sich Vermutungen anstellen, mußten sie doch wie der Verfasser über eine umfassende literarische und philosophische, theologische und juristische Belesenheit verfügt haben, um die Fülle an Anspielungen und Zitaten verstehen und goutieren zu können. Auch bietet die Handschrift, ein Unikat, das wohl unter Aufsicht des Verfassers entstanden ist, nur wenige Zeichen ihrer Geschichte: einen Besitzereintrag (Jacob Marquard von Glauburg aus einer vornehmen Familie aus Frankfurt am Main) aus dem 17. Jahrhundert. Um 1750 ist sie in die Bibliothek der Herzöge von Meiningen übergegangen. An Gebrauchsspuren finden sich lateinische Inhaltsangaben und Anstreichungen aus dem 15. Jahrhundert [vgl. 625; 760; 664].

Damit erschöpft sich das einigermaßen gesicherte Wissen über den *Ring* schon, während hinsichtlich Interpretation und Wertung dieses Textes von der Forschung eine Reihe von höchst widersprüchlichen Thesen vorgelegt wurden. Verdikte wegen der obszönen und komischen Tendenz korrespondieren mit einer Positivierung eben dieser Elemente durch ihre Unterwerfung unter ein didaktisches Ziel. Das Verhältnis von narrativen und lehrhaft-theoretischen Passagen erscheint arbiträr oder funktional; die Intention von Verfasser und Werk wird als konservativ-lehrhaft, resignativ oder zynisch gedeutet etc. [vgl. 760; 762].

Im Gegensatz zu solchen Alternativen, die jeweils eine Dimension des Textes gegen die übrigen ausspielen, soll eine Annäherung an den *Ring* hier in einer sukzessiven Beschreibung der in ihm selbst angelegten Schichten erfolgen. Das sind zunächst die narrative und die theoretische Ebene, also die erzählte Geschichte und die in sie als Blöcke eingefügten, in einem anderen Redegestus gehaltenen Lehren, sowie als dritte die von den anderen systematisch zu unterscheidende Ebene des Erzählerdiskurses, als die Art des Erzählens, des Organisierens von literarischem und ideologischem Material, des Kommentierens etc.

Der *Ring* erzählt die Geschichte des Bauern Bertschi Triefnas aus dem Dorf Lappenhausen im «tal ze Grausen», seiner Liebe zu Mätzli Rüerenzumph, seines Minnewerbens und seiner Heiratswünsche, die schließlich zur Eheschließung und zu einem Hochzeitsfest führen. Bei der Feier geraten sich dann die Gäste in die Haare, woraus sich ein gigantischer Krieg entwickelt, an dessen Ende Bertschi als Eremit in den Wald zieht.

Vor diesem fatalen Schluß jedoch rollt ein Geschehen ab, das komische und groteske Züge aufweist. So inszenieren die Bauern ein Turnier, um sich als perfekte Minneritter zu präsentieren; doch ihre Unkenntnis höfischer Repräsentationskunst und vor allem das Eingreifen des ‹Bauernfeindes Neithart› produzieren weniger Ehre als vielmehr den Anblick blamierter und blessierter Tölpel. Gleichwohl martert die «minne gluot» Bertschi so sehr, daß er Mätzli auch weiterhin den Hof macht. Nach mehreren komischen und mißglückten Werbungsversuchen kommt schließlich ein gedoppelter Briefwechsel zustande: Bertschi und Mätzli erklären einander ihr heftiges sexuelles Begehren. Doch diese eindeutige Botschaft muß erst durch schrift- und literaturkundige Männer in einen akzeptablen Diskurs übersetzt werden: Es werden Minnebriefe geschrieben, die allen rhetorischen Anforderungen genügen.

Die inzwischen von ihrem Arzt und Ratgeber geschwängerte Mätzli verlangt allerdings von Bertschi zunächst die Heirat, in die er auch einwilligt. Allerdings gehen der Eheschließung noch ausführliche Disputationen über die Ehe und Belehrungen des Bräutigams durch Familie und Freunde voraus. Bertschi hört sie sich eher desinteressiert an, um dann um so engagierter die Eheschließung zu betreiben. Sie wird genau beschrieben, und darauf folgt ein Fest, das sich durch die Armseligkeit der Geschenke wie des Essens gleichermaßen, vor allem aber durch das zügellose, jegliche zivilisatorische Hemmung negierende Verhalten der Gäste auszeichnet. Die ungesteuerte, hier wohl auch unsteuerbare Triebhaftigkeit der Fresser und Säufer hebt den gemeinschaftlichen Charakter des Festes auf, überführt es in ein aggressives Gegeneinander aller, wobei wiederum niemand seine Bedürfnisse befriedigen kann, sondern sich selbst wie den anderen nur Schaden zufügt.

Nach der Hochzeitsnacht, in der Mätzli sich durch einen Trick erfolgreich als virgo intacta ausgibt, erwächst aus den Prügeleien zwischen Gästen und Gastgebern der Krieg zwischen den zwei Dörfern Lappenhausen und Nissingen. Ausführliche Beratungen und Bündnisverhandlungen bereiten eine Schlacht vor, in der Riesen und Zwerge, Hexen und literarische Figuren, Schweizer und Heiden miteinander und gegen die Dörfler kämpfen, bis alles unter Blut und Leichen versunken ist. Am Ende steht das resignative Bild von Bertschi, der als einziger Überlebender sich von der Welt verabschiedet und als Einsiedler in den Wald geht.

Eine Geschichte voller Widersprüche und Chaos, aber auch voller Komik wird erzählt. Der Anspruch der Helden, edel und erhaben zu handeln, ja bereits der Versuch, die eigenen Interessen zu realisieren, und ihr wiederholtes Scheitern schockieren, reizen aber auch wegen der Unangemessenheit ihres Redens und Handelns zum Lachen, zumal pathetischer Anspruch und lächerliches Mißglücken übergangslos aufeinander folgen. Setzt dann der Leser diese Inszenierung im *Ring* in Beziehung zu der Fülle von Texten, in denen Minnedienst und Turnier, Eheschließung und Fest, selbst Kriege gelingen und als erhabenes, identitätsstiftendes Agieren geschildert werden, dann verstärkt diese Folie den komischen Effekt noch. Lächerlich sind die Protagonisten des *Rings* darüber hinaus aufgrund diverser, teilweise auch grotesker Deformationen: Weder beherrschen sie ihre Triebe, ihre Körper oder gar ihren Intellekt, noch werden sie der umgebenden Dinge, Tiere und mythischen Imaginationen Herr. Und doch erstickt der Text das Lachen, das er eben noch hervorgerufen hat, sogleich wieder in der ungehemmten Grausamkeit, mit der er das epische Personal Schaden an Besitz und Leib, schließlich sogar am Leben nehmen läßt. Eine gänzlich aus den Fugen geratene Welt scheint hier kaum irgendwelche angemessenen Handlungsmöglichkeiten übrigzulassen, und so schlägt das zu Beginn heiter-distanzierte Amüsement über solch schrankenlose Tölpeligkeit um in das Lachen angesichts der Katastrophe und ihres letalen Ausgangs, in das Lachen, das dann mehr Katastrophenbeschwörung ist als souveräne Distanzierung des lachenden Subjekts [vgl. 767].

Richtiges Handeln scheint so auch auf der Ebene der Erzählung nicht einmal als Möglichkeit auf: Die sprechenden Namen der Figuren, die ihnen das Fehlverhalten gleichsam als Artnatur auf den Leib schreiben, sind ebenso dagegen wie der entfesselte Furor der mythischen Naturwesen, der Riesen und Hexen. Und die resignative Schlußwendung, mit der Bertschi aus der Welt flieht, bestätigt dies noch einmal: Die Integration des Helden in einen sozialen Kontext wird aufgekündigt. Bestand die Absicht der Taten von Bertschi in der Herstellung von Gemeinschaft – in Liebe, Ehe, Turnier, Sippenrat, Fest, wie auch die Lehren auf das Agieren in Gesellschaft zielen –, so zerstört sein Tun, aber auch das aller anderen Figuren diesen familiären, nachbarschaftlichen oder dörflichen Zusammenhang radikal. Der Weg in den Wald negiert zumindest auf der Ebene der Geschichte jeglichen Anspruch auf eine glückliche oder auch nur funktionierende Interaktion der Individuen.

Wittenwilers «esle pauren» sind weniger realistische als vielmehr idealtypische Figuren, die negative Verhaltensweisen verkörpern [vgl. 631]. Diese Negation zielt in verschiedene Richtungen: Bisweilen gehen die Figuren in ihrer gegenbildlichen Anlage zum idealen Typus des Adligen auf, dann wieder werden mit traditionellem Zerrbild die Bauern verspottet, und schließlich trifft der Hohn stadtbürgerliche Verhaltens- und Reflexionsmuster. Der Topos des Prologs, daß nicht die Zugehörigkeit zu einem niedrigen Stand, sondern «unrechtes leben und läppisches tuon» den verlachten Negativhelden ausmache, mag so die kritische Perspektive des Textes richtig beschreiben, doch der Standpunkt der Kritik läßt sich kaum sozial fixieren. Was bleibt, ist Skepsis gegenüber allen Vorstellungen von weisem und richtigem Verhalten.

Eine zweite Ebene des Textes umfaßt ungefähr die Hälfte der 9699 Verse: die theoretisierende Entfaltung von Wissen, Normen und Regeln. In mehreren Etappen artikulieren die Figuren Vorstellungen über die Ordnung der Welt, die weder ihrem Horizont entsprechen noch in irgendeiner Form Konsequenzen für ihr Handeln haben. Nahezu enzyklopädisch werden die unterschiedlichsten didaktischen Felder abgehandelt, wobei Wittenwiler das Verfahren der Präsentation variiert: In monologischer Belehrung oder dialogischer Inszenierung findet sowohl eine umstandslose Übernahme tradierter Positionen als auch ein Umbau überkommener Norm- und Wertvorstellungen statt. Nur an zwei Sequenzen soll dies gezeigt werden.

Gegenstand der Ehedebatte ist in etwa 1000 Versen die auch in zeitgenössischer didaktischer Literatur immer wieder thematisierte Frage nach der Funktion des Ehestandes und der Rollenzuschreibung für Mann und Frau. Viele der gängigen Argumente werden aufgenommen, und doch fällt auf, daß sie anders begründet werden als traditionell üblich. So fehlt gänzlich die theologische Begründung der Ehe aus der Bibel und dem Willen Gottes sowie ihre Bedeutung für den Christenmenschen bei der Erlangung seines Seelenheils. Statt dessen findet die Ehe ihren Sinn, folgt man den Diskussionsrednern, ausschließlich in einer pragmatischen Orientierung. Die gestellte Frage, ob ein Mann ein Weib nehmen solle, wird zur Frage nach dem Nutzen der Ehe und der Ehefrau für den Mann. Sein Nutzen steht im Mittelpunkt, aus seiner Perspektive wird erörtert, wieweit die Ehe seine Pflege und Versorgung leisten könne, ob er seine Ehefrau immer und exklusiv (sexuell) nutzen könne, ob die Ehe ökonomisch von Vorteil oder eher von Nachteil sei. Diese Kategorie ‹Nutzen› wird von den männlichen wie von den weiblichen Sprechern gleichermaßen akzeptiert, die Abkehr von ethischen und religiösen Begründungszusammenhängen somit konsequent vollzogen. Der Dissens, der entfaltet wird, liegt einzig auf der Ebene des praktischen Kalküls, und hier bietet sich dem Erzähler die Möglichkeit, den bunten Katalog abgeschmackter misogyner Ausfälle, wie ihn vor allem die Schwankliteratur des späten Mittelalters kennt, herbeizuzitieren. Konsequent artikulieren die Männer diese Einwände, während die Frauen sie bestreiten, allerdings zum Teil mit Argumentationsweisen, die die Negativurteile eher zu bestätigen scheinen und letztlich nicht weniger frauenfeindlich sind als das, was sie zu widerlegen vorgeben. In einer solchen Debatte wird folgerichtig nichts entschieden, kann wohl auch nicht entschieden werden, denn die Conclusio, die der Schreiber als Schiedsrichter ausspricht, fasziniert vor allem wegen ihrer Banalität: Wer immer heiraten wolle und die damit verbundenen Aufgaben erfüllen könne, der solle es tun. Es wird also wenig Didaxe und wenig Orientierung angeboten, bestenfalls eine Revue möglicher pragmatischer Erwägungen ohne Rekurs auf irgendeine Ethik.

Weit ausführlicher, aber ähnlich intrikat läßt Wittenwiler seine Figuren in der Belehrung des Bräutigams vielfältiges Wissen und normative Anforderungen zusammentragen [vgl. 829]. Dazu gehört Religiöses – Gebete und Beichtformel, Gebote, Sakramenten- und Sündenkatalog – wie Alltägliches – eine Gesundheitslehre und Lebensregeln für Studenten –, vor allem eine lange Verhaltens- und Haushaltslehre. Während die letztere ungegliedert eine Fülle von pragmatischen Ratschlägen für den Umgang mit Frau und Kindern, Gesinde und Nachbarn bietet, entwirft die Verhaltenslehre eher abstrakt eine hierarchisierte Allegorie von allgemeinen Tugenden wie Weisheit und Gerechtigkeit, Stärke und Mäßigkeit, Wahrheit und Demut, Treue und Gehorsam etc. Alle Ratschläge sind monologisch angelegt; sie werden nicht diskutiert oder hinterfragt, sondern wollen als autoritäres Wort lediglich angenommen werden (ein Gestus, dessen Gültigkeit auf der Ebene der Geschichte glänzend zunichte gemacht wird, interessiert sich doch von den handelnden Figuren keine für diese Lehren oder befolgt sie gar). Wie bei der Ehedebatte übernimmt Wittenwiler wieder Normen und Argumentationen aus traditionellen Tugendlehren, aber auch hier wählt er aus und setzt spezifische Akzente. Dies betrifft weniger die religiösen Vorschriften, die weitgehend bekanntes Material unverändert zitieren, sondern die Lehren für soziales Handeln. Die Tendenz seiner Auswahl geht davon aus, den einzelnen von berechnenden Konkurrenten bedroht erscheinen zu lassen, die ihm nach Kräften Schaden zufügen wollen: betrügerische Verkäufer und böse Gattinnen, falsche Freunde und unredliche Gefährten. Konsequenterweise bieten die Lehren darum auch weniger Ratschläge zum Guten als vielmehr gute Ratschläge, empfehlen sie doch Mißtrauen und einen ausgeprägten Pragmatismus, orientieren auf Verfolgung individuellen Nutzens, positivieren Weitsicht und List [vgl. 775].

Ein solcher Katalog von Tugend- und Verhaltenslehren aber hat Folgen für ihre innere Kohärenz. Sie stehen nicht nur ohne logischen Bezug zur Ebene der Geschichte: Dort agiert statt der emotionslosen Intelligenz einzelner die unbeherrschte Triebstruktur einer Masse, in der Einzelne gar nicht mehr zu erkennen sind. Einzelne ballen sich vielmehr diffus zusammen und erscheinen als ein gemeinsamer gigantisch-grotesker Leib, der nichts als die zügellose Befriedigung körperlicher Bedürfnisse anstrebt. Die Lehren selbst haben außerdem keinen gemeinsamen ethischen Bezugspunkt. Traditionelle und moderne Wertvorstellungen, normative und pragmatische Anweisungen stehen nebeneinander und produzieren für das Objekt der Belehrungen (ob nun Bertschi oder Hörer/Leser) keine eindeutige und verbindliche Lehre, sondern nichts als ein ungeordnetes Bündel heterogener und widersprüchlicher Wissens- und Normpartikel.

Erzählte Geschichte und entfaltete Lehren im *Ring* scheinen zwei gänzlich geschiedene Ebenen des Textes zu sein, und doch werden sie gemeinsam organisiert in einer durchgängigen Logik des Erzählens. Die Vielfalt der zitierten Texte und Sprachen, Ideologien und Gattungen findet sich wieder in einem Diskurs, der die unterschiedlichsten *modi dicendi* und die mit ihnen verknüpften Weltsichten nicht als gegeben und gültig hinnimmt, sondern sie im Gegenteil nur aufruft, um sie in Frage zu stellen, gegenseitig zu relativieren, aufzuheben und zu verhöhnen. Eine an sich schon unmögliche Fügung «esle pauren» erzeugt in dem Wortspiele «e$^{d}_{s}$le» sofort eine spöttische Distanzierung von allen Konnotationen des Wortes ‹edel›. Andererseits erscheinen die Minnebriefe und -allegorien, mit denen die Werbung von Bertschi und Mätzli vorangetrieben werden soll, zuerst akzeptabel; sie werden allerdings durch den Kontext, der den ‹hohen Ton› der Minne als Parodie eines ausschließlich sexuellen Begehrens entlarvt, problematisch. Isoliert betrachtet, bieten die theoretisierenden Sequenzen in der Tat Ausschnitte aus dem Kanon spätmittelalterlichen Wissens; doch in Verbindung mit sprechenden Namen der Vortragenden wie «Lastersack», mit der ignoranten Haltung der Zuhörer wie der faktischen Obsoletheit der Lehren wird ihre Gültigkeit ungehemmt destruiert. Gleiches gilt für die zitierten Muster des Fastnachtsspiels, der Heldenepik und der höfischen Literatur wie für die religiösen und prag-

matischen Texte: Sie alle werden in den Strudel eines makkaronischen Sprachgemengsels gezogen, in dem ihr Ernst aufgelöst wird und die ihnen eigene Struktur von Weltwahrnehmung verlorengeht.
Diese Verwirrung von Sinnbildungsmustern beginnt schon im Prolog. Zwar hebt der Erzähler recht gravitätisch mit dem Versprechen an, den Lauf der Welt zeigen und lehren zu wollen, «was man tuon und lassen schol», zu welchem Zwecke lehrhafte und unterhaltsame Passagen gemischt worden seien, doch konterkariert er diesen ernsthaften Gestus sogleich mit dem Angebot einer beliebigen Rezeptionshaltung: Wer weder Nutzen noch Unterhaltung aus dem *Ring* ziehen könne, möge alles als «mär» nehmen, also als Erdichtetes. Als zweites Korrektiv gegen allzu große Ehrfurcht vor dem «Ernst» wird ein origineller Kunstgriff gewählt: Mit einer roten Initiallinie seien die ernsten, mit einer grünen die närrischen Textteile gekennzeichnet, damit man sie nicht verwechsle. Diese Markierung zieht sich in der Tat durch die gesamte Handschrift, doch folgt sie weder der vorgeblichen noch der entgegengesetzten Logik. Ihr ganzer Sinn scheint darin zu liegen, die Eindeutigkeit des Textes auch auf der Ebene des Diskurses noch einmal zu stören und den Rezipienten permanent daran zu erinnern, daß hier nichts unhinterfragt gültig bleiben soll.
Eine Summa des Spätmittelalters sei der *Ring*, lautet ein gängiges Urteil der Forschung, und seine Bilanz der Rede- und Denkformen der Epoche scheint wirklich enzyklopädisch zu sein. Doch wie so oft ist auch hier die Summe mehr als die Teile, aus denen sie sich zusammensetzt. Das «erregte vielstimmige Bild» der Ideologien, wie sie aus den unterhaltsamen und lehrhaften Gattungen des Mittelalters bekannt sind und die der *Ring* versammelt, wird hier nicht zu neuer Sinnbildung synthetisiert, im Gegenteil: Sinnbildungen unterschiedlicher Provenienz werden dekonstruiert. Die historische Leistung Heinrich Wittenwilers, von dem so wenig bekannt ist, liegt demnach darin, den Fundus alter Mythen und Geschichten, traditioneller Lehren und Konventionen in eine offene und ambivalente Struktur zu überführen und damit für neue Konstruktionen verfügbar zu machen [vgl. 612].

Hans-Jürgen Bachorski / Werner Röcke
Narrendichtung

Bedeutung und Gebrauch des Wortes ‹Narr› sind bis in die frühe Neuzeit keineswegs einheitlich. Als ‹Narren› werden zunächst die Geisteskranken oder Wahnsinnigen bezeichnet, deren mentaler Makel ihnen – gemäß der mittelalterlichen Überzeugung von der Koinzidenz zwischen Innerem und Äußerem des Menschen – auch körperlich eingeschrieben ist: Die ‹natürlichen› oder pathologischen Narren treten in den meisten Fällen als Zwerge, Krüppel oder sonstwie Verwachsene in Erscheinung. Neben diesem ältesten, vom Mittelalter bis ins 18. Jahrhundert gut belegten Wortgebrauch findet sich auch die Bezeichnung von Gauklern und Spaßmachern aller Art als ‹Narren›, die zu den kirchlichen Narrenfesten, ‹Eselsfesten› oder ‹Festen der unschuldigen Kinder›, die zwischen dem Weihnachts- und dem Dreikönigsfest datieren, zur Fastnacht oder, im Rahmen eines regelrechten Hofamtes, als Hofnarr zur Belustigung eines städtischen, kirchlichen oder höfischen Publikums beitragen. All diese verschiedenen Narrentypen bedienen sich des Privilegs der ‹Narrenfreiheit›, das die natürlichen Narren als offensichtlich unzurechnungsfähig von rechtlichen und zivilisatorischen Normen dispensierte: Sie durchbrechen die Tabus der kirchlichen, städtischen oder höfischen Ordnung; sie sind obszön und verletzend, ihrem Körper verhaftet und auf ihren eigenen Vorteil bedacht, nehmen sich aber auch die Freiheit, unbequeme Wahrheiten aufzudecken und auszusprechen. Erst in dieser zuletzt genannten Eigentümlichkeit liegt wohl der Ausgangspunkt für den Typus des kritisch-distanzierten, weise-melancholischen Narren, wie er vor allem im englischen Schauspiel des 16./17. Jahrhunderts beliebt wird.

In der deutschen Literatur hingegen führte die Literarisierung des natürlichen und des lustigen Narren zu einer neuen Narrenfigur, die im Spätmittelalter und in der frühen Neuzeit zum dominierenden Narrentypus wurde: der Narr als Personifikation von Lastern und Gebrechen, als Sünder und Übeltäter, als Verbrecher (‹Schelm›) und Feind eines geordneten

Gemeinwesens. Zwar geht dieser Narrentypus bereits auf antike und vor allem wohl alttestamentliche Vorbilder zurück. Erst in der Narrenliteratur des 15./16. Jahrhunderts aber wird er zu einem der wichtigsten Deutungsmuster für politische und gesellschaftliche Veränderungen, menschliche Defizite und unterschiedlichste Handlungsmöglichkeiten, religiöse und lehrhafte Zielsetzungen. Doch auch die anderen Narrentypen des Mittelalters haben diesen moralischen Narren der spätmittelalterlichen Narrenliteratur beeinflußt. Gemeinsam ist dem Geisteskranken wie dem Sünder, dem Possenreißer wie dem Gaukler, daß sich – entsprechend der magischen Überzeugungen der Zeit – «in ihnen ein fremdartiges Wesen verbirgt, das sie beherrscht und mit dem Übernatürlichen in Verbindung» bringt [906, *S. 30f.*].

Narren verfügen also nicht über sich selbst, sondern werden durch äußere Mächte getrieben, seien es nun der Wahnsinn oder das Böse, die Freude am Tabubruch oder an den verschiedenen Öffnungen des Körpers. Sie besitzen keine Identität mit sich selbst, keine Ruhe und keine Zufriedenheit mit dem Erreichten oder mit Gottes Gaben: «Weil der Narr sich selbst nicht hat, will er ständig anderes haben. Er wünscht» [665, *S. 212*].

In der Narrendichtung des 15./16. Jahrhunderts, insbesondere in den Narrenreihen Sebastian Brants und Thomas Murners, wird diese Maßlosigkeit zum gemeinsamen Merkmal der unterschiedlichsten Narren. Weder sind sie zufrieden mit Gottes Gaben, noch akzeptieren sie die gegebenen sozialen, gnoseologischen, religiösen und zivilisatorischen Grenzen. Sie praktizieren soziale Mobilität und sozialen Aufstieg und stellen damit die ständische Gesellschaftsordnung in Frage. Sie üben Betrug und Übervorteilung in Handwerk und Handel, Rechtsbruch und Gewalt in Herrschaft und Staat und verkehren das Gebot einer gerechten Gesellschaft in ihr Gegenteil. Narren unterliegen aber auch dem Wahn immer neuer Wissensbegierde; Informationen und Studien ersetzen das Ideal der Weisheit *(sapientia)* und der Bescheidenheit *(discretia)*, d. h. der Einsicht in Gottes Schöpfung, durch oberflächliche Gelehrsamkeit, Schwatzsucht und Büchernarretei. Schließlich verstoßen Narren gegen die Regeln einer verbindlichen Ethik des alltäglichen Lebens: in Ehe und Familie, Gottesdienst und Schulunterricht, städtischer Öffentlichkeit und Fest. In der zeitgenössischen Didaxe finden sich zahlreiche Bemühungen um eine entsprechende Reglementierung des alltäglichen Lebens und seiner Institutionen. Die Narren der Narrendichtung verstoßen auf prinzipielle Weise gegen diesen «Prozeß der Zivilisation» (Elias). Damit allerdings dienen sie nicht einem vorzivilisatorischen Wunschtraum glücklicher Anarchie, sondern – im Sinne einer negativen Didaxe – jener Sozialreglementierung selbst, der sich die Narren gerade zu entziehen suchen.

Sebastian Brant

Brants *Narrenschiff* (1494) wurde zum größten literarischen Erfolg des 15./16. Jahrhunderts, vielfach nachgedruckt, dabei aber auch – und keineswegs zur Freude Brants – verschiedentlich verändert. Es wurde in zahlreiche Sprachen übersetzt, u. a. von Jakob Locher ins Lateinische, ins Französische, Englische und Niederländische; es hat eine Reihe von Nachdichtungen provoziert, etwa die Predigten des Straßburger Predigers Geiler von Kaisersberg über einzelne Kapitel des *Narrenschiffs* oder die zahlreichen Narren- und Schelmensatiren des Straßburger Franziskaners Thomas Murner. Gründe für diesen beispiellosen Bucherfolg sind im einzelnen schwierig auszumachen. Zweifellos hat Brant mit seiner Darstellung und Deutung höchst aktueller Probleme des sozialen, politischen und intellektuellen Lebens seiner Zeit die Überzeugungen, aber auch die Ängste und Wünsche seiner Leser formuliert, die dem *Narrenschiff* seinen Erfolg sicherten. Neben inhaltlichen Gründen ist die prachtvolle Ausstattung des Buchs zu erwähnen, dessen Holzschnitte zu den schönsten Buchillustrationen der Inkunabelzeit zu rechnen sind. Sie werden die Rezeption des eher trockenen Lehrtexts sicher erleichtert haben. Einige der Holzschnitte dürften von dem jungen Albrecht Dürer entworfen worden sein.

Sebastian Brant wurde im Jahr 1458 in Straßburg als Sohn eines Gastwirts geboren. Er studierte in Basel, erwarb hier den Doktor beider Rechte und lehrte als Dozent an der Basler Universität. Nach der Trennung Basels vom Reich kehrt Brant nach Straßburg zurück und hat dort – mit dem Titel eines kaiserlichen Rats – als Stadtschreiber gewirkt, der verschiedentlich auch politische Aufgaben, insbesondere im Kontakt zwischen Straßburg und dem Kaiser, übernommen hat. Sogar im *Narrenschiff* ist dieses politische Interesse an den Belangen des Reichs erkennbar. Kapitel 99 bringt im Kontext einer Klage über den «abgang des glouben» durch Ketzer- und Türkenmacht eine Reihe politischer Gravamina über den miserablen Zustand des Reichs zur Sprache. Beklagt werden innere Zwietracht und äußere Schwäche; Selbständigkeitsbestrebungen der Städte und Territorialherren einerseits und Schwäche der fürstlichen Zentralgewalt andererseits. Schließlich werden Hoffnungen auf den König (!) Maximilian gesetzt, der das Reich erneut zur Einheit führen soll. Brant hat diese Bemühungen zeit seines Lebens entschieden unterstützt. – 1521 ist er in Straßburg gestorben.

In der Konzeption des *Narrenschiffs* folgt Brant der didaktischen Literatur des Mittelalters, modifiziert sie aber. Die Didaxe des Mittelalters zeichnet sich durch soziale Differenzierung, Reihenstruktur und eindeutige Oppositionen von Gut und Böse aus. Gesellschaft wird als hierarchische Abfolge unterschiedlicher Stände gedacht, denen jeweils standesspezifische Aufgaben zugeordnet, aber auch standesspezifische Laster vorgeworfen

werden. Darstellungsmodus dieser Didaxe ist die Reihung von Erläuterungen, Belegen und historischen oder literarischen Beispielen, die der additiven Bestätigung, nicht der differenzierenden Analyse dienen. Das wird insbesondere in der klaren Abgrenzung von Sünde oder Gehorsam deutlich: Exempelfiguren didaktischer Literatur sind immer das Eine oder das Andere, Gut oder Böse; eine Infragestellung dieser strikten Exklusion bleibt bis ins Spätmittelalter ausgeschlossen. In Brants *Narrenschiff* hingegen ist damit begonnen worden.
Das *Narrenschiff* ist als Narrenrevue konzipiert und wurde zum Vorbild der Narrendichtungen Geilers von Kaisersberg, Thomas Murners u. a. Die einzelnen Narrentypen ihrerseits werden anhand antiker oder biblischer Beispielfiguren illustriert und in ihren unterschiedlichen Aspekten erläutert. Insofern folgt Brant den Bauformen didaktischer Literatur; zugleich aber geht er über die traditionelle Ständedidaxe hinaus, indem er seine Kritik jeder sozialen und ständischen Bestimmtheit entkleidet [866]. Brant spricht von Narren, nicht von einzelnen Ständen. Zwar verhalten sich diese gleichermaßen närrisch, doch tritt ihre soziale Besonderheit in den Hintergrund. Der Begriff ‹Narr› wird bei Brant zum Schibboleth allgemeinen, nicht standesspezifischen Fehlverhaltens, das alle Bereiche des sozialen, intellektuellen und alltäglichen Lebens betrifft. War die Ordnung der Welt für den mittelalterlichen Didaktiker noch klar gegliedert nach ständischen Mustern, nach festen Strukturen des Himmels und dementsprechend auch der Erde, nach klaren Stereotypen des richtigen und falschen Lebens, so ist diese eindeutige Struktur jetzt verlorengegangen. An ihre Stelle tritt eine ‹neue Unübersichtlichkeit› von Welt und Gesellschaft, welche der Didaktiker Brant gleichwohl und auf höchst variable Weise zu durchdringen, ja zu bewältigen versucht. Drei Felder der Narrendidaxe sind zu unterscheiden.

Soziale Differenzierungen und sozialer Aufstieg
Narren verfügen nicht über sich selbst und wollen ständig anderes haben. Närrisch sind deshalb – in sozialer Hinsicht – alle Bemühungen um die Überwindung sozialer Grenzen und um sozialen Aufstieg, auf den Brant immer wieder zu sprechen kommt. Seit den Predigten Bertholds von Regensburg und dem *Buch der Rügen* im 13. Jahrhundert gehört die Kritik am sozialen Aufstieg zum Standardthema der mittelalterlichen Didaxe. Insofern ist Brant thematisch nicht originell, wohl aber in der Art und Weise, wie er auf die sozialen Veränderungen reagiert. So wird im *Narrenschiff* die Exklusion sozialer Aufstiegstendenzen – in der Didaxe des Mittelalters wurden sie als Selbstüberhebung *(superbia)*, die Sünde Luzifers, verurteilt – durch ihre Inklusion ersetzt. Der Skandal eines sozialen Aufstiegs in den Adel etwa wird nicht mehr nur verteufelt, sondern insofern abgeschwächt, als der Tugendadel, nicht der Geburtsadel zum wich-

tigsten Adelsmerkmal erklärt (Kap. 76), das «gleiche Recht» von Adel und Bauern zumindest im Tode erwogen (Kap. 85) und im gemeinsamen Karten- oder Würfelspiel eine trügerische Gleichheit von «pfaffen / adel / burger» gefürchtet wird (Kap. 77).

Eine weitere Möglichkeit der Inklusion sozialer Aufstiegstendenzen und Differenzierungen bietet ihre Historisierung. Den Klagen über die fatalen Wirkungen des Geldes oder der Geldmacht, die man auch sonst in der spätmittelalterlichen Didaxe immer wieder findet, begegnet Brant mit dem idealisierten Entwurf eines goldenen Zeitalters, als das Privateigentum und das Geld unbekannt und die Reproduktion der Menschen durch Arbeit noch nicht nötig waren. Mit dem Lob der Armut, des einfachen Lebens und der leider verlorenen «eynfalt» des bäuerlichen Standes (Kap. 82 und 83) nimmt Brant, vielleicht im Rückblick auf antike Vorbilder, Überlegungen zum Vorzug der Armut und der körperlichen Arbeit (gegenüber den Mühen des Reichtums) vorweg, die dann auch in der deutschen Literatur des 16. Jahrhunderts häufig zu finden sind (z. B. bei Jörg Wickram: *Von guten und bösen Nachbarn*, 1556; Johann Fischart; *Lob des Landlustes*, 1579). In Kapitel 11 erwähnt er die ketzerischen Lehren des Pfeifers von Niklashausen, der in den siebziger Jahren des 15. Jahrhunderts die Umwälzung der Kirchen und der sozialen Ordnung zugunsten der Armen und Unterdrückten verheißen hatte. Auch ist wohl anzunehmen, daß Brant über die sozialen Auseinandersetzungen seiner Zeit informiert gewesen ist, die vor allem in den Städten, aber auch schon auf dem Lande begonnen hatten. Das Lob der Armut wäre in diesem Zusammenhang als Versuch zu lesen, im Rückgriff auf eine idealisierte Vergangenheit die Schärfe der aktuellen sozialen Auseinandersetzungen abzuschwächen. So wird die Konfrontation zwischen Stadtarmut und Patriziat, Gesellen und Zunftmeistern (vgl. dazu Kap. 48: das Gesellenschiff) auch im *Narrenschiff* mit der Warnung vor sozialem Aufstieg und der Zerstörung der gesellschaftlichen Ordnung eindeutig im Sinne einer Bewahrung dieser Ordnung bewertet. Mit dem Lob der Armut aber wird die Konfrontation auch ihrer sozialen und politischen Brisanz entkleidet.

Reglementierung des Wissens

Als närrisch beschreibt Brant nicht nur die sozialen Veränderungen seiner Zeit, sondern auch die Erweiterung der Informationen und Kenntnisse, der Bücher und sonstigen Druckerzeugnisse, das Bemühen um neue Erfahrungen der Welt durch Reisen und Wissenschaften, aber auch der Zukunft durch Wahrsagung, Sternenglaube und Praktiken aller Art. Ihnen gemeinsam ist der Versuch, die Grenzen menschlichen Wissens und Verstehens zu erweitern, die Gesetze der Schöpfung nachzuvollziehen, damit aber Gottes Privileg der Allwissenheit in Frage zu stellen. Die Gegenstände und Methoden der unterschiedlichsten Wissensgebiete wurden in der «scientific revolution» [176] des Spätmittelalters und der frühen Neuzeit radikal erweitert. Das betraf nicht nur die Anfänge empirischer Meßmethoden in den Naturwissenschaften, die ‹kopernikanische Wende› des Weltbildes und die Transformationen theologischen Denkens in theoretische, historische oder philologisch-literarische Neugier, sondern auch die Entdeckung neuer Welten, die Erweiterung publizistischer Möglichkeiten durch Druck und ‹neue Zeitungen› usf.

Brant reagiert auf diese Entgrenzung des Informations- und Wissenssystems mit einem Rückgriff auf die traditionelle theologische curiositas-Polemik. Die Frage nach den Regeln der Schöpfung und den Versuch einer Ausweitung des Wissens hat kirchliches Denken schon früh als widergöttlich verurteilt: «Nur Gott selbst als dem Schöpfer kommt das Verständnis der Schöpfung zu» (Augustin). Ebenso Brant: «Dann gotts gnad vnd fürsichtikeyt / Ist so voll aller wissenheyt / Das sie nit darff der menschen ler / Oder das man mit rům sie mer / Dar vmb o narr / was straffst du gott / Din wißheit ist gen jm eyn spot / Loß gott důn synem willen nach» (Kap. 28). Zwar ist in der theologischen Diskussion seit Thomas von Aquin die *curiositas* schon als natürlicher Wissenstrieb des Menschen anerkannt und somit positiviert worden. Brant hingegen wehrt alle Versuche theoretischer und praktischer Neugierde entschieden ab. Dabei differieren seine Denunziationsstrategien, nicht seine Überzeugung vom Übel der curiositas. So bringt er – angesichts der Entdeckungen neuer Länder und Erdteile – die neuen Reiseerfahrungen auf nachgerade plumpe Weise in die Nähe von Rausch, Trunkenheit und Verlust des Selbst (Kap. 66); die Astronomie erscheint gleichbedeutend mit Wahrsagekunst, Traumdeutung, ‹Praktiken› und anderen ‹schwarzen Künsten› (Kap. 65), und die Expansion der Drucktechnik und Bücherproduktion gar wird zum Anstoß apokalyptischer Ängste vom Nahen des Antichrist vor dem Jüngsten Gericht: «Falsch glouben / vnd vil falscher ler / Wachsen von tag zůtag ye mer / Dar zů důnt drucker yetz gůt stür / Wann man vil bůcher würff jnns für / Man brannt vil vnrecht / falsch dar jnn / ... Die zyt die kumt / es kumt die zyt / Ich vŏrcht der endkrist sy nit wyt» (Kap. 103).

Gebrauch der Vernunft und soziale Reglementierung des Lebens

Narren lassen die Weisheit vermissen, da sie ihre natürlichen Grenzen ignorieren. ‹Weisheit› *(sapientia)* meint also nicht nur intellektuelles Vermögen, sondern auch die Bereitschaft, die Ordnung von Gottes Schöpfung anzuerkennen. Brant greift gegen die Übel seines Weltentwurfs auf dieses ethisch-soziale Vermögen zurück und preist die ‹Weisheit› als Grundlage gerechter Herrschaft (Kap. 46), als Matrix des *ordo* (Kap. 22), als Weg zur Seligkeit (Kap. 47) usf. Allerdings ist dieser Rückgriff auf die ‹Weisheit› insofern nicht eindeutig, als Brant sie mit modernen Fähigkeiten planend-kalkulierenden Verstehens verbindet. ‹Sapientia› und auf den individuellen Nutzen orientierte Vernunft sind im traditionellen Denken nur schwer miteinander vereinbar. Bei Brant hingegen finden sich neben der Verherrlichung der Weisheit auch praktische Überlegungen zur Vorausplanung und Kalkulation (Kap. 15); Warnungen vor falschem Vertrauen (Kap. 69) und Aufforderungen, den eigenen Vorteil nicht aus den Augen zu verlieren (Kap. 58), wie sie für eine frühbürgerliche Nutzenethik charakteristisch und in der zeitgenössischen Schwankliteratur entfaltet worden sind. Selbst in diesem Fall tritt keineswegs nur Brants Konservativismus zutage, sondern auch sein Bemühen, kontroverse Verhaltensmuster aufzunehmen und in seinen traditionellen Weltentwurf zu integrieren. Weisheit und Vernunft aber werden darüber hinaus zum Ausgangspunkt und zur Grundlage einer moralischen Reglementierung des alltäglichen Lebens, insbesondere von Familie, Ehe und Erziehung, Kirche und Schule, Arbeit und Fest. Alle diese Lebensformen bedürfen der Weisheit, das heißt der Organisation nach verbindlichen moralischen und rationalen Normen, die den eigenen Willen ebenso brechen wie die individuelle Vernunft.

Im *Narrenschiff* sind diese Regeln für Ehe, Familie und Arbeitsalltag zusammengefaßt und ihre närrischen Gegenbilder hinreichend verächtlich gemacht worden. Brant begründet damit eine höchst folgenreiche Moralisierung und Sozialdisziplinierung aller Bereiche des privaten und öffentlichen Lebens, die im 16. Jahrhundert in entsprechenden Bemühungen orthodoxer Protestanten ihre Fortsetzung gefunden haben. Doch auch in literarischer Hinsicht hat das *Narrenschiff* anregend gewirkt und verschiedene Schreibweisen (Diskurse) begründet, die gerade für die Literatur des 16. Jahrhunderts bedeutsam geworden sind. Auf die Fortsetzung und weitere Entwicklung der Narrendidaxe des 16. Jahrhunderts im Anschluß an Brants *Narrenschiff* haben wir einleitend hingewiesen. Neben Geilers von Kaisersberg Predigten über Brants *Narrenschiff* gilt das vor allem für die Narrendichtung des Straßburger Franziskaners Thomas Murner (um 1475 bis 1537), besonders für seine – in Aufbau und Intention dem *Narrenschiff* noch am ehesten verpflichtete *Narrenbeschwörung* (Straßburg 1512); dann für seine *Schelmenzunft* (Straßburg 1512) mit ihrer Kritik an «Schalkheiten und Biebereyen», Übeltaten und Verbrechen aller Art, die Murner – anders als Brant – nicht nur beklagt, sondern auszutreiben versucht. Beschränkt sich Brant auf die Ent-Deckung und Zurechtweisung des Narren, so will ihm Murner ans Leben. Didaxe wird zum Exorzismus, die moralische Invektive zur Imagination von Gewalt. In Murners Reformationssatire *Von dem großen Lutherischen Narren* (1522) wird diese Lust an der Mißhandlung und Denunziation des konfessionellen Gegners zum eigentlichen Inhalt: Der aufgeschwollene Leib des *Lutherischen Narren* umschließt alle negativen Mächte, die durch Luthers Auftreten über-

haupt entfesselt worden seien; ihre Züchtigung bedarf ebensowenig der Rechtfertigung wie der schändliche Tod Luthers in Schmutz und Kot.
Neben der Narrendichtung hat Brants *Narrenschiff* die grobianische Schreibweise des 16. Jahrhunderts wenn nicht begründet, so sicher nachhaltig geprägt. Angeregt von seinem neuen Heiligen «Grobian» (Kap. 72) und dem in der 2. Auflage eingefügten Kapitel «Von disches vnzůcht» (Kap. 110a) erscheinen in der Mitte des 16. Jahrhunderts in dichter Folge verkehrte Tischzuchten und ironische Verhaltenslehren: die *Grobianus Tischzucht* (1538), Friedrich Dedekinds lateinischer *Grobianus. De morvm simplicitate* (1549/52) und Caspar Scheidts *Grobianus. Von groben sitten / vnd vnhőflichen geberden* (1551), eine Übersetzung und Erweiterung Dedekinds.
Gemeinsam ist diesen und weiteren Texten, die allesamt in einer Fülle von Auflagen verbreitet wurden, ihr strikter didaktischer Impetus, der wohl weniger auf eine reale Verschlechterung und Vergröberung der Lebensformen [vgl. 858] antwortet, denn als Teil einer umfassenden frühbürgerlichen Disziplinierungsstrategie im Rahmen des «Prozesses der Zivilisation» [38] fungiert. Die ins Detail gehende Sozialreglementierung zielt dabei vor allem auf die Beherrschung des Körpers, seiner Funktionen und Bedürfnisse und reiht sich so ein in eine Flut von pragmatischen Texten wie Tischzuchten und Verhaltenslehren, Teufelsbüchern und Predigten. In der Form der Argumentation jedoch basiert sie auf dem Muster der ‹verkehrten Welt›: Auf akribische Weise wird gerade das genaue Gegenteil der erwünschten Umgangsformen ausgemalt, um die «pillulen» der Lehre «mit zucker vnd gewůrtz» zu kaschieren und «vnder dem schein eines sůssen pűluerlins / auch das bitter» des Nutzens zu verabreichen. Damit die Wirkung dieser Didaxe nicht ausbleibt, gibt Scheidt eine treuherzige Rezeptionsanweisung: «Liß wol diß bůchlin offt vnd vil / Vnd thů allzeit das widerspil». Dem Motiv des Grobianus soll damit das Anarchische und die traumhafte Wunscherfüllung definitiv ausgetrieben werden (darin zeigt sich die Verwandtschaft mit den gleichzeitigen, ähnlich angelegten Erzählungen vom *Schlaraffenland*). Doch was Texte vom Schlage des Dedekindschen und Scheidtschen *Grobianus* fordern, findet seinen Kontrapunkt in der Verwendung grobianischer Motive und grobianischen Schreibens in der erzählenden Literatur von Wittenwiler bis Fischart, wo gerade im Gegenbild zur normierten Wohlanständigkeit des neuen Bürgers populäre Phantasien von karnevalesker Bedürfnisbefriedigung und Grenzüberschreitung imaginiert werden.

Erasmus von Rotterdam

Wie Dedekind und Scheidt bedient sich auch Erasmus (1466/69 bis 1536) der antiken Gattung der ironischen Preisrede (Enkomium), modifiziert sie aber so grundlegend, daß ihre ursprüngliche Funktion von anderen literarischen Diskursen überlagert wird. Die Selbstdarstellungen der Narren und «Grobiani» Sebastian Brants, Thomas Murners und Friedrich Dedekinds verfolgen einen moralischen Zweck. Sie demonstrieren ihre Torheit, um den Leser zum Besseren, das heißt zur Weisheit und Selbstreglementierung zu bewegen. Dabei sind sie weder komisch, noch lassen sie ein Einverständnis mit den kritisierten Fehlern, Lastern und Sünden erkennen. Erasmus von Rotterdam hingegen hat sich in seinem Selbstlob der Torheit von dieser nur moralischen Intention der Narren- und Grobianussatire freigemacht und statt dessen seine komische Absicht unterstrichen. Im Widmungsschreiben seines Büchleins an den Freund Thomas Morus, den englischen Lordkanzler und Verfasser der *Utopia*, bezeichnet er das *Lob der Torheit* als «ironische Spielerei», bei der es ihm «mehr um Vergnügen als um Satire» gegangen sei: «statt Schändlichkeiten Revue passieren zu lassen, habe ich Stoff zum Lachen geboten». Allerdings sind die Gründe für das lachende Vergnügen, das Erasmus mit seinem *Encomion moriae* (1511) bewirken will, so widersprüchlich wie sein Verständnis von Torheit oder Narrheit.

Brant und Murner verurteilten Narrheit als Verstoß gegen die gesellschaftliche Ordnung, gegen Gottes Gebot und die erforderlichen Grenzen der Affektregulierung. Erasmus dagegen unterscheidet drei verschiedene Deutungs- und Wirkungsmöglichkeiten von Torheit:

- die Torheit der menschlichen Triebe und Affekte, der natürlichen Schwächen und Vergnügungen, die hier aber nicht als Laster oder Sünden ausgegrenzt, sondern als zur Natur des Menschen zugehörig, ja sogar als Träger menschlichen Lebens und menschlichen Glücks anerkannt werden;
- die Torheit der Wundersüchtigen und Ablaßgläubigen; der Grammatiker und Dichter, die ihrem Publikum mit lächerlichen Geschichten zu imponieren suchen; der Juristen, Philosophen und Theologen, die ihren Aufgaben nur auf die lächerlichste Weise gerecht werden. Zwar hat Erasmus in seiner Vorrede satirische Absichten verneint, in diesem Mittelteil seines *Lobs der Torheit* jedoch bleibt er der traditionellen Narrensatire verpflichtet;
- Torheit als *stultitia crucis*, als gläubige Überantwortung an Gott und als «höchstes Entzücken» im Verlust seiner selbst: «Wer heftig liebt, lebt schon nicht mehr in sich, sondern im Gegenstand seiner Liebe. Je weiter er von sich selbst abkommt, um so größer wird ständig seine Freude. Wenn die Seele von dem Körper scheiden will, ... wird man ohne Zweifel von Raserei sprechen können.»

Die Differenzierung der Torheit hebt den überkommenen Dualismus von Torheit und Narrheit auf, den die vorhergehenden Narrendichtungen noch zur Grundlage haben. Weisheit und Vernunft sind nicht mehr die positiven Kontrafakturen zu Narrheit und Torheit, sondern werden ihrerseits höchst ambivalent. Denn «der Weise nimmt seine Zuflucht zu den Schriften der Alten und prägt sich da abgeschmackte Spitzfindigkeiten ein. Der Törichte greift einfach zu, schlägt sich mit den Dingen herum und gewinnt dabei die – wenn ich mich nicht täusche – wahre Klugheit.» An die Stelle eindeutiger Fähigkeiten und Verhaltensmuster tritt somit die Möglichkeit ihrer Verkehrung, da «doch nun einmal fest(steht), daß alles im menschlichen Leben seine zwei grundverschiedenen Seiten hat»: Was als Leben erscheint, entpuppt sich als Tod; Reichtum erweist sich als Armut, Gelehrtheit als Ungelehrtheit, Freude als Trauer und Glück als Unglück.

Maßstab für die Umwertung der gewohnten Opposition von Weisheit und Torheit sind Leben und Glück des Menschen, nicht moralische oder religiöse Normen. Damit aber werden bislang als Laster verurteilte Verhaltensweisen wie Eigenliebe oder Schmeichelei, Vergeßlichkeit oder Vergnügen, Trägheit oder sexuelle Lust in einem Ausmaß rehabilitiert, das in der Literatur des Spätmittelalters und der frühen Neuzeit ohne Beispiel ist. Natürlich bleibt diese Rehabilitierung als Selbstlob der Torheit ironisch gebrochen. Dennoch erfolgt damit eine Aufwertung menschlicher Affekte, die bislang als nichtig galten, umgekehrt aber eine Herabminderung der Weisheit sowie anderer Formen des ‹offiziellen Ernstes›, die lachendes Vergnügen hervorrufen. So verkehrt etwa die suggestive Frage der Torheit nach der Rolle der Weisheit und des Körpers beim Zeugungsakt die traditionelle Werthierarchie von Weisheit und Körperlichkeit ins Gegenteil: «Zuletzt muß der weise Mann mich... bemühen, wenn er Vater werden will. Erzeugen etwa Kopf, Gesicht, Brust, Hände oder Ohr, die man ja gemeiniglich als edle Teile ansieht, Götter oder Menschen? Nein, jener Körperteil, der in seiner Albernheit und Lächerlichkeit eine ernsthafte Erwähnung gar nicht zuläßt, ist Erzeuger und Mehrer des Menschengeschlechts.» Ebenso wird die törichte Unbeschwertheit der Jugend als Garant ihres Glücks anerkannt, die Eigenliebe als Voraussetzung der Liebe zu anderen Menschen und die Gelassenheit gegenüber den Gebrechen von Ehepartnern, Freunden oder Mitbürgern als Bedingung einer jeden sozialen Beziehung: «Es kann schlechthin keine Gemeinschaft, keine Lebensverbindung ohne mich erfreulich oder stetig sein. Das Volk erträgt den Fürsten nicht lange, der Herr seinen Knecht nicht, das Gesinde keinen Herrn, der Lehrer keinen Schüler, der Freund keinen Freund, der Gatte seine Gattin nicht, ...wenn sie nicht gemeinsam bald irren, bald schmeicheln, bald einander weise durch die Finger sehen, bald sich gegenseitig den Honig der Torheit ums Maul schmieren.»

Im Plädoyer für die Anerkennung der Torheit also geht Erasmus weit über die traditionelle Narrendidaxe hinaus; lediglich in seiner komisch-satirischen Narrentypologie, welche die kritisierten Fehler lächerlich macht, um vor ihnen warnen zu können, bleibt er ihr verbunden. Trotz oder vielleicht gerade wegen der Differenzierung und Neuartigkeit des Narrenbegriffs ist das *Lob der Torheit* in der Narrendichtung des 16. Jahrhunderts ein einsames Werk geblieben und hat den Siegeszug der satirischen Narrenrevue nicht bremsen können. Dieser Siegeszug hatte im Jahre 1494 mit Brants *Narrenschiff* begonnen und blieb bis ins 17./18. Jahrhundert ungebrochen. Noch in den dreißiger Jahren des 18. Jahrhunderts erschien ein *Wol-geschliffner Narren-Spiegel. Worinnen Hundert und vierzehn Arten allerley Narren Ihr Eben-Bild und ungestaltes Wesen ersehen...*, eine emblematische Reihe von Kupfern mit kurzen Erläuterungen, der sich trotz erheblicher Textkürzungen noch auf Brants Vorlage beruft. Der eindeutige Moralismus des *Narrenschiffs* bot für eine breite und vor allem längerfristige Wirkung offensichtlich die denkbar besten Voraussetzungen.

Hans-Jürgen Bachorski

Johann Fischart

Als Fischart 1590 kurz vor seinem Tode den *Catalogus Catalogorum*, ein Titelverzeichnis *aller fürtrefflichen, nůtzlichen / ergetzlichen schŏnen getruckten vnd vngetruckten Bůcher vnd Schrifften / Operum, Tomorum, Tractatuum, Voluminum, Partium viler mancher Herrlicher Auctorn und Scribenten* [677, *S. 10*] veröffentlicht, scheint er nicht nur eine Satire auf gängige Publikationen des 16. Jahrhunderts verfaßt zu haben, sondern zugleich eine lustvolle Imagination eigener künftiger Schriften mitzuteilen. Sowohl die polemische Verzerrung theologischer Fragestellungen als auch die makkaronische Zersetzung der Sprache, wie sie sich hier in diesem fiktiven Katalog finden, verweisen auf die Charakteristika in der Produktion dieses Vielschreibers (Hauffen nennt über 80 Titel), dessen in nur 20 Jahren entstandenes literatisches Œuvre nur schwer auf einen gemeinsamen Sinn zu bringen ist.

1546 oder 47 in Straßburg als Sohn eines Kaufmanns geboren, eignet sich der Protestant Fischart eine gründliche Bildung an. Nach dem Besuch eines Gymnasiums, in dem die Beschäftigung mit lateinischen Autoren im Mittelpunkt stand, kommt er nach Worms zu seinem Taufpaten Caspar Scheidt, wo er wahrscheinlich französisch lernt, bevor er durch die Niederlande und Italien nach London und Paris zieht. In Paris besucht er die Artistenfakultät, in Italien studiert er die Rechte, bis er schließlich 1574 in Basel zum Dr. iur. utriusque promoviert wird. [676, *S. 1–94*]

Wohl seit 1570 arbeitet er für seinen Schwager Bernhard Jobin, den Besitzer einer großen und produktiven Straßburger Druckerei, als Korrektor, Verfasser von Vorworten und Übersetzungen, von Kirchenliedern und Psalmen, von Reimen zu Reformationsporträts und Bibelbilderbögen sowie als Redakteur von *Newen Zeitungen*. Fischart erscheint hier als der moderne Typus des Autors, der im Auftrage eines Verlegers Texte produziert, Literatur für Bezahlung, die thematisch und formal wenig Konsistenz aufweist und neben seinen anderen Werken merkwürdig farblos bleibt.

Ab 1580 ist Fischart zunächst als Praktikant, dann als Advokat am Reichskammergericht in Speyer, eine Tätigkeit, die mit wenig Arbeit und wohl noch weniger Einkommen verbunden war, so daß er weiter schreiben kann und muß. Nur in den Jahren 1583 bis 1588, mit der Übernahme einer Stelle als Amtmann in Forbach, einem kleinen katholischen Städtchen in Lothringen, erlahmt der schriftstellerische Furor fast gänzlich, nimmt ihn doch seine Funktion als Polizeichef, Steuereinnehmer und Richter, aber auch als Ermittler in Hexenprozessen voll in Anspruch. Erst in den letzten beiden Lebensjahren vor seinem Tode 1590 (?) kommt er wieder zum Schreiben.

Geradezu untypisch für Fischart und zugleich typisch für das 16. Jahrhundert mit seiner Fülle an didaktischen Schriften, in denen ein (stadt)bürgerliches Bewußtsein sich artikuliert sowie Handlungsanweisungen und Normvorstellungen zur Regulierung des alltäglichen Lebens entwirft, sind Texte wie sein *Philosophisch Ehzuchtbüchlin* oder *Anmanung zu Christlicher Kinderzucht* (beides 1578), aber auch die Erzählung vom *Glückhafft Schiff von Zürich* (1576) oder das *Lob des Landlustes* (1579).

Ehespiegel und -traktate bieten den konzeptiven Ideologen der frühen Neuzeit eine häufig und gern genutzte Gelegenheit, Haus und Familie als Mikrokosmos von christlicher Alltagsmoral und Sozialbeziehungen, von Erziehungs- und Disziplinierungsvorstellungen sowie Sexualregulierung zu entwerfen. In dieser Tradition steht Fischart, wenn er Ehelosigkeit als Zustand der Lasterhaftigkeit, die Ehe hingegen als Voraussetzung eines tugendhaften Lebens nach der wohltemperierten Moral des Maßes schildert und dazu getreu eine Reihe von Autoritäten und Vorlagen ausschreibt: Plutarch und Stobaios, Erasmus' von Rotterdam *coniugium*, Egenolffs Sprichwörtersammlung und Gesners *Historia animalium*. Originalität liegt denn auch weniger in der Ehekonzeption selbst als in der Kompilation, die ihn reizt, vielfältige metaphorische Veranschaulichungen seines Frauenbildes zu liefern und diese Bilder aufs absurdeste miteinander zu verknüpfen, wie etwa die Schnecke als Sinnbild der Häuslichkeit mit der Vorstellung einer venusartigen Ehefrau.

Arbeit und Fleiß als die Tugenden, die die städtischen Gemeinwesen aufrechterhalten, sowie gute Nachbarschaft, Treue und Einigkeit als Ideale ihrer Beziehung untereinander präsentiert – in Anlehnung an ein historisches Ereignis – das *Glückhafft Schiff*, mit dem Züricher Bürger in einem Tag auf dem Rhein bis Straßburg fahren, um so wie entmythisierte Argonauten den freundschaftlichen Zusammenhang ihrer beiden Städte zu beweisen: «ein reines Loblied auf die Bürgertugend» [795, *S. 83*].

Eine ähnliche Idealisierung stadtbürgerlicher Ethik zeichnet Fischart in seinem *Lob des Landlustes*. Zwar erscheint die bukolische Landidylle als

Gegenbild zur allseitigen rücksichtslosen Konkurrenz der Stadt, doch sie dient gleichwohl dazu, durchaus innergesellschaftliche Postulate einer bürgerlichen Moral und Ökonomie zu formulieren, in denen die Aporie eben dieser Gesellschaft aufgehoben ist, sich Verfolgung des Eigennutzes und Verpflichtung auf das Wohl der Nachbarn also nicht ausschließen.

Einen weiteren Aspekt frühneuzeitlicher Rationalität realisiert Fischart in der Übersetzung bzw. Herausgabe zweier wirkungsmächtiger Schriften, mit denen er sich für die Position des Amtmanns empfiehlt und sogleich seine spätere Tätigkeit als Inquisitor antizipiert, nämlich von Jean Bodins *De la démonomanie des sorciers* (*Vom Außgelaßnen Wütigen Teuffelsheer der Besessenen Unsinnigen Hexen vnd Hexenmeyster*, 1581) und von Sprengers und Institoris' *Hexenhammer* (*Malleus maleficarum*) [vgl. 676, *Bd. 1, S. 85; Bd. 2, S. 206–16*]. In diesen theoretischen Grundlegungen für die Hexenverfolgungen werden zum letztenmal die magischen Vorstellungen einer vorbürgerlichen Welt heraufbeschworen, allerdings in konsequenter Perspektivierung durch die Moderne: Natur und Magie erscheinen ausschließlich als dem rationalen Zugriff des Inquisitors unterworfen, der (weibliche) Körper wird in der Folter mit wissenschaftlichem Blick seziert, der Diskurs über Sexualität wird im Sinne der modernen Triebdisziplinierung formiert.

Konkurrenz und Moral, Idylle und Terror, Rationalität und magisches Denken: Wenn sich Fischarts Bewußtsein durch die spezifische Verbindung solcher Denkmuster charakterisieren läßt, dann verweist es auf die stadtbürgerliche Mentalität im 16. Jahrhundert überhaupt. Die Erörterung dieser Koordinaten in der Literatur bewegt sich auf der Ebene einer ‹langsamen Zeit›, die unabhängig von den aktuellen Ereignissen das Denken und Fühlen des Menschen im späten Mittelalter und der frühen Neuzeit ausmacht.

Aber auch auf der Ebene der Ereignisse hat Fischart als Schriftsteller agiert, war er doch ein aktiver Polemiker in konfessionellen Auseinandersetzungen, in die er seine protestantische und wohl auch calvinistische Position mit wenig Zurückhaltung einbringt. Ein typisches Beispiel für die Faszination dieser Polemiker durch Bilder und ihre Auslegungen, für Aggressivität und Spitzfindigkeit in vehementem Streit findet sich in der Auslegung von Plastiken des 13. Jahrhunderts im Straßburger Münster, die eine tierische Prozession darstellen (*Abzeichnus etlicher wolbedenklicher Bilder vom Römischen Abgotsdienst*, 1576). Fischart nun deutet diese Figuren als protestantische Kritik (avant la lettre) an der römischen Kirche, also den schlafenden getragenen Fuchs als den heuchelnden Papst, Sau und Bock als epikureische Geistliche, die Hündin als Pfaffendirne, den aus der Schrift lesenden Esel als heulenden Chorherrn, die Katze als geilen Bettelmönch usw., macht also durch seine Interpretation ein historisches Kunstwerk zur Waffe in einem aktuellen Streit. Witzigerweise gibt es hierzu eine Replik aus katholischer Sicht, denn 1588 deutet der Tiroler Franziskaner Johannes Nas in einer Flugschrift die Straßburger Figuren ganz anders. Er versteht sie als Wahrsagung auf die Lutheraner, sieht somit den Fuchs als Inkarnation der Lutherischen Lehre, die Träger als Boten des Antichrists, die Hündin als entlaufene Nonne, und der Esel liest in seinen Augen eine deutsche Messe [vgl. 677, *S. 217–37*].

Mit diesem Dialog ist das Muster bezeichnet, nach dem Fischarts konfessionelle Polemiken organisiert sind. Nicht nur in Auseinandersetzung mit seinem Lieblingsfeind Nas, auch in Reaktion auf andere Schriften artikuliert er seinen aggressiven Spott und seine hämische Kritik an der katholischen Kirche, an ihren Amtsträgern so gut wie an ihren Riten und Glaubensgrundsätzen. In diese Reihe von einem Dutzend unterschiedlich langer Texte voller Drastik und Ironie gehören Spottgedichte auf den Papst (*Der Gorgonisch Meduse Kopf*, 1577; *Die Grille Krottestisch Mül zu Römischer Frucht*, 1577; *Malchopapa*, 1578). Andere Gedichte gehen auf katholische Orden (*Der Barfüßer Secten vnd Kuttenstreit*, 1570; *Von S. Dominici, des Predigermůnchs, vnd S. Francisci Barfůssers, artlichem Leben vnd grossen Greweln*, 1571; *Jesuiterhütlein*, 1580; u. a.). Stets sind sie provoziert durch Vorlagen, die Fischart übersetzt und erweitert, oder durch katholische Kampfschriften, die er spiegelbildlich beantwortet, oft gefolgt von Gegenschriften, die wiederum seine Argumente umkehren.

Erweist es sich schon bei den konfessionell-polemischen Schriften bisweilen als schwierig, die ideologische Argumentation in dem «bacchanalischen Gewirr von Witz und Sprachkraft» zu verfolgen, so dürfte es bei den erzählenden Werken schier unmöglich sein, noch ein kohärentes Bild von Wirklichkeit zu rekonstruieren. Im Zentrum dieser Texte (vor allem: *Eulenspiegel Reimensweiß*, 1572; *Flö Hatz Weiber Tratz*, 1573/77; *Affentheurlich Naupengeheurliche Geschichtklitterung von Thaten und Raten der... Helden vnd Herren Grandgoschier, Gorgellantua vnd deß... Fürsten Pantagruel von Durstwelten...*, 1575/82/90) steht weniger eine erzählte Geschichte, etwa die von dem Narren *Dyl Ulenspiegel*, dem Krieg der Flöhe gegen die Frauen und die Verhandlung ihres Streits vor einem Richter oder die Geschichte von *Gargantua und Pantagruel* (1532–1564), die Fischart Rabelais' Roman entnommen hat. Zentral in diesen Texten ist vielmehr das Erzählen selbst. Das betrifft vor allem den spezifischen Umgang mit Sprache, die hier weniger als Medium denn als eigenes Sujet erscheint. Fischart spielt mit ihr, und in diesem Spiel verflüchtigt sich jede Referenz auf Wirklichkeit. So häuft er Binnen- und Endreime auch in Prosa, fügt Alliterationen und Lautmalereien aneinander, bis der Klang der Wörter sie gänzlich desemantisiert, also ihrer Bedeutung beraubt hat. Oder er entwirft Synonymenreihungen, die ‹Mentzerkletten›, bei denen ein übersetztes Wort der Vorlage etwa von Rabelais nur als Kristallisationskern für immer neue Wörter dient, die jeweils aus ihren realen Zusammenhängen herausgerissen werden, nach der Logik des Klangs und einer freischweifenden Phantasie einander jagen und so monströse Zusammenballungen bilden, durch die der Blick auf narrative oder ideelle Dimensionen des Textes völlig verstellt wird. Schließlich ist fast jedes Wort auch ein Wortspiel, so wenn etwa Eulenspiegel die Metaphern der Alltagssprache zerschlägt und aus ihren Bestandteilen seine Streiche konstruiert. Das umgekehrte Verfahren läßt ein Wort durch die Veränderung der Lautgestalt, durch die kühne Zusammenfügung in Komposita oder durch makkaronische, also deutsch-lateinische Mischbildungen plötzlich auf gänzlich verschiedene Bedeutungsbereiche verweisen, auf Theologisches und Profanes, auf Ideelles und Materielles zugleich. Dabei wird jedes einzelne Wort derartig mit Sinn überladen, daß es nur noch als isoliertes Paradigma wirkt (und zum Lachen reizt), aber keine Funktion mehr in einem syntagmatischen Kontext erfüllen kann.

Diese Sinnverwirrung verweist dann auch auf keine geordnete Realität mehr, wenn sie überhaupt auf Realität zu beziehen ist. Es entsteht ein diffuser Raum ohne innere Strukturiertheit oder metaphysische Ordnung, eben eine «verwirrte ungestalte Welt», von der es auch nichts anderes als ein «verwirrtes ungestaltetes Muster... fürzuspiegeln» gibt. In ihr ist alles grotesk, gigantisch, von Sinnlichkeit getrieben statt von Sinn gelenkt. Grotesk erscheinen die Figuren, deren hervorstehende Körperteile aufschwellen und wie Nasen und prall gefüllte Hosenlätze zum eigentlichen Signum der Person werden: «Was vordem nur apendix, verächtliches Anhängsel war, ist nun ein Ganzes geworden, indem es sich zum Herren gemacht hat» [795, *S. 5*]. Gigantische Riesen treiben regressiv und ohne Umweltbezug wie Föten in der Fruchtblase, und die bevorzugte Form der Bewegung ist der Sturz, der Fall in den Dreck, in eine Unterwelt. Wenn der Makrokosmos aufgegeben wird, dann schlägt er übergangslos in einen Mikrokosmos um; doch wo Flöhe zu Helden werden, da erscheinen die Frauen und ihre Körperteile plötzlich als gigantisch und bedrohlich. Sämtliche Leiber sind voller Affekte, von Blut und Leidenschaften strotzend, mit aggressiver Sprengkraft geladen [795, *S. 49*]; und die omnipräsenten Bedürfnisse des Bauches werden im gigantischen Einverleiben und Ausscheiden unmittelbar befriedigt.

Das Bild einer solchen Welt ohne Transzendenz und ohne Sinnstrukturen entsteht durch die zur Gänze dezentrierte Sprache, in deren Strudel die ideologischen Systeme, wie sie in geordneter Sprache etabliert sind, hineingerissen werden und verschwinden. Er fühle sich «an die Wort und Ordnung ungebunden», sagt Fischart in der Einleitung zur *Geschichtklitterung*, und wo der Verstand «auß der Küheweyd gangen» sei, habe er ihn «castriert, und billich vertiert, das ist, umbgewand». Ungebunden an jegliche Ordnung aber bewegt sich Fischart ausschließlich in sprachlicher Un-Ordnung und anarchischem Synkretismus, wie sie Bachtin als Sprache des Karnevals beschrieben hat: «fröhliche Relativität, Instabilität, Offenheit und Unabgeschlossenheit, das Metamorphotische, die Ambivalenz, das Exzentrische, die Materialität-Leiblichkeit, der Überfluß, das Austauschen der Wertpositionen: oben/unten, Herr/Sklave, und das Gefühl der Universalität des Seins» [613, *S. 25f.*].

Es erstaunt nicht, daß eine karnevaleske Weltauffassung, wie sie bei Fischart – zumindest in einem Teil seiner Schriften – ausgeprägt ist, ihr Zentrum nur noch in der Figur ihres Urhebers selbst finden kann. In den meisten seiner Werke verweist Fischart auf sich selbst; aber auch seine Identität ist affiziert durch Wortspiele, verflüchtigt sich in Sprache: Umschreibungen des eigenen Namens wie «Artfisch», Übersetzungen wie «Huldrich Elloposcleron», Anagramme wie «Reznem», Kryptonyme wie «Im Fischen Gilts Mischen», Pseudonyme wie «Jesuwalt Pickhart» und was der Spiele mehr sind, zeigen den Willen, das ideelle und stilistische Zentrum des eigenen Werks einzunehmen, und dokumentieren zugleich das Bewußtsein des problematisch gewordenen Zusammenhangs von Welt und Sprache. Eine Welt, die nur noch Sprache ist, deren Sprache aber nicht mehr auf Realität verweisen kann, eine solche Welt kann dann nur noch als ganz «einzigartiger Kosmos» erscheinen: als «Festzug des Gelächters und des Lachens» [795, *S. 78*].

Ulrich Müller
Reimreden

Eine besonders beliebte Form des späten Mittelalters und der frühen Neuzeit, mit der man allerdings heutzutage beträchtliche ästhetische Probleme hat, war diejenige, die man als «rede» (oder auch «spruch») bezeichnete: ein meist in Reimpaaren, gelegentlich mit Kreuzreim oder Dreierreim gebauter Text, der einen ‹mittleren Umfang› (etwa bis zu ungefähr 1000 Versen) hatte und der zum Vorlesen bzw. privaten Lesen bestimmt war. Diese Reimrede ist inhaltlich abzugrenzen von den primär erzählenden und durch Erzählung belehrenden Novellenformen des gereimten «Märe» oder des Vers-Schwankes, hinsichtlich des Umfangs sowohl vom kurzen Reimpaar-Spruch (in Art Freidanks oder des späteren Epigramms) als auch didaktischen Groß-Gedicht. Die maßgebliche Funktion der «rede» war es, Belehrung und Information zu vermitteln, und zwar mit Hilfe verschiedenster poetischer Techniken, insbesondere derjenigen der Allegorie. Die Menge solcher gereimten Texte, die mit den Mitteln der direkten Belehrung (im Stil eines Traktats oder einer Predigt) oder der Allegorie Wissen und gelegentlich auch Nachrichten vermitteln und verbreiten wollten, ist beeindruckend und fast unüberschaubar. Der folgende Überblick kann infolgedessen nicht mehr als eine Skizze sein, die wenigstens eine Vorstellung von der Fülle des Überlieferten vermitteln soll.

Die eigentliche Blütezeit der Reimrede war das 14. Jahrhundert; damals übernahm sie offensichtlich Funktionen, die zuvor von der Sangverslyrik, also dem Lied und dessen Sonderform, dem sogenannten Sangspruch, erfüllt wurden. Es spricht daher einiges dafür, die Reimrede jener Zeit wenigstens zum Teil der Lyrik zuzurechnen und als ‹Sprechverslyrik› zu charakterisieren. Eine andere Wurzel der Reimrede ist im gereimten Traktat zu vermuten, einer Textsorte, mit welcher religiöse und moralisch-ethische Belehrung thematisiert wurde. Aus dem Bereich der weltlichen Dichtung wären hier die Minne-*Büchlein* des Hartmann von Aue oder des Ulrich von Liechtenstein anzuführen. Überlieferungseigenarten der Reimrede sind einmal die Tatsache, daß zahlreiche Werke ohne Verfassernamen, also anonym überliefert sind, ferner die sehr häufige Zusammenfassung in speziellen Sammelhandschriften. Sicherlich spiegelt sich im Aufkommen und in der zeitweiligen großen Beliebtheit der Reimrede ein literarischer Geschmackswandel, das heißt ein verändertes Publikumsinteresse. Daß damit auch neue Publikumsschichten angesprochen wurden, ist zu vermuten; doch wäre es einseitig, hier ausschließlich die Städte und das Stadtbürgertum zu nennen.

Die frühesten erhaltenen Reimreden stammen aus dem Mittelrheingebiet um 1300 und wurden von der Forschung dem auch als «Sangspruch»-Autor bekannten Meister Zilies von Sayn zugeschrieben. Diese sechs Reimrede-Fragmente zeigen bereits einige der thematischen Präferenzen, die für die Gattung kennzeichnend werden sollten: Lobpreis *(Turnier, Ritterpreis)*, Politik *(Böhmenschlacht, Schlacht bei Göllheim)* sowie Minne-Belehrung *(Minnehof, Ritterfahrt)*, und zwar unter auffälliger Verwendung von Allegorie und Wappenbeschreibung.

Der herausragende Vertreter der traktathaften Reimrede ist der Österreicher Heinrich der Teichner (um 1300 bis vor 1377). Über 700 Reimreden sind unter seinem Namen überliefert, und seine Signatur im letzten Vers jeder Reimrede ist geradezu ein ‹Markenzeichen› dieser Gattung geworden. Die um 1350/1370 entstandenen Texte geben mehr oder minder direkte Belehrung auf allen Gebieten des menschlichen Lebens, und Eberhard Lämmert [717] hat sie, auch hinsichtlich der auf Vernünftigkeit und Gottgefälligkeit zielenden Lehrtendenzen, zutreffend als gereimte Laienpredigten charakterisiert. Einen preisenden Nachruf auf den Teichner verfaßte der gleichfalls in Österreich wirkende Peter Suchenwirt. Suchenwirt (um 1330 bis bald nach 1395) ist zusammen mit dem flämischen Herold Gelre (eigentl. Name: Heynen, Vorname unbekannt, um 1310/15 bis nach 1370) der wichtigste Autor von sogenannten Ehrenreden, das sind Preisreden auf noch lebende oder verstorbene adlige Herren und gelegentlich auch Damen. Er hat diese Form so standardisiert (allgemeiner Tugendpreis, preisende Aufzählung von Taten, fachgemäße Beschreibung des Wappens mit Namensnennung der gepriesenen Person ganz am Schluß; Paarreime), daß er sie einmal auch überzeugend zu parodieren wußte. Daneben schrieb er Reimreden über politische Ereignisse und Probleme im Herzogtum Österreich und im Reich (fast immer mit Dreier- und Kreuzreim), über Minne und Religion.

Die politisch-zeitgeschichtliche Reimrede, wie sie sich bei Suchenwirt findet, konkurrierte als literarische Form im gesamten 14. und 15. Jahrhundert und noch später mit dem gesungenen politischen Lied. In der monumentalen vierbändigen, bis zu Ereignissen von 1554 reichenden

Sammlung von Rochus von Liliencron (mit dem irreführenden und unzutreffenden Titel *Historische Volkslieder*) finden sich neben den zahlenmäßig dominierenden Liedern auch solche Reimreden, die berichtend und agitatorisch von politischen Ereignissen (unter anderem in den Städten und den Türkenkriegen) handeln und die zunehmend in Form von Flugblättern verbreitet wurden. Unter den Verfassern befinden sich viele sonst Unbekannte (wohl zumeist Gelegenheitsdichter), aber auch etliche anderweitig wichtige Autoren wie: Peter von Rez, Königsberg, Johannes Engelmar, Konrad Silberdrat, Jakob Stosselein, Hans Rosenplüt, Ulrich Höpp, Matthäus Kunig, Hans Schneider, Herr Nyssing, Matthias Drabsanft, Hans Ortenstein, Sebastian Brant, Herr Meynert, Wilhelm Sunneberg, Hans Glaser, Martin Maier, Gabriel von Liechtenstein, Erasmus Anmann, Hans Sachs. In diesen Kontext gehören auch die Reimreden der sogenannten Pritschmeister des 16. (sowie des folgenden) Jahrhunderts. Diese nach ihren lauten, zur Aufmerksamkeit rufenden Schlagpritschen benannten Autoren, die vor allem im oberdeutschen Sprachraum wirkten (z. B. Lienhard Flexel, Blasius Brun sowie der Schweizer Schauspieler und Festorganisator Heinrich Wirri), hatten die Aufgabe, nach Art der Herolde Festveranstaltungen aller Art poetisch zu preisen.

Allgemeine und religiöse Belehrung, Ermahnung und Information durch Reimreden (in Fortsetzung der didaktischen Literatur des hohen Mittelalters) gibt es neben und vor allem nach dem Teichner in reichem Maße. Von den namentlich genannten Autoren, neben den vielen Anonymi, sind hier hervorzuheben: der Eisenacher Ratsschreiber Johannes Rothe (um 1350/60 bis 1434), dann zwei Sangverslyriker, nämlich der Vorarlberger Graf Hugo XII. von Montfort (1357 bis 1423) und der Tiroler Landadlige Oswald von Wolkenstein (1376/78 bis 1445), des weiteren der Geistliche Friedrich von Saarburg *(Von dem Anticriste)*, Hartwig von dem Hage *(Die sieben Tagzeiten)*, Peter Schmieher sowie die Nürnberger Hans Rosenplüt (um 1400 bis 1473), Hans Folz (um 1435/40 bis 1513) und Hans Sachs (1494 bis 1576). Wichtige Sonderformen der Reimrede sind die zahlreichen «Tischzuchten», die in gelegentlich biederer Weise den fortschreitenden ‹Prozeß der Zivilisation› (Norbert Elias) dokumentieren, ferner das offenbar von Hans Rosenplüt und Hans Schnepper (das biographische Verhältnis beider und ihr Verfasseranteil sind bis heute ungeklärt) geschaffene und literaturfähig gemachte *Priamel*. Mit diesem vom lat. «praeambulum» abgeleiteten Begriff benannte man ein Reimpaargedicht, das aus einer Reihe von parallel gebauten Aufzählungen mit einem abschließenden ‹Ziel› besteht.

Die geschlossenste, mit über 500 Texten sehr umfangreiche und außerdem am besten erforschte Gruppe der Reimreden ist die der «Minnereden». Sie stehen in der Nachfolge der bereits erwähnten minnedidaktischen *Büchlein* etwa des Hartmann von Aue und Ulrich von Liechtenstein und handeln auf unterschiedlichste Weise von richtigem und falschem Minneverhalten; sie transportieren und propagieren mehr oder minder große Teile und Relikte des hochmittelalterlichen Frauendienstes und der damaligen Minneideologie. Hierbei bedienen sie sich mit besonderer Vorliebe einer Form der Allegorie, die sich auch in Reimreden anderen Inhaltes sowie in Liedern (etwa von Muskatblüt) findet: Der Erzähler berichtet einleitend von einer Art ‹Spaziergang›, auf dem er eine oder mehrere fast immer weibliche Personen trifft, die sich als Personifikationen zumeist von Tugenden und Lastern (aber auch etwa des ‹Reichs›) erweisen, mit denen er in irgendeiner Weise ins Gespräch kommt und die ihm Wissen und Belehrung vermitteln. Durch die Untersuchungen insbesondere von Tilo Brandis [468], Walter Blank [841] und Ingeborg Glier [491] ist man über diese bis ins 16. Jahrhundert beliebte Form der Reimrede gut informiert. Wichtige Sammlungen sind die ehemalige *Straßburger Handschrift A 94* (1870 bei der deutschen Belagerung verbrannt), die *Donaueschinger «Liedersaal»-Handschrift*, einige in Heidelberg, Berlin und Wien aufbewahrte Codices, das sogenannte *Liederbuch* der Augsburger Berufsschreiberin Clara Hätzlerin sowie drei mittelniederländische Handschriften; von den namentlich bekannten Autoren wären zu nennen: Johannes von Konstanz, Egen von Bamberg, Peter Suchenwirt, Meister Altswert, Hugo von Montfort, der Harder, Eberhard von Cersne sowie Hermann von Sachsenheim.

Dieselben Inhalte und dieselben poetischen Techniken wie in den Reimreden finden sich in einigen gereimten Großformen der Didaxe. Allegorische Minne-Didaxen wie *Das Kloster der Minne* (1332/50; 1894 Verse), *Die Minneburg* (um 1350; 5488 Verse) oder *Die Jagd* (1335/40) des Hadamar von Laber (565 ‹Titurel›-Strophen) bezeugen die ungemeine Beliebtheit der Kombination von Minnethematik, Belehrung und Allegorese, ein Phänomen, das sich in Frankreich schon früher durch den bis ins 16. Jahrhundert nachwirkenden Erfolg des *Roman de la Rose* des Guillaume de Lorris (um 1225/1230 bis 1240 verfaßt) sowie der etwas späteren satirisch-kritischen Fortsetzung (1275 bis 1280) durch Jean de Meun gezeigt hatte.

Auch für die allgemeine moralisch-ethische sowie die religiöse Ermahnung und Belehrung entwickelten sich, wiederum in Anknüpfung an frühere umfangreichere Werke der Didaxe, parallel zu den Reimreden entsprechende Großformen. Zu nennen sind hier zum einen systemkonforme Belehrungen über die ständische Organisation der Menschheit in Form der Schach-Allegorie: Der entsprechende Prosa-Traktat des oberitalienischen Dominikaners Jacobus de Cessolis (um 1300) wurde im 14. Jahrhundert gleich viermal in deutschen Reimpaaren nachgeahmt, und zwar durch Heinrich von Beringen (um 1330), durch den Thurgauer Konrad von Ammenhausen (*Schachzabelbuch*, 1337 abgeschlossen), von dem vielleicht im ostpreußischen Ordensland wirkenden «Pfarrer zu dem Hechte» (1355) sowie dem niederdeutschen Meister Stephan (1375). Besonders erfolgreich war – laut Überlieferung – die Fassung des Konrad von Ammenhausen, die – eine Ausnahme – später mehrfach gedruckt wurde und die offensichtlich andere allegorische Großdichtungen beeinflußte, so *Des Teufels Netz*, eine zu Beginn des 15. Jahrhunderts (1414/20) entstandene und in verschiedenen Fassungen überlieferte Allegorie über die Laster der Menschen. Werke dieser Art waren die Vorläufer für den ersten ‹internationalen Bestseller› der deutschen Literatur, der überhaupt erfolgreichsten deutschsprachigen Dichtung vor Goethes *Werther*, nämlich für Sebastian Brants *Narrenschiff* (1494). Alle diese Werke thematisierten und propagierten mit unterschiedlichen Mitteln und Akzentuierungen eine weitgehend konservative Bewahrung des angeblich gottgewollten gesellschaftlichen Status quo. In dieser Tendenz sowie in der epochentypischen (bis weit ins Barock andauernden) Vorliebe für die plakative Pseudo-Anschaulichkeit der Allegorie ist sicherlich die Beliebtheit der gesamten Gattung begründet.

André Schnyder

Johannes von Tepl

In der Handschrift A des *Ackermann aus Böhmen* (entst. kurz nach 1400, Dr. um 1460) von Johann von Tepl (auch Johann von Saaz, 1350 bis 1414) erscheint das Werk unter folgendem Titel: *In dem buchlein ist beschrieben ein krieg wie einer dem sein liebes gestorben ist schiltet den tot so verantwortt sich der tot. Also seczt der clager je ein cappittel vnd der tot das ander bis an das ende. Der Cappittel seint vier vnd dreyssig dorjnn man hubsches synnes getichtes behendigkeit wol findet vnd begynnet also der ackermann mit seyner clage anzuvahen das erste Cappyttel.* Der Schreiber des 15. Jahrhunderts hat damit das Werk prägnant beschrieben; diese Beschreibung ist nun hier zu ergänzen. 32 Kapitel sind dem Ackermann und dem Tod zu gleichen Teilen zur Vertretung von Anklage und Verteidigung zugestanden; im 33. Kapitel kommt Gott als Richter zu Wort; den Schluß macht das Gebet des Ackermanns. Die Anfangsbuchstaben seiner Abschnitte ergeben: IOHANNES MA. Der Zusatz zum Verfassernamen läßt sich als akademischer Titel (Magister) oder als Hinweis auf die tote Ehefrau Margareta deuten, deren Name im vorletzten Abschnitt fällt.

Der Kläger beschuldigt den Tod, ihm seine Frau geraubt zu haben; anfänglich fordert er sie zurück, umkreist klagend immer neu das verlorene Glück, dann macht er sich – sofern entsprechende Stellen nicht als rhetorische Ironie zu deuten sind – mit dem Gedanken an eine neue Heirat vertraut. Der Tod, meist zynisch und machtbewußt, verteidigt sich, redet zu, tröstet gelegentlich, greift seinerseits an. Nachdem Gott in seinem Spruch beide Parteien gerügt und beiden ein Stück weit recht gegeben hat, bringt das Schlußgebet die Anerkennung des Verlustes durch den Witwer und die Fürbitte für die Tote. Die Sprache ist durchwegs hoch stilisiert. Der Autor hat den ganzen Fundus mittelalterlicher Rhetorik zur Gestaltung des *ornatus* benutzt: Satz- und Sinnfiguren, Satzschlußrhythmen jeder erdenklichen Art finden sich.

Die folgende Skizze wird besser zu beurteilen sein, wenn man sich den Gang der Forschung in groben Zügen vergegenwärtigt. 1824 erscheint nach fast 300 Jahren (letzte Ausgabe: Basel 1547) der Text wieder gedruckt, allerdings in der philologisch unzulänglichen ‹Erneuung› von der Hagens. In den folgenden fünf Jahrzehnten geschieht wenig für die Erforschung des Werks. In der Literaturgeschichte des Gervinus stößt man immerhin auf die folgenreiche Apostrophierung des Textes als eines «Vorläufers der humanistischen Richtung». 1877 liegt Kniescheks kritische Ausgabe vor. Sie eröffnet die Reihe von bisher neun Versuchen, den originalen Wortlaut herzustellen, und die noch stattlichere Serie von Übersetzungen und Adaptationen des Werks. Die nun erheblich zunehmende Forschungsdiskussion dreht sich in der ersten Hälfte des Jahrhunderts vor allem um die Frage der geistesgeschichtlichen Einordnung. 1933 wird der Widmungsbrief von Heilig entdeckt. Nach 1945 wendet man sich im Zeichen der Werkimmanenz vorwiegend der Erkundung von Werkstrukturen zu; daneben debattiert man – eine Folge des Fundes von 1933 –, ob das Werk autobiographisch oder bloß als Stilübung zu deuten sei. Paradigmenwechsel und -erweiterung der Altgermanistik während der letzten zwei Jahrzehnte haben zwar neue Aspekte am Horizont erscheinen lassen (so Analysen in psychoanalytischer und mentalitätsgeschichtlicher Sicht) und alte relativiert, indessen ist eine eigentliche ‹Wende› (noch) nicht zu verzeichnen.

Der Text ist uns in siebzehn nur zum Teil vollständigen Handschriften und siebzehn Drucken erhalten; diese Überlieferung stammt aus den Jahren 1449 bis 1547. Die Tradierungslücke zwischen der Werkentstehung und 1449 läßt sich durch die hussitischen Wirren erklären; das gleiche gilt von der räumlichen Verteilung, denn es sind keine böhmischen Textzeugen erhalten. Nach Kniescheks Ausgabe ist in noch acht selbständigen Editionen versucht worden, das offenbar unlösbare Problem, den originalen Text wiederherzustellen, anzugehen. Als weitgehend gesichert können dabei immerhin die Abfolge der Reden und deren Aufbau im einzelnen betrachtet werden; als verloren müssen die Mikrostrukturen (rhythmische Gestaltung der Satzschlüsse, stilistische Feingestaltung) und die Lautform gelten. Die anderswo längst vollzogene Wendung zu einer andern Editionsdoktrin (etwa zu einer textgeschichtlich angelegten Ausgabe) ist hier durch Menges Abbildung eines einzelnen Drucks erst teilweise geleistet worden.

Ist der *Ackermann aus Böhmen* ein frühhumanistisches, der Renaissance verpflichtetes Werk, oder trägt es den Stempel des Spätmittelalters? Diese Kontroverse beginnt mit den Untersuchungen Bernts und Burdachs. Sie verknüpfen in ihren Forschungen Sprach- mit geistesgeschichtlich betriebener Literaturgeschichtsschreibung. Der *Ackermann aus Böhmen*, «einzigartige Schöpfung», wird darin zum Zeugnis für die Bemühungen, einerseits an der Prager Kanzlei im Wetteifer und in Nachahmung mit dem italienischen Humanismus antike literarische Muster zu erreichen, anderseits eine deutsche Schriftsprache zu schaffen. Als renaissancehaft hätte demgemäß aber nicht nur die Wiederaufnahme von antiken Stilmustern und Philosophemen zu gelten, sondern namentlich auch das von diesseitigem Optimismus geprägte Menschenbild (faßbar u. a. im Kapitel 25). Frühreformatorisch wäre zudem die Frömmigkeit des Werks, denn weder Marien- und Heiligenverehrung noch Fegfeuerglauben, noch Abhängigkeit von der Heilsvermittlung der Kirche spielen eine Rolle. Die Formulierung einer Gegenposition ließ nicht lange auf sich warten. Elsa Schafferus konnte 1935 gegen Burdach mit nicht wenig Plausibilität behaupten: «Ein zeitloses Problem – das Problem des Todes – ist aus mittelalterlicher Gedankenwelt geschaut, mit mittelalterlichen Kunstmitteln ... geformt und im mittelalterlichen Sinne des Patriarchalismus ⟨sic⟩ und der thomistischen Lehre gelöst worden.» [772, *S. 237*] Dazu kamen die Forschungen Hübners, der «Das Deutsche im *Ackermann aus Böhmen*» (gefaßt als Reflexe des spätmittelalterlichen weltlichen und religiösen Lieds, der Spruchdichtung, des Fastnachtsspiels, der Märendichtung) betonte. – Aus heutiger Sicht erscheint die Frage als Alternative falsch gestellt. Bleibender Gewinn dieser Forschungen aber ist sicher die Erkenntnis, wie vielfältigen, über Jahrhunderte hin tradierten, nicht eindeutig ‹mittelalterlichen› oder ‹renaissancehaften› Mustern das Werk verpflichtet ist.

Ähnliches gilt vom Streit, ob das Werk ein *dictamen*, eine Stilübung ohne jeden biographischen Bezug, sei oder ob hier ein Witwer tatsächlich literarische Trauerarbeit leistet. Die Kontroverse ist mitbedingt durch den Fund von 1933: Damals entdeckte Heilig in einem Freiburger Formularbuch eine Abschrift des Widmungsbriefs. Damit wurde der früher geführte Indizienbeweis über die Person des Autors gegen Spekulationen Burdachs, der einen andern Verfasser zu erweisen gesucht hatte, bestätigt. Der Text des Briefes ist teilweise zerrüttet, zudem schwer deutbar. Immerhin wird deutlich, wie stark der Autor die Form betonte und betont wissen wollte. Damit öffnet sich der Weg zur Erforschung des Textes als eines Sprachkunstwerks und zur Abkehr von seiner geistesgeschichtlichen, oft spekulativen Einordnung.

Die Idee, den Brief als Anleitung zur formalen Analyse zu nehmen, ist am stärksten der Methode verpflichtet, die Werkstrukturen aus sich selber heraus zu verstehen. Allerdings stellt das Dokument erhebliche Verständnisprobleme; dazu kommt, daß unsere Kenntnisse über die Verfahren und den Formenschatz der damaligen Rhetorik (faßbar etwa bei Nikolaus von Dybin) noch rudimentär sind, so daß wir vorerst für die Textanalyse auf moderne, idealtypisch angesetzte Systematisierungen der Rhetorik angewiesen bleiben. Sehr rasch macht man auch die Entdeckung, daß das vom Brief angebotene Kategoriensystem keine für unsere Begriffe angemessene, umfassende Werkbeschreibung und Deutung gestattet. Liegt es daran, daß Johannes in seinem Brief gar keine solche auf Totalität zielende Anleitung zum Verstehen geben wollte, oder eher daran, daß unsere Vorstellungen von Werkinterpretation von denen des Autors und der Adressaten abweichen? – Jedenfalls hat die Forschung neben dem Ansatz Natts andere Beschreibungsraster zu Hilfe genommen. Man hat etwa das Prinzip der Dreiteiligkeit auf den Ebenen der Satzteilfügung, der einzelnen Kapitel und der Kapitelgruppen herausgearbeitet; man hat Wort- und Gedankenkorresponsionen zwischen Sätzen und Kapiteln festgestellt; man hat mit größerer und geringerer Plausibilität die Anwendung von Symbolzahlen behauptet; man hat mehr oder minder komplizierte Gesamtstrukturen entworfen; man hat die Bedeutung von Rechtsformen für den Gang des Gesprächs und die Argumentation der beiden Partner untersucht; man hat die scholastische Methode des ‹sic et non› als Verständnishilfe herangezogen.

Untersucht man die Tektonik des Werks im großen, so ergeben sich sehr bald Fragen, die auf den Gehalt wie auf die Form zielen: Gibt es denn einen Sieger? Wer ist Sieger? Vertritt der Tod oder der Ackermann die Ansicht des Autors? Oder tun es beide? Wie ist das Urteil Gottes einzuschätzen? – Nach Hahns Forschungen ergibt sich, daß im Tod und im Ackermann sich zwei ebenbürtige Positionen gegenüberstehen: «Der Tod: Allgemeines Gesetz des Vergehenmüssens, durch Autoritäten legitimiert, von Gott selbst eingesetzt, über die Ratio verständlich... Der Ackermann: In der liebenden Beziehung auf seine Gattin, in unmittelbarer Werterfahrung hatte sich ihm das irdische Leben als sinnerfüllt dargestellt, als geordnet von den leiblichen Bedürfnissen über den sittlichen Antrieb bis hin zum geregelten Verhältnis zu Gott.» [669, *S. 67*] Beide Kontrahenten übersteigern aber ihre Argumente und setzen sich damit ins Unrecht: der Tod, indem er den Wert des irdischen Lebens überhaupt leugnet, der Ackermann, indem er dauernden Anspruch auf das nur geliehene Leben erhebt. Das Urteil Gottes kann nur die relative Berechtigung der beiden Positionen feststellen, aber nicht den Konflikt endgültig schlichten. Das gelingt immer nur momentan und individuell. Zur Relativität der Positionen kommt ihre Wandelbarkeit, denn beide Kontrahenten verändern sich im Verlauf des Streits durchaus. Die Schlußworte des Ackermanns heben den Konflikt im gläubig hoffenden Gebet auf. Auch ergibt sich von diesem den Kosmos einbeziehenden, ruhigen Gotteslob ein Bogen zum Anfang mit seiner aufgewühlten, schmerzlichen Verfluchung des Todes unter Herbeirufung der Kreaturen als Zeugen. Der Vorstellung göttlicher Harmonie im Weltganzen entspricht wohl die nochmals gesteigerte Strenge der formalen Organisation mit Hilfe eines Akrostichons.

Abschließend ist der im engeren Sinn sozialgeschichtliche Aspekt des Textes zu behandeln. Gefragt werden kann dabei namentlich, in welchen gesellschaftlichen Zusammenhängen der Autor steht, inwiefern diese Verhältnisse dem Werk eingeprägt sind, welche sozialen Funktionen es erfüllt.

Johannes von Tepl wird uns erstmals 1383 als Stadtschreiber von Saaz und Leiter der dortigen Schule faßbar; 1386 ist er als öffentlich amtierender Notar bezeugt. 1411 übernimmt er, unter schmeichelhaftem Abgang aus Saaz, das Stadtschreiberamt in der Prager Neustadt. 1413 ist er schwer krank; in Quellen aus dem Jahr 1415 wird er bereits als Toter erwähnt. Bekannt ist, daß er fünf Kinder hatte, möglicherweise (wenn man den *Ackermann aus Böhmen* als biographische Quelle gelten läßt) aus zwei Ehen (mit Margareta und Clara). Aufgrund seines Berufs kann ein Universitätsstudium vermutet werden; in den (lückenhaften) Akten der Prager Hochschule erscheint sein Name allerdings nicht. – Über die in Tepl (?) verbrachte Jugendzeit des um 1350 Geborenen ist nichts bekannt außer der Beziehung zu Peter Rothers (Rothirsch), dem Adressaten des Widmungsschreibens.

Was ergibt dieser Brief in sozialgeschichtlicher Hinsicht? Am wichtigsten ist wohl, daß der *Ackermann aus Böhmen* frei von mäzenatischen Bindungen erscheint: Kein adliger Gönner hat durch Auftrag und Geldzuwendungen das Werk gefördert und entstehen lassen. Das kann als Reflex materiell unabhängiger (weil anderweitig gesicherter) schriftstellerischer Tätigkeit gedeutet werden. Dieses Auskommen beruhte offenbar auf der Doppelfunktion als *notarius* und *rector scholarium*. Einige Quellenbelege zeigen, worin es bestand, und lassen vermuten, daß es nicht schlecht gewesen sein muß (mehrere Grundstückskäufe in Saaz, Hausbesitz ebendort, später in der Prager Neustadt; zeitlich beschränktes Recht zum Wein- und Bierhandel; unbefristetes, vom König verliehenes vererbbares Recht, an den Saazer Markttagen von den Metzgern eine Abgabe zu erheben).

Der *Ackermann aus Böhmen* entstand also nicht aus der Notwendigkeit des Broterwerbs, stand aber in engem Zusammenhang damit; denn Schreiben, das Formulieren von Texten, das Argumentieren, das Definieren und Vertreten von Rechtsstandpunkten – lauter Aspekte des Werks – gehörten zum beruflichen Alltag des Johannes. Dazu paßt gut, daß fast alle übrigen schriftlichen Spuren, die der Autor selber hinterlassen hat (sicher Einträge im Saazer Stadtbuch und in dem für Eger von zwei dortigen Bürgern gestifteten Hieronymus-Offizium, vielleicht Beiträge in vier Formularbüchern), dieser beruflichen Tätigkeit entstammen. Allerdings läßt der Widmungsbrief vermuten, daß der *Ackermann aus Böhmen* nicht das einzige literarische Werk des Notars gewesen ist; doch von anderen

Werken sind bis heute nicht die mindesten Spuren bekannt. – Die doppelte Tätigkeit des Johannes als Stadtschreiber und Schriftsteller ist für das Spätmittelalter typisch.

Beachtung verdient, daß der *Ackermann aus Böhmen* gemäß Widmungsbrief dazu bestimmt war, eine alte Freundschaft fortzuführen und für die literarischen Fähigkeiten seines Autors im Freundeskreis Ehre einzulegen. Es wäre weiterer Nachforschungen wert zu prüfen, ob wir hier einen – auch aus andern Epochen bekannten – literarisch sich artikulierenden Freundschaftskult fassen und wie dessen zeittypische Ausprägung beschaffen war.

Als sozialgeschichtlich aufschlußreich können schließlich inhaltliche Aspekte des Textes gelten. Das trifft vor allem für die – in Langzeitperspektive – neue Emotionalität der ehelichen und familiären Bindung zu. In bewegten Worten zeichnet der Ackermann sein verlorenes Familienglück: die Frau und Mutter im Zentrum des Hauses, verläßliche Stütze des Mannes, Vermehrerin seines Reichtums, Wahrerin seiner Ehre, Erfüllerin seiner affektiven und sexuellen Bedürfnisse. Daraus resultiert eine Bindung, welche den verwitweten Ehemann lange zögern läßt, an eine – lebenspraktisch naheliegende – Wiederverheiratung zu denken. Das Neuartige dieses Verhältnisses zwischen Mann und Frau – Folge und Indiz tiefgreifender sozialer Veränderungen – wird im Text um so klarer faßbar, weil das alte ‹adlige› Modell der Beziehung zur Frau im Minnesang relikthaft ebenfalls präsent ist.

Bernhard Dietrich Haage
Fachliteratur

Neue technische Voraussetzungen wie im 14. Jahrhundert das gegenüber dem Pergament weit preisgünstigere Papier als Beschreibstoff und schließlich im 15. Jahrhundert der Buchdruck lassen die Schriftlichkeit im Spätmittelalter flutartig ansteigen. Die weite Verbreitung spezifisch der Artesliteratur hat jedoch noch andere Gründe. Sie wird ab dem 14. Jahrhundert fast ausschließlich in der Stadt produziert und rezipiert, kann also in diesem Sinne als Stadtliteratur angesprochen werden. Das 12. Jahrhundert ist Drehscheibe nicht nur der europäischen Wissenschafts-, sondern auch der Sozialgeschichte, insofern als die Städte zahlenmäßig zunehmen, wirtschaftlich erstarken und eine *urbanitas*, eine klerikal-höfisch-bürgerliche Stadtkultur hervorbringen, nachdem sich im Spätmittelalter Kloster und Hof in den Städten unter den Bürgerhäusern ansiedeln [457, *S. 43*]. Für den nichtadligen, aber auch für manchen adligen Stadtbürger wird der Beruf Lebensgrundlage [123, *S. 152–167*]. Voraussetzung hierfür ist jedoch eine Ausbildung. Erst von daher wird das Bildungsinteresse des Bürgers und die Wertschätzung aller Art von Wissen bei Hofe im Spätmittelalter und in der Frühen Neuzeit verständlich, was sich unübersehbar auch in der Dichtung niederschlägt [153]. Seit dem 12. Jahrhundert schicken nicht nur Adlige, sondern auch wohlhabende Bürger ihre Söhne auf die Hohen Schulen Italiens, vornehmlich aber Frankreichs, und seit dem 14. können diese auch in Deutschland studieren. Oft sind die Magister zu Hause als Lehrer oder Stadtschreiber tätig und entwickeln nicht selten literarische Interessen [371, *S. 225–291*]. Nicht nur die akademisch gebildeten Physici (Buchärzte) wirken als Stadtärzte, sondern jetzt auch Wundärzte, die ihr Wissen nicht mehr allein, wie üblich, einem Handwerksmeister verdanken, sondern einer der Hohen Schulen. Ortolf von Baierland (13./14. Jh.) gilt als herausragendes Beispiel [165]. Der Enzyklopädist Konrad von Megenberg, Domherr in Regensburg, der einer Ministerialenfamilie aus Mäbenberg bei Nürnberg entstammt, ist

Magister artium der Pariser Universität. In Johannes Hartlieb, dem in Wien akademisch ausgebildeten Arzt und weltoffenen Stadtbürger am Münchener Hof [341], der in fürstlichem Auftrag Belletristik (z. B. *Alexander*, bald nach 1450) wie insbesondere Artesliteratur übersetzt bzw. kompilierend überträgt, begegnet der Prototyp humanistischer Literaten und Übersetzer – wie auch Niklas von Wyle (um 1415 bis 1479) oder Albrecht von Eyb (1420 bis 1475).

Derartiger Literaturbetrieb in der Stadt hat eine breite Schicht von Gebildeten zur Voraussetzung. Stadtschulen, die den Bildungsbedürfnissen des Bürgertums – freilich im Rahmen der alten Artes liberales – Rechnung tragen, konkurrieren seit dem 13. Jahrhundert mit den Kloster-, Pfarr- und Domschulen. Neben das Latein tritt allmählich das Deutsche im Unterricht, und auf privater Basis entstehen die deutschsprachigen Winkelschulen, Vorläufer der Volksschule, die den Handwerkerkindern Schreiben, Lesen und Rechnen, eben das, was ein Handwerker in der Stadt auch zum Verstehen handwerklicher Fachliteratur benötigt, beibringen. Das Bürgertum des Spätmittelalters rezipiert auf Deutsch nicht nur höfische Literatur, auch höfische Artesliteratur zur Kriegskunst, zum Turnierwesen, zur Jagd oder zur Veterinärmedizin, sondern gebildete Bürger sind nun selbst Verfasser von Fachschriften. Nicht mehr allein im Kloster wird Artesliteratur kopiert, sondern bürgerliche Schreibstuben, Buchwerkstätten und seit der Mitte des 15. Jahrhunderts die Buchdrucker sorgen für die Verbreitung von Artesliteratur [106, *S. 40–49*]. Schließlich wenden sich die Humanisten im 15. und besonders im 16. Jahrhundert dem Deutschen zu und tragen in ihrem Bestreben, das Volk zu bilden, mit Übertragungen dazu bei, auch die Artesliteratur im Druck weiten Kreisen zugänglich zu machen.

Trivium

Von den lateinisch-deutschen Wörterbüchern (z. B. von Fritsche Closener, vor 1349 bis vor 1396) entfaltete der anonyme westniederdeutsche *Vocabularius Ex quo* (Drucke seit 1467) die größte Wirkung. Er fußt auf lateinischen lexikographischen Standardwerken und war besonders bei den *scolares*, an die er sich wendet, im gesamten deutschen und niederländischen Sprachraum beliebt. Seit dem 15. Jahrhundert liegt die meistbenutzte Schulgrammatik des Mittelalters, die *Ars minor* des Aelius Donatus (4. Jh.), deutsch vor. Deutsche Erklärungen enthalten die lateinischen Grammatiken von Johannes Turmair (auch Aventinus; 1477 bis 1534) und von dem Ingolstädter Professor Georg Hauer (um 1484 bis 1536), der vielbenutzte *Hauerius*. Deutsche Rhetoriken stammen von dem Benediktiner Friedrich von Nürnberg (1450/60), Friedrich Riedrer (1493) und dem Juristen Heinrich Geßler (Straßburg 1493). Frühhumanistischen Einfluß zeigen lateinische und deutsche ‹Formelbücher› der Kanzleien.

Zur Rhetorik gehört die Ars memorativa (Mnemotechnik). Für Herzog Ludwig VII. von Bayern-Ingolstadt verfaßte Hans Hartlieb 1430 seine *Kunst der gedechtnüß*, und für bürgerliche Kreise folgte eine solche von Bernhard Hirschvelder (vor 1454 bis nach 1502). Der Schulmeister Valentinus Ickelsamer (vor 1500 bis nach 1537) in Rothenburg o. d. Tauber wollte mit seinen Handbüchern dem einfachen Volk die Möglichkeit eröffnen, mit Hilfe der Lautiermethode selbst lesen zu lernen. Die Dialektik, Domäne der Gelehrten, erscheint spät auf deutsch. Das erste deutsche Lehrbuch der Logik (1533) gab Ortholph Fuchsperger (um 1490 bis 1566) heraus.

Quadrivium

Mit Werken wie dem *Algorismus vulgaris* des Johannes de Sacro Bosco (eigentl. Name: John Holywood; um 1200 bis 1256 [1244?]) verdrängte das Rechnen mit indischen/arabischen Zahlen und Methoden das römische, komputistische. Der St. Emmeramer Mönch Friedrich Gerhart (15. Jh.) erweiterte deutsch den *Algorismus Ratisbonensis* (vor 1450) und betont das kaufmännische Rechnen, über das auch der Leipziger Magister Widmann (15. Jh.) handelt. Deutsche Rechenbücher für die Stadtschulen entstehen, so dasjenige (Bern 1540) des Berner Schulmeisters Thomas Zinckenberg (16. Jh.). Von den lateinisch schreibenden Theoretikern (u. a. Nicolaus Cusanus) war besonders Johannes Müller (Regiomontanus; 1436 bis 1476) bestrebt, aus den antiken Mathematikern direkt zu schöpfen. Auch in deutschen Drucken liegt die Theorie vor, so in des Bergbeamten Adam Riese (1492 bis 1559) *Rechenung auff der Linihen* (1518). Neben vielen anderen deutschen Druckschriften bringt der Heidelberger Gelehrte Jakob Köbel (gest. 1533) eine geometrische Abhandlung (1522) heraus. Deutsche *Visierbüchlein* dienen der Volumenbestimmung von Fässern. Eine *Geometria deutsch* (Nürnberg 1498) von sechs Blatt Umfang läßt der Regensburger Dombaumeister Matthäus Roritzer († 1492/1495) seinem *Büchlein von der Fialen Gerechtigkeit* (1486) folgen. Die Perspektive spielt in der Malerei der Renaissance eine bedeutende Rolle. Albrecht Dürers kunsttheoretische Schriften, etwa die *Underweyssung der messung* (Nürnberg 1525), verdeutlichen die Mathematisierung der bildenden Kunst.

Bedeutendes musiktheoretisches Schrifttum erscheint nach Notker Labeos *De musica* (Ende d. 10./Anfang d. 11. Jhs.) auf deutsch erst wieder 1510/1511 am kurpfälzischen Hof zu Heidelberg, wo Sebastian Virdung (geb. um 1465) und Arnolt Schlick (vor 1455 bis nach 1525) mit Lehrschriften hervortreten. Martin Agricola (1486 bis 1566), der herausragende Musikschriftsteller des frühen Luthertums, hinterließ mehrere deutsche Werke zur Schulmusik. Der Handwerker in der Stadt wird im Meistersang musikalisch aktiv.

Überwiegend lateinisch schreibende Astronomen des 15. Jahrhunderts – Georg Peuerbach (eigentl. Name: G. Aunpekh, 1423 bis 1461), Schüler des Johannes von Gmunden (um 1380 bis 1442) und dessen Schüler Regiomontan – erneuerten in humanistischem Geist die antike Astronomie und trugen auf diese Weise zum heliozentrischen Umdenken des Nicolaus Copernicus bei, der auf Pythagoreer und Aristarchos von Samos (um 310 bis 230) zurückgriff [172, *S. 142–147*]. Deutsche astronomische Kleinliteratur (diätetische Monatsregeln, Kalendernoten, Horoskope, Planetenverse, Tierkreiszeichen-Traktate), die von astrologischer – oft iatromathematischen Einschlags – nicht zu trennen ist, liegt seit dem 12. Jahrhundert vor. Den ersten immerwährenden Kalender (1373) verfaßte der Wiener (Bürger?) Wurmprecht. Weit verbreitet war der deutsche Kalender Regiomontans, aber auch Johannes von Gmunden ist deutsch vertreten im Kalenderteil des *Iatromathematischen Hausbuchs* für den Nürnberger Fernhandelskaufmann Erasmus Schürstab d. J. (15. Jh.). Astronomisches Wissen manifestiert sich in deutschen Enzyklopädien (*Lucidarius*, um 1190/1195; *Mainauer Naturlehre*, um 1300; Konrad von Megenberg: *Buch der Natur*), in Hausbüchern, aber auch in höfischer wie bürgerlicher Dichtung, zum Beispiel im *Parzival* Wolframs von Eschenbach, bei den Spruchdichtern Frauenlob, Kanzler, Heinrich von Mügeln und im Meistersang. Wissenschaftliche Didaxe der Astronomie begegnet erwartungsgemäß in Übertragungen, so aus der *Sphaera mundi* (um 1250) des Johannes de Sacro Bosco neben weiteren volkssprachigen Versionen die *Deutsche Sphaera* (1347/1350) Konrads von Megenberg.

Handwerk

Das deutsche Schrifttum des Handwerks ist nur dort reichhaltig, wo diffizile Fertigungsabläufe festzuhalten waren. Es setzt um 1330 mit Rezepten zur Farbtechnologie ein. Klöster und Bürger (Zünfte) sammeln derartige Kenntnisse über Malerei, Glasschmelzen, Glockenguß u. a. in deutschen *Kunstbüchern* des 13. bis 16. Jahrhunderts (z. B. Valentin Boltz, gest. 1560: *Illuminierbuch künstlich alle Farben zu machen vnd bereiten*, Basel 1549) bzw. in den *Hausbüchern*. Meisterprüfungsaufgaben für Schneidergesellen (1516) schrieb der Augsburger Weber Simprecht Kröll fest, und vom 14. bis ins 17. Jahrhundert erließen deutsche Städte Kleiderordnungen [70, *S. 232–251*].

Wenig deutsches Schrifttum hat die Baukunst aufzuweisen. Theoretische Grundlage blieb weiterhin *De architectura* des Marcus Vitruvius Pollio (um Chr. Geb.), auch übertragen von dem Arzt und Polyhistor Walter Hermenius Ryff (auch: Rivius; gest. 1548). 1486 erschienen die *Fialenbüchlein* von Hans Schmuttermayer, Münzmeister zu Schwabbach, und von Matthäus Roritzer *(Puechlen von der fialen gerechtikait)*. Darüber

hinaus sind deutsche Bau- und Lohnordnungen sowie Nürnberger Baumeisterbücher auf uns gekommen.
Die deutsche Literatur zum Bergbau und zum Hüttenwesen [880] setzt mit dem bis ins 18. Jahrhundert wirkungsmächtigen *Nützlich Bergbüchleyn* (um 1500) des Freiberger Stadtarztes Ulrich Rülein von Calw ein. Im 16. Jahrhundert schließt sich eine Fülle von deutschen *Bergwerksbüchern* an, die auch geltendes Recht enthalten. Eine eigene, bis ins 18. Jahrhundert blühende Gattung sind die *Walenbücher*, die ihren Namen von Bodenschätze suchenden Walen (Südländern) haben. Als Begründer der Mineralogie gilt der Humanist Georg Bauer (auch: Agricola, 1495 bis 1555), Stadtarzt in Joachimsthal, dessen *De re metallica* auch deutsch erschien (Basel 1557). Der Memminger Stadtarzt Ulrich Ellenbog (um 1435 bis 1499) warnte die Augsburger Goldschmiede in der ersten gewerbehygienischen Schrift der Weltliteratur 1473 vor giftigen Quecksilber- und Bleidämpfen – wie ähnlich später Paracelsus.

Alchemie
Die Alchemie war nicht zunftmäßig geordnet, sondern praktizierte in esoterischen Kreisen. Den vermeintlich oder tatsächlich für die Allgemeinheit gefährlichen Inhalt ihres Schrifttums verschleiern die Alchemisten oft durch ihre metaphernreiche Arkansprache oder durch Geheimschrift. Ziel der alchemischen Prozeduren der Sublimation, Koagulation u. a. ist die Emporläuterung unedler Ingredienzen zum ‹Stein der Weisen›, der als Panazee Menschen heilt und Metalle vervollkommnet, bis sie zu Gold werden. Nebenprodukte dieser Bemühungen waren weittragende Entdeckungen wie die Herstellung von ‹Gebrannten Wässern›, von Schießpulver oder von Porzellan. Vor allem führten montanistische und scheidekundliche Erfahrungen des Paracelsus und die hieraus erwachsende Beschäftigung mit der Alchemie zum wissenschaftlichen Umbruch in der Medizin hin zur Iatrochemie. Breiten Raum nimmt in der Alchemie die *theorica*, der philosophische Überbau, ein. Zugrunde liegt die ursprünglich altägyptische, gnostische, neuplatonische Vorstellung von der Einheit der Schöpfung, woraus die alchemischen Grundgedanken der makro-mikrokosmischen Entsprechung und der prinzipiellen Verwandelbarkeit aller Dinge ineinander resultieren, so in der *Tabula smaragdina* oder im *Corpus hermeticum*, das dauernden Einfluß auf die Alchemie ausübt. Sie kennt in griechisch-naturphilosophischer Manier nicht das magische Einwirken auf die Materie, sondern beschreibt und nutzt das Wirken von Naturkräften im Sinne der Magia naturalis. Auch mit der Mystik verbindet die Alchemie lediglich das gemeinsame gnostische Erbe des Läuterungsgedankens. Der Vervollkommnung des Metalls muß nämlich die seelische Emporläuterung des Adepten parallel wirken, wenn die Transmutation gelingen soll [196]. Die Alchemie der Spätantike

wird in Byzanz und in der islamischen Welt weitergepflegt, während das abendländische Frühmittelalter sich auf Glas- und Metallbearbeitung sowie Farbherstellung konzentriert. Gleichwohl ist stets mit byzantinischem Einfluß zu rechnen.
Die ‹Ars nova› in der Einheit von Theorie und Praxis kommt jedoch in großer Breite erst mit den Übersetzungen aus dem Arabischen im 12. Jahrhundert ins Abendland. Ihre Bildwelt wird zum Teil christlich umgedeutet (Transmutation parallel zur Eucharistie). Nach der Verselbständigung der naturwissenschaftlichen Chemie in der Neuzeit, endgültig im 18. Jahrhundert, findet der philosophische Überbau der Alchemie in esoterischen Zirkeln eine Heimstatt.
Das deutsche Schrifttum der Alchemie setzt im 14. Jahrhundert mit der mittelniederländischen Übertragung der *Tabula chemica* des (legendären) Senior Zadith (ursprünglich Muhammed ibn-Uma'il, um 980) ein. Besonders die Fürstenhöfe beschäftigten Alchemisten. Alchemistisches Schrifttum findet sich jedoch auch in monastischen und bürgerlich-städtischen Kreisen. Während das bedeutendste Werk, das *Buch der Heiligen Dreifaltigkeit* (1412/1416) [699], von einem Franziskaner namens Ulmannus verfaßt, in einer kürzeren Version für Kaiser Sigismund und vollständig für den Burggrafen Friedrich von Brandenburg bestimmt war, also an Fürstenhöfen zu finden ist, gibt die praxisnahe *Alchymey teuczsch* (um 1426) einige ihrer bürgerlichen Verfasser an, nämlich Niklas Jankowitz, Michael von Prapach und Michael Wülfing, Alchemisten, die sich als Ärzte im Passauer Raum den Lebensunterhalt verdienten. Solche Alchemistenkreise in der Stadt verrät auch der Briefwechsel des Georg Klet (gest. 1513), der in Bautzen und Görlitz tätig war, mit einem Mainzer Fachkollegen. Von einem Lamspring stammt der Vers-Bild-Traktat *Vom Stein der Weisen* (15./16. Jh.) und von dem Bamberger Notar (Dominikaner) Johann Sternhals *Der Ritterkrieg* (1488), eine allegorische Gerichtsverhandlung zwischen Gold und Eisen. Text und Bild verbinden auch der *Splendor Solis* (16. Jh.), dem fabulösen Salomon Trismosin [142] zugeschrieben, sowie das *Kunstbüchlein* (1549) des Caspar Hartung vom Hoff, dessen Hauptwerk über die ‹Bereitung› des Lapis Druckauflagen bis ins 18. Jahrhundert erlebte [vgl. 655 a].

Kriegswesen
Als Grundlage der Kriegskunst galten bis ins 15. Jahrhundert, als die neuen Feuerwaffen und die hussitische Wagenburg-Taktik die Bedeutung der Ritterheere endgültig schmälerten, die *Epitoma rei militaris* des Flavius Vegetius Renatus (4. Jh.), die der Buchdrucker Ludwig Hohenwang (um 1440 bis 1506) übersetzte (Augsburg 1475). Ende des 14. Jahrhunderts kommen deutsche Kriegsordnungen – so der *Sempacher Brief* (1393) – auf, und die erste Wagenburgordnung wurde 1421 zu Grottkau

von den Fürsten und Ständen Schlesiens festgeschrieben. Büchsenmeister in der Stadt treten mit ‹Feuerwerksbüchern› hervor, von denen das wirkungsmächtigste (1390/1400) den Mönch und Alchemisten Berthold nennt, der die Verwendung des Schießpulvers für Hochdruckwaffen entdeckte. Den größten Erfolg hatte der Wundarzt (?) Konrad Kyeser (geb. 1366) aus Eichstätt mit dem auch deutsch umlaufenden *Bellifortis* (1405). Deutsches Fachschrifttum zur Stadtbefestigung liegt seit Ende des 15. Jahrhunderts vor, zum Beispiel 1527 von Albrecht Dürer. Auf die kriegstechnischen Interessen Kaiser Maximilians I. gehen im 16. Jahrhundert die ‹Zeughausbücher› zurück, so dasjenige des Innsbrucker Hauszeugmeisters Bartholomäus Freysleben.

Hofkunst und Spiel

Das Bürgertum imitiert die alte Adelskultur, so auch das Turnierwesen. Bezeugt ist u. a. ein Turnier der Kaufmannschaft Magdeburgs von 1270. Die Städte erließen Turnierordnungen, so Köln 1410, und regelten das Wappentragen in ‹Wappenbüchern›. Der gesellschaftlichen Abgrenzung des Adels dienten jedoch Turnierbücher wie das 1519 beendete des mittelfränkischen Adligen Ludwig von Eyb d. J. zum Hartenstein (1450 bis 1521) oder das vielbenutzte des bürgerlichen Georg Rüxner (Frankfurt a. M. 1578). Die meisten Fechtbücher (oft mit Abhandlungen zum Ringsport) in den zunftähnlichen ‹Schirmschulen› der Städte gehen auf Meister Johann Liechtenauers (vor 1400 [685]) gereimte *Kunst des fechtens* zurück. Aus der Flut von oft großartig illuminierten Ring- und Fechtbüchern sei auf das mit 200 aquarellierten Zeichnungen ausgestattete (kurz nach 1500) von Albrecht Dürer hingewiesen. Bürgerliche Ausläufer der Ritterturniere sind die beliebten Schützenfeste, die ebenfalls städtisch reglementiert wurden, wie an der Wiener *Alt Ordnung der Püxenschüczen* (1523) abzulesen ist. Dasselbe gilt von den Pferderennen, bei denen scharlachfarbenes Tuch zu gewinnen war; für sie erließen die Städte ‹Scharlachordnungen›, wie dies die Nördlinger (1459) zeigt. Der «homo ludens» Johan Huizingas [17] war den Schachbüchern zugetan – vor allem das lateinische des Dominikaners Jacobus de Cessolis (nachgewiesen zwischen 1288 und 1322) lag in deutschen Übertragungen des 14. Jahrhunderts vor – sowie den Würfelbüchern, die für das Losen, also allerhand mantische Praktiken, gedacht waren und zusammen mit anderen Spielen die Kritik moralisch-didaktischer Dichter – z. B. Hugos von Trimberg (um 1230 bis um 1313) im *Renner* (um 1290 bis 1300) – hervorriefen.

Jagd und Tiere

Jagd und Fischfang waren rechtlich dem adligen Grundherrn vorbehalten. Die Rolle des Waidwesens in der höfischen Dichtung spiegelt diese Verhältnisse wider. Vor allem die Jagd mit Beizvögeln und auf Hochwild, besonders auf den ‹edlen› Hirsch, ist «furstenkunst». Während in den romanischen Ländern überwiegend mit dem Falken gebeizt wurde, benutzte man in Deutschland meist den Habicht. Am Anfang deutscher jagdkundlicher Literatur steht die *Ältere Habichtslehre* (14. Jh.; aufgenommen in Eberhard Tappes *Waidwerk und Federspiel*, Straßburg 1542), die erweitert um 1400 in das *Beizbüchlein* integriert wurde. Dieses haben auch Bürger abgeschrieben, und gedruckt war es bis Ende des 16. Jahrhunderts in Gebrauch. Fast genauso alt, auch anonym und ebenso verbreitet ist die *Lehre von den Zeichen des Hirsches* (Ende d. 14. Jh.), die vor allem von der Trittspur des Rotwildes handelt. Verband die Jagd des Adels Repräsentation mit höfischem Spiel, so diente die Bauernjagd auf Kleinwild mit Schlingen, Netzen u. a. dem Nahrungserwerb. Solche nicht waidmännischen Methoden begegnen im *Hausbuch vom Menschen, Tier und Garten*, das sich auch bürgerliche Gutsbesitzer zusammenstellen ließen. Für einen solchen ist wohl das *Vogeljagdbüchlein vom Bodensee* (15. Jh.) kompiliert worden, das Höfisches und Außerhöfisches bietet. Der Adel delegierte bisweilen Fischereirechte an Bürger, meist Fischerzünfte, gegen entsprechende Abgaben. Das älteste Textzeugnis ist das *Fischbuch vom Bodensee*, das sich zusammen mit dem erwähnten *Vogeljagdbüchlein* in der Donaueschinger Sammelhandschrift 792 findet, die ein bürgerlicher Gutsbesitzer um 1440/1470 anlegen ließ. Städtisches Fischereigewerbe repräsentiert das *Fischbüchlein vom Oberrhein* (um 1480; Dr. Straßburg 1502), das bis ins 18. Jahrhundert Neuauflagen erfuhr. Kaiser Maximilians I. Bemühungen um das Jagd- und Fischereiwesen dokumentieren mehrere Jagdbücher – das *Geheime Jagdbuch* (1505/1508) hat er selbst geschrieben – und das *Fischereibuch* (1504). Auch Sammelhandschriften wie das reichhaltige *Hohenlohische Jagdbuch* (16. Jh.) liegen vor.

Die Beschäftigung mit der Tierwelt zerfällt im Mittelalter in eine poetisch-exegetische und eine naturkundlich-veterinärmedizinische. Antike Tierfabeln und die christliche Tiersymbolik des *Physiologus* ziehen sich – vermengt mit naturadäquaten Beobachtungen – durch die Enzyklopädien, die bevorzugt zum Lesestoff des Stadtbürgertums gehörten. Als Wissenschaft setzt die Zoologie mit den Tierbüchern Konrad Gesners (1516 bis 1565) ein. Veterinärmedizin begegnet in Heinrich Münsingers (um 1397 bis um 1476) *Buch von Falken, Sperbern, Pferden und Hunden* (um 1440), für Rinder und Ziegen zum Beispiel im *Bremer Arzneibuch* (1382), beschäftigt sich jedoch überwiegend mit Pferden, so im schon charakterisierten *Roßarzneibuch* (13. Jh.; Augsburg 1485) Meister Albrants, der sich in der Einleitung als «marstaller» und Schmied Kaiser Friedrichs II. zu Neapel ausgibt. Es war ungemein weit verbreitet und wurde an Fürstenhöfen wie von einfachen Schmieden benutzt [203, *S. 3*]. Roßtäuschertricks und magische Praktiken enthält die *Roßaventüre* (14. Jh.).

Haus, Garten und Landbau

Klöster, adlige und bürgerliche Gutsbesitzer, Ackerbürger sammeln das Wissen dieser Eigenkunst u. a. im *Hausbuch vom Menschen, Tier und Garten*. In Deutschland kam erst im 14. Jahrhundert derartige Literatur auf. Neben Übersetzungen antiker Agrarschriftsteller wie Columella (1. Jh.), *De re rustica*, und Palladius (4. Jh.), *Opus agriculturae* (beide übersetzt 1538), erscheint Mitte des 14. Jahrhunderts das ursprünglich lateinische Hauptwerk der deutschen mittelalterlichen Agrarliteratur, das *Pelzbuch* Gottfrieds von Franken. Es handelt nicht nur vom Veredeln der Obstbäume («pelzen»), sondern auch von der Aufbereitung des Weins. In etwa achtzig Handschriften ist es über das deutsche Sprachgebiet hinaus verbreitet. Exzerpte daraus begegnen bis ins 18. Jahrhundert. 1478 ließ der Nürnberger Stadthauptmann Wilhelm von Hirnkofen seine Übersetzung des *Liber de vinis* Arnalds von Villanova (1235/1240 bis 1311) erscheinen. Summarisch sei auf deutsche Anleitungen zur Bier-, Met- und Essigherstellung, zur Destillation von ‹Gebrannten Wässern› (seit Gabriel von Lebenstein, 14. Jh., Michael Puff von Schrick, Druck Augsburg 1476, bis zu Hieronymus Brunschwig, vor 1450 bis um 1512/13) hingewiesen und auf die besonders für die Wunddesinfektion seit Taddeo Alderotti (1223 bis 1303) bedeutenden Branntweintraktate, von denen einer in der Reimbearbeitung des Nürnberger Meistersängers, Barbiers und Wundarztes Hans Folz (um 1435/1440 bis 1513) im Einblattdruck von 1490 vorliegt. Auf dem Weg zur wissenschaftlichen Botanik befinden sich die Kräuterbücher des 16. Jahrhunderts (von Hieronymus Bock, 1498 bis 1554; Leonhart Fuchs, 1501 bis 1566; Otto Brunfels, 1488 bis 1534). In den Bereich des Haushalts gehören die deutschen Kochbücher, die mit dem *Bůch von gůter spise* (14. Jh.) einsetzen, das für die vornehme Tafel (des Würzburger Bischofs?) bestimmt war. Eher auf Fastenspeisen hin angelegt sind dagegen Kochkünste der Klosterküche wie im *Tegernseer Kochbüchlein* (15./16. Jh.), und das bürgerliche Kochbuch wie die *Küchenmeisterei* (Nürnberg 1490) kennt den Luxus – vor allem an Fleischgerichten, deren Erscheinen bei Hofe mit dem Jagdrecht zusammenhängt – der adligen Tafel nicht [vgl. 8].

Seefahrt, Erdkunde und Handel

Diese Eigenkunst wird durch drei Impulse befördert, den wissenschaftlichen, den frommen der Pilgerfahrt und den merkantilen des Fernhandels. Gegen die Anschauung von der Erde als Scheibe, die auf den Wassern schwimmt – so noch im *Lucidarius* –, setzt sich auch in volkssprachiger Fachliteratur das aristotelisch-ptolemäische Weltbild – so in der *Mainauer Naturlehre* (um 1300) – durch [164]. Neben Fabeleien besonders in den höfischen Spielmannsepen, Alexanderromanen und der

Brandanlegende (seit Mitte des 12. Jhs. deutsch, im 15. Jh. in bairischer Prosa als Volksbuch) erwachte wissenschaftliches Interesse an der Geographie bei deutschen Humanisten. In Nürnberg erschien der *Deutsche Ptolemaeus* (um 1440). Kosmographisches Wissen enthalten die polyhistorischen Weltbeschreibungen Hartmann Schedels (1440 bis 1514), die weit weniger verbreitete Sebastian Francks (1499 bis 1542/1543) und die in fast alle Sprachen Europas übersetzte *Kosmographie* (Basel 1544) Sebastian Münsters (1488 bis 1552). Das wohl in Hamburg zusammengestellte *Seebuch* des 15. Jahrhunderts beschreibt vor allem für die Handelsschiffahrt die Küstengewässer Mittel- und Nordeuropas. Die Welt des Kaufmanns spiegelt sich natürlich auch in Handelskorrespondenz, Rechnungsbüchern, Warenverzeichnissen, wie sie besonders reich in der Literatur des Deutschen Ordens überliefert sind.

Humanmedizin

Die Humanmedizin hat die umfangreichste Literatur hervorgebracht. Ihr Weg von einer Eigenkunst zu einer der oberen Fakultäten der Universitäten ist vor allem bedingt durch die ‹theorica›, d. h. besonders durch die im Mittelalter herrschende hippokratisch-galenische Humoralpathologie: richtige Mischung (Eukrasie) der vier Kardinalsäfte (Blut, gelbe Galle, schwarze Galle, Schleim) mit ihren Primärqualitäten (warm/feucht, warm/trocken, kalt/trocken, kalt/feucht) bedeutete Gesundheit, falsche (Dyskrasie) dagegen Krankheit [171, *S. 14*].

Am Anfang des deutschen medizinischen Schrifttums steht monastische Rezeptliteratur (*Basler Rezepte* [um 800], im 12. Jahrhundert u. a. *Arzenîbuoch Ipocratis*, *Innsbrucker Arzneibuch*). Ungemein breit zeigt sich die bis ins 16. Jahrhundert reichende Überlieferung des ostmitteldeutschen *Bartholomäus* aus dem 12. Jahrhundert, eines salernitanisch beeinflußten Arzneibuches, das mit Kurztraktaten über den Rahmen des Rezeptars hinausgeht. Konkurrenz bekam es erst Mitte des 14. Jahrhunderts durch das wesentlich reichhaltigere, nicht minder wirkungsmächtige *Arzenîbuoch* (entst. vor 1280; 8 Ausgaben, 6 davon vor 1500, mehr als 200 Auflagen 1472 bis 1658) Ortolfs von Baierland, eines akademisch gebildeten Wundarztes, der vor allem die arabische Medizin voll ausschöpfte. Wir wissen von ihm, daß er in der zweiten Hälfte des 13. Jahrhunderts als «cirulogus» (Wundarzt) in Würzburg praktizierte und dort ein Haus besaß. Andere Wundärzte, die deutsche Arzneibücher verfaßten, sind Albrecht van Borgunnien (vor 1400) oder Johan van Seghen (d. i. Siegen; Ende 15. Jh.). Als Standardwerk zur Armentherapie galt bei Laienmedizinern und einfachen Wundärzten der *Schatz der Armen* (14. bis 16. Jh. als oberdeutsches Arzneibuch mit starkem Gestaltwandel), eine Übertragung des *Thesaurus pauperum* des Petrus Hispanus (Papst Johannes XXI., gest. 1277). Während die Physici die Oberschicht mit Rezepten und

Konsilien versorgten, arbeiteten die Wundärzte am Krankenbett. Ihr Wirken bekunden Niederlassungsankündigungen, ‹Gürtelbücher› zur schnellen Information des Arztes und neben ihren Arzneibüchern die spezifisch chirurgische Fachliteratur auf Deutsch: Glossare, Antidotare und ‹Wundarzneien›, die vor allem auf Roger Frugardi (12. Jh.), Lanfranc von Mailand (gest. um 1306) und auf Guy de Chauliac (um 1300 bis1368) fußen. Verfasser von ‹Wundarzneien› sind u. a. der Heidelberger Kriegschirurg Peter von Ulm (15. Jh.), Heinrich von Pfalzpaint (15. Jh.) aus einem Ministerialengeschlecht, der in verschiedenen Städten bei Wundärzten in die Lehre ging, bevor er in den Deutschen Orden eintrat, sowie der Straßburger Wundarzt Hans von Gersdorff (1450 bis 1529), seit 1517 oft gedruckt, der Neues aus eigener Erfahrung einbrachte. Die Bedeutung der Phlebotomie im Mittelalter spiegelt sich in den *Aderlaßbüchlein*, so im *Haager, Genter, Asanger* (zwischen 1516 und 1530).
Arzneimittel sind die Domäne des Kloster- oder Stadtapothekers. Als wirkungsmächtig erwiesen sich seit dem 13. Jahrhundert deutsche Übersetzungen des *Macer floridus* Odos von Meung (11. Jh.) sowie des *Circa instans*, des *Liber iste* und besonders des allgegenwärtigen *Antidotarium Nicolai*, alle drei (um 1150) salernitanischen Ursprungs, die in große Kräuterbuch-Kompendien des Spätmittelalters einmünden, so in den äußerst erfolgreichen *Gart der Gesundheit* (Auflagen 1485 bis 1783).
Gynäkologie und Obstetrik sind u. a. vertreten durch Johannes Hartliebs Übertragung (um 1465) der *Secreta mulierum* (Pseudo-Albertus Magnus) sowie durch das Erfolgsbuch *Der Swangern frawen vnd Hebammen Rosegarten* (1513) des Frankfurter Stadtarztes Eucharius Rößlin d. Ä. (gest. 1526). Auch pädiatrische Literatur wurde deutsch abgefaßt, so das regimenhafte *Kinderbüchlein* (1474 bis 1539 mehrmals gedruckt) des Augsburger Arztes und Großbürgers Bartholomäus Metlinger (nach 1440 bis 1491/1492). Die Regimenliteratur (Gesundheits-, Pest-, Reiseregimen u. a.) empfiehlt der antiken Diätetik folgend den maßvollen Umgang mit den ‹Sex res non naturales› (Luft, Essen/Trinken, Füllung/Entleerung/Sexualhygiene, Bewegung/Ruhe, Schlafen/Wachen, Gemütsbewegungen). Am Anfang stehen Verdeutschungen des pseudoaristotelischen *Secretum secretorum* seit Hiltgart von Hürnheim (um 1255 bis nach 1282). Aus dieser arabischen Enzyklopädie schöpft das lateinische Urregimen des Arztes Konrad von Eichstätt (gest. nach 1341), das auch übersetzt vorliegt und Textbasis für alle weitere deutsche Regimenliteratur wird, so für die *Ordnung der Gesundheit* (um 1400; Augsburg 1472) für den schwäbischen Grafen Rudolf von Hohenberg. Ebenso in die Breite wirkend, jedoch nicht spezifisch höfisch, erscheinen Übersetzungen des *Salernitanischen Gesundheitsgedichts* (Entstehungszeit unbekannt) sowie das *Regimen* (Inkunabel: *Versehung des Leibs*) des in Freiburg und Straßburg tätigen

Weltpriesters Heinrich Laufenberg (um 1390 bis 1460). Neben deutschen Wunderdrogentraktaten (z. B. *Geiertraktat*), Steinbüchern (seit Volmars Gedicht um 1250), Branntweintraktaten, Abhandlungen zu Lepra und Syphilis nimmt die Pestliteratur breiten Raum ein [179, *S. 1–44*]. Auch Hans Folz (um 1435/40 bis 1513) schreibt ein Pestgedicht, in dem er auf die mnemotechnische Funktion des Reims zum Memorieren der Abwehrmaßnahmen eingeht. Das mittelalterliche Schrifttum der Heilkunde findet sich noch einmal in den großen Sammelwerken des 16. Jahrhunderts wie dem *Zwölfbändigen Buch der Medizin*, bis 1544 zu Heidelberg von Kurfürst Ludwig V. selbst angelegt, oder es scheint in den vielen Arzneibüchern der Humanistenzeit auf, so bei Walter Hermenius Ryff (Rivius).

Als Brückenschlag zwischen Mittelalter und Neuzeit kann das fast durchweg deutsch abgefaßte Werk des Paracelsus gesehen werden. Der revolutionäre Mediziner ist gleichzeitig gnostisch-hermetisch-neuplatonisch beeinflußter Philosoph und Laientheologe, als solcher von der «prisca theologia» des Marsilius Ficinus (1433 bis 1499) bestimmt. Auf medizinischem Gebiet wendet er sich wie viele Humanisten gegen den Arabismus und fordert selbständige Naturbeobachtung mit Hilfe des angeblich jedem Menschen innewohnenden Lichts der Natur anstelle scholastischer Autoritätshörigkeit. Solche Eigenständigkeit kennzeichnet dann Paracelsisten wie den deutsch schreibenden Leonhard Thurneysser zum Thurn (1530 bis 1595). Von der Makro-Mikrokosmos-Entsprechung ausgehend, sieht Paracelsus die Kräfte der Sternenwelt nicht von außen her, sondern immanent im Menschen angelegt und wirksam – als Magia naturalis. Er bleibt indes bei der überkommenen Dreiteilung des Menschen in erstens Leib und zweitens Geist, die er als die beiden sterblichen Leiber, den «elementischen» sowie den «siderischen» mit ihrer «anima mundi» (Marsilius Ficinus), dem «liecht der natur» anspricht, und drittens die Seele, den «ewigen», unsterblichen Leib mit seinem «göttlichen» Licht). Diese Dreiteilung bringt er mit seiner revolutionären, den vier Elementen der herrschenden Humoralpathologie entgegengesetzten philosophischen Dreiheit der «tria principia»: «sal», «mercurius», «sulphur» (Salz, Quecksilber, Schwefel) in Kongruenz. Entsprechend werden beim Diagnostizieren und Therapieren ‹Erkenntnisse› der Naturkräfte aus der Astrologia – und Magia naturalis besonders in der Signaturenlehre herangezogen, für den «elementischen» Leib die Alchemie in Form der Iatrochemie (Chemiatrie), die einen Umbruch in der Medizin einläutete. Die praktische Magie allerdings, die dämonisch auf die Materie Zwang ausüben will, umgeht Paracelsus [180, *S. 67–89*].

Artes magicae

Im Mittelalter und in der Frühen Neuzeit ist die Fachliteratur aller Berufe und Stände trotz kirchlicher Verbote mit abergläubischen Praktiken durchsetzt. Berufsmäßig ausgeübt wurde die Wahrsagerei jedoch allenfalls von den Hofastrologen – abgesehen von fahrenden Scharlatanen. Deutsche Losbücher mit ihrem auf den Zufall aufgebauten Wahrsagemechanismus (Würfeln, geomantische Verfahren), so diejenigen (1450 bis 1473) des in Augsburg tätigen Kanzleibeamten Konrad Bollstatter (oder Mulitor; gest. 1482), wurden bei Hofe wie in der Bürgerstube zur Unterhaltung herangezogen. Der Adel konnte von der Kirche nicht belangt werden und trat deshalb als Auftraggeber magisch-mantischer Schriften hervor, wie dies am einschlägigen Œuvre Hans Hartliebs zu sehen ist. Das schon erwähnte Hauptwerk dieser Sparte, sein *Půch aller verpoten Kunst* (1455/1456), wurde – angeblich zur Warnung vor den Geheimwissenschaften – für Markgraf Johann von Brandenburg-Kulmbach, den Alchemisten, verfaßt. In Wirklichkeit rollt Hartlieb breit sein Wissen über die mantischen Künste auf und nennt die in Umlauf befindlichen Zauberbücher: *Sigillum Salomonis, Clavicula Salomonis* und neben anderen den besonders einflußreichen *Picatrix*. Ägyptisches, mesopotamisches und kabbalistisches Gut ist hier enthalten, das im 12./13. Jahrhundert mit der arabisch-lateinischen Rezeptionswelle ins Abendland gelangte. Auch die übrigen geheimwissenschaftlichen Werke Hartliebs, das *Mondwahrsagebuch* (entst. 1432/34/35), die *Chiromantie* (Handlesekunst) und wohl auch die *Namenmantik* (1438/39?; Vorhersage des Siegers beim Fechten aus dem Namen) sind für Adlige verfaßt. Wie sehr jedoch auch das Bürgertum an derartiger Literatur interessiert war, zeigt u. a. das *Sibyllenbuch* des 14. Jahrhunderts (Gutenberg-Druck 1451), das im 16. zum Volksbuch wurde. Onomatomantien (Namenmantik) liegen deutsch seit dem 14. Jahrhundert bei den Fechtergesellschaften der Städte vor. Das bedeutendste deutsche *Traumbuch* (Oneiromantie, die sich auf die biblischen Gestalten Daniel oder Josef beruft) schuf der schwäbische Humanist Magister Hans Lobenzweig von Riedlingen (15. Jh.). Die Nekromantie (Geisterbeschwörung zu mantischen/magischen Zwecken) war am strengsten von der Kirche verfolgt und hat auch kaum deutsche Literatur aufzuweisen, so *De animabus exutis* (Eßlingen 1478) des Erfurter Kartäusers Jakob von Jüterbogk (1381 bis 1465). Nicht nur populäres Schrifttum der Laienastrologie (Kalenderliteratur) lag deutsch seit dem 12. Jahrhundert vor und war später in Massendrucken verbreitet, sondern auch anspruchsvolle astrologische Überlieferung, etwa arabischer Autoritäten wie Albumasar (787 bis 890). Auch das Petrus von Abano (um 1250 bis um 1315) zugeschriebene *Astrolabium planum* wurde Ende des 15. Jahrhunderts in fürstlichem Auftrag verdeutscht.

Während sich humanistische Gelehrte wie Johannes Zeller (auch: Trithemius, 1462 bis 1516), Abt von Sponheim, und Heinrich Cornelius Agrippa von Nettesheim (1486 bis 1535; *De occulta philosophia*, Köln 1510) wissenschaftlich (neuplatonisch beeinflußt) mit den geheimen Künsten auseinandersetzten, erhob der Massenwahn der Hexenverfolgungen seit dem berüchtigten, als *Hexenhammer* übertragenen und bis 1667 immer wieder aufgelegten *Malleus maleficorum* (Straßburg 1487) der Dominikaner Heinrich Institoris und Jakob Sprenger sein Haupt und tobte sich in schwer vorstellbaren Exzessen aus [175, *S. 266–367*]. Schon um 1475 hatte der Hofkaplan Friedrichs des Siegreichen von der Pfalz, Matthias von Kemnat (gest. 1476) gegen nachtfahrende Leute, die Katzen und Besen reiten, geeifert. Die Stimmen der Vernunft gegen die Hexenprozesse (Agrippa von Nettesheim und sein Schüler, der Leibarzt Herzog Wilhelms von Kleve, Johann Weyer [1515 bis 1588; *De praestigiis daemonorum*, Basel 1563] richteten wenig aus, bis das mutige Auftreten des Jesuiten und Dichters Friedrich Spee von Langenfeld (1591 bis 1635) die Wende brachte.

Gaunertum und Betrug

Der Bettlerstand in der Stadt wurde überwacht, indem man ihn verwaltete, das heißt Konzessionen, sogenannte ‹Bettelscheine› ausgab und sogar Steuern erhob. Bisweilen wurden ‹Gaunerbüchlein› von Magistrat zu Magistrat ausgetauscht. Betrügereien der bürgerlichen, sogenannten ‹ehrlichen› Berufe finden sich in Anhängen zu Meister Albrants *Roßarzneibuch* sowie zum *Pelzbuch* Gottfrieds von Franken. Alle möglichen Gaunereien geißelt die Ständesatire, so *Des Teufels Netz* (1414/1420) oder des Meistersängers Michel Beheim (1416/21 bis 1474/78) Lehrgedicht *Von den sterczern, wie sy die leut petriegen*. Die Fachliteratur der Fahrenden, der «Giler» (Betrüger), stammt nicht von diesen selbst, sondern von städtischen Bediensteten wie Bettelvögten (‹Sterzermeistern›) und Spitalmeistern. Sie behandelt die Gaunerpraktiken, Verstellkünste der Bettler, aber auch das Rotwelsche, die Geheimsprache dieser außerbürgerlichen Schichten, mit seinem deutschen Grundbestand und zigeunerischen sowie jiddischen Elementen, das seit dem 13. Jahrhundert nachweisbar ist. Die stärkste Wirkung entfaltet der *Liber vagatorum / Der Bettler orden* (Pforzheim 1509 oder 1510) des Matthias Hütlin (gest. vor 1524), Provisor und später Meister im Spital des Heiliggeistordens zu Pforzheim-Brötzingen. Hauptquelle sind die *Basler Betrügnisse der Gyler* (Abschriften seit 1430/1440; Dr. 1749). Die Wittenberger Ausgabe des *Liber vagatorum*, nämlich *Von der falschen Betler buberey* (1528), erschien mit Zusätzen und einem Vorwort von Martin Luther. Eine gereimte Bearbeitung stammt von dem Baseler Buchdrucker und Meistersänger Pamphilius Gengenbach (um 1480 bis 1525/26).

Werner M. Bauer
Humanistische Bildungsprogramme

Wie alle vorhergehenden Rückbesinnungen auf antike Sozial- und Lebensformen war auch der mitteleuropäische Humanismus des 16. Jahrhunderts Ausdruck einer Krise im ökonomischen und geistigen System seiner Zeit. Durch die Einführung des römischen Rechts und die beginnende wirtschaftliche Initiative des städtischen Bürgertums gewann die administrative Organisation einzelner Regionen zunehmend an Bedeutung. Dabei kam eine neue soziologische Größe ins Spiel, durch die Bildungsträger, Bildungsinhalte und Bildungsrepräsentanten eine entscheidende Änderung erfuhren, nämlich die Kanzlei. Für ihr Hervortreten gelten folgende sozialgeschichtliche Indikatoren: Der mittelalterliche Hof hatte stets aus der *familia* des Herrschers und den Lehensmännern bestanden. Wo immer er sich aufhielt, repräsentierte er die Regierungsgewalt. Seine Mitglieder waren in eine gemeinsame Lebensform und Lebensnorm eingebunden, gebildet aus den Wertvorstellungen und Gesellschaftsritualen der Geistlichen und des Schwertadels (Ritter). Diese Gruppe wurde allerdings bei entsprechenden politischen Entscheidungserfordernissen um eine fluktuierende Zahl von Reichsfürsten, Prälaten, Rittern und Honoratioren vermehrt, denen fallweise ein gewisses Mitspracherecht bei politischen Entscheidungen eingeräumt wurde.

Diese lockere Struktur wurde langsam durch die Dominanz einer sozial tieferstehenden Gruppe verändert, ein Prozeß, der immerhin hundert Jahre lang dauerte: nämlich durch fürstliche Diener unentschiedener oder dezidiert bürgerlicher Herkunft, die im Gegensatz zu den anderen ständischen Vertretern immer zur Verfügung standen und in Kanzlei, Kammer und Landesverwaltung das Gewicht der Durchführung politischer und ökonomischer Entscheidungen trugen. Damit war der Untergrund für den kommenden Absolutismus vorbereitet. Geschulte Juristen und wirtschaftlich versierte Administratoren fand man für diese Zwecke vorerst im Klerus, dann in den Abkömmlingen des Stadtbürgertums und in den Lehrern der Rhetorikklassen der Universitäten. Laien übten in zunehmendem Maß diese Ämter aus. Diese Entwicklung wies in die Richtung der absolutistischen höfischen Struktur, in der der Adel aus reinen Repräsentationsabsichten in die Nähe des Fürsten rücken sollte. Die so aufgebaute zeremoniell abgestufte Hierarchie sollte dann nur mehr den Glanz des Fürsten mehren, das heißt in Wahrheit der Gunstbuhlerei um Pfründen und Hofämter dienen. Die effektive Ausübung und Verwirklichung der politischen Macht gingen in großen Anteilen an die Kanzleien über, deren Repräsentanten zuerst Kleriker und dann in zunehmender Zahl bürgerliche Juristen waren. Die Ausbildung und Entwicklung dieses neuen Beamtenstandes und seines sozialen Selbstbewußtseins wurden von der Ideologie des Humanismus getragen. Dieser war im Heiligen Römischen Reich am Anfang tatsächlich ein Anliegen der Hofbeamtenschaft und bedeutete eine Rückbindung an die alte universalistische Reichsidee durch ein säkulares Moment: die antike Bildung. In diese Perspektive traten auch die Herrscher dieser Zeit ein. Maximilian I. rechtfertigte seine Repräsentanz als «römischer» Kaiser durch seine «gedechtnus», die eine Art säkularisierter Unsterblichkeitssehnsucht darstellte und der auch seine volkssprachlichen (d. h. für den ritterlichen Leserkreis bestimmten) literarischen Projekte dienten. Der Rückgriff auf die antike Wertstruktur begründete nun neben dem traditionellen Herrscherbild vom christlichen Kaiser die gesellschaftliche Hierarchie.

Die ersten großen programmatischen Äußerungen des Humanismus im deutschen Sprachraum als dezidierte Bildungsprogramme stammen daher von Vertretern der Kanzleibeamten und aus dem Umkreis der Universitäten, an denen allerdings die Vertreter der neuen Richtung vorerst kaum geduldete Außenseiter waren. Gleich der erste und in der Literaturgeschichte oft zitierte Fall beweist, wie sehr die Bildungsprogramme der Humanisten falsch eingeschätzt bzw. entpolitisiert worden waren.

So wies der gesamte politische und geistesgeschichtliche Hintergrund des Basler Konzils auf das Verkündigen einer «Renovatio imperii» hin, die im Rahmen des beginnenden Überseehandels, der frühbürgerlichen Bankwirtschaft und der Dominanz des römischen Rechtes in Europa etwas anderes und Neueres hätte werden sollen als der bisherige Inhalt der Begriffe von *Imperium* und *Sazerdotium*, die ihren Glanz und ihre Bedeutung schon lange verloren hatten. Daß der erste in der weltlichen und kirchlichen Hierarchie bis zur Papstkrone aufgestiegene Beamte aus dem Umkreis dieses Konzils gekommen war, stellte ein sozialgeschichtliches Vorzeichen dar, das die pädagogischen und politischen Inhalte der humanistischen Bildungsprogramme ziemlich genau definierte. Enea Silvio Piccolomini (1405 bis 1464) war ursprünglich dem Gedanken des Konzils ergeben gewesen. Ebenso wie Giuliano Cesarini und Nikolaus von Kues hatte er unter dem Druck der politischen Realität wieder Anschluß an die römische Kurie und an das Kaisertum gesucht. Er wurde von Friedrich III. zum Dichter gekrönt und durch die Vermittlung hoher Gönner, allen voran des Kanzlers Kaspar Schlick (eines Bürgerlichen), als Schreiber in die habsburgische Kanzlei aufgenommen.

Enea Silvio Piccolomini

Ausgehend von den Verpflichtungen im Rahmen dieses Dienstes für Hof und Kanzlei wurde Enea Silvio durch den virtuosen Gebrauch der Briefform zum Instruktor und Erzieher seiner Amtskollegen und seines vorgesetzten Fürstenhauses. Indem er die Grenzen der Kanzleigenera überschritt, ist er stets im politischen Auftrag zum Vermittler antiker lateinischer Schreib- und Redevorschriften geworden, welche auf dem Weg der Übersetzung die zeitgenössische Geschichtsschreibung und Traktatliteratur im Sinne einer stilistischen Norm prägten. Als Dichter produzierte Enea in der Nachfolge der italienischen Renaissancenovelle und der lateinischen Facetientradition seelisch vertiefte Gestaltungen erotischer Stoffe sowie bedeutsame autobiographische Texte nach dem Vorbild der antiken Memoirenliteratur. In ihnen halten sich Ichbezug, Selbststilisierung und erfahrene Realität die Waage.

Über die soziale Ambivalenz dieser neuen Beamtenschicht, in der Enea Silvio sich emporarbeiten mußte, gibt er selbst in einem seiner bekanntesten Briefe Auskunft. Er führt uns in seinen Arbeits- und Wirkungsbereich am österreichischen Hof, wo er von Anfang an unter sozialen Ressentiments gelitten hatte, die nicht nur in seiner fremden Erscheinung begründet waren, sondern auch in der niedrigen Stellung der Hofbeamten. Diese wurden zwar zunehmend unentbehrlich, doch gegenüber den unwissenden Adligen immer bewußt in demütigenden Situationen fixiert. Noch in seinen Lebenserinnerungen, die er während seines Pontifikats als Pius II. niederschrieb, beklagte er sich über die schlechte Behandlung, die ihm anfänglich widerfuhr. Es war der Neid auf den frisch eingetretenen, aus kleinstem Adel stammenden Humanisten, der den lateinischen Kanzleistil zur Zufriedenheit des Kanzlers Schlick schrieb. Diese drückenden und trotz der Protektion Schlicks demütigenden Verhältnisse der Jahre 1443 und 1444 motivierten Enea Silvio, einen in der europäischen humanistischen Tradition vorgegebenen sozialgeschichtlichen Motivkomplex aufzugreifen und in einem großen Schmuckbrief neu zu gestalten, nämlich in dem berühmten, an Johann von Eich (gest. 1464) gerichteten Text *De curialium miseriis epistola* (Bruck a. d. Mur, 30. November 1444).

In diesem Schmuckbrief entwirft Enea ein abschreckendes Bild des Höflingslebens, dessen Erfahrung er mit seinem Adressaten teilt. Er gliedert sein Schreiben nach den fünf Loci der antihöfischen Tradition: Weder Ehrsucht (honores, fama), Machtstreben (potentia), Geldstreben (divitia) noch Sinnengenuß (voluptates) und Seelenstärke (animae potestas) erweisen sich in seiner Darstellung als erstrebenswerte Ziele; sie werden in der höfischen Umgebung pervertiert und enthüllen sich als ein Raster der Demütigung. Beim Durchgehen dieser fünf Loci ordnet er alle Sinnesbereiche des höfischen Lebens diesem Raster zu. Dabei entsteht ein kulturgeschichtliches Bild der Epoche, in dem durch die Anspielungen auf die fünfte Satire des Juvenal die einzelnen Splitter sozialer Realität sich zu einem Mosaik zusammensetzen, das die Anforderungen der modernen Satire erfüllt: die Vernichtung der zeitgenössischen Realität durch das Anlegen eines fremden Maßstabes, der durch gegenwärtige Elemente bestätigt wird.

Enea Silvio erzählt in diesem Brief, wie der innerlich auf die Überlegenheit seiner Bildung Pochende bei Hofe schlechter behandelt wird als Stallmeister und Koch. Die unregelmäßige Tageseinteilung bei Hofe bringe es mit sich, daß den Hofbeamten das Essen einmal früh am Morgen, dann wieder ohne Zwischenimbiß spät am Abend buchstäblich hingeworfen werde. Somit kommen zu den durch schlechte Unterbringung (Schlafen in feuchten Steinkammern auf schimmeligem Stroh) hervorgerufenen Krankheiten auch noch solche, die durch unregelmäßiges und verdorbenes Essen hervorgerufen werden: Magenverstimmungen, Durchfälle und Steinleiden. In diesen Schilderungen schreckt Enea Silvio vor der Beschreibung drastischer Unappetitlichkeiten nicht zurück, um die soziale Abhängigkeit des Personals der Hofkanzleien von einem rohen und ungebildeten Adel zu zeigen. In solcher entwürdigenden körperlichen und geistigen Lage ist dem gebildeten Hofbeamten eine eigene Stellungnahme zu den aufgetragenen Konzepten verwehrt. Was gilt, ist das Wort des Fürsten.

Lukians Brieftraktat *De mercede conductis potentium familiaribus* muß für Enea Silvio als Bezugsmuster herhalten. In der Tat liefert das von Lukian gemalte Bild einen Hinweis auf die soziale Aggression, die sich hinter Eneas Darstellung verbirgt: Lukians stellungsloser und hochgebildeter Grieche, der im Haus des römischen Parvenüs wie ein bunter Käfigvogel zur Hebung des Ansehens leben muß, weist auf den späteren Intellektuellen voraus, der um des nackten Überlebens willen erniedrigende Demütigungen auf sich nehmen muß. Somit wurde Eneas Brief, gerade durch die angezogenen antiken Vorbilder, zum Ausdruck für die sozial ambivalente Lage der Humanisten, mit deren Stil sich die Kanzleien zwar schmückten, die aber bei Tisch, auf Reisen und bei der Besoldung oft wie die Fuhrknechte gehalten wurden.

Der andere Pol dieser Lage wurde von Enea wieder in einem Schmuckbrief ausgedrückt: Am 5.12.1443 hatte er an den jungen Herzog Sigismund von Österreich (Tirol) einen Brief über die Wichtigkeit von Lesen und Bildung geschrieben. Er forderte darin den jungen Habsburger auf,

die natürlichen Verdienste der adligen Geburt mit solchen einer sorgfältigen Ausbildung zu vereinen, mithin die *vita activa* zeitgenössischer Adelspolitik mit der *vita contemplativa* der Gelehrsamkeit zu verbinden. Mit einem Hinweis auf Platos Ausspruch über die glückbringende Herrschaft der Philosophen eröffnet Enea dem Adressaten zwei Perspektiven: nämlich daß es einerseits nicht nur eine geistliche, sondern auch eine aus der Antike kommende weltliche Bildung gebe, und daß andererseits gerade die Kenntnis dieser antiken Bildungsinhalte für einen Fürsten keineswegs unziemlich, sondern geradezu lebensnotwendig sei. Dies wird in einer langen Reihe von Beispielen vorgeführt, wobei stets der praktische Nutzen für das Herrscheramt betont wird, den man aus der Lektüre der Alten ziehen könne. Der ganze Kosmos praktischer Weltkenntnis von der Agrikultur über das Militärwesen bis zur politisch-höfischen Menschenbehandlung und Charakterkunde läßt sich aus der antiken Literatur gewinnen. Sie belehrt praktisch und plausibel, nicht weltfremd wie die mittelalterliche Scholastik. Außerdem forme die Welt der Antike geradezu durch ihren Bezug zur öffentlichen Praxis einen ausgewogenen Charakter, der eben durch die Lektüre der Alten zu politischem Wirken angespornt werde und daher den Vorwurf der Weltferne Lügen strafe: «Tu ergo hos sequeris hos audies hosque leges, quos tibi prenominavi, si vis et multarum rerum scius et princeps toto in orbe singularis et mirandus haberi.»
Mit diesen pädagogischen Anleitungen im Rahmen der konventionellen Topik des Fürstenlobes sind Grenzen und Größe des Humanismus schon vorweggenommen: Die Verwirklichung des allseitig gebildeten Menschen war auf dieser Stufe der Geschichte nur im Umkreis des Hofes möglich. Für eine Änderung aller Menschen wäre eine Revolution nötig gewesen, vor deren Ansätzen aber, wie sie im Gefolge der Reformation dann zwei Generationen später auftauchten, die Humanisten zurückwichen. Sie waren nicht imstande, über ihr partielles Verständnis bildungsmäßiger oder religiöser Anliegen hinauszugehen.
In Eneas Brief kommt noch ein weiteres hinzu: Er hatte einen klar umrissenen politischen Zweck. Literaturhistoriker, die sich für seine programmatisch aufgestellten Wertforderungen begeisterten, übersahen eine Stelle im Text, die der Regionalhistorie längst bekannt war. Enea wollte nämlich den jugendlichen Adressaten durch seine Beispiele humanistischer Fürstenbildung dazu veranlassen, sich abermals sechs Jahre lang unter die Vormundschaft Friedrich III. zu beugen. Diesen Sinn hat der Hinweis auf die Frist, die für das Studium der Alten nötig sei («... ut temporis aliquod spatium concedas litteris, que reliquas virtutes tuas sondiant et illustrent...»). Durch den Bezug auf den Ikarus-Mythos erhält der Hinweis einen drohenden Unterton. Wenn man bedenkt, daß Sigismund hinter dem Rücken seines nicht ungefährlichen Vormunds und

Onkels bereits mit den Tiroler Herren konspirierte, die ursprünglich Friedrich Treue geschworen hatten, so kann man unseren Brief als Mittel einschätzen, den jungen Fürsten im Zaum zu halten und unter die zentralistisch sich entwickelnde Herrschaftsidee seines Onkels zu beugen. Daß Enea später um versprochene Pfründen mit Sigismund feilschen mußte, zeigt, daß ihm dieser gründlich mißtraute und ihn zu Recht für einen Verfechter der zentralen Königsgewalt hielt.

Der politische Aspekt von Eneas Humanismus wird durch andere Abhandlungen bestärkt, mit denen er auf Friedrich III. Einfluß zu gewinnen hoffte. Der *Pentalogus de rebus ecclesiae et imperii* (1443) will in Gesprächsform Wegweiser zu kirchlicher Einheit und neuer politischer Macht des Kaisertums sein. Das Gespräch, zwischen König Friedrich, Silvester von Chiemsee, Nikodemus von Freising, Kaspar Schlick und Enea Silvio geführt, kreist um die Vorstellung eines erstarkten europäischen Imperiums und scheint von der Translationsidee und Reichsmetaphysik Ottos von Freising abzuhängen. Daß die Politik Friedrichs III. mit den Konzepten Eneas übereinstimmte und vielleicht von ihm in einem gewissen Maß initiiert worden war, sieht man deutlich in der drei Jahre später verfaßten *Epistola de ortu et auctoritate imperii Romani* (28.3. 1446). Auch diese Abhandlung steht in der Tradition des Fürstenspiegels. Sie bietet in Rückschau auf die Politik der verflossenen Jahre eine klare Aufforderung an den trägen und zögernden Herrscher, ein machtvolles und alle Gegensätze vereinigendes Kaisertum zu schaffen, dessen Ursprung und Autorität auch seine zeitgenössischen Träger zur Macht legitimierten. Nikolaus v. Cues hatte in ähnlicher Weise in *De concordantia catholica libri tres* eine Stärkung des Kaisertums als Basis der kirchlichen Einheit gefordert. Enea Silvio teilte diese Meinung. Er interpretierte aber die Translation nicht kurial (wie seinerzeit Innozenz III.), sondern historisch, wodurch er den möglichen Umfang der zeitgenössischen kaiserlichen Gewalt mit einem tatsächlichen Umfang in der Antike gleichsetzt. In dieser Perspektive erscheinen territoriale Sonderentwicklungen nur als mißbrauchte Privilegien, die durch Gewohnheit Rechtsstatus erlangt hätten. Jetzt versteht man Eneas Eintreten für eine starke habsburgische (= kaiserliche) Zentralmacht sowie das Hinstellen antiker Sozialformen als Lebensmuster. Diese garantieren erst die Herleitung des Imperiums aus einem historischen Gesetz, dessen Existenz mit der natürlichen Vernunft der Menschen erkennbar sei: «Romana regia potestas, quam sanctum imperium appellamus ab ipsa humanae naturae ratione, quae optima vivendi dux est cuique omnes parere opportet, originem ducit.»

Enea trat in dieser Schrift seinem Fürsten nicht als Fachmann gegenüber, sondern als Redner und Philosoph. Zweifellos ist der Brieftraktat am deutlichsten für eine *Renovatio Imperii* engagiert, da Enea Silvio in ihm

Elemente einer modernen, die Grundsätze des frühen Absolutismus vorwegnehmenden Lehre von kaiserlicher Souveränität zusammengestellt hat. Enea stützt sich hierbei auf Thesen des antiken Naturrechts und auf das «Corpus iuris». Damit versuchte er, den oligarchischen Reichsbegriff, der vom Hausmachtskönigtum und den zeitgenössischen Territorialstaaten gekennzeichnet war, durch die römisch-byzantinische Kaiseridee zu ersetzen. Sie repräsentiere eine Ordnung, die Enea als «...ex iure naturae fundatum constet imperium» (man beachte den Optativ!) ansprach.
In diesem Sinne ist die letzte große Erziehungsschrift Eneas zu verstehen, der Traktat *De liberorum educatione* vom Februar 1450. Er war wieder für ein Mündel Friedrichs III. bestimmt, nämlich für Ladislaus Posthumus, den nachgeborenen Sohn Albrechts II. aus dessen Ehe mit einer Tochter Kaiser Sigismunds. Auch hier wird ein Erziehungsprogramm entworfen, gerichtet an die Erzieher eines zehnjährigen Kindes, das durch die «studia humanitatis» zur Verbindung von «Sapientia» und «Virtus», mithin zum «Eruditus princeps» ausgebildet werden soll.
Eneas wichtigste Quelle hierfür waren die *Institutiones oratoriae* des Quintilian. Es war bewußt ein Werk gewählt worden, das – von der antiken Tradition her gesehen – einen Regelkanon ablehnte und gegen manieristische Stilisierungstendenzen geschrieben worden war. Auch eine pädagogische Zielsetzung war vorhanden. Quintilian hatte seine Darstellung der Redelehre dem jungen Sohn seines Freundes Vitorius Marcellus gewidmet, und der darin vertretene, an Cicero geschulte Klassizismus war Ausdruck eines Bildungsideals, das stilistische mit menschlicher Vollkommenheit gleichsetzte. Quintilians ehrenvolle Berufung als Prinzenerzieher an den Hof Domitians bindet sein Werk in einen weltgeschichtlichen Wirkungsrahmen ein, der auch Enea Silvio als Einflußbereich des höfischen Humanismus vorschwebte.
Enea räumt in seiner Schrift der Beherrschung der Grammatik breiten Raum ein; er teilt sie ein in die Lehre vom richtigen Sprechen, in den Kanon der Lektüre, in die Interpretation der Autoren und in eine Anleitung zum richtigen Schreiben. Die angegebenen Autoren führen zu den sieben freien Künsten, unter denen Enea im Quadrivium der Musik und Astronomie, im Trivium aber der Grammatik den höchsten Rang zuweist. Auffallend ist, daß er die mit der scholastischen Theologie verbundene Dialektik wegwerfend behandelt und die Theologie selbst beiseite läßt: Sie scheint mit der «Philosophia» gleichgestellt, eine Art praktischer, Gegensätzliches verbindender Lebensweisheit, die das universale Ziel der Fürstenbildung darstellt.
Der Einfluß dieser Bildungsprogramme auf die literarische und allgemeine Bildung der habsburgischen Länder ist zwar niemals bestritten worden, die Art dieses Einflusses aber noch nicht genau untersucht. Von

einem direkten Einfluß Eneas auf die Personen und die Politik des Fürstenhauses, dem er diente, kann schwerlich gesprochen werden. Ladislaus Posthumus starb mit achtzehn Jahren, und Herzog Sigismund ist im wesentlichen ein ‹mittelalterlicher› Herrscher gewesen, der sich zwar gern mit dem Nimbus eines Förderers literarischer Bildung umgab, in seinem Verhalten aber sicher von ‹humanistischen› Persönlichkeitsidealen unberührt blieb. Daß Eneas politische Konzepte die Haltung Friedrichs III., vor allem was den Aufbau einer zentralistischen Herrschaft in den Erbländern betraf, beeinflußten bzw. mit dieser konform liefen, ist sehr wahrscheinlich. Für einen direkten Einfluß seines Bildungskonzepts auf das Haus Österreich gibt es aber einen nicht zu übersehenden Beleg: Kaiserin Eleonore, die Enea Silvio gut kannte, richtete die Erziehung Maximilians I. nach dem Traktat Eneas ein, der ihr von Johann Hinderbach, einem Freund und Anhänger Eneas, empfohlen und überreicht wurde. Daß Maximilian I. als erster habsburgischer Herrscher von humanistischen Fürstenvorstellungen beeinflußt war, bedarf keines Nachweises. Diesen lag das Bild eines allseitig gebildeten Fürsten zugrunde, wie es Enea Silvio in seinen pädagogischen Programmschriften entworfen hatte und wie es der Erziehung des Kaisers die Richtung gab. Die aus der zeitgenössischen Philosophie stammende Skepsis gegenüber der Gültigkeit von Ideenordnungen, subjektive Erfahrungsbereitschaft und der Hang zu einer säkularen Universalität der Geschichte, dies alles läßt sich in der zeitgenössischen Autobiographik ebenso nachweisen wie in den von Maximilian intendierten Schriften. Daß all diese ideengeschichtlichen Elemente die Basis für Eneas humanistische Erziehungsprogramme abgaben, läßt sich besonders im *Weißkunig* nachweisen, der die beliebte Form des Prosaromans fortschreitend der biographischen Geschichtsschreibung annäherte. Der zweite Teil, der die Erziehung und Bildung Maximilians erzählt (nach des Kaisers eigenem Diktat redigiert von Marx Treitzsaurwein, 1514), steht unter dem Aspekt der *lernung*, das heißt der Übertragung des *Sapientia*-Begriffs der alten Fürstenspiegel. Dies meint aber nun in der Erziehung eines modernen Fürsten nicht das Verharren im Detail, sondern das Erfassen des Wesentlichen. Zu weitgehende Detailkenntnisse können die für einen Herrscher notwendige Überschaubarkeit der Welt beeinträchtigen und seine Persönlichkeit einseitig verzerren: «Seine maister bewegten auch, das nit guet oder nutzlichen were, ine mit diser lernung weiter zu beladn: dan wann man ainen menschen mer lernen wil dan not thuet, das ist ain uberfluß und ain verhinderung anderer werk...»

Diese Aussage enthält sicher die höfisch tingierte Abneigung gegen unstandesgemäßes Spezialistentum, das dem Adligen nicht anstehe, doch entspricht sie ebenso der Warnung Enea Silvios vor allzu großer Hingabe an die Einzeldisziplinen des Wissens. Er legte Ladislaus dar, daß das Haften an Einzelaspekten für die Erziehung eines Fürsten zeitraubend und schädlich sei. Der Blick für die großen Zusammenhänge der Welt, auf die es ja ankomme, gehe dadurch verloren: «Que licet utilia captu sint atque delectabilia, nimium tamen impendi temporis hisce artibus non suaserim, quia etsi sunt per illas transeintibus utiles, diutius tamen circa eas herentibus noxie fieri possunt.»

Hierbei geht es auch um die Rolle einer neuen Rhetorik, die nicht einer bloßen Scheindialektik dienen, sondern praktische Lebenswirksamkeit vermitteln solle. Kombinationen von leeren Begriffen und spitzfindigen Metaphern seien überflüssig und lächerlich. Redekunst habe nur dort ihre Berechtigung, wo sie Inhalte und nützliches Wissen vermittelt: «Die dan nit allein dienen der geschrift sonder auch allen gestenden und werklewten, also daß nyemants an die etwas schaffen, als mit reden, die dan allein fueglich mit maß geton: anders ist spötlich, die ze hören...»

Hier spiegelt sich die Polemik Eneas im Ladislaus-Brief gegen die Spätscholastik, wie sie an der Wiener Universität betrieben wurde. Eneas Verhältnis zur Wiener Universität war herzlich schlecht. Hier ist der Beginn eines Konflikts zwischen säkularer Gesamtbildung des Menschen und theologisch überdachter Universitätsorganisation sichtbar. «Fugienda est omnis artis supervacua imitatio, que licet nihil mali videatur habere, vanum tamen laborem deposcit et ab utili negotio detrahit.»

Alles, was Maximilian später an repräsentativen Geschichtswerken in Auftrag gab oder selbst verfaßte und sammelte, war von dieser Haltung bestimmt. In ihnen sind Spuren von Enea Silvios Programm sichtbar, die freilich von der folgenden Humanistengeneration schon über ein anderes Medium verbreitet werden sollten.

Das hauptsächliche und nachhaltige Medium zur Verbreitung humanistischer Bildungsprogramme war im 15. Jahrhundert die Welt der Kanzleien. Dabei spielte allerdings das stilistische Vorbild eine größere Rolle als etwa Widmungen von Gedichten, die eine Generation später Beziehungsnetze zwischen den Humanisten untereinander und ihren Gönnern spiegeln. Viel stärker wirkten Enea Silvios Gedankengänge durch die in seinen Briefen entfaltete Propaganda, durch seine Dichtungen und durch seine öffentlichen Rednerauftritte.

Ein wichtiger Zeuge für Verbreitung der humanistischen Bildungsprogramme des Enea Silvio ist der bereits erwähnte Johann Hinderbach, der ebenfalls aus der Kanzlei kam und bis zum Bischof von Trient aufstieg. Er stand seit 1448 im Dienst Friedrichs III. und wurde wegen seiner Verdienste als Protonotar der österreichischen Kanzlei geadelt. Mit Enea Silvio war er nicht nur durch das gemeinsame Interesse an humanistischen Studien und durch Freundschaft verbunden, sondern auch infolge seiner späteren Tätigkeit als kaiserlicher Gesandter an der Kurie. In der berühmten Obödienzansprache, die er im März 1459 vor Enea Silvio, nunmehr Papst Pius II., hielt, um für seinen Herrn um die Anerkennung als Reichsoberhaupt von Ungarn zu bitten, strich er die Verdienste Eneas als humanistischer Schriftsteller hervor. Hinderbachs *Historia Friderici expeditionis et belli*, die als Fortsetzung der *Historia australis* des Enea gedacht war, und seine autobiographischen Aufzeichnungen aus den Jahren 1432 bis 1470, die unter dem irrtümlichen Titel *Chronologia Friderici Imperatoris et familie sue* bekannt sind, zeugen ebenso von dem Fortleben des humanistischen Bildungsinteresses wie sein Widmungsschreiben zu *De liberorum educatione* an die Kaiserin Eleonore. Hierin wird auf eine Bildungstradition in Kanzlei und Hof hingewiesen, die seit Enea Silvio bestehe und in der der künftige Herrscher auszubilden sei.

Aus diesen Daten und Namen ist ersichtlich, daß die Kanzleien und ihre rhetorischen Traditionen eines der wesentlichen Medien für die Verbreitung humanistischer Bildungsideen waren. Von Eneas Vorbild beeinflußt waren vor allem der öffentliche und der private Schriftverkehr. Zahlreiche Formularien, wie sie in süddeutschen Klosterbibliotheken für das Einüben des Briefschreibens in Gebrauch waren, enthielten neben Textbeispielen von Petrarca und Poggio fast immer als unerreichbares Muster einen Brieftext Eneas. Freilich hatte Enea selbst dafür gesorgt, daß seine Briefe als Muster des neuen Stils Verbreitung fanden. Ludwig Scheyter, der Registrator der kaiserlichen Kanzlei in Wien, schrieb unter seiner Aufsicht eine große Anzahl von Eneas Briefen ab und stellte sie zu einer Mustersammlung zusammen. Dasselbe tat Wenzel von Bochow, der aus Briefstellen und Traktaten eine Vorbildsammlung für den böhmischen Raum aufbaute. Mit Musterbriefsammlungen in lateinischer und dann auch in deutscher regionaler Kanzleisprache beschäftigte sich auch Niklas von Wyle (gest. 1479). Über Vermittlung Michael Pfullendorfs lernte Wyle im Dezember 1452 Enea in Wien kennen, als dieser während der Verhandlungen zwischen Albrecht Achilles von Brandenburg und den Vertretern Nürnbergs vor dem Kaiser Beisitzer war. Aus dieser Bekanntschaft entwickelte sich ein Briefwechsel zwischen den beiden Männern, und Wyle konnte noch zu Lebzeiten eine Sammlung von Briefen seines literarisch-kanzlistischen Vorbildes herausbringen (*Epistole Enee Silui Poete laureati Incipiunt foeliciter*..., 1478), die das Hauptkontingent für die frühe Humanismusrezeption im deutschen Sprachraum bildete. Daß Wyles *Translatzen*, die ebenfalls eine höfisch-kanzlistische Funktion haben, vier Brieftexte Eneas, darunter den programmatischen Brief an Erzherzog Sigismund, enthalten, ist bekannt. Die Widmungen an die Pfalzgräfin Mechthild, die Frau Erzherzog Albrechts VI. von Österreich und an den Markgrafen Karl von Baden wiederholen die Zielsetzungen der Originale, nur mit einer stärkeren Betonung des Bildungselements. Hinter diesem tritt das Politische merkbar zurück.

Höfe und Kanzleien bildeten die Medien für die Rezeption der Bildungsprogramme des Humanismus. Ihre auf relativ kleine Gruppen beschränkte Wirkung half dennoch eine Breitenwirkung vorzubereiten, die nur wenig später das dritte große Medium des Humanismus nach sich zog: die Universitäten.

Wiener Universität und Kaiserliche Kanzlei

Daß Enea Silvio zur Wiener Universität in keinem guten Verhältnis stand, ist bekannt. 1445 war er zweimal als «Quolibetarius» aufgetreten, das erste Mal im Beisein des Königs und des Kronprinzen Ladislaus. Diese «Disputationes de quolibet» wurden von der artistischen Fakultät der Wiener Universität jährlich am Fest der Hl. Katharina, der Schutzpatronin der Fakultät, abgehalten. Das Thema wurde immer den freien Künsten entnommen, und der Leiter, der sogenannte «Quolibetarius», mußte jeden Magister und Scholaren, der mit einer beliebigen Behauptung an ihn herantrat, widerlegen. Wer diesem Wettkampf von Redefähigkeit und Schlagfertigkeit auswich, mußte eine Geldstrafe bezahlen. Man konnte sich allerdings vertreten lassen. In einem solchen Fall sprang Enea ein, der durch sein Patent der Dichterkrönung die Venia legendi besaß. In einer dieser Disputationen mußte er drei Fragen beantworten: eingangs die Frage, ob das Wissen von der Tugend an sich schon tugendhaft mache. Er löste dieses sokratische Problem des Verhältnisses von Prudentia und Scientia im christlichen Sinne. Die zweite Frage, wohl an den humanistischen Propagator des neuen Stils gerichtet, zielte nach dem Grund, warum es in dieser Zeit so wenig Dichter gebe, obwohl diese angeblich so nützlich seien. Hier lebte Enea auf und entwickelte sein Bildungsprogramm von der Vorbildhaftigkeit der Antike und der Stellung, welche die Poesie in dieser hatte. Die dritte Frage, als abschließender Scherz gedacht, bezog sich auf die Billigkeit der Eselshäute. Sie seien dazu gedacht, aus Bestien gebildete Männer zu machen – nämlich durch Titelurkunden (aus Pergament).
Die Annalen der Universität Wien erwähnen diese polemische Selbstdarstellung eines Bildungsprogramms nicht. Auch die zweite Rede Eneas im selben Jahr, ein Lob auf die freien Künste, wird verschwiegen. Das lag wohl an der konziliaristischen Einstellung der Wiener theologischen Fakultät, vor allem des berühmten Thomas Ebendorffer, der in Enea einen skrupellosen Karrieristen sah und im Humanismus allgemein einen Liebediener der fürstlichen Zentralgewalt, die die Korporationsrechte der Universität gefährden könnte. Enea bemühte sich niemals um eine Lehrstelle an der Wiener Universität. Eine Schilderung des universitären Lehrbetriebs, die dann in seine *Historia Friderici III.* aufgenommen wurde, gab er bereits 1438 in einem Brief, den er während seines ersten Aufenthaltes in Wien im Gefolge des Bartolomeo Visconti verfaßt hatte. Dort findet sich das berühmte satirische Gemälde von den Vorlesungstä-

tigkeiten der Artisten und Theologen samt dem Ausfall gegen Ebendorffer, der angeblich zweiundzwanzig Jahre lang über das erste Kapitel Jesaia gelesen hatte und noch immer zu keinem Ende gekommen war. Solche Vorwürfe waren in den fünfziger Jahren sicher schon gegenstandslos geworden, da in den Verzeichnissen der artistischen Fakultät bereits seit 1450 Vorlesungen angekündigt sind, die auch Interpretationen antiker Autoren enthalten. Begründet war die Ablehnung Eneas durch die Wiener Universität in dem Mißtrauen, das man einem Gelehrten entgegenbringen mußte, der den inspirativen und exklusiven Charakter von Künstlertum mit politischen Bildungsprogrammen vermischte, ohne das verwendete Material mit philologischer Akribie zu erschließen.

Die Synthese aus Eneas Standpunkt und dem Wissenschaftsbetrieb der Scholastik vollbrachte Georg Aunpekh aus Peurbach in Oberösterreich (1423 bis 1461), kurz Georg von Peurbach genannt. Er war Hofastronom des Prinzen Ladislaus, hatte in Wien die Magisterwürde erworben und hielt neben der Beschäftigung mit seinen Hauptfächern, der Mathematik und Astronomie, an der Wiener Universität Vorlesungen über klassische lateinische Literatur. Er erscheint in Wilhelm von Savonas Dialogdichtung *An mortui sint lugendi an non* (1453) als Rollensprecher und arbeitete mit dem berühmten Basilios Bessarion während dessen Aufenthalt in Wien zusammen.

Georg Peurbach verband zum erstenmal den rhetorisch-schriftstellerischen Humanismus des Enea Silvio mit der spekulativen Mathematik und Astronomie seiner Zeit, besonders mit den Denkanstößen aus der Philosophie des Nikolaus von Cues. Von dieser Verbindung zeugen seine astronomischen Hauptwerke sowie die berühmte *Disputatio de quolibet*, die das alte humanistische Hauptthema des Unterschieds zwischen Rhetorik und Poesie zum Gegenstand hatte, und die unter dem Vorsitz des Konrad Sälder von Rottacker 1458 abgehalten worden war.

Peurbachs Darlegung bewegt sich im Gleis Quintilians, wobei aber die alte Affektenlehre eine bedeutsame Rolle spielt. Die pädagogische Rolle der Dichtung wird immer wieder betont: «Poetae itaque virtus est unumquamque verbis ad imitandum vivendi rationem excitare.» Wirkungsmittel zu diesem Zweck seien in jeweils verschiedener Weise die dichterischen Gattungen. Damit ist der Anlaß zu literarhistorischen Exkursen gegeben, in denen Peurbach die Hauptvertreter der klassischen Latinität im Hinblick auf sein Thema aufzählt. Dabei versäumt er nicht, die Verbindung von Rhetorik und Poesie mit dem universellen Zusammenhang in den Wissenschaften zu rechtfertigen: «...quovis proposito poesim rheotricae coniunxeris, animadvertisse vos intelligo has sicut et ceteras omnes concatenatas inter se discilinas existere, ne unam quisquam adipisci possit, nisi et lumen alterius consequatur.» Mit diesem Bezug auf den

Universalismus als Zusammenhang humanistischer Bildung berief sich Peurbach indirekt auf Enea Silvio, der auch von einer «catena scientiarum» gesprochen hatte.
Die Rezeption humanistischer Bildungsprogramme erfuhr eine empfindliche Störung durch den Streit Friedrichs III. mit seinem Bruder Albert VI., in dessen Verlauf die Wiener Universtität durch kaiserliche Mißgunst, die Pest und die Besetzung Wiens durch die Ungarn zu leiden hatte. Auf humanistische Hofdichtung, ob nah oder fern vom Umkreis der Hochschule, wollte auch ein humanistisch wenig gebildeter Herrscher wie Friedrich III. nicht verzichten, hatte sie doch mit dem Programm einer «Renovatio Imperii» einen aus den Anschauungen der römischen Antike genommenen Kaiserbegriff aufgebaut, der dazu angetan war, den Prestigeverlust auszugleichen, den das Kaisertum – wie das Papsttum – im Spätmittelalter erlitten hatte. Die Förderung einer Huldigungspoesie, die den Ruhm des Herrschers und seiner Größe bei Mit- und Nachwelt lebendig erhalten sollte, war sicher eine der Aufgaben der Professur für Poetik und Rhetorik, die Anfang der neunziger Jahre an der Wiener Universität eingerichtet wurde. Es entwickelte sich nicht nur eine neue, mit antiker Mythologie verbrämte Hofsprache, sondern auch ein stark ins Repräsentative reichender Majestätsbegriff, um den sich alle künstlerischen und wissenschaftlichen Unternehmungen wie um eine Zentralsonne gruppieren sollten. Zur Institutionalisierung dieser Art von Hofpoesie kam es vor allem am Hof Maximilians I. Die vielfältigen historischen, literarischen und musischen Unternehmungen des Kaisers, für die er sich fast ausschließlich humanistisch Gebildete aussuchte, sollten besonders diesem neuen Kaiserbegriff und seiner Genealogie dienen.
Deutlich ist zu sehen, daß die Übertragung des antiken Kaiserbegriffs auf den Landesfürsten des 15. und 16. Jahrhunderts die schon früher begonnene Rezeption des römischen Rechts intensivierte und zum Abschluß brachte: Es kam unter Maximilian zur Gründung eines eigenen Lehrstuhls für das Corpus iuris in Wien, sogar zum Versuch, das kanonische Recht als Lehrgegenstand abzuschaffen. Institutionalisiert wurden die humanistische Hofpoesie und Hofhistoriographie, indem der durch Politik, Kriege und Reisen beanspruchte Herrscher Beamten-Mäzene einsetzte, welche die Verbindung zwischen den protegierten Humanisten und Künstlern aufrechterhalten sollten, da der Hof ständig seinen Aufenthaltsort wechselte. Es handelte sich bei diesen beauftragten Mäzenen um hohe Hofbeamte oder Geistliche, die oft selbst literarisch tätig waren, ihre Fähigkeiten im diplomatischen oder Verwaltungsdienst einsetzten und in ihren Häusern kleine kulturelle Zentren unterhielten. Später sollten diese Funktionen – Poet, kaiserlicher Historiograph, Universitätslehrer und Politiker im Dienst des Hofes – oft in der Tätigkeit einer Person zusammenfallen. Der Humanist als Bildungs- und Machtträger im Dien-

ste des Herrscherhauses war ein Phänomen, dessen Widersprüchlichkeit die Universitätsgeschichte bis zum heutigen Tag debattiert: Der Anspruch von ‹autonomer› Bildung und Wissenschaft war durch soziale Abhängigkeit von den Trägern wirtschaftlicher und politischer Macht erkauft.

Unter den hohen Beamten Maximilians, die diese Funktion erfüllten, war Bernhard Perger aus der Steiermark (um 1440 bis um 1502) wichtig. Er verfaßte die erste mit den mittelalterlichen Traditionen brechende lateinische Grammatik. Diese *Grammatica nova*, ein bearbeiteter Auszug der Grammatik des Niccolo Perotti, wurde zuerst 1482 in Padua gedruckt und erlebte bis 1500 im gesamten deutschen Sprachraum siebzehn Auflagen. Als «scriba» und kaiserlicher Senator wurde Perger 1492 zum Superintendenten der Wiener Universität bestellt und versuchte – gegen den Widerstand der Scholastik –, ein humanistisch orientiertes Reformprogramm durchzusetzen, was aber nur teilweise gelang. Immerhin erreichte er, daß Lehrstühle für Poetik und Rhetorik und für römisches Recht errichtet wurden.

Zu den vom kaiserlichen Hof protegierten Dichtern und Historiographen zählten vor allem Franciscus Niger aus Venedig, Giovanni Stefano Emiliano aus Vicenza (Aemilianus Umbriacus), Paolo Amalteo aus Pordenone, Gieronimo Balbi (um 1465 bis um 1535) aus Venedig sowie die Brüder Pietro und Francesco Bonomo aus Triest. Unter ihnen war Balbi die größte dichterische Begabung. Er lehrte erst in Paris, dann bis 1496 in Wien, lebte in Prag sowie am ungarischen Hof und wurde schließlich Bischof von Gurk.

In Balbis Wirken wird die für Humanismus kennzeichnende Synthese von Universität und Hof deutlich: 1494 erhielt er nicht nur die auf Betreiben des Kaisers errichtete Wiener Professur für Römisches Recht, sondern auch eine besoldete Professur für Poesie und Beredsamkeit. Sein Wirken für den ungarischen Königshof, seine diplomatische Tätigkeit für Erzherzog Ferdinand in Rom sowie seine Teilnahme an der Kaiserkrönung Karls V. in Bologna zeigen die Synthese all der von den Humanisten propagierten Wirkungskreise. Hinter ihr stand bei Balbi deutlich das Bestreben, die neu erworbene Kenntnis der Antike zu einer Reform der Fürstenerziehung und zu einer Renovatio Imperii zu benutzen. Das zeigt sich in Balbis weitverbreiteter politischer Elegiendichtung (*De Italicis Cladibus Elegia* und *De Laudibus Regis Pannoniae Carmen*, beide um 1495) wie auch in seiner Historiographie, die mit der Kaiserkrönung für ein Mitglied der Casa d'Austria schließt (*Ad Carolum V. Imperatorem de Coronatione liber*, 1530). Die Interpretationen Vergils und Ciceros, die Balbi in seinen Wiener und Prager Vorlesungen lieferte, standen also letztlich im Dienste einer internationalen politischen Wirkung.

Balbi, der wegen verschiedener Widerstände 1496 auf seine Lehrtätigkeit in Wien verzichtet hatte, schlug den damals schon berühmten Conrad Celtis (1459 bis 1508) als seinen Nachfolger vor. Nach einigen Schwierigkeiten erhielt Celtis 1497 die kaiserliche Berufung auf die erste selbständige Professur für Rhetorik und Poetik an der Universität Wien. Mit Celtis erreichte der Humanismus als literarische Stilrichtung und als pädagogisches Programm im deutschen Sprachraum seinen Höhepunkt.

Conrad Celtis

Von Celtis, der als «regius poeta» und Ausbilder künftiger Hofrhetoren an die Spitze des Wiener Dichter- und Naturforscherkollegs berufen wurde, erwartete der Kaiser nicht nur die bisher geübten Huldigungsspiele und Panegyriken, sondern auch die Verherrlichung seiner Taten im klassischen Epos – der Plan zu einer nicht ausgeführten *Maximilianeis* zeigt dies. Celtis hatte bereits in seiner Ingolstädter Antrittsrede *Oratio in gymnasio Ingolstadio publice recitata* das politisch-pädagogische Programm seines Humanismus umrissen, wie auch die Gründung der Ingolstädter Universität darauf ausgerichtet war, eine ‹moderne› fachübergreifende Bildung der Hörer zu schaffen. Anläßlich ihrer feierlichen Einweihung verkündete der kaiserliche Rat und Jurist Martin May am 26.6.1472 ein Bildungsprogramm universalistischer Züge: Die alten Einzeldisziplinen sollen sich in den Dienst einer umgreifenden Ausbildung des bürgerlichen Subjekts stellen, die nicht mehr unter den theologischen Dachkategorien des Triviums und Quadriviums zusammengehalten wird.

Celtis sprach die Fächer Poetik, Rhetorik und Philosophie als integrale Hauptbausteine eines universalen Bildungsprogramms an, das die Nation zu einem besseren Wissensniveau und zu erhöhter politischer Repräsentanz führen sollte. Diese Bildung hätte drei Ziele: «Quibus rebus quam facile vera gloria, immortalis fama et felicitas in hac vita nostra augustissima comparari potest.»

Die «vera gloria» wandte sich an den Adel, dessen «vera nobilitas» weniger in Körperkraft und Geschlechterstolz bestehen solle als in einer Ausbildung, die den Dienst am Fürstenhof und am öffentlichen Wohl in idealer Weise ermöglichen sollte. Die standesgemäßen Beschäftigungen adliger Jugend seien nämlich nicht dazu geeignet, adlige Dominanz und Repräsentanz zu gewährleisten: Die «fama» erwachse aus der gleichermaßen körperlichen wie geistigen Ausbildung der Jugend. Diese Ausbildung, zu der Celtis auch Tanz und Deklamationskunst zählt, führe zu einer neuen Selbstsicherheit im Auftreten, zu Ansehen und Erfolg, kurzum zur «felicitas vitae».

Wir begegnen hier wieder den Grundzügen des Programms, das Enea Silvio zwei Generationen vorher dem Herzog Sigismund dargelegt hatte. Celtis wendet sich jedoch nicht mehr an einen Fürsten, sondern richtet sich an die Hörer der Universität und unter ihnen besonders an die künftig auszubildende Reichsbeamtenschaft, die sich in gleicher Weise aus Adligen und Bürgern rekrutierte. Ihre Ausbildung im römischen Recht wird von Celtis unterstrichen. Sein pädagogisch-politisches Programm deckte sich mit den Kulturförderungsplänen des Kaisers. Daß man mit seiner Berufung auch an eine Art Institutionalisierung eines «poeta regius» gedacht hat, geht aus der Gründung des berühmten «Collegiums poetarum et mathematicorum» (1501) hervor, das die humanistischen Ausbildungszweige mit den sich emanzipierenden Naturwissenschaften zu einer neuartigen, säkularen geisteswissenschaftlichen Ausbildungsstätte verbinden sollte.

Neben seinen organisatorischen Leistungen und den Vorlesungen über antike Autoren verwirklichte Celtis seine Ziele in neulateinischer Dichtung, nämlich in den *Quattuor libri amorum* (1502) und den posthum veröffentlichten *Quattuor libri odarum* (1513). Auch diese Dichtungen standen unter dem Vorzeichen der pädagogisch-politischen Totalität des Ingolstädter Programms. Sie waren als integrative Teile einer *Germania illustrata* gedacht, die nicht nur den alten Bildungswettstreit mit Italien beenden, sondern auch eine Geschichtsdichtung größten Ausmaßes darstellen sollte, in der das Heilige Römische Reich geographisch und historisch in allen literarischen Gattungen dargestellt werden sollte. Neben der reichsstädtischen deutschen, vor allem der Nürnberger Chroniktradition, diente die italienische Geschichtsverherrlichung als Vorbild.

Die *Quattuor libri amorum*, eine die gesamte Form- und Motivfülle der lateinischen Liebeselegie reproduzierende Dichtung, besteht aus vier kleinen, in sich geschlossenen Liebesromanen, in denen das Heilige Römische Reich und Mitteleuropa nach den vier Himmelsrichtungen und den vier Hauptflüssen Weichsel, Donau, Rhein und Elbe geschildert werden. Aus den vier Büchern sprechen die vier Jahreszeiten, die vier Temperamente und die vier Lebensalter der Menschen.

Ferner wird dem Kaiser der Plan der *Germania illustrata* entwickelt, der eine geographische und geschichtliche Darstellung Deutschlands in seiner Gesamtheit in vier Büchern vorsieht. Celtis will dies alles in einem Monumentalwerk, zu dem die vier Bücher der *Amores* nur eine Art Abriß bilden, unter kaiserlicher Förderung schildern und mit Landkarten und allegorischen Darstellungen erhellen. Er weist darauf hin, daß er allein das Recht auf die Verfasserschaft eines solchen Werkes habe, da er die beschriebenen Gegenden Deutschlands und Mitteleuropas selbst gesehen, ihre Bewohner kennengelernt sowie ihre Gebräuche, Mundarten, Körpergestalt und Charaktere selbst erlebt habe.

Eine Probe der *Germania illustrata* bildet die schon im Säkularjahr 1500 veröffentlichte *Germania generalis*, welche die Erschaffung der Welt, die Lage Deutschlands, eine Angabe seiner leitenden Gestirne sowie eine

Schilderung seiner Flüsse und Hauptgebirgszüge enthält. Auch dieses Gedicht soll in kurzer Zusammenfassung dem Kaiser eine Vorstellung von dem im Entstehen begriffenen großen Werk geben – das freilich niemals fertig geworden ist:

«Accipe Germanam pingentia carmina terram
In genere et totam cerne superficiem:
Aequora cum silvis populos, montes, iuga, gentes,
Et quantum silva extenditur Hercynia.
Haec rogo pauca legas, donec Germania tota
Illustrata tibi, Maxmiliane, detur.»

Den geographischen und naturwissenschaftlichen Stoff für seine Dichtungen hat sich Celtis selbst erarbeitet. Hierin hat er seine in der Ingolstädter Antrittsrede aufgestellten Forderungen verwirklicht. Nicht leere Abstraktionen, nicht mystische Spekulation heißen für ihn Philosophie, sondern mutige Erfahrungen aller Art sowie Verarbeitung dieser Erfahrungen im Vergleich mit antiken Autoritäten. Die magisch-mystischen Philosopheme, deren er sich bedient, erfüllt er mit aus der Anschauung genommenen Gründen. Für Celtis ist der Ausgangspunkt aller Naturforschung und Naturdarstellung stets das einzelne mit allen Sinnen erfahrene Objekt. Sosehr ihn seine Unrast auch bedrückt, sosehr er sein Wandern als Not und Unbehaustheit erlebt, hält er doch die unmittelbare Erfahrung der Wirklichkeit für die Voraussetzung allen Philosophierens und Dichtens.

Werner M. Bauer
Humanistische Bildungszentren

Als Petrarca in Parma weilte, wurde er während einer kurzfristigen Abwesenheit von zwei durchreisenden Freunden besucht. Da sie ihn nicht antrafen, hinterließen sie ihm die Nachricht, sie würden auf ihrer Rückreise den Besuch wiederholen. Unwillig darüber, den ihm lieben Besuch versäumt zu haben, entwarf Petrarca einen Plan, wie er in ungestörtem geistigem Verkehr mit allen Freunden sein Leben zubringen könnte. Er überlegte, daß sie alle zusammen leben sollten, um unter gemeinsamem Gedankenaustausch ihren Studien nachzugehen. Als Ort für dieses Gruppenleben sollte eine beliebige Stadt Ober- oder Mittelitaliens gewählt werden. Die Lebenshaltungskosten könnte man dadurch aufbringen, daß alle ihren Besitz zusammenlegten, was ein bescheidenes, doch sicheres Auskommen gewährleisten würde. Keiner dürfe an ein öffentliches Amt oder an eine Ehe gebunden sein, damit im Verkehr mit den gleichgesinnten Freunden nichts die geistige Arbeit störe. In diesem Plan Petrarcas, der zwar brieflich erläutert, aber nicht ausgeführt wurde, muß man nicht nur eine Rückbesinnung auf das mittelalterliche Mönchsideal erblicken, sondern auch eine Vorahnung der humanistischen Akademien und Sodalitäten. Im Zusammenhang mit diesem Plan steht Petrarcas oft geschilderte Naturidylle in Vaucluse, die er in vielen seiner Briefe als Bedingung seiner schriftstellerischen Tätigkeit bezeichnet. Dabei kommen alle Elemente vor, welche den alten «locus amoenus» ausmachen: Berg, Hain und Quelle, aber in Verbindung gebracht mit geistiger Arbeit und Studium. Wir haben es hier nicht so sehr mit der Verweltlichung eines religiösen Erbauungsorts zu tun – wie ihn etwa die *Hortulus*-Literatur des Mittelalters repräsentiert –, sondern mit dem Versuch, innerhalb einer höfisch-hierarchischen Gesellschaft einen Ort zu finden, an dem Individualität und Innerlichkeit praktiziert werden können, ohne den Argwohn der Mächtigen zu erregen. Ein solcher Ort sollte einen Kreis von Eingeweihten bei seinen Studien schützen und ihm eine säkularisierte Form der alten *Vita contemplativa* ermöglichen. Der Florentiner Kreis um Marsilio Ficino, der die echten Plato-Texte kennengelernt hatte, fand in diesen vor allem die in einer bestimmten Variante der Lustorttradition disputierende Philosophengruppe, wie sie im *Phaidros* vorgebildet war. So ist es nicht verwunderlich, wenn die Ilissos-Landschaft als feststehender Hintergrund für Humanistendisputationen auch in den Schriften Ficinos und seiner Freunde (z. B. Christoforo Landino) erscheint. Ficino war sich dieses esoterischen Zeichengebrauchs bewußt. In der Zueignung des Plato-Kommentars an Lorenzo dei Medici spricht er einmal von den ernsthaften Scherzen Platos, hinter denen sich tieferes Wissen verberge: «Interea Plato noster dum occultis saepe modis humano generi necessario tractat officium interdum iocari videtur et ludere.»

Freilich dürfen wir unter der Florentiner Akademie keineswegs einen Verein mit festen Satzungen im modernen Sinn vermuten. Doch ist es bekannt und durch kirchlichen Argwohn von seiten Savonarolas wie von seiten des päpstlichen Hofes in Rom belegt, daß Ficino und Lorenzo mit allerlei Formen der Plato-Verehrung spielten, die an kultische Bräuche nahe genug herankamen und nicht immer nur scherzhaft gemeint waren.

Dazu kamen die alten Melancholie- und Saturnvorstellungen, aus denen eine neue Existenzrechtfertigung des geistig tätigen Menschen erwuchs: Das für die Literatur des 18. Jahrhunderts konstitutive Motiv des Konflikts zwischen Künstler und Gesellschaft ist in Ansätzen schon in der mangelnden sozialen Integration der Humanisten des 16. Jahrhunderts zu finden. Als Conrad Celtis gemahnt wurde, die längst bestellte Beschreibung der Stadt Nürnberg fertigzustellen, antwortete er entschuldigend in einem Brief an Sebald Schreyer, daß der geistige Schaffensprozeß genauso unter das astronomische Weltgeschehen eingeordnet und ebenso als halbwillkürlich anzusehen sei wie die Paarung und Geburt alles Lebendigen; die Kreativen seien deshalb in ihrer Arbeit von Intuition, der richtigen Stunde und von einem außergewöhnlichen Mentalitätszustand abhängig. Nun waren viele mitteleuropäische und deutsche Humanisten während ihrer Studienaufenthalte in Italien Mitglieder der italienischen Akademien geworden. Damit war eine Übernahme dieses ganzen Ideenbereichs verbunden, ebenso aber nationale Selbstbesinnung. Man wollte beweisen, daß die humanistischen Bildungsideale und die Erneuerung der Gesellschaft durch die kontrastive Utopie der Antike nicht nur in Italien zu Hause waren. Die neuen kulturtragenden Schichten verlangten in Deutschland einen Nachweis ihrer historischen Kontinuität; die Beschäftigung mit Tacitus begründete so die ersten Ansätze von bürgerlichem Nationalismus, der sich in Konkurrenz zum Vergangenheitsstolz bürgerlicher Literaten in Italien entwickelte. Der Nachweis, daß Deutschland, vor allem das Heilige Römische Reich mit seinen vielfälti-

gen Regionen unter der Casa d'Austria, an der großen Respublica Literaria sehr wohl Anteil habe, war zu führen. Celtis lieferte auch hier wieder die Organisationsprogramme. Kennengelernt hatte er den Akademiegedanken in Italien. Wie die Embleme an seinem Grabmal beweisen, ist er in Rom Mitglied der Akademie des Pomponio Leto geworden. Außerdem gibt es einen Brief an Vinzenz Lang, in dem er dem nach Italien reisenden Adressaten Grüße an Marsiglio Ficino mitgibt. Dann hatte er über den Humanistenkreis in Buda und an der Universität Krakau Mitglieder der Hofbeamtenschaft, der Universität und der höheren Geistlichkeit kennengelernt, die alle der neuen Bildungsrichtung ergeben waren. Zudem war der Akademiengedanke sowohl am Hof des Königs Mathias Corvinus als auch unter den Humanisten an der Universität Krakau durch italienische Gäste verbreitet worden (Francesco Bandini in Buda, Filippo Buonacorsi in Krakau). Knapp vor der berühmten Ingolstädter Antrittsrede gibt es erstmals ein Zeugnis für den Plan einer Sodalitätsgründung. Freilich weist die ursprüngliche Benennung auf den italienischen Ausgangspunkt der ganzen Idee hin, wie Celtis in einem Brief an den Ingolstädter Rechtsprofessor Sixtus Tucher geschrieben hat: «Ego iunctis mihi, de quibus plenus spei essem pro doctrinae et morum compositione, Academiam illam platonicam erigerem et aperirem.»
Celtis schwebte dabei eine überregionale Zusammenfassung aller den Humaniora ergebenen Gelehrten und Dichter vor. Der Name «Sodalitas», zunehmend in gleicher Bedeutung mit dem Namen «Academia» gebraucht, meinte keineswegs eine feste Organisationsform aus heutiger Sicht. Es handelte sich um lose Interessengemeinschaften von Humanisten unter universitärer oder fürstlicher Gunst ohne feste oder eingeschriebene Mitgliederzahlen, die jedoch die Drucklegung der Werke ihrer Mitglieder durch eine Art Vorzensur und Empfehlungen ermöglichten. Die erste derartige lose Gemeinschaft der neuen Gelehrsamkeit entstand in Heidelberg, wohin Celtis sich 1495 vor der Pest geflüchtet hatte. Hier gewann er den Bischof von Worms und Kanzler der Universität, Johann von Dalberg (1455 bis 1503), für die Idee der Gründung einer abwechselnd «Academia», «Coetus» oder «Sodalitas» benannten Humanistengruppe. Sie fand sich unter Abhaltung festlicher Konvivien zusammen, hatte jedoch keine feste Organisationsform, obwohl Celtis an eine solche sehr wohl gedacht hatte. In seinen Briefen, mit denen er neue Mitglieder gewinnen wollte, ist immer von einer «Sodalitas per Germaniam» die Rede, die, von Heidelberg ausgehend, das ganze Heilige Römische Reich überziehen und die pädagogische Mission der Ingolstädter Rede verwirklichen sollte. Gesellige Feste und gemeinsame literarische und wissenschaftliche Projekte prägten das soziale Leben dieser Sodalitäten, die unter der Führung oder zumindest der Initiative von Celtis bald den Süden und den Westen des deutschen Sprachraums umfaßten. Die Mit-

glieder einer solchen Sodalität waren zu wissenschaftlicher Disziplin und gegenseitiger Hilfe verpflichtet und arbeiteten an gemeinsamen Projekten, die auch – wie viele dichterische Arbeiten des Humanismus – als Gemeinschaftspublikationen erschienen. Daneben gab es ein geselliges Leben, das in etlichen Oden von Celtis dargestellt wird und das in wesentlichen Zügen das spätere bürgerliche Universitäts- und Studentenleben mit all seinen gesellschaftlichen Ritualen vorwegnahm. Hinter den oft bis ins Morgengrauen dauernden Zechereien mit Gesprächen, Gedichtvorträgen, Gesang, Spaß und Blödeleien erscheint die nach dem Vorbild des *Symposions* stilisierte Utopie einer «Turba philosophorum», die frei von staatlichem oder kirchlichem Einfluß ein Forum souveräner Meinungsäußerung sein sollte. Dieser Gedanke verbreitete sich bald über ganz Deutschland und fand an der Wiener Universität seine deutlichste Ausprägung, nachdem Celtis 1497 von Kaiser Maximilian I. zum Professor der Rhetorik und Poetik nach Wien berufen worden war. Hier gründete er die «Sodalitas Danubiana», die nun neben der «Rhenana» den neuen Bildungsbegriff auch im Südosten verbreiten sollte. Die in Ungarn und Böhmen bestehenden Humanistengruppen wurden integriert. Daß es sich bei den Wiener Humanistengruppen bereits um eine Art akademischer Selbstorganisation handelte, ist an dem Einblattdruck mit insgesamt achtzehn Epigrammen zu sehen, die zur Begrüßung des Neuberufenen verfaßt worden waren: *Episodia sodalitatis litterariae Danubianae ad Cunradum Celten dum a Norico Gymnasio ad viennam Pannoniae concesserat.* Teilnahme und Anordnung der hier vertretenen Autoren lassen auf Gruppenbewußtsein schließen.

Freilich war eine umfassende Organisation aller humanistischen Gelehrten nicht zu verwirklichen. Es bildeten sich regionale Gruppen heraus, die an die jeweiligen Höfe und Universitäten gebunden blieben und deren Aufbau locker und deren Mitgliederzahl schwankend war. Gerade aber das Nichtorganisierte, statistisch nicht Erfaßbare, verbunden mit rituellem geselligem Komment, weist darauf hin, daß es sich ohne Zweifel um die Vorboten der bürgerlichen Akademien und ‹freien› Universitätsgesellschaften handelte, die eine von der Vormundschaft der Theologie emanzipierte Geistes- und Naturwissenschaft aufbauen und sich als Bildungsinstitute der Nation verstehen sollten.

Höfe und Universitäten

Realisiert wurde der Sodalitätengedanke in dem von Celtis 1501 in Wien als Nebeninstitut der Universität gegründeten «Collegium poetarum et mathematicorum». Dieses ist in den Lehrinhalten vom Universalismus des «Poeta regius» geprägt, und sein Idealtypus des «Uomo universale» soll sich mit literarisch-dichterischen, mathematisch-astronomischen und politisch-praktischen Problemen beschäftigen. Die im «Collegium» leh-

renden und ausgebildeten Männer zeigten in ihrer Biographie die höfisch-politische Implikation dieser Bildungsprogramme. Sie hatten außer ihrer künstlerisch-wissenschaftlichen Lehrtätigkeit häufig Aufgaben höfischer oder direkt politischer Natur. Dazu kam noch die Mitwirkung am Ruhmeswerk des Kaisers. In der mathematischen Abteilung wirkten mit und nach Celtis vor allem Andreas Stiborius (eigentl. Name Stöberl, gest. 1506), Johann Stabius (eigentl. Name: J. Stab, gest. 1522) und Stephan Rosinus (eigentl. Name: St. Rösel, gest. 1548). Ihnen nahe standen die Ärzte Bartholomäus Steber (gest. 1506), Martin Stainpeiss (gest. 1527) und Georg Tannstetter (1482 bis 1535). Sie alle waren außer in ihren Fachdisziplinen auch als neulateinische Dichter, Lehrer und Verbreiter der Humaniora tätig. Sie waren – die althergebrachte Hof- und Beamtentradition ausbauend – zugleich Politiker und Diplomaten im Dienste des Hauses Österreich und später auch der Reformation.
Diese Seite verkörperte besonders Johann Cuspinian (eigentl. Name: J. Spiessheimer, 1473 bis 1529), der Mediziner gewesen war, doch frühzeitig schon Vorlesungen über Horaz und Cicero gehalten hatte und der Nachfolger seines Freundes und Lehrers Conrad Celtis auf dem Poesie-Lehrstuhl und im «Collegium poetarum et mathematicorum» wurde. Cuspinian, schon 1493 durch Kaiser Maximilian zum Dichter gekrönt, wurde nicht nur ab 1501 Geheimer Kaiserlicher Rat und Superintendent der Wiener Universität, sondern auch Diplomat und bedeutendster Hofhistoriograph des Kaisers. Sein Schaffen wurde in erster Linie geprägt von weitgestreuter Herausgebertätigkeit und höfischer Historiographie. Zum ersten Bereich gehörte eine Ausgabe der *Hymnen* des Prudenz (1494), dann einer *Descriptio orbis* des Rufus Festus Avienus (1508), eine *Florus*-Ausgabe (1511) und eine der Chronik des Otto von Freising (1515). Diese leitete zu den eigenständigen Geschichtswerken des Cuspinian über, die vom universalistischen Kaisergedanken der Spätantike, ja des byzantinischen Zeitalters geprägt sind. Sein Kaiserbuch *De Caesaribus atque Imperatoribus Romanis* (1540, deutsche Übersetzung 1541) besteht aus einer Darstellung römischer Kaiserviten bis Friedrich III. und versucht, im Nachweis dieser Kontinuität die Staatspolitik Maximilians zu rechtfertigen und auf die Notwendigkeit hinzuweisen, das bestehende Kaisertum zu stärken. Zu Celtis' hinterlassenem Plan einer *Germania illustrata* gehört Cuspinians Landesbeschreibung *Austria* (1528), die von Maximilian selbst angeregt worden war. Cuspinian stellte den Ursprung der Kulturlandschaft Österreich nicht nur an den Anfang der Geschlechterreihe der Babenberger und Habsburger, sondern ergänzt seine Beschreibung auch mit genauen geographischen Darlegungen und mit Erklärungen aus Wirtschafts- und Rechtsgeschichte. Stilistisch lehnt er sich an Livius und Tacitus an.
Der Ausbruch der Reformation schied auch in den habsburgischen Län-

dern die Geister, obwohl ein wesentliches Ziel des Universalismus geglückt war: Die herrschaftliche und administrative Zusammenfassung der Länder an der mittleren Donau war von der «Casa D'Austria» erreicht worden, die zugleich mit den Gebieten in der «Neuen Welt» eine Weltmachtstellung eroberte. Die Teilung der weltumspannenden Länderbesitze und Einflußbereiche zwischen Karl V. und Ferdinand I. tat der konsequenten Politik in dieser Richtung keinen Abbruch, allerdings mit der Ausnahme, daß das Kaisertum dem österreichischen Zweig der Habsburger Familie vorbehalten blieb.

Religionseinheit wurde mit Staatseinheit gleichgesetzt: Sie aufrechtzuerhalten diente das Römische Recht. Daß die Reformation an der Wiener Universität daher heftig diskutiert wurde und die Professoren bis zur Auflösung der ganzen Anstalt entzweite, ist bekannt und nicht verwunderlich. Trotz aller antireformatorischen Bemühungen der Wiener Bischöfe wie Johann Faber und Friedrich Nausea schloß sich die Bevölkerung der alpenländischen Provinzen und größtenteils in Ober- und Niederösterreich der Reformation an. Der Schwerpunkt der Ausbildung, besonders für die jungen Landadligen, Geistlichen und Bürger aus Oberösterreich, Niederösterreich, Böhmen und Mähren, lag nun in Nord- und Mitteldeutschland (Wittenberg), von wo aus nicht nur Kenntnis und Literatur der neuen Lehre, sondern auch pädagogische Programme und Lehren eingeführt wurden. Die meist schon vom Humanismus berührten Lateinschulen der Landstände wurden gemäß den pädagogischen Zielen des protestantischen Humanismus eines Melanchthon neu organisiert, der die antike Bildung bloß als Weg zu einer «eloquens pietas» auffaßte, als deren Instrument zunehmend die Landessprache angesehen wurde. Zunehmende Übersetzungstätigkeit sowie das Schuldrama der Landschaftsschulen machten der Vorherrschaft des Lateinischen langsam ein Ende. An diesem Prozeß war die Reformation mit ihrem volkstümlichen Wirkungsprogramm beteiligt. Das Deutsche wurde zwar durch das Vorbild der lateinischen Grammatik und die immer breitere Übersetzungsliteratur erst zur Literatursprache im modernen Sinn; andererseits beschränkten sich die lateinschreibenden Humanisten ab der Mitte des 16. Jahrhunderts zunehmend auf die Universitäten und die engere Umgebung der Höfe. Die Wiener Universität hatte durch die Auseinandersetzungen um die Reformation schwer gelitten, so daß 1533 auf Initiative Ferdinands I. eine Reorganisation begonnen wurde, die mit der «Reformatio Nova» vom 1.1.1554 abgeschlossen wurde und in deren Zug auch das «Collegium poetarum» wiederhergestellt wurde (1557 unter dem «Professor poeseos» Nathanael Balsmanus).

In der humanistisch-neulateinischen Dichtung ist seit 1520 – trotz der unüberschaubaren Produktion – ein Mangel an großen Konzepten und Talenten spürbar. Hatte Kaspar Ursinus Velius (1493 bis 1539), von Maximilian I. 1517 zum «poeta laureatus» gekrönt, mit seinen Gedichtsammlungen und den Ämtern als Hofhistoriograph und Prinzenerzieher bei Ferdinand I. noch die Traditionen seiner Freunde Tannstetter und Watt weitergepflegt, so verengte die politische Tätigkeit und die daraus resultierende antireformatorische Haltung bei Georg von Logau (1485 bis 1553) bereits die universalistische Haltung. Seine *Hendekasyllabi, Elegiae et Epigrammata* (Wien 1529) bewegen sich thematisch in antiquarischer Hirtendichtung und Bukolik sowie den üblichen Begrüßungsadressen an Gönner und Mitstrebende. Ähnliches gilt von Johann Alexander Brassicanus (1500 bis 1539), Kaspar Bruschius (1518 bis 1559), Petrus a Rotis (um 1530 bis um 1580) und Johannes Seckerwitz (um 1525 bis 1583). Bei diesem und bei Kaspar Cropacek (um 1520 bis 1580) ist die im protestantischen Humanismuskonzept zunehmende Tendenz zu beobachten, biblische Stoffe in das Gewand der neulateinischen Elegiendichtung zu kleiden. Unter die größeren Begabungen dieser späten Humanistengeneration ist in allem Elias Corvinus (eigentl. Name: E. Rabener, 1537 bis 1602) zu zählen. Er hatte in Wittenberg und Wien studiert, war 1538 zum «poeta laureatus» gekrönt worden und hatte sich in Padua der Rechtswissenschaft zugewendet. 1564 spielte er in einem Brief an Maximilian II. bereits auf sein Lehramt der Poesie und Beredsamkeit an der Wiener Universität an. Ab 1569 war er Mitglied der juridischen Fakultät, 1572 beteiligte er sich in Ungarn an den Türkenkriegen. Ab 1573 wieder im artistischen Lehramt, gewann Corvinus großen Einfluß im Collegium archiducale, das die Professuren der Artistenfakultät zu vergeben hatte. 1575 war Corvinus zusammen mit dem berühmten Mathematiker Paulus Fabricius Abgesandter der Wiener Universität bei der Krönung König Rudolfs II.

Im Lektionskatalog von 1578 wurden folgende Lehrveranstaltungen des Corvinus angekündigt: Über die poetische Kunst von Vergils *Aeneis*, die *Sermonen* des Horaz, dann je eine Vorlesung über die *Satiren* des Persius und die *Metamorphosen* des Ovid, ferner unter dem Titel *Pro ratione temporis et captat auditorum* Vorlesungen und Kommentare zu Cäsar, Sallust und Livius. Das dichterische Werk des Corvinus besteht zum größten Teil aus gängigen episch-lyrischen Gattungen der neulateinischen Tradition, deren Verwobenheit in das politische Leben der Zeit doch die formende Kraft der klassischen antiken Vorbilder durchscheinen läßt. Corvinus pflegte fast alle Gattungen der neulateinischen Lyrik, bevorzugte jedoch das christlich-moralisierende Lehrgedicht *Fundamentum totius scripturae sacrae*... (1559) und die Elegie als Mittel politischer oder philosophischer Stellungnahme. Seine *Elegia de dignitate et excellentia poeseos* (1559) versucht die Notwendigkeit und den erzieherischen Auftrag einer an der Antike geschulten Fertigkeit in der christlichen neulateinischen Sprachkultur unter Beweis zu stellen. Seine gesammelten *Poema-*

tum libri duo (1568) enthalten auch epische, die Türkenkriege betreffende Stücke sowie anmutige bukolische Elegien nach dem Vorbild des Sannazaro und Bembo.
Ein wichtiger Vertreter dieses bereits ganz auf die christliche Perspektive verengten Humanismus ist Paulus Fabricius (1529 bis 1588), der noch einmal die naturwissenschaftlich-mathematische mit der poetisch-rhetorischen Ausrichtung des Humanismus vereinigte. 1553 als «mathematicus primarius ordinarius» aus Nürnberg nach Wien berufen, wurde er am 23.3.1557 auch zum Dr. med. an der Wiener Universität promoviert. Neben einflußreichen Universitätsämtern war Fabricius Mitglied der Kommission für die Kalenderreform, beschrieb die Flora von Wien und Umgebung vom medizinischen Standpunkt aus und führte die in Mißkredit geratenen Dichterkrönungen wieder ein. Anstelle eines Professors der Dichtkunst nahm er dort selbst den Vorsitz wahr (1558). Infolge seiner Universalität und seines pädagogischen Geschicks wurde Fabricius der berühmteste Professor der Wiener Universität im 16. Jahrhundert. Neben seiner Tätigkeit als Mathematiker, Astronom und kaiserlicher Leibarzt trat er literarisch als neulateinischer Bibelepiker hervor (*Historia de divo Abrahamo mactaturo filium Isaac carmine scripta*, um 1550) und als Lyriker, der die Gattung der vergilischen Ekloge durch die Schilderung etwa der Geburt Jesu nachdrücklich christianisierte: *Tityrus. Idyllion de natali servitoris nostri* (1554).

Ungarn, Böhmen und Mähren

In den böhmisch-mährischen Ländern war es noch vor der Ausstrahlung durch das «Collegium poetarum et mathematicorum» zur Errichtung humanistischer Bildungszentren gekommen. Allerdings traten hier neben die Städte wie Prag, Budapest und Olmütz auch Adelssitze und Burgen, eine Erscheinung, die durch die politische Bewegtheit und äußere Bedrohtheit der Region erklärt werden kann.
Enea Silvio, seit 1453 der unermüdliche Aufrufer zum Kampf gegen die Türken, hatte die Bedeutung Ungarns als politisch-militärische Schutzmacht der christlich-europäischen Kultur in seinen historiographischen Werken oft genug unterstrichen. Er hatte das Wohlwollen des einflußreichen Johann Vitez (1400 bis 1472), des späteren Erzbischofs von Gran (Esztergom) und Primas von Ungarn, erworben, der selbst bei den Zeitgenossen als Stilist berühmt war, die «Akademia Istopolitana» begründet und eine kostbare Bibliothek angelegt hatte. Matthias Corvinus (1440/43 bis 1490), der zwischen 1485 und 1490 Niederösterreich als ungarisches Komitat beherrscht hatte, war durch Johann Vitez in erster Linie mit den humanistischen Studien bekannt geworden und trat als Förderer der Renaissancekultur in Ungarn auf. Das bezeugt nicht nur seine reiche Bautätigkeit, zum Beispiel in Ofen, sondern auch die Gründung der Universität

in Preßburg und die Anlage einer reich ausgestatteten Bibliothek und Handschriftensammlung unter dem Bibliothekspräfekten Felix Ragusanus (Bibliotheca Corvina). Trotz des zunehmenden Buchdrucks beschäftigte Matthias Corvinus dreißig italienische Schreiber und Buchillustratoren, die seine Sammlung laufend ergänzten und vergrößerten. Die soziale Linie der humanistischen Literaturentwicklung verlief in Ungarn ähnlich wie unter den Habsburgern. Die erste Generation bestand aus hohen geistlichen und weltlichen Würdenträgern, die zweite eher aus bürgerlichen Hofbeamten und Rhetoriklehrern, die sich um die «Aula docta Matthiae Corvini» sammelten und sich später, in Ofen, in der «Sodalitas Danubiana» vereinigten. Literarischen Anstoß gaben die Werke und Programme des Enea Silvio. Seine Novelle *Euryalus und Lucretia* war nicht nur in Abschriften verbreitet, sondern gab später in der ungarisch versifizierten Fassung des Balint Bassa von Gyarmat (1554 bis 1584) der Entwicklung der ungarischen Kunstdichtung einen entscheidenden Anstoß.

Eine besondere Stellung nahm natürlich auch hier die Historiographie ein, die zum Ruhme des Herrschers betrieben wurde. Galeotto Marti (geb. 1438 ?) schrieb eine Anekdotensammlung über das Leben und Verhalten des Königs, die ihn als witzigen und souveränen Herrscher zeigen sollte (*Libellus elegans,* Dr. erst Wien 1563), während der Florentiner Naldo die Corvinische Bibliothek in einem *Panegyricum carmen* darstellte und pries. Die bedeutendste dichterische Begabung am Hof des Corvinus war der aus Dalmatinien stammende Janus Cesinge (gen. Pannonius, 1434 bis 1472), ein Neffe des Erzbischofs Johann Vitez, der am Hof Lionellós d'Este in Ferrara im Gefolge des Kardinals Antonio von Modena aufwuchs, in die platonische Akademie des Marsiglio Ficino aufgenommen wurde und mit Aretino bekannt war. Sein *Elegiarum opusculum* erschien 1514, seine gesammelten Gedichte gab 1569 Johannes Sambucus (1531 bis 1584) heraus.

Unter König Wladislaw II. war dann die zweite Generation humanistischer Dichter und Gelehrter tätig, viele von ihnen durch Conrad Celtis, der schon 1489 durch Ungarn gereist war, in die «Sodalitas Danubiana» und damit in die Einflußsphäre des Wiener Hofes eingebunden. Der ursprünglich aus Mähren stammende Augustinus Olomucensis (eigentl. Name: Augustinus Käsenbrot von Wscherd, 1467 bis 1513), der es bis zum Vizekanzler des ungarischen Königs brachte, verfaßte astrologische Schriften und für den König eine Abhandlung über die mittelalterliche durch Handzeichen ausdrückbare Zahlenmystik: *De numeris gesta manuum exprimendis epistola*. Sein wichtigstes Werk ist der *Dialogus in defensionem poeticae* (1493). Dieser Text, nach dem Vorbild der platonischen Dialoge komponiert, ist einer der ersten Humanistentraktate Mitteleuropas, welcher die soziale Berechtigung der Dichterexistenz durch den exklusiven Begriff des heiligen Schöpfungswahnsinns begründete. Augustinus' Briefsteller *De modo epistolandi* (1495) reiht sich unter die zeitüblichen Anleitungen zu einem praxisorientierten Gebrauch lateinischer Rhetorik ein.

Die bedeutendste Persönlichkeit der mährisch-böhmischen Humanisten war Bohuslaus Lobkowitz von Hassenstein (1461 bis 1510), der es bis zum böhmischen Erzkanzler brachte. Seine Gedichte bewegen sich innerhalb der humanistischen Topik, seine Abhandlung *De miseria humana* im Rahmen eines christlichen Humanismus, der ihn den Verfechtern der eher platonisch-neuheidnischen Tradition, Balbi und Celtis, verdächtig machte. Die ungarischen und böhmisch-mährischen Humanisten versuchten ebenfalls literarisch-pädagogisches Wirken mit Politik zu vereinen. Das führte zu Hofämtern und letztlich – wenn auch am Rande und über die Sodalitäten des Conrad Celtis – zur Einbindung in den habsburgischen Universalismus, der in der diplomatischen Tätigkeit Cuspinians in Ungarn seinen Ausdruck gefunden hatte.

Oberrhein

Das Zusammenspiel zwischen politischen und universitären Aktivitäten war auch für die übrigen Zentren des deutschen Humanismus kennzeichnend. Freilich gab es verschiedene Schwerpunkte. So zeigte etwa Basel, das durch die Förderung Enea Silvios 1459 eine Universität bekommen hatte, von vornherein eine interdisziplinäre Konstellation. Die junge Artistenfakultät, seit der Gründung ein Schwerpunkt humanistischer Bildung, wies so prominente Poesie- und Rhetoriklehrer auf wie Peter Luder, Matthias von Gengenbach und Sebastian Brant. Charakteristisch für das Basler Zentrum des jungen Humanismus war die Zusammenarbeit mit dem jungen Handwerkszweig des Buchdrucks. Hier wurden bürgerliche Buchdrucker, vor allem der berühmte Johann Amerbach (gest. 1513), später Johann Froben, in die wissenschaftliche und dichterische Buchproduktion der Humanisten integriert. Die Basler Drucker, eine Zeitlang führend in Europa, bildeten einen Anziehungspunkt für die Verbreitung der neuen Bildung. Man denke an die Zusammenarbeit Amerbachs mit Johann Heynlin von Stein (um 1430 bis 1496) sowie an die Verbindung zwischen Erasmus von Rotterdam und Johann Froben. Für den Universalismus der Künste und Wissenschaften sorgte Heinrich Loriti Glareanus, der zu gleicher Zeit als neulateinischer Lyriker, als Geograph und Musikologe hervortrat und mit seiner *Helvetiae descriptio* (1513) für die Schweiz das leistete, was Celtis etwa mit der *Norimberga* vollbracht hatte. Mit dem frühbürgerlichen Druckereibetrieb, der zum Mittelpunkt der neuen Gelehrtenwelt wurde, ging in Basel auch die bildende Kunst eine exemplarische Verbindung ein. Zu dem Kreis um Erasmus und Glarean gehörte bald Hans Holbein d. J. (1497 bis 1543), der mit zahlreichen Aufträgen für Illustrationen, Titelblätter und Holzschnitte betraut war und ähnliches leistete wie Dürer mit seinen Illustrationen für die *Amores* (1502) des Celtis.

Wie Basel mit seiner alten Bürgerkultur benutzten auch die elsässischen Städte Straßburg und Schlettstadt die humanistische Gelehrsamkeit für ihre Öffentlichkeit. Das führte oft zu lateinischer und volkssprachlicher Produktion durch ein und dieselbe Person. Man denkt dabei an Sebastian Brant (1457 bis 1521), an Jakob Wimpheling (1450 bis 1528), an Johann Adelphus Muling (gest. nach 1522), der das berühmte Buch *De vita triplici* des Marsiglio Ficino übersetzte (*Buch des Lebens*, 1505) und an Matthias Ringmann-Philesius (1482 bis 1511), der als Pädagoge die Breitenwirkung antiker Bildung anstrebte. Er übersetzte die Kommentarien Julius Cäsars in die Volkssprache (*Julius der erst Römisch Kayser von seinen kriegen*..., 1507) und versuchte, aus antiken Autoren Lebensweisheit für alle zu ziehen: *Hemistichia poetarum sententiosiora pro pueris* (1505).

Augsburg, Nürnberg, Heidelberg und andere

Ebensolche Züge bürgerlicher Eingebundenheit zeigen die Vertreter des Humanismus in den Städten Augsburg und Nürnberg, obwohl hier naturgemäß das patrizische Element vorherrschte und enge Verbindungen zu den Plänen Maximilians I. bestanden. Der bürgerliche Mäzen humanistischer Werkproduktion und Bildungsverbreitung herrschte hier vor: Namen wie Sigismund Grossembrot (1417 bis um 1488), Konrad Peutinger (1465 bis 1547) – und in Nürnberg – Willibald Pirckheimer (1470 bis 1530) belegen dies zur Genüge. Hier bildeten sich – wohl auf Initiative von Celtis und aufgrund eigener Bekanntschaft in Italien – wieder lockere akademieähnliche Gesellschaftsstrukturen heraus, die auch literarischen Niederschlag fanden. Peutinger, der den Florentiner Neuplatonismus zur Genüge studiert hatte, spiegelt die Tischgespräche des Augsburger Humanistenkreises in seinen *Sermones convivales de mirandis Germaniae antiquitatibus* (1506) wider. In Nürnberg herrschte das Interesse an der Geschichte vor, eingebettet in die bürgerliche Chroniktradition der Reichsstadt. Dieser Rahmen umfaßte noch mittelalterliche Strukturen aufweisende Werke wie den berühmten *Liber chronicarum* (1493) des Stadtarztes Hartmann Schedel (1440 bis 1514) sowie die berühmte *Norimberga* des Celtis, die bereits moderne Empirie der Beobachtung mit zeitgenössischer Geographie und Astronomie verbindet. Durch Autoren wie Willibald Pirckheimer enge Verbindungen zum Kaiserhof und zum Hof der Sforza in Mailand unterhaltend, rückte der Nürnberger Humanismus auch in den Umkreis des Höfischen. In Albrecht Dürer (1471 bis 1528) fand sich zudem ein kongenialer Illustrator humanistischer Buchproduktion, der die Gedankenwelt der von ihm oft zu kleinen ‹Gesamtkunstwerken› erhobenen Texte teilte.

Eher höfischem Bereiche zuzuordnen sind die humanistischen Zentren in Heidelberg und Erfurt. In Heidelberg zog Pfalzgraf Philipp die Vertreter der neuen Bildung an sein Schloß. Der Wormser Bischof Johann von Dalberg (1455 bis 1503) sowie der mit ihm befreundete Seneca-Übersetzer Dietrich von Pleningen (um 1450 bis 1520) und Rudolf Agricola (1444 bis 1485) komplettieren die Verbindung von Fürsten-, Kanzlei- und Schuldienst (Agricola). In Erfurt dagegen bildete sich einerseits im Umkreis des Konrad Mutianus Rufus (1471 bis 1526) eine streitbare, dem reinen Bibelstudium zugeneigte Variante des Humanismus heraus, deren Vertreter (z. B. Crotus Rubeanus, Euricius Cordus) sich durch Mitverfasserschaften an den sogenannten *Dunkelmännerbriefen* eindeutig deklarierten und in die Reformation hineinwuchsen. Andererseits hat im Erfurter Kreis der Bauernsohn Helius Eobanus Hessus (eigentl. Name: H. Koch, 1488 bis 1540) unter dem Protektorat und am Hof des Bischofs von Dobeneck mit seinen christlichen Heroiden eine Synthese von antiken und christlichen Wertmustern geschaffen.
Die Zentren humanistischen Geisteslebens in Tübingen, Ingolstadt, Köln und Leipzig wiesen ähnliche soziale Gliederungen auf. Ob volkstümlich ausgerichtete Programme wie das des Heinrich Bebel (1472 bis 1518) in Tübingen zur Sprache kamen oder in höfischer Rhetorik kommende Zeitprobleme (Technik-Natur) gestaltet wurden wie bei Paulus Niavis (eigentl. Name: Schneevogel, um 1460 bis 1514) in Leipzig: Überall deklarierte sich der Humanismus mit Erziehungsprogrammen sowie dichterischer und wissenschaftlicher Produktion als Vorzeichen einer neu heraufkommenden Wertewelt. In der Geschichte der deutschen Literatur begründete er eine an antiken Mustern orientierte Hochliteratur.
Das 17. Jahrhundert übertrug die Motive, Formen und Themen der neulateinischen Renaissancedichtung in die Volkssprache und schuf so eine deutschsprachige Hochdichtung. Sozialgeschichtlich gesehen begründete der Humanismus die Vorherrschaft des Bürgers als Literaturproduzent, aber immer stellvertretend für den heraufkommenden Wertekosmos des staatlichen Absolutismus. Was hierbei von der Antike aufgenommen und verinnerlicht wurde, bedeutete freilich ein emanzipatorisches Element, das aus der Geschichte unseres Bewußtseins und unserer Kultur nicht mehr weggedacht werden kann: die Vision vom allseitig ausgebildeten, von kirchlichen Zwängen befreiten Bürger einer internationalen Respublica litteraria, der seinen Sinn in der erfolgreichen Bewältigung dieses irdischen Daseins sieht und durch wissenschaftliche oder künstlerische Leistung seine Mitmenschen zu veredeln hofft. Die politischen Visionen der Humanisten – eine lateinische Einheitskultur unter einem wiedererstarkten, nach antikem Vorbild organisiertem Imperium – erwiesen sich als Selbsttäuschung. Ihre ästhetischen Muster und ihr Wertesystem aber blieben ein Teil der heranwachsenden Bürgerkultur der Neuzeit.

Fidel Rädle
Lateinische Literatur

Latein ist im Mittelalter die traditionelle Sprache der schreibenden Kulturträger, der Kirche, der Schule und der Wissenschaft. Charakteristisch für die geschriebene lateinische Sprache – und somit eine wichtige Grundbedingung für alle nachantike lateinische Literatur – ist ihre relative Stabilität. Darin unterscheidet sie sich fundamental von den parallel zu ihr sich entwickelnden Nationalsprachen, die einer ungleich rascheren Veränderung unterworfen sind. Im Gegensatz zu diesen ‹wild› lebenden, von keiner Grammatik disziplinierten Nationalsprachen bringt das in den Büchern zu lernende Latein seine Normen aus der Antike in das Mittelalter mit, und die Schule, die nur diese Sprache lehrt und anerkennt, überwacht mehr oder weniger streng die Beachtung dieser Normen, seien sie in den grammatischen Lehrbüchern etwa des Donat (4. Jh.) und Priscian (5./6. Jh.) bzw. in darauf fußenden mittelalterlichen Grammatiken oder aber in kanonischen antiken Autoren enthalten. Da also lateinische Sprache und lateinische Literatur des Mittelalters eingebunden sind in eine hochgeschätzte und ausdrücklich gepflegte Tradition, die für ganz Europa galt, ist es eigentlich nicht möglich, das späte Mittelalter als eine Epoche der lateinischen Literaturgeschichte für eine besondere Betrachtung einfach zu isolieren. Man muß sich vielmehr die ständige und vielfältig wirkende Präsenz der tradierten lateinischen Kultur bewußtmachen, in der auch neue literarische Werke stets ihre Wurzeln haben. Diese lateinische Kultur kennt im Mittelalter buchstäblich keine Grenzen, weder zeitliche noch gar räumlich-nationale.

Fundament

Unmittelbar zu Beginn der hier darzustellenden Epoche ist der Bestand an lateinischer Literatur, die den Schulen im späten Mittelalter zumindest theoretisch zur Verfügung stand, von Hugo von Trimberg (um 1230 bis um 1313) in seinem *Registrum multorum auctorum* (vor 1300) verzeichnet

worden. Diese einzige selbständige Literaturgeschichte des Mittelalters präsentiert insgesamt 80 Autoren – ausschließlich Verfasser metrischer Dichtungen – in drei großen Gruppen:
Zu den «Ethici maiores» zählen u. a. die drei Klassiker Vergil, Horaz und Ovid, die seit langem in besonderer Weise die Dichtung der Profanantike repräsentierten, aber auch Autoren des hohen Mittelalters wie der Verfasser der viel gelesenen und kommentierten *Alexandreis* (1184), Walther von Châtillon (um 1135 bis 1200), oder die Schulautoren und Dichtungstheoretiker Matthaeus von Vendôme (12. Jh.) und Johannes de Garlandia (um 1195 bis um 1272).
Die zweite Gruppe («Theoretici» oder «Katholici auctores») umfaßt 25 christliche Dichter, darunter Juvencus (um 330), Prudentius (um 348 bis nach 405) und Sedulius (5. Jh.). Der Einfluß dieser spätantiken Autoren auf mehr als 1000 Jahre lateinischer und übrigens auch volkssprachiger Literatur kann kaum überschätzt werden: Die hexametrische *Evangelienharmonie* des Juvencus und das *Carmen paschale* des Sedulius, ein Epos über das Erlösungswerk Christi, haben die Gattung der lateinischen Bibeldichtung begründet, die auch im späten Mittelalter (vgl. Johannes Gersons *Josephina*) gepflegt wurde. Schlechthin zum europäischen Modell allegorischer Dichtung geriet das Epos über den Kampf der Tugenden und Laster in der menschlichen Seele, die *Psychomachia* (405) des Spaniers Prudentius, der auch als Lyriker einer der Lehrmeister der christlichen Hymnodie wurde. Was diese spätantiken Dichter (zu denen noch die Bibelepiker Alcimus Avitus und Arator zu rechnen wären) dem christlichen Mittelalter wie auch noch den Humanisten empfahlen, war die in ihren Werken erzielte harmonische Verbindung von kultivierter, weil antik geschulter Form und christlichem Inhalt.
In der dritten Gruppe des *Registrum* werden die «Ethici minores» vorgestellt, insgesamt 36 hauptsächlich mittelalterliche Verfasser kleiner, literarisch meist recht anspruchsloser Dichtung mit ausgesprochen didaktischer Tendenz. Erwähnung verdienen hier wenigstens die *Disticha Catonis*, eine vermutlich aus dem 3. Jahrhundert stammende Sammlung von Spruchweisheiten und Lebensregeln, das vielleicht zerlesenste Schulbuch des Abendlandes, das in vielfältiger Weise auf die Spruchdichtung auch in den Volkssprachen gewirkt hat und noch von Erasmus mit einem Kommentar versehen wurde.
Die in dieser dritten und letzten Gruppe behandelten Dichtungen zur grammatischen, moralischen und religiösen Unterweisung, denen sich in der Folgezeit vergleichbare Werke wie etwa der *Floretus*, ein christliches Lehrgedicht des 14. Jahrhunderts in leoninischen, also binnengereimten, Hexametern, zugesellten, haben im ausdrücklich didaktisch orientierten und organisierten späten Mittelalter sowohl die antiken Klassiker wie auch die herausragenden Werke des Hochmittelalters verdrängt und die

Schulen beherrscht. Die zahlreichen Frühdrucke der sogenannten «Octo auctores morales» (darunter die *Disticha Catonis, Facetus, Esopus, Floretus*) geben ein deutliches Bild von diesem fest etablierten Kanon der Schultexte, und noch die Humanisten empören sich aus eigener schmerzlicher Schulerfahrung unter Führung von Lorenzo Valla geradezu im Chor über das teilweise blamable Niveau solcher Literatur, das sie veranlaßte, die Maßstäbe wieder zurechtzurücken und die seit dem Hochmittelalter verbannten antiken Klassiker wieder in ihre Rechte einzusetzen.

Zum kulturellen, im weitesten Sinne literarischen Traditionsvorrat, aus dessen Geist und Stoff das späte Mittelalter seine eigenen Werke schöpfen konnte, gehören neben der Schule und ihren Autoren folgende wichtige Bereiche:

- die lateinische Bibel und die damit verbundene Exegese, die u. a. den vierfachen (d. h. historisch-litteralen, moralischen, allegorischen und anagogisch-mystischen) Schriftsinn lehrte und zur Grundlage der mittelalterlichen Hermeneutik wurde;
- die lateinische Patristik, zumal die vier Kirchenväter Ambrosius (340 bis 397), Augustinus (354 bis 430), Hieronymus (um 347 bis 420) und Gregor der Große (um 540 bis 604);
- die Liturgie mit ihren Anregungen und neuen Aufgaben für die geistliche Lyrik;
- die Heiligenlegende, exemplarisch vertreten in der *Legenda aurea* (um 1263 bis 1273) des Dominikaners Jacobus de Voragine (um 1228/29 bis 1298);
- die spirituelle Literatur des Hochmittelalters, für die Hugo von St. Viktor (1096 bis 1141), der Zisterzienser Bernhard von Clairvaux (um 1090 bis 1153) und der Franziskaner Bonaventura (eigentl. Name: Johannes Fidanza, 1217/21 bis 1274) genannt seien;
- die Scholastik, die mit Hilfe der aristotelischen Philosophie eine rationale Systematisierung der christlichen Glaubenslehre betrieb und in die weltanschauliche Krise des späten Mittelalters mündete;
- enzyklopädische Summen, die universales Realienwissen in eine theologisch reflektierte Ordnung setzen, zum Beispiel *Elucidarium* (1. Hälfte des 12. Jhs.) und *Imago mundi* des Honorius Augustodunensis (H. von Autun, H. von Regensburg, um 1080 bis um 1150), *Speculum maius* (Mitte d. 13. Jhs.) des Dominikaners Vinzenz von Beauvais (um 1190 bis 1264).

Neue Tendenzen

Im späten Mittelalter ist die lateinische Literatur ungleich stärker als in literarisch ergiebigeren Epochen funktionalisiert, das heißt an die großen historischen Ereignisse und an die geistigen Bewegungen gebunden, die auch die kreativsten Kräfte in ihren Dienst genommen haben. Es gibt aus dieser Zeit keine Autoren, die, wie etwa Hugo Primas (12. Jh.) als Lehrer oder wie Baudri von Bourgueil (1046 bis 1130) als entspannt und liberal lebender geistlicher Würdenträger, nur ihrem eigenen Genius verpflichtet, ihr inspiriertes poetisches Werk schaffen und sich selbst in einem fast antiken Sinn als Dichter verstehen konnten. Die lateinische Literatur des späten Mittelalters ist arm an Poesie und an Spiel; aber sie ist in ihren herausragenden Werken reich an Wissen, an Verstandesschärfe, an moralischem Ernst und vor allem an spiritueller Tiefe.

Für die Literatur waren folgende geschichtliche bzw. weltanschauliche Entwicklungen und Faktoren der Epoche besonders bedeutsam:

- das Aufkommen der Universitäten (erste Gründungen im deutschen Sprachgebiet: Prag 1348, Wien 1365, Heidelberg 1386). Die Universitäten förderten die Internationalisierung, vor allem die Verwissenschaftlichung des geistigen Lebens, und die Scholastik stellte hierfür das theoretische Instrumentarium. Die Universitäten waren die eigentlichen Domänen der lateinischen Sprache, in deren Umkreis sich allerdings, wie etwa in Wien, mit der Zeit auch Übersetzungsschulen bildeten;
- die kirchenpolitischen Krisen (das Große Schisma) mit ihren publizistischen Herausforderungen (vgl. Marsilius von Padua: «Defensor pacis»);
- die physischen Krisenerfahrungen des Individuums: die Pest und das neue Thema Tod;
- die Mystik;
- das Wirken der Bettelorden und der «Devotio moderna».

Das späte Mittelalter erlebte das Scheitern des von der Scholastik ursprünglich angestrebten harmonischen Ausgleichs zwischen den mobilisierten Kräften der «ratio» und dem Offenbarungswissen der Theologie, das gewahrt werden sollte. Der Kosmos einer systematisierten geistigen Einheit, wie sie in der *Summa theologiae* des Thomas von Aquin (1224/25 bis 1274) entworfen war, zerbrach in der Wirklichkeit, und die sich widerstrebenden Teilkräfte – hier die nach Freiheit verlangende und nicht mehr ruhigzustellende «ratio», die nun auch forschend in die Natur einzudringen begann, dort der tradierte Glaube mit der gewaltigen Energie allgemeinen Trost- und Erlösungsbedürfnisses – trennten sich immer sichtbarer und schmerzlicher, bis sie in den großen historischen Aktionen des Humanismus und der Reformation geklärt und legitimiert wurden. Die Scholastik hat auch auf die lateinische Sprache eine folgenschwere Wirkung ausgeübt. Diese Sprache, deren auszeichnendes Signum die bereits erwähnte formale Stabilität war, ist durch ihre philosophische Funktionalisierung und Mobilisierung vom 12. Jahrhundert an stärker verändert worden als je zuvor in ihrer langen Geschichte – abgesehen natürlich von

den Perioden ihres Verfalls etwa in der Merowingerzeit. Die Scholastik schuf sich, unterstützt durch die sprachphilosophischen Theorien der sogenannten Modisten (von denen die «modi significandi» der Sprache untersucht und systematisiert wurden) ein großes Arsenal neuer Begriffe. Man erfand, ziemlich ungeniert nach dem Prinzip der Analogie, vor allem neue Substantive und dazugehörige Adjektive und lockerte die tradierten grammatischen Bindungen. Die Folge war eine blutleere Sprache von artifizieller und schließlich hybrider Begrifflichkeit, die den Abscheu und die Abwehr nicht nur der Humanisten, sondern auch der ‹Herzenstheologen› und Mystiker herausforderte.
Neben dieser philosophisch angestrengten Sprache – und gewissermaßen gegen sie – gebrauchte man, natürlich auf anderen Feldern der Literatur, ein bewußt simples Latein, das der *Vulgata*, der lateinischen Bibel, nahe war und etwa auch aus spätantiken Erbauungsbüchern von der Art der *Vitas Patrum* gelernt werden konnte. Dies trifft zu für die großen Andachtsbücher wie etwa die *Imitatio Christi* oder auch Seuses *Horologium Sapientiae*, die beide überreich sind an Bibelzitaten, und es trifft natürlich auch zu auf die anspruchslose Erzählprosa der «Exempla»-Literatur, die am Beispiel der *Gesta Romanorum* (13./14. Jh.) noch zur Sprache kommen wird.
Was die Dichtung angeht, so ist ein formaler Tatbestand noch besonders zu beachten. Das Mittelalter kennt seit seinen frühesten Jahrhunderten neben der aus der Antike tradierten metrischen eine rhythmische Dichtung [874; 185; 169]. Diese vernachlässigt die Quantitäten, unterscheidet also nicht mehr zwischen langen und kurzen Silben, sondern begnügt sich damit, Verse mit geregelter Silbenzahl bei angestrebter Wahrung des natürlichen Wortakzents zu bilden. Als zusätzliches Schmuckelement gewinnt der seit dem 12. Jahrhundert grundsätzlich zweisilbige Endreim immer größere Bedeutung. Parallel zu dieser unaufhaltsam anwachsenden rhythmischen Dichtung pflegt man durch das ganze Mittelalter hindurch auch die metrische Verskunst, zumal in den Schulen. Die bei Hugo von Trimberg verzeichneten Schulautoren sind durchweg metrische Dichter, das *Registrum* selber ist in der rhythmischen Form der endgereimten «Vagantenzeile» geschrieben. Auch im späten Mittelalter ist die zur Schule gehörige oder aus der Schule hervorgehende Dichtung in der Regel metrisch: der Hexameter, meist mit der Konzession des Binnenreims (der «Leonitas»), bzw. das elegische Distichon sind die alles beherrschenden Versarten. Ein denkwürdiges Beispiel derartiger Dichtung, die unmittelbar aus der Schule kommt und sich angestrengt um die kunstvolle Form des leoninischen Hexameters bemüht, in diesem besonderen Fall aber zugleich zu einer politischen Kampfschrift geriet, ist das allegorische Epos *Planctus Ecclesiae in Germaniam* (1337) des Konrad von Megenberg (1309 bis 1374). Die Poesie im engeren Sinne, vor allem die geistliche

Lyrik, ist hingegen nahezu ausschließlich rhythmisch, und sie hat in ihren besten Vertretern eine verblüffende Geschmeidigkeit und, durch die Virtuosität ihrer Reime, einen im Lateinischen sonst seltenen Wohlklang erreicht, wie am Beispiel des Konrad von Haimburg deutlich wird.

Geistliche Lyrik: Konrad von Haimburg

Konrad von Haimburg, der nach dem niederösterreichischen Kartäuserkloster Gaming, wo er bis zu seinem Tod im Jahre 1360 Prior war, auch Konrad von Gaming genannt wird, ist der hervorragendste Vertreter der poetischen Andachtsliteratur, die von den in ihrem Orden selber liturgisch eher karg lebenden Kartäusern für die private Meditation geschaffen wurde. Konrads insgesamt 69 erhaltene *Pia carmina* (Leselieder) teilen sich in zwei Gruppen: Heiligenlieder und Marienlieder. (Heiligenverehrung und zumal Marienfrömmigkeit sind bezeichnende Phänomene für das intensiv betende späte Mittelalter.)

Es handelt sich ausschließlich um sogenannte Salutationes (Grußlieder). Der Terminus stammt von dem Zisterzienser Christian von Lilienfeld, dessen bedeutende, aber formal weniger elegante geistliche Lyrik auf Konrad stark gewirkt hat. Die Heiligen werden in diesen «Salutationes» gegrüßt und gepriesen und wegen ihrer fürbittenden Macht regelrecht umworben. Mit einer gewissen Ironie nennt Konrad selbst seine Lieder «weniger Gebete als vielmehr Schmeicheleien» («adulatiunculas»). Der dominierende Casus dieser stellenweise geradezu berauschten Dichtung ist der Vokativ.

Berühmt war das *Crinale Beatae Mariae Virginis* (Haarkranz der Seligen Jungfrau Maria), das im 15. Jahrhundert mindestens sechsmal ins Deutsche übersetzt wurde. Es besteht aus 25 Strophen zu je zweimal fünf Verse umfassenden Versikeln mit reichen Endreimtiraden. – Die erste Strophe lautet:

«Ave, salve, gaude, vale,
O Maria, non vernale,
Sed his rosis spiritale
Tibi plecto nunc crinale
Figurarum flosculis.

Ave virgo, sponsa, nata,
Mater Christi sublimata
Ab aeterno ordinata,
Ab antiquo prophetata
Dei placens oculis.»

(«Gruß dir, Heil, Freude und Glück, Maria: nicht aus Frühlingsblumen, sondern aus diesen Rosen flechte ich dir jetzt einen geistlichen Kranz, aus den Blüten poetischer Bilder. Sei gegrüßt, Jungfrau, Braut und Tochter, erhöhte Mutter Christi, von Ewigkeit her bestimmt, seit alters von den Propheten verkündet, die du in Gottes Augen Wohlgefallen findest.»)

Die beiden Schlußstrophen wenden sich an Maria als die Fürsprecherin der Bedrängten und bedenken zum Ende das Jüngste Gericht:

«O Maria, tu sublimis
Scala coeli, pressos nimis
Duc in altum nos ab imis,
Copulando nos opimis
  Supernorum civium.
O Maria, sponsa dia,
Quam caelestis hierarchia
Jugi laudat symphonia,
Audi preces, mater pia,
  Tibi supplicantium.

O Maria, semper ave,
Sertum hoc ne ducas grave,
Summum Christi tu conclave,
Te ut laudem, mihi fave
  Perpeti memoria.
O Maria, recreamen,
Placa patrem, natum, flamen,
Ut finale post examen
Sanctis nos conjungat amen
  In superna patria.»

(«Maria, du aufragende Himmelsleiter, führe uns, die schwer Bedrückten, aus der tiefsten Tiefe empor in die Höhe, und laß uns teilhaben am Glück der Himmelsbewohner. Maria, Gottesbraut, die alle Engelschöre mit nicht endender Musik preisen, höre, gütige Mutter, die Bitten derer, die von dir Hilfe erflehen. Maria, sei ewig gegrüßt, laß dir dieses Gebinde nicht lästig sein, du erhabenste Wohnung Christi, schenke mir die Gunst deines dauernden Gedenkens, damit ich dich lobe. Maria, erquickender Trost, versöhne den Vater, den Sohn und den Heiligen Geist, daß nach der Prüfung des Letzten Gerichts uns das Amen Gottes mit den Heiligen in der himmlischen Heimat vereinige.»)

Zu erwähnen sind noch Konrads *Glossenlieder*, die auf wiederum höchst kunstvolle Weise die wichtigsten Mariengebete (*Ave Maria, Magnificat, Salve regina, Ave maris stella*) ausdeuten, indem sie in jeder Strophe einen Vers oder ein Kolon des betreffenden Gebetes Wort für Wort poetisch ‹glossieren› und dabei Metapher auf Metapher häufen. Die erste Strophe der *Oratio super Ave maris stella* lautet:

«*Ave maris stella*,
Verbi Dei cella,
Gratiarum mella
  Dans, coelestis ros.
Maria felix portus,
Voluptatis hortus,
In quo est exortus
  Deitatis flos.
Stella tu serena,
Solis luce plena,
Dulcis et amoena,
  Tu sanctorum dos.»

(«Meerstern, sei gegrüßt, du Zelle des Wortes Gottes, du spendest den Honig der Gnaden, Himmelstau. Maria, du glücklicher Hafen des Meeres, Garten der Wonne, in dem entsprossen ist die Blume der Gottheit. Du strahlender Stern, erfüllt vom Lichte der Sonne, süß und schön, du Zierde der Heiligen.»)

Exempelliteratur: Gesta Romanorum

Daß beispielhafte Geschichten («exempla») auf die Gemüter der Menschen tiefer wirken als abstrakte Belehrung («praedicamenta»), liest man schon in den *Dialogi* Gregors des Großen, die selber eines der Modelle erbaulicher Erzählliteratur für das Mittelalter geworden sind. In ähnlichem Sinne schreibt der Dominikaner Arnold von Lüttich zu Beginn des 14. Jahrhunderts im Prolog seines *Alphabetum Narrationum*, Exempla seien vor allem für die Prediger sehr hilfreich, «weil man sie leichter verstehen und besser behalten kann» («facilius in intellectu capiuntur et memoriae firmius imprimuntur») [423]. Gerade die Volkspredigt zehrte bis zur Reformation (und darüber hinaus) von diesen Sammlungen, und besonders erfolgreich war das 1434 entstandene *Promptuarium exemplorum secundum ordinem alphabeti* des Dominikaners Johannes Herolt.

Außerhalb dieses vorwiegend pastoralen Gebrauchszusammenhangs wirkten Exempla-Sammlungen solcher Art natürlich als Speicher und Vehikel für literarische Stoffe. Noch Thomas Mann fand die Fabel seines *Erwählten* (1951) in den *Gesta Romanorum*.

Die Stoffe waren nicht nur der christlichen Tradition entnommen. Aus der Antike kamen die zu allen Zeiten populären «Denkwürdigen Taten und Aussprüche» (*Facta et dicta memorabilia*), die Valerius Maximus im 1. Jahrhundert n. Chr. gesammelt hat, sowie die *Historia septem sapientium*, in den Orient führten die Geschichten der *Disciplina clericalis* (um 1110) des konvertierten spanischen Juden Petrus Alphonsi (11./ 12. Jh.).

Als literarisch bedeutendste Exempla-Sammlung des späten Mittelalters gelten die sogenannten *Gesta Romanorum*, die wahrscheinlich im frühen 14. Jahrhundert in Süddeutschland entstanden sind. (Die älteste datierte Handschrift, die heute in Innsbruck liegt, stammt aus dem Jahre 1342; der sehr starke englische Traditionsstrang reicht nach den neuesten Forschungen nicht so weit zurück.) [817; 768] Es handelt sich um vorwiegend in der römischen Geschichte angesiedelte Erzählungen, in deren Mittelpunkt oft ein Kaiser steht. Das Besondere und für das didaktische Bedürfnis des späten Mittelalters Typische an dieser Sammlung ist, daß den einzelnen Stücken jeweils eine Auslegung, eine «moralisatio», beigegeben ist, in der dem Leser bzw. Hörer die moralische Bedeutung des Erzählten erläutert wird. In einem Teil der Handschriften trägt das Werk darum den Titel *Gesta imperatorum moralizata* oder gar *Romanorum historia mystice designata*. Wie in der Bibelexegese erfährt hier der litterale bzw. historische Wortsinn eine konsequent durchgeführte Allegorisierung. Dabei wird die erzählte Geschichte als Ganzes auf eine neue, abstrakte, Bedeutungsebene gehoben, und jedes ihrer Elemente bekommt nach Möglichkeit seine mitunter verblüffende Entschlüsselung zugeteilt. Das Exemplum «Vom gerechten Urteil» (*Justum judicium*) enthält folgende Geschichte:

Der Kaiser verfügt durch Gesetz, daß jede ertappte Ehebrecherin von einem hohen Felsen zu stürzen sei. Die Frau überlebt diesen Sturz unversehrt. Als der Richter sie noch einmal auf dieselbe Weise bestrafen will, wirft sie ihm vor, ungerecht zu handeln. «Da sprach der Richter: ‹Das war eine sehr kluge Antwort. Geh hin in Frieden!› Und die Frau wurde gerettet.» Die *Moralizatio super historiam precedentem* lautet (hier in deutscher Übersetzung):

«Geliebte! Der Kaiser in dieser Geschichte ist unser Gott, der das Gesetz erläßt, daß derjenige, der seine Seele unter der Obhut Christi, der ja der Bräutigam der Seele ist, durch eine Todsünde befleckt, vom hohen Felsen, das heißt vom Himmelreich herabgestürzt werden soll, wie es mit dem Stammvater Adam geschehen ist. Aber Gott hat durch das Leiden seines Sohnes unser Heil gewirkt. Wenn also der Mensch sündigt, so verdammt ihn Gott in seiner unendlichen Barmherzigkeit nicht sogleich, sondern rettet ihn durch seine Gnade, damit er nicht in die Hölle hinabstürze.»

Das Ausgeklügelte solcher Lösungen hat den mittelalterlichen Menschen, der stets den verborgenen Sinn in den Worten und in der Welt suchte und gern glaubte, offenbar befriedigt. Die *Gesta Romanorum* sind in über 270 Handschriften erhalten, und der größte Teil davon stammt aus der Mitte und der zweiten Hälfte des 15. Jahrhunderts.

Autobiographie Karls IV.

Kaiser Karl IV. (1316 bis 1378), Gründer der Prager Universität (1348) und Bewunderer der ersten Humanisten, der selber fünf Sprachen beherrschte und nach Petrarcas Urteil seiner Bildung wegen eher nach Italien als nach Germanien gepaßt hätte, hinterließ in lateinischer Sprache die Beschreibung seines eigenen Lebens (bis zur Königskrönung im Jahre 1346). Diese «Autobiographie» (*Vita Caroli Quarti*) ist als literarisches Werk wie als Dokument des politischen und geistigen Lebens um die Mitte des 14. Jahrhunderts einzigartig. Allerdings bereitet sie der Forschung, auch wegen ihrer offenkundigen Inkohärenz, erhebliche Schwierigkeiten [815]. Umstritten sind das Entstehungsdatum (1346 oder 1350) wie die Intention dieses Werks, dessen Schluß obendrein nicht von Karl selbst, sondern von einem in der dritten Person schreibenden Anonymus verfaßt ist. – Es zerfällt in folgende vier Teile:

- Widmung an die Nachfolger mit einer Meditation über das wahre christliche Leben und über die Tugenden des Herrschers (Kap. 1–2);
- Karls Lebensgeschichte von der Geburt im Jahre 1316 bis zum Jahr 1340 (Kap. 3–11 und 14);
- Auslegung der Evangelienperikope (Matthäus 13,44–52) zum Fest der heiligen Ludmilla (Kap. 11–13);
- Die Zeit von 1340 bis zu Karls Königswahl im Jahre 1346, beschrieben von einem Anonymus (Kap. 15–20).

Befremdlich erscheint die Tatsache, daß hier geistliche Betrachtung und Belehrung sowie Bibelexegese und objektive historische Erzählungen ziemlich unverbunden nebeneinander stehen. In den meditativen Partien redet uns Karl als ein ernst, ja düster gestimmtes, sein Seelenheil bedenkendes und ganz dem Jenseits zugeneigtes Individuum an, die beiden historischen Blöcke entfalten daneben, auf einer anderen Ebene, das in den faktischen Weltenlauf integrierte politische Leben des künftigen Herrschers. Überschreitungen der Grenze zwischen den beiden Bereichen erfolgen nur in Träumen und Visionen, in denen sich Gott der mystisch hellhörigen Seele Karls vielfach geoffenbart hat (was übrigens auch in seiner Grabrede hervorgehoben wurde). Der erste Satz des Widmungskapitels lautet: «Den Nachfolgern auf meinen beiden Thronen (d. h. dem böhmischen und dem deutschen) wünsche ich, daß sie die zwei möglichen Arten des Lebens in der Welt erkennen und die bessere davon wählen» («Secundis sedentibus in thronis meis binis, binas mundi vitas agnoscere et meliorem eligere»). Hier ist die dualistische Weltsicht des Kaisers wie ein Programm formuliert. Er warnt seine Nachfolger vor einem der Vergänglichkeit verschriebenen und damit dem Tode verfallenen Leben und preist dafür jenes Leben, das dem Menschen durch das lebendige Brot der Eucharistie zuteil wird. Das 2. Kapitel beginnt mit einem ausdrücklichen Memento mori:

> «Wenn ihr aber nach mir, mit der Königskrone geschmückt, regiert, so bedenkt, daß auch ich vor euch einmal König war und doch zu Staub und Schmutz geworden bin, in dem die Würmer hausen. Ebenso werdet *ihr* einmal hinsinken und vergehen wie ein Schatten und die Blumen auf dem Felde. Was sind denn hoher Stand und Reichtum wirklich wert, wenn nicht das reine Gewissen mit dem rechten Glauben und der Hoffnung auf die heilige Auferstehung dazukommt?»

Der in diesem Kapitel folgende kurzgefaßte Fürstenspiegel lehrt die Tugenden, auf denen eine gute Herrschaft gründet: Furcht des Herrn («timor domini»), Weisheit («sapiencia») und vor allem Gerechtigkeit («iusticia»); daran schließt sich eine lückenlose Abhandlung der sieben Hauptlaster an, wobei nur die Antithese der «luxuria» (Unkeuschheit) vom tradierten mittelalterlichen Standard etwas abweicht, indem nämlich dem Laien statt der asketischen Enthaltsamkeit das Festhalten an der Ehe angeraten wird. Im dritten Kapitel, mit dem die historische Erzählung seines Lebens (vermutlich nach Tagebuchaufzeichnungen) einsetzt, schreibt Karl: «Nun will ich euch von meinem eigenen nichtigen und törichten Leben erzählen und vom Anfang meines irdischen Wandels, damit dies euch zum Exempel diene» («Nunc de vana et stulta vita mea vobis scribere cupio, ac de exordio transitus mei mundani, ut cedere vobis valeant in exemplum»).

Es ist schwer zu entscheiden, welche Wirkung Karl dem «exemplum» seiner eigenen «vana et stulta vita» zudachte. Ist dies Werk tatsächlich eine offensive herrscherliche Selbstdarstellung und politische Kampfschrift [815], oder zeugt es nicht doch eher von der Gebrochenheit eines tief religiös veranlagten Menschen, der bereits mit Zögern und Bedenken auf die Fakten seines politischen Lebens sieht? Im Traum und im Wachen beschäftigte Karl, wie sich in den Kapiteln 11 bis 13 über die Perikope des Ludmilla-Festes noch einmal erweist, die Frage nach dem wahren Wert des Lebens. Darum nämlich geht es in seiner Auslegung der Gleichnisse vom verborgenen Schatz im Acker, von der kostbaren Perle und vom Fischnetz (nach Matthäus, 13,44–52). Nur der wahrhaft zerknirschte Mensch («homo vere contritus») erwirbt den Schatz. Die Menschen aber, die sich im Fischnetz des «Verbum dei» fangen lassen, werden vom gütigen und zugleich strengen Gott aus der immer unruhig wogenden Welt an das Ufer des Jüngsten Gerichts gezogen: «denn wie das Ufer das Ziel der Seefahrer, so ist das Jüngste Gericht Ziel und Ende aller den Fluten dieser Welt Ausgesetzten.»

In der Ludmilla-Homilie, die mitten in den scheinbar ganz dem Weltgeschehen zugewandten, unreflektierten Bericht über ein rastlos tätiges junges Leben eingefügt ist, gibt der Humanistenfreund Karl die Antwort auf die Frage nach dem Heil des einzelnen, und diese Antwort ist noch rein mittelalterlich.

Andachtsbücher

Die harmonisierende Kraft der Scholastik, die im hohen Mittelalter theologische und philosophische Spekulation verbunden und so die geistige Einheit eines christlichen Weltbildes zu befestigen versucht hatte, zerfiel im Laufe des 14. Jahrhunderts. Die analytische Kritik des Nominalismus trat an die Stelle der metaphysischen Spekulation und gewann in der Form des Occamismus sogar unmittelbaren Einfluß auf die politische Entwicklung [150]. Wilhelm von Occam (um 1285 bis um 1349) erklärte die Unzuständigkeit der Philosophie für den geoffenbarten Glauben und wies der Kirche theoretisch einen fideistischen Freiraum zu, in dem sie sich von den geschärften Begriffsinstrumenten der Logik unbehelligt fühlen konnte. Dieser Freiraum wurde zwar von der offiziellen Theologie, die bis zur Reformation aristotelisch-scholastisch bleibt, nicht betreten, dafür aber von vielen schöpferischen Individuen, die man zwei großen Bewegungen zuteilen kann: der Mystik und der *Devotio moderna*. Sie wurden bis zur Zäsur der Reformation die Zuflucht derer, die sich in ihren geistigen und vor allem seelischen Bedürfnissen von der aristotelisch philosophierenden Theologie und der in Mißkredit geratenen politisch agierenden Kirche nicht mehr zufriedengestellt fanden.

Zu Beginn unserer Epoche, im Jahre 1327, starb Meister Eckhart. Sein Schüler war der Konstanzer Dominikaner Heinrich Seuse, der neben vielen deutschen Schriften – darunter einer Autobiographie – ein lateinisches Werk mit dem Titel *Horologium Sapientiae* (um 1333/34) verfaßt hat. Dieser Dialog zwischen Sapientia (= Christus) und ihrem Schüler (= Seuse) beruht auf dem deutschen *Büchlein der ewigen Weisheit* (1327/34) desselben Autors. Die erweiterte lateinische Fassung entstand spätestens im Jahre 1334, und sie wurde gemeinsam mit der *Imitatio Christi* zum bekanntesten Andachtsbuch des späten Mittelalters. Seuses Mystik ist von geringerer spekulativer Kraft und weit stärker auf die praktische Frömmigkeitsunterweisung ausgerichtet als Eckharts Schriften. Dem Titel *Turmuhr der Weisheit* entsprechend will das Buch die Seelen aufwekken, in denen «zu dieser heutigen Zeit, da die Welt ihrem Ende entgegengeht» («mundo iam senescente»), die Gottesliebe so «erkaltet und fast erloschen ist», daß sich nur noch wenige finden, die «fromm leben» («devotioni studeant»). Diese suchen die «neue Gnade, die sie erwärmen könnte, und lassen sich häufig mit Lust vom Regen ihrer Tränen überströmen, während der Wind des göttlichen Geistes weht». Den inneren Anstoß zu diesem Werk erhielt Seuse – und das ist bezeichnend für diese Zeit – aus der Betrachtung des Leidens Christi. Die göttliche Weisheit, die ihm, wie einst die Philosophie dem gefangenen Boethius, in Person erscheint, belehrt ihn in vielen sublim verliebten Visionen, wie der Mensch zu leben habe. Im zweiten Buch faßt sie die Summe dieser Lehre in mehreren Kapiteln zusammen. Die Überschriften des 2. und 3. Kapitels lauten: «Die für den sterblichen Menschen wichtigste Kunst: das rechte Sterben» («De scientia utilissima homini mortali, quae est scire mori») und «Kurzformel des wahren geistlichen Lebens» («Formula compendiosa vitae spiritualis»).

Das zuerst genannte Kapitel, in dem wiederum ein vom Tod überraschter schöner Jüngling seine Angst bekennt und die Versäumnisse seines Lebens beklagt, ist ein frühes Beispiel der sogenannten «ars moriendi» [50], der etwas später Johannes Gerson eine ausführliche Abhandlung widmete. Im anderen Kapitel nennt Seuse die drei Bedingungen des wahren geistlichen Lebens: Reinheit des Herzens («cordis puritas», sonst auch «simplicitas»), Ruhe des Gemüts («tranquillitas mentis», wozu die Ungestörtheit der Stille für den Meditierenden gehört) und schließlich die Erhebung des Herzens («cor elevatum»).

Abgelöst und in gewissem Sinne aufgefangen wurde die Mystik durch die in den Niederlanden entstandene Bewegung der *Devotio moderna*, die vor allem im 15. Jahrhundert das geistige Leben im nördlichen Mitteleuropa bestimmt und dort dem Humanismus die Bahn geebnet hat. Die *Devotio moderna* ist allerdings eine schwer zu definierende Erscheinung, und gerade ihr Verhältnis zum Humanismus scheint diffus [94]. Von der Mystik unterscheidet sie sich jedenfalls dadurch, daß sie die Kräfte der einzelnen in der Gemeinschaft organisierte, tüchtiger und kritischer in das Leben der Kirche eingriff und neben der Meditation die aktive wissenschaftliche und karitative Arbeit betonte. Von dieser der Welt zugewandten *Vita activa* ist freilich wenig zu spüren in dem großen literarischen Vermächtnis der *Devotio moderna*, das im heutigen Bewußtsein schlechthin die spätmittelalterliche Spiritualität repräsentiert, nämlich den vermutlich von Thomas a Kempis (eigentl. Name: Th. Hemerken, 1379/80 bis 1471) redigierten vier Büchern «Von der Nachfolge Christi» (*De imitatione Christi*, vor 1420). Das erste Buch dieses aus vier ursprünglich selbständigen Teilen zusammengestellten Werks lehrt die völlige Weltverachtung («De imitatione Christi et contemptu mundi omniumque eius vanitatum»), das zweite weist den Weg zum Reich Gottes, das in uns ist, und lehrt, wie die Seele Not und Verlassenheit in der Welt überwindet durch die tröstliche Vertrautheit mit Christus, das dritte lehrt Einfalt, Demut und Selbstverachtung und warnt vor den Gefahren der Welt, das vierte ermahnt (wie übrigens auch Seuses *Horologium*, II,4) zum häufigen Empfang der Eucharistie. Der Mensch, den die *Imitatio Christi* beschreibt, ist ein isoliertes, allein auf die Rettung seiner Seele bedachtes Wesen, das sich der Welt gegenüber grundsätzlich defensiv verhält. Das 43. Kapitel des dritten Buches («Contra vanam et saecularem scientiam») beginnt mit folgendem Satz: «Mein Sohn, laß dich nicht beeindrucken von den schönen Worten der Menschen. Denn das Reich Gottes besteht nicht in der Sprache, sondern im rechten Handeln» («Fili, non moveant te pulchra dicta hominum. Non est enim regnum Dei in sermone, sed in virtute»). Für die Humanisten konnte eine solche Vorstellung nichts anderes als unverständlich sein.

Am Ende unserer Epoche steht die überragende Gestalt des Nikolaus von Kues [274] (1401 bis 1464). In seinem universalen Werk verbindet sich Mittelalterliches und Modernes – eine noch eindeutig christliche, theokratische Konzeption von Philosophie, Mystik, Neuplatonismus, mathematische Spekulation – zu einem fast poetisch imaginierten und gedachten Kosmos. Die paradoxen Formeln seines Denkens («docta ignorantia», «coincidentia oppositorum») zeugen von der Anstrengung um eine letzte Zusammenschau der Welt, die aber bald endgültig auseinanderbrechen sollte.

Jozef IJsewijn
Humanistische neulateinische Literatur

Seit dem frühen 14. Jahrhundert hat in Italien auf dem Gebiet der lateinischen Sprache und Literatur allmählich eine Umwälzung aller Werte stattgefunden. Dichter wie Petrarca und Polizian, Philologen wie Lorenzo Valla und Pomponio Leto, Pädagogen wie Vittorino da Feltre und Guarino da Verona waren mit dem spätmittelalterlichen scholastischen Latein grundsätzlich unzufrieden und wurden Vorkämpfer einer Restauration des ‹Klassischen› in jeder Hinsicht: Sprache und Stil sollten wieder ‹römisch› werden und nicht länger ‹gotisch› sein; klassische Prosodie und Metrik sollten an die Stelle des mittelalterlichen Reims und der akzentuierenden Verse treten. Die literarischen Gattungen erhalten ein antikes Gewand: aus der mittelalterlichen ‹Chronik› wird die ‹Historia›, aus dem Mysterienspiel die ‹Tragoedia› usw. Diese Bewegung erreichte ihren glänzenden Höhepunkt in den Jahrzehnten vor und nach 1500, nicht nur in Italien, sondern in den meisten Ländern Westeuropas. Ein überzeugter Mitkämpfer in diesem humanistischen Wettstreit ist etwa der Schweizer Joachim Vadian aus St. Gallen (eigentl. Name: J. von Watt, 1484 bis 1551), wie man seiner *De Poetica et Carminis Ratione* (1518), einer Poetik nach klassischen Regeln, entnehmen kann.

Im Laufe des 15. Jahrhunderts waren in Italien immer mehr Ausländer – Studenten, Pilger, Gesandte (darunter auch viele deutsche) – mit dieser neuen Sprache und Literatur in Berührung gekommen, vorwiegend in Universitätsstädten wie Pavia, Ferrara, Padova, Bologna, Florenz und Rom. In Rom war die Universität («Sapienza») nicht nur wegen ihrer Professoren wie Lorenzo Valla (1407 bis 1457) und Pomponio Leto (1428 bis 1498) wichtig; sie war auch Treffpunkt vieler Studenten aus allen Ländern. Bei Leto studierten zum Beispiel der deutsche ‹Erzhumanist› Conrad Celtis (eigentl. Name: C. Pickel, 1459 bis 1508) und der Nürnberger Patrizier Conrad Peutinger (1465 bis 1547). Daneben beschäftigte die päpstliche Kurie viele Humanisten.

Coryciana

Ein Kurienprälat des frühen 16. Jahrhunderts war der aus der Trierer Gegend stammende Luxemburger Johann Goritz, lateinisch Corycius (gest. 1527): Seit Mai 1497 in Rom, wurde er dort ein wahrer Mäzen der Künste. In seinem Hause trafen sich viele lateinische Dichter, vorwiegend Italiener und Deutsche. Erasmus besuchte ihn 1509, Ulrich von Hutten 1516, und man darf vermuten, daß auch Luther ihm 1510/11 begegnet ist. Seit 1512 feierte Goritz mit diesen Dichtern alljährlich das Fest der Hlg. Anna (26. Juli). Viele Hunderte bei dieser Gelegenheit geschriebene und gesammelte Gedichte wurden im Juli 1524 in einem stattlichen Band, *Coryciana* (Rom 1524), von Mitgliedern dieser Poeten-Gruppe herausgegeben, unter denen sich auch ein bisher nicht näher identifizierter deutscher Autor namens C. Silvanus Germanicus befand. Von ihm besitzen wir lateinische Dichtungen aus den Jahren 1512 bis 1524, darunter eine *Panegyris*, die in klassisch-mythologischer Einkleidung die Wahl von Clemens VII. (gest. 1534) zum Papst feiert: In einer Versammlung von Flußgöttern in Kreta überlegt Neptun im Beisein von Vater Tiber, wie er das von den Türken bedrohte Rhodos retten könnte – Clemens soll der dazu gewählte Erlöser sein.

In den *Coryciana* sind die deutschen Humanistendichter besonders gut vertreten mit Epigrammen und längeren lyrischen und elegischen Stükken, so Christophorus Suchtenius aus Danzig (1476 bis 1519), der Schlesier Caspar Ursinus Velius (1493 bis 1539), Ulrich von Hutten (1488 bis 1523), der Sachse Janus Hadelius (um 1490 bis 1520), um nur die bekanntesten zu nennen. Der Beitrag Huttens ist besonders erwähnenswert, da er im schroffen Gegensatz steht zu seinen sonstigen in Rom und Italien entstandenen Schöpfungen. In manchen Epigrammen hatte er ja Papst Julius II., die Simonie und die Käuflichkeit der römischen Kurie scharf angegriffen; in den *Coryciana* jedoch akzeptierte er uneingeschränkt das gesellschaftliche Leben der römischen Prälaten und Humanisten, sogar bis hin zur Heiligenverehrung. Die *Coryciana* sind ein einzigartiges Dokument der internationalen Renaissancekultur, an der deutschsprachige Autoren wesentlich beteiligt waren. Der Band ist auch nach Deutschland gekommen und hat offenbar in Humanistenkreisen Aufnahme gefunden. Einen Beweis dafür liefert das Exemplar, das heute in der Herzog-August-Bibliothek in Wolfenbüttel liegt. Es war einst im Besitz des Stuttgarter Dichters und Mitgründers der Universität zu Helmstedt, Joachim Mynsinger (1514 bis 1588). Vielleicht hat dieser das Buch selbst aus Italien mitgebracht, wo er 1531/32 in Padua studiert und sich in lateinischer Poesie geübt hat. Sein dort entstandenes Gedicht *Neccharides* zur Begrüßung des neuen Statthalters von Württemberg, des Pfalzgrafen Philipp, erinnert in seiner Konzeption etwa an das Clemens-Gedicht des Silvanus.

Ein Fall wie die *Coryciana* zeigt uns sinnbildhaft, wie die ‹neue› Sprache und Literatur über die Alpen kam. Nach einigen Monaten oder Jahren Studienaufenthalt in Italien kehrten die meisten deutschen Studenten heim, mit vielerlei neuen Ideen im Kopf und klassischen bzw. humanistischen Büchern im Gepäck. Hinzu kam, daß eine deutsche, bald auch nach Italien verpflanzte technische Erfindung, nämlich der Buchdruck, seit der zweiten Hälfte des 15. Jahrhunderts eine rapide Verbreitung der neuen Literatur ermöglichte, zusammen mit Lehrbüchern wie Vallas *Elegantiae*, Tortellis *Orthographia*, Perottis *Rudimenta Grammaticae* und *Cornucopiae*, Sulpicius Verulanus' *De moribus mensae* usw. Mehrere dieser Heimkehrer wurden in ihrer Heimatstadt Befürworter der neuen Latinität, wie der schon genannte Vadian in St. Gallen, wie Rudolf von Langen (1438 bis 1519), Dichter und Historiker, in Münster (Westfalen) oder wie Peter Schott (gest. 1492) in Straßburg. Letzterer ist wohlbekannt wegen seiner Freundschaft und Korrespondenz mit dem führenden böhmischen Dichter und Humanisten Bohuslaus Hassensteinius von Lobkowicz (1461 bis 1510), den er in Bologna kennengelernt hatte. Andere Humanisten wurden als fahrende Dichter und Lehrer an vielen Orten tätig, wie Peter Luder aus Kislau (um 1410 bis 1474), Conrad Celtis aus Wipfeld und der westfälische Adlige Hermann von dem Busche, der Sänger von Köln und Leipzig und zugleich Propagandist der humanistischen Erziehung (*Vallum Humanitatis*, 1518). Der berühmteste von ihnen, Celtis, durchstreifte ganz Mitteleuropa von Krakau bis Mainz und von Wien bis Lübeck; dichtend und redend gründete er humanistische Poeten- und Gelehrtengesellschaften, wurde vom Kaiser zum Poeta Laureatus gekrönt und holte tatsächlich, um es mit seinen Worten zu sagen, Apollo und die Musen aus Italien nach Germanien.

Italiener

Zugleich mit diesen deutschen Frühhumanisten kamen viele Italiener über die Alpen. Mehrere machten sich auf die Suche nach Manuskripten klassischer Autoren, wie schon Petrarca, der 1333 Aachen und Köln besuchte; später folgten führende Humanisten wie Giovanni Francesco Bracciolini (gen. Il Poggio, 1380 bis 1459), der das Konstanzer Konzil benutzte, um die Klosterbibliotheken Süddeutschlands und der Schweiz zu durchstöbern. Die meisten Italiener jedoch kamen nach Deutschland als Lateinlehrer, Prinzenerzieher, Hofdichter, Kanzleisekretäre für die lateinische Korrespondenz usw. Der weitaus berühmteste davon war sicherlich der Toskaner Enea Silvio de' Piccolomini (der spätere Papst Pius II., 1405 bis 1464), der beim Basler Konzil und am kaiserlichen Hof in Wien tätig war. In seinen Schriften, sowohl den historisch-geographischen als auch der Novelle *Historia de duobus amantibus* (1444), nehmen ‹Germanen› und Deutsche einen wichtigen Platz ein. Mitunter haben die italienischen Humanisten auch Reaktionen ausgelöst, so wenn

der führende Elsässer Pädagoge und Historiker Jakob Wimpfeling (1450 bis 1528) gegen die *Germania* des Enea seine *Responsa et Replicae ad Eneam Silvium* (1515) verfaßte. Nach Piccolomini kamen im Laufe des 15. und frühen 16. Jahrhunderts fast scharenweise weitere Dichter und Grammatiker wie der Mailänder Stephanus Surigonus (Wirkungszeit: 1450 bis 1478) und Franciscus Bonomus aus Triest (Wirkungszeit: 1490 bis 1500) in Augsburg. Surigonus findet man später in Straßburg und Metz wieder, Bonomus in Wien. 1488 dichtete der Sizilianer Priamus Capotius (gest. 1517) als Hofpoet in Wittenberg eine *Fridericeis* für Friedrich den Weisen. Ähnliches leisteten für Kaiser Maximilian I. der aus Perugia stammende Riccardus Bartholinus (1470? bis 1528/9) mit einer *Austrias* (1516) und Riccardus Sbrulius aus Cividale (um 1480), der vom Kaiser den Auftrag erhielt, deutsche Gedichte ins Lateinische zu übersetzen. Übrigens gab es solche italienischen Dichter und Wissenschaftler, die nach Deutschland kamen, bis ins 18. Jahrhundert: Giordano Bruno (1548 bis 1600) weilte im späten 16. Jahrhundert an der Universität Helmstedt und befreundete sich dort mit dem jungen märkischen, in Latein dichtenden Valens Acidalius; der Veroneser Hortensius Maurus (1632 bis 1724) wirkte am Anfang des 18. Jahrhunderts am Hof zu Hannover.
Die Entwicklung der humanistischen Literatur Deutschlands wurde nicht nur von diesen literarisch oft zweitrangigen italienischen Wanderpoeten mitbestimmt, sondern vielleicht noch mehr von den Werken führender italienischer Humanisten wie etwa von Gasparino Barzizza und dessen Briefsammlungen, Francesco Filelfo und Angelo Poliziano (der letztere wurde anfänglich von Melanchthon sehr geschätzt, später aber eher kritisch beurteilt), von Franceso Petrarca, Baptista Mantuanus (dessen Eklogen in den Schulen – aus religiösen Bedenken heraus – oft Vergil ersetzten), Marcellus Palingenius (*Zodiacus Vitae*), Hieronymus Vida (*De arte poetica* usw.), Basilius Zanchius (*Hortus Sophiae*) usw. Ihre Werke wurden in Deutschland (Köln, Straßburg, Basel, Leipzig) oft gedruckt und empfohlen in Anthologien und Streitschriften wie Wimpfelings *Adolescentia* (‹Jugendbuch›, 1500; acht Ausgaben bis 1515) und in dem *Scoparius* (‹Besenbuch›) *in barbariei propugnatores et osores humanitatis* (1517) des Johannes Murmellius aus Roermond (1480 bis 1517), der von 1500 bis 1515 in Münster als Lehrer und Dichter tätig war.
Bei dem Studium der neulateinischen Literatur Deutschlands muß man also nicht nur den klassischen, sondern auch den italienischen Hintergrund berücksichtigen. Darüber hinaus bieten die italienischen Humanisten in ihren Werken einen sicheren Maßstab zur Beurteilung der deutschen Leistungen, denn diese sind oft im Wetteifer mit den italienischen Vorbildern entstanden. Es kam ja im späten 15. und 16. Jahrhundert darauf an zu zeigen, daß Germanien nicht länger ein barbarisches Land sei,

wie man auf der anderen Seite der Alpen gern behauptete. Wenn man also demgemäß einen Textvergleich durchführt, stellt sich bald heraus, daß die deutschen lateinischen Autoren bis auf wenige Ausnahmen sich erst im 16. Jahrhundert wirklich mit den Italienern in klassischer Eleganz, stilistischer Feinheit und Reinheit der Sprache messen können. Man vergleiche die historische Prosa eines Werner Rolevinck (1425 bis 1502), freilich kein Humanist, etwa in seinem Westfalen-Buch *De laude antiquae Saxoniae* (1474), geschrieben in einem schlichten, deutschgefärbten mittelalterlichen Latein, und andererseits die Kunstprosa der *Historia Florentinorum* (1440) eines schon 1444 gestorbenen Leonardo Bruni; oder aber die Verse des Johannes Jovianus Pontanus (eigentl. Name: Giovanni Pontano, 1426 bis 1503), Hofdichter zu Neapel, mit denen des Sebastian Brant (1457 bis 1521) im Elsaß – der Unterschied wird sofort deutlich. Sogar Celtis schreibt noch öfters Verse, die ziemlich unlateinisch bzw. holprig klingen: schreckt er doch nicht davor zurück, einen Hexameter abzuschließen mit einem Proceleusmaticus (d. h. vier kurzen Silben) wie «philosophus», um nur ein kleines Beispiel zu geben. Die vielgerühmten Epigramme des Hessen Euricius Cordus (eigentl. Name: Heinrich Ritze Solden, 1486 bis 1555) enthalten vieles, das formal unelegant und mitunter sprachlich sogar fehlerhaft ist. Oder nehmen wir noch einmal Hutten als Beispiel, sicherlich einen der besseren deutschen Latinisten seiner Zeit: Aus Rom zurückgekehrt, ließ er seine *Coryciana*-Epigramme 1519 in Augsburg drucken. Eine handschriftliche Kopie war jedoch in Rom bei Goritz zurückgeblieben und wurde, wohl ohne Mitwissen des Dichters, dort 1524 für die Gesamtausgabe aller *Coryciana* benutzt. Doch was passierte? Die römischen Herausgeber haben in den fünf Epigrammen nicht weniger als elf Änderungen, und zwar durchgehend sprachliche und metrische Verbesserungen, vorgenommen.

Ein Erzhumanist wie Celtis war sich der Lage indessen klar bewußt und schämte sich keineswegs, in seinem Epodenbuch *Ad Poetas Germanos* an seine Nachfolger folgenden Aufruf zu schreiben:

«Carmina Germano iuvenes quae lusimus orbe,
  Aequate vel superate nostra, posteri!
Illa mihi, patrios cupio dum visere fines,
  Sunt parta nostris maximis laboribus.
Sed neque ego Latios me dicam aequasse poetas,
  Aut docta quos tulit viros Hispania.
Primus ego invexi rudibus mea carmina verbis;
  Qui me sequentur doctiora proferent.»

(«Unserer Jugenddichtung, die wir im deutschen Raum gesungen, tut es gleich oder macht es besser, ihr Nachfolger! Ich habe jene während meiner Streifzüge durch das Vaterland mit größter Mühe geboren. Jedoch wage ich es nicht zu behaupten, daß ich den Dichtern von Latium gleichgekommen bin oder den gelehrten Männern von Spanien [Celtis meint hier wohl Seneca und Quintilian]. Ich habe als erster – in meinen wenn auch rohen Worten – klassisch gedichtet. Diejenigen, die mir nachfolgen werden, werden gelehrtere Verse hervorbringen.»)

Diese Epode selbst beweist, daß Celtis recht hat in seiner Selbstbeurteilung: Metrisch hat er Horazens Epode 16 als Vorbild genommen, welche in metrischer Hinsicht das 2. pythiambische System verwendet. Aber es ist ihm nicht gelungen, es korrekt nachzubilden; seine Jamben sind unsauber. Und in diesem Fall darf man solchen technischen Unterschied nicht als dichterische Freiheit beschönigen, denn Celtis fordert selbst expressis verbis, als der neue deutsche Horaz gewürdigt zu werden. Sein Gedicht schließt ja mit den Worten:

«Inter Germanos mea sic, rogo, carmina durent,
Ut Italis Horatii sub finibus.»

Freilich war die Lage nicht verschieden in den übrigen Teilen Europas. Die Qualität der lateinischen Verse eines Thomas More (1478 bis 1535) in England oder eines Paul von Krosno (um 1475 bis 1517) in Polen ist bestimmt nicht besser.
Die Beziehungen zu Italien sind nur ein Aspekt des internationalen Charakters des humanistischen Literaturbetriebs. Wenngleich die deutschen Neulateiner einen wesentlichen Anteil der deutschen Kultur und Literatur im Zeitalter der Renaissance und der Reformation stellen, verbindet doch die lateinische Sprache sie immer grundsätzlich mit dem breiteren Raum der europäischen *Respublica litterarum*: Weil sie lateinisch schreiben, sprengen sie den Grenze des deutschsprachigen Publikums. Ihre Kultur und Beziehungen sind europäisch ausgerichtet, und das erlaubt manchen, außerhalb des deutschen Reiches zu arbeiten, wie umgekehrt zahlreiche nichtdeutsche Humanisten auf deutschem Boden tätig waren. Der Friese Rudolf Agricola aus Baflo bei Groningen (eigentl. Name: Roelof Huusman, 1443/44 bis 1485) in Heidelberg und der Rotterdamer Erasmus (1466/69 bis 1536) in Basel und Freiburg i. Br. sind nur die bekanntesten Beispiele solcher ‹Einwanderer›, und diese Beispiele lassen sich beliebig vermehren oder auch umkehren: deutsche Neulateiner im Ausland.

Melissus Schede

In der lateinischen Poesie Deutschlands im 16. Jahrhundert gibt es wohl keine bessere Illustration der europäischen Dimension der lateinischen Literatur als das kunstvolle Werk des Paulus Melissus aus Mellrichstadt (eigentl. Name: Paul Schede, 1539 bis 1602), in dem der Humanismus schon deutlich zur Barockpoesie überführt. Er studierte die lateinische Verskunst bei Johannes Stigelius aus Gotha (eigentl. Name J. Stigel, 1515 bis 1562), einem Schüler Melanchthons und verdienstvollem Verfasser zumeist religiöser Texte (seine *Poemata* erschienen in Jena 1566ff.). Im poetischen «Saale-Tal» (d. h. in Jena) leitete Stigelius seine ersten begeisterten «Schritte» hin zu den lateinischen Musen. Stark beeinflußt wurde Melissus zunächst von dem bewunderten Lotichius, später auch von französischen Dichtern und Humanisten, sowohl den volkssprachlichen (Ronsard, von dessen Sonetten er einige ins Lateinische übertragen hat) als auch den gelehrten wie Henricus Stephanus-Etienne in Genf; weitere Einflüsse kamen aus den römischen Humanistenkreisen um Fulvio Orsini und Marc-Antoine Muret. Schon hieraus ersieht man die Breite seiner literarischen Beziehungen; darüber hinaus macht eine Lektüre seiner Werke deutlich, wie er mit der gesamten europäischen *Respublica Litterarum* verbunden war: da begegnet man Autoren wie dem Engländer Phillip Sydney, den Franzosen Jacques-Auguste de Thou und Jean Dorat, ferner J. Lipsius, J. J. Scaliger und J. Dousa aus den Niederlanden, Reinhold Heidenstein vom polnischen Königshof, dem Portugiesen Achilles Statius usw. Ihnen gesellen sich alle führenden neulateinischen Dichter Deutschlands dieser Zeit bei, wie etwa: Nathan Chytraeus (1543 bis 1598) aus Rostock, der in Nachahmung Ovids christliche *Fasti* dichtete; der Schlesier Johannes Seccervitius (eigentl. Name: J. Seckerwitz, um 1520 bis 1583), der Geschichte und Städte von Dänemark und Pommern lateinisch rühmte; Johannes Lauterbach (1531 bis 1593), ein geistlicher zweisprachiger Dichter aus der Oberlausitz; usw. Melissus selbst ist einer der formvollendeten Künstler der neulateinischen Poesie, der die poetische Sprache mit vielen Neubildungen bereichert hat. Außerdem hat er einiges in seiner Muttersprache geschrieben. Der unumgängliche Vergleich mit Ronsard, der französisch dichtete, daneben aber doch nur einige Verse auf lateinisch, zeigt, welch führende Rolle das Lateinische als Literatursprache besonders in Deutschland noch innehatte. Um 1580 läßt sich kein deutschsprachiger Dichter zeigen, den man als Künstler mit Melissus und seinen neulateinischen Kollegen vergleichen könnte.

Antike

Im wesentlichen wird die neulateinische Literatur von gegensätzlichen Bereichen bestimmt: einerseits dem klassischen Altertum einschließlich seiner ‹italienischen Interpretation›, andererseits der geistlich-religiösen Umwelt mit ihren bekannten Konflikten des 16. Jahrhunderts. Der Nährboden der neulateinischen Literatur war selbstverständlich das klassische Altertum, seine Sprache, seine Gattungen, seine Stil- und Versformen. Italien hatte sie wiederentdeckt; Germanien übernahm die neue Kultur, nicht aber ohne wesentliche Anpassungen an ihre eigene Welt: Römerstolz wurde zu Germanenstolz, und Tacitus (*Germania*, um 100) schien dafür die Argumente zu liefern.

Die Neulateiner betrachteten sich vor allem als die Erben und Nachfolger der großen Klassiker. Celtis meinte, für Deutschland zu sein, was Horaz für Rom war. Infolgedessen leben diese Dichter zugleich in der antiken und in ihrer modernen Welt.

Eine intelligente Mischung von Alt und Neu findet man in der Komödie *Julius Redivivus* (1584) des Späthumanisten Nicodemus Frischlinus aus Bahlingen (1547 bis 1590): Er ließ Caesar und Cicero Schwaben besuchen, «redivivus ab Orco», oder – in der Übersetzung seines jüngeren Bruders – «die auss der Hell Erlaubnus haben». Ein Feldherr namens Arminius erklärt ihnen die modernen Waffen sowie deren lateinische Namen (Bombarda, sclopetum); der Poet Eobanus Hessus macht Cicero staunen, weil er dem Lukrez würdige Verse rezitiert und sich daraufhin rühmt, Homer und Theokrit lateinisch umgedichtet zu haben. Eoban tröstet auch Cicero, wenn dieser die neue Sprache Italiens aus dem Mund eines Kaminfegers zu hören bekommt und glaubt, es sei Sarmatisch (‹Russisch›). Eoban versichert ihm aber, daß es in Rom doch noch große Lateiner gäbe wie Muret und Sadoleto. Ein solches Heraufbeschwören der Toten ist nicht ganz neu: Schon Odysseus tut dies in der *Nekyia* (Buch VI der *Odyssee*), aber bei den Neulateinern wird es ganz geläufig, da für sie die Klassiker ihre wahren Brüder und Kunstgenossen sind. Melissus sah Ovid aus der Hölle zu ihm kommen: «Nasonem ab ima valle silentium / Vidi reversum ...» schrieb er an Ercole Ciofano aus Sulmona, einen Herausgeber Ovids (*Melica*, V. 17), und in Rom suchte er die Straße, wo Ovid einst gewohnt hatte. Es ist also leicht erklärlich, daß diese Dichter sehr gern zwischen den Ruinen antiker Städte umherirren: Ruinenpoesie wird eine literarische Gattung. Das Epigramm *De Roma* von Janus Vitalis aus Palermo war in der zweiten Hälfte des 16. Jahrhunderts in ganz Europa berühmt; es wurde allenthalben übersetzt und imitiert.

Ein glänzender Vorläufer des Vitalis war Celtis mit seiner Ode (III 26) *De Antiquitate Treveris* («Über die Altertümer Triers», in: *Libri odarum quattuor*, 1513).

Der Dichter weilt zwischen den Trümmern der Portiken, Tore und Räume der antiken Paläste. Sträucher und Kräuter sind auf ihren Kuppeln gewachsen; die Götterbilder liegen darnieder, ihrer Ehre beraubt. Der Dichter glaubt, in Trier den Fall Roms noch einmal zu sehen. Sein Blick wandert vom Panorama der Stadt hin zu den niedergeworfenen Götterstatuen auf den Straßen, dann weiter zu den Gräbern und einer letzten Urne: Es bleibt schließlich nur das Nichts. Wir sind mit dem Dichter wie ins Grab hinabgestiegen, und diese Ruinen-Meditation endet, wie fast immer, mit dem Gedanken an die Vergänglichkeit. Horaz ist hier nicht weit entfernt, was uns auch Anklänge wie «rapiente caelo» (nach «rapiente dextra»: *Carmina* III 3,52, entst. seit etwa 33 v. Chr.) leise in

Erinnerung bringen. Für die geistliche Welt des Humanisten sind diese alkäischen Strophen ebenso typisch wie die mittelalterliche Burgen-Romantik für das 19. Jahrhundert.
Die Aufnahme und Assimilation der klassischen Literatur erforderte geeignete Hilfsmittel: Ausgaben und Kommentare, aber auch Übersetzungen (aus dem Griechischen) und moderne Anleitungen zu Rhetorik, Poetik und Metrik. Infolgedessen besteht ein nicht unbeträchtlicher Teil der humanistischen Literatur aus solchen Arbeiten, und ihre kulturhistorische Bedeutung sichert ihnen einen festen Platz in der Literaturgeschichte.

Übersetzungen aus dem Griechischen
Obwohl die griechische Dichtung sich eines hohen Ansehens erfreute, waren auch bei den Humanisten nur die wenigsten wirklich imstande, selbst Griechisch zu lesen: daher die große Nachfrage nach lateinischen Übersetzungen. Die Italiener hatten mit byzantinischer Hilfe im 15. Jahrhundert schon manches geleistet. Seit etwa 1470 hat der Friese Agricola mitgearbeitet; er fertigte Übersetzungen aus Texten von Isokrates, Ps.-Plato, Lukian sowie des späten Rhetors Aphthonius an. Bald versuchten sich auch Deutsche auf diesem Gebiet. Wie mühsam der Beginn sein konnte, zeigen zum Beispiel die Anstrengungen des Willibald Pirckheimer aus Nürnberg (1470 bis 1530). Pirckheimer, der 1489 bis 1495 in Padua und Pavia Jura und Griechisch studierte, ist eine der bedeutendsten Figuren in der deutschen Rezeption der griechischen Literatur gewesen. Im Jahre 1501 übte er seine Kräfte an Äsop, in den folgenden Jahren an Homer, Aristophanes, Thukydides, Lukian usw. Es waren noch fast ausnahmslos Wort-für-Wort-Übersetzungen. Trotzdem benutzte schon Celtis die Übersetzung der *Ilias* I–III für seine Homer-Vorlesungen in Wien. 1513 fing Pirckheimer an, eine große Reihe von Editionen im Druck vorzulegen, und zwar zu Autoren wie Plutarch, Lukian, dem Kirchenvater Gregor von Nazianz (die Reden) usw. Dieses Unternehmen endete mit Pirckheimers Tod nicht: Sein Freund Thomas Venatorius (eigentl. Name: Th. Jäger, um 1488 bis 1551), der selbst eine Übersetzung von Aristophanes' *Plutus* herausgab (1531), ließ 1534 aus Pirckheimers Nachlaß die älteste vollständige Übersetzung von Xenophons Geschichtswerk *Hellenika* drucken. Pirckheimers Leistung als Übersetzer kann gar nicht hoch genug geschätzt werden. Seiner Spur folgen andere verdienstvolle Interpreten: Eobanus Hessus, der 1540 eine vollständige lateinische *Ilias* veröffentlichte, wurde schon im Zusammenhang mit Frischlin erwähnt; er verfaßte nicht nur eigene Bühnenspiele, sondern dichtete auch den ganzen Aristophanes in die römische Komödien-Sprache des Plautus und Terenz um (1586). Janus Cornarius aus Zwickau (um 1500 bis 1558) widmete sich vorwiegend den Kirchenvä-

tern (u. a. dem Gesamtwerk des Basilius Magnus, 1540) und Wissenschaftlern (Hippokrates, 1546). In einer späteren Phase des Humanismus entstanden Übersetzungen aus dem Griechischen auch im deutschen Raum als Schulübungen.

Rhetoriken und Poetiken

Neben Ausgaben und Übersetzungen sind Stilhandbücher von grundsätzlicher Bedeutung gewesen. Daher ist es nicht erstaunlich, in diesem Zusammenhang die Namen führender Humanisten wie Agricola, Celtis, Melanchthon, Sturm und Frischlin zu finden. Rhetorik- und Metrik-Einführungen wurden schon im 15. Jahrhundert wichtig: Es gab nicht nur eine große Anzahl von Traktaten italienischen Ursprungs, darunter auch die Summa des Griechen Georg von Trebizonde, *Rhetoricorum libri V* (um 1435), sondern auch mehr und mehr in ‹Germania› verfaßte Schriften. Albrecht von Eyb (1420 bis 1475), ein in Italien ausgebildeter Domherr in Eichstätt und Bamberg, sammelte in seiner *Margarita Poetica* (1459; Erstdruck 1472) eine Vielzahl von klassischen Zitaten und anderen stilistisch brauchbaren ‹Bausteinen› – etwa aus Cicero – und ersetzte dadurch mittelalterliche Florilegien. Die scholastische Logik wurde im humanistischen Schulraum bald von der neuen Dialektik verdrängt, das heißt von Rhetorik-Handbüchern. Agricolas *De Inventione Dialectica* wurde 1479 in Dillingen beendet und war bis weit ins 16. Jahrhundert das maßgebende, jedoch bei weitem nicht einzige Werk dieser Art. Johannes Caesarius aus Jülich (um 1468 bis 1550) ist der Autor einer erfolgreichen *Dialectica* (1520) und *Rhetorica* (1529). Er wurde geschätzt von einem der wichtigsten Kenner dieser Materie, nämlich Philipp Melanchthon. Melanchthon in Wittenberg (1523) und Johannes Sturm (1507 bis 1589) in Straßburg (1538) sind bekannt als die großen humanistischen Reformatoren der gymnasialen und akademischen Unterrichtspläne im Deutschland des 16. Jahrhunderts. Es ist hier nicht der Ort, ihre pädagogischen Prinzipien zu erörtern; es soll nur darauf hingewiesen werden, daß sie durch ihre Schriften und durch die Einführung der Declamatio-Übungen die Weiterentwicklung der neulateinischen Literatur weitgehend beeinflußt haben. Nur weil die Studenten während so vieler Jahre im klassischen Latein gründlich trainiert wurden, ist es zu verstehen, daß diese Sprache bis weit ins 17. Jahrhundert die erste Literatursprache des deutschen Raums war.

Für Philipp Melanchthon (eigentl. Name: P. Schwartzert, 1497 bis 1560) wie für Erasmus war eine reine und zierliche Sprache das äußerliche Zeichen gesunder Wissenschaft. «Fallitur enim», schreibt er in seinem «Lob der Eloquenz» (*Encomion eloquentiae*, 1523), «quisquis verbis tantum, non etiam mente barbaros fuisse theologastros istos censet» hinsichtlich der spätscholastischen Theologen: «Man irrt, wenn man glaubt, daß diese

Pseudotheologen nur in ihren Worten und nicht auch in ihrem Geist Barbaren sind.»
Nicht nur die Prosa wurde eingehend studiert und eingeübt, sondern auch die Poesie: Sich in eleganten Versen äußern zu können war das höchste Ideal. Daher die Vielfalt metrischer Traktate, denn Dichten wurde als erlernbares Handwerk verstanden. Celtis schöpfte für seine *Ars versificandi et carminum* (1486) reichlich aus Niccolò Perottis *De generibus metrorum* (gedruckt seit 1470), schleppte aber trotzdem auch noch viel Mittelalterliches mit. An Nachfolgern hat es ihm nicht gefehlt, von Laurentius Corvinus' *Ars versificatoria* (1496 und öfter), Heinrich Bebels (1472 bis 1518) *Ars versificandi* (1506), einem Schüler des Corvinus, und vielen anderen bis hin zu dem protestantischen Lyriker und Freund Melanchthons, nämlich Georg Fabricius (1516 bis 1571) aus Chemnitz und seinen sieben Büchern *De re poetica* (1574).
Zu diesen Artes gesellen sich noch die Kommentare zu Horazens *Ars Poetica*, unter denen der des Jodocus Willichius aus Rössel/Königsberg (eigentl. Name: J. Wilke, 1501 bis 1552) hervorragt. Willichius war ein vielseitiger Mann, der nicht nur über Poetik und Rhetorik geschrieben hat, sondern ebenso auch über Studienreform (*De formando studio*, 1550; gedruckt 1564), über Anatomie (*Commentarius anatomicus*, 1543/44) und über eine Heuschreckenplage in Rußland (*Dialogus de locustis*, 1543) – kurzum, er zeigt die für den Humanismus typische Vielschichtigkeit der Interessen.

Lob Germaniens
Bisher wurde nur über Aspekte des klassischen Erbes gesprochen, die Germanien mit Italien und dem gesamten humanistischen Europa gemeinsam hat. Es gibt aber auch spezifisch deutsche Züge. Der Humanismus war in Italien auf dem Gedanken der (wiederherzustellenden) Größe Roms gegründet. Rom, der Sitz der päpstlichen Kurie, war aber in Germanien im Laufe des 15. und 16. Jahrhunderts immer mehr das Symbol moralischer und politischer Verderbnis geworden. Darüber hinaus wurde den Deutschen seitens der Italiener immer wieder Barbarei vorgeworfen. Dagegen zogen nun die deutschen Humanisten ins Feld mit Preisungen des deutschen Volkes und Geistes. Argumente fanden sie in den klassischen Autoren, an erster Stelle bei Tacitus, dessen *Germania* 1455 unter Papst Nikolaus V. und auf dessen Initiative hin wiederentdeckt worden war und die seit 1469 gedruckt vorlag. Dazu kommen die modernen Erfindungen wie der Buchdruck; erinnert sei hier an Frischlins *Julius Redivivus*, wo diese ‹deutsche› Erfindung gegenüber Cäsar und Cicero gepriesen wird. Bald wurden sogar mittelalterliche Autoren als Beweis für Deutschlands Kultur angeführt. Celtis zeigte den Weg und veröffentlichte die Werke Hroswithas von Gandersheim aus dem 10. Jahrhundert. Auf

Drängen Wimpfelings verfaßte Johannes Trithemius, der gelehrte Benediktinerabt von Sponheim (eigentl. Name: J. Zeller, 1462 bis 1516), einen *Catalogus illustrium virorum Germaniae* (1495), eine Art Urform deutscher Literaturgeschichte, in der die literarische Blüte am Hof Karls des Großen zum erstenmal eingehend gewürdigt wurde. Und wie die Italiener ihre römischen Inschriften gesammelt hatten, so tat dies Konrad Peutinger für Augsburg in seinen *Romanae Vetustatis Fragmenta in Augusta Vindelicorum et eius dioecesi* (1505 mit 22 Inschriften; erweitert 1520). Er wurde damit der erste Inschriftensammler Deutschlands und der ferne Vorläufer von A. Boeckh und Th. Mommsen, die im 19. Jahrhundert die monumentalen Corpora der griechischen und lateinischen Epigraphik schufen (und die ihre Anmerkungen dazu noch immer auf lateinisch verfaßten). Auf der literarischen Seite wurde das germanische Ideal propagiert und vorgeführt in Dialogen und Geschichtsbüchern, bisweilen auch in Dramen. Doch um auf Peutinger zurückzukommen: Wie vor ihm L. B. Alberti *Intercenales* und nach ihm Erasmus *Convivium profanum* (1519) schrieb, so verfaßte er *Sermones Convivales de mirandis Germaniae Antiquitatibus* (1506), die trotz des Titels das Blickfeld keineswegs nur auf Germanien einengen. Hutten seinerseits führte in einem lukianischen Dialog den Germanen-Anführer Arminius auf die Bühne (1520), den Helden, der Augustus' Legionen vernichtet und so Germanien seine Freiheit wiedergegeben hat. Das Thema war höchst aktuell: Einerseits war knapp fünf Jahre zuvor die Erstausgabe von Tacitus, *Annalen* I–VI, erschienen mit der dramatischen Geschichte der Schlacht im Teutoburger Wald; andererseits war die Freiheit nach weitverbreiteter Ansicht wieder an die päpstliche Habgier verlorengegangen.

Historiker und Geographen bemühten sich, deutsches Erbe und Land nach klassisch-humanistischer Art zu beschreiben, in Prosa und auch in Versen. Johannes Cochlaeus (eigentl. Name: J. Dobeneck, 1479 bis 1552), der bekannte katholische Gegner Luthers (Der Einfluß seiner *Commentaria de actis et scriptis Martini Lutheri Saxonis*, 1534/35, reicht bis in unser Jahrhundert), ist auch der Verfasser einer *Brevis Descriptio Germaniae* (1512), einer kurzgefaßten historischen und vorwiegend geographischen Beschreibung Deutschlands und der Niederlande. Cochlaeus verwirklichte damit einen unvollendeten Traum des Celtis, der von seiner geplanten *Germania Illustrata* nur die Beschreibung Nürnbergs fertigstellen konnte. Celtis und Cochlaeus schufen auf diese Weise das erste deutsche Gegenstück zu Flavio Biondos *Italia illustrata* (1459). Wenige Jahre später folgte ihnen Franciscus Irenicus (eigentl. Name: F. Friedlieb, ein Badenser (1495 bis 1559/1565), der in seinem Jugendwerk *Germaniae Exegeseos volumina XII* (1518) neben Geschichte und Geographie vielerlei Aspekte der deutschen Kultur behandelte.

Wie schon erwähnt, wurde Germanien auch in Versen gefeiert. Schon

Celtis hat ein Fragment *Germania Generalis* (1500) in Hexametern hinterlassen. Eoban Hessus seinerseits lobte Nürnberg in einer großen Dichtung, die mehreren späteren Dichtern als Muster diente. Das Städtelob war zwar im Mittelalter als Gattung bekannt, bekam aber jetzt ausgeprägt klassische Züge und Struktur. Wie weit diese Gattung sich entwickeln konnte, zeigt das Gedicht *Rhenus* (1571) des Bernard Möller aus Münster/Westfalen: In fünf umfangreichen Büchern und auf über 300 Seiten besang er den gesamten Rhein, von der Quelle bis zur Mündung mit allen Städten und Landschaften auf beiden Ufern, eine riesenhafte Nachahmung also von Ausonius' *Mosella*.
Die eigentliche Historiographie blieb im 15. Jahrhundert stark mittelalterlich geprägt, das heißt kirchlich und chronikartig, dazu sprachlich wenig modern. Man denke etwa an den wegen der reichen Holzschnitte berühmten *Liber Chronicarum* (1493) des Nürnbergers Hartmann Schedel (1440 bis 1514). Der Umschwung kam im frühen 16. Jahrhundert. Erasmus' Freund Beatus Rhenanus aus Schlettstadt/Elsaß (1485 bis 1547) ist in vielerlei Hinsicht wichtig, nicht nur als Repräsentant der humanistischen Geschichtsschreibung im Elsaß. In seinen *Rerum Germanicarum libri III* (1531) übernahm er von Flavio Biondo die Konzeption, das Mittelalter sei eine Epoche für sich und vom klassischen Altertum zu trennen; er löste sich aus den Fesseln der kirchlichen Geschichtsbetrachtung und schrieb durchaus kritisch und quellenbewußt. Als Herausgeber des Traktats *De Aedificiis* (1531) des Prokop, des bekannten Historiographen Justinians, hat er seinem Freund Hubertus Thomas aus Lüttich (um 1495 bis 1555), dem Hofhistoriographen des Pfalzgrafen in Heidelberg, eine wichtige Anregung vermittelt: Thomas hat nämlich seinen 14 Büchern *Annales* über Friedrich II. (Erstdruck 1624) ein Supplement beigegeben über die Bautätigkeit des Grafen, *De Aedificiis illustrissimi principis Friderici*. Es ist ein Musterbeispiel dafür, wie neuentdeckte antike Texte bei den Humanisten sofort wirksam werden.
Bei den Humanisten gab es weniger Universalhistoriker als im Mittelalter. Am bekanntesten und bis ins 18. Jahrhundert immer wieder benutzt und erweitert wurde *De quattuor summis imperiis* (Die vier Weltmonarchien, 1556) des Johannes Sleidanus aus der Eifel (1506 bis 1556). Dieses Büchlein ist jedoch nicht Sleidanus' einziges Verdienst. Unterstützt von Johannes Sturm in Straßburg, hat er die erste Geschichte der Reformation aufgrund von Akten zusammengestellt: *De statu religionis et reipublicae Carolo V Caesare commentarii* (1555). Diese Geschichte bringt uns direkt zu den Ereignissen, die die Entwicklung der humanistischen Literatur in Deutschland entscheidend und am tiefgreifendsten beeinflußt haben, nämlich zu den theologisch-kirchlichen Konflikten des 16. Jahrhunderts.

Reformation

Grundsätzlich hatten Humanisten und Theologen nicht viel miteinander zu tun: Die ersteren studierten die *bonae litterae*, die letzteren die Bibel und scholastische Theologen. Das Latein jedoch brachte sie zusammen oder, besser gesagt, in Konflikt. Die Humanisten forderten ein schönes, klares, klassisches Latein; die Theologen waren mit ihren Fachsprachen zufrieden, wofür sie von den Humanisten schonungslos gerügt wurden. Die *Epistolae Obscurorum Virorum* (1515/17) sind ein nicht wieder übertroffenes Beispiel geradezu tödlicher Satire. Die Hauptverfasser scheinen Crotus Rubeanus (um 1480 bis nach 1539) und Ulrich von Hutten (1488 bis 1523) zu sein. Jedenfalls war es Hutten, der die Briefe am besten charakterisierte: «Barbare ridentur barbari»: die barbarisch Sprechenden werden in barbarischer Sprache verspottet. Es handelt sich bei den *Epistolae Obscurorum Virorum* in der Tat um eine Sammlung von Briefen, einige teilweise in Versen, die in einem stark deutsch gefärbten Küchenlatein geschrieben sind. Als angebliche Verfasser werden Theologen aus ganz Deutschland fingiert, die sich mit geradezu idiotischen Fragen, Geschichten und Überlegungen an den Kölner Professor Ortuinus Gratius aus Deventer richten.

Diese fingierten ‹Dunkelmännerbriefe› haben natürlich der Humanistenzunft den Haß der Theologen zugezogen. Als wenig später die Kirche von den Reformationskonflikten zerrissen wurde, wurden die Humanisten mit hineingezogen. Wenn es schon vorher schwer war, auf unabhängige Weise Literatur- und Sprachstudien zu treiben, weil die theologischen Fakultäten das geistliche Leben dominierten, so war es nach 1520 kaum noch möglich. Viele Humanisten werden wohl mit Konrad Summenhart, einem Tübinger Professor und Hebraisten am Ende des 15. Jahrhunderts, schwer seufzend gesagt haben: «Quis me liberabit ab ista rixosa theologia?» (Wer wird mich von den theologischen Zänkereien befreien?) Tatsache ist aber, daß im Laufe des 16. Jahrhunderts die lateinische Literatur entweder mehr und mehr polemisch und apologetisch wurde oder aber fromm und moralisierend. Luther griff Erasmus an, so in *De servo arbitrio* (1525), und der Dichter Simon Lemnius aus Graubünden (eigentl. Name: S. Lemm-Margadant, 1511 bis 1550) überhäufte Luther mit Spott in seiner *Monachopornomachia* (1538) und in seinen Epigrammen. Eoban Hessus dagegen feierte Luthers Ankunft in Erfurt in festlichen Elegien, und Thomas Naogeorgus aus Straubing (eigentl. Name: T. Kirchmayer, um 1508/9 bis 1563) verdammte in Dramen und Satiren die päpstliche Höllenbrut. Insgesamt zeigt sich zumeist ein wenig erfreuliches Bild von gegenseitigem Fanatismus, blindem Haß und religiösem Wahn.

Die neulateinische Literatur Deutschlands umfaßt noch unendlich viel mehr als das, das hier behandelt werden kann. Neben dem Theater denke man an die reiche Briefliteratur (Melanchthon, Vadian, Celtis usw.), an die Fazetien (nicht nur diejenigen von Bebel, sondern auch die *Ioci et sales mire festivi* [1524] des Straßburgers Ottmar Luscinius [eigentl. Name: O. Nachtigall, 1487 bis 1537]) oder die Sittensatire (den *Grobianus. De morum simplicitate* [1549] und die *Grobiana* [1554] des Friedrich Dedekind(us), um 1525 bis 1598), die eine kaum glaubliche Roheit des damaligen sozialen Verhaltens schildern. Nicht vergessen sei die umfangreiche wissenschaftliche Literatur: etwa Georg Agricola aus Amberg (eigentl. Name: G. Bauer, 1530 bis 1575) und seine Traktate über Bergbau und Fossilien, Johannes Regiomontan(us) (eigentl. Name: J. Müller, 1436 bis 1476) und seine Schriften über Astronomie und Mathematik, oder aber Martinus Waldseemüller (um 1470/75 bis 1518/20), in dessen *Cosmographiae Introductio* (1507) zum erstenmal in der Geschichte der Name «Amerika» verwendet wird.

Peter Schmitt
Geistliche Prosa

Praktische Bedürfnisse des Unterrichts wie der Seelsorge bedingen vom Beginn deutscher Schriftlichkeit an die Umsetzung des Lateinischen in die Volkssprache im Sinne der Bereitstellung terminologischer Hilfsmittel für den des Lateinischen wenig oder gar nicht Kundigen, in erster Linie für den im Ausbildungsgang begriffenen Geistlichen. Glossatorische Tätigkeit als fundamentale Umsetzungstechnik macht einen nicht geringen Teil bereits der althochdeutschen Literatur aus. – Das Spätmittelalter macht lateinischen grammatisch-enzyklopädischen Bildungsstoff in großem Maße zugänglich durch die Rezeption der umfassenden lateinischen Wörterbücher (etwa Hugutios *Magnae derivationes*, oder Johannes' Balbus de Genua *Catholicon*) in lexikographischen Compendien wie dem (bis in die Frühdruckzeit in zahlreichen Fassungen tradierten) *Vocabularius ex quo*, dessen, wie er meint, fatalen Einfluß auf die klerikale (Un)bildung noch Luther beklagt.

Parallel zu dieser kompendienhaften Erschließung lateinischen Bildungsgutes erfolgt die der hochdifferenzierten scholastisch-theologischen Begrifflichkeit in Form von Spezialglossaren und Übersetzungen der verbreitetsten scholastischen Summen und Handbücher. Auch wenn die so entstehende deutsche Begrifflichkeit oft bis in die Nuancen der Wortbildung dem lateinischen Vorbild verpflichtet und ohne dieses weder verstehnoch anwendbar ist, so bildet sie doch den Ausgangspunkt für die Entwicklung des Deutschen zur ‹spekulationsfähigen› Sprache. Auch die Eigensprache der Mystik ist ohne die Folie der am Lateinischen geschulten Begrifflichkeit nicht zu verstehen.

Das Grundbuch des theologischen Universitätsstudiums, die *Sentenzen* des Petrus Lombardus (gest. 1164), ist auch das erste Standardwerk, das seinen Eingang in zwei unabhängig voneinander entstandenen Bearbeitungen in die deutsche Sprache findet: in der eines dem mitteldeutschen Raum entstammenden Dominikaners, der in seiner Übersetzung die den

Text des Lombarden auf ihre Ergebnisse reduzierende Fassung des Johannes de Fonte übernimmt, und in der eines oberdeutschen Augustiners, der in seinem *Traktat von der Gottesliebe* (14. Jh.) eine eigenständige Auswahl aus dem Text des Lombarden vornimmt.

In der Übersetzung eines unbekannten, dem niederdeutsch/niederländischen Grenzgebiet entstammenden Verfassers hat ein zweites theologisches Standardwerk seinen Weg in die Volkssprache gefunden: Die *Summa theologiae* (Beginn des 13. Jhs.) des Thomas von Aquin (1224/25 bis 1274), gleichfalls in reduzierter, die Vorlage inhaltlich und argumentatorisch verknappender Form – entstanden vermutlich als Referenz anläßlich der Kanonisation des Aquinaten (1323).

Gemeinsam ist allen diesen Übersetzungen, daß sie kaum mehr darstellen als eine heuristische Stütze des Verständnisses des lateinischen Textes. Ihre Eingeschränktheit auf ein Publikum, das sich letztlich nur den Weg zum Original erleichtern will, hat ihnen, wie die schmale Überlieferung zeigt, weitere Breitenwirkung versagt.

Anders verhält es sich mit einem Werk, das nicht mehr ausschließlich ein spezifisches Universitätspublikum anspricht, sondern sich an einen weiteren Kreis von Seelsorgern, Predigern und Theologiestudierenden wendet: Hugo Ripelins von Straßburg (gest. 1268) *Compendium theologicae veritatis* repräsentiert die theologischen Positionen der älteren (u. a. von Alexander von Hales geprägten) Dominikanerschule vor dem Beginn der massiv einsetzenden Aristotelesrezeption. Verbreitung und Rezeption erweisen Hugos Werk als überaus wirkungsvoll (sicher gefördert durch die häufige Zuschreibung des Werks an Thomas von Aquin). In sieben Büchern (orientiert an der Gliederung von Bonaventuras *Breviloquium*) liefert Hugo einen Abriß der Theologie, beginnend mit der Gottes- und Trinitätslehre über Schöpfung, Sündenlehre, Christologie, Gnaden-, Sakramentslehre bis zur Eschatologie. Die Umsetzung ins Deutsche beginnt schon früh mit einer ostfränkischen Übersetzung (um 1300), der bis ins 15. Jahrhundert über ein Dutzend weitere vollständige und Teilübersetzungen folgen. Daneben wird das lateinische Original durch zahlreiche Glossierungen und Spezialvokabulare erschlossen. Mit der Übersetzung des *Compendium* wird erstmals das Bildungsgut der lateinischen Scholastik in breitem Ausmaß für die Volkssprache erschlossen. Zwar wendet es sich als fachsprachlich konzipierte Übersetzung an den mit dem theologischen Bildungsstoff Vertrauten – seinen hauptsächlichen Verwendungsbereich scheint das deutschsprachige Compendium in der Seelsorge zu haben –, doch eröffnet es auch dem gebildeten Laien den Zugang zum Diskurs lateinischer Bildung, wie Jakob Wimpfeling bezeugt, der (in seinem Buch *De integritate*, 1505) das *Compendium* neben der *Bibel*, den *Vitaspatrum* und der *Imitatio Christi* als Lektüre von Laien aufführt.

Ohne die vorangehende Schulung durch Glossierung, Kommentierung und Übersetzung wäre die Entstehung einer eigenständigen deutschsprachigen Scholastik kaum denkbar, wie sie sich im Verlauf des 14. Jahrhunderts entwickelt – zwar immer am lateinischen Vorbild orientiert, doch in zunehmend freierem Maße über den Stoff verfügend. Träger der Popularscholastik sind zunächst Dominikaner, deren seelsorgerische Verpflichtung eine Einbeziehung der Volkssprache in ihre Tätigkeit nahelegt. Und so ist das erste größere Werk der Popularscholastik, das *Buch der Tugenden* (13. Jh.) eine für pastorale Zwecke verfaßte Summe christlicher Moral und Lebensführung aus dominikanischer Sicht. In zwei Büchern behandelt der Autor die göttlichen und Kardinaltugenden, indem er als Quellen die dem dominikanischen Studium zugrundeliegenden Standardwerke ausschöpft (neben Thomas' *Summa theologiae* II–II als Hauptquelle Hugos *Compendium*, Ulrich von Straßburg, Guilelmus Peraldus, Albertus Magnus).
In welchem Ausmaß im monastischen Bereich die deutsche Sprache fähig wird, scholastische Spekulation zu tragen – ebenbürtig der Spekulation im Medium des Lateinischen –, zeigt ein Blick auf die sich im 14. Jahrhundert entwickelnde Traktatliteratur, in der quaestionenartig Einzelthemen abgehandelt werden: Der dem Zisterzienserkloster angehörende Mönch von Heilbronn behandelt in seinem in der ersten Hälfte entstandenen *Buch von den 6 Namen des Fronleichnams* die Eucharistie. Zisterziensische Spiritualität zeigt sich in der Reflexion des Mönches über die literarische Form, wenn er in der Vorrede die Prosa als die in ihrer Schlichtheit der Heiligkeit und Wahrheit seines Themas gemäße Form begründet. Der Schmuck des Verses wird durch die intellektuelle Schönheit vielverzweigter Distinktion ersetzt.
In eine in den ersten Jahrzehnten des 14. Jahrhunderts akute theologische Diskussion greift der nach seinem Vorspruch *Vorsmak des ewigen lebennes* genannte Traktat ein, der Frage nach dem Status des tätigen menschlichen Verstandes *(intellectus agens)*. Der Vorsmaktraktat bezieht mit aus der *Summa theologiae* des Thomas von Aquin entnommenen Argumenten Position gegen die Lehre Dietrichs von Freiberg (gest. 1318/20), Meister Eckharts Vorgänger in Provinzialat und Pariser Magisterium, der dem *intellectus agens* den gleichen Status wie den himmlischen Intelligenzen zuweist: den des Vermögens, dessen Wirken sein Sein ist. Das Thema ist im Umkreis der entstehenden Mystik von höchster Brisanz, entzündet sich Kritik an der Spekulationsmystik doch gerade immer wieder an der Frage nach der präexistierenden Einheit bzw. Wesensgleichheit von menschlicher Seele und göttlichem Sein. Die Sicht Dietrichs macht sich entschieden der *Traktat von der wirkenden und möglichen Vernunft* (so von seinem Herausgeber Wilhelm Preger genannt) zu eigen.
Die Position der Theologie der Augustinerschule vertritt das Werk eines

oberrheinischen Augustinereremiten, der in der von Anselm von Canterbury übernommenen Dialogform den Bereich der Gnadenlehre (*Gratia-Dei-Traktat*), der Schöpfung und Heilsgeschichte (*Von des menschen adel, val und erlösung*) und der Seinslehre (*In Principio-Dialog*) behandelt.

Einen hinsichtlich der Konstellation von Autor und Publikum neuartigen Typ geistlicher Literatur stellt das sich im Wien des 14. Jahrhunderts in Zusammenwirkung von Hof und Universität entwickelnde Schrifttum dar. Der Entwicklung der Wiener Universität wird als landesfürstlicher Stiftung von den österreichischen Herzögen (v. a. von Albrecht III.) intensive Aufmerksamkeit und Pflege gewidmet; Angehörige der Universität wie Nikolaus von Dinkelsbühl, Heinrich von Langenstein, Thomas Peuntner, Leopold Stainreuter oder Nikolaus von Astau stehen in engen Verbindungen zum Hof. Das Bedürfnis adliger Laien und hochgestellter Stadtbürger nach geistlicher Bildung und Erbauung initiiert eine ausgebreitete Übersetzertätigkeit, in der die Bildungsinhalte der Scholastik katechetisch aufbereitet werden. Vor allem aus dem Umkreis des Nikolaus von Dinkelsbühl stammt eine Fülle von Übersetzungen; Nikolaus' Schüler Thomas Peuntner schafft mit seinem *Büchlein von der Liebhabung Gottes* eines der beliebtesten Andachtsbücher des Spätmittelalters.

Auf Anregung Herzog Albrechts III. (um 1350 bis 1395) entstanden ist die dem berühmten Wiener Theologen Heinrich von Langenstein (1323 bis 1397) heute nicht mehr sicher zuweisbare Beichtsumme *Erchantnuzz der sund* (um 1388). Das gewichtigste Werk aus dem Umkreis der Wiener Schule ist sicher Ulrichs von Pottenstein (nachgewiesen um 1390 bis um 1421), des Hofkaplans von Albrechts Gemahlin Beatrix, *Katechismus* – als Handbuch des gesamten katechetischen Wissens die umfangreichste Summe des deutschen Mittelalters, interessant auch dadurch, daß Ulrich im Vorwort einen Einblick in seine Situation als Übersetzer und Bearbeiter gewährt: das Werk ist für die «frummen vnd verstanden layen» bestimmt, und diese Zielrichtung bestimmt die Wahl seiner Übersetzungstechnik. Das «aigne dewtsch», das die lateinische Vorlage ihrer formalen Eigenart nach wiedergibt, ist als Gelehrtensprache «dem gemainen volkch» unverständlich. Ulrich wählt die Form der «vmbred», der Umschreibung, die die Wahrheit des Sinns auch in veränderter Form bewahren kann. Die Reflexion über Form und Inhalt sprachlichen Ausdrucks läßt ermessen, wie sehr das Deutsche im Begriff ist, sich als eigenständige Sprachform zu etablieren.

Deutsche Mystik

Der Begriff der deutschen oder (in der seit Günther Müller eingebürgerten Terminierung) altdeutschen Mystik hat in der Forschung mehr verunklärt als verdeutlicht. Seit ihn der Hegelschüler Carl Rosenkranz 1831 prägte, schwingt bei seiner Verwendung die Annahme mit, daß sich hier der Ausgangspunkt einer spezifischen und eigenständigen Spekulation zeige, die letzten Endes in die Subjektphilosophie des deutschen Idealismus einmündet. Die Forschung der letzten Jahrzehnte hat demgegenüber eine Versachlichung gebracht, insofern man nun mit dem Begriff pragmatisch das mystische Schrifttum des Spätmittelalters in der Volkssprache meint.

Mystische Traditionen sind seit dem Frühchristentum als Korrelat und Korrelativ dogmatischer Lehrinhalte präsent; sie werden durch den breiten Strom der neuplatonischen Tradition und ihrer Einheitsspekulation gespeist, dem Mittelalter vermittelt in den Schriften des Dionysius Areopagita, jenes syrischen Autors aus der 2. Hälfte des 5. Jahrhunderts, der seine Autorität der Identifizierung mit dem von Paulus bekehrten Mitglied des Areopag (Apg. 17) verdankt. Die *Mystische Theologie* und *Engelshierarchie* des Ps.-Dionysius sind Grundbücher des Mittelalters und stehen für das fundamentale Denkmotiv der negativen Theologie, die im apophatischen Sprechen von Gott die einzige ‹adaequate› Aussage sieht.

Als grundsätzlich eigenständiger, wenn auch in den Bereich kirchlicher Spiritualität eingebetteter Erlebnis- und Erfahrungsbereich schafft sich die Mystik ihre eigene thematische und topologische Tradition, die den Grundansatz in jeweils erneuerter Variation konkretisiert, einen Formelschatz von Bildern, Analogien, Gleichnissen, der Unsagbares sagbar machen soll – so etwa in der an das *Hohe Lied* anknüpfenden Brautmystik, die die durchgängige Chiffre der Vereinigung der Seele mit Gott darstellt (seit Gregor von Nyssa über Bernhard von Clairvaux bis zur Frauenmystik) oder der gerade im Spätmittelalter ungemein verbreiteten Passionsmystik, die die Nachfolge Christi im affektiven Erleben von Christi Leiden vollzieht.

Die Mystik des Mittelalters ist ursprünglich ein klösterliches Phänomen, wird von den Orden getragen und spiegelt die jeweils verschiedene Spiritualität der Orden und deren Gründer wider: emphatische Gottes- und Christusliebe im Zisterzienserorden; selige Gottesschau bei den der Augustinerregel folgenden Orden; aus dem Armutsgedanken gelebte Nachfolge Christi bei den Franziskanern. Demgegenüber steht in der dominikanischen Mystik – entsprechend der ‹intellektualistischen› Ausrichtung eines Lehrordens, der Albertus Magnus und Thomas von Aquin zu seinen Mitgliedern zählt – die spekulative Gotteserkenntnis im Zentrum: Ausgangs- und Bezugspunkt ist das Thema des absoluten göttlichen Seins und dessen Bezug zum kreatürlichen Sein. Erkenntnis Gottes ist Wesensschau, frei und abgelöst von Bild und Gleichnis des Geschaffenen. Der Aufstieg zu Gott, gipfelnd in der *unio mystica*, erfolgt durch die Rückwendung auf das Selbst, indem die Seele als in ihrem Wesenskern – Meister Eckhart faßt dies im Bild des Seelenfünkleins – ‹gotthaft› erkannt wird. Dieser Weg ist bestimmt durch die Ablösung vom zufällig-akzidentiellen Sein in der Freiheit des Geistes.

Die dominikanische Mystik bezieht sich, insofern sie Seinsspekulation ist, auf das ontologische System der aristotelisch-scholastischen Philosophie und setzt deren Distinktionen voraus. Grundlegend unterscheidet sie sich von dieser hinsichtlich des Diskurstyps: Der Sprachgestus der Mystik ist der der Erfahrung, des Ergriffenseins (was nicht psychologistisch mißzuverstehen ist), und dementsprechend schafft sie sich ihre Eigensprache, die sich deutlich von der Diskursivität der Scholastik unterscheidet. Es ist kaum zuviel gesagt, wenn man Mystik als Phänomen des Sprechens, der Sprache bezeichnet. Das Bemühen, über die Bedingtheit der diskursiven Sprache vorzustoßen, bedient sich der Rhetorik der Negation, der Antithese, des Paradoxons. Enorm produktiv ist die Mystik im Bereich der Wortschöpfung, weniger im Dienste der Erweiterung logischer Distinktionsmöglichkeiten, wie es die deutsche Scholastik durch die Entwicklung einer Übersetzungsterminologie tut, als vielmehr durch die Erweiterung der Wortbildungs- und Ableitungsmittel, um die Sprache hinsichtlich zentraler mystischer Themenbereiche flexibler, ausdrucksfähiger zu machen. Mystisches Denken ist Denken aus der Sprache, insofern die Annäherung an das letzlich nicht mehr Formulierbare im Prozeß des Sprechens geschieht. Das Prozeßhafte mystischen Sprechens zeigt sich in der Bevorzugung bestimmter Bildbereiche (so desjenigen des «Fließens», «Flusses», der in der Darstellung seelischer Vorgänge bevorzugt wird). Daß dieses «sprachwurzelgebundene Denken» [570] nicht immer die Höhe mystischer Spekulation durchhält, sondern, ebenso wie vergleichbare Denkmoden der Neuzeit, zum Jargon verflachen kann, liegt nahe und wird illustriert durch die Überlieferungssituation der mystischen Texte, die durch Unfestigkeit und Austauschbarkeit auch kleinster Einzelstücke und deren Neubindung in jeweils neue Zusammenhänge charakterisiert ist.

Die Geschichte der Mystik ist ohne einen Blick auf ihre zeit- und spiritualitätsgeschichtlichen Entstehungsbedingungen kaum zu verstehen. Seit dem 13. Jahrhundert stellen religiöse, zunächst nicht in den Bereich des Ordenslebens eingebundene Bewegungen aus kirchlicher Sicht eine Bedrohung der traditionellen geistlichen Ordnung dar, vor allem die Frauenbewegungen Flanderns und der Niederlande, in konventähnlichen Zirkeln lebende Beginengruppen, daneben häretische Laiengruppen, vor allem die Brüder vom Freien Geiste. Nur unter erheblichen Widerstän-

den finden sich die alten Orden bereit, die Seelsorgepflicht für die Beginenkonvente zu übernehmen. Auch die neuen Orden der Franziskaner und Dominikaner sind hierzu zunächst kaum bereit. Erst Papst Clemens IV. erlegt 1267 den Dominikanern die Betreuung der dem Orden angeschlossenen Frauenklöster auf (nachdem Innozenz IV. sie 1252 davon zugunsten ihrer eigentlichen Verpflichtungen befreit hatte). Die *cura monialium* (im Generalkapitel des Ordens von Florenz 1257 beschlossen und für die deutsche Provinz 1287 bestätigt) bildet hinfort die organisatorische Grundlage mystischen Geisteslebens im Dominikanerorden und begründet die Verbindung von dominikanischer Theologie und Seelsorge, volkssprachlicher Predigt und weiblicher Frömmigkeit.
Die enorme Breitenwirkung mystischen Schrifttums im Spätmittelalter – auch über den Bereich der Ordenspiritualität in Laienkreise hinein – hat verschiedene Ursachen. Das 14. Jahrhundert ist in vielerlei Hinsicht eine Zeit tiefer Verunsicherung: Existentielle Krisen (man denke an die seit 1347 immer wieder aufflammenden Seuchenzüge) bedingen neue Formen der Frömmigkeit, die vom Extrem religiöser Exaltation in der Geißlerbewegung bis zur Introversion mystischer Selbstbesinnung reichen. Das Zerbrechen traditioneller Ordnungsschemata zeigt sich in der Konfrontation von Avignoneser Papsttum und Kaisertum. Ein neues, die traditionellen Inhalte in Frage stellendes und über das Mittelalter hinausweisendes Denken manifestiert sich im Nominalismus Wilhelms von Ockham, der Neuorientierung der Naturphilosophie und dem sich vorbereitenden Humanismus.

Meister Eckhart

Der erste der großen dominikanischen Mystiker ist zugleich der am wenigsten ‹zeitgebundene›. Ein Urteil in ‹historischer Objektivität› über Meister Eckhart (um 1260 bis 1327/29) ist kaum möglich. Schon in seiner Zeit reichen die Stellungnahmen von schwärmerischer Verehrung in den Versen mystischer Nonnen bis zur vehementen Ablehnung Eckharts als Verwirrer der Geister durch Jan van Ruusbroec. Eckharts kirchliche Verurteilung wurde nie revidiert, und noch 1886 meinte der Begründer der modernen Eckhart-Forschung, Denifle, übrigens ein Ordensbruder Eckharts, deren Berechtigung betonen zu müssen. Eckhart hat seine Leser nie unberührt gelassen. Wie sehr er auch (und vielleicht gerade) moderne Geister zu faszinieren vermag, läßt sich der Tatsache entnehmen, daß noch Erich Fromm in seinem 1960 erschienenen Buch die grundsätzliche Thematik von «Haben und Sein» aus Meister Eckhart herausliest. Seit seiner Wiederentdeckung in der Romantik liefert der dominikanische Meister der Moderne Denkanstöße – und wird von Ideologen mißbraucht (am infamsten sicher als Gewährsmann ‹deutscher› Weltanschauung in Rosenbergs *Mythus des 20. Jahrhunderts*).

Die intensiven philologischen und philosophiehistorischen Bemühungen der letzten Jahrzehnte haben zwar viele Verfälschungen des Eckhart-Bildes bereinigt und lassen Eckharts historische und intellektuelle Persönlichkeit deutlicher erkennen – auch wenn die Ausgabe seiner lateinischen Werke noch immer nicht abgeschlossen ist –, ein in allen Details widerspruchsfreies Eckhart-Verständnis konnte sie bislang nicht liefern; das nichtmediävistische Eckhart-Bild einer breiteren Öffentlichkeit ist von diesen Forschungen weithin unbeeinflußt.

1294 ist Meister Eckhart als Sentenzenlektor in Paris belegt: Am 18. April hält er die Osterpredigt der theologischen Fakultät. Seine vorangehende Vita ist, da uns Daten fehlen, nur annäherungsweise rekonstruierbar. Geht man von den üblichen Ausbildungsgängen und -zeiten aus, so dürfte er um 1260 geboren sein, in einem (thüringischen) Hochheim bei Erfurt oder bei Gotha. Die früher angenommene adlige Herkunft, die letzteres als Herkunftsort voraussetzt, ist nicht erweisbar, Eckharts Heimatkloster ist der Erfurter Dominikanerkonvent, der uns noch später als Zentrum dominikanischer Spekulation begegnen wird. Nicht unwahrscheinlich, aber ebensowenig mit Sicherheit nachweisbar ist es, daß er im Verlauf seines Artes-Studiums in Paris mit Sigers von Brabant averroistischer Aristotelesauslegung Bekanntschaft machte; daß Eckhart sein Studium an der Sorbonne beendete, spricht gegen eine theologische Ausbildung am Generalstudium der Dominikaner in Köln, wie es sonst der Regelfall für einen jungen Dominikanertheologen wäre. – In seiner ersten deutschen Schrift, den *Reden der Unterscheidung*, erscheint Eckhart als Vikar der Ordensnation Thüringen und als Prior seines Erfurter Heimatklosters. 1302 wird er wieder nach Paris entsandt, erhält dort die Lizenz für das theologische Doktorat und übernimmt für ein Jahr den für Nichtfranzosen bestimmten Lehrstuhl der Dominikaner. Nach seiner Rückkehr wird Eckhart 1303 zum Provinzial der durch Ausgliederung aus der ursprünglichen Ordensprovinz Theutonia neugeschaffenen Provinz Saxonia ernannt, 1307 zusätzlich zum Generalvikar der böhmischen Ordensprovinz. 1310 wird seine Wahl zum Provinzial der Teutonia vom Generalkapitel in Neapel nicht bestätigt; statt dessen wird er für die Jahre 1311/12 und 1312/13 an die Pariser Universität entsandt. Ab 1314 finden wir ihn ohne fest definierbares Amt in Straßburg – wohl mit der Wahrnehmung der *cura monialium* am Oberrhein betraut; ab 1323 in Köln (wohl als Magister am dortigen Studium generale der Dominikaner). Das Jahr 1326 bringt den Bruch in Eckharts steiler Ämterlaufbahn mit der Einleitung des Inquisitionsverfahrens durch den Kölner Erzbischof Heinrich von Virneburg. Anlaß mag die Berufung angeklagter Brüder vom Freien Geiste oder Begarden auf Eckharts Predigten gewesen sein, und so ist es kein Zufall, daß ein Großteil der von den beiden als Kommissare bestellten Franziskanern zusammengetragenen inkriminierten Stellen aus Eckharts deutschen Schriften stammt. Eckhart reagiert in seiner «Rechtfertigungsschrift» merkwürdig emotional gegen dieses Produkt ‹verleumderischer Einflüsterungen›; inhaltlich bekennt er sich zu den zitierten Aussagen, auch wenn manches zu ‹subtil› sein mag, wenn auch in seinen Predigten Gehörtes leicht falsch wiederzugeben sei, dennoch aber, richtig verstanden, keine Irrtümer enthalte. Eckhart hat den Ausgang seines Prozesses nicht mehr erlebt; er starb vermutlich 1328 in Avignon, wo er von der Kurie eine Revision des in seinen Augen von der unzuständigen Instanz eröffneten Verfahrens erwirken wollte, während des Appellationsverfahrens. 1329 werden durch die päpstliche Bulle *In agro dominico* 28 Sätze indiziert, 15 davon als häretisch, die restlichen als der Häresie verdächtig.

Die knappen Angaben zu Eckharts Leben und politischer und intellektueller Persönlichkeit können zeigen, daß er allein als Autor seiner deutschen Schriften nicht zu verstehen ist. Seine Wirksamkeit ist vor dem Hintergrund der politischen und religiösen Auseinandersetzungen der Zeit zu sehen; seine Wirkung in der Volkssprache ist nicht ohne die Folie seiner lateinischen Werke und der in ihnen formulierten Ontologie zu verstehen, die ihm in der Geschichte der lateinischen Scholastik seinen Platz geben – auch wenn, wie Kurt Ruh betont, der «‹spirituelle Mehrwert› der Volkssprache» [274, *S. 193*] diese zum adäquaten Medium mystischen Sprechens macht.

Im Zentrum von Eckharts spekulativem Denken steht die Seinsthematik: ‹Das Sein ist Gott› (esse est deus) ist der programmatische Kernpunkt der Vorrede zu Eckharts unvollendetem lateinischem Hauptwerk, dem der zweiten Pariser Zeit entstammenden *Opus tripartitum*. Das absolute Sein (esse absolutum) kommt ebenso wie die Transzendentalien (Unum, Verum, Bonum) allein Gott zu. (Letzteres übrigens ein Punkt, der den Kölner Inquisitoren Anlaß zur Kritik gab.) Jedes einzelne Seiende (hoc et hoc) hat sein Sein direkt von Gott («âne wîse» wie die deutschen Schriften formulieren). Dies ist (wie J. Koch herausstellt [vgl. 240]), der Angelpunkt der eckhartischen Ontologie; im Begriff der Analogie, der das Verhältnis zwischen kreatürlichem und ungeschaffenem Sein faßt, unterscheidet sich Eckhart grundsätzlich von Thomas von Aquin: Versteht Thomas das Verhältnis als Teilhabe des geschöpflichen Seins am göttlichen, derart, daß das Sein allen Analogiegliedern formaliter inhärent ist, jedoch dem Seinsmodus nach verschieden (*analogia proportionalitatis*), so ist nach Eckhart das Geschaffene nur, insofern es das Sein dauernd empfängt (*analogia attributionis*). Zugleich liefert dieses Analogieverständnis den Ausgangspunkt für Meister Eckharts Seelenlehre, in der er die traditionellen Denkmotive des Seelenfünkleins (*scintilla animae*) und der Gottesgeburt in den Mittelpunkt stellt und neu interpretiert. Das Seelenfünklein, als *analogon* Gottes zugleich ungeschaffen und als Seelenkraft den Bedingungen der Kreatürlichkeit unterstellt, ist der Ort, an dem göttliches Sein kreatürliches bedingt und trägt, in dem nach dem Modell der Gottesgeburt der Vater den Sohn in das Innerste der Seele (*intimum mentis*), den Seelengrund, gebiert. Eckharts Äußerungen zu diesem Thema sind der Hauptansatzpunkt für die an ihm geübte Kritik, und in der Tat legen sie häufig ein univokes Verständnis des Verhältnisses von göttlichem und menschlichem Sein nahe.

Ist die Gottesgeburt im Sinne von Eckharts ontologischem Verständnis eine immer wieder zu vollziehende, so wird aus seiner Ontologie Lebenslehre. Grundthema in Eckharts deutschen Traktaten und Predigten ist die Aufforderung, sich von Bild und Gleichnis des kreatürlichen Seins zu lösen, in rechter «gelâzenheit» unter Verzicht auf den eigenen Willen zur Freiheit des Geistes zu finden. Seine ordensspezifische Anwendung findet dieses Thema in den *Reden der Unterscheidung* (sc. Unterweisung), die Eckhart während seines Priorats in Erfurt zwischen 1294 und 1298 als Unterweisung der ihm anvertrauten Novizen verfaßte. Wahre Erfüllung findet das Ordensgelübde des Gehorsams im «ûzgân» aus sich selbst, so daß «Gott eingeht mit all dem Seinen». Diese Erfülltheit durch Gott, das Sein in Gott hat jedem Tun, auch im Sinne einer Werkheiligkeit, vorauszugehen: «wer recht in den willen Gottes versetzet wäre, der sollte nicht wollen, daß die Sünde, in die er gefallen, nicht geschehen wäre».

In die Richtung der *consolatio* wendet Eckhart sein Grundthema in dem wohl in der Straßburger Zeit entstandenen, für Agnes, Witwe Königs Andreas III. von Ungarn und lange Jahre Leiterin des Klosters Königsfelden, geschriebenen «Buch der göttlichen Tröstung» (*Liber benedictus*, nach 1308, nach den Prozeßakten):

> «Darum soll der Mensch sich sehr befleißigen, daß er sich selbst und aller Kreaturen entbilde und keinen Vater kenne als Gott allein: so kann ihn nichts in Leid versetzen noch betrüben, weder Gott noch Kreatur, weder Geschaffenes noch Ungeschaffenes.»

Eckharts Predigttätigkeit wird durch ein Corpus von knapp unter hundert *Predigten* dokumentiert. Da diese infolge von Eckharts Verurteilung fast ausschließlich als Streugut, häufig in Neubindung an andere Texte, überliefert sind, hat die Frage von Echtheit und Originalfassung die Forschung intensiv beschäftigt. Eckharts Predigt ist Paränese, Aufforderung an den Hörer, «daß man wieder eingebildet werden soll in das einfaltige Gut, das Gott ist», wie er selbst die Intention seiner Predigt programmatisch umschreibt, nicht jedoch im Sinne eines aszetischen Stufenwegs, sondern im Sinne des Verzichts des Menschen auf sich selbst in der Annahme äußerster Freiheit.

Heinrich Seuse

Heinrich Seuse (um 1295 bis 1366) ist in Person und Werk Gegentyp zu Meister Eckhart. Tritt in dessen Werk Persönliches zurück, so ist Seuses Werk spirituelle Biographie, Nachfolge Christi im Medium literarisch stilisierter Autobiographie.

Frühzeitig (im Alter von 13 Jahren) ins Konstanzer Inselkloster eingetreten, hat Seuse nach fünf Jahren der Lauheit sein Bekehrungserlebnis «den geswinden ker». Das Studium, das Seuse, dem Usus dominikanischer Geistlichkeit entsprechend, zu durchlaufen hat, bringt ihn (ab ca. 1322) am Studium generale in Köln mit Eckhart in Kontakt, bevor er als Lector pricipalis 1337 an das Studium particulare des Konstanzer Konvents zurückkehrt. 1343 ist er auch als dessen Prior bezeugt. Seit etwa 1335 (also im Alter von etwa vierzig Jahren) findet Seuse zu der ihm eigentlich gemäßen Lebensform, indem er aus dem inneren Bereich des Klosters heraustritt und in der Wahrnehmung der *cura monialium* ein vielfältiges Geflecht geistlich-seelsorgerischer Beziehungen aufbaut und über den Zuständigkeitsbereich seines Heimatklosters hinaus Verbindungen mit den aufblühenden Dominikanerinnenklöstern Ötenbach in Zürich, Adelhausen bei Freiburg, Unterlinden in Kolmar und vor allem Töss bei Winterthur knüpft. Seuses Anteil an der Gestaltung des Frömmigkeitslebens dieser Konvente muß beträchtlich gewesen sein. In seiner geistlichen Freundschaft mit der Zürcher Ratsherrentochter Elsbet Stagel, die als Nonne in Töss lebt, zeigt sich, wie sehr der Einfluß wechselseitig war. Elsbet Stagel (um 1300 bis um 1360), lateinkundig, hochgebildet, an der Sammlung der Tösser Schwesternviten beteiligt, gibt den Anstoß zur Abfassung von Seuses *Vita*, indem sie heimlich dessen Bericht über seine geistliche Entwicklung niederschreibt. Seuse verbrennt einen Teil dieses Materials, einen zweiten bewahrt er auf göttliche Intervention – den Grundstock zu seiner Lebensbeschreibung.

Die Auseinandersetzungen zwischen dem Avignoneser Papsttum und Kaiser Ludwig dem Bayern zwingen Seuse ins Exil (wie viele seiner Ordensbrüder). Aus seinen letzten Lebensjahren, die er im Dominikanerkonvent in Ulm verbringt, ist wenig bekannt.

Welche Rolle Eckhart als Lehr- und Lebemeister für die zweite Generation der deutschen Mystik spielt, läßt die Tatsache ermessen, daß Seuses erste Schrift, das *Büchlein der Wahrheit*, den Versuch darstellt, dessen Lehre in Absetzung von häretischer Mißinterpretation durch beghardische Kreise in Schutz zu nehmen, gegen die «menschen, die valsche [d. i. libertinistische] friheit fůrent» («daz namelos wilde»). Seuse selbst hat dieses Unternehmen in der unklaren Situation kurz vor Eckharts Verurteilung Anfeindungen bis hin zu einer formellen Anklage vor dem Provinzialkapitel seines Ordens eingebracht. So sehr Seuse spekulativ Meister Eckhart verpflichtet ist, so zeigt doch schon das *Büchlein der Wahrheit*

in seiner Betonung des dialogischen Elements Seuses eigenständige Art der Spiritualität. Grundlegend und strukturbestimmend wird der Dialog in seiner zweiten Schrift, dem *Büchlein der ewigen Weisheit* (1327) – in seiner lateinischen Fassung, dem *Horologium sapientiae* (um 1333/34), eines der am weitesten verbreiteten Andachtsbücher des Mittelalters. In der Zuwendung zum gekreuzigten Christus entsteht in der Betrachtung und Meditation ein «kosen (Zwiegespräch) mit der ewigen wisheit». Der Dialog zwischen ewiger Weisheit (Christus) und dem «Diener» (der menschlichen Seele) knüpft als literarische Form an die im Hohen Lied vorgeprägte Brautmystik an. Mystische Betrachtung ist zugleich dialogische Zuwendung im Nachvollzug der Passion, in dieser Nachfolge Christi erfolgt der Aufstieg zur ungeschaffenen Gottheit.
Die dialogische Grundstruktur ermöglicht Seuse eine extreme Variationsbreite des Sprachgestus vom apophatischen Sprechen über die affektive Anrede bis zur konkret-praktischen Ansprache (v. a. im zweiten Teil des Werks im Sinne einer *ars moriendi*). Mystik und mystische Vita sind für Seuse untrennbar, und so ist es nur konsequent, wenn Seuse in seiner *Vita* seine Lebensgeschichte zum Exemplum geistlichen Lebens macht. Entsprungen ist diese, wie der Prolog berichtet, den fordernden Fragen von Seuses geistlicher Tochter Elsbet Stagel nach der «wise sines anvanges und fúrgangs und etlich ůbunge und liden». Die *Vita* schildert in den ersten 45 Kapiteln den Weg Seuses in der Figur des «Dieners» zur geistlichen Ritterschaft – Kapitel 44 bringt explizit das Motiv des «aventúrers», des geistlichen Ritters im Dienste der ewigen Weisheit –, beginnend mit der Darstellung von Seuses bis ins Extrem getriebenen, von Trostvisionen erträglich gemachten aszetischen Übungen vom 18. bis zum 40. Lebensjahr. Das 20. Kapitel verwandelt in der sicher als autobiographisch zu wertenden Fußtuchszene in signifikanter Form konkretes Erleben in stilisierte Autobiographie: Ein im Klostervorhof mit dem Fußtuch spielender Hund bezeichnet dem Diener den Wechsel der Zeit selbstzugefügter Leiden zu der von anderen im geistlichen Ritterdienst hinzunehmenden. Stellen die ersten Kapitel den Nachvollzug der Passion als *exercitium* dar, so illustriert die auf das Umbrucherlebnis folgende ‹Avantiurekette› der von Seuse auf seinen Wanderschaften erlebten Begebnisse gerade in ihrer Zufälligkeit den allgegenwärtigen Sinnhorizont von Leiden und Erlösung. Novellistisch-Biographisches ordnet sich in die Perspektive der Nachfolge Christi. Der Schlußteil zieht als theoretischer Diskurs das Resümee in der Form einer mystischen Lebenslehre für die «tohter» (Elsbet Stagel).
Seuses *Vita* zeigt einen doppelten Aspekt: Einerseits der Tradition der geistlichen Autobiographie verpflichtet – Augustinus' *Confessiones* (um 400) gehören zur Pflichtlektüre des Dominikanerordens –, dokumentiert sie doch ein geradezu ‹modernes› Interesse an der Authentizität des Per-

sönlichen. Das Kriterium der Authentizität bestimmt auch Seuses Umgang mit seinen eigenen Schriften, wenn er (vermutlich 1362/63) seine Werke (inklusive der zum großen Teil von Elsbet Stagel gesammelten Briefe) zu einem Musterbuch, dem *Exemplar*, zusammenstellt und redigiert.

Johannes Tauler

Weit weniger spekulativ interessiert als praktisch orientiert ist der dritte der großen mystischen Schriftsteller des 14. Jahrhunderts, Johannes Tauler. Durch seine gefeierte Tätigkeit als Volksprediger erfährt mystisches Gedankengut weite Breitenwirkung über den engeren Bereich klösterlicher Spiritualität hinaus. Um 1300 in Straßburg als Sohn einer wohlhabenden Bürgerfamilie geboren, tritt Tauler vierzehnjährig in den dortigen Dominikanerkonvent ein und durchläuft den üblichen Ausbildungsgang des Ordens. Zentrum von Taulers Wirken ist Straßburg, das er, abgesehen von dem durch die Parteinahme der Stadt für Ludwig den Bayern erzwungenen Exil 1339, nur zu kürzeren Reisen verläßt. Dort ist er auch 1361 gestorben.

Taulers Werk besteht in einem Predigtcorpus von etwa achtzig *Predigten*, die unter Aufnahme unechter (v. a. Eckhart-Predigten) den Grundbestand der späteren, bis über die Reformationszeit hinaus weitverbreiteten Taulerdrucke ausmachten. Einige unechte (häufig unter dem Titel *Medulla animae* zusammengefaßte Traktate) profitieren von Taulers berühmtem Namen.

Taulers Predigt ist Aufforderung zur Selbsterkenntnis, zur Einsicht in die Nichtigkeit kreatürlichen Seins. Im Unterschied zu Eckhart, der, ontologisch orientiert, in der Wendung auf das Innerste der Seele zugleich die Erfahrung Gottes findet, betont Tauler die Distanz: In der Konzentration auf das *abditum mentis* («grunt, gemüete») wird die Seele gnadenhaft überformt, sie wird «gotvar, gottlich, gottig». Die Seele wird aus Gnade, was Gott von Natur ist. So gefaßt, wendet sich der mystische Ansatz ins Konkret-Persönliche: Der prinzipielle Abfall von Gott ist nur temporär rückgängig zu machen in der «arbeit» einer irdischen Pilgerschaft. Tauler befaßt sich konkret mit allen Fragen der *vita activa* bis hin zu spezifischen, auf sein städtisches Predigtpublikum bezogenen Problemen berufsständischer Ethik. Mystik wird zur umfassenden, alle Bereiche christlichen Daseins aus einer Grunderfahrung bestimmenden Lebenslehre.

Die Gottesfreunde

Gottesfreundschaft ist seit dem beginnenden 14. Jahrhundert das Programm, unter dem sich zahlreiche Zirkel von Welt- und Ordensgeistlichen und Laien sammeln. In den Taulerdrucken seit 1498 wird als Anhang die phantastische und zweifellos historisch falsche Geschichte von Taulers

Bekehrung berichtet, nach der dieser sich 1346 der geistlichen Meisterschaft eines Laien, des geheimnisvollen «Gottesfreundes vom Oberland» unterworfen habe. Tauler wird hier mit der Straßburger Gruppe der «Gottesfreunde» in Verbindung gebracht, deren Mentor der mysteriöse, nie selbst in Erscheinung tretende Unbekannte ist – einer Gruppe, die den konventikelhaft-introvertierten Zug einer in ihrer Breitenwirkung verflachenden Mystik deutlich erkennen läßt. Haupt des Zirkels ist der Straßburger Kaufmann Rulman Merswin (1309 bis 1382), der seit 1367 den nominell den Johannitern unterstellten Hof «Zum grünen Wörth» als religiösen Zufluchtsort allen «erberen guothertzigen mannespersonen» anbietet. Als Vermittler des Gottesfreundes (die moderne Forschung konnte ihn als Fiktion zumindest wahrscheinlich machen) entfaltet Rulman Merswin seine laientheologischen Ambitionen und Agitationen; er sieht sich als Mitglied eines weitverzweigten Geheimbundes, dessen Aktivität auf die Einführung einer laikalen mystischen Religiosität gerichtet ist, in Ablösung einer Priesterschaft, deren Vorbildhaftigkeit in Frage gestellt wird.

Die Fiktion des Gottesfreundes wird literarisch fruchtbar: Man übergibt einander die jeweiligen schriftlich niedergelegten Bekehrungsgeschichten (das *Zweimannenbuch* des Gottesfreunds, nach 1351, und Merswins *Von den vier Jahren seines anfangenden Lebens*, vor 1382), nach und nach überläßt der Gottesfreund seinem Vertrauten eine ganze Reihe von Traktaten, die unverkennbar das Signum von Rulman Merswins Autorschaft tragen, wie der Vergleich mit den in seinem Nachlaß gefundenen Autographen zeigt.

Rulman Merswins Werk ist überwiegend Kompilation, deshalb literarisch eher belanglos; ein Bild der Mystik des Spätmittelalters vermag es dennoch zu komplettieren. Zeigt es doch, neben allen sektiererisch-quietistischen Zügen, wie Mystik in die politischen und kirchenpolitischen Fragestellungen der Zeit impliziert ist.

Dominikanische Frauenmystik

Das Beispiel Heinrich Seuses und seiner Beziehung zu Elsbet Stagel zeigt, wie in der Wahrnehmung der *cura monialum* ein wechselseitiges Verhältnis von Geben und Nehmen entsteht zwischen den *fratres docti* und den in ihrer Obhut anvertrauten Schwestern. Die spirituelle und literarische Eigenständigkeit der süddeutschen Dominikanerinnen wird durch eine ausgedehnte Vitenliteratur dokumentiert.

Die Tradition der exemplarischen Vita hat ihre Wurzeln im Bereich der Legendenliteratur; im Dominikanerorden wird sie verstärkt durch die Zusammenstellung beispielhafter Lebensläufe (wie etwa Gerards von Fracheto (1205 bis 1271) *Vitae fratrum Ordinis praedicatorum*, 1259/60). Daß in den Frauenkonventen die spezifische Orientierung des klösterlichen Lebens wie auch die stärkere Abgeschlossenheit nach außen die literarische Gattung der exemplarischen Lebensbeschreibung fördert, ist gut verständlich. Je nach Akzentuierung des spezifischen Interesses findet dieser Typ zwei verschiedene Ausprägungen. Die Betonung des vorbildhaften Chrakters für den Bereich des klösterlichen Gemeinschaftslebens führt zur Kompilation von Kurzviten von Angehörigen eines bestimmten Konvents. Beispiele solcher Sammlungen sind das um 1340 entstandene *Tösser Schwesternbuch*, an dessen Abfassung Elsbet Stagel beteiligt war, die von Anna von Munzingen ursprünglich lateinisch abgefaßte *Chronik des Klosters Adelhausen* in Freiburg (um 1318), das von Christine Ebner um 1340 verfaßte *Büchlein von der genaden uberlast*, das die Viten der Schwestern des Klosters Engelthal bei Nürnberg zusammenfaßt, das von Elsbeth von Kirchberg in der 1. Hälfte d. 14. Jahrhunderts verfaßte *Schwesternbuch von Kirchberg* (bei Sulz), Katharina Gebweilers *Vitae sororum* (verfaßt zwischen 1320 und 1340) aus dem Kloster Unterlinden bei Kolmar. Auch aus den Klöstern Ötenbach (in Zürich), Weiler (bei Esslingen), Kirchberg (bei Haigerloch), Katharinental (bei Dießenhofen) sind Schwesternbücher erhalten.

Neben der Sammlung von Kurzviten steht die Einzelvita, in der die Biographie als schrittweise Verwirklichung der in der Vergöttlichung der Seele gipfelnden Lebensform, als individuelle Gnadengeschichte dargestellt wird. Elsbeths von Oye (um 1290 bis 1340 aus dem Kloster Ötenbach) *Puchlein des lebens und der offenbarung Elsbethen von Oye* besteht in der autobiographischen Schilderung ihrer geistlichen Übungen und Selbstkasteiungen, die sie in die «glicheit» bringt. Christine Ebners (1277 bis 1356), der Autorin des *Engelthaler Schwesternbuches*, mystische Gnadengeschichte wird in zwei Einzelviten dargestellt, einem chronologischen Bericht ihrer Visionen der Jahre 1344 bis 1351/52, der den Nachdruck auf Christines für ihre Mitschwestern vorbildliches Leben legt, und einem ausführlichen, mit Kindheit und Jugend beginnenden Lebensbericht, der in einer Mischung von Autobiographie und Darstellung in der dritten Person die Extreme eines begnadeten Lebens darstellt. Kloster Engelthal, dem auch die *Offenbarungen* Adelheit Langmanns (1306 bis 1375) entstammen, ist eines der Hauptzentren der mystischen Vitenliteratur, in der alle Stilrichtungen dieser Gattung durchgespielt werden.

Das extremste Beispiel einer Einzelvita stellen die in dem Domikanerinnenkloster Maria Medingen bei Dillingen entstandenen *Offenbarungen* (1345) Margaretha Ebners (um 1291 bis 1351) dar. Ohne Vorgeschichte beginnt Margaretha Ebner mit dem Tag ihrer Erwählung, dem Tag, an dem sie von Gott zum erstenmal des Leidens gewürdigt wird. Ihr Bericht ist in der Folge eine Kette von bis in die pathologischen Details geschilderten Krankheits-, Schwäche-, Verlassenheitszuständen, unterbrochen durch Gnadenerlebnisse, deren erotische Konnotationen unverkennbar sind. Zutritt in diese in sich geschlossene Welt gewährt sie nur ihrem geistlichen Begleiter, dem wahren «friund gotz». Dieser Beistand, der Weltpriester Heinrich von Nördlingen, ist es auch, auf dessen Anstoß sie ab 1344 mit der Niederschrift ihrer Vita beginnt, zunächst unter Widerstreben, ja Furcht und Schrecken, später aber im Akte des Schreibens ihre Gnadenerlebnisse wiederholend.

Margaretha Ebners Vita – schon frühzeitig (1882) ediert – hat die moderne Diskussion um die Frauenmystik maßgeblich bestimmt, die lange von der Frage nach den pathologischen Ursachen hysterischer Zustände geprägt ist. Die Frauenmystik des 14. Jahrhunderts wird als Degeneration mystischer Lehre zur Erlebnismystik gesehen, in der sich die sexuellen und gruppendynamischen Probleme einer klausurierten Gemeinschaft zeigten. Als Indiz für diese Pathologie wird der wesentliche Grundzug dieses Erlebens gewertet, der einer «durchgehenden Körperlichkeit» [261, *S. 102*], die sich in extremen Askesepraktiken zeigt, wie in der Betonung der Krankheit als Erwähltheitszeichen und in der sinnlichen Färbung jeder religiösen Erfahrung. Die *humanitas Christi* wird wörtlich genommen im konkreten Umgang mit der Person Jesu – bis zu der Kinderpflege, die dem Jesuskind in der Krippe gewidmet wird, und zum Empfang des Bräutigams Christus als konkret-erotischer Person. Erst in neuerer Zeit sieht man diese Grundstimmung nicht mehr unter ausschließlich negatien Vorzeichen; vor allem eine feministisch orientierte Literaturbetrachtung sieht in dieser Körperlichkeit eine spezifisch weibliche Erfahrungsmöglichkeit christlicher Inhalte.

Ein wesentliches Kennzeichen der Frauenmystik ist das enge Beziehungsgeflecht zwischen den einzelnen Konventen, das sich im Austausch mystischer Literatur konkretisiert, aber auch auf Mittelspersonen angewiesen ist. Der agilste dieser Zwischenträger ist Heinrich von Nördlingen (gest. nach 1356), der, als Weltpriester in seiner Heimatstadt, ab 1339 in Basel tätig, ein weitgespanntes Netz zwischen den süddeutschen Frauenklöstern und Gruppen von Gottesfreunden knüpft. 1332 lernt er Margaretha Ebner kennen, 1338 tritt er in Kontakt mit Christine Ebner. Seine Briefe (58 sind aus der Zeit 1332 bis 1350 erhalten, davon 56 an Margaretha Ebner) zeichnen ein lebendiges, mit vielfältigen kulturhistorischen Details angereichertes Bild der mystisch-religiösen Lebensformen seiner Zeit.

Niederländische Mystik

Die Verteilung der altdeutschen und altniederländischen Mystik auf zwei Nationalliteraturen verdeckt die Tatsache, daß beide entwicklungs- und überlieferungsgeschichtlich eng zusammengehören. Oberdeutsche Mystikertexte sind im Niederländischen bekannt, ebenso wie die Werke Jan van Ruusbroecs (1293 bis 1381), des bedeutendsten niederländischen Mystikers, im Oberdeutschen tradiert werden. Im niederländischen Gebiet entwickelt sich in der Devotio moderna der neue Typ einer Laienfrömmigkeit, deren Wirkung weit über ihr Entstehungsgebiet hinausgeht.

Jan van Ruusbroec, nach seinem Herkunftsort genannt, ist bis zu seinem fünfzigsten Lebensjahr als Weltpriester an der Brüsseler Hauptkirche St. Gudula tätig, bevor er sich nach Groenendael bei Brüssel zurückzieht. Die dort von ihm gegründete kleine geistliche Gemeinschaft unterstellt sich der Regel der Augustinerchorherren und wird in der Folgezeit die Keimzelle der sich entwickelnden niederländischen Frömmigkeitsbewegung.

Ruusbroecs Werk hat seinen Ansatz in dessen langjähriger seelsorgerischer Tätigkeit, die auch ihren Reflex in der Auseinandersetzung mit zeitgenössischen Häresien in seinem Büchlein *Von den 12 Beginen* findet. Gegenstand der Polemik ist auch (ohne Namensnennung) Meister Eckharts Vorstellung der präexistenten Einheit der Seele mit Gott. (Ironischerweise wurde Ruusbroec selbst postum Gegenstand ähnlicher Kritik durch Johannes Gerson, der ihn mit den Brüdern vom Freien Geiste in Verbindung brachte.)

Bei aller selbstverständlichen Vertrautheit mit der weitgespannten Tradition der Mystik setzt Ruusbroecs Werk eigene Akzente: Nicht der ontologisch-spekulative Ansatz ist bestimmend, sondern eher die mystagogische Komponente, exemplarisch ausgeführt in Ruusbroecs Hauptwerk, der *Zierde der geistlichen Hochzeit*, das er vierzigjährig noch in seiner Brüsseler Zeit verfaßt. Ruusbroec aktualisiert den Topos der heiligen Hochzeit der bräutlichen Seele mit dem himmlischen Bräutigam. In Ausfaltung des grundlegenden Bildes wird der Erwerb des Hochzeitsschmucks geschildert, das heißt der Tugenden und seelischen Dispositionen, die in der Hingabe des geeinten Herzens das Gotteserlebnis ermöglichen, zum Empfang der Gnade disponieren. Die *Zierde der geistlichen Hochzeit* (1349/50) ist ein spirituelles Übungsbuch, das die Schulung der Gemütskräfte erstrebt. Die nach innen gerichtete Intention, nicht im Sinne spekulativer Reflexion, sondern eher affektiver Gemüthaftigkeit, prädestiniert das Werk zum Erbauungsbuch mystischer Zirkel. Ruusbroec ist Vorbild und Bezugsperson der neuen Frömmigkeitsbewegung, die sich *devotio moderna* nicht als Ersatz der mönchischen *devotio antiqua*, sondern als deren zeitgemäße Ergänzung nennt. Geert Grote (1340 bis 1384), der Initiator der Bewegung, verzichtet auf eine glänzende Karriere als Jurist und Diplomat, um sich für einige Jahre dem von seinem Studienfreund Heinrich Eger von Kalkar geleiteten Kartäuserkloster Monnikhuizen anzuschließen, verzichtet aber auch auf die Ablegung der Ordensgelübde wie auf die Priesterweihe. Ermächtigt nur durch die Weihe zum Diakon, zieht er als Bußprediger durch die Niederlande, bis ein bischöflicher Erlaß ihm seine Tätigkeit unmöglich macht. Erscheint Geert Grotes Kritik an den kirchlichen Mißständen in der Tat, wie man oft betont hat, als Vorspiel der Reformation, so speist sich doch das geistliche Leben der Devotio moderna aus anderen Quellen. Grundsatz ist der Gedanke der *imitatio Christi* als praktischer und praktizierbarer Lebensform. Von der Tradition der Mystik bleiben andachtsbildartige, die katholische Frömmigkeit des folgenden Jahrhunderts prägende Gefühlsmomente; das ekstatische, die Persönlichkeit übersteigende *unio*-Erlebnis verblaßt zum konventionellen Topos; übrig bleibt eine Mystik des Duldens und der geistigen Bescheidung.

Exemplarisch zeigt sich diese geistige Atmosphäre der Devotio moderna in der dem Regularkanoniker Thomas a Kempis (eigentl. Name: T. Hemerken, 1379/80 bis 1471) zugeschriebenen (vielleicht in ihrem Kern die geistlichen Tagebücher Geert Grotes darstellenden) *Imitatio Christi* (vor 1420) – bis in die Gegenwart das meistgelesene christliche Erbauungsbuch überhaupt.

Die Vermittlerfunktion der Devotio moderna für die Inhalte einer, wenn auch schon verblaßten Mystik ist kaum zu überschätzen. Sie beruht vor allem auf den von ihr geschaffenen Organisationsformen: Die 1381 als Laienbewegung gegründeten «Brüder vom gemeinsamen Leben» dehnen in kurzer Zeit ihre Neugründungen über Norddeutschland aus und prägen durch ihre Schulen das geistige Leben: Der Fraterherrenschule von Deventer entstammt Nicolaus Cusanus (1401 bis 1464), der in seinem Werk die Traditionen der deutschen Mystik, namentlich Meister Eckharts aufnimmt. Im Ordensbereich wird die Devotio moderna bestimmend durch die Gründung der Windesheimer Kongregation durch Florentius Radewijn (1386).

Mystik und Reformation

Mystische Inhalte und Ordensreform stehen im Spätmittelalter in engem Zusammenhang. In allen monastischen Reformbewegungen der Zeit ist das mystische Element unverkennbar; Auseinandersetzungen um die Gestaltung monastischen Lebens sind oft genug auch Auseinandersetzungen über mystische Denk- und Lebensformen, über die Rolle von *vita activa* und *vita contemplativa*.

So ist es kaum verwunderlich, daß auch das geistige Klima der beginnenden Reformation durch diese Thematik bestimmt wird. Martin Luther (1483 bis 1546) selbst ist von verschiedenen Seiten mit mystischen Traditionen in Berührung gekommen. Durch den Unterricht, den der durch die Brüder vom gemeinsamen Leben in Magdeburg erhielt, durch den Kontakt mit dem Schriftgut der Devotio moderna (Gerhard Zerbold von Zutphen, Johannes Mauburnus); der junge Luther ist beeindruckt von Tauler, in dem er (1518) «mehr von wahrer Theologie gefunden (hat) als in allen Doktoren aller Universitäten». – Kurz vor 1516 fällt ihm die unter der Autorzuweisung des «Frankforters» (= Priester und Custos des Frankfurter Deutschherrenhauses) tradierte *Theologia deutsch* (Ende d. 14. Jhs.) in die Hand, die er (1516 und 1518) herausgibt. Der im Umkreis Taulerscher Schriften im späten 14. Jahrhundert entstandene Traktat greift in die Auseinandersetzungen um die den Beginen und Gebarden zur Last gelegten pantheismusverdächtigen Vergottungslehren ein und stellt diesen das Prinzip der Nachfolge Christi im Sinne der Verwandlung menschlichen Lebens in christusförmiges Dasein gegenüber. Es liegt auf der Hand, daß es diese Betonung der Christologie ist, die Luther (der sich zu diesem Zeitpunkt mit dem Römerbrief beschäftigt) seine eigene theologische Position in diesem mystischen Traktat wiedererkennen läßt. Luthers Wertschätzung erhält dem Traktat seine Bekanntheit (bis ins 19. Jh.), macht ihn aber auch zum Gegenstand von Auseinandersetzungen – bis hin zur Indizierung durch die katholische Kirche.

Die Ablehnung der Mystik durch den späteren Luther und den sich verfestigenden Protestantismus ist sicher als ein Phänomen konfessioneller Erstarrung zu werten. Mystische Motive bleiben dennoch während der Reformationszeit präsent – etwa bei Andreas Bodenstein (genannt Karlstadt), Thomas Müntzer, vor allem bei Kaspar Schwenckfeld und Sebastian Franck – eine Tradition, an die die nachreformatorische Theosophie eines Valentin Weigel und Jakob Böhme anknüpfen kann.

Predigt

Das 14. Jahrhundert bringt mit dem Aufblühen der Mystik im Predigerorden zugleich eine Blüte der deutschsprachigen Predigt.

Die überragende Bedeutung herausragender Predigerpersönlichkeiten (wie Meister Eckhart und Tauler) darf nicht den Eindruck erwecken, als ob deren Predigtœuvre unabhängig und isoliert von der sie umgebenden Predigtkultur zu sehen sei. Wie sehr sie in diese eingebunden sind, zeigt nicht zuletzt die textuelle und überlieferungsgeschichtliche Verflechtung der Einzelstücke, die zu immer wiederholter «Zersetzung» und «Neubindung» [282] führt. Die Überlieferung von festen Predigcorpora ist der Ausnahmefall.

In den Umkreis Meister Eckharts im Erfurter Dominikanerkonvent (wenn auch vielleicht erst nach seinem Tod zusammengestellt) führt die Sammlung des *Paradisus anime intelligentis*, deren Titel, den Topos des Paradiesgartens aufnehmend, in seiner Betonung der Rolle des *intellectus* die dominikanische Position zur Frage der Seligkeit programmatisch anspricht. Von den zehn Verfassern der 64 Predigten sind acht – alle namentlich genannt – Dominikaner. Der anonyme «Barfüßermeister» (1. Hälfte d. 14. Jhs.) vertritt mit der These vom Vorrang der minne die franziskanische Gegenposition: «ie die minne eintrechticlicher ist, ie si uns me in got setzit und got in uns» – vehement abgelehnt im Inhaltsverzeichnis der Sammlung: «abir di brudere und lesemeistere in predigere ordine inhaldin nicht einis wordis, daz her sezzit und sprichit, daz daz allir hohiste werc und si groiste der seligin in himmilriche daz si minne.» Die Tatsache, daß (entgegen dem sonstigen Usus von Predigtsammlungen aus dem mystischen Umkreis) alle Autoren des Predigerordens namentlich genannt werden, sowie der hohe Anteil von Eckhartpredigten (32 Stücke, wenn auch kaum eines der inkriminierten) legt nahe, daß der anonyme Kompilator unter deutlichem Hinweis auf die spekulativen Leistungen des eigenen Ordents in den Auseinandersetzungen um seinen Mitbruder Stellung beziehen wollte.

Nicht in den *Paradisus anime intelligentis* aufgenommen wurde ein anderer Dominikaner, der im Streit um Meister Eckhart zu dessen Gunsten Partei ergreift: Nikolaus von Straßburg. 1325/26 läßt er als Lektor des Kölner Dominikanerkonvents ordensintern (mit positivem Resultat) Eckharts Rechtgläubigkeit überprüfen, um in der Folge selbst von dem Kölner Erzbischof Heinrich II. von Virneburg unter Anklage gestellt zu werden.

Nikolaus läßt, trotz seiner Vertrautheit mit Eckharts Denken, in seinen Predigten nichts von dessen Lehren erkennen. Implizit warnt er sogar in seinen Äußerungen zum Thema der *visio beatifica* vor dem Überschwang der Mystik. Sein theologisches Fundament bezieht er weitgehend aus Hugo Ripelins *Compendium*. Seine Predigt ist für ein anderes Publikum konzipiert: Stellt der «Paradisus anime intelligentis» eine Sammlung von Lehrpredigten für Dominikanerbrüder dar, so sind Nikolaus' Predigten aus der Wahrnehmung der *cura monialium* durch die *fratres docti* entstandene eher praktisch-pastoral orientierte Lesestücke für Ordensfrauen, die auch in ihrer schriftlichen Form noch die Frische direkter Anrede erhalten.

Die Dominikanerpredigt ist Vorbild und häufig Quelle der theologisch fundierten kompilativen Predigt des 14. Jahrhunderts, allerdings ohne daß deren spezifisch mystische Komponente rezipiert wird: Der *Paradisus anime intelligentis* ist eine der Hauptquellen des Zisterziensers Nikolaus von Landau, der (wohl 1341 bis 1370) in seinem 170 Predigten umfassenden Corpus jungen Predigern ein Handbuch der *ars praedicandi* zur Verfügung stellt. Für Laien ist die *Postille* des Franziskaners Hartwic von Erfurt bestimmt (entst. 1321 bis 1343), mit der das von dem Laien Hermanns von Fritzlar in Auftrag gegebene *Heiligenleben* (1443/49) in engem Zusammenhang steht. Ein Predigtlesebuch für Benediktinerinnen stellt das 55 Predigten umfassende Corpus des Engelberger Predigers dar, dessen Identität bislang nicht zu bestimmen ist. Orientiert an der Richtschnur der Benediktinerregel fordert der Prediger den Aufstieg des geistlichen Menschen über die Stufen des «übenden» und (im Verzicht auf den

Eigenwillen) «inwendigen» Lebens zum vollkommenen Leben, das sich in der Nachfolge Christi und der Gottesliebe erfüllt.
Der bedeutendste Vertreter der Predigt in der zweiten Hälfte des 14. Jahrhunderts ist sicher Marquard von Lindau (gest. 1392), zugleich der fruchtbarste Autor des Franziskanerordens seiner Zeit. Ein umfängliches lateinisches Werk dokumentiert seine fundamentale scholastische Bildung; in seinem volksprachlichen Werk setzt er die Tradition der mystisch-allegorischen Erbauungsliteratur fort. Von seinem Predigtwerk, das 41 Festtags- und Heiligenpredigten umfaßt, führen vielfältige Beziehungen zu Tauler und zu Ruusbroecs Schriften. Beziehungen zu den Straßburger Gottesfreunden sind zumindest wahrscheinlich. Weist sich Marquard auch in seiner Predigt als formal geschulter Theologe aus, wie sein Hang zum kunstgerecht (v. a. nach dem Schema der Drei- und Sechszahl ausgearbeiteten) Aufbau ausweist, so sind seine Predigten doch für ein breites Publikum bestimmt, das unter dem Programm der Gottesfreundschaft Laien und Kleriker umfaßt.
Das 15. Jahrhundert bringt einen enormen Zuwachs der Predigtliteratur, bedingt zum einen durch ein Ansteigen der homiletischen schriftstellerischen Tätigkeit, in ihrem Massencharakter gefördert durch das neue Medium des Buchdrucks, zum andern durch die zunehmende Predigttätigkeit selbst. Der Weltklerus nimmt verstärkt Predigtverpflichtungen wahr, für die Fastenzeit wird die tägliche Predigt üblich.
Die Brüder vom gemeinsamen Leben geben den Anstoß zu einer neuen Gewichtung der Predigt, die sich in einer entschiedenen Verlängerung der Predigtzeiten zeigt, ebenso wie in ihrer thematischen Ausweitung, ihrer Ausdehnung auf die Bereiche der Alltäglichkeit und ihrer Anreicherung durch Exempel, Anekdoten, Exkurse. Die Predigt gewinnt zunehmend aufklärende, informierende und – nicht zuletzt – unterhaltende Funktion. Eine Tendenz zum Ausufernden, zu einer gewissen Formlosigkeit ist die natürliche Folge. Andererseits entwickeln sich neue Formen (auch wenn über deren Entstehung und Ausprägung aufgrund der desolaten Forschungslage kaum Sicheres zu sagen ist), so die der «Reihenpredigt», in der ein Thema zyklisch variiert wird, oder der «emblematischen» Predigt, in der Bildinhalte für die Disposition verwendet werden. Neu ist auch der für die Hand des Laien bestimmte Typ des Plenars mit Glosse, in dem zusätzlich zu den Lektionen auf Sonn- und Festtage sowie auf die Fasten- und Passionszeit in Form einer Glosse eine verkürzte Predigt über das betreffende Evangelium folgt.
Aus der Masse der Prediger des 15. Jahrhunderts ragt Johann Geiler von Kaisersberg heraus, sicher der bedeutendste Kanzelredner des Jahrhunderts. Der 1445 in Schaffhausen geborene Geiler (von Kaisersberg nennt er sich nach dem Wohnsitz seiner Großeltern) studiert in Freiburg, wo er später als Professor an der Artistenfakultät tätig ist, bevor er 1475 in Basel

das Doktorat der Theologie erwirbt. 1478 nimmt er einen Ruf nach Straßburg an, wo er am Münster eine von allen priesterlichen Verpflichtungen freie Predigerstelle bis zu seinem Tod 1510 wahrnimmt. Der Verzicht auf die universitäre und kirchliche Ämterlaufbahn illustriert die zentrale Rolle der Kanzeltätigkeit im städtischen Bereich auch schon vor der Reformation.

Geilers Predigten sind in der tradierten Form nicht original. Material für die Herausgabe seiner Predigten sind seine lateinischen Konzepte und Mitschriften von Zuhörern. Dennoch ist auch in diesen sekundären Fassungen noch zu spüren, wie Geiler im mündlichen Vortrag auf sein stadtbürgerliches Publikum gewirkt haben muß. Geiler ist bei aller breiten und wohlfundierten Bildung kein origineller Geist, versteht es aber, sich in Thematik und Stillage auf sein Publikum einzustellen – bis hin zu der Derbheit und Vorliebe für grelle Mittel, die ihn für seine Zuhörer überzeugend macht. Geiler ist ein glänzender Erzähler, arbeitet mit Gleichnissen, Allegorien, erbaulichen Geschichten, Sprichwörtern. Seine Moral ist direkt, zugreifend, an der Lebenswirklichkeit seines Publikums orientiert. Die Öffentlichkeitsfunktion des spätmittelalterlichen Volkspredigers nimmt er wahr, indem er harsche Kritik an allen Berufsständen übt (den eigenen des Kanzelredners nicht ausgeschlossen). Seine Polemik gegen kirchliche Mißstände läßt die Reformatoren ihn als einen der Ihren verstehen – sicher zu Unrecht, da sie aus moralischen, nicht kirchenpolitischen Motiven entsteht. Daß seine heftige Sprache indes die Einführung der Reformation in Straßburg vorbereitete, kann kaum bezweifelt werden.

Kennzeichnend für Geiler ist der Hang zur Großform, zur Reihenpredigt, die ihr Thema zyklisch ausschreitet, häufig ausgehend von aktuellen Anlässen. So werden die zwanzig Predigten über die Kaufleute durch die Messe in Straßburg angeregt; ein auf der Messe gezeigter Löwe bietet Anlaß zur moralischen Ausdeutung von dessen Eigenschaften. Speziell für Nonnen bestimmt ist die Reihe, die das Bild der geistlichen Kunkel ins Zentrum stellt, der Seele, die den Mantel der Gottesliebe spinnt, oder die vom «Hasen im Pfeffer» – der Hase liefert das vierzehnfache Abbild des Klostermenschen. Die umfangreichste Sammlung ist das *Buch arbore humano oder vom menschlichen Baum*, in dem eine Reihe von 163 Predigten das Thema des menschlichen Lebens umkreist.

Gegenstand solcher Reihen können auch literarische Werke sein, so Johannes Niders *Formicarius* (Das Ameisenbuch, Anf. d. 15. Jhs.), seinerseits eine Allegorie christlichen Lebens im Bild von Biene und Ameise), oder Sebastian Brants *Narrenschiff* (1494), das Geiler (ohne den Autor zu nennen) als Vorlage für zwei Reihen von Fastenpredigten verwendet.

Neu begründet und fundiert wird die Predigt im Geist der Reformation.

Wird im Wort der Schrift die einzige und entscheidende Offenbarungsquelle, damit das einzige *medium salutis* gesehen (in Absetzung zu Betonung der Tradition im römischen Papsttum), so ist Verkündigung des Wortes Seelsorge im fundamentalsten Sinn. Christus als das Wort Gottes ist einziger Inhalt der Schrift; einziges Thema der Predigt ist Christus als «die enthüllende und deutende Wahrheit Gottes»: «Nihil nisi Christus praedicandus» schreibt Luther und setzt sich im gleichen Zusammenhang wie an vielen anderen Stellen mit der traditionellen Predigt, die dem zentralen Anliegen der protestantischen Verkündigung zuwiderlaufe, polemisch auseinander: «Ich lasse mit Allegorien spielen und handeln, wer da wil, allein schawet ir drauff, das ir das Heubstuck nicht verlasset, sondern treiben und uben moget, denn wir haben den Teuffel zum feinde, welvcher nicht ruget, er reisst einem das heubstuck balde hinweg und gibt einem seltzame fragen ein». (Vgl.: «drumb szo gehen die prediget spacierenn in andere untuchtige fabeln, und wirt alszo Christus vergessen».) Im Wort der Schrift wie im Wort der Predigt konkretisiert sich der Geist, und in der Vermittlung des Geistes, in der *viva vox evangelii*, erfüllt sich die Aufgabe des Predigers. Aus dem Amt des Priesters wird durch die Reformation das Predigtamt, und die Propagierung der Reformation geschieht durch Prediger. Die zahlreichen Predigtpfründen, die im 16. Jahrhundert in den Städten entstehen, sind die Zentren und Stützpunkte der neuen Bewegung.

Überragendes (und von keinem seiner Nachfolger erreichtes) Vorbild für die neue Auffassung der Predigt ist Luther. Aus seiner mehr als dreißigjährigen Tätigkeit sind, seit er noch im Kloster 1511/12 den Predigtdienst übernahm, mehr als 2000 Predigten erhalten – nur zum geringen Teil von ihm selbst herausgegeben, zum großen Teil in den Nachschriften des Wittenberger Diakons Rörer tradiert und erst in neuerer Zeit herausgegeben. Erstaunlich ist – angesichts der zentralen Rolle der Predigt in der Reformation und Luthers überragender Rolle als Kanzelredner –, daß seine Wirkung als Prediger nicht direkt an sein gigantisches Predigtwerk anschließt, sondern an seine als Hilfsmittel für theologisch ungenügend gebildete Prediger sowie zum Vorlesen in der Familie bestimmten Postillen: die *Kirchenpostille*, von der nur der die Advents, Weihnachts-, Epiphanias- und Fastenzeit umfassende Teil (1525) von Luther selbst redigiert wurde, während der Sommerteil aus von fremder Hand bearbeiteten Nachschriften besteht, sowie die *Hauspostille*, die Predigten (gleichfalls in Nachschrift) umfaßt, die Luther 1532 bis 1534 in seinem Haus hielt – gewissermaßen in Ausübung des nach reformatorischer Vorstellung nicht auf die gemeindliche Priesterfunktion beschränkten Predigeramtes.

Luthers in «genialer Monotonie» [260] immer wieder auf dem Gedanken der Rechtfertigung durch den Glauben insistierende Predigt ist entschieden Bibelpredigt – Schriftauslegung auch dann, wenn der Rekurs auf den Bibeltext nicht thematisch hergestellt wird. Überwiegend enthält sein Predigtcorpus Predigten zu den einzelnen (protestantischen) Perikopen (Luther predigte vor allem an Sonntagen) und zu Evangelientexten. Daneben finden sich Reihenpredigten (so etwa aus dem Alten Testament über Genesis, Exodus, die Psalmen) sowie textlose Predigten zu Abschnitten des Katechismus, die häufig zu Erbauungsschriften umgearbeitet und gesondert veröffentlicht wurden.

Überwiegen in Luthers Anfangszeit thematische, kunstgerecht gegliederte und aufgebaute Predigten unter Anwendung der traditionellen Technik (gelegentlich auch der Auslegung nach dem mehrfachen Schriftsinn), so läßt sich nach 1520 eine entschiedene Wendung zum (einsinnig ausgelegten) Schrifttext feststellen. Die Predigten haben durchweg die Form der Homilie, die den Text Vers für Vers auslegt. Einleitende Dispositionen finden sich ebensowenig wie ausgearbeitete Exordien. Die Intention des Predigers geht nicht mehr auf rhetorisch-formale Brillanz, sondern auf pädagogisch-seelsorgerische Unterweisung – und diese Zielsetzung bestimmt die Auswahl der stilistischen und sprachlichen Mittel, hierin hat Luthers vielgerühmte Volkstümlichkeit und Anschaulichkeit ihren Ursprung. Luthers Predigtweise ist die des ‹Zwiegesprächs›. Häufig verwendet er die Form des Dialogs, wenn er die biblischen Personen im Gespräch vorstellt oder in direkter Ansprache die Lebenswirklichkeit der Gemeinde anspricht (und kritisiert); er wendet sich an den Hörer, indem er dessen Sprechweise im volkstümlichen Sprichwort aufnimmt – mehr als 3000 Sprichwörter hat Luther verwendet oder geprägt; er greift auf den gemeinsamen Bild- und Erfahrungsschatz zurück – und er scheut nicht Derbheit und Grobianismus einer Sprache, die ihn mit seinen Hörern verbinden.

Legende

Mit der Heiligenlegende kommt ein wesentlicher Bereich mittelalterlicher Frömmigkeit in den Blick. Seit dem 5. Jahrhundert erweitert das Symbolum Apostolicum das Bekenntnis zur Kirche durch das zur «Gemeinschaft der Heiligen» *(communio sanctorum)*, eine Formel, die in ihrem Doppelsinn von «Teilhabe an den Heilsgütern» (Leib und Blut Christi) und der «Einheit der Gerechtfertigten» die Teilhabe an dem durch die Heiligen erworbenen Gnadenschatz definiert. Dies ist der Ansatz für die kirchliche Heiligenverehrung *(cultus sanctorum/cultus duliae)*, zugleich auch für eine intensive Volksfrömmigkeit, die in der Heiligenverehrung den Bezug zum Jenseits wahrnimmt und zugleich in allen Lebenslagen in den Heiligen Leitbilder, Vorbilder und Helfer sieht. Wallfahrten, religiöse Bruderschaften prägen das religiöse und soziale Leben vor allem des späten Mittelalters. In Form der *collatio* und Tischlesung ist die Legende integraler Teil monastischen Lebens. Mißstände des Heiligenkults, so der in frühkapitalistische Zustände entartete Reliquienhandel, von Luthers Landesherrn Friedrich dem Weisen ebenso betrieben wie von der Republik Venedig, geben immer wieder Anlaß zu Kritik und Polemik und liefern der Reformation ein Gutteil ihrer Thematik. Der zentralen Stellung des Heiligenkults im religiösen Leben des Mittelalters entspricht die Menge der Heiligenlegenden: Die Legende ist «die am breitesten tradierte narrative Gattung des Mittelalters überhaupt» [601, *S. 1*]. Schon früh empfindet man die Notwendigkeit, die ursprünglich einzeln entstandenen und an einzelne Heiligenkulte gebundenen hagiographischen Texte zu sichten und zu Corpora zusammenzufassen – häufig unter Zuweisung an hagiographische Autoritäten, wie die der unter dem Titel *Vitaspatrum* (4./5. Jh.) tradierten (in ihrer volkssprachlichen Umsetzung in der deutschen Literatur des Mittelalters ungemein verbreiteten) Sammlung von Anachoretenviten an Hieronymus. Einen einheitlichen Gliederungstyp gibt es dabei zunächst nicht – auch wenn die kalendarische Reihung nach Heiligenfesten gegenüber chronologischen oder historischen Ordnungsmustern überwiegt. Das ausgehende 13. Jahrhundert bringt im deutschsprachigen Bereich umfassende Legendensammlungen in Versform, so das *Passional* (um 1300) und das *Väterbuch* (um 1280 bis 1300), beide dem Bereich des Deutschen Ordens entstammend, dessen Interessen die Heiligenlegende als exemplarische Vita entspricht. Hagiographie kennzeichnet entscheidend das literarische Schaffen des Deutschen Ordens und liefert dem Orden seine Leitbilder, wie zahlreiche in dessen Umkreis entstandene Legendendichtungen belegen (so das *Marienleben* (um 1316) Bruder Philipps oder Heinrichs von Hesler *Evangelium Nicodemi*, 1310).

Allmählich abgelöst wird der Typ des Verslegendars, der noch bis in die erste Hälfte des 14. Jahrhunderts rezipiert wird, durch den neuen des Prosalegendars, der seinen Ursprung in den pastoralen Bemühungen des Predigerordens hat. Wurden bisher Legenden verschiedener Herkunft und Gestalt unredigiert zusammengefaßt, so wird nun das Material unter einheitlichen Gesichtspunkten überarbeitet. Die populärdidaktischen Intentionen des Predigerordens zeigen sich in Verknappung und Abbreviierung und der strikten Einhaltung des *sermo humilis*, die die Legende «andachtsbildartig» [301] verdichten. Dies und die übersichtliche, streng kalendarische Anordnung prädestinieren den neuen Typ des Kurzlegendars zur Rezeption in der Volkssprache. Die Legenda nova wird für die Legendentradition bestimmend in der (wohl in den sechziger Jahren des 13. Jahrhunderts entstandenen) *Legenda aurea* (um 1263 bis 1273) des Jacobus de Voragine (um 1228/29 bis 1298), einem der meistgelesenen Bücher der Zeit. Die Rezeption der *Legenda aurea* bestimmt die Geschichte der Legende bis in die Reformation, auch

wenn Sondertraditionen, lokale oder ordensspezifische Heiligenkulte die Tradition der unverkürzten Legende nie ganz abreißen lassen und einen neuen Typ der Heiligenbiographie hervorbringen (etwa in der franziskanischen Hagiographie). In drei großen Sammlungen wird das Werk des Johannes de Voragine der Volkssprache vermittelt:
Um 1350 entsteht in Straßburg als Werk eines anonymen Übersetzers die *Elsässische Legenda aurea*, die sich im Bestand an die lateinische Vorlage hält, stilistisch aber frei mit dieser umgeht. Ihre Verbreitung beschränkt sich auf den alemannischen Sprachraum. Dem für die volkssprachliche Hagiographie außerordentlich fruchtbaren niederländischen Sprachraum entstammt die *Südmittelniederländische Legenda aurea* (1360), das Werk eines bemerkenswert produktiven Übersetzers, der 1360/61 die Bücher des Alten Testaments übersetzt und hiermit in die Literaturgeschichte unter dem Namen des Bijbelvertalers eingegangen ist. Ihre Bestimmung zum Gebrauch durch Laien ebenso wie die entschiedene Akzentuierung weltabgewandter Heiligkeit gegenüber dem Typ des Bekenners und Märtyrers geben dieser Übersetzung ihren Platz im Umkreis der Devotio moderna; die Windesheimer Kongregation bringt dem Werk weite Verbreitung in den niederdeutschen Sprachraum. Im Zusammenhang mit der Reform des Dominikanerordens entsteht gegen Ende des 14. Jahrhunderts im Nürnberger Dominikanerkloster *Der Heiligen Leben* (in der älteren Forschung auch *Wenzelpassional* oder *Prosapassional* genannt), das den Bestand der Legenda aurea durch zusätzliche Quellen erheblich erweitert. Ursprünglich für die ordensinternen Zwecke der Tisch- und Privatlektüre in Frauenklostern konzipiert, erfährt das Werk über den klösterlichen Bereich hinaus eine immense Breitenwirkung in Laienkreise hinein. Als das Standardlegendar schlechthin wird es schließlich Gegenstand prostestantischer Polemik.
Die drei Großlegendare decken in ihrer regionalen Verbreitung einander gegenseitig ab. Ihnen gegenüber bleiben die übrigen Legendare wie das *Heiligenleben* Hermanns von Fritzlar (1443/49) oder das *Buch von den heiligen Mägden und Frauen* der Lichtentaler Zisterziensernonne Regula (1460) wirkungslos.

Luther und die reformatorische Legendenpolemik
Zurückgedrängt wird die Legende in der Reformation durch die lutherische Zurückweisung der Heiligenverehrung. Im Sinne seiner Gnadenlehre muß Luther zur Ablehnung der Vorstellung besonderer Verdienste der Heiligen und ihrer Vermittlerfunktion zwischen dem Gläubigen und Gott kommen. In der Predigt der Kirchenpostille über die Epistel des 2. Advents warnt er vor der «greulichen Abgötterei», die darin bestehe, daß man von Heiligen erwarte, was man von Gott zu hoffen habe.

Daß Luther in seiner Ablehnung der Heiligenverehrung durchaus auch konkrete Mißstände im Auge hat, zeigt seine Polemik gegen das Wallfahrtsumwesen, das er als «Zeichen eines großen Unglaubens im Volk» wie als Verwirrung kirchlicher Pfarrorganisation sieht.
In der Praxis indes verhält sich Luther zumindest noch bis in die ersten Jahrzehnte des 16. Jahrhunderts moderater. 1519 ermahnt er noch unbefangen zur Anrufung der Engel und Heiligen, und so fällt auch seine Polemik gegen die Legende erst in seinen späteren Jahren so entschieden aus, wie sie mit seinem Namen verbunden wird. In der *Epistel oder Unterricht von den Heiligen an die Kirche zu Erfurt* (1522) und im *Koburger Sendbrief vom Dolmetschen und Fürbitte der Heiligen* (1530) erklärt er zwar die Heiligenanrufung für zwecklos, läßt aber der Legende eine gewisse Bedeutung, die sich über den allegorischen Sinn ergibt. Diese Position entspricht der in der Augsburger Konfession festgelegten und von Melanchthon in seiner Apologie der Konfession 1531 verteidigten Formel, daß Heilige als ethisches Vorbild und Exempel der göttlichen Gnade gelten, nicht aber als Fürbitter angegangen werden können. Dem Luthertum blieb mit der gemäßigten Heiligenverehrung auch die Legende, speziell in der Form der Märtyrervita, die auch Luther am wenigsten verdächtig scheint.
Die entschiedene Wendung des späten Luther gegen die Legende ist vor dem Hintergrund der sich verschärfenden konfessionellen Antagonismen und der innerreformatorischen Konflikte zu sehen. Schon 1522 drängen die Wittenberger Neuerer (gegen Luthers Widerstand) auf radikale Abschaffung der Heiligenverehrung, Zwingli und Calvin beziehen entschieden Position gegen die Legende. Luther selbst hält mit seiner satirisch überspitzten Fassung der (stofflich dem *Passional* entnommenen) Johannes-Chrysostomus-Legende *(Die Lügend von St. Johanne Chrysostomo)* der zum Konzil von Mantua zusammengetretenen Geistlichkeit den Spiegel ihrer Sünden vor. «Lügende» bleibt der Leitterminus der protestantischen Legendenkritik und initiiert eine in der Generation nach Luther weitverbreitete Spottliteratur, die die Unglaubwürdigkeit und Unwahrscheinlichkeit hagiographischer Literatur ins Visier nimmt und sich jenseits spezieller theologischer Thematik an die Kritikfähigkeit der Laien wendet, so etwa Hieronymus Rauschers *400 auserwählte große feiste wolgemeste erstunkene papistische Lügen* (1562/64) oder Johannes Fischarts *Von St. Dominici des Predigermůnchs vnd St. Francisci Barfůssers artlich leben vnd grossen Greweln* (1571).
Die reformatorische Legendenkritik zeigt auch auf katholischer Seite ihre Wirkung. Bis zum Tridentinum (1562) wird die Legende gemieden. Erst die Gegenreformation bringt sie wieder zur Geltung. Die neubelebte Heiligenverehrung artikuliert sich nicht nur in der Predigt, sondern auch im Drama und liefert der bildenden Kunst Themen und Entwürfe.

Stephan Füssel
Luther und die ‹Biblia Deutsch›

«Doctor Martinus Luther sprach: Die Truckerey ist *summum et postremum donum*, durch welches Gott die sache deß Evangelii fort treibet. Es ist die letzte Flamme für (vor) dem Auslöschen der Welt...» Mit dieser euphorischen Beurteilung der Buchdruckerkunst schließt Johannes Aurifaber 1566 seine *Tischreden oder Colloquia Doctor Martin Luthers*, in denen er die reformatorischen Ideen mit anschaulichen Exempeln in populärer Form weitergibt. Aurifaber (1519 bis 1575) erkennt mit diesem eingängigen Diktum Luthers die wichtige Rolle des Buchdrucks für die Verbreitung der reformatorischen Lehre und vor allem der Heiligen Schrift an. Das Zitat verweist indirekt auch auf die Zweisprachigkeit der Literatur im 15./16. Jahrhundert; denn trotz der Bemühen um volkssprachige Information blieb der Anteil lateinischer Werke dominierend. Immerhin erschien aber zwischen 1518 und 1526 fast dreimal soviel deutschsprachige Literatur wie zwischen 1501 und 1517.

Deutsche gedruckte Bibeln vor Luther

Die Geschichte der Buchdruckerkunst ist untrennbar mit der Verbreitung der Heiligen Schrift verbunden: Um 1452/54 druckte Johannes Gutenberg (um 1400 bis 1468) als erstes Buch von Bedeutung die seit der Spätantike übliche lateinische Bibelübertragung, die *Vulgata*, opulent mit großen Drucktypen, 42 Zeilen je Doppelspalte in circa 150 Papier- und circa 30 Pergamentexemplaren. Im 15. Jahrhundert wurden insgesamt 94 Gesamtausgaben der *Vulgata* gedruckt, 22 davon in Anlehnung an die Gutenbergbibel. 1466 gab sein Schüler Johannes Mentelin (um 1410 bis 1478) in Straßburg die erste deutschsprachige Vollbibel heraus. Sie beruht auf einer verlorenen über einhundertjährigen Übersetzung, die sich eng an die lateinische Vorlage anschloß und die auch in der Wortwahl bereits veraltet war, wie ein Beispiel aus der Genesis (1.3f.) zeigen kann:

dixitque Deus	*fiat lux*	*et facta lux*
Vnd got der sprach.	liecht werde gemacht	Vnd das liecht ward gemacht.
et vidit Deus lucem	*quod esset bona.*	
vnd got der sache daz liecht	das es ward gut.	

Mentelin druckte mit einer kleineren Type 61 Zeilen pro Spalte und konnte daher mit deutlich geringerem Umfang als Gutenberg auskommen; in der Ordnung richtete er sich weitgehend nach der *Vulgata*, nur stellte er die Apostelgeschichte nach dem Hebräerbrief und nicht nach dem Johannesevangelium.

Trotz ihrer veralteten Sprache wurde diese Bibel bis 1518 insgesamt dreizehnmal, darunter neunmal allein in Augsburg, nachgedruckt. In der zweiten und dritten Ausgabe, 1470 bei Heinrich Eggestein in Straßburg und 1475 bei Jodokus Pflanzmann in Augsburg, wurden vereinzelte ungebräuchliche Worte ersetzt (z. B. «lützel» durch «klein, wenig»; «michelichen» durch «großmachen»), erst die 4. Ausgabe, um 1475 bei Günther Zainer († 1478) in Augsburg, wurde jedoch einer gründlichen Textrevision anhand der *Vulgata* unterzogen. In der Verlagsanzeige von 1476 (einer der ersten gedruckten Buchhändleranzeigen überhaupt) wirbt Zainer damit:

«Das buch der teutschen Bibel mit figuren mit größtem fleiß corrigiert vnd gerechtgemacht. Also daz alle frembde teutsch vnnd vnverstendtliche wort, so in den erstgedruckten klainen bybeln gewesen, gantz ausgethan, vnd nach dem latein gesetzt vnd gemacht seind.»

Neben der Besserung und Modernisierung des Textes gab Zainer zum erstenmal in einer deutschen Bibel Illustrationen bei, dreiundsiebzig Bildinitialen am Beginn jeden biblischen Buches. Kapitelüberschriften, Kolumnentitel und Seitenzählung wurden nicht mehr nachträglich von Hand mit roter Tinte eingemalt (rubriziert), sondern bereits rot mitgedruckt. Das Innere der Buchstabenkörper der Initialen, die nach sorgfältiger Planung komponiert und gedruckt wurden, zierten ein oder zwei Szenen des nachfolgenden Buches. Zainer nahm sie 1477 in einer weiteren Bibelausgabe noch einmal auf, und Anton Sorg druckte sie nach Zainers Tod 1480 wiederum.

Von dieser Art illustrativem Buchschmuck hin zu erzählenden Holzschnitten, die den Christen nicht nur erbauen, sondern auch zur Bibellektüre anregen und das Verständnis erleichtern sollten, führen zwei niederdeutsche Bibeln, die um 1478 in Köln erschienen und vermutlich von Heinrich Quentell und Bartholomäus von Unckel gedruckt wurden. Die Holzschnitte wurden namentlich bei den ‹Autorenbildern› (Evangelisten, Propheten) von Zainers Ausgabe beeinflußt, schlossen sich aber auch an Miniaturen in Bibelhandschriften und Historienbibeln aus dem kölnisch-niederländischen Raum an. Der narrative Charakter der Illustrationen und ein ausführliches Vorwort, das jeden Christen zur Bibellektüre ermuntert, zeigen die neue Intention der *devotio moderna*, auch den Laien das Wort Gottes nahezubringen. Die Herausgeber, die wohl den Brüdern vom gemeinsamen Leben und den Kölner Kartäusern zuzurechnen sind, berufen sich in der Vorrede auf die überlieferten Bilddarstellungen in Klöstern und Kirchen, die ebenso der Unterrichtung der Gläubigen dienten.

Weite Verbreitung fanden diese 109 Holzschnitte durch den Nürnberger ‹Großverleger› Anton Koberger (um 1440/45 bis 1513), der 1483 eine deutsche Bibel in zwei Bänden in hoher Auflage (man schätzt bis zu 1000 Exemplaren) herausgab, die sprachlich auf Zainers Ausgabe beruhte, aber wiederum nach der *Vulgata* gebessert wurde. Koberger übernahm die Kölner Holzschnitte, an deren Herstellung er finanziell beteiligt gewesen war, und ließ sie bereits im Verlag kolorieren. Die Drucke wurden den Handschriften vergleichbar prachtvoll ausgestaltet und zu einem hohen Preis verkauft, der den Erwerb durch den ‹gemeinen Mann› unmöglich machte. Einfachere «Gebrauchsbibeln» druckten 1507 und 1518 Johann Otmar und Silvan Otmar in Augsburg, die Holzschnitte einer Ausgabe von Johann Schönsperger aus dem Jahre 1487 übernahmen.

Die Zahl der 22 deutschsprachigen Bibelausgaben vor Luther ist bemerkenswert; wenn ihre Wirkung dennoch eingeschränkt bliebt, lag dies sicher an den hohen Preisen, dem veralteten Sprachstand und an dem Übersetzungsprinzip «verbum e verbo», das sich eng an die lateinische Vorlage anschloß und dadurch häufig Verständnisschwierigkeiten und Sinnentstellungen bot. Die deutsche Fassung war daher nur demjenigen verständlich, der ohnehin den lateinischen Text lesen konnte. Da zudem die Kirche den Anspruch erhob, allein die Hl. Schrift auslegen zu können, fehlte die notwendige Anregung zum Erwerb der Ausgaben.

Erst der grundsätzlich neue Stellenwert, den Luther der Heiligen Schrift für das theologische Denken und die kirchliche Praxis zuerkannte, die Grundsätze von der Alleingültigkeit der Hl. Schrift in Glaubensfragen (*sola scriptura*) und der Mündigkeit der Laien, die selbst die Bibel lesen und zwischen geoffenbarter Wahrheit und verfälschter Praxis der «alten Kirche» entscheiden sollten, sowie die mit sprachschöpferischer Kraft aus den Urtexten neu gewonnene deutsche Fassung sicherte Luthers Bibelübersetzung eine bis dahin unbekannte Resonanz: von 1522 bis zum Tode Luthers (1546) erschienen über dreihundert hochdeutsche Bibelausgaben mit einer Gesamtauflage von über einer halben Million Exemplaren – bei dem sich erst entwickelnden Buchmarkt und der geringen Lesefähigkeit eine bis dahin unerreichte Zahl. Ein Drittel der gesamten deutschsprachigen Buchproduktion in der ersten Hälfte des 16. Jahrhunderts entfiel auf Luthers Schriften.

Luthers Werdegang

«Ich bin ein Bauernsohn; der Urgroßvater, mein Großvater, der Vater sind richtige Bauern gewesen. Ich hätte eigentlich, wie Philipp Melanchthon sagte, ein Vorsteher, ein Schultheiß und was sie sonst im Dorf haben, irgend ein oberster Knecht über die anderen werden müssen. Danach ist mein Vater nach Mansfeld gezogen und dort ein Berghäuer geworden. Dorther bin ich» (*Tischreden* Nr. 6250). Luthers autobiographische Skizze führt in das Zentrum des aufstrebenden thüringischen Kupferbergbaus und zeigt den sozialen Wandel seiner Familie. Ein Jahr nach seiner Geburt, am 10.11.1483 in Eisleben, siedeln seine Eltern Hans und Margarethe Luder nach Mansfeld um, wo der Vater als Bergmann (=Häuer) im Lohnverhältnis Arbeit fand. Mit dem beruflichen Wechsel war auch der wirtschaftliche und soziale Aufstieg der Familie verknüpft; 1491 wurde der Vater Hüttenmeister und kam als Betreiber einer Kupferschmelzhütte in das Gremium der Mansfelder «Vierherren», die die Rechte der Bürger gegenüber dem städtischen Magistrat vertraten.

Der Sohn Martin konnte zunächst die Lateinschule in Mansfeld, 1496 die Domschule in Magdeburg und seit 1498 die Pfarrschule St. Georg in Eisenach besuchen. Im Sommersemester 1501 immatrikulierte er sich an der Artistenfakultät der Universität Erfurt, wurde bereits am 29.9.1502 zum Baccalaureus artium promoviert und erlangte im Januar 1505 den Magistergrad. Im anschließenden ersten Semester seines Jurastudiums in Erfurt änderte er radikal seinen Lebensweg und trat 1505 – in Erfüllung eines Gelübdes bei tödlicher Blitzgefahr – in das Erfurter Augustiner-Eremitenkloster ein. Nach seiner Priesterweihe am 3. April 1507 nahm er auf Weisung des Ordens ein Theologiestudium an der Universität Erfurt auf, das ihn, nach seinen philosophischen Studien an der Artistenfakultät, erneut mit der aristotelischen Philosophie und der nominalistischen Schulphilosophie und -theologie Wilhelm von Ockhams und des Tübinger Professors Gabriel Biel (um 1410 bis 1495) vertraut machte, gegen deren Offenbarungslehre, ihre scharfe Trennung von Vernunft und Glaube und ihre Auffasssung vom Vermögen des natürlichen Menschen er später vehement Stellung bezog.

Im Oktober 1508 versetzt ihn der Generalvikar des Augustiner-Eremitenordens, Johannes von Staupitz (um 1469 bis 1524), in das Wittenberger Kloster und überträgt ihm kurzfristig ein Lektorat für Philosophie an der dortigen Universität; im folgenden Jahr hält Luther in Erfurt Vorlesungen über Petrus Lombardus (um 1095 bis 1160). 1510/11 reist er mit einem Ordensbruder im Auftrag oppositioneller Ordenskonvente nach Rom, um Streitigkeiten zwischen verschiedenen Richtungen innerhalb des Ordens zu klären. Seine später zum ‹Romerlebnis› stilisierten Erfahrungen vom Zustand der römischen Kirche unter Papst Julius II. (der u. a. für den Bau der Peterskirche im Jahre 1506 einen vollkommenen Ablaß

ausgeschrieben hatte, gegen den sich zahlreiche Länder und zunächst auch die deutschen Landesherren aussprachen), legten den Grundstein zu seiner Kritik an der veräußerlichten Macht des Papsttums.
Im Oktober 1512 wird Luther unter dem Vorsitz von Andreas Bodenstein von Karlstadt (um 1477 bis 1541) zum Doktor der Theologie promoviert und übernimmt den Lehrstuhl für Bibelexegese *(lectura in biblia)* seines geistlichen Lehrers Johannes Staupitz. Staupitz hatte Luther im Geiste Augustinus' und der spätmittelalterlichen *devotio moderna* geformt. Als Professor für Bibelauslegung konzentrierte sich Luther in den Folgejahren auf die Deutung der Psalmen (1513–15) und des Römerbriefes (1515/6). Die paulinische Lehre von Sünde und Gnade stand im Mittelpunkt seiner genauen, streng auf das Wort der Schrift ausgerichteten Untersuchung. Beide Texte ließ er für seine Vorlesung nach der *Vulgata* mit weitem Zeilenabstand und breitem Rand neu drucken, damit die Zuhörer die Erläuterungen eintragen konnten; Luthers eigenes Exemplar des Psalters mit seinen handschriftlichen Anmerkungen wird in der Herzog-August-Bibliothek in Wolfenbüttel aufbewahrt.
Luthers theologischer Neuansatz zeigt sich vor allem in seiner Bewertung der Gerechtigkeit Gottes und der Rechtfertigung des Menschen. Er lehrt, daß Gottes Gerechtigkeit keine richtende, sondern eine schenkende Gerechtigkeit ist, die allein vom Glaubenden empfangen werden kann; er richtet sich damit nicht nur gegen die scholastische Theologie, sondern auch gegen die Frömmigkeitspraxis der Zeit. Seine erste deutschsprachige Schrift handelt folgerichtig von den *Sieben Bußpsalmen* (1517), in der er den Buß- und Gerichtsernst in den Vordergrund rückt und den Angriff auf die ‹Werkgerechtigkeit› der scholastischen Theologie vorformuliert. Zugespitzt wird diese Argumentation in seiner *Disputatio contra scholasticam theologiam* vom September 1517; in ihr wendet er sich gegen die zeittypische Verharmlosung der Sünde und die These, jeder ‹natürliche› Mensch könne aus eigener Kraft zu Gott finden. Er spricht dagegen von der radikalen Sündhaftigkeit des Menschen und der Notwendigkeit der Gnade für das Heil. Von dieser Position aus war es dann nur noch ein kleiner Schritt, die Ablaßpraxis der Kirche vehement anzugreifen, da sie die Menschen in einer unzulässigen, käuflichen Heilssicherheit wiege; die Menschen müßten sich vor dem Gericht Gottes beugen, nur so könnten sie seiner Gnade teilhaft werden. In den bekannten 95 Thesen, die Luther am 31. Oktober 1517 an den für die Ablaßpredigt zuständigen Erzbischof Albrecht von Mainz sandte und die als Beginn der Reformation gelten, beklagt er die falsche, verderbliche Sicherheit, die der Ablaß vorgaukelt (Thesen 31, 49, 52); Werke der Liebe und des Gebetes seien dagegen ungleich höher zu bewerten (Thesen 41 u. 74).
Im Brief an Erzbischof Albrecht verwendet er zum erstenmal die heute

geläufige Schreibung seines Nachnamens «Luther»; bis dahin hatte er seinen Familiennamen Luder geführt. Da er parallel dazu zwischen 1517 und 1519 auch den griechisch-lateinischen Namen «Eleutherius» («der Freie») gebrauchte, konnten Bernd Moeller und Karl Stackmann nachweisen [735, *S. 218–220*], daß er sich zu diesem Zeitpunkt bewußt und programmatisch «Luther» nannte. Er verband diese Namensform etymologisch mit «Eleutherius» und übertrug damit die Idee der christlichen Freiheit auf die eigene Person. Belegbar ist dies durch einen weiteren Brief vom 11. November 1517 an seinen Erfurter Freund Johann Lang, den er mit «F(rater) Martinus Eleutherius, imo dulos et captivus nimis, Augustinianus Wittenbergensis» unterzeichnete, was sinngemäß mit «Bruder Martin, der (durch Gott) Freie, oder vielmehr ganz Knecht und Gefangener (Gottes), Augustiner in Wittenberg» übersetzt werden kann und damit den Grundgedanken seines Freiheitstraktates vom Jahre 1520 *Von der Freiheit eines Christenmenschen* vorwegnimmt: «Ein Christenmensch ist ein freier Herr über alle Dinge und niemand untertan. Ein Christenmensch ist ein dienstbarer Knecht aller Dinge und jedermann untertan.» Der scheinbare Widerspruch, der in Anlehnung an Paulus (1. Kor. 9,19) formuliert wurde, löst sich, wenn man die «zweierlei Naturen» jedes Menschen mitbedenkt. Der «innere Mensch» braucht keine weltlichen, äußerlichen Dinge: «allein das Evangelium, das Wort Gottes», «allein der Glaube macht fromm, frei und selig». Der «äußere», leibliche Mensch muß jedoch gute Werke tun, allerdings nicht um dadurch «vor Gott fromm zu werden..., sondern nur in der Absicht, daß der Leib gehorsam werde». Der Freiheitsbegriff, zu dem sich Luther durch seinen Namenswechsel bereits 1517 bekennt, signalisiert daher, daß er sich selbst des eigenen Neuanfangs seiner theologischen Argumentation bewußt war.

Die 95 (lateinisch verfaßten) Thesen hatten sich rasch, gegen die ursprüngliche Absicht Luthers, verbreitet; um sie für weitere Kreise verständlich zu formulieren, gab er im März 1518 den *Sermon von Ablaß und Gnade* heraus, der auf so großes Interesse stieß, daß er in zwei Jahren 25mal nachgedruckt werden mußte. Wahre Christen, die Reue über ihre Sünden empfänden, würden die «Werke der Genugtuung» selbstverständlich leisten; der Ablaß dagegen schaffe nur «faule und unvollkommene Christen», führte Luther in eingängiger Sprache aus. Diejenigen, die ihn wegen dieser Thesen einen Ketzer schelten würden, seien «finstere Gehirne, die nie in der Bibel gerochen, die christlichen Lehrer nie gelesen, ihre eigenen Lehrer nie verstanden, sondern in ihren durchlöcherten und zerrissenen Schulmeinungen beinahe verwesen...».

Nur zwei Monate darauf wird in Rom der Prozeß gegen Luther begonnen; am Rande des Augsburger Reichstages verhört ihn auf Anordnung von Papst Leo X. (1475 bis 1521) Kardinal Cajetan (1469 bis 1534), er verweigert aber den Widerruf; im Dezember lehnt sein Landesherr, Kurfürst Friedrich der Weise, den Antrag Cajetans ab, Luther an Rom auszuliefern oder des Landes zu verweisen. Die sich überstürzenden Gespräche, Vorträge und Predigten finden 1519 ihren Höhepunkt in der «Leipziger Disputation» zwischen dem Ingolstädter Theologieprofessor Johann Eck, Andreas Karlstadt und Luther. Luther führt die Rechtfertigungslehre so weit, daß er jede Autorität der Kirche außerhalb der Hl. Schrift verwirft, dem kirchlichen Amt lediglich funktionale Bedeutung zuerkennt und folgert, daß auch Konzilien irren könnten. Zum Widerruf aller seiner Thesen innerhalb von sechzig Tagen fordert ihn Papst Leo X. mit der Bannandrohungsbulle *Exsurge, Domine* vom 15. Juni 1520 auf, während Luther seine reformatorischen «Hauptschriften» verbreitet: *An den Christlichen Adel teutscher Nation von des Christlichen standes besserung, De captivitate Babylonica ecclesiae* und *Von der Freiheit eines Christenmenschen.* Allein von diesem Traktat erschienen in knapp zwei Jahren 36 Ausgaben in deutscher, niederländischer, englischer, spanischer, tschechischer und lateinischer Sprache. Diese und weitere seiner Schriften läßt der päpstliche Nuntius Girolamo Aleandro (1480 bis 1542) in Köln und Mainz verbrennen; Luther wiederum verbrennt am 10. Dezember in Wittenberg die Bannandrohungsbulle und ein Exemplar des Kanonischen Rechts. Am 3. Januar 1521 spricht Papst Leo X. in der Bulle *Decet Romanum pontificem* den Bann gegen Luther aus.

Im April 1521 muß sich Luther vor Kaiser Karl V. (1500 bis 1558) und dem Wormser Reichstag verantworten. Seine Fahrt dorthin gleicht an vielen Orten einem Triumphzug; im Wormser Edikt jedoch wird die Reichsacht über Luther ausgesprochen und der Druck und die Verbreitung seiner Schriften verboten. Luther kann sich unter dem Schutz von Kurfürst Friedrich von Sachsen als «Junker Jörg» von Mai 1521 bis März 1522 auf der Wartburg verstecken; dort entstehen zahlreiche Predigten und Schriften, darunter das *Magnificat verdeutscht und ausgelegt* (Lk. 1,46–55), sowie vom Dezember 1521 bis Februar 1522 in nur elf Wochen die Übersetzung des Neuen Testaments aus dem Griechischen.

Luthers Übersetzungsprinzipien

Wenn auch die erzwungene Verbannung auf der Wartburg und, nach Luthers eigenem Bekunden, eine dringliche Bitte Philipp Melanchthons den Anlaß für die Übersetzung boten, liegen die Ursachen jedoch tiefer. Luthers offenes und deutliches Bekenntnis zur Hl. Schrift als der höchsten Autorität in Glaubensfragen und sein beharrliches Argumentieren mit der Bibel hatten ein großes Bedürfnis nach einer verständlichen Übertragung geweckt.

Im Zentrum seiner Bibelübersetzung stand die humanistische Hinwendung zu den Quellen, den griechischen und hebräischen Urtexten, im Unterschied zu den vorangegangenen Übersetzungen, die sich allein an der *Vulgata* orientiert hatten. Er löste sich von der sklavischen Nachahmung des lateinischen Sprachstils, indem er «nit wort vß wort, sunder sin uß sin» übertrug, wie es Heinrich Steinhöwel (1412 bis um 1477/78) für seine Prosaübertragungen bereits im 15. Jahrhundert postuliert hatte. Im *Sendbrief von Dolmetzschen* (1530) greift Luther die «Buchstabilisten» an:

«Denn man mus nicht die buchstaben inn der lateinischen sprachen fragen/wie man sol Deutsch reden/wie diese esel thun / sondern / man mus die mutter im hause / die kinder auff der gassen / den gemeinen man auff dem marckt drumb fragen / vnd den selbigen auff das maul sehen / wie sie reden/ vnd darnach dolmetzschen / so verstehen sie es denn /vnd mercken / das man Deutsch mit jn(nen) redet.»

Zum Beispiel übersetzt er «Ex abundantia cordis os loquitur» nicht wörtlich: «Aus dem Überfluß der hertzen redet der mund», sondern eingängig «Wes das hertz vol ist, des gehet der mund über» und Mk. 14,4 «Ut quid perditio ista ungenti facta est» nicht mit «Warumb ist dise verlierung der salben geschehen?», sondern mit «Es ist schade umb die Salbe». Die Freiheit in der Formulierung findet allerdings da ihre Grenzen, wo Gefahr besteht, den Sinn zu verfälschen, wie er in den *Summarien über die Psalmen und Ursachen des Dolmetschens* (1533) ausführt:

«Widderumb haben wir zu weilen / auch stracks den worten nach gedolmetscht / ob wir wol hetten anders vnd deutlicher künnen geben / Darumb / das an denselben Worten etwas gelegen ist».

Wenn der Wortsinn der Vorlage nicht durch eine freie Übersetzung wiedergegeben werden kann (da in der Formulierung der Vorlage «mehr gelegen ist», d. h. ein «feinerer reicherer sinn» enthalten ist), dann zieht er eine wörtliche Übersetzung vor. Oberste Richtschnur ist für ihn, die «Meinung» des Textes unverfälscht zu übertragen und dies mit größter Gewissenhaftigkeit, «auff mein bestes vermügen vnd auff mein gewissen», wie er im *Sendbrief* ausführt. Er geht davon aus, daß die Schrift selbst ihre beste Interpretin ist («scriptura sui ipsius interpres»), und daher bei Übersetzungsproblemen vergleichbare Textstellen herangezogen werden müssen. Er überprüft die einzelnen Verse an der Gesamtaussage der Hl. Schrift, zu deren Verständnis er, im hermeneutischen Zirkel verfahrend, durch Analyse aller Detailfragen gekommen war, jeweils vom Einzelnen zum Ganzen, vom Buchstaben zum Geist. Das zentrale Beispiel für das Ineinander von sprachlicher und theologischer Argumentation ist seine Übersetzung vom *Römerbrief* 3,28: «So halten wir es nu / Das der mensch gerecht werde / on des Gesetzes werck / alleine durch den Glauben.» Auf die Vorhaltungen, daß das Wort «allein» weder in der griechischen noch in der lateinischen Vorlage zu finden sei, verteidigte sich Luther engagiert, daß nur durch die Einführung von «nur» oder

«allein» ein «Hauptstück christlicher Lehre» deutlich formuliert werden könne, nämlich die zentrale Botschaft des Paulus, daß Gott nicht durch gute Werke in seinen Gnadenentscheidungen zu beeinflussen sei.
Die Einfügung modaler Partikeln wie «allein, doch, eben, nur, nun, schon» usw. sind für Luthers an der gesprochenen Sprache orientierten Stil typisch. Sie lassen neben dem Satzrhythmus, klingenden Worteinheiten, Wiederholungen und anderen Stilmitteln den Predigtcharakter seiner Übersetzung deutlich werden. Er bemühte sich, das «Evangelium sprechen zu lassen». An Klangfiguren bevorzugt er Alliterationen («Der Herr ist mein Hirte», «Dein Stecken und Stab», Ps. 23; «Lasset euer Licht leuchten vor den Leuten», Mt. 5,16) und durch Reim verbundene Worte («Rat und Tat», Spr. Sal. 8,14; «singen und klingen», Sir. 39,20). Die Suche nach der optimalen Wortwahl begleitete ihn zeitlebens, und mehrfach revidierte er seine Übersetzungen; hatte er zunächst in der Passionsgeschichte formuliert (Mk. 14,33): «Und er fing an zu erzittern und zu engsten», so hieß es 1530: «...zu zittern und zu zagen». Ebenso vermied er den steifen Nominalstil: Lk. 21,16 «...und sie werden euer etliche zum Tod helfen» (1520) änderte er 1530 zu «...und sie werden euer etliche töten». Luthers Ringen um das rechte Wort trägt bis in die Gegenwartssprache Früchte: Wortneuschöpfungen wie «Denkzettel, Feuereifer, Herzenslust, Morgenland» sind noch heute geläufig, ebenso seine Redewendungen «Ein Buch mit sieben Siegeln» (Offb. 5,1), «seine Hände in Unschuld waschen» (Ps. 26,6), «der Dorn im Auge» (2. Mos. 33,55) oder «im Dunkeln tappen» (5. Mos. 28,29).

Bibelübersetzungen von 1522 bis 1546

Am Anfang von Luthers Bibelübersetzungen stand die Übertragung des *Neuen Testaments* auf der Wartburg. Als Quelle diente ihm die 1519 in zweiter Auflage erschienene Ausgabe des griechischen Urtextes mit lateinischer Übertragung und *annotationes* (Anmerkungen) von Erasmus von Rotterdam; daneben benutzte er den vertrauten *Vulgata*-Text. Eine systematische Verwendung früherer deutscher Bibeln ist nicht nachzuweisen, doch schloß er sich in seltenen Fällen an gebräuchlich gewordene, allbekannte Formulierungen an. Den Hebräer- und den Jakobus-Brief stellte er (aus inhaltlichen Überlegungen und wegen ihrer nicht-apostolischen Herkunft) zum Judasbrief und der Offenbarung an den Schluß, um ihren, aus seiner Sicht, zweitrangigen Charakter im Vergleich zu den 24 «Hauptbüchern» deutlich zu machen. Die neue Leistung lag nicht nur in der Sprache, sondern auch in seinen interpretierenden Beigaben, in den Vorreden und den Randglossen. In der ‹Vorrhede› grenzt er das Neue Testament deutlich vom Alten Testament ab, das «Lehre und Gesetz» sei, das NT dagegen sei «gute botschafft / gute mehre/gute newezeytung», sei erzählte Predigt, die sich dem Glaubenden erschließe. Die Randglossen geben sprachliche Erläuterungen, Sacherklärungen und allegorische Auslegungen, die dem Wortsinn der Schrift eine übertragene Bedeutung zuerkennen. Zum Gleichnis vom Himmelreich, das mit einem verborgenen Schatz im Acker oder einem Kaufmann, der gute Perlen sucht, verglichen wird (Mt. 13,44–46), erläutert Luther den Wert der Hl. Schrift: «Der verborgene Schatz ist das Evangelium / das vns gnade vnd gerechtigkeit gibt on vnser verdienst / darumb wenn mans findet macht es freude / das ist / ein gut frölich Gewissen / welchs man keinen wercken zu wegen bringen kan.» Aber auch die direkte Auseinandersetzung mit seinen Gegnern fließt in die Glossen ein, wenn er etwa bei denjenigen, die die Gesetze auflösen und nicht befolgen (Mt. 5,19), auf den «Papisten hauff» verweist.

Die Offenbarung des Johannes wird nur geringfügig kommentiert; die metaphorische Sprache jedoch durch 21 Illustrationen gedeutet, die aus Lucas Cranachs Werkstatt stammen. Sie schließen sich eng an Albrecht Dürers 14 Holzschnitte zur «heimlichen Offenbarung» (1498 bis 1511) an, werden jedoch in entscheidenden ikonographischen Details verändert und stärker an den Wortlaut des Textes angepaßt. Sie erhalten eine scharfe antirömische Tendenz, die in der Gleichsetzung der babylonischen Hure (i. e. der Antichrist) mit dem Papst ihren polemischen Höhepunkt findet.

Im März 1522 verläßt Luther die Wartburg und revidiert gemeinsam mit dem Professor für Hebraistik und Gräzistik Philipp Melanchthon (1497 bis 1560) unmittelbar nach der Rückkehr in Wittenberg die Übersetzung. Nach fünfmonatiger Druckzeit in der Offizin von Melchior Lotther d. J. erschien *Das Neue Testament Deutzsch* im Verlag von Lucas Cranach und Christian Döring rechtzeitig zur Leipziger Herbstmesse (29. September bis 6. Oktober 1522) in Folio- (=Groß-) Format und in einer Auflage von circa 3000 Exemplaren. Der Preis für das sogenannte *Septembertestament* betrug (je nach Ausstattung, ob gebunden oder ungebunden) etwa einen Gulden, was dem Zweimonatslohn eines Schulmeisters oder dem Preis für ein Kalb entsprach. Dennoch konnten die Verleger unmittelbar nach Erscheinen mit dem Druck einer 2. Auflage beginnen, die am 19. Dezember 1522 fertiggestellt war (sogenanntes *Dezembertestament*); sie enthielt bereits mehrere hundert Besserungen in Wortwahl und Syntax, aber auch Ergänzungen bei den nachgewiesenen Parallelstellen in den Glossen. Im folgenden Jahr kamen in Augsburg, Basel, Grimma und Leipzig zwölf vollständige Nachdrucke des durch kein Privileg geschützten Werkes auf den Markt: 1523/24 erschienen 14 autorisierte Ausgaben und 66 Nachdrucke.

Noch während der Drucklegung des *Septembertestaments* begann Luther die Übertragung des *Alten Testaments*, wiederum aus dem Urtext und der *Vulgata*. Die Arbeiten zogen sich über zwölf Jahre hin, was sich durch den

erheblich größeren Umfang, aber auch mit der Schwierigkeit einer Neuübersetzung aus dem Hebräischen erklärt. Nicht zuletzt spielten ökonomische Erwägungen eine Rolle, da die Einzeldrucke der Bücher des ATs, die seit 1523 auf den Markt kamen, viel preiswerter sein konnten als die erste sogenannte Vollbibel, die dann 1534 bei Hans Lufft in Wittenberg erschien. Die bilderreiche hebräische Sprache schien Luther für eine Übertragung ins Deutsche besonders geeignet. Im Bemühen «rein und klar zu dolmetschen» erwuchsen jedoch mancherlei Schwierigkeiten; oft rang er mehrere Wochen mit seinen Mitarbeitern, besonders mit Melanchthon und dem Hebraisten Matthäus Aurogallus (M. Goldhahn, um 1490 bis 1543), um einen geeigneten Ausdruck und übersetzte in mehreren Monaten nur wenige Zeilen. Dem Leser stand dann aber ein problemlos und flüssig zu lesender Text zur Verfügung, dem man nicht mehr ansah, was für «Wackersteine und Klötze» da im Wege gelegen hatten: «Es ist gut pflügen, wenn der Acker bereinigt ist.» Neben der Übersetzungsprämisse «Sinn zu Sinn» bemühte sich Luther auch, die Stileigentümlichkeiten der jeweiligen Vorlagen deutlich werden zu lassen, etwa wenn er die Psalmen, ohne Kenntnis der hebräischen Metrik, in angemessenen freien Rhythmen und mit kunstvollen Klangfiguren wiedergab.
Der Gedanke einer Einheit der Hl. Schrift wird in den Vorreden immer wieder betont: Im Alten Testament werden Christus und das Heil verkündet, die im Neuen Testament die Erfüllung finden; Personen und Geschehnisse als Präfigurationen des NTs gedeutet, nach dem Vorbild von Paulus (Röm 5,14), der Adam als Typos Christi bezeichnet. Luther erläutert dies mit bildhaften Worten in der Vorrede zum Pentateuch (fünf Bücher Mose).

> «Hie wirstu (wirst du) die windeln vnd die krippen finden / da Christus ynnen ligt / dahyn auch der engel die hirtenn weysset / Schlechte vnd geringe windeln sind es / aber theur ist der schatz Christus / der drynnen ligt.»

Dem ersten Teil des ATs, den fünf Büchern Mose, der 1523 bei Melchior und Michael Lotther in Wittenberg erschien, wurden wiederum Holzschnittillustrationen aus der Werkstatt Lucas Cranachs beigegeben, die zur buchstabengetreuen Veranschaulichung des Textes dienen und etwa die Arche Noah, die Bundeslade oder den Siebenarmigen Leuchter zeigen.
1524 erschienen noch die historischen Bücher (Josua bis Ester), die poetischen Bücher (Hiob, Sprüche, Prediger, Hohelied) und der Psalter. Luthers Wiederaufnahme der akademischen Lehrtätigkeit im Sommersemester 1524, seine Auseinandersetzungen um den Bauernkrieg und mit Erasmus von Rotterdam, Reisen und Krankheiten sowie neue Aufgaben der sich etablierenden kirchlichen Strukturen, die Visitationen und Arbeit am *Großen und Kleinen Katechismus* (1529), schließlich die gemein-

sam mit Melanchthon vorgenommenen Revisionen des NTs und der Psalmen hinderten den rascheren Fortgang dieser Übersetzung.
Alle Teilübertragungen und die revidierten Texte wurden 1534 in der ersten sogenannten Vollbibel, der *Biblia / das ist / die gantze Heilige Schrifft Deudsch* zusammengefaßt, und die apokryphen Bücher (Judith, Tobias, Baruch, Makkabäer und Esther), die vor allem von Melanchthon und Justus Jonas (1493 bis 1555) übersetzt worden waren, neu aufgenommen. Insgesamt 118 Holzschnitte des Monogrammisten MS aus der Wittenberger Werkstatt Lucas Cranachs illustrieren den auch typographisch anspruchsvollen Band aus der Druckerei von Hans Lufft, der mit einem kurfürstlichen Privileg gegen unautorisierten Nachdruck geschützt wurde. In den Jahren 1535, 1536, 1539 und 1540 erschienen Neuauflagen mit nur geringfügigen Verbesserungen; eine grundsätzliche Revision der Jahre 1539 bis 1541 kam in der Wittenberger Ausgabe vom Herbst 1541 zum Tragen (der sogenannten Medianbibel, benannt nach dem großzügigen Druckformat); die Illustrationen waren weitgehend vom Monogrammisten MS übernommen. Die Überarbeitung wurde auf dem Titelblatt angezeigt: «Auffs New zugericht» und auf sorgfältigen und fehlerfreien Druck großen Wert gelegt. Luther führt in einer «Warnung» erstmals massiv Klage gegen die unberechtigten und unzuverlässigen Nachdrucker:

«Denn weil sie allein ihren Geitz suchen / fragen sie wenig darnach / wie recht und falsch sie es hin nach drucken / Vnd ist mir offt widerfaren / das ich der Nachdrucker druck gelesen / also verfelscht gefunden / das ich meine eigen Erbeit / an vielen Orten nicht gekennet.»

Als «Ausgabe letzter Hand» gilt die *Biblia: das ist: Die gantze Heilige Schrifft: Deudsch Auffs new zugericht. D. Mart. Luth.*, die Hans Lufft 1545 in Wittenberg herstellte. Da sie die letzte Ausgabe zu Luthers Lebzeiten war, erhielt sie beinahe kanonische Bedeutung und wurde – im Gegensatz zu Luthers eigenen Intentionen – jahrhundertelang kaum verändert. Einige Korrekturen Luthers wurden aber noch in die Ausgabe von 1546 aufgenommen, die postum erschien und deren Drucklegung sein enger Mitarbeiter und Korrektor Georg Rörer (1492 bis 1557) überwachte.
Zwischen 1522 und 1546 kann man 430 Teil- und Gesamtausgaben nachweisen, so daß mit etwa einer halben Million Lutherbibeln bis zur Jahrhundertmitte gerechnet werden muß. Daneben gab es Versuche der ‹alten› Kirche, mit eigenen Übersetzungen die Wirkung Luthers einzudämmen. Auf Veranlassung von Herzog Georg von Sachsen (1471 bis 1539), der bereits 1522 ein Verbot der Lutherbibel für seine Untertanen verkündet hatte, gab Hieronymus Emser (1477/78 bis 1527) 1527 in Dresden bei Wolfgang Stöckel ein Neues Testament heraus, das er nach Luthers Septembertestament, älteren deutschen Bibeln und mit Rückgriff

auf den Urtext verfaßt hatte; zur Illustration verwendete er die Holzschnitte des *Dezembertestaments*, die Cranach an ihn verkaufte. Im Nachwort rät Emser allerdings selbst von der Bibellektüre ab, die nichts für den Laien sei und nur in die Hände der Gebildeten gehöre, womit er in die Argumentation des 15. Jahrhunderts zurückfällt:

«Darumb so bekömere sich nu eyn itzlicher Ley (der meinem rat volgen wil) mehr vmb eyn gut Gotselig leben / dann vmb die schrifft / die aleyn den gelarten befohlen ist...»

Erfolgreicher wurde die *Biblia / beider Allt vnnd Newen Testamenten* des Dominikaners Johannes Dietenberger (um 1475 bis 1537), die – mit kaiserlichem Privileg ausgestattet – 1534, noch vor Luthers Gesamtausgabe, in Köln und Mainz erschien. Auch der Mainzer Professor für Theologie nutzte Luthers Übersetzung direkt und indirekt (durch den engen Anschluß an Emser) sowie ältere deutsche Übertragungen; er gab ebenfalls Inhaltsangaben der Bücher und glossierte Übersetzungsvarianten und Erklärungen am Rand, vermerkte dort auch «Verfälschungen» in Luthers Deutung. Dietenbergers Bibel erlebte bis 1776 insgesamt 46 Auflagen.

Sprache der Lutherbibel

Um die Sprache der Lutherbibel ranken sich zahlreiche Legenden, die von der sprachgeschichtlichen Forschung in den letzten Jahren relativiert werden konnten. Festzuhalten bleibt, daß die weite Verbreitung seiner Schriften und der Bibelübersetzung, sein Bemühen, dialektale Ausdrücke zu vermeiden, und die Verwendung der Druckersprache des deutschen Südostens den bereits begonnenen Sprachausgleich innerhalb des Deutschen Reiches und die Ausbildung einer gemeindeutschen Schriftsprache positiv förderten. Seine eigene Hoffnung, mit der Sprache der Sächsischen Kanzlei («Ideo est communissima lingua Germaniae», vgl. *Tischreden*, 1040 und 2758) überall verstanden zu werden, überschätzte allerdings die Rolle der Kanzleisprachen. In den oberdeutschen Städten mußten seinen Übersetzungen Glossare, mitteldeutsch-oberdeutsche Wörterlisten, beigegeben werden, und in Norddeutschland entstanden in rascher Folge eigene niederdeutsche Fassungen. Neben den bewußten Ausgleichsbestrebungen wirkten auch seine Wortneuschöpfungen, Redensarten und metaphernreiche Sprache stilbildend [449, *S. 23*]. Neuere Forschungen betonen gegenüber der gängigen Verharmlosung seiner ‹volkstümlichen, schlichten› Sprache, daß er sich um eine gehobene Sakralsprache bemühte, die von der klassischen Rhetorik geprägt ist [896, *S. 179ff.*] und sich an die stilistische Qualität der Urtexte anschloß. Er selbst beschreibt die exakte Übersetzungsarbeit im *Sendbrief*: «Vnd ist vns wol offt begegnet / daß wir xiiij. tage / drey / vier wochen / haben ein einiges wort gesucht vnd gefragt / habens dennoch zu weilen nicht funden».

Der Einfluß von Luthers Sprache und Stil geht nicht nur auf die weitverbreitete Bibel selbst zurück, sondern auch auf seine theologischen Traktate, die Nachschriften seiner Schüler, zum Beispiel die *Tischgespräche*, schließlich auf die Kirchenlieder und die protestantische Predigt der nachfolgenden Jahrhunderte. Die meisten reformatorischen Flugschriften beziehen sich auf die Luther-Bibel; viele Autoren zitierten sie in ihren fiktionalen Texten, von Hans Sachs bis zur *Historia von D. Johann Fausten* (1587). Das Erbauungsschrifttum und das Bibeldrama im 16./17. Jahrhundert verwenden das ‹Luther-Deutsch›. Aufklärer und Klassiker von Hamann bis Goethe und Klopstock setzen sich im 18. Jahrhundert erneut eingehend mit der Sprache des Reformators auseinander, deren Nachwirkung bis ins 20. Jahrhundert zu Nietzsche, Thomas Mann und Brecht reicht.

Da die Bibel oft das einzige Buch im Hause war, diente es häufig auch zum Leseunterricht. 1642 predigt der Rhetoriker und Theologe Johann Conrad Dannhauer in Straßburg über die richtige Lektüre der Christen und verdammt die Romane: «Hinweg mit Amadis / Schäffereyen / Eulenspiegel / Gartengesellschaft / Rollwagen / und dergleichen heyllosen Büchern mehr – das Teutsch lernt sich besser in der Bibel vnd den Büchern Lutheri...».

Dieter Seitz

Flugschriftenliteratur der Reformation und des Bauernkriegs

Vom Beginn der Reformation an bis zum deutschen Bauernkrieg 1525 werden in Deutschland Flugschriften verbreitet, die einen neuen Typ von Literatur darstellen. Es sind durchweg kürzere Texte von ein paar Seiten oder ein paar Bögen Umfang, die für wenig Geld überall verbreitet werden. Sie beschäftigen sich meist polemisch oder satirisch mit dem Zustand der Kirche und deren notwendiger Reform, mit einer neuen Auslegung der kirchlichen Lehre, aber auch mit Fragen daraus abzuleitender sozialer Veränderungen. Es sind Texte, die verschiedene überlieferte literarische Äußerungsweisen aufgreifen und sie zum Vehikel einer theologischen und politischen Agitation machen. Und es ist Literatur, die vorgibt, sich nicht an ein begrenztes, mit den kulturellen Techniken des Lesens und des gelehrten Streits bekanntes Publikum zu richten, sondern dezidiert an jene, die von schriftlicher Kultur bislang ausgeschlossen waren. Für kurze Zeit gibt es also eine ‹demokratische› Umakzentuierung des Zwecks, der Themen und Adressaten der Literaturproduktion. Für kurze Zeit wird der Bauer und der Handwerker zur literarischen Leitfigur.

Diese Entwicklung ist nicht verständlich ohne den Zusammenhang der sozialen Spannungen, die die Zeit prägen. Sie war auch nicht möglich ohne den Appell der reformatorischen Bewegung an den Laien. Daß sich ein großes Potential an Unzufriedenheit bei den Bauern und bei städtischem Handwerk und städtischen Unterschichten angesammelt hatte, belegen nicht zuletzt die häufigen Unruhen und Aufstände. So unterschiedlich die Lage der Bauern in den verschiedenen Regionen auch war, sie waren es, die den verschärften ökonomischen Druck aufzufangen hatten, dem weltliche und geistliche Herren durch die entwickelteren Tausch- und Konsumformen und die Entwicklung eines zentralisierten ‹frühmodernen› Staates ausgesetzt waren. Das führt zum Teil zu erneuten Verschlechterungen ihrer rechtlichen Lage, das führt auch zu größerer steuerlicher Belastung, die selbst da, wo sie nicht in die materielle Not führt, als besonders drückend empfunden wird, weil Adel und kirchliche Institutionen von ihr befreit waren. Diese Exemtion des Klerus vor allem von regionalen oder städtischen Abgaben ist auch der Ansatzpunkt einer Kirchenfeindlichkeit in den Städten. Dort bedeutete andererseits die zunehmende Übermacht des Handels- und Finanzkapitals eine Verstärkung des Drucks auf Handwerker und Gesellen, den Zwang zu mehr Arbeitsleistung und -disziplin und die Verschärfung der politischen Unmündigkeit.

Solche Entwicklungen sind der Boden, auf dem das Zusammentreffen eines neuen technischen Mittels, des Buchdrucks, und einer neuen religiösen Lehre eine bis dahin ungewohnte Dynamik literarischer Produktion in Gang setzte. Damit war auch eine neue Qualität von Öffentlichkeit möglich: eine Öffentlichkeit, die nicht regional begrenzt war, die sich potentiell an alle richtete und deshalb – und das geschieht programmatisch – das Monopol auf Information, das etwa fürstliche Kanzleien, die großen Handelshäuser, kirchliche Institutionen hatten, zu durchbrechen in der Lage war. Daß dies zunehmend Möglichkeit blieb, die nur insoweit wahrgenommen werden konnte, wie Inhalt und Tendenz der jeweiligen Obrigkeit akzeptabel erschienen, dafür sorgte die Zensur, die viele Autoren und Drucker von Flugschriften dazu brachte, anonym zu bleiben, da sie Gefängnis oder Tod riskierten, wenn sie unliebsame Äußerungen verbreiteten. Außerdem gilt, daß, so sehr gegenüber früheren Jahrhunderten die Lektürefähigkeit zugenommen hat, doch die Kultur des 16. Jahrhunderts noch kaum generell eine schriftliche war. Immer noch konnte die große Mehrheit der Menschen nicht lesen. Ist also die Flugschrift ‹für jedermann›, die Befreiung des Bauern und Handwerkers aus geistlicher Bevormundung, ist der belesene, bücherkundige Laie eine bloße Propagandafiktion?

Man kann sicherlich davon ausgehen, daß die Flugschriftenliteratur in bis dahin unvorstellbar hohen Zahlen verbreitet wurde. Die Lektüre aber geschah offenbar in verschiedenen Formen. Außer durch das stille Lesen des einzelnen wurde der Inhalt der Schriften auch in tradierten Formen der oralen Kultur multipliziert. Darunter hat man sich nicht nur das öffentliche Vorlesen durch die Flugschriftenhändler, die Buchführer, die eine ganz eminente Rolle bei der Verbreitung der neuen Gedanken spielten, oder den Vortrag der Prediger, die sich zur Reformation bekannten, vorzustellen. Häufig gab es, das ist vor allem aus Verboten zu sehen, Diskussionsgruppen in Privat- und Gasthäusern, bei denen ein Schriftkundiger seine Kenntnisse verbreitete. Lieder spielen ebenso eine wichtige Rolle, auch sie werden als Flugschriften verbreitet. Auf nicht nur literale Rezeptionsformen verweisen die vielen Bilder, die den meisten der gedruckten Texte beigegeben werden. ‹Lesen hören› oder auch vorlesen lassen (durch einen gemieteten fahrenden Schüler etwa) ist in den Flugschriften selbst als Quelle der Kenntnisse des Laien genannt.

Der Appell an den Laien ist also nicht bloßer propagandistischer Kunstgriff, er ist dies um so weniger, als die Autoren der reformatorischen Flugschriften offenbar ein ausgeprägtes Bewußtsein davon haben, daß die Durchsetzung der gereinigten Lehre sich im Rahmen einer neuen Form von Öffentlichkeit vollzieht: Gegen die institutionell gesicherten Lehrgebäude hat nur das Überspringen der Grenzen einer bloß wissenschaftlich-theologischen Öffentlichkeit eine Chance. Und so wird die besondere Qualität der im Druck veröffentlichten Meinung darin gesehen, daß sie die ruhige Prüfung des vernünftig urteilenden Lesers, der von den Tricks und rhetorischen Beeinflussungsmitteln der öffentlichen Predigt unbeeinflußt ist, ermöglicht. Die Wahrheit ans Licht bringen und sie durch seine Person, den sich nennenden und die Schrift verantwortenden Autor beglaubigen, sind vielzitierte Leitvorstellungen.

Die Person des urteilsfähigen, aber doch auch und zuerst zu belehrenden, der aufnahmefähige, aber im Besitz seiner Vernunft und seines guten Willens kompetente Leser ist der Bezugspunkt des Argumentierens. Dieser vernünftige Leser ist auch in Wahrheit Adressat jener Schriften, die als öffentliche ‹Sendschreiben› an den Kaiser, den Papst, den Adel, die Stadtregierung usw. gerichtet sind. Diese Schriften wenden sich an ihre Adressaten vor einer Öffentlichkeit und im Namen der Öffentlichkeit.

Luthers Frühschriften

Martin Luther (1483 bis 1546) nimmt mit der Veröffentlichung seiner Thesen und seiner frühen Schriften im Druck die neue Form der Verbreitung wahr. Er hat damit ungeheuren Erfolg. Druck und Nachdruck folgen sich rasch. Lutherisch orientierte Flugschriftenliteratur wird schnell zum enormen geschäftlichen Erfolg. Fundiert ist diese Wendung ‹an alle› in zentralen Thesen seiner theologischen Schriften. Denn eine seiner wichtigsten Botschaften zielt darauf, dem einzelnen Gläubigen eine neue Rolle zuzuweisen. Er wird für sein geistliches Schicksal selbst verantwortlich. Das schließt die Aufhebung des wesensmäßigen Unterschieds zwischen Laien und Geistlichen ein. Und dies ist – neben den vielen einzelnen Reformvorschlägen – die wirksame Botschaft der Schrift an den Adel *(An den Christlichen Adel deutscher Nation von des Christlichen standes besserung*, 1520). Die Taufe und der Glaube machen, so heißt es dort, den «geistlichen Stand», sie machen lauter «gleiche Christen», deren jeder potentiell Prediger und Bischof ist. Nicht kraft Weihe oder Zugehörigkeit zu einer Institution ist einer zur Verkündung berufen, sondern durch seinen Glauben und seine Schriftkompetenz. Das setzt voraus, daß die Glaubenswahrheiten jedem gleich zugänglich sind. Vordringliche Auf-

gabe ist folglich die Übersetzung und allgemeine Verbreitung der heiligen Schrift. Gegeben ist damit aber auch die theologisch-pädagogische Begründung für eine literarische Öffentlichkeit, die sich an alle wendet.
Dies schließt die Entmachtung der Institution Kirche, so wie sie besteht, ein. Sie hat ihre Funktion als einzige legitimierte Dolmetscherin der Glaubenswahrheit verloren, ihr Anspruch, die Mittel zur Erlangung göttlicher Gnade und Verzeihung zu verwalten, wird ihr bestritten. In der Adelschrift wird statt dessen die Gemeinde zur geistlichen Entscheidungsinstanz ernannt. Und dies ist im Kern ein Modell kirchenpolitisch-politischer Selbstbestimmung bzw., in literarhistorischem Blickwinkel, ein Feld essentieller öffentlicher Diskussion und Willensbildung, das mediale Kommunikation nötig macht.
Diese aus christlicher Lehre begründete Befreiung aus geistiger Bevormundung und Unmündigkeit ist die faszinierende und wirksame Botschaft, wesentliches Element des Erfolgs der lutherischen Lehre, Thema bzw. Voraussetzung einer ungeheuren Zahl von Schriften, die sich an ein breites Publikum wenden, Voraussetzung auch dafür, daß der ‹Bauer› als positive Figur in die Literatur eintritt.
Hierin liegt aber auch der Ausgangspunkt für ein im Sinne der Reformation prinzipielles Mißverständnis. Die römische Kirche war ebensosehr weltliche Gewalt wie geistliche. Der Angriff auf ihre Autorität hat deshalb zwangsläufig eine politische Dimension. Sehr schnell behaupten die Gegner der Reformation, daß diese nur ein Mäntelchen sei, um Aufruhr und Umsturz zu verbreiten. Luther hat nicht zuletzt deshalb fast gleichzeitig mit dem Angriff auf die kirchliche Autorität Art und Maß der christlichen Freiheit definiert in seiner Schrift *Von der Freiheit eines Christenmenschen* (1520). Das Paradox, mit dem sie beginnt («Ein Christenmensch ist ein freier Herr über alle Dinge und niemand untertan. Ein Christenmensch ist ein dienstbarer Knecht aller Dinge und jedermann untertan.») zeigt, hier geht es um zweierlei Freiheit: eine innere und eine äußere. Die innere, die Freiheit der Gewissensentscheidung in Fragen des Glaubens emanzipiert den einzelnen zum Subjekt. Hier kann ihm niemand befehlen. Das hat aber nichts mit den äußeren Lebensumständen zu tun. Für die politischen und wirtschaftlichen Verhältnisse gibt es zwar auch einen christlichen Maßstab; ihm zu folgen aber ist freiwillige Leistung des Christen, er kann nicht verbindlich gemacht werden. Gesellschaft und Staat können nicht ‹christlich› sein. Im Konfliktfall gilt für den Christen passives Erdulden. Diese Trennung von innen und außen ist folgenreich für eine protestantisch bestimmte politische Kultur. Sie führt bei Luther zur Ablehnung jeder gewaltsamen Veränderung der Verhältnisse und zur Betonung der Gehorsamspflicht gegenüber jeglicher Form der weltlichen Herrschaft. Diese kann, verhält sie sich unchristlich, kritisiert werden, aber es gibt so gut wie kein Recht, gegen sie vorzugehen. Obrig-

keit ist in jedem Fall von Gott. Ihre Aufgabe ist zu strafen und zu disziplinieren, und die richtige Haltung des Christen ist erdulden. *(Ein treue Vermahnung Martini Luther zu allen Christen, sich zu hüten vor Aufruhr und Empörung,* 1522; *Von weltlicher Obrigkeit, wie weit man ihr Gehorsam schuldig sei*, 1523).

Aber auch die innere Freiheit ist widersprüchlich. Sie ist keine des ‹natürlichen› Menschen, sondern als Akt des Glaubens eine errungene, und als solche geht ihr die Nichtigkeitserfahrung und vollständige Unterwerfung unter die urteilende Vaterautorität Gottes, das heißt die Etablierung des Gewissens, der inneren Zensurinstanz, voraus. Diese Transformation der äußeren religiösen Autorität in eine innere ist zweifelsohne ein entscheidender Schritt bei der Herausbildung einer ‹protestantischen› Persönlichkeitsstruktur.

Thomas Müntzer

So dominierend Luther auch im publizistischen Feld war, seine Interpretation der ‹evangelischen› Lehre war nicht die einzige. Möglich waren vor allem andere praktische Folgerungen. Die wichtigste Position in den ersten Jahren der Reformation ist neben Luther und den Schweizern zweifellos die von Thomas Müntzer (1489/90 bis 1525). Bei ihm bekommt die ‹Schrift› und die Lektüre nicht jenen zentralen Stellenwert. Dies jedoch nicht deshalb, weil er die Demokratisierung der Kompetenz in Glaubensfragen weniger entschieden betrieben hätte. Aber der Modus der Aneignung des Glaubenswissens ist verschieden. Wenn in der Lutherschen Reform der Wortlaut der *Heiligen Schrift* im Zentrum steht und das Kriterium der Richtigkeit gerade dies ist, daß den originalen Wortlaut kein interpretierender ‹menschlicher› Zusatz verstellt, dann ist bei Müntzer der Buchstabe nur der Ausgangspunkt. Ohne das Subjekt, das den nur geschriebenen Glauben zum innerlich sprechenden und so erfahrenen werden läßt, bleibt die Schrift tot. Dieser innere persönliche Anteil, die interpretierende, hermeneutisch das göttliche Wort im Kontext der eigenen Erfahrung anwendende Aktivität des Menschen ist Kriterium des richtigen gegenüber dem ‹erdichteten› Glauben. Natürlich ist damit nicht die Aufwertung des diesseitigen Lebens gegenüber den Ansprüchen eines göttlichen Richters gemeint. Die Erfahrung der Nichtigkeit des kreatürlichen Menschen, sein Klein-Werden, das ihm nur das Leid richtig vermittelt, die Fähigkeit, Wünsche abzustreifen, die mit seiner leiblich-sinnlichen Existenz zusammenhängen, sind notwendige vorbereitende Stufen, ohne die die rechte Disposition zum Vernehmen der inneren, göttlich inspirierten Stimme nicht erreicht wird *(Von dem gedichteten Glauben*, 1523/24; *Protestation oder Erbietung*, 1523).

Weil aber andererseits Glauben ein nie abgeschlossener Prozeß ist, sondern stets erneut der inneren Energie bedarf und damit des Engagements des einzelnen, liegt bei Müntzer der Akzent auf der Produktivität des Subjekts und auf der Ablehnung der Institution und der gelehrten Theologen. Deshalb kreisen die Müntzerschen Schriften von Anfang an darum, den ‹erfahrenen› Glauben und die innere Voraussetzung dafür zu propagieren, sind also weniger theologischer Systementwurf als Agitation zur inneren Umkehr.

Verständlich, daß die Müntzersche Lehre nicht primär zur Schriftlichkeit und Verbreitung im Druck drängt. Seine Schriften sind eher Berichtigung und Verteidigung, Klarstellungen gegenüber Angriffen. Da sie aber immer auch von einem eschatologischen Impuls geprägt sind, kennzeichnet sie ein Merkmal, das aller Literatur bis zum bitteren Ende der Bauernrevolution die Energie und letzte Legitimation gibt: Es prägt sie die Überzeugung, in einer Zeit der Entscheidung zu leben, in der die Möglichkeit, aber auch der Zwang zur Veränderung aller falschen und ungerechten Verhältnisse existiert. Bei Müntzer und in seinen Schriften ist dieser Antrieb gesteigert zur revolutionären Energie, die zu religiös motiviertem Umsturz drängt und durch mündliche wie gedruckte Unterweisung die Zeitgenossen aufrütteln und organisieren will. Dieser Zwang zur Aktion läßt bei Müntzer innere Widersprüche der reformatorischen Theologie deutlich sichtbar werden. Wenn Luther und seine Parteigänger in ihren Schriften von Anfang an und zunehmend deutlicher eine ganz klare Grenze zwischen religiöser Neuordnung und der Veränderung der gesellschaftlichen Ordnungen und Machtverhältnisse ziehen und wenn sie jede Gewaltanwendung auch zur Durchsetzung rein religiöser Forderungen ablehnen, so kann es für Müntzer diese Grenze gerade nicht geben. Verzicht auf eingreifende Änderungen aller weltlichen und kirchlichen Verhältnisse ist ihm Unentschiedenheit und bequemes Sich-Einrichten im Wohlleben und ein Mangel an Glaube.

Dabei war die aktiv-produktive Rolle des einzelnen ein Element; doch die theologisch begründete Aufforderung zur politischen Aktion wird auch direkter formuliert – nicht als soziales Programm zwar, aber als Einsicht in den Zusammenhang von äußeren Existenzbedingungen und inneren Möglichkeiten des Menschen. Die Leiderfahrung und die Armut sind nämlich nur dann ein Vorzug, wenn sie nicht im Zwang äußerer Verhältnisse motiviert sind. Die ordinäre Armut der Bauern und der unteren Schichten in den Städten ist deshalb ein Hindernis des Glaubens. Sie bindet den Menschen an die kreatürlichen Bedingungen genauso wie der Reichtum der ‹großen Hansen›. Immerhin ist das Volk in seinem Elend der inneren Disposition zum Glauben näher. Soll aber jede Rücksicht auf die materiellen Bedingungen überwunden werden, müssen diesseitige Not und Überfluß gleichermaßen verschwinden. Gemeinsamkeit im Besitz irdischer Güter und in ihrem Konsum ist selbstverständliches Merkmal der anzustrebenden Verhältnisse.

So haben auch die Exponenten der bestehenden Herrschaft, die Fürsten, nicht eine bloß ordnungswahrende Rolle. Wollen sie den Ansprüchen des Glaubens genügen, dann haben sie den Umsturz anzuführen. Versagen sie sich, geht der religiöse Rechtstitel der gewaltsamen revolutionären Aktion an das Volk über (*Auslegung des anderen Unterschieds Danielis* [= Fürstenpredigt], 1524; *Hochverursachte Schutzrede und Antwort wider das Geistlose, Sanft lebende Fleisch zu Wittenberg*..., 1524). Wenn auch die Ziele Müntzers und die der aufständischen Bauern von 1525 nicht einfach übereinstimmen, so wird in dieser Version des Protestantismus doch das formuliert, was die Gegner Luther immer nur unterstellten: eine Rechtfertigung der gewaltsamen Aktion im Interesse richtigerer Verhältnisse.

Flugschriften für den ‹gemeinen Mann›

Luthers erste Schriften initiieren die umfangreiche Flugschriftenliteratur der Reformationszeit. Zur wichtigsten Form wird dabei der Prosadialog, den die Humanisten in ihren satirischen Auseinandersetzungen entwickelt hatten – für ein sehr viel begrenzteres Publikum allerdings. Ulrich von Hutten (1488 bis 1523) spielt hier eine Vermittlerrolle. Er hatte den auf aktuelle Fragen gerichteten Dialog – zunächst in lateinischer Sprache – als Mittel öffentlicher Auseinandersetzung entwickelt und ihn ab 1519 programmatisch ins Deutsche übersetzt. Damit wurde er zum Vorbild für die Fehden der Reformatoren. (*Phalarismus*, 1516/17; deutsch 1519: seine Auseinandersetzung mit Herzog Ulrich von Württemberg – *Febris prima* und *Febris secunda, Vadiscus* und *Inspicientes*, 1518 bis 1520, deutsch als *Gesprächsbüchlin* 1521 mit dem Thema, das er leidenschaftlich in seinen letzten Lebensjahren verfolgte: dem Kampf gegen die weltliche Macht des Papstes und der Kirche.)

Dieser Wechsel von Sprache und Adressaten mußte auch Redeform und Inhalt verändern. Dies zeigt der früheste und wohl bekannteste Reformationsdialog, der *Karsthans* (1521 in Straßburg anonym, wie die meisten Flugschriften, erschienen und schnell in Nachdrucken weiterverbreitet. Versuche, Autoren zuzuordnen, blieben im allgemeinen unsicher.) Er bezeichnet deutlich einen Übergang. Als redende Figuren stehen ein wohlhabender Bauer mit seinem Sohn, der (Theologie) studieren konnte, miteinander und mit zunächst Murner und danach Luther im Gespräch. Murner wird von Karsthans (fränk. alem. *karst* = Feldhacke, Bauer) «bauernschlau» in Widersprüche verwickelt und schließlich lächerlich gemacht, als er sich vor der Diskussion mit Luther drückt. Dieser darf dann mit edel-bescheidener Geste demonstrieren, wie ernst er den Laien nimmt und daß es ihm nur um die Wahrheit geht, der mit unbehinderter offener Diskussion am meisten gedient sei.

Mit dieser Figur des Bauern, mit seiner natürlichen Weisheit und seinem

Interesse an den Fragen des richtigen Glaubens wird für kurze Zeit eine neue Zentralfigur auf die literarische Bühne gestellt: der kluge Laie. Er ist – als Bauer – Vertreter der bisher in der Literatur immer mit Herablassung, ja Verachtung behandelten Bevölkerungsmehrheit. In ihm wird nun zum Vorzug, was zuvor ein Makel war: die Kenntnis körperlicher Arbeit, die ihn zum unversöhnlichen Kritiker klerikalen Müßiggangs und der gelehrten Arroganz der Theologen alter Schule macht.

Die literarische Methode ist einfach und suggestiv (und findet sich so in vielen anderen Dialogen): Vertreter beider konfessioneller Seiten treten ‹in Person› auf und charakterisieren sich mit ihrem Reden und Handeln selbst. Das bedeutet hier, daß sich Murner als eitler und arroganter Mönch entlarvt. Der Bauer, scheinbar neutral, ist der verkörperte gesunde Menschenverstand. Er kritisiert vehement die absolutistischen Auffassungen von der päpstlichen Gewalt, die sein Sohn vertritt, und wird mehr und mehr zum evangelischen Prediger, der plötzlich Lutherschriften kennt (er hat sie lesen hören – später sind die Bauern und Handwerker in den Dialogen sehr oft aus eigener Bibel- und Lutherlektüre theologisch gebildet) und der sogar aus der Geschichte Roms seine Beispiele wählt. Er ‹beweist› in seiner Person die Lehre von der geistlichen Mündigkeit des Laien, und er vertritt ein Rechtsgefühl, das keine unumschränkte Herrschaftsgewalt akzeptiert und trotzdem sehr obrigkeitsfromm ist. Natürlich ist Karsthans eine Kunstfigur, eine Projektion des humanistisch gebildeten Parteigängers der Reformation, der sich der geraden Richtigkeit des bäuerlichen Denkens als Beweis seiner Gelehrten- und Institutionskritik und als Beleg für die ursprüngliche Echtheit und Einfachheit der ‹evangelischen› Lehre fiktiv versichert. Der einfältige und doch kluge Bauer oder Handwerker der Flugschriften ist eine usurpierte Legitimationsfigur. Man muß im einzelnen genau unterscheiden: Im *Karsthans* jedenfalls und in vielen anderen Dialogen vertritt er die Sache der Reformation und nicht seine eigene oder die der armen Bevölkerungsschichten. Um die materiellen Beschwernisse geht es hier gar nicht.

Die humanistische Tradition ist im *Karsthans* noch sehr direkt wirksam. Denn mit ‹Merkurius› ist dem Ganzen ein lateinisch redender Kommentator beigegeben, der in Seitenbemerkungen voll Ironie das Geschehen überlegen, aber mit Sympathie zur protestantischen Sache begleitet. Überhaupt setzt die fiktive Szene, das Beinahe-Aufeinandertreffen von Murner und Luther und die ironischen Anspielungen die Kenntnis der literarischen Fehden um Murner voraus.

Dialogtechnik, -situation, -sprache entfernen sich in der Folge von diesem Vorbild. Gelehrte Anspielungen und lateinische Zitate verschwinden, dafür werden realistische Situationen konstruiert, in denen die Personen situationsgerecht reden.

Das ist schon der Fall beim *Gesprächbüchlein Neu-Karsthans* (1521), in dem ein bedrängter Bauer bei Franz von Sickingen Rat holt. Hier kommen nun wirkliche Probleme, die der arme Bauer mit der Kirche hat, Beispiele aus der Praxis kirchlicher Ausbeutung, zur Sprache. Gleichzeitig ist der ganze Dialog geradezu ein Sprachrohr der politischen Auffassungen der ritterlichen Partei, deren Reformpläne propagiert werden. Von kirchlicher Ausbeutung ist folglich ausführlich, von der Ausbeutung durch weltliche Herren überhaupt nicht die Rede.

In anderen Dialogen geben alltägliche Situationen: zufälliges Treffen auf dem Weg zur Arbeit, im Wirtshaus, in der Stadt die Rahmensituation ab. Doch bleibt diese häufig auch nur äußerlicher Anlaß wie in *Ein schöner Dialogus* (=*Cuntz und Fritz*, 1521), wo sich zwei Bauern zufällig treffen, sich dann aber in ihrer Unterhaltung als wahre Experten theologischer Intrigen und Streitigkeiten herausstellen. Eine wohl auch reale Situation ist das Treffen und die Diskussion im Wirtshaus *(Ein guter grober Dialogus Teutsch zwischen zweien guten Gesellen... angerichtet von einem Wirt*, 1521) oder in der Stadt beim Kaufmann *(Hie kommt ein Bäuerlein zu einem reichen Bürger. Von der Gült den Wucher betreffen...*, um 1522).

Konsequent wird eine solche Situation durchgehalten in den Prosadialogen von Hans Sachs (1494 bis 1576), (z. B. *Disputation zwischen einem Chorherren und Schuhmacher...*, 1524). Ihm gelingt es, Handeln und Reden seiner Figuren aus der Situation zu entwickeln. Im genannten Dialog verhält sich der Chorherr so, daß seine Weltzugewandtheit und geistliche Oberflächlichkeit sichtbar und vor der bibelfesten Glaubensstrenge des Handwerkers disqualifiziert werden.

Neben dem Dialog gibt es die verschiedensten Formen: Abhandlungen *(Ein schöne Auslegung über das Göttlich Gebet... Das hat betrachtet ein Armer Bauer / der weder Lesen noch schreiben kann*, 1522), Predigten (Diepold Peringer: *Ein Sermon gepredigt vom Bauern zu Werdt)*, Lieder, Sendschreiben (Martin Luther: *An den Christlichen Adel teutscher Nation)*, Beschwerden, Briefe, (Johannes Locher: *Ein Sendbrief des Bauernfeinds an Karsthans*, 1524).

Die Autoren der reformatorischen Flugschriften sind, soweit man sie kennt, überwiegend gebildete Bürger. Sie schreiben in einer Sprache, die von der Übung in der Kanzelpredigt und der theologischen Diskussion geprägt ist, einer Literatursprache also. Ihr Sujet und die gewünschte Wirkung bringen sie dazu, sich mehr an der Umgangssprache zu orientieren. Die Stilvorstellung vieler Dialoge scheint ein von allen Vulgarismen gereinigtes, doch bildhaft einfaches Reden des geistlich ‹erweckten› einfachen Mannes zu sein. Diese Texte sind Literatur ‹von oben›; aber indem sie sich auf ihre Adressaten einstellen, setzen sie neue Akzente. ‹Revolutionär› werden sie dabei nur durch ihr Plädoyer für die geistige Mündigkeit des Laien. In allen Fragen der weltlichen Ordnung wird von der großen Mehrzahl die gemäßigte, obrigkeitsfromme Haltung der Wittenberger Reformatoren eingenommen. Eines der seltenen Beispiele für eine radikalere Position sind die Flugschriften Johannes Lochers (eigentl. Name: J. Rott, gest. 1524/25), des im Herzogtum Bayern verfolgten und schließlich hingerichteten lutherisch gewordenen Franziskaners, der seine scharfe Kritik an entarteter Obrigkeit nicht auf die geistliche Herrschaft beschränkt (*Ein Sendbrief des Bauernfeinds an Karsthans*, 1524). Seine radikale Analyse der Ungerechtigkeit der Verhältnisse führt ihn dazu, den gewaltsamen Umsturz als unausweichlich zu betrachten.

Fragen der sozialen Ordnung in der Flugschriftenliteratur

In der Logik der Lutherschen Lehre, die ja nicht auf Weltflucht, sondern die Ausbildung einer Innerlichkeit in der Welt zielte, liegt es durchaus, auch die irdischen Verhältnisse, soweit sie vom einzelnen gestaltet werden, also die Haltung zur Arbeit, die Familie, die schulische Bildung usw. nach evangelischen Kriterien neu zu definieren. So gibt es sehr bald eine Reihe von Schriften Luthers, die sich mit Fragen der Wirtschaft, mit dem Staat und dem Schulwesen befassen. (Außer den Obrigkeitsschriften vgl. *Ein Sermon von dem Wucher*, 1519, erweitert 1520; *Von Kaufhandlung und Wucher*, 1524; *An die Ratherren aller Städte... daß sie christliche Schulen aufrichten... sollen*, 1524.)
Im Vordergrund stand zunächst die seit Jahrhunderten geübte Kritik an der verschwenderischen Kirche, deren Geldgier die Armen aussaugte. Immer mehr werden auch die städtischen Wucherer zur Belastung für die Bauern, und auch hier setzt reformatorische Kritik an. Der Dialog *Hie kommt ein Bäuerlein zu einem reichen Bürger* (um 1522) ist ein literarisch sehr geschickt inszeniertes Beispiel dafür. Er benutzt gekonnt das Dialogrepertoire: alltägliche Szene (der Bauer kommt in der Stadt zum bürgerlichen Geldverleiher), das zufällige Hinzukommen von weiteren Personen (Geistlicher und Mönch) und den Typ des intelligenten Bauern, der mit Bibelkenntnis und ironischer Argumentation die Unchristlichkeit des Geldverleihs und das Bündnis zwischen Kirche und bürgerlichen Wucherern beim terminologischen Etikettenschwindel entlarvt.
Die Vorstellung Luthers war, eine Norm evangelischer Rechtlichkeit und Billigkeit zu definieren. Sie brachte ihn zur Ablehnung von (übermäßigem) Zinsnehmen, von großen Handelgesellschaften und vom ‹Fürkauf› usw. Er formuliert damit ein weitverbreitetes Bewußtsein, das die Entfaltung der Geldwirtschaft die Vorstellungen von dem, was recht und billig und angemessen ist, umstößt. Dies zu ändern, bleibt ihm jedoch nichts als der Appell an das Gewissen des einzelnen. Es war aber auch klar, daß die Bauern, die man zu Kronzeugen der reformierten Lehre aufgerufen

hatte, sich nicht mit Appellen begnügen würden. Die Unzufriedenheit war zu allgemein verbreitet, wie eine Fülle von Aufständen und Verschwörungen in den vergangenen Jahrzehnten zeigte. Ein Aufruf an den kleinen Mann, sich von der geistigen Bevormundung zu befreien, mußte auch die Energien zur Umbewertung der bedrückenden Verhältnisse und der Benennung der Ungerechtigkeiten freisetzen. So sehen sich die Parteigänger der Reformation gezwungen, biblisch fundiert zum Wucher oder auch zum Zehnten, zur Bewertung von Arbeit und Betteln Stellung zu nehmen. Sie greifen dabei vielfach auf die Vorstellungen zurück, die in der Diskussion über eine Reichsreform oder bei den Humanisten geführt werden, und sie wirken wiederum ein auf manche Forderung, die während des Baueraufstands formuliert wird.

Wie die reformatorische Lehre sich dabei zwischen einer entschiedenen Auslegung des Evangeliums und ‹realpolitischen› Zugeständnissen in Kompromissen herausbildet, zeigt Jakob Strauß (um 1480/85 bis 1533). Seine *Hauptstücke und Artikel christlicher Lehre wider den unchristlichen Wucher* (1523) formulieren in knappen, entschiedenen Thesen, daß jeder Zins Wucher ist, Wucher dem Gebot der Nächstenliebe widerspricht und deshalb eine Todsünde ist. Aus Wucher entstandener Reichtum ist Raub, aber auch, sich auf die Zahlung von Wucherzinsen einzulassen, ist widerchristlich. Deshalb sollen keine Zinsen mehr gezahlt werden. Diese Aufforderung führt in Eisenach, wo Strauß Prediger war, zu Schwierigkeiten, so daß er – nicht zuletzt nach einer Intervention Luthers – sich gezwungen sah, in seiner ausführlicheren Abhandlung *Daß Wucher zu nehmen und zu geben unserem christlichen Glauben entgegen ist* (1524), in der er zwar an der Verurteilung aller Formen des Zinsnehmens festhält, doch entschieden vor aller Gewaltanwendung zu warnen und die Christen aufs Dulden zu verweisen.

Von großer Bedeutung für die Landbevölkerung ist auch die Bewertung des Zehnten, der, ursprünglich eine Abgabe für die Kirche, inzwischen vielfach in andere Hände geraten und zu einer wesentlichen Belastung für die Bauern geworden war. Johann Eberlin von Günzburg (1468 bis 1533) schlägt im letzten seiner *Bundesgenossen (Ein neues und das letzte Ausschreiben der 15 Bundesgenossen. Vom Zehnten*, 1522/23) eine Lösung vor, die im Bauernkrieg eine große Rolle spielte. Da die Verpflichtung zum Zehnten ein Gebot des Alten Testamentes sei, habe sie unter dem Neuen Testament keine Gültigkeit mehr. Er geht statt dessen auf die Regelung des frühen Christentums und auf die eigene Geschichte zurück und rekonstruiert daran eindrucksvoll, wie die Kirche die eigentliche Zielsetzung der Abgabe verfälschte im Interesse einer exklusiven Verfügung der Geistlichen über die Einnahmen. Der eigentliche Sinn des Zehnten sei aber, eine angemessene Unterhaltung der Prediger zu ermöglichen und zugleich eine Reserve der Gemeinde zu bilden, aus der sie ihre

Armen in ihren vielfältigen Notlagen unterstützen bzw. in Fällen allgemeinen Mangels ausgleichend wirken kann. Auch hier sind die Vorstellungen von einer christlichen Gesellschaft nicht auf Gleichheit gerichtet, aber auf Billigkeit, auf eine Gestaltung der menschlichen Beziehungen, die geprägt ist von gegenseitigem Wohlwollen, nicht vom Diktat des Eigennutzes und dem Trieb zur Bereicherung. Diese Vorstellungen resultieren deutlich auf der Wahrnehmung einer agrarisch produzierenden Gesellschaft: Aller Überfluß ist nicht nur Ergebnis menschlicher Arbeit, sondern Geschenk der Natur und damit göttlicher Gnade. Der Zehnte werde deshalb im Herbst gegeben, in der Zeit also, in der «Gott jedermann gibt den Erdwucher», und da gäbe dann jedermann, dementsprechend, wieviel er bekommen hat. (Ähnlich wird das Thema behandelt bei dem Augsburger Johann Landtsperger: *Ein nützlicher Sermon von der Liebe zu Gott und dem Nächsten*, 1524; und dem Straßburger Prediger Kaspar Hedio: *Von dem Zehnten*, 1524.) Die Bauern werden in ihrer Revolution dieses Vorstellungsreservoir einer gerechteren Gesellschaft, die dem Willen Gottes entspricht, aufgreifen.

Einer der Kernpunkte der neuen Religiosität ist die hohe Einschätzung der rastlosen und mühevollen Tätigkeit und damit die Hochschätzung der Handarbeit. In diesem Zusammenhang ist zu verstehen, warum zwar Sorge für die Armen als eine der wichtigsten Aufgaben des Christen angesehen wird und dennoch das Betteln verurteilt wird. Häufig werden beide Probleme in Zusammenhang behandelt, so bei: Wenzeslaus Linck (1483 bis 1547) *Von Arbeit und Betteln. Wie man sollte der Faulheit zuvorkommen und jedermann zur Arbeit ziehen*, 1523; oder Andreas Bodenstein, gen. Karlstadt (um 1477 bis 1541), *Von Abtuung der Bilder, und daß kein Bettler unter den Christen sein soll*, 1522.

Faszinierend an diesen Überlegungen im Kontext der frühen Reformation ist, wie das Denken utopisch produktiv wird und wie ihm alle Verhältnisse zur Disposition stehen, um sie vom Prinzip der radikalen christlichen Gerechtigkeit und Nächstenliebe her neu zu bestimmen. Wenn aber der Glaube daran, daß es genüge, gegen die gesellschaftlichen Ungerechtigkeiten die Autorität des Heiligen Wortes anzuführen, auf die institutionelle Macht und die etablierte Ordnung trifft, erweist sich das gläubig entzündete Denken als naiv – oder zum Kompromiß gezwungen.

Programmschriften des Bauernkrieges

Als die Reformatoren den Bauern zum Protagonisten ihrer Kirchenkritik machten, da war dieser, wie in all den Jahrhunderten davor, von der offiziellen, der Schriftkultur ausgeschlossen. Wenn dennoch einige im Druck verbreitete Programme während der wenigen Monate der Bauernrevolution eine wichtige Rolle spielten, dann waren sie sicherlich nicht Ausdruck bäuerlicher Sprach- und Kommunikationsformen. Vielmehr

mußte den Bauern die schriftliche Fixierung eines Textes und zuvor die Konzentration einer Fülle von Einzelbeschwerden zum Programm weniger durchschlagender Forderungen zum Problem werden. Deshalb waren sie angewiesen auf die, die mit geschriebener Sprache umgehen konnten. Zwar war es eine Überschätzung der eigenen Rolle, wenn die Reformatoren meinten, durch ihr Wirken sei der Bauer klug geworden; denn die Bauern wußten auch allein, was ihnen unerträglich war. Aber die reformatorische Agitation lieferte Stichworte, formulierte Vorstellungen, die bäuerliche Forderungen abklären halfen und sagbar machten. Das eigentliche literarische Handwerk bleibt in der Verfügung gebildeter Städter, in den Händen von Gelehrten und Handwerkern. Es ist deshalb schwer zu entscheiden, ob denn überhaupt die Stimme ‹des Bauern› aus seinen Manifesten spricht. Ist der reformatorische Argumentationsstil als bürgerliche Zutat zu scheiden von dem manifesten Inhalt der Einzelforderungen? Sind bürgerliche Programmentwürfe jenseits des konzeptiven Niveaus der bäuerlichen Insurgenten? Oder ist es so, daß die reformatorischen Vorstellungen von der schriftgemäßen Lebensgestaltung nur formulierbar und damit im öffentlichen und offiziellen Diskurs repräsentierbar machen, was lange schon den Rechtlichkeits- und Billigkeitsvorstellungen der agrarischen Produzenten entsprach? So sehr nämlich die evangelischen Prädikanten und reformatorischen Handwerker publizistische Entwicklungshelfer waren, so deutlich formen und dämpfen sie auch bäuerliche Entschiedenheit und Konkretheit der Forderungen.
Es bleibt unbestritten, daß die Schlagworte vom göttlichen Recht und der christlichen Vereinigung ungeheuer mobilisierend und absichernd wirkten beim schwierigen Geschäft der Insurrektion gegen die jahrhundertealten Herrschaftsformen, neutralisieren sie doch die Kirche als ideologischen Stichwortgeber bei der Legitimation feudaler Ausbeutung. Unbestritten dürfte auch die Bedeutung gerade des verbreitetsten Programms, der *Zwölf Artikel*, zur Vereinheitlichung der Vorstellungen in den Bauernhaufen und für die überregionale Ausstrahlung des Aufstandes und seines Selbstverständnisses sein.
Die *Zwölf Artikel (Die gründlichen und rechten Hauptartikel aller Bauernschaft und Hintersassen der geistlichen und weltlichen Obrigkeiten von welchen sie sich beschwert vermeinen*, 1525) wurden in einer großen Zahl von Drucken schnell und weit verbreitet, sie wurden zur Programmgrundlage für viele aufständische Aktionen, wurden in verschiedenen Bauernhaufen modifiziert oder als Grundlage von Verträgen mit Städten und adligen Herrschaften genommen. Entstanden waren sie aus den Beratungen des Baltringer Haufens; sie waren gemeint als Verhandlungspapier, gingen aber in ihrer Wirkung darüber weit hinaus. Sebastian Lotzer (1490 bis nach 1525), ein Handwerker aus Memmingen, der schon in der reformatorischen Bewegung eine aktive Rolle gespielt und Flugschriften

veröffentlicht hatte, redigierte und formulierte die Artikel, der reformatorische Prediger Memmingens, Christoph Schappeler (1472 bis 1551), schrieb das Vorwort.

Der materielle Inhalt sind, wie die breite Aufnahme zeigt, zentrale Forderungen der Bauern: Der Zehnte als Abgabe an die feudale Kirche und andere Herren wird abgeschafft, er soll in der Verwaltung der Gemeinde (zur Besoldung eines Predigers und Unterstützung der Armen) bleiben. Die Leibeigenschaft und als Konsequenz die Todfallabgaben sollen abgeschafft werden. Die Nutzung der natürlichen und gottgegebenen Reichtümer wie Wild, Fische, Wald soll den Bauern wieder zustehen. Die Herrendienste und -abgaben sowie die Abgaben aus Pachtverträgen sollen auf ein billiges Maß zurückgenommen werden; schließlich sollen Allmendrechte wieder der Gemeinde zustehen, und die Geldbußen für Übertretungen sollen nicht willkürlich erhöht werden. Man hat zu Recht betont, daß die ‹literarische› Leistung Lotzers in der Zusammenfassung und Herausarbeitung eines überschaubaren und griffigen Programms bestand. Aber natürlich geben seine Formulierungen dem Ganzen einen spezifischen argumentativen Geist. Und es sind die reformatorischen Elemente, die den Eindruck des Kompromißcharakters hervorrufen. Wichtig jedoch ist zunächst, daß das Vorwort den Vorwurf des Aufruhrs zurückweist und erklärt, daß die bäuerliche Sache gerecht ist und Gott hinter ihr steht. Das signalisiert ein reformatorisches Denken, das es mit der christlichen Gestaltung des Lebens ernst meint. Von da aus erklären sich der erste und der letzte Artikel: daß es den Bauern um die Bestimmung ihres Predigers geht und sie sich dem Urteil der Reformatoren unterwerfen wollen. Dies ist offenbar mehr als Formulierungsdiktat der Parteigänger der Reformatoren. Die religiösen Vorstellungen werden zum Mittel, Umrisse einer anderen Ordnung denken zu können, sie öffnen einen Gestaltungsraum, während die Korrekturen, auf die die meisten konkreten Forderungen zielten, bloß eine gerechtere Version der bestehenden feudalen Verhältnisse meinte. Das ist die Überlegenheit der Argumentation mit dem ‹göttlichen› gegenüber dem ‹alten› Recht. Die Vorstellungen, die sich damit verbinden, dürften in folgende Richtung gehen: Gott steht hinter den Bauern, sie sind somit legitimierte Agenten der Reform. Die dem Laien zugesprochene Fähigkeit zur geistlichen Selbstbestimmung (Artikel 1, Recht zur Pfarrerwahl) verstärkt auch den Anspruch auf volle Menschenwürde (Artikel 3, Abschaffung der Leibeigenschaft) und die Befähigung zur Selbstverwaltung lokaler politischer Bereiche (Artikel 2, Verwaltung des Zehnten durch die Gemeinde). Der Begriff der Gerechtigkeit Gottes deckt alle, auch die vagesten Vorstellungen einer gerechteren, auf Solidarität statt Eigennutz gestellten Sozialordnung und versieht sie mit dem höchsten Legitimationstitel.

Sicherlich ein genuin reformatorisches Element ist die devote Sprache dort, wo die Rechtmäßigkeit von Obrigkeit überhaupt betont wird und die Bedürftigkeit der menschlichen Natur nach geistlicher Disziplinierung. So zielt der Stil vielfach auf Ausgleich und Kompromiß, die Essenz der Forderungen jedoch bedeutete bei ihrer Verwirklichung den Umsturz der feudalen Ausbeutungsverhältnisse.

Entschiedenheit einer revolutionären Sprache und Forderungen, die klar und bewußt auf die Wurzel der gesellschaftlichen Ungleichheit zielen, kennen andere Programmschriften, die aber schon nicht mehr im Druck erscheinen, sondern nur eine Rolle in einzelnen Bauernhaufen spielen. Das sind zum Beispiel das *Taubertaler Programm* und *Der Artikelbrief der Schwarzwälder Bauern*. Diese Artikel (beide von 1525) kennen die Forderung rechtlicher Gleichstellung des Adels, fordern die Zerstörung der befestigten Häuser, die als Garanten der Ungleichheit gesehen werden, und lehnen die Leistung irgendwelcher Abgaben ab. Man versteht sich als «Christliche Vereinigung» und hat als Ziel eine allgemeine Reformation nach den Maßstäben eines richtig ausgelegten Evangeliums – und man ist sich offenbar ganz sicher, daß davon gerechtere Verhältnisse zu erwarten seien.

Versuche, Programme für eine staatliche Ordnung, die nach dem Sieg der Revolution zu errichten wäre, zu formulieren, gelangen nicht an die Öffentlichkeit. Dazu kommt die Niederlage zu schnell. (Vgl. den sogenannten Reichsreformentwurf, der vielleicht von Friedrich Weigandt, gest. um 1525, stammt, und die *Tiroler Landesordnung* [vor 1530] Michael Gaismaiers, um 1491 bis 1530). Sie sind in ihrer Mischung von Thesen, die sich an vergangenen Zuständen orientieren, und solchen, in denen Forderungen antizipiert werden, die später zu Grundsätzen bürgerlicher Staatsauffassung werden, interessant.

Öffentliche Reaktion der Reformation

Gegen die Erwartung der Bauern bleibt die Unterstützung durch die Reformatoren aus. Mit Ausnahme einer – anonymen – Flugschrift *(An die Versammlung gemeiner Bauernschaft*, 1525), die das Recht der Bauern zum Widerstand nachdrücklich bestätigt, und mit Ausnahme des Wirkens und der Äußerungen Müntzers verurteilen die Reformatoren den Bauernaufstand aufs heftigste. Luther nimmt mehrfach Stellung. Berüchtigt wurde seine Schrift: *Wider die räuberischen und mörderischen Rotten der Bauern* (1525), in der er zur rücksichtslosen physischen Vernichtung der Aufständischen aufruft. Der Kernpunkt ist dabei die Fixierung auf die Gottgewolltheit jeglicher Obrigkeit. Erlösung und Gerechtigkeit seien schließlich nicht in diesseitigen Verhältnissen zu finden. Ungerechte Obrigkeiten sind für die Betroffenen eine Strafe Gottes, und die ist geduldig zu ertragen. Taktische Überlegungen, das Schicksal der reformatorischen Sache nicht an den Ausgang der Aufstände zu koppeln, mögen bei Luther eine Rolle gespielt haben, doch seine Obrigkeitsvorstellung ist in sich konsequent. Die Ungeheuerlichkeit aber einiger verbaler und gedanklicher Entgleisungen, zu denen er sich in dieser Schrift hinreißen ließ, gründet überdies in einer traumatischen Angst vor Empörung, die nicht allen Reformatoren gleichermaßen eigen war, die aber die politische Kultur des von Luther dominierten Protestantismus für lange Zeit negativ beeinflußt.

So war die Niederlage der Bauern auch das vorläufige Ende einer Form literarischer Produktion, die in einer einzigartigen experimentierenden Entfaltung einer auf Massenwirksamkeit gerichteten, vom Ethos der offenen Diskussion und dem Pathos der Neuorientierung aller geistlichen und alltäglichen Verhältnisse geprägten Gattung von kurzen, schnell verbreiteten Texten einer krisenhaften historischen Situtation und einem neuen technischen Medium gleichermaßen Rechnung trug.

Winfried Frey

Literatur über Außenseiter: Hexen und Juden

An keiner Stelle ist das in den Augen ihrer Verfolger Verbrecherische der Hexerei besser zu erkennen als an jener eher beiläufig erwähnten Anfangsgewohnheit der ‹Hexen›, daß sie auf Verlangen des Satans während der Messe «im Augenblick der Erhebung des Leibes Christi auf die Erde spucken oder die Augen schließen» und mit solchen und anderen ‹Kleinigkeiten› (zum Beispiel der Antwort «Kehr mir die Zung im Arß umb» auf des Priesters liturgischen Gruß «Dominus vobiscum») «allmählich zur vollständigsten Ablehnung des Glaubens und gotteslästerlicher Beichte gebracht» werden. So formulieren es die Verfasser des klassischen Handbuches der Hexenverfolgung, des *Malleus maleficarum* (1487), des *Hexenhammers*, die Dominikaner Heinrich Institoris (um 1430 bis 1505) und Jakob Sprenger (1436/38 bis nach 1494), im Kapitel 1 der ersten Hauptfrage des 2. Teils: «Über die verschiedenen Weisen, wie die Dämonen durch die Hexen die Unschuldigen zur Vermehrung jener Ruchlosigkeit an sich ziehen und verlocken.»

Hexen verweigern also jenem «Corporis mysterium» die Reverenz, das Thomas von Aquin in seiner berühmten Hymne *Pange lingua* besungen hat und das im «Festum corporis», dem Fronleichnamsfest, seit dem 13. Jahrhundert als zentraler Inhalt christlichen Glaubens gefeiert wird: der Transsubstantiation. Seit dem vierten Laterankonzil war der Glaube an sie Christenpflicht, nicht an sie zu glauben galt als Häresie. Und Häretikern war nach der Überzeugung der Kirchenmänner alles zuzutrauen, im speziellen Fall der Hexen jede Form von Schadenszauber, von Verwandlungskünsten, von Kindestötungen, von Satansverehrung und Ausschweifungen mit dem Teufel.

Es ist nicht zufällig, daß in diesem Punkt Hexenverfolgung und Judenverfolgung konvergieren. Johannes Pfefferkorn (um 1470 bis 1522/23), ein jüdischer Konvertit und übereifriger Judenhasser, schreibt in seinem 1508 erschienenen Traktat *Judenbeicht*: «Die juden aber haben ouch an yn eyn boese natuyr boeser vnd snoeder dan die duuelische natuyr. sy mogen ouch keynerley/weise ader wege den suessen namen ihesu cristi vnsers erloesers vnd saligmechers... hoeren nennen», und deshalb würden sie die Eucharistie «eynen vnreynen trek heyssen». Da ist es nicht weit bis zum Vorwurf der Häresie (den Pfefferkorn auch prompt erhebt), und Häretikern war alles zuzutrauen, im speziellen Fall der Juden Hostienfrevel, Ritualmord, Schaden an Gut, Körper und Geist der Christen. Auch das ist im Hymnus des heiligen Thomas impliziert: das «antiquum documentum novo cedat ritui» im Altarsakrament – das Judentum ist damit als widerchristlich definiert und gebrandmarkt.

Freilich waren beide Gruppen nicht von vornherein als feindliche und (damit) verbrecherische Außenseiter charakterisiert, sie mußten erst dazu gemacht werden; in beiden Fällen war dies ein Jahrhunderte dauernder Prozeß, der hier nur skizziert werden kann.

In den ersten Jahrhunderten des Mittelalters lebten die jüdischen Gemeinden, die vor allem in den großen Städten entlang des Rheins anzutreffen waren, nicht eben wohlgelitten, aber geduldet und in leidlicher Sicherheit, geschützt durch königliche und kaiserliche Privilegien, schließlich bedurfte man ihrer in Zeiten darniederliegenden Fernhandels, und religiös gesichert durch das Weiterwirken der Ansicht des Kirchenlehrers Augustinus (354 bis 430), daß sie, die Juden, die Christus «töteten und nicht an ihn glauben wollten, ... uns nun durch ihre Schriften das Zeugnis liefern müssen, daß wir die Weissagungen von Christus nicht erdichtet haben» *(De civitate dei* 18,46). Unter diesem feindichen Schutz lebten die jüdischen Gemeinden nicht ohne Komplikationen, aber doch so, daß manche, insbesondere jüdische Historiker in der Rückschau vom ‹goldenen Zeitalter der Juden› im frühen Mittelalter sprechen konnten.

Dies änderte sich schlagartig – so kam es jedenfalls den jüdischen Gemeinden vor – mit den Vorbereitungen für den ersten Kreuzzug und dessen Durchführung am Ende des 11. Jahrhunderts. Die Kreuzzugspropaganda richtete sich zwar hauptsächlich auf die Wiedergewinnung des heiligen Grabes aus der Gewalt der islamischen Völker, aber bald trugen die theologischen Diskussionen über die Juden, durch Predigten popularisiert, eine schlimme Frucht. Vor dem Hintergrund der christlichen Überzeugung vom angeblichen Gottesmord der Juden hatte sich bei den Theologen die Auffassung durchgesetzt, die Juden seien Häretiker ihrer eigenen Religion; daher könne man nicht mit ihnen diskutieren, man dürfe sie nur abwehren und abwerten, so der Bischof Agobard von Lyon (um 769 bis 840) schon Anfang des 9. Jahrhunderts. Noch älter ist die das ganze Mittelalter hindurch zitierte Auffassung des Johannes Chrysostomus (um 350 bis 407), wie er sie am Ende des 4. Jahrhunderts in der Auseinandersetzung mit der jüdischen Gemeinde Antiochias gepredigt hatte: «Ein Ort, wo eine Hure zur Ansicht steht, ist ein Hurenhaus. Was schlimmer ist, die Synagoge ist nicht nur ein Hurenhaus und ein Theater, sondern auch eine Diebeshöhle und ein Hort wilder Tiere ... nicht die Höhle eines nur wilden Tieres, sondern die eines unreinen wilden Tieres» [zitiert nach 271]. Auch vor indirekten Aufforderungen zum Mord an Juden war dieser Heilige nicht zurückgeschreckt. Und so säumten während des ersten Kreuzzuges von 1096 bis 1099 die Leichen Tausender von ermordeten Juden, die Trümmer von Judengassen und Synagogen den Weg der Kreuzfahrer von Rouen bis nach Jerusalem, wo die Juden in einer Synagoge verbrannt wurden. Von nun an blieben Kreuzzugspropaganda und Antijudaismus eng verbunden.

Bald kam ein weiterer Vorwurf gegen die Juden insgesamt auf, der ungeachtet aller dagegen vorgebrachten Argumente und Beweise bis ins 20. Jahrhundert von vielen Christen als wahr geglaubt wurde, die Blutbeschuldigung. Zum erstenmal wurde 1144 die Juden von Norwich in England angeklagt, aus Gier auf unschuldiges christliches Blut ein Kind ermordet zu haben. Bald kamen auch andernorts solche Anklagen auf, mit absurden Begründungen, von denen die, die Juden brauchten das Blut für ihre Mazzen, noch die harmloseste war. Der berühmte Kontroverstheologe Johannes Eck (eigentl. Name: J. Maier/May(e)r, 1486 bis 1543) listete 1542 in einer Schmähschrift gegen des Nürnberger Reformators Andreas Osiander Widerlegung der Ritualmordlüge die angeblichen Verwendungszwecke für das Christenkinderblut auf: Die Cohanim, aus dem alten Priestergeschlecht, salbten sich mit dem Blut; jüdische Kinder kämen auf die Welt mit zwei an die Stirn angewachsenen Fingern, die nur mit Christenblut zu lösen seien; die Juden brauchten das Blut gegen ihren Gestank, denn sie seien «von natur stinckend»; allein das Christenblut helfe gegen bestimmte Krankheiten der Juden; selbst wenn sie das Blut nicht brauchten, ihr Haß auf Christus und die Christen sei so groß, daß sie die Morde «auß anererbter boßhait» begingen *(Ains Judenbüechlins verlegung)*. Wo immer ein Kind vermißt oder eine Kinderleiche gefunden wurde, fiel aufgrund des überall verbreiteten Vorurteils der Verdacht auf die jüdischen Gemeinden, deren Mitglieder auf der Folter genau das gestanden, was man von ihnen erwartete. Tausende Juden fanden den Tod wegen dieser absurden Lüge, und nicht selten wurden ihre angeblichen Opfer als Märtyrer Anziehungspunkt florierender Wallfahrtsorte und Anlaß für literarische Darstellungen wie Chaucers *The Prioress' Tale* in den *Canterbury Tales* (um 1478). Im sogenannten *Seifried Helbling*, einem satirischen Lehrgedicht aus Österreich vom Ende des 13. Jahrhunderts, klagt ein ‹Knecht› darüber, daß Juden in Österreich geduldet werden, schwelgt in Tötungsphantasien («waer ich ein fürst zu nennen, / ich

hiez iuch alle brennen, / ir juden, swâ ich iuch kaem an», II, 1159 ff.) und behauptet lapidar als offenbar allgemein anerkannte ‹Wahrheit›: «es bringent noch alliu jâr / die juden Kristes marter dar: / ein Kristen sie mordent» (II, 1099 ff.). Und dementsprechend bringt ein anonymer Autor rund 300 Jahre später einen angeblichen Ritualmord im Kaiserstuhlstädtchen Endingen auf die ‹Bühne›: Das *Endinger Judenspiel* zeigt die Juden als hinterhältige und blutrünstige Mörder, die die erstbeste Gelegenheit ergreifen, eine christliche Bettlerfamilie zu töten, um an das begehrte Kinderblut heranzukommen.
Seit dem 13. Jahrhundert wurde den Juden ein anderes Vergehen gegen Christus und den Christenglauben vorgeworfen. Nachdem der Glaube an das Altarsakrament zur Pflicht geworden war, lag es nahe, den Gottesmordvorwurf auf die zeitgenössischen Juden auszuweiten, wobei Legenden über Schändungen des Kruzifixus durch Juden eine Mittlerrolle gehabt haben mögen, in denen blutende Christusfiguren eine große Rolle spielten. Diese Vorstellung wurde auf die Hostien übertragen, die, von Juden tückisch erworben und heimtückisch gemartert, entweder anfingen zu bluten oder aber sich in ein kleines Kind verwandelten, das die ‹Untat› der Juden offenbar machte. Auch diese angeblichen Hostienfrevel der Juden wurden häufig zum Anlaß für lukrative Wallfahrten und für literarische Gestaltung. Ein bekanntes, bis weit ins 20. Jahrhundert fortbestehendes Beispiel ist die sogenannte *Deggendorfer Gnad*, das Gedächtnis an einen angeblichen jüdischen Hostienfrevel im Jahre 1337, den alle Deggendorfer Juden mit einem qualvollen Tod bezahlen mußten. (In Wirklichkeit dürften ökonomische Gründe – Schuldenerlaß! – ausschlaggebend gewesen sein.) Noch im 14. Jahrhundert wurde eine Wallfahrtskirche erbaut und die Wallfahrten zu Ehren des Altarsakramentes eröffnet. Um den Zulauf zur Wallfahrt zu beleben, wurde um 1500 ein Reimpaarspruch im Druck verbreitet: «Von Tegkendorff das geschicht waz den schalckhafftigen Juden ist worden zu lon...» In ihm wurde in zwölf Abschnitten die Geschichte des Hostienfrevels und Hostienwunders einem in der Wallfahrtskirche befindlichen Bilderzyklus nacherzählt. Später wurde die Geschichte in Prosa (und um Berichte über jüdische Brunnenvergiftungen und Ritualmorde erweitert) verbreitet, und zwar bis in unser Jahrhundert. In einem Wallfahrtsbüchlein um 1840 wird der ‹Hostienfrevel› anhand von elf Lithographien dargestellt. Die Juden erscheinen da noch immer als grausame Gotteslästerer, die auch angesichts eines übergroßen Wunders «mit gesunden Augen, sowohl des Leibes als des Gemütes stockblind» bleiben und versuchen, die geweihte Hostie in ihren «Höllenrachen» zu stecken. Der Mord an den Juden erscheint dann (ein häufiges Motiv der antijüdischen Literatur) als Verteidigungs- und Schutzmaßnahme, und kein Wort des Bedauerns oder der Scham ist zu lesen: «Befreit war nun die Stadt von dem Volke, das den rechtmäßigen

Bürger gänzlich zu unterdrücken suchte, sich die größten Lästerungen gegen die allgemeine Staatsreligion zu schulden kommen ließ und die kühnsten Mordtaten vollbrachte.»

Indessen ist die mittelalterliche Judenfeindschaft nicht ausschließlich religiös motiviert. Waren die Juden im frühen Mittelalter zwar häufig im Außenhandel engagiert, so doch nicht ausschließlich. Sie betätigten sich auch im Binnenhandel, was in der Zeit des Übergangs von der Naturalwirtschaft zur Geldwirtschaft auch die Beschäftigung mit Zins- und Pfandgeschäften mit sich brachte. Juden konnten Land besitzen und bearbeiten (lassen), aber auch als Handwerker tätig sein – und sie durften Waffen tragen, was auf eine sozial hervorgehobene Stellung deutet. Nach dem ersten Kreuzzug und mit dem Aufkommen der Städte mit ihren komplexeren sozialen und wirtschaftlichen Strukturen wurden die Juden als Fremde und vor allem ‹Nichtchristen› aus den meisten Tätigkeiten herausgedrängt und je länger, desto mehr auf das Pfandleihgeschäft beschränkt. Aber auch darin unterlagen sie immer härteren Oppressionen, nachdem christliche Unternehmer in das Geschäft mit den großen Kunden drängten. Schließlich waren sie, zunehmend verarmend, auf das kleine Pfandleihgeschäft eingeschränkt, das sie in immer engeren, aber komplikationsträchtigen Kontakt mit den Mittel- und Unterschichten der Stadtbevölkerung brachte. Ihnen gegenüber erschienen sie – nicht zuletzt der Hetze von vor allem Bettel- und Predigermönchen und Leutpriestern wegen – als Ausbeuter, als Profiteure von Armut und Not. Dies nicht zuletzt, weil die Juden ihrer höheren Steuern und Abgaben wegen, aber auch wegen der Unsicherheit ihrer Existenz hohe Zinsen nehmen mußten. Dazu kam seit dem 11. Jahrhundert eine gravierende Verschlechterung der Rechtssituation der Juden. Unter dem Eindruck kirchlicher Propaganda veränderte sich die Qualität des königlichen Judenschutzes. Aus den sozial herausgehobenen jüdischen Handelsherren und Finanztechnikern wurden Knechte der Herrscher, *servi camerae*, deren Status weitgehend von der Willkür der Obrigkeiten abhing.

Spätestens seit dem 13. Jahrhundert und verstärkt seit den Pestjahren Mitte des 14. Jahrhunderts wird daher die Vorstellung von den Juden als ‹Gottesmördern› verbunden mit dem Bild ‹des› Juden als Menschen- und vor allem Christenfeindes und rechtlosen Outcasts. Propagiert und popularisiert wird dieser komplexe, aber durch und durch negative Begriff von ‹dem› Juden vor allem in der literarischen Gattung, die genuin an die Stadt gebunden ist: in den geistlichen und weltlichen Spielen.

Passionsspiele

Natürlich ist die Verbreitung antijüdischer Vorstellungen und Vorurteile nur in seltenen Fällen ausgesprochener Hauptzweck des mittelalterlichen Dramas. Der Antijudaismus stellt aber in vielen Texten eine für alle

selbstverständliche Bedeutungsebene dar, auf die nicht eigens hingewiesen werden muß. Besonders deutlich wird dies bei den Spielen, in denen die Leidensgeschichte Christi dargestellt wird, den *Passionsspielen*.
Diese häufig großen Spiele, an denen mehrere hundert Bürger als Akteure teilnehmen, sind nicht vom Alltag abgehobene Kunst-Stücke, die an einem separaten Ort namens ‹Theater› aufgeführt werden. Sie sind große Ereignisse im Leben der Städte, die auf zentralen Plätzen im Freien aufgeführt werden und manchmal mehrere Tage dauern. Sie stellen den Versuch der Stadt als eines sozialen Organismus dar, die aufbrechenden ökonomischen, sozialen und religiösen Konflikte zu bewältigen mit dem Ziel der Wiederherstellung der bedroht geglaubten Eintracht und Harmonie. Aufgrund der oben geschilderten antijüdischen Tradition und aus gruppenpsychologischen Gründen werden in diesen Spielen häufig die Juden zu Gegenspielern Christi und damit zu Handlangern des Teufels, wobei entsprechend dem mittelalterlichen Geschichtsdenken kaum ein Unterschied gemacht wird zwischen den angeblich am Tod Christi schuldigen Juden des ersten Jahrhunderts und den zeitgenössischen Juden, den Nachbarn aus Judengasse oder Ghetto.
So wird im *Frankfurter Passionsspiel*, das stofflich bis ins 13. Jahrhundert, als Spiel in die erste Hälfte des 14. Jahrhunderts zurückzuführen ist, bei den Aufführungen, die zwischen 1467 und 1506 belegt sind, die Passion und ihre Darstellung zum Beweisstück für die Vergeblichkeit der jüdischen Messiashoffnungen und die Wahrheit des christlichen Glaubens. Aber die Juden werden nicht als konkurrierende Glaubensgemeinschaft dargestellt, sonders als dem schnöden Mammon verfallene Todfeinde des Heilands der Christen.
Schon im einleitenden Prophetenspiel, also noch vor dem Auftreten Christi, wird den Juden (die zum Teil zeitgenössische Judennamen tragen!) vorgeworfen, daß sie den Tod Jesu beschlossen hätten, weil er sich als Messias ausgegeben habe:

«er hat sich aber anderweyt
gotes sone vor uns genant!
wir sullen machen ime bekant
smacheit, phin und große noit
und ein lesterlichen dot!» (vv. 108–112)

Dieser Ratschlag wird dann später (vv. 1604–1608) bei den Beratungen der Juden über das Schicksal Christi wörtlich wiederaufgenommen. Aber die Juden ‹verraten› sich auch noch in ihrem ‹Ketzertum› und Materialismus. Nach der Leidensankündigung des Propheten Daniel antwortet ihm ausgerechnet ein Rabbi Joseph und verweist höhnisch auf ‹besser mere› (v. 154) als die Prophezeiungen:

«lijhe phennig uff phant, als ich!
das mag rich machen dich!
so mag dir baße gelingen,
dan ob du soltest singen
allen diesen langen mey
‹baruch otta adoney›» (vv. 155–160)

Das jüdische Pfandleihgeschäft wird hier in raffinierter Weise mit der jüdischen Religion in eins gesetzt, in ungebrochener Chrysostomus-Tradition. Jener hatte den oben wiedergegebenen Vergleich Hurenhaus–Synagoge beendet mit der Feststellung: «Die Juden haben keinerlei Vorstellung von (geistigen) Dingen, sondern leben für die niedere Natur... Nur ein Ding verstehen sie: sich gierig vollzufressen und trunken zu werden» [zitiert nach 271]. Und so agieren die (von christlichen Bürgern Frankfurts gespielten) Juden im ganzen Spiel gegen den Messias (der Christen): roh, indolent, willentlich unwissend. Dementsprechend werden sie vom Christusdarsteller (nach Johannes 8,44 – dieses Evangelium wird von den Verfassern der Passionsspiele besonders gerne benutzt!) charakterisiert:

«uwer vatter mag got nit syn!
ich sagen uch, das der tufel ist
uwer vatter mit seyner lijst!
der ist ein schalck ie gewesen,
als mir von ime han gelesen;
dem wullet ir alle folgen nach!» (vv. 468–473)

Die Welt ist somit, leicht eingängig, dualistisch aufgeteilt in das Reich des Teufels (und der Juden) und in das Reich Christi (und der Christen). Im ‹consilium› der Juden vor dem Prozeß Jesu ist es Synagogus, die Verkörperung der ganzen Judenheit, der – allegorisch wortkarg – verlangt: «wir wuln en an galgen han!» (v. 1618). Dementsprechend wandelt sich die Darstellung der Weltgeschichte als Heilsgeschichte in eine Geschichte von Schuld und Rache:

«ach du vil dorichte Judischeit,
mit der lantzen hastu eyn himelschen durchstochen:
das werde ich nit lassen ungerochen!» (vv. 3672–3674)

beendet der Salvator seine Rede an die Menschheit, bevor er an das Kreuz genagelt wird. In der Sichtweise der Passionsspiele ist die zeitgenössische Rolle der Juden festgelegt und wiedergegeben – und die der Christen als Rächer für den ‹Gottesmord› auch: Das permanent gute Gewissen der Verfolger der Juden ist etabliert und legitimiert.

Antichrist und Antichristspiele

Eine ähnlich verhängnisvolle Rolle wird den Juden innerhalb der mittelalterlichen (und bis heute weiterwirkenden) Vorstellung vom Antichrist ‹auf den Leib geschrieben›. Der Begriff des Antichrist (nicht Ante-Christ, auch nicht, wie er häufig im Mittelalter verlesen wird, End-Christ) als Antagonist des Erlösers hat zwar Wurzeln in der hebräischen Bibel (etwa bei Daniel), aber ausgebildet wird er erst im Neuen Testament (v. a. von Paulus im 2. Thessalonicherbrief) und in der dieses deutenden theologischen Literatur. Sehr bald werden von den christlichen Eschatologen die Juden in die Nähe des Antichrist gerückt. Schon der Kirchenvater Hieronymus (4. Jahrhundert) «schildert den Antichrist nach altkirchlicher Überlieferung gern als den jüdischen Pseudo-Messias aus Babylon» [267, *S. 132*]. Für ihn «sind die Juden die ersten, die dem Verführer verfallen, ‹quia perditioni sunt praeparati›» [267, *S. 133*]. Bei Rupert, seit 1120 Abt von Deutz, sind die Juden «als verstockte Gegner des Evangeliums... der natürliche Anhang des Antichrist. In ihnen habe der luziferische Haß auf den Höchsten, von dem Isaias sprach, durch den Mord an Christus bereits seinen Gipfel erreicht» [267, *S. 227*]. Demgegenüber ist der berühmte ‹staufische› *Ludus de Antichristo* geradezu ‹objektiv› gegenüber der Synagoge. Die Juden fallen dem Antichrist als letzte (noch nach den Deutschen!) anheim, anerkennen ihn dann aber doch als ihren Emmanuel (v. 323f.). Ganz anders geht Zacharias Bletz (1511 bis 1570) etwa 400 Jahre später in seinem *Luzerner Antichristspiel* vor.

Luzern hatte sich im Glaubensstreit zum Hauptort der altgläubig gebliebenen Teile der Schweiz entwickelt und dementsprechend zu einem Bollwerk des Papsttums, das sich gerade im Konzil von Trient (die erste Tagungsperiode war 1545 bis 1547, Bletz schrieb sein Spiel 1549) für die Gegenreformation wappnete. Gleichzeitig verfestigte sich (auch) in Luzern die Herrschaft der Stadtaristokratie durch die Herausbildung des modernen Verwaltungsstaates. Daß das nicht ohne soziale Friktionen abging, braucht nicht weiter betont zu werden. Da brauchte es einen Universalbösen, dem alles Böse zugeschrieben werden konnte, und dafür bot sich der ‹Antichrist› an. Wie für Luther das Papsttum die Verkörperung des Antichrist war, so für den Altgläubigen Bletz die Vertreter der Reformation, insbesondere die des regionalen Erzfeindes Zürich. Aber Bletz identifiziert nicht so eindeutig. Bei ihm sind die Juden von allem Anfang gegen den Salvator, und sie beschließen, ihn zu töten: der Gottesmordvorwurf (v. 668). Sie erweisen sich als unermeßlich raffgierig (v. 787f., vgl. vv. 893f.), und sie fallen – wie der im Spiel auftretende Hieronymus vorausschauend erzählt – als erste dem Antichrist zu. Folgerichtig wird der Spielort der ‹Synagog› zu dem Ort im Spiel, von dem alles Böse ausgeht, an dem alle verwerflichen Handlungen spielen: Satan, Antichrist und Synagoge verschmelzen optisch und handelnd in ihren

Aktionen. In diesen Verschmelzungsprozeß bindet Bletz dann auch die Reformatoren ein: Sie treten als Habsucht, Neid und Unkeuschheit am gleichen Ort auf und werden so eindeutig als antichristlich gekennzeichnet – durch ‹Qualitäten›, die traditionell (und damit im Bewußtsein der Agierenden wie der Zuschauer) den Juden zugeschrieben werden: durch Verstocktheit, Habgier und Aggressivität den Christen gegenüber (worunter Bletz allemal die Altgläubigen versteht). So kann der christliche Antijudaismus auch in den innerchristlichen Kämpfen dienlich sein.
Die Ubiquität dieses Antijudaismus ist durch eine Vielzahl von Texten belegt, von denen hier nur noch einige genannt seien: zum Beispiel die Fastnachtsspiele *Die alt und neu ee, Kaiser Constantinus* und *Herzog von Burgund* des Nürnberger Barbiers, Druckers und Meistersingers Hans Folz (um 1435/40 bis 1513), die die Austreibung der Juden aus Nürnberg 1498/99 vorzubereiten halfen. Des weiteren Folzens Reimpaarsprüche *Der falsche Messias, Judas der Ketzerapostel, Christ und Jude, Jüdischer Wucher,* die zum Teil auf lange Texttraditionen zurückgehen und – wie der schlimme Reimpaarspruch *Die Wahrsagebeeren*, dessen Motiv sich in der 35. Histori des *Till Eulenspiegel* (ältester vollständiger Druck 1515) ebenso wiederfindet wie in der Facetie *De mercatore et Iudaeo* (in: *libri facetiarum*, 1508/12) Heinrich Bebels (1472 bis 1518) – ebenso lange weiterwirken: Die im ‹Jüdischen Wucher› versifizierte Zinsrechnung wird wenig später von Johannes Pfefferkorn in seinem Traktat *Juden veindt* von 1509 aufgenommen und auch – variiert – in einem *Juden Spiegel* von 1606 wiedergegeben, der den ‹Fettmilch-Aufstand› in Frankfurt (1612 bis 1614) mit seinem Judenpogrom vorbereitet. Nicht zu vergessen die Fülle der antijüdischen Traktate (die zum großen Teil noch gar nicht erschlossen sind). So der *Stern Meschiah* (1477) des Dominikaners Petrus Nigri (eigentl. Name: P. Schwarz, um 1435 bis um 1483), eine um einen Grammatikteil erweiterte (und damit die Hebraistik in Deutschland begründende) deutsche Fassung seines *Tractatus contra perfidos Iudeos de conditionibus veri Messie* von 1474. Dazu gehören auch die antijüdischen Traktate des schon genannten Johannes Pfefferkorn, die ins (durchaus antijüdisch geprägte) Hohnlachen der *Epistolae Obscurorum Virorum* (1515/1517) mündeten. Oder der Traktat *Der gantz Jüdisch glaub* (1531) des Antonius Margaritha, eine der Quellen für Luthers fürchterliche Kampfschrift *Von den Juden und ihren Lügen* (1543), auf die sich noch Julius Streicher am 29. April 1945 vor dem Internationalen Militärgerichtshof in Nürnberg berief.

Hexen

So häufig und vielfältig wie die antijüdische Literatur (und deren Entsprechungen in Malerei und Skulptur) ist die Literatur über Hexen nicht. Das hat Gründe. Der wichtigste ist, daß es Juden gab (selbst wenn sie, wie

1290 aus England, vertrieben waren, gab es sie doch anderswo), daß Judengemeinden in allen mittelalterlichen Epochen in vielen Ländern Europas existierten – und daß sich die Kirchenmänner, die Herren über die öffentliche und private Meinung, intensiv, wenn auch fast ausschließlich negativ mit ihnen befaßten. Hexen aber gab es nicht als Gruppe oder Gemeinde. Hexen existierten immer nur als Phantome, reale Menschen mußten immer erst in den Hexenprozessen zu ‹Hexen› und ‹Hexern› gemacht werden. Dazu kommt, daß sich kirchliche Autoren bis weit in das späte Mittelalter oft vehement gegen die landläufigen, zum Teil aus der heidnischen Antike, zum Teil aus germanischen Traditionen übernommenen Vorstellungen von Geistern und Hexen wandten.

Der berühmte *Canon episcopi* vom Beginn des 10. Jahrhunderts verurteilte den Glauben an nächtliche Ausritte und Rituale ebenso wie Johannes von Salisbury (um 1110/20 bis 1180, seit 1176 Bischof von Chartres) in seinem berühmten *Policraticus*, einem Lehrbuch höfisch-adligen Lebens. Er schrieb über derartige Vorstellungen (einschließlich des angeblichen Kindesmordes durch ‹Hexen›): «Wer wäre so blind, um nicht zu sehen, daß dies eine boshafte Täuschung der Dämonen ist? Dies geht ja schon daraus hervor, daß die Leute, denen dies begegnet, arme Weiber und einfältige, glaubensschwache Männer sind... Das beste Heilmittel gegen solche Krankheit ist, daß man sich recht fest an den Glauben hält, jenen Lügen kein Gehör gibt und solche jammervollen Torheiten in keiner Weise der Aufmerksamkeit würdigt» [zit. nach 113, *Bd. 1, S. 122f.*]. Und selbst noch kurz vor der Entstehung des berühmt-berüchtigten *Hexenhammers* (diesen quasi herausfordernd!) verwies der Bischof von Brixen den ‹Inquisitor Germaniae›, wie er sich 1496 nannte, Heinrich Institoris, des Landes, weil der ihm «propter senium ganz kindisch sein worden» scheint. Demgegenüber gab es immer auch andere Stimmen, die für die Annahme realer Hexerei warben. Und diese setzten sich schließlich durch, nicht zuletzt deshalb, weil sich der ‹Doctor angelicus› Thomas von Aquin (um 1224/25 bis 1274), der bis heute einflußreichste Theologe des Mittelalters, auf ihre Seite stellte, die Dämonenlehre des Kirchenlehrers Augustinus erneuerte und systematisierte.

Eine stattliche Anzahl von Ingredienzien mußte noch hinzukommen, ehe die ‹Theorie der Hexen› vollständig ausgebildet war. Eines ist die in der christlichen Tradition tief verwurzelte Frauenfeindlichkeit, die meist mit einer ebenso gravierenden Sexualfeindlichkeit verbunden war. Herausragendes Textbeispiel solcher Mentalität ist der Artikel 45 des 2. Buches der *Summa de statu et planctu Ecclesiae* des Franziskaners und späteren Bischofs von Silvez in Portugal, Alvarus Pelagius (um 1275 bis 1350), von 1330/40. Dieses in päpstlichem Auftrag geschriebene Werk wurde noch im 15. (Ulm 1474) und 16. Jahrhundert gedruckt und häufig benutzt. Nach Alvarus Pelagius, der sich auf die Bibel und die Kirchenväter beruft, sind Frauen voll Bosheit, Waffen des Teufels, Quellen des Untergangs, von sexueller Zügellosigkeit, gottlose Wahrsagerinnen, Ehebrecherinnen und Kindsmörderinnen, Götzendienerinnen, sie sind neidisch, tyrannisch, hochmütig, unrein und vieles andere mehr [vgl. 28, *Bd. 2, S. 472ff.*]. Ähnlich steht es im 6. Kapitel des ersten Teils des *Hexenhammers*.

Hexenverfolgung

Ein zweites Ingrediens ist die Verbindung von Hexenglauben und Ketzerverfolgung in Verbindung mit der Einführung des Inquisitionsprozesses und der Folter in einer Jahrhunderte dauernden Entwicklung. Hexerei galt als *delictum mixti fori*; dadurch waren die geistliche wie die weltliche Gerichtsbarkeit involviert, und zwar mit der merkwürdigen Folge, daß es der geistlichen angeblich nur um das Seelenheil der ‹Sünder/innen› ging, die weltliche aber das ‹Verbrechen› der Angeschuldigten mit dem Tode bestrafte. Im weltlichen Inquisitionsverfahren, das noch lange *processus extraordinarius* genannt wurde, ging es nicht mehr um die Feststellung von Schuld, sondern um die Erforschung der ‹Wahrheit› mit Hilfe von Beweismitteln, deren vornehmstes, die *regina probationum*, das Geständnis war. Da Hexenprozesse eine Wahrheit ans Tageslicht bringen sollten, die es gar nicht gab (von der aber die Verfolger der Hexer und Hexen felsenfest überzeugt waren), mußte das Geständnis mit allen Mitteln erzielt werden, um der ‹Wahrheit› willen und zur Rettung der Seelen der Angeklagten. Diese Mittel waren Androhung der Folter und die Folter selbst, deren differenzierte bis hinterhältige Anwendung im dritten Teil des Hexenhammers ausführlich erörtert ist.

Eine weitere Komponente ist, daß in der Hexenverfolgung alte und lange gelittene Ausdrucksformen von Volksfrömmigkeit und magischer Bräuche der Volkskultur mit den Vorstellungen der Gelehrten über Hexen – Teufelspakt, Sexualkontakte, Hexensabbat (mit welchem die terminologische Verbindung zu den anderen ‹Gottesfeinden›, den Juden, hergestellt wird) – in eins gesetzt werden. Oder anders ausgedrückt: Kirche und Staat (und das hat etwas mit Reformation und Gegenreformation zu tun) versuchen mit aller Macht, nur noch konzessionierte Formen von Magie, nur noch erlaubte Formen von Vergesellschaftung zuzulassen: «Stillschweigend wird der Teuffel angeruefft, wann sich einer befleißt, etwas zu thun durch Ursachen oder Mittel, welche nit aus seiner natürlichen Kraft, noch Göttlicher noch Christenlicher kirchischer Einsetzung mögen solches einrichten» [zit. nach 11, *S. 70*]. So definiert es der Trierer Weihbischof Peter Binsfeld (1540 bis 1598) in seinem zuerst 1591 erschienenen Traktat *Von Bekanntnuß der Zauberer vnd Hexen. Ob vnd wieviel denselben zu glauben.* Damit ist auch das letzte Element genannt. Hexenverfolgung und Ablösung des feudal geprägten Staates durch den modernen, zentralisierten Verwaltungsstaat des Absolutismus (mit seinen unvermeidlichen sozialen und militärischen Konflikten) gehören eng zusammen:

«Das Verbrechen der Hexerei verletzt die Souveränität der Zentralgewalt gleich doppelt. Hexen begehen nicht nur vielfältige Verbrechen, die nach weltlichem und kirchlichem Gesetz bestraft werden müssen. Indem Hexen einen Bund mit dem Teufel schließen, erkennen sie ‹freiwillig› eine neue Obrigkeit an, der sie zu Gehorsam und Treue verpflichtet sind. Wer aber ‹Verräterei› begeht, indem er ‹zu einem feindlichen Dritten ein widerstreitendes Verhältnis begründet› (so die Definition von Landesverrat; W. F.), begeht ein Staatsverbrechen und soll nach den Bestimmungen der Carolina ‹durch viertheylung zum todt gestrafft werden›» [14, *S. 103f.*].

Solcherart wird Hexerei zu einem religiösen und politischen, aber auch zu einem gruppenpsychologischen und schließlich individuellen Problem. Wo die Herrscher die allmähliche Herausbildung des einförmig gleichen Untertanen anstreben, wird jede Abweichung von der Gruppe argwöhnisch beobachtet; kommen mehrere solcher ‹Merkmale› zusammen, dann ist die Denunziation als Hexe fast nicht mehr abzuwenden. Am Beispiel eines Münchener Hexenprozesses vom Anfang des 17. Jahrhunderts kann man solche ‹Kriterien› für die Anfälligkeit für Hexerei ablesen: Frau – alt – viele Kinder gestorben – Mann gestorben – arm – von ‹laxer Moral› – dem Alkohol zugetan – nicht kirchenfromm... [vgl. 11, *S. 49ff.*]. Ist so jemand einmal denunziert, produziert der Hexenprozeß sozusagen automatisch das Geständnis und damit den Beweis für die Berechtigung des Verdachts, und die Mitglieder der Gemeinschaft akzeptieren dies, da für sie «der Zusammenhang zwischen der Unsicherheit und dem Verfall gesellschaftlicher Beziehungen und Hexerei so einleuchtend und evident (ist) wie für die Kirche und die Obrigkeit... Mit der Hinrichtung einer Hexe wird eine Bedrohung von der Gemeinde... und von denen, mit denen sie als Verwandter, Freund, Nachbar oder Arbeitsgenosse verkehrte, abgewendet und aus der Welt geschafft» [14, *S. 162f.*].
Für die Beschuldigten ist das die größte Katastrophe. Ohne Voranzeichen werden sie aus ihrem vertrauten Zusammenhang herausgerissen, aus ihrem Gottvertrauen zum Teufel gejagt, in ihrer sozialen, psychischen und physischen Existenz zerstört – auf Betreiben von Kirche und Obrigkeit, die sich als von Gott eingesetzt verstehen und darstellen, mit Billigung der Mitmenschen, die gleichwohl damit rechnen müssen, selbst als Hexer und Hexen entlarvt zu werden. So wird aus einem Wahnsystem ein ‹Sachzwang›, dem sich quer durch alle Gesellschaftsschichten, vom Tagelöhner bis zum Kaiser und Papst, kaum einer entziehen kann. Gerade deshalb aber gibt es nur eine schmale volkssprachliche Hexenliteratur. Die Hexen sind Gegenstand vor allem von Predigten, gelehrten Traktaten, juristischen Abhandlungen, von Bullen und speziellen Handbüchern, die zum

größten Teil lateinisch geschrieben oder aus dem Lateinischen übersetzt sind (wie Binsfelds Traktat). Die Hexenverfolgung war nie in dem Sinne populär wie der Judenhaß, und dennoch weisen sie vielfach Parallelen auf.

Der angebliche Hostienfrevel beider wurde zu Anfang genannt. Hinzu kommt der Kindermord (wobei sich keiner daran gestört zu haben scheint, daß Juden getaufte Kinder ‹benötigten›, Hexen ungetaufte und getaufte), der zu verschiedenen Zwecken dienen soll, der Pakt mit dem Teufel (der bei den Juden nicht extra geschlossen zu werden brauchte), und schließlich, alles zusammenfassend, der Hexensabbat, «eine Kirche der Nacht, die den Satan in der Gestalt eines Ziegenbocks anbetet, Christus verleugnet, die Hostie und die Friedhofsruhe schändet und in widerlichen Exzessen zum Ausbruch kommt» [28, *Bd. 2, S. 514]*. Die Parallele zu den aberwitzigen Vorstellungen der Christen über jüdische Bräuche ist nicht zu übersehen.

Dennoch: bei aller Unmenschlichkeit und bürokratischen Raserei der Hexenverfolgung – die Tatsache, daß es Hexen nicht gab, bot eine Chance für Humanität und Aufklärung. Aber einen Friedrich von Spee oder Christian Thomasius gab es für die Juden nicht.

Irene Erfen

Epoche in der Literaturgeschichtsschreibung

Die Literaturgeschichtsschreibung ist in ihrer Darstellung der literarischen Entwicklung von circa 1350 bis 1600 lange Zeit geprägt worden von Problemstellungen und Urteilen, die nur zum Teil aus den behandelten Werken sowie ihren Entstehungsbedingungen und Rezeptionsformen gewonnen wurden. Sie entstammen vielmehr dem Wunsch nach klaren Einschnitten und Markierungen, entstammen und formulieren damit Qualitätsvorstellungen und nehmen Mentalitätsbestimmungen vor. Aber nicht nur die zeitliche Ausgrenzung und ihre Bewertung gehören zu den besonderen Problemen des Zeitraums, sondern auch die Definition des literarischen Materials selbst, seines Umfangs und seiner Formen. Die germanistische Literaturgeschichtsschreibung ist seit ihren ‹vorwissenschaftlichen› Anfängen eng mit beiden Problemen verbunden, und ihre Abfolge legt vor allem Zeugnis ab von einer kontinuierlichen Erweiterung des Spektrums an Literaturtypen und Einzelwerken, die Gegenstand literaturwissenschaftlicher Forschung werden. Zu dem Zeitpunkt, als Wilhelm Scherer (1841 bis 1886) seine Literaturgeschichte [441] veröffentlichte, gehörten zahlreiche der Texte und Gattungen, die im vorliegenden Band vorgestellt werden und von denen wir wissen, daß ihr quantitativer Anteil an der Literaturproduktion des späten Mittelalters und der frühen Neuzeit extrem hoch war, nicht unbedingt in den Gegenstandsbereich der Literaturgeschichte und ihrer Darstellungen. Fachprosa, ein großer Teil der geistlichen Literatur, Glossare und Traktate spielen in den großen Literaturgeschichten des 19. Jahrhunderts, den Arbeiten von Gervinus, Vilmar und Scherer, so verschieden diese wiederum nach Anlage und Zielsetzung auch sind, keine Rolle. Aber auch Autoren, die in der Forschung der letzten Jahrzehnte besondere Beachtung fanden und die schon seit der ersten Hälfte des 19. Jahrhunderts ihre eigene Forschungsgeschichte haben – wie Oswald von Wolkenstein – werden etwa bei Scherer mit kaum mehr als einem Satz erwähnt. Indem aber Gebiete, die inzwischen Gegenstand mediävistischer Germanistik sind, insbesondere in Überblickswerken des 19. Jahrhunderts weitgehend fehlen, erweist es sich nicht allein für den nur mühsam zu erfassenden Zeitraum vom 16. bis zum 18. Jahrhundert als schwierig, eine Bestandsaufnahme der bekannten Autoren und Schriften des Spätmittelalters und der frühen Neuzeit zu geben, geschweige denn ihrer Würdigung.

Zu den Wiederentdeckungen mittelalterlicher Literatur in der ‹vorwissenschaftlichen› Periode gehören in erster Linie nicht die Werke des Spätmittelalters und der Frühen Neuzeit, obwohl in einigen wenigen Bereichen – so dem Meistergesang – Kontinuität der Kunstformen und frühe Darstellungen vorhanden sind. 1697 schreibt der Altdorfer Professor Johann Christoph Wagenseil (1633 bis 1705) sein bis ins 19. Jahrhundert rezipiertes *Buch von der Meister-Singer holdseligen Kunst*. So sind dem Leipziger Professor Johann Christoph Gottsched (1700 bis 1766) und seinem Kreis nur wenige spätmittelalterliche Werke bekannt, darunter einige Fastnachtsspiele, Stücke des Hans Sachs, der *Ackermann aus Böhmen* (kurz nach 1400) und der *Alexander* (bald nach 1450) des Johannes Hartlieb. *Der Ackermann aus Böhmen* gehört auch unter die spätmittelalterliche Texte, zu denen sich Material im Nachlaß eines anderen frühen Sammlers und Vermittlers deutscher mittelalterlicher Literatur, des Historikers und Schriftstellers Johann Jakob Bodmer (1698 bis 1783), einem Kontrahenten Gottscheds, findet. Zusammen mit seinem Freund und Mitarbeiter Breitinger veröffentlicht er 1757 die um 1350 entstandene Fabelsammlung *Der Edelstein* von Ulrich Boner – einer der wenigen kontinuierlich rezipierten Texte. Dies hat jedoch keine Konsequenzen für Bodmers eigene Literaturgeschichte, die einen der ersten diachronen Literaturüberblicke über die deutsche Literatur bildet. Die mehrfach ergänzte, in Alexandrinern verfaßte Schrift *Charakter ter deutschen Gedichte*, die 1734 zum erstenmal erscheint, geht nicht nur vom Gedanken einer deutlichen Zäsur aus, sondern setzt darüber hinaus Wertverdikte, die bis in die jüngste Zeit als Barrieren die literaturwissenschaftliche Arbeit begleiteten. Der ‹Blütezeit› der Literatur unter den staufischen Kaisern folgt bei Bodmer «barbarsche nacht». Ein Neubeginn entsteht erst mit dem Werk Sebastian Brants:

«Mit Conradinens Blut zerrann die kurze Pracht,/Und Teutschland fiel zurück in die barbarsche Nacht./Kein Dantes kam hernach, wie im Ausonschen Lande, / ... Die Sonne lief indeß den Thierkreiß auf und nieder,/Und bracht in langer Reyh die Jahr und Zeiten wieder,/Als Brand Gewähr-Mann ward daß auch ein teutsches Haupt/Zum dencken aufgelegt, des Geistes nicht beraubt./Der Narr war sein Gesang, (Materie zu verschwenden)/Den er mit Fleiß und Müh gesucht in allen Ständen...» [466].

Auf Brant folgt bei Bodmer sogleich Fischart, der aber nicht die gleiche Zustimmung findet.
Systematische Literaturgeschichtsschreibung setzt jedoch erst im 19. Jahrhundert ein und ist nicht zu trennen von Geschichtsphilosophien der Zeit, die zumeist Mittelalter und Neuzeit als Universalbegriffe voneinander trennen und als Epochenschwelle das 14. und 15. Jahrhundert ansehen. Es zeigt sich dabei schon sehr früh, daß es vor allem außerliterarische Kriterien sind, die die Literaturgeschichtsschreibung prägen, ihre Epochengrenzen bestimmen und deren Erkennungsbegriffe vorgeben. Zu den wenigen, die sich in ihren Darstellungen von außerliterarischen Aspekten kaum beeinflußt zeigen, gehört Ludwig Uhland (1787 bis 1862). Uhland hat während seiner Universitätstätigkeit Vorlesungen über die Literatur des 15. und 16. Jahrhunderts gehalten, die jedoch zu seinen Lebzeiten unveröffentlicht blieben. Die *Geschichte der deutschen Poesie im Mittelalter* enthält unter dem Titel *Nachklänge des Minnesangs* einen eigenen Abschnitt über Oswald von Wolkenstein von knapp zwei Seiten. Neben einer kurzen pseudobiographischen Skizze, die aus zwei Liedern gewonnen wird, spricht Uhland in erster Linie über die praktischen Schwierigkeiten, die dem Philologen den Zugang zu den Dichtungen des Mittelalters noch weitgehend verstellen:

«Die Liedersammlung, die er (Oswald von Wolkenstein) hinterlassen hat, ist viel zahlreicher, als die des Grafen von Montfort, aber auch sie ist noch ungedruckt. Ich vermag daher nur den Platz, den er einzunehmen hätte, zu bezeichnen, nicht aber sein Bild selbst aufzustellen. Nur einzelne Lieder und Liederstrophen sind da und dort mitgeteilt.»

Aber auch er schließt mit einem Lob, das wieder aus der Literaturgeschichte hinausführt und Oswald unter kulturgeschichtlichen Prämissen empfiehlt:

«Nach den wenigen, bis jetzt mitgeteilten Proben möchte eine vollständigere Bekanntmachung dieser Gedichte, wenn nicht wegen ihres poetischen Gehaltes, doch jedenfalls für die Sittengeschichte wünschenswert sein.»

Seine grundsätzliche Beurteilung des Spätmittelalters und der Frühen Neuzeit fließt ein in eine eher marginale Bemerkung zur didaktischen Dichtung, in der er, Sebastian Brant zum Zeugnis nehmend, die eigentliche Vermittlerin zwischen Mittelalter und «dem Geiste der neueren Zeit» sieht [447, *S. 750*].
Uhlands Literaturgeschichte ist entstanden als Folge von Universitätsvorlesungen, die engagiert und didaktisch vorbildlich auf die Bedürfnisse des jungen Fachs reagieren und sich mit ihren Mitteilungen zu Handschriften oder zu Formproblemen mittelalterlicher Lieder vor allem an ein akademisches Fachpublikum wenden. Anders verhält sich dies bei den schon genannten drei Literaturgeschichten von Vilmar, Gervinus und Scherer,

die – jede auf ihre Weise populär – den literarischen Gegenstand weitgehend historisch-politischen Maximen bzw. Geschichtssystemen unterordnen, wenn nicht opfern.
Die Literaturgeschichte des Historikers Georg Gottfried Gervinus (1805 bis 1871), die in fünf Bänden in den Jahren 1835 bis 1842 erschien, beschreibt die Literatur des Spätmittelalters bis zu Hans Sachs ausnahmslos als Abstieg, Zersplitterung und Verfall.

«Wer es zuerst dunkel empfand, daß sich die gesammte Poesie in eine Tiefe herabbegeben hatte, in der sie unmöglich beharren konnte, das war Hans Sachs... Wie von allem ächt Nationalen, was wir in der Poesie des Mittelalters besitzen, so müssen wir auch vor der ächt deutschen Erscheinung dieses Mannes sagen: man muß ihn geschichtlich würdigen, um sein Verdienst zu erkennen und seinen Werth darnach zu bestimmen. Er steht wie der Mittelpunkt zwischen alter und neuer Kunst...»

Gervinus sieht Hans Sachs gleichbedeutend in der Religion mit Luther und in der Politik mit Hutten, vor allem aber als Vorgänger Goethes, dessen Würdigung und Empfehlung in dem Gedicht *Erklärung eines alten Holzschnittes vorstellend Hans Sachsens poetische Sendung* nicht nur ihm den Wert des Autors verbürgt. Die Literaturgeschichte von Gervinus ist teleologisch bestimmt, für den Autor entwickelt sich die deutsche Literatur auf Goethe hin, der ihren Höhepunkt bildet. Die besondere Wertschätzung des Hans Sachs ergibt sich für Gervinus aus der politischen Übereinstimmung, die er zwischen dem eigenen historisch-nationalen Anliegen und den Werken des Hans Sachs behauptet, der für ihn vor allem der Einsicht treu blieb, «daß Gemeinsinn und Eintracht allein das Rettungsmittel für Deutschland sei» [424, *S. 274*].
Die vielen Auflagen der *Vorlesungen über die Geschichte der deutschen National-Literatur* (ab der 3. Aufl. *Geschichte der deutschen National-Literatur*), die der evangelische Theologe August Friedrich Christian Vilmar (1800 bis 1868) seit 1845 erscheinen ließ, zeugen von der großen Resonanz, die das höchst fragwürdige Werk fand. Vilmar, einer der Führer des restaurativen Protestantismus, stellt seinen Überblick über die Literatur von 1300 bis 1517 unter das programmatische Stichwort «Verfall der Dichtkunst», einen Verfall, den er auf den Niedergang religiöser und sittlicher Werte zurückführen möchte. «Es wankten die zwei Säulen der deutschen Poesie: die deutsche Treue und der christliche Glaube, und mit den Säulen mußte auch der kunstreiche Bau der Poesie wanken, der allein auf diese Säulen gegründet war» [448, *S. 207*]. Die nachfolgende Periode, der er die Eckdaten 1517 bis 1624 zuweist und die er als dritte und letzte Periode der «Alten Zeit› versteht, setzt den Verfallsprozeß fort, in ihr wird die «noch kaum auflodernde Flamme des alten poetischen Nationalbewußtseins» [448, *S. 239*] gänzlich erstickt. Das wenige, was

Vilmar aus dieser Zeit gelten läßt, dem er Dauer und Bestand zuspricht, ist wie das evangelische Kirchlied eng verbunden mit den Kulturformen der Reformation und wird funktionalisiert zu einer antikatholischen Polemik.
Als ein Konkurrenzunternehmen und Gegenstück zu Vilmars populärer Literaturgeschichte hat der Literarhistoriker Wilhelm Scherer seine *Geschichte der deutschen Literatur* angelegt [441]. Scherers Konzeption der Geisteswissenschaften, die sich dem «Triumphwagen» der Naturwissenschaften anhängen sollen, um so zu einer gleichen Sicherheit der Methodik zu gelangen, verbindet sich in der Darstellung der literarischen Entwicklung mit der Vorstellung eines wellenförmigen Geschichtsablaufs, dessen Wellenkämme die Gipfelpunkte bilden und dessen Täler die Zeiträume des Niedergangs aufnehmen. Die spätmittelalterliche und frühneuzeitliche Literatur ordnet er einer Periode des Verfalls zu, und diese Bewertung durch den wirkungsvollen und geschätzten Literaturhistoriker wird für lange Zeit zur dominierenden Kennzeichnung der Epoche, eine Einschätzung, die mit besseren Argumenten gestützt zu sein schien als die vorangegangenen Ablehnungen, vertrat Scherer sie doch so auch in seiner Abhandlung *Die Anfänge des deutschen Prosaromans und Jörg Wickram von Colmar* [576], die 1877 als Kritik an Felix Bobertags *Geschichte des Romans und der ihm verwandten Dichtungsgattungen in Deutschland* (ebenfalls von 1877) [465] entstand und lange Zeit den wissenschaftlichen Umgang mit dem Prosaroman bestimmt.
Die Positionen, die stellvertretend für viele in diesen exemplarischen Literaturgeschichten des 19. Jahrhunderts festgeschrieben werden, setzen sich ungeachtet einer kontinuierlichen philologischen Arbeit an Editionen spätmittelalterlicher und frühneuzeitlicher Texte fort. Sie finden ihren Ausdruck überdies in den Etikettierungen, unter denen die Literatur des 15. bis 16. Jahrhunderts geordnet wird und die häufig von vornherein die Eigenständigkeit der literarischen Erscheinungen negieren, indem sie die Literatur anderen Phänomenen, die als zeitbestimmend gelten, unterordnen. Als leitende Ordnungsbegriffe setzen sich so ‹Reformation› und ‹Humanismus› durch, während der Renaissancebegriff – trotz der Diskussion um eine ‹deutsche Eigenrenaissance› – weitgehend verworfen wird. Es sind vor allem zwei Werke, die dem Interesse an Spätmittelalter und früher Neuzeit neue Richtungen weisen: Jakob Burckhardts *Kultur der Renaissance in Italien* [25] und Johan Huizingas Arbeit über die französische und niederländische Kultur des 14. und 15. Jahrhunderts, ein Buch, das unter dem Titel *Herbst des Mittelalters* aus anderer Perspektive die Vorstellung einer endenden Zeit und Kultur formuliert, nun nicht gesehen als Abstieg, sondern als Wechsel von Reife und Fäulnis [68]. Die kulturhistorischen Studien von Burckhardt und Huizinga finden keine gleichwertigen Entsprechungen im Bereich der deutschen Literatur- und

Kulturgeschichte, obwohl Huizingas Überlegungen zum Kulturverfall in einer Reihe von Abhandlungen aufgegriffen wurden und in der Literaturgeschichtsschreibung weiterleben. Der Endzeitgedanke wird 1948 noch einmal in der besonderen Verflechtung von Kulturgeschichte und Literatur aufgenommen von Will-Erich Peuckert, der seiner Epochendarstellung nicht nur den aussagemächtigen Titel *Die große Wende* gibt; sondern ein weiteres Zeitspezifikum im Untertitel festschreibt: *Das apokalyptische Saeculum und Luther* [262]. Peuckert sieht die signifikanten Merkmale der Zeit im gesellschaftlichen Wandel von der bäuerlichen zu städtischen Kultur und ihren literarischen Formen, Überlegungen, die orientiert an veränderten Voraussetzungen die germanistische Forschung der letzten Jahre erneut beschäftigt haben.
Die Vorstellung von Untergang und Verfall begegnet unter ganz anderen Prämissen auch in der völkisch-nationalen Literaturgeschichtsschreibung, als deren exponierte Vertreter Josef Nadler und Adolf Bartels zu nennen sind. Nadlers nach Landschaften geordnete Literaturgeschichte faßt die Zeit vom 14. bis zum 18. Jahrhundert unter die Begriffe Renaissance und Barock, die er als eine zusammengehörige Epoche versteht, die grundsätzlich durch den Begriff der Spaltung gekennzeichnet wird:

> «Wie sich das Abendland in nationale Volkspersönlichkeit aufgliedert, so beginnt sich Deutschland in zwei große Äste zu gabeln und zu verzweigen. Die Führung des Reichs verschiebt sich aus dem Westen in den Osten... Die Reformation spaltet die Einheit der Kirche in Deutschland... Der Humanismus spaltet in seinen Folgen die Kultureinheit der Nation in eine Schicht des Volkes und in eine Schicht der Gebildeten, die Einheit der Sprache in eine deutsche und in eine lateinische Literatur... Doch in der Tiefe des Lebens begann sich zugleich mit all diesen Spaltungen eine neue, die deutsche Gemeinsprache zu bilden. Sie schoß in all diese Äste und Zweige ein und erfüllte sie mit dem einen und gemeinsamen Leben» [435, *S. 51*].

Dem Willen, Autoren und Werke in landschaftlich bestimmte Kreise zu ordnen, damit letztlich eine Literaturgeschichte der deutschen Landschaften zu schreiben, wird in vielen Punkten die Literatur selbst geopfert. Die während der Zeit des Faschismus sehr einflußreiche Literaturgeschichte von Bartels [407] basiert auf den Rassenvorstellungen des 19. Jahrhunderts, die der Nationalsozialismus rezipiert und ausbaut; sie begründen auch Bartels Epocheneinteilungen. Der Autor setzt eine epochale Zäsur zwischen Mittelalter und Früher Neuzeit um 1500 an; als erste Etappe der Neuzeit versteht er die Reformation, die er unter literarisch-kulturellen Gesichtspunkten mit nur geringen Einschränkungen als «Blütezeit» sieht, folgt sie doch auf eine desolate Periode, die sich dadurch auszeichnet, daß «um 1500 ein ästhetischer Tiefstand in der deutschen Dichtung vorhanden ist, da sie mit primitivster Technik, traurigen Resten von der Höhe des Mittelalters, wirtschaftet und, schlimmer, überall auch den Mangel wirklich gestaltender Phantasie verrät» [407, *S. 134*].

Den positiven Gestalten und Elementen der Reformation – vor allem verkörpert in Luther selbst – steht jedoch ein weiteres Mal ein Verfallsmoment gegenüber, die ‹Verschlechterung der Rasse› in der zweiten Hälfte des 16. Jahrhunderts, ein Verdikt, das in fast jedem Dichterportrait auf die eine oder andere Art und Weise wiederkehrt, so wenn an Hans Sachs etwa das ‹gesunde› Element gerühmt wird.

Erst in den zwanziger Jahren des 20. Jahrhunderts gewinnen Überlegungen Raum, die die Literatur des Spätmittelalters und der Frühen Neuzeit ihrem Umfang und ihrer Bedeutung entsprechend in eigenen Darstellungen aufgehoben wissen möchten. Wolfgang Stammlers Überblick *Von der Mystik zum Barock* von 1927 stellt einen der ersten Schritte zu einer systematischen Behandlung der Literatur von 1400 bis 1600 im Rahmen einer Literaturgeschichte dar; orientiert ist seine Schrift vor allem an der Bedeutung der Religiosität und ihrem Einfluß auf die Literatur [445]. Es ist dann jedoch – trotz einer Reihe anderer, durchaus bedeutender Ansätze – erst der zweite Band der *Geschichte der deutschen Literatur* von Gustav Ehrismann von 1935, der eine Ausbreitung des umfangreichen Materials versucht [417]. Neben der *Deutschen Literaturgeschichte in Grundzügen* oder in den *Annalen der deutschen Literatur* kommt vor allem dem Band *Das ausgehende Mittelalter, Humanismus und Renaissance* von Hans Rupprich innerhalb der *Geschichte der deutschen Literatur* von Helmut de Boor und Richard Newald das Verdienst zu, eine in Umfang und Würdigung adäquate Darstellung der vielfältigen Werke und Literaturtraditionen gegeben zu haben [411; 412]. Rupprichs Werk hat inzwischen Konkurrenz in einer Reihe von Überblicksdarstellungen gefunden, die dokumentieren, in welchem Maße sich das Interesse an spätmittelalterlicher und frühneuzeitlicher Literatur in den letzten Jahrzehnten verändert hat.

Die Etablierung von Fachzeitschriften (so die Zeitschrift *Daphnis* mit dem Untertitel *Zeitschrift für mittlere deutsche Literatur*) zeigt, daß die Epoche als eigenständiges Gebiet in akademischer Lehre und Forschung anerkannt ist. Die Öffnung des Literaturspektrums vor allem auf die Fachliteratur, die Prosaforschung, die volkssprachliche geistliche Literatur oder die Flugschriften, die ihre sichtbaren Zeichen insbesonders in der Editionstätigkeit der letzten Jahrzehnte findet, hat eine neue Bestandsaufnahme der Literatur des Zeitraums notwendig gemacht. Das *Verfasserlexikon*, das als Autoren- und Werkverzeichnis die gesamte Literatur des Mittelalters zu erfassen sucht, vermittelt in seiner zweiten Auflage (in den Teilen, die schon erschienen sind) ein deutliches Bild dieser Entwicklung [415]. Der Anteil an spätmittelalterlichen Texten hat nicht nur zugenommen, ihrer Darstellung und Kommentierung wird auch größeres Gewicht beigemessen.

Bibliographie

Die nachstehende Bibliographie ist eine Zusammenfassung der wissenschaftlichen Literatur, auf die sich die Autoren in ihren Artikeln beziehen bzw. auf die sie hinweisen. Sie erhebt keinen Anspruch, einen Überblick über die gesamte wissenschaftliche Literatur zu bieten. Nicht geschlossen werden sollte aus der Bibliographie, daß alle aufgeführten Titel zur weiterführenden Lektüre empfohlen werden. Zitate im Text werden durch die in Klammern gesetzten Ziffern nachgewiesen. Hierbei bezieht sich die erste Ziffer auf die Titelnummer der Bibliographie, während die zweite, *kursiv* gesetzte Ziffer die Seite im zitierten Titel angibt.

1. Zur allgemeinen Geschichte (insbesondere politische, Sozial-, Kultur- und Rechtsgeschichte)

1 Abel, Wilhelm: Agrarkrisen und Agrarkonjunktur. Eine Geschichte der Land- und Ernährungswirtschaft Mitteleuropas seit dem hohen Mittelalter. 3., neubearb. u. erw. Aufl. Hamburg, Berlin (West) 1978.

2 Abel, Wilhelm: Geschichte der deutschen Landwirtschaft vom frühen Mittelalter bis zum 19. Jahrhundert. 3., neubearb. u. erw. Aufl. Stuttgart 1978. (Deutsche Agrargeschichte II).

3 Abel, Wilhelm: Massenarmut und Hungerkrisen im vorindustriellen Europa. Versuch einer Synopsis. Hamburg, Berlin (West) 1974.

4 Alltag im Spätmittelalter. Hrsg. von Harry Kühnel. Graz 1984.

5 Ankwicz-Kleehoven, Hans: Der Wiener Humanist Johannes Cuspinian. Gelehrter und Diplomat zur Zeit Maximilians I. Graz, Köln 1959.

6 Antisemitismus. Von der Judenfeindschaft zum Holocaust. Hrsg. von Herbert A. Strauss und Norbert Kampe. Bonn 1984. (Schriftenreihe der Bundeszentrale für politische Bildung. Bd. 213).

7 Aus der Zeit der Verzweiflung. Zur Genese und Aktualität des Hexenbildes. Hrsg. von Gabriele Becker, Silvia Bovenschen, Helmut Brackert u. a. Frankfurt (Main) 1977.

8 Aus Kochbüchern des 14. bis 19. Jahrhunderts. Quellen zur Geschichte einer Textart. Hrsg. von Hugo Stopp unter Mitarb. von Renate Ertl und Angelika Schmitt. Heidelberg 1980. (Germanische Bibliothek. N.F.R. 7. Quellen zur deutschen Sprach- und Literaturgeschichte. Bd. 1).

9 Baltl, Andrea: Maximilians I. Beziehungen zu Wissenschaft und Kunst. Diss. (Maschinenschr.). Graz 1967.
10 Baron, Hans: Das Erwachen des historischen Denkens im Humanismus des Quattrocento. In: Historische Zeitschrift 147 (1933), S. 5–20.
11 Behringer, Wolfgang: Scheiternde Hexenprozesse. Volksglaube und Hexenverfolgung um 1600 in München. In: Kultur der einfachen Leute. Bayerisches Volksleben vom 16. bis zum 19. Jahrhundert. Hrsg. von Richard von Dülmen. München 1983. S. 42–78, 218–225.
12 Bein, Alex: Die Judenfrage. Biographie eines Weltproblems. 2 Bde. Stuttgart 1980.
13 Besseler, Heinrich: Die Musik des Mittelalters und der Renaissance. (Handbuch der Musikwissenschaft). Potsdam 1931–34.
14 Beyer, Christel: «Hexen-Leut, so zu Würzburg gerichtet». Der Umgang mit Sprache und Wirklichkeit in Inquisitionsprozessen wegen Hexerei. Frankfurt (Main), Bern, New York 1986. (Europäische Hochschulschriften, Reihe I: Deutsche Sprache und Literatur. Bd. 948).
15 Blickle, Peter: Die Revolution 1525. 2., neubearb. u. erw. Aufl. München, Wien 1981.
16 Böhme, Max: Die großen Reisesammlungen des 16. Jahrhunderts und ihre Bedeutung. Straßburg 1904. (Repr. Amsterdam 1962).
17 Borst, Arno: Das mittelalterliche Zahlenkampfspiel. Heidelberg 1986. (Supplemente zu den Sitzungsberichten der Heidelberger Akademie der Wissenschaften. Philosophisch-historische Klasse. Bd. 5).
18 Bosl, Karl: Die Grundlagen der modernen Gesellschaft im Mittelalter. Eine deutsche Gesellschaftsgeschichte des Mittelalters. 2 Bde. Stuttgart 1972. (Monographien zur Geschichte des Mittelalters 4).
19 Bosl, Karl: Europa im Aufbruch. Herrschaft, Gesellschaft, Kultur vom 10. bis zum 14. Jahrhundert. München 1980.
20 Brandl, Hellfried: Kaiser Maximilian I. und die Ritterorden. Diss. (Maschinenschr.). Graz 1970.
21 Braudel, Fernand: Sozialgeschichte des 15.–18. Jahrhunderts. 3 Bde. München 1985 und 1986.
22 Bruckmüller, Ernst: Sozialgeschichte Österreichs. Wien, München 1985.
23 Buck, August: Das Geschichtsdenken der Renaissance. Krefeld 1957. (Schriften und Vorträge des Petrarca-Instituts Köln. Bd. 9).
24 Buck, August: Die Rangstellung des Menschen in der Renaissance: Dignitas et miseria hominis. In: Archiv für Kulturgeschichte 42 (1960), S. 61–75.
25 Burckhardt, Jakob: Gesamtausgabe. 13 Bde. Stuttgart 1929–1934. Bd. 5: Die Kultur der Renaissance in Italien. Ein Versuch. Hrsg. von Werner Kaegi. Stuttgart 1930.
26 Chmelarz, Eduard: Die Ehrenpforte des Kaisers Maximilian I. In: Jahrbuch 4 (1886), S. 289–319.
27 Chwolson, Daniil: Die Blutanklage und sonstige mittelalterliche Beschuldigungen der Juden. Eine historische Untersuchung nach den Quellen. Frankfurt (Main) 1901.
28 Delumeau, Jean: Angst im Abendland. Die Geschichte kollektiver Ängste im Europa des 14. bis 18. Jahrhunderts. 2 Bde. Reinbek 1985.
29 Der Bauer im Klassenkampf. Studien zur Geschichte des deutschen Bauern-

kriegs und der bäuerlichen Klassenkämpfe im Spätfeudalismus. Hrsg. von Gerhard Heitz, Adolf Laube, Max Steinmetz und Günther Vogler. Berlin (Ost) 1975.

30 Der deutsche Bauernkrieg. Hrsg. von Horst Buszello, Peter Blickle und Rudolf Endres. Paderborn 1984.

31 ‹Der Hexenhammer›. Entstehung und Umfeld des ‹Malleus maleficarum› von 1487. Hrsg. von Peter Segl. Köln, Wien 1988. (Bayreuther historische Kolloquien. Bd. 2).

32 Der Judenmord zu Deggendorf. In: Ludwig Steub: Altbayerische Culturbilder. Leipzig 1869. S. 21–150.

33 Determinanten der Bevölkerungsgeschichte im Mittelalter. Hrsg. von Bernd Herrmann und Rolf Sprandel. Weinheim 1987.

34 Die frühbürgerliche Revolution in Deutschland. Hrsg. von Max Steinmetz. Berlin (Ost) 1985. (Studienbibliothek DDR-Geschichtswissenschaft, Forschungswege, Bilanz, Aufgabe. Bd. 5).

35 Dodgson, Campell: Drei Studien: I. Zum ‹Weißkunig›. II. Eine Darstellung des Jagdunfalls der Maria v. Burgund. III. Zu den Horoskopen des Stabius. In: Jahrbuch 29 (1910), S. 1–13.

36 Duby, Georges: Die drei Ordnungen. Das Weltbild des Feudalismus. Übers. von Grete Osterwald. Frankfurt (Main) 1981.

37 Duby, Georges: Krieger und Bauern. Die Entwicklung von Wirtschaft und Gesellschaft im frühen Mittelalter. Übers. von Grete Osterwald. Frankfurt (Main) 1977.

38 Elias, Norbert: Über den Prozeß der Zivilisation. 2 Bde. Frankfurt (Main) 1976.

39 Ennen, Edith: Die europäische Stadt des Mittelalters. 4., verb. Aufl. Göttingen 1987.

40 Ennen, Edith: Die Frau in der Mittelalterlichen Stadt. In: Mensch und Umwelt im Mittelalter. Hrsg. von Bernd Herrmann. Stuttgart 1987. S. 35–52.

41 Ennen, Edith: Frauen im Mittelalter. München 1984.

42 Euler, Friedrich Wilhelm: Wandlungen des Konnubiums im Adel des 15. und 16. Jahrhunderts. In: Deutscher Adel 1430–1555. Büdinger Vorträge 1963. Hrsg. von Hellmuth Rössler. Darmstadt 1965. S. 58–94.

43 Europa 1400. Die Krise des Spätmittelalters. Hrsg. von Ferdinand Seibt und Winfried Eberhard. Stuttgart 1984.

44 Europa 1500. Integrationsprozesse im Widerstreit: Staaten, Regionen, Personenverbände, Christenheit. Hrsg. von Ferdinand Seibt und Winfried Eberhard. Stuttgart 1987.

45 Federmann, Arnold: Deutsche Konquistadoren in Südamerika. Mit einem Nachdruck der ‹Indianischen Historia› des Nicolaus Federmann des Jüngeren von Ulm. Berlin 1938.

46 Felmayer, Johanna: Blasius Hölzl. Eine markante Persönlichkeit am Hofe Kaiser Maximilians. In: Tiroler Heimatblätter 37 (1962), H. 10–12, S. 93–104.

47 Fichtenau, Heinrich: Der junge Maximilian (1459–1482). München 1959.

48 Fichtenau, Heinrich: Reich und Dynastie im politischen Denken Maximilians I. In: Österreich und Europa. Festgabe für Hugo Hantsch zum 70. Geburtstag. Graz, Wien, Köln 1965. S. 39–48.

49 Fichtner, Paula Suttner: Politics of Honor. Renaissance Chivalry and Habsburg Dynasticism. In: Bibliotheque d'Humanisme et Renaissance 29 (1967). S. 567–580.

50 Fischer-Weltgeschichte. Bd. 12: Die Grundlegung der modernen Welt. Spätmittelalter, Renaissance, Reformation. Hrsg. u. verf. von Ruggiero Romano u. a. Frankfurt (Main) 1973.

51 Foucault, Michel: Wahnsinn und Gesellschaft. Eine Geschichte des Wahns im Zeitalter der Vernunft. Übers. von Ulrich Köppen. Frankfurt (Main) 1973.

52 Franz, Günther: Der deutsche Bauernkrieg. 11., um ein Vorw. erw. Aufl. Darmstadt 1977.

53 Frey, Winfried: Ritualmordlüge und Judenhaß in der Volkskultur des Spätmittelalters. Die Schriften Andreas Osianders und Johannes Ecks. In: Volkskultur des europäischen Spätmittelalters. Hrsg. von Peter Dinzelbacher und Hans-Dieter Mück. Stuttgart 1987. S. 177–197. (Böblinger Formen. Bd. 1).

54 Gadol, Joan: The Unity of Renaissance: Humanism, Natural Science and Art. In: From the Renaissance to the Counterreformation. Essays in Honour of G. Matiingly. Ed. by Ch. Carter. New York 1965. S. 29–55.

55 Geremek, Bronislaw: Geschichte der Armut. Elend und Barmherzigkeit in Europa. München, Zürich 1988.

56 Geschichte des jüdischen Volkes. Hrsg. von Haim Hillel Ben-Sasson. Bd. 2: Vom 7.–17. Jahrhundert. Das Mittelalter. München 1979.

57 Grigulevič, J. R.: Ketzer–Hexen–Inquisitoren. Geschichte der Inquisition (13.–20. Jhd.), Bd. 1. Berlin (Ost) 1976.

58 Güde, Wilhelm: Die rechtliche Stellung der Juden in den Schriften deutscher Juristen des 16. und 17. Jahrhunderts. Sigmaringen 1981.

59 Haage, Bernhard Dietrich: Dichter, Drogen und Hexen im Hoch- und Spätmittelalter. In: Würzburger medizinhistorische Mitteilungen 4 (1986), S. 63–83.

60 Hägler, Brigitte: Negative Weiblichkeitstheorien: Die *Hexe* und die *Psychopathin*. Magisterarbeit. Frankfurt (Main) 1985.

61 Handbuch der europäischen Geschichte. Hrsg. von Theodor Schieder. 7 Bde. Stuttgart 1968–1987. Bd. 2: Europa im Hoch- und Spätmittelalter. Stuttgart 1987. Bd. 3: Die Entstehung des neuzeitlichen Europa. Stuttgart 1971.

62 Handbuch der europäischen Wirtschafts- und Sozialgeschichte. Bisher ersch. 5 Bde. Stuttgart 1980–1989. Bd. 3: Europäische Wirtschafts- und Sozialgeschichte vom ausgehenden Mittelalter bis zur Mitte des 17. Jahrhunderts. Hrsg. von Hermann Kellenbenz. Stuttgart 1986.

63 Haskins, Charles Homer: The Renaissance of the Twelfth Century. Cambridge (Mass.) 1927.

64 Heinemann, Evelyn: Hexen und Hexenglauben. Eine historisch-sozialpsychologische Studie über den europäischen Hexenwahn des 16. und 17. Jahrhunderts. Frankfurt (Main), New York 1986.

65 Hexenwelten. Magie und Imagination. Hrsg. von Richard von Dülmen. Frankfurt (Main) 1987.

66 Hexter, J. H.: The Education of the Aristocracy in the Renaissance. In: The Journal of Modern History 22 (1950), S. 1–20.

67 Horkheimer, Max: Egoismus und Freiheitsbewegung. Zur Anthropologie des

bürgerlichen Zeitalters. In: Max Horkheimer: Kritische Theorie. Eine Dokumentation. Hrsg. von Alfred Schmidt, Bd. II. Frankfurt (Main) 1968.

68 Huizinga, Johan: Herbst des Mittelalters. Studien über Lebens- und Geistesformen des 14. und 15. Jahrhunderts in Frankreich und in den Niederlanden. Hrsg. von Kurt Koester. Dt. Fassung unter Benutzung d. älteren Übersetzung v. V.-T. Wolff-Moenckenberg. 10. Aufl. Stuttgart 1969.

69 Humanismus und Renaissance in den deutschen Städten und an den Universitäten. Hrsg. von Hans Rupprich. Leipzig 1935.

70 Hundsbichler, Helmut: Kleidung. In: Alltag im Spätmittelalter. Hrsg. von Harry Kühnel. 2., verb. Aufl. Darmstadt 1986. S. 232–251.

71 Irsigler, Franz; Lassotta, Arnold: Bettler und Gaukler, Dirnen und Henker. Randgruppen und Außenseiter in Köln 1300–1600. Köln 1984. (Aus der Kölner Stadtgeschichte).

72 Isenmann, Eberhard: Die deutsche Stadt im Spätmittelalter 1250–1500. Stadtgestalt, Recht, Stadtregiment, Kirche, Gesellschaft, Wirtschaft. Stuttgart 1988.

73 Judentum und Antisemitismus von der Antike bis zur Gegenwart. Hrsg. von Thomas Klein, Volker Losemann, Gunther Mai. Düsseldorf 1984.

74 Kaiser Karl IV. Staatsmann und Mäzen. Hrsg. von Ferdinand Seibt aus Anlaß der Ausstellungen Nürnberg und Köln 1978/79 in Zusammenarbeit mit dem Bayerischen Nationalmuseum und dem Adalbert Stifter-Verein München. 2. Aufl. München 1978.

75 Kardos, T.: Zentralisierung und Humanismus im Ungarn des 15. und 16. Jahrhunderts. In: La renaissance et la réforme en Pologne et en Hongrie. Renaissance und Reformation in Polen und Ungarn, 1450–1650. Conférence. Budapest, Eger, 10.–14. Okt. 1961. Redig. von György Székely und Erik Fügedi. Budapest 1963. S. 65–80. (Studia historica Academiae scientiarum Hungaricae. Bd. 53).

76 Ketsch, Peter: Frauen im Mittelalter. 2 Bde. Hrsg. von Annette Kuhn. Düsseldorf 1983 und 1984.

77 Kircher, Albrecht: Deutsche Kaiser in Nürnberg. Eine Studie zur Geschichte des öffentlichen Lebens der Reichsstadt Nürnberg von 1500–1612. Nürnberg 1955.

78 Kneubühler, Hans-Peter: Die Überwindung von Hexenwahn und Hexenprozeß. Diessenhofen 1977.

79 Knoche, Ulrich: Der römische Ruhmgedanke. In: Römische Wertbegriffe. Hrsg. von Hans Oppermann. Darmstadt 1967, S. 420–445. (Wege der Forschung. Bd. 34).

80 Knoche, Ulrich: *Magnitudo animi*. Untersuchungen zur Entstehung und Entwicklung eines römischen Wertgedankens. Leipzig 1935. (Philologus Suppl. Bd. 27, H. 3).

81 Lexikon des Mittelalters. Hrsg. und Berater: Bautier, Robert-Henri u. a. Bd. 1: Aachen bis Bettelordenskirchen. München, Zürich 1980.

82 Lhotsky, Alphons: Aufsätze und Vorträge III. München 1973. Darin: Aeneas Silvius und Österreich, S. 26–71. Die Prunkschwerter Maximilians I. in Wien und Kopenhagen, S. 150–169.

83 Lhotsky, Alphons: Dr. Jacob Mennel. Ein Vorarlberger im Kreis Kaiser Maximilians I. In: Alemannia 10/N.F.2, H. 1–2 (1936), S. 1–15.

84 Lorenz, Ottokar: Deutschlands Geschichtsquellen im Mittelalter seit der Mitte des dreizehnten Jahrhunderts. 2 Bde. 3. Aufl. Berlin 1886/87.

85 Lütge, Friedrich: Das 14./15. Jahrhundert in der Sozial- und Wirtschaftsgeschichte. In: Jahrbücher für Nationalökonomie und Statistik 162 (1950), S. 161–213.

86 Lütge, Friedrich: Deutsche Sozial- und Wirtschaftsgeschichte. 2. Aufl. Berlin (West), Göttingen, Heidelberg 1960.

87 Lutz, Heinrich: Das Ringen um deutsche Einheit und kirchliche Erneuerung, 1490–1648. Berlin (West) 1983.

88 Martin, Alfred von: Der Humanismus als soziologisches Phänomen. Ein Beitrag zum Problem des Verhältnisses zwischen Besitzschicht und Bildungsschicht. In: Archiv für Sozialwissenschaft und Sozialpolitik 65 (1931), S. 441–474.

89 Martin, Alfred von: Soziologie der Renaissance. 2. Aufl. Frankfurt (Main) 1949.

90 Martines, Lauro: The Social World of the Florentine Humanists, 1390–1460. Princeton 1963.

91 Mayer, Theodor: Die Verwaltungsorganisationen Maximilians I. Ihr Ursprung und ihre Bedeutung. Innsbruck 1920. (Forschungen zur inneren Geschichte Österreichs. H. 14).

92 Menke, Johannes Bernhard: Geschichtsschreibung und Politik in deutschen Städten des Spätmittelalters. Die Entstehung deutscher Geschichtsprosa in Köln, Braunschweig, Lübeck, Mainz und Magdeburg. In: Jahrbuch des kölnischen Geschichtsvereins 33 (1958), S. 1–84 u. 34/35 (1960), S. 85–194.

93 Mentalität und Alltag im Spätmittelalter. Hrsg. von Cord Meckseper und Elisabeth Schraut. Göttingen 1985.

94 Meuthen, Erich: Das 15. Jahrhundert. 2., erg. Aufl. München 1984.

95 Mollat, Michel: Die Armen im Mittelalter. München 1984.

96 Moraw, Peter: Von offener Verfassung zu gestalteter Verdichtung. Das Reich im späten Mittelalter 1250 bis 1490. Berlin 1985.

97 Moser, Hans Joachim: Geschichte der deutschen Musik. Bd. 1: Von den Anfängen bis zum Beginn des Dreißigjährigen Krieges. Stuttgart, Berlin 1920.

98 Müller, Gregor: Bildung und Erziehung im Humanismus der italienischen Renaissance. Grundlagen–Motive–Quellen. Wiesbaden 1969.

99 Oestreich, Gerhard: Geist und Gestalt des frühmodernen Staates. Berlin 1969. Darin: Der römische Stoizismus und die oranische Heeresreform, S. 11–34; Justus Lipsius als Theoretiker des neuzeitlichen Machtstaates, S. 35–79; Die Idee des religiösen Bundes und die Lehre vom Staatsvertrag, S. 157–178; Strukturprobleme des europäischen Absolutismus, S. 179–197; Das persönliche Regiment der deutschen Fürsten am Beginn der Neuzeit, S. 201–234.

100 Poliakov, Léon: Geschichte des Antisemitismus. Bd. 1: Von der Antike bis zu den Kreuzzügen. 2. Aufl. Worms 1979. Bd. 2: Das Zeitalter der Verteufelung und des Ghettos. Worms 1978.

101 Redlich, Virgil: Tegernsee und die deutsche Geistesgeschichte im 15. Jahrhundert. München 1931.

102 Renaissance–Reformation. Gegensätze und Gemeinsamkeiten. Vorträge. Hrsg. von August Buck. Wiesbaden 1984.

103 Renaissances before the Renaissance. Cultural Revivals of Late Antiquity and the Middle Ages. Ed. by Warren Treadgold. Stanford, California 1984.

104 Ritter, Gerhard: Die geschichtliche Bedeutung des deutschen Humanismus. In: Historische Zeitschrift 127 (1923), S. 392–453.

105 Rösener, Werner: Bauern im Mittelalter. Sozialgeschichtliche Untersuchung zum Wandel bäuerlicher Lebensverhältnisse. 3. Aufl. München 1987.

106 Schiffler, Horst; Winkeler, Rolf: Tausend Jahre Schule. Eine Kulturgeschichte des Lernens in Bildern. Stuttgart, Zürich 1985.

107 Schmidt, Heinrich: Die deutschen Städtechroniken als Spiegel des bürgerlichen Selbstverständnisses im Spätmittelalter. Göttingen 1958. (Schriftenreihe der Historischen Kommission bei der Bayerischen Akademie der Wissenschaften. Bd. 3).

108 Schnith, K.: Chronik C. Imperium/Deutschland. In: Lexikon des Mittelalters. Bd. 2. München, Zürich 1983. Sp. 1960–1965.

109 Schormann, Gerhard: Hexenprozesse in Deutschland. Neuaufl. Göttingen 1986.

110 Schramm, Percy Ernst: Herrschaftszeichen und Staatssymbolik. Beiträge zu ihrer Geschichte vom dritten bis zum sechzehnten Jahrhundert. Stuttgart 1954–1956. (Schriften der Monumenta Germaniae historica. Bd. 13/1–3).

111 Schulze, Hans K.: Grundstrukturen der Verfassung im Mittelalter. Bde. 1 und 2. Stuttgart, Berlin (West), Köln 1985 und 1986.

112 Seibt, Ferdinand: Karl IV. Ein Kaiser in Europa. 1346–1378. München 1978.

113 Soldan, Wilhelm Gottlieb; Heppe, Heinrich: Geschichte der Hexenprozesse. Neu bearb. u. hrsg. von Max Bauer. 2 Bde. Darmstadt 1976. (Nachdr. d. Ausg. München 1912).

114 Sottili, Agostino: Wege des Humanismus. Lateinischer Petrarchismus und deutsche Studentenschaften italienischer Renaissance-Universitäten. Mit einem Anhang bisher unedierter Briefe. In: From Wolfram and Petrarch to Goethe and Grass. Studies in Literature in Honour of Leonard Forster. Hrsg. von D. H. Green, L. P. Johnson und Dieter Wuttke. Baden-Baden 1982. S. 125–149.

115 Spitz, Lewis W.: The Third Generation of German Renaissance Humanists. In: Aspects of the Renaissance. A Symposion. Ed. by Archibald Ross Lewis. University of Texas, Austin, London 1967. S. 105–121.

116 Sprandel, Rolf: Gesellschaft und Literatur im Mittelalter. Paderborn, München 1982.

117 Sprandel, Rolf: Verfassung und Gesellschaft im Mittelalter. Paderborn 1975.

118 Städtische Randgruppen und Minderheiten. Hrsg. von Bernhard Kirchgässner und Fritz Reuter, Sigmaringen 1986. (Stadt in der Geschichte 13).

119 Ständische Gesellschaft und soziale Mobilität. Hrsg. von Winfried Schulze. München 1988.

120 Steinmetz, Max: Die Konzeption der Deutschen Universitäten im Zeitalter von Humanismus und Reformation. In: Les universitées européennes du XVIe au XVIIIe siècle. Par S. Kozlowka-Burkowa et autres. Institut d'Histoire de la Faculté des lettres de Genève. Genève 1957. S. 114–127.

121 Wacha, Georg: Tiere und Tierhaltung in der Stadt sowie im Wohnbereich des spätmittelalterlichen Menschen und ihre Darstellung in der bildenden Kunst. In: Das Leben in der Stadt des Spätmittelalters. Internationaler Kongreß Krems an der Donau. 20.–23. Sept. 1976. 2., verb. Aufl. Wien 1980. S. 229–260. (Veröffentlichungen des Instituts für mittelalterliche Realienkunde Österreichs. Nr. 2. Österreichische Akadamie der Wissenschaften. Philosophisch-Historische Klasse. Sitzungsberichte. Bd. 325).

122 Weil, Ernst: Der Ulmer Holzschnitt im 15. Jahrhundert. Berlin 1923.

123 Werner, Ernst: Stadt und Geistesleben im Hochmittelalter. 11. bis 13. Jahrhundert. Weimar 1980.

124 Wiesflecker, Hermann: Kaiser Maiximilian I. Das Reich, Österreich und Europa an der Wende zur Neuzeit. Bd. 1: Jugend, burgundisches Erbe und Römisches Königtum bis zur Alleinherrschaft 1459–1493. Bd. 2: Reichsreform und Kaiserpolitik 1493–1500. Entmachtung des Königs im Reich und in Europa. München 1971–1975.

125 Worstbrock, Franz Joseph: Über das geschichtliche Selbstverständnis des deutschen Humanismus. In: Historizität in Sprach- und Literaturwissenschaft. Vorträge und Berichte der Stuttgarter Germanistentagung 1972. Hrsg. von Walter Müller-Seidel. München 1974. S. 500–520.

126 Wuttke, Dieter: Nürnberg als Symbol deutscher Kultur und Geschichte. Bamberg 1987.

127 Ziegeler, Wolfgang: Möglichkeiten der Kritik am Hexen- und Zauberwesen im ausgehenden Mittelalter. Zeitgenössische Stimmen und ihre soziale Zugehörigkeit. Köln, Wien 1973. (Kollektive Einstellungen und sozialer Wandel im Mittelalter. Bd. 2).

2. Zur Philosophie, Ästhetik, Literaturtheorie, Wissenschaftsgeschichte und -theorie

128 Amelung, Peter: Der Frühdruck im deutschen Südwesten (1473–1500). Eine Ausstellung der Württembergischen Landesbibliothek Stuttgart. Ausstellung und Katalog von Peter Amelung. Bd. 1: Ulm. Stuttgart 1979.

129 Amelung, Peter: Humanisten als Mitarbeiter der Drucker (am Beispiel des Ulmer Frühdrucks). In: Das Verhältnis der Humanisten zum Buch. Hrsg. von Fritz Krafft und Dieter Wuttke. Boppard 1977. S. 129–143. (Deutsche Forschungsgemeinschaft. Mitteilung 4 der Kommission für Humanismusforschung).

130 Apel, Karl Otto: Die Idee der Sprache in der Tradition des Humanismus von Dante bis Vico. Bonn 1963 (Archiv für Begriffsgeschichte. Bd. 8).

131 Artes liberales. Von der antiken Bildung zur Wissenschaft des Mittelalters. Hrsg. von Josef Koch. 2. Aufl. Köln, Leiden 1976. (Studien und Texte zur Geistesgeschichte des Mittelalters. Bd. 5).

132 Arts libéraux et philosophie au moyen âge. Actes du IVe congrès international de philosophie médiévale (27. août–2. septembre 1967). Montréal–Paris 1969.

133 Baader, Gerhard: Die Schule von Salerno. In: Medizinhistorisches Journal 13 (1978), S. 124–145.

134 Baader, Gerhard: Medizinische Theorie und Praxis zwischen Arabismus und Renaissancehumanismus. In: Der Humanismus und die oberen Fakultäten. Hrsg. von Gundolf Keil, Bernd Moeller und Winfried Trusen. Weinheim 1987. S. 185–213. (Deutsche Forschungsgemeinschaft. Mitteilung 14 der Kommission für Humanismusforschung).

135 Bach, Heinrich: Die Rolle Luthers für die deutsche Sprachgeschichte. In: Sprachgeschichte. Ein Handbuch zur Geschichte der deutschen Sprache und ihrer Erforschung. Hrsg. von Werner Besch, Oskar Reichmann, Stefan Sonderegger. Bd. 2.2. Berlin (West), New York 1985. S. 1440–1447.

136 Bachtin, Michail M.: Aus der Vorgeschichte des Romanwortes. In: Michail M. Bachtin: Die Ästhetik des Wortes. Hrsg. von Rainer Grübel. Übers. von Rainer Grübel und Sabine Reese. Frankfurt (Main) 1979.

137 Bauer, Georg-Karl: Sternkunde und Sterndeutung der Deutschen im 9.–14. Jahrhundert, unter Ausschluß der reinen Fachwissenschaft. Nendeln/ Liechtenstein 1967. (Repr. d. Ausg. Berlin 1937).

138 Bergmann, Werner: Innovationen im Quadrivium des 10. und 11. Jahrhunderts. Studien zur Einführung von Astrolab und Abakus im lateinischen Mittelalter. Stuttgart 1985. (Sudhoffs Archiv. Beiheft 26).

139 Bernstein, Eckhard: Die Literatur des deutschen Frühhumanismus. Berlin 1893.

140 Bertalot, Ludwig: Humanistische Vorlesungsankündigungen in Deutschland. In: Zeitschrift für Geschichte der Erziehung und des Unterrichts 5 (1915), S. 1–24.

141 Besseler, Heinrich; Gülke, Peter; Schriftbild der mehrstimmigen Musik. Leipzig 1973. (Musikgeschichte in Bildern. Bd. 3. Musik des Mittelalters und der Renaissance. Lfg. 5).

142 Biedermann, Hans: Handlexikon der magischen Künste von der Spätantike bis zum 19. Jahrhundert. 3., verb. u. verm. Aufl. Bd. 1–2. Graz 1986.

143 Bischoff, Bernhard: Eine verschollene Einteilung der Wissenschaften. In: Bernhard Bischoff: Mittelalterliche Studien. Ausgewählte Aufsätze zur Schriftkunde und Literaturgeschichte. Bd. 1. Stuttgart 1966. S. 273–288.

144 Blumenberg, Hans: Aspekte der Epochenschwelle. Cusaner und Nolaner. Erw. und überarb. Neuausg. von ‹Die Legitimität der Neuzeit›, 4. Teil. Frankfurt (Main) 1976.

145 Boehm, Laetita: *Libertas scholastica* und *Negotium scholare*. Entstehung und Sozialprestige des akademischen Standes im Mittelalter. In: Universität und Gelehrtenstand 1400–1800. Büdinger Vorträge 1966. Hrsg. von Hellmuth Rössler und Günter Franz. Limburg/Lahn 1970. S. 15–61.

146 Boockmann, Hartmut: Geschichtsschreibung des Deutschen Ordens im Mittelalter und Geschichtsschreibung im mittelalterlichen Preußen. Entstehungsbedingungen und Funktionen. In: Literatur und Laienbildung im Spätmittelalter und in der Reformationszeit. Symposion Wolfenbüttel 1981. Hrsg. v. Ludger Grenzmann und Karl Stackmann. Stuttgart 1984. S. 80–93.

147 Borkenau, Franz: Der Übergang vom feudalen zum bürgerlichen Weltbild. Studien zur Geschichte der Philosophie der Manufakturperiode. Paris 1934.

148 Buck, August: Der Renaissance-Humanismus und die Wissenschaften. In: Zeitschrift für Pädagogik 1 (1955), S. 215–229.

149 Cassirer, Ernst: Individuum und Kosmos in der Philosophie der Renaissance. 2. Aufl. Darmstadt 1963.
150 Copleston, Frederick C.: Geschichte der Philosophie im Mittelalter. Übers. von Wilhelm Blun. München 1976.
151 Dreimüller, Karl: Die Musik im geistlichen Spiel des späten Mittelalters. In: Kirchenmusikalisches Jahrbuch 34 (1950), S. 27–34.
152 Entner, Heinz: Zum Dichtungsbegriff des deutschen Humanismus. In: Ingeborg Spriewald; Hildegard Schnabel; Werner Lenk; Heinz Entner: Grundpositionen der deutschen Literatur im 16. Jahrhundert. Berlin (Ost), Weimar 1972. S. 330–398.
153 Gossembrot, Sigismund: Rechtfertigung der Poesie. In: Hans Rupprich: Humanismus und Renaissance in den deutschen Städten und an den Universitäten. Darmstadt 1964. S. 93–100. (Reprogr. Nachdr. der Ausg. von Leipzig 1935).
154 Haage, Bernhard Dietrich: Deutsche Artesliteratur des Mittelalters. Überblick und Forschungsbericht. In: Zeitschrift für Literaturwissenschaft und Linguistik. Jahrg. 13. Heft 51/52 (1983), S. 185–205.
155 Haage, Bernhard Dietrich: Deutsche Fachliteratur der Artes in der mittelalterlichen und frühneuzeitlichen Stadt. (erscheint 1990 o. später in der Reihe: Würzburger medizinhistorische Forschungen).
156 Haage, Bernhard Dietrich: Die Wertschätzung von Naturwissenschaft und Medizin in der deutschen Dichtung des Mittelalters. In: Sudhoffs Archiv 70 (1986), S. 206–220.
157 Haage, Bernhard Dietrich: Germanistische Wortforschung auf dem Gebiet der altdeutschen Fachliteratur der Artes. In: Fachprosaforschung. Acht Vorträge zur mittelalterlichen Artesliteratur. Hrsg. von Gundolf Keil und Peter Assion. Berlin (West) 1974. S. 124–139.
158 Harth, Helene: Leonardo Brunis Selbstverständnis als Übersetzer. In: Archiv für Kulturgeschichte 50 (1968), S. 41–63.
159 Haug, Walter: Literaturtheorie im deutschen Mittelalter. Von den Anfängen bis zum Ende des 13. Jahrhunderts. Eine Einführung. Darmstadt 1985. (Germanistische Einführungen).
160 Haug, Walter: Paradigmatische Poesie. Der spätere deutsche Artusroman auf dem Weg zu einer nachklassischen Ästhetik. In: Deutsche Vierteljahrsschrift für Literaturwissenschaft und Geistesgeschichte 54 (1980), S. 204–231.
161 Herding, Otto: Über einige Richtungen in der Erforschung des deutschen Humanismus seit etwa 1950. In: Humanismusforschung seit 1945. Ein Bericht aus interdisziplinärer Sicht. Bonn 1975. S. 59–110. (Deutsche Forschungsgemeinschaft. Mitteilung 2 der Kommission für Humanismusforschung).
162 Jauss, Hans Robert: Zum Problem der Grenzziehung zwischen dem Lächerlichen und dem Komischen. In: Das Komische. Hrsg. von Wolfgang Preisendanz und Rainer Warning. München 1976. S. 361–372. (Poetik und Hermeneutik. Bd. 7).
163 Joachimsen, Paul: Geschichtsauffassung und Geschichtsschreibung in Deutschland unter dem Einfluß des Humanismus. Bd. 1. Leipzig, Berlin 1910.
164 Kästner, Hannes: Der Arzt und die Kosmographie. In: Literatur und

Laienbildung im Spätmittelalter und in der Reformationszeit. Symposion Wolfenbüttel 1981. Hrsg. von Ludger Grenzmann und Karl Stackmann. Stuttgart 1984. S. 504–531. (Germanistische Symposien. Berichtsbände. Bd. 5).

165 Keil, Gundolf: «ich, meister Ortlof, von Beierlant geborn, ein arzet in Wirzeburg». Zur Wirkungsgeschichte Würzburger Medizin des 13. Jahrhunderts. In: Jahresbericht der Bayerischen Julius-Maximilians-Universität Würzburg über das akademische Jahr 1975/76. Würzburg 1977. S. 19–42.

166 Keil, Gundolf: Literaturbegriff und Fachprosaforschung. In: Jahrbuch für Internationale Germanistik 2,1 (1970), S. 95–102.

167 Keil, Gundolf; Peitz, Rudolf: ‹Decem quaestiones de medicorum statu›. Beobachtungen zum Fakultätenstreit und zum mittelalterlichen Unterrichtsplan Ingolstadts. In: Der Humanismus und die oberen Fakultäten. Hrsg. von Gundolf Keil, Bernd Moeller und Winfried Trusen. Weinheim 1987. S. 215–238. (Deutsche Forschungsgemeinschaft. Mitteilung 14 der Kommission für Humanismusforschung).

168 Kleinschmidt, Erich: Die Wirklichkeit der Literatur. Fiktionsbewußtsein und das Problem der ästhetischen Realität von Dichtung in der Frühen Neuzeit. In: Deutsche Vierteljahrsschrift für Literaturwissenschaft und Geistesgeschichte 56 (1982), S. 174–197.

169 Klopsch, Paul: Einführung in die mittellateinische Verslehre. Darmstadt 1972.

170 Klotz, Volker: Geschlossene und offene Form im Drama. 6. Aufl. München 1972.

171 Koelbing, Huldrych M.: Die ärztliche Therapie. Grundzüge ihrer Geschichte. Darmstadt 1985 (Grundzüge. Bd. 58).

172 Krafft, Fritz: Renaissance der Naturwissenschaften – Naturwissenschaften der Renaissance. Ein Überblick über die Nachkriegsliteratur. In: Humanismusforschung seit 1945. Ein Bericht aus interdisziplinärer Sicht. Bonn 1975. S. 111–183. (Deutsche Forschungsgemeinschaft. Mitteilung 2 der Kommission für Humanismusforschung).

173 Kristeller, Paul Oskar: Beitrag der Schule von Salerno zur Entwicklung der scholastischen Wissenschaft im 12. Jahrhundert. In: Artes liberales. Von der antiken Bildung zur Wissenschaft des Mittelalters. Hrsg. von Josef Koch. 2. Aufl. Köln, Leiden 1976. S. 84–90. (Studien und Texte zur Geistesgeschichte des Mittelalters. Bd. 5).

174 Kristeller, Paul Oskar: Renaissance Thought: The Classic, Scholastic and Humanist Strains. A revised and enlarged edition of the ‹Classics and Renaissance Thought›. New York, Hagerstown, San Francisco, London 1961.

175 Kuhlen, Franz-Josef: Zur Geschichte der Schmerz-, Schlaf- und Betäubungsmittel in Mittelalter und früher Neuzeit. Stuttgart 1983. (Quellen und Studien zur Geschichte der Pharmazie. Bd. 19).

176 Kuhn, Thomas S.: Die Struktur wissenschaftlicher Revolutionen. Übers. von Kurt Simon. Frankfurt (Main) 1973.

177 Marquard, Odo: Exile der Heiterkeit. In: Das Komische. Hrsg. von Wolfgang Preisendanz und Rainer Warning. München 1976. S. 133–151. (Poetik und Hermeneutik. Bd. 7).

178 Marquard, Odo: Malum. In: Historisches Wörterbuch der Philosophie. Unter Mitwirkung von mehr als 950 Fachgelehrten hrsg. von Joachim Ritter und Karlfried Gründer. Bd. 5. Darmstadt 1980. Sp. 652–656.
179 Medizin im mittelalterlichen Abendland. Hrsg. von Gerhard Baader und Gundolf Keil. Darmstadt 1982. (Wege der Forschung. Bd. 363).
180 Müller-Jahncke, Wolf-Dieter: Astrologisch-magische Theorie und Praxis in der Heilkunde der frühen Neuzeit. Stuttgart 1985. (Sudhoffs Archiv. Beiheft 25).
181 Müller-Jahncke, Wolf-Dieter: Die Renaissance-Magie zwischen Wissenschaft und Dämonologie. In: Zwischen Wahn, Glaube und Wissenschaft. Magie, Astrologie, Alchemie und Wissenschaftsgeschichte. Hrsg. von Jean-François Bergier. Zürich 1988. S. 127–140.
182 Müller-Jahncke, Wolf-Dieter: Zum Magie-Begriff in der Renaissance-Medizin und -Pharmazie. In: Humanismus und Medizin. Hrsg. von Rudolf Schmitz und Gundolf Keil. Weinheim 1984. S. 99–116. (Deutsche Forschungsgemeinschaft. Mitteilung 11 der Kommission für Humanismusforschung).
183 Nerlich, Michael: Kritik der Abenteuer-Ideologie. Beitrag zur Erforschung der bürgerlichen Bewußtseinsbildung 1110–1750. Bd. 1.2. Berlin 1977.
184 Niederhellmann, Annette: Die volkssprachigen Wörter der *Leges barbarorum*. T. 3: Arzt und Heilkunde in den frühmittelalterlichen Leges. Berlin (West), New York 1983. (Arbeiten zur Frühmittelalterforschung. Bd. 12).
185 Norberg, Dag Ludvig: Introduction à l'étude de la versification latine médiévale. Stockholm 1958.
186 Panofsky, Erwin: Albrecht Dürer. 2 Bde. 3. Aufl. Princeton 1948.
187 Panofsky, Erwin: Renaissance and Renaissances in Western Art. 2. Aufl. Stockholm 1975.
188 Reiffenstein, Ingo: Deutsch und Latein im Spätmittelalter. Zur Übersetzungstheorie des 14. und 15. Jhs. In: Festschrift für Siegfried Grosse. Hrsg. von Werner Besch, Klaus Hufeland, Volker Schupp und Peter Wiehl. Göppingen 1984. S. 195–208. (Göppinger Arbeiten zur Germanistik. Bd. 423).
189 Rossetti, Lucia: Die Universität Padua. Ein geschichtlicher Querschnitt. Triest 1985.
190 Schipperges, Heinrich: Die Assimiliation der arabischen Medizin durch das lateinische Mittelalter. Wiesbaden 1964. (Sudhoffs Archiv. Beiheft 3).
191 Schmale, Franz-Josef: Funktion und Formen mittelalterlicher Geschichtsschreibung. Eine Einführung. Darmstadt 1985.
192 Schmitt, Wolfram: Zur Literatur der Geheimwissenschaften im späten Mittelalter. In: Fachprosaforschung. Acht Vorträge zur mittelalterlichen Artesliteratur. Hrsg. von Gundolf Keil und Peter Assion. Berlin (West) 1974. S. 167–182.
193 Schmitz, Rudolf; Keil, Gundolf: Vorwort. In: Humanismus und Medizin. Hrsg. von Rudolf Schmitz und Gundolf Keil. Weinheim 1984. (Deutsche Forschungsgemeinschaft. Mitteilung 11 der Kommission für Humanismusforschung).
194 Schöne, Albrecht: Säkularisation als sprachbildende Kraft. Studien zur

Dichtung deutscher Pfarrersöhne. 2., überarb. u. erg. Aufl. Göttingen 1968.

195 Schopenhauer, Arthur: Zürcher Ausgabe. Werke in 10 Bänden. Nach der histor.-krit. Ausg. von Arthur Hübscher. 3. Aufl. Wiesbaden 1972. Hrsg. von Angelika Hübscher. Zürich 1977. Bd. 1: Die Welt als Wille und Vorstellung. Vier Bücher, nebst einem Anhange, der die Kritik der Kantischen Philosophie enthält.

196 Sheppard, Harry J.: European Alchemy in the Context of a Universal Definition. In: Die Alchemie in der europäischen Kultur- und Wissenschaftsgeschichte. Hrsg. von Christoph Meinel. Wiesbaden 1986. S. 13–17. (Wolfenbütteler Forschungen. Bd. 32).

197 Siebert, Johannes: Himmels- und Erdkunde der Meistersänger. In: Zeitschrift für deutsches Altertum und deutsche Literatur 76 (1939), S. 222–253.

198 Souriau, Etienne: Le risible et le comique. In: Journal de psychologie normale et pathologique 41 (1948), S. 145–164.

199 Sprandel, Rolf: Kurzweil durch Geschichte. Studien zur spätmittelalterlichen Geschichtsschreibung in Deutschland. In: Mittelalterbilder aus neuer Perspektive. Kolloquium Würzburg 1984. Hrsg. von Ernstpeter Ruhe und Rudolf Behrens. München 1985. S. 344–363. (Beiträge zur romanischen Philologie des Mittelalters. Bd. 14).

200 Stäblein, Bruno: Schriftbild der einstimmigen Musik. Leipzig 1975. (Musikgeschichte in Bildern. Bd. 3. Musik des Mittelalters und der Renaissance. Lfg. 4).

201 Thum, Bernd: *Elementarformen*. Grundlagen und Leistungen geschichtlicher Verhaltensforschung in der Mediaevistik. In: Gesellschaftliche Sinnangebote mittelalterlicher Literatur. Mediaevistisches Symposium an der Universität Düsseldorf. Hrsg. von Gert Kaiser. München 1980. S. 113–127. (Forschungen zur Geschichte der älteren deutschen Literatur. Bd. 1).

202 Vosskamp, Wilhelm: Romantheorie in Deutschland. Von Martin Opitz bis Friedrich von Blanckenburg. Stuttgart 1973.

203 Zimmermann, Volker: Rezeption und Rolle der Heilkunde in landessprachigen handschriftlichen Kompendien des Spätmittelalters. Stuttgart 1986.

3. Zur Theologie, Mystik, Kirchen- und Religionsgeschichte

204 Abendländische Mystik im Mittelalter. Symposion Kloster Engelberg 1984. Hrsg. von Kurt Ruh. Stuttgart 1986.

205 Benary, Eleonore: Liedformen der deutschen Mystik im 14. und 15. Jahrhundert. Diss. Greifswald 1936.

206 Brecht, Martin: Martin Luther. 3 Bde. Stuttgart 1981–87.

207 Chmelarz, Eduard: Das Diurnale oder Gebetbuch des Kaisers Maximilian I. In: Jahrbuch 3 (1885), S. 88–102.

208 Cohen, Jeremy: The Friars and the Jews. The evolution of medieval anti-judaism. Ithaca, London 1982.

209 Cruel, Rudolf: Geschichte der deutschen Predigt im Mittelalter. Hildesheim 1966. (Unveränd. reprograf. Nachdr. d. Ausg. Detmold 1879).

210 Denifle, Heinrich: Die deutschen Mystiker des 14. Jhs. Freiburg/Schw. 1951.
211 Die geistlichen Spiele des Sterzinger Spielarchivs. Nach den Handschriften hrsg. von Walter Lipphardt und Hans-Gert Roloff. Bd. 1 Frankfurt (Main), Bern, Las Vegas 1981. (Mittlere deutsche Literatur in Neu- und Nachdrukken 14).
212 Egenter, Richard: Die Idee der Gottesfreundschaft im vierzehnten Jahrhundert. In: Aus der Geisteswelt des Mittelalters. Martin Grabmann zur Vollendung des 60. Lebensjahres. Münster 1935. S. 1021–1036. (Beiträge zur Geschichte der Philosphie und Theologie des Mittelalters. Suppl. Bd. 3, 1.2.).
213 Emmerson, Richard Kenneth: Antichrist in the Middle Ages. A Study of Medieval Apocalypticism, Art, and Literature. 2nd Ed. Seattle 1984.
214 Engels, Odilo: Zur Historiographie des Deutschen Ordens im Mittelalter. In: Archiv für Kulturgeschichte 48 (1966), S. 336–363.
215 Faivre, Antoine; Zimmermann, Rolf Christian: Epochen der Naturmystik. Hermetische Tradition im wissenschaftlichen Fortschritt. Berlin (West) 1979.
216 Frauenmystik im Mittelalter. Hrsg. von Peter Dinzelbacher und Dieter R. Bauer. Ostfildern 1985.
217 Frey, Winfried: Die ‹Epistolae obscurorum virorum› – ein antijüdisches Pamphlet? In: Jahrbuch 1, 1985: Probleme deutsch-jüdischer Identität. Hrsg. vom Archiv Bibliographia Judaica E.V. Bad Soden/Ts. 1 (1986), S. 147–172.
218 Frey, Winfried: Passionsspiel und geistliche Malerei als Instrumente der Judenhetze in Frankfurt am Main um 1500. In: Jahrbuch des Instituts für Deutsche Geschichte Tel Aviv, Bd. 13 (1984), S. 15–57.
219 Gabriel, Paul: Das deutsche evangelische Kirchenlied. Von Martin Luther bis zur Gegenwart. 3., durchges. Aufl. Berlin 1956 (zuerst Leipzig 1935).
220 Gérest, Claude: Der Teufel in der theologischen Landschaft der Hexenjäger des 15. Jahrhunderts. Eine Studie über den ‹Hexenhammer›. In: Concilium 11 (1975), S. 173–183.
221 Gerhardt, Christoph: Historienbibeln (deutsche). In: Die deutsche Literatur des Mittelalters. Verfasserlexikon. Begr. von Wolfgang Stammler. Fortgeführt von Karl Langosch. Unter Mitarbeit zahlreicher Fachgelehrter hrsg. von Kurt Ruh, Gundolf Keil u. a. 2., völlig neu bearb. Aufl. Bd. 4. Berlin (West), New York 1983. Sp. 67–75.
222 Greith, Carl: Die deutsche Mystik im Prediger Orden. Freiburg i. Br. 1861.
223 Große Mystiker. Leben und Wirken. Hrsg. von Gerhard Ruhbach und Josef Sudbrack. München 1984.
224 Grundmann, Herbert: Religiöse Bewegungen im Mittelalter. 2., verb. u. erg. Aufl. Darmstadt 1961. (Reprogr. Nachdr. d. 1. Aufl. Berlin 1935).
225 Haas, Alois M.: «Nim din selbes war». Studien zur Lehre von der Selbsterkenntnis bei Meister Eckhart, Johannes Tauler und Heinrich Seuse. Freiburg/Schw. 1971.
226 Haas, Alois M.: Sermo mysticus. Studien zu Theologie und Sprache der deutschen Mystik. Freiburg 1979.

227 Hahn, Gerhard: Evangelium als literarische Anweisung. Zu Luthers Stellung in der Geschichte des deutschen kirchlichen Liedes. München, Zürich 1981. (Münchener Texte und Untersuchungen zur deutschen Literatur des Mittelalters. Bd. 73).
228 Harmening, Dieter: Superstitio. Überlieferungs- und theoriegeschichtliche Untersuchungen zur kirchlich-theologischen Aberglaubensliteratur des Mittelalters. Berlin 1979.
229 Hartl, Eduard: Das Drama des Mittelalters. 3 Bde. Bd. 1: Sein, Wesen und Werden. Bd. 2: Osterfeiern. Bd. 3: Osterspiele, Passionsspiele. Leipzig 1937–1942. Nachdr. 1964–1969. (Deutsche Literatur in Entwicklungsreihen. Reihe: Drama des Mittelalters).
230 Heer, Friedrich: Gottes erste Liebe. Die Juden im Spannungsfeld der Geschichte. Frankfurt (Main), Berlin (West) 1986.
231 Heintze, Gerhard: Luthers Predigt von Gesetz und Evangelium. München 1958.
232 Hennig, Kurt: Die geistliche Kontrafaktur im Jahrhundert der Reformation. Ein Beitrag zur Geschichte des deutschen Volks- und Kirchenliedes im XVI. Jahrhundert. Halle a. S. 1909.
233 Hirsch, Emanuel: Gesetz und Evangelium in Luthers Predigt. In: Luther. Mitteilungen der Luther-Gesellschaft 25 (1954), S. 49–60.
234 Hirsch, Emanuel: Luthers Predigtweise. In: Luthers. Mitteilungen der Luther-Gesellschaft 25 (1954), S. 1–23.
235 Holstein, Hugo: Die Reformation im Spiegelbilde der dramatischen Litteratur des sechzehnten Jahrhunderts. Halle 1886.
236 Hruby, Kurt: Verhängnisvolle Legenden und ihre Bekämpfung. In: Judenhass – Schuld der Christen?! Versuch eines Gesprächs. Hrsg. von Willehad P. Eckert und Ernst L. Ehrlich. Essen 1964. S. 281–308.
237 Judenhass – Schuld der Christen?! Versuch eines Gesprächs. Hrsg. von Willehad P. Eckert und Ernst L. Ehrlich. Essen 1964.
238 Jundt, Auguste: Histoire du panthéisme populaire au moyen âge et au seizième siècle. Frankfurt (Main) 1964. (Unveränd. Nachdr. d. Ausg. Paris 1875).
239 Knapp, Fritz Peter: Die gefesselte Muse. Kirchliche Einflußnahme auf die weltliche Literatur des 13. Jahrhunderts. In: Kontroversen, alte und neue. Hrsg. von Albrecht Schöne. Akten des VII. Internationalen Germanisten-Kongresses. Göttingen 1985. Bd. 8: Ethische contra ästhetische Legitimation von Literatur. Tübingen 1986. S. 12–15.
240 Koch, Josef: Zur Analogielehre Meister Eckharts. In: Mélanges offerts à Etienne. Paris 1959. S. 327–350.
241 Köstlin, Julius: Luthers Theologie. In ihrer geschichtlichen Entwicklung und ihrem inneren Zusammenhange dargestellt. 3. Aufl. Darmstadt 1968. (Reprograf. Nachdr. d. 2., vollst. neubearb. Aufl. Stuttgart 1901).
242 Krotzer, Gunther: Der Judenmord von Deggendorf und die Deggendorfer ‹Gnad›. In: Judenhass – Schuld der Christen?! Versuch eines Gesprächs. Hrsg. von Willehad P. Eckert und Ernst L. Ehrlich. Essen 1964. S. 309–328.
243 Kurze, Dietrich: Häresie und Minderheit im Mittelalter. In: Historische Zeitschrift 229 (1979), S. 529–573.

244 Langer, Otto: Mystische Erfahrung und spirituelle Theologie. Zu Meister Eckharts Auseinandersetzung mit der Frauenfrömmigkeit seiner Zeit. München, Zürich 1987. (Münchener Texte und Untersuchungen zur deutschen Literatur des Mittelalters. Bd. 91).
245 Leben und Werk Martin Luthers von 1526 bis 1546. Festgabe zu seinem 500. Geburtstag. 2 Bde. Hrsg. von Helmar Junghans. Göttingen 1983.
246 Linsenmayer, Anton: Geschichte der Predigt in Deutschland von Karl dem Großen bis zum Ausgange des 14. Jahrhunderts. München 1886.
247 Lohse, Bernhard: Philipp Melanchthon in seinen Beziehungen zu Luther. In: Leben und Werk Martin Luthers von 1526 bis 1546. Festgabe zu seinem 500. Geburtstag. Hrsg. von Helmar Junghans. Bd. 1. Göttingen 1983. S. 403–418.
248 Lücker, Maria Alberta: Meister Eckhart und die Devotio moderna. Leiden 1950.
249 Luther und die politische Welt. Hrsg. von Erwin Iserloh und Gerhard Müller. Stuttgart 1984. (Historische Forschungen. Bd. 9).
250 Lutz, Heinrich: Reformation und Gegenreformation. München, Wien 1979.
251 Marquard, Odo: Vernunft als Grenzreaktion. Zur Verwandlung der Vernunft durch die Theodizee. In: Wandel des Vernunftbegriffs. Hrsg. von Hans Poser. München, Freiburg 1981.
252 Martin Luther. Hrsg. von Heinz Ludwig Arnold. München 1983.
253 Martin Luther und die Reformation in Deutschland. Kurzführer. Ausstellung zum 500. Geburtstag Martin Luthers. 25. Juni–25. September 1983. Veranstaltet vom Germanischen Nationalmuseum Nürnberg in Zusammenarbeit mit dem Verein für Reformationsgeschichte. Hrsg. von Gerhard Bott. Frankfurt (Main) 1983.
254 Maurer, Friedrich: Studien zur mitteldeutschen Bibelübersetzung vor Luther. Heidelberg 1929. (Germanische Bibliothek. 2. Abt. Bd. 26).
255 Morvay, Karin; Grube, Dagmar: Bibliographie der deutschen Predigt des Mittelalters. Veröffentlichte Predigten. München 1974. (Münchener Texte und Untersuchungen zur deutschen Literatur des Mittelalters. Bd. 47).
256 Moser, Dietz-Rüdiger: Fastnacht: liturgische Zeit – christliches Fest. Grundsätzliches am Beispiel Imst. In: Das Fenster 29 (1981), S. 2907–2917.
257 Moser, Dietz-Rüdiger: Verkündigung durch Volksgesang. Studien zur Liedpropaganda und -katechese der Gegenreformation. Berlin 1981.
258 Müller, Gerhard: Philipp Melanchthon zwischen Pädagogik und Theologie. In: Humanismus im Bildungswesen des 15. und 16. Jahrhunderts. Hrsg. von Wolfgang Reinhard. Weinheim 1984. S. 95–106.
259 Muschg, Walter: Die Mystik in der Schweiz, 1200–1500. Frauenfeld, Leipzig 1935.
260 Niebergall, Alfred: Die Geschichte der christlichen Predigt. In: Liturgia. Handbuch des evangelischen Gottesdienstes. Bd. 2. Kassel 1955. S. 181–352.
261 Peters, Ursula: Vita religiosa und spirituelles Erleben. Frauenmystik und frauenmystische Literatur im 13. und 14. Jahrhundert. In: Deutsche Literatur von Frauen. 1. Bd.: Vom Mittelalter bis zum Ende des 18. Jahrhunderts. Hrsg. von Gisela Brinker-Gabler. München 1988, S. 88–112.

262 Peuckert, Will-Erich: Die große Wende. Das apokalyptische Saeculum und Luther. 2 Bde. Hamburg 1948.
263 Plotzek, Joachim M.: Andachtsbücher des Mittelalters aus Privatbesitz. Bearb. von Joachim M. Plotzek. Katalog zur Ausstellung im Schnütgen-Museum. Köln 1987.
264 Preger, Wilhelm: Geschichte der deutschen Mystik im Mittelalter. 3 Tle. Aalen 1962. (Neudr. d. Ausg. 1874–1893).
265 Rädle, Fidel: Eine Comoedia Elisabeth (1575) im Jesuitenkolleg zu Fulda. In: Elisabeth, der deutsche Orden und ihre Kirche. Hrsg. von Udo Arnold und Heinz Liebing. Marburg 1983. S. 78–145. (Quellen und Studien zur Geschichte des deutschen Ordens. Bd. 18).
266 Rath, Wilhelm: Der Gottesfreund vom Oberland. 3. Aufl. Stuttgart 1962.
267 Rauh, Horst Dieter: Das Bild des Antichrist im Mittelalter: Von Tyconius zum Deutschen Symbolismus. 2. Aufl. Münster 1979. (Beiträge zur Geschichte der Philosophie und Theologie des Mittelalters. Neue Folge. Bd. 9).
268 Reinitzer, Heimo: Biblia deutsch. Luthers Bibelübersetzung und ihre Tradition. Wolfenbüttel 1983. (Ausstellungskataloge der Herzog August Bibliothek Nr. 40).
269 Richert, Hans-Georg: Wege und Formen der Passionalüberlieferung. Tübingen 1978. (Hermea. Neue Folge. Bd. 40).
270 Ringler, Siegfried: Viten- und Offenbarungsliteratur in Frauenklöstern des Mittelalters. Quellen und Studien. Zürich, München 1980. (Münchener Texte und Untersuchungen zur deutschen Literatur des Mittelalters. Bd. 72).
271 Ruether, Rosemary: Nächstenliebe und Brudermord. Die theologischen Wurzeln des Antisemitismus. München 1978.
272 Ruh, Kurt: Altdeutsche Mystik. In: Wirkendes Wort 7 (1956/57), S. 135–146 u. S. 212–231.
273 Ruh, Kurt: Die trinitarische Spekulation in der deutschen Mystik und Scholastik. In: Zeitschrift für deutsche Philologie 72 (1953), S. 24–53.
274 Ruh, Kurt: Meister Eckhart. Theologe, Prediger, Mystiker. München 1985.
275 Scheible, Heinz: Die Anfänge der reformatorischen Geschichtsschreibung. Melanchthon, Sleidan, Flacius und die Magdeburger Zenturien. Gütersloh 1966.
276 Schmidt, Wieland: Zur deutschen Erbauungsliteratur des späten Mittelalters. In: Altdeutsche und altniederländische Mystik. Hrsg. von Kurt Ruh. Darmstadt 1964. S. 437–461. (Wege der Forschung. Bd. 23).
277 Schreckenberg, Heinz: Die christlichen *Adversus-Judaeos*-Texte und ihr literarisches und historisches Umfeld. 1.–11. Jahrhundert. Frankfurt (Main), Bern 1982. (Europäische Hochschulschriften. Reihe 23: Theologie. Bd. 172).
278 Schuler, Ernst August: Die Musik der Osterfeiern, Osterspiele und Passionen des Mittelalters. Diss. (Basel) Kassel 1951.
279 Seebaß, Gottfried: Das reformatorische Werk Andreas Osianders. Nürnberg 1967.
280 Senger, Hans Gerhard: Nikolaus von Kues. In: Gestalten der Kirchenge-

schichte. Hrsg. von Martin Greschat. Bd. 4: Mittelalter II. Stuttgart, Berlin (West), Köln, Mainz 1983. S. 286–307.

281 Seppänen, Lauri: Studien zur Terminologie des ‹Paradisus anime intelligentis›. Helsinki 1964.

282 Spamer, Adolf: Über die Zersetzung und Vererbung in den deutschen Mystikertexten. Diss. Gießen 1910.

283 Spitz, Hans Jörg: Die Metaphorik des geistigen Schriftsinns. Ein Beitrag zur allegorischen Bibelauslegung des ersten christlichen Jahrtausends. München 1972.

284 Stackmann, Karl: Probleme germanistischer Lutherforschung. In: Archiv für Reformationsgeschichte 75 (1984), S. 7–31.

285 Steer, Georg: Germanistische Scholastikforschung. In: Theologie und Philosophie 45 (1970), S. 204–226; 46 (1971), S. 195–222, 48 (1973), S. 65–106.

286 Steer, Georg: Scholastische Gnadenlehre in mittelhochdeutscher Sprache. München 1966.

287 Stolt, Birgit: Luthers Übersetzungstheorie und Übersetzungspraxis. In: Leben und Werk Martin Luthers von 1526 bis 1546. Festgabe zu seinem 500. Geburtstag. Bd. 1. Hrsg. von Helmar Junghans. Göttingen 1983. S. 241–252.

288 Teufelsglaube und Hexenprozesse. Hrsg. von Georg Schwaiger. München 1987.

289 Tenberg, Reinhard: Gedruckte deutschsprachige Bibeln vor Luther. Eine Bibliographie der wissenschaftlichen Literatur. In: «Was Dolmetschen fur Kunst und Erbeit sey». Beiträge zur Geschichte der deutschen Bibelübersetzung. Hrsg. von Heimo Reinitzer, Hamburg 1982. S. 209–228. (Vestigia Bibliae. Bd. 4).

290 Trachtenberg, Joshua: The Devil and the Jews. The Medieval Conception of the Jew and its Relation to the Modern Antisemitism. 2nd Ed. Philadelphia 1961.

291 Trevor-Roper, Hugh Redwald: Religion, Reformation und sozialer Umbruch. Die Krisis des 17. Jahrhunderts. Frankfurt (Main), Berlin (West) 1970.

292 Tschirch, Fritz: 450 Jahre Luthers Septembertestament. Eine Wende in der Übersetzung der Bibel ins Deutsche. In: Die Bibel in der Welt 14 (1973), S. 25–39.

293 Tubach, Frederic C.: Index exemplorum. A Handbook of Medieval Religious Tales. Helsinki 1969. (Folklore Fellows Communications no. 204).

294 Ursprung der ‹Biblia Deutsch› von Martin Luther. Ausstellung in der Württembergischen Landesbibliothek Stuttgart vom 21. 9. bis 19. 11. 1983. Katalog u. Ausstellung: Stefan Strohm und Eberhard Zwink. Stuttgart 1983.

295 Volz, Hans: Vorwort zu: ‹Die gantze Heilige Schrifft Deudsch›. Wittenberg 1545. Letzte zu Luthers Lebzeiten erschienene Ausgabe. Hrsg. von Hans Volz. München 1972. S. 7–137.

296 Walther, Wilhelm: Die deutsche Bibelübersetzung des Mittelalters. Nieuwkoop 1966. (Repr. d. Ausg. Braunschweig 1889–92).

297 «Was Dolmetschen fur Kunst und Erbeit sey». Beiträge zur Geschichte der deutschen Bibelübersetzung. Hrsg. von Heimo Reinitzer. Hamburg 1982. (Vestigia Bibliae. Bd. 4).

298 Wehr, Gerhard: Deutsche Mystik. Gestalten und Zeugnisse religiöser Erfahrung. Von Meister Eckhart bis zur Reformationszeit. Gütersloh 1980.
299 Weidenhiller, Egino: Untersuchungen zur deutschsprachigen katechetischen Literatur des späten Mittelalters. München 1965. (Münchener Texte und Untersuchungen zur deutschen Literatur des Mittelalters. Bd. 10).
300 Wentzlaff-Eggebert, Friedrich-Wilhelm: Deutsche Mystik zwischen Mittelalter und Neuzeit. Einheit und Wandlung ihrer Erscheinungsform. Berlin 1944.
301 Wolpers, Theodor: Die englische Heiligenlegende des Mittelalters. Tübingen 1964. (Anglia. Buchreihe. Bd. 10).
302 Zuchhold, Hans Ernst: Des Nikolaus von Landau ‹Sermone› als Quelle für die Predigt Meister Eckharts und seines Kreises. Halle (Saale) 1905.

4. Zur Öffentlichkeit, Verbreitungsform, zum Theater und zu den literarischen Zentren

303 Aschbach, Joseph von: Geschichte der Wiener Universität. Die Wiener Universität und ihre Humanisten. Bd. 2. Wien 1877.
304 Assion, Peter: Der Hof Herzog Siegmunds von Tirol als Zentrum spätmittelalterlicher Fachliteratur. In: Fachprosa-Studien. Beiträge zur mittelalterlichen Wissenschafts- und Geistesgeschichte. Hrsg. von Gundolf Keil, Peter Assion u. a. Berlin (West) 1982. S. 37–75.
305 Bätschmann, Emilia: Einleitung zu: Das St. Galler Weihnachtsspiel. Hrsg. von Emilia Bätschmann. Bern 1977 (Altdeutsche Übungstexte. Bd. 21).
306 Bauch, Gustav: Deutsche Scholare in Krakau in der Zeit der Renaissance 1460–1520. Breslau 1901.
307 Bauch, Gustav: Die Anfänge der Universität Frankfurt an der Oder und die Entwicklung des wissenschaftlichen Lebens an der Hochschule. Berlin 1900.
308 Bauch, Gustav: Die Anfänge des Humanismus in Ingolstadt. Eine literarische Studie zur deutschen Universitätsgeschichte. München, Leipzig 1901.
309 Bauch, Gustav: Die Reception des Humanismus in Wien. Breslau 1903.
310 Bauch, Gustav: Die Universität Erfurt im Zeitalter des Frühhumanismus. Breslau 1904.
311 Bauch, Gustav: Zu Augustinus Olomucensis. In: Zeitschrift des deutschen Vereins für die Geschichte Mährens und Schlesiens 8 (1904), S. 119–136.
312 Bauer, Werner M.: Engagement und Literarisierung. Zeitideen und dichterische Form im Südtiroler Fastnachtspiel des 16. Jahrhunderts. In: Tiroler Volksschauspiel. Beiträge zur Theatergeschichte des Alpenraums. Hrsg. von Egon Kühebacher. Bozen 1976. S. 35–39. (Schriftenreihe des Südtiroler Kulturinstituts. Bd. 3).
313 Bernhardt, Doris: Die Alsfelder Dirigierrolle in ihrer Beziehung zum Alsfelder Passionsspiel. In: Festschrift zur 750-Jahr-Feier der Stadt Alsfeld. Alsfeld 1972. S. 111–116.
314 Beyer, Hildegard: Die deutschen Volksbücher und ihr Lesepublikum. Diss. Frankfurt (Main) 1961.
315 Bonorand, Conradin: Die Bedeutung der Universität Wien für Humanismus

und Reformation, insbesondere in der Ostschweiz. In: Zwingliana 12 (1964/68), S. 162–180.
316 Borcherdt, Hans Heinrich: Das europäische Theater im Mittelalter und in der Renaissance. Leipzig 1935.
317 Brandis, Tilo: Handschriften und Buchproduktion im 15. und frühen 16. Jahrhundert. In: Literatur und Laienbildung im Spätmittelalter und in der Reformationszeit. Symposium Wolfenbüttel 1981. Hrsg. von Ludger Grenzmann und Karl Stackmann. Stuttgart 1984. S. 176–193. (Germanistische Symposien. Berichtsbände. Bd. 5).
318 Brecht, Martin: Kaufpreis und Kaufdaten einiger Reformationsschriften. In: Gutenberg-Jahrbuch 1972. S. 169–173.
319 Brednich, Rolf W.: Die Liedpublizistik im Flugblatt des 15. bis 17. Jahrhunderts. 2 Bde. Baden-Baden 1974–1975.
320 Breuer, Wilhelm: Zur Aufführungspraxis vorreformatorischer Fronleichnamsspiele in Deutschland. In: Zeitschrift für deutsche Philologie 94 (1975). Sonderh. Mittelalterliches deutsches Drama, S. 50–71.
321 Brunner, Horst: Die alten Meister. Studien zu Überlieferung und Rezeption der mittelhochdeutschen Sangspruchdichter im Spätmittelalter und in der frühen Neuzeit. München 1975. (Münchener Texte und Untersuchungen zur deutschen Literatur des Mittelalters. Bd. 54).
322 Brunner, Horst: Literarische Formen der Vermittlung historischen Wissens an nicht-lateinkundiges Publikum im Hoch- und Spätmittelalter und in der Frühen Neuzeit. In: Wissensorganisierende und wissensvermittelnde Literatur im Mittelalter. Perspektiven ihrer Erforschung. Kolloquium 5.–7. Dezember 1985. Hrsg. von Norbert Richard Wolf. Wiesbaden 1987. S. 175 bis 186.
323 Brunner, Otto: Österreichische Adelsbibliotheken des 15. u. 16. Jahrhunderts. In: Neue Wege der Verfassungs- und Sozialgeschichte. Vorträge und Aufsätze. 2., verm. Aufl. Göttingen 1968. S. 155–167. (1. Aufl. u. d. T.: Neue Wege der Sozialgeschichte).
324 Buchhändleranzeigen des 15. Jahrhunderts. In getreuer Nachbildung. Hrsg. von Konrad Burger. Leipzig 1907.
324a Bumke, Joachim: Höfische Kultur. Literatur und Gesellschaft im hohen Mittelalter. 2 Bde. München 1986.
325 Burke, Peter: Mündliche Kultur und Druckkultur im spätmittelalterlichen Italien. In: Volkskultur des europäischen Spätmittelalters. Hrsg. von Peter Dinzelbacher und Hans-Dieter Mück. Stuttgart 1987. S. 59–71.
326 Burmeister, Karl Heinz: Die Bibliothek des Jakob Spiegel. In: Das Verhältnis der Humanisten zum Buch. Hrsg. von Fritz Krafft und Dieter Wuttke. Boppard 1977. S. 163–183. (Deutsche Forschungsgemeinschaft. Mitteilung 4 der Kommission für Humanismusforschung).
327 Chmel, Joseph: Die Handschriften der K. K. Hofbibliothek in Wien. 2 Bde. Wien 1840–41.
328 Das Verhältnis der Humanisten zum Buch. Hrsg. von Fritz Krafft und Dieter Wuttke. Boppard 1977. (Deutsche Forschungsgemeinschaft. Mitteilung 4 der Kommission für Humanismusforschung).
329 Eberle, Oskar: Theatergeschichte der innern Schweiz. Das Theater in Luzern, Uri, Schwyz, Unterwalden und Zug im Mittelalter und zur Zeit des

Barock 1200–1800. Königsberg i. Pr. 1929. (Königsberger deutschen Forschungen. H. 5).

330 Engelsing, Rolf: Analphabetentum und Lektüre. Zur Sozialgeschichte des Lesens in Deutschland zwischen feudaler und industrieller Gesellschaft. Stuttgart 1973.

331 Engelsing, Rolf: Der Bürger als Leser. Lesergeschichte in Deutschland 1500–1800. Stuttgart 1974.

332 Engelsing, Rolf: Die Perioden der Lesergeschichte in der Neuzeit. Das statistische Ausmaß und die soziokulturelle Bedeutung der Lektüre. In: Archiv für Geschichte des Buchwesens 8 (1967), Sp. 945–1002.

333 Fechter, Werner: Das Publikum der mittelhochdeutschen Dichtung. Frankfurt (Main) 1935. (Deutsche Forschungen 28).

334 Fichtenau, Heinrich: Die Lehrbücher Maximilians I. und die Anfänge der Frakturschrift. Hamburg 1961.

335 Fichtenau, Heinrich: Die Schulbücher Maximilians I. In: Philobiblon 3 (1959), S. 2–8.

336 Fischel, Lilli: Bilderfolgen im frühen Buchdruck. Studien zur Inkunabel-Illustration in Ulm und Strassburg. Konstanz, Stuttgart 1963.

337 Geldner, Ferdinand: Das Rechnungsbuch des Speyrer Druckherrn, Verlegers und Großbuchhändlers Peter Drach. In: Archiv für Geschichte des Buchwesens. Hrsg. von der Historischen Kommission des Börsenvereins des Deutschen Buchhandels e. V. Bd. 5. Frankfurt (Main) 1964. S. 1–196.

338 Geldner, Ferdinand: Die deutschen Inkunabeldrucker. Ein Handbuch der deutschen Buchdrucker des XV. Jahrhunderts nach Druckorten. 2 Bde. Bd. 1: Das deutsche Sprachgebiet. Bd. 2: Die fremden Sprachgebiete. Stuttgart 1968–1970.

339 Geldner, Ferdinand: Inkunabelkunde. Eine Einführung in die Welt des frühesten Buchdrucks. Wiesbaden 1978. (Elemente des Buch- und Bibliothekswesens. Bd. 5).

340 Gieseke, Ludwig: Humanisten und Urheberrecht. In: Das Verhältnis der Humanisten zum Buch. Hrsg. von Fritz Krafft und Dieter Wuttke. Boppard 1977. S. 11–128. (Deutsche Forschungsgemeinschaft. Mitteilung 4 der Kommission für Humanismusforschung).

341 Grubmüller, Klaus: Der Hof als städtisches Literaturzentrum. Hinweise zur Rolle des Bürgertums am Beispiel der Literaturgesellschaft Münchens im 15. Jahrhundert. In: Befund und Deutung. Zum Verhältnis von Empirie und Interpretation in Sprach- und Literaturwissenschaft. Hrsg. von Klaus Grubmüller, Ernst Hellgardt, Heinrich Jellisen, Marga Reis. Tübingen 1979. S. 405–427.

342 Haage, Bernhard Dietrich: Deutsche Fachliteratur und deutsche Fachsprache der Artes in der mittelalterlichen und frühneuzeitlichen Stadt. In: Stadtsprachenforschung unter besonderer Berücksichtigung der Verhältnisse der Stadt Strassburg in Spätmittelalter und früher Neuzeit. Vorträge des Symposiums vom 30. März bis 3. April 1987 an der Universität Mannheim. Hrsg. von Gerhard Bauer. Göppingen 1988. S. 271–325. (Göppinger Arbeiten zur Germanistik. Bd. 488).

343 Haebler, Konrad: Handbuch der Inkunabelkunde. Leipzig 1925. (Nachdrucke Stuttgart 1966 u. ö.).

343a Hahn, Reinhard: «Von frantzosischer zungen in teütsch». Das literarische Leben am Innsbrucker Hof des späteren 15. Jahrhunderts und der Prosaroman ‹Pontus und Sidonia(A)›. Frankfurt (Main), New York, Paris 1990. (Mikrokosmos. Bd. 27).

344 Hartweg, Frédéric: Das Bildungsangebot in Schlettstadt in der zweiten Hälfte des XV. und im ersten Viertel des XVI. Jahrhunderts. In: Literatur und Laienbildung im Spätmittelalter und in der Reformationszeit. Symposion Wolfenbüttel 1981. Hrsg. von Ludger Grenzmann und Karl Stackmann. Stuttgart 1984. S. 24–38. (Germanistische Symposien. Berichtsbände. Bd. 5).

345 Hassler, Konrad Dietrich: Die Buchdrucker-Geschichte Ulm's zur 4. Säcularfeier der Erfindung der Buchdruckerkunst geschrieben. Mit neuen Beiträgen zur Culturgeschichte, dem Faksimile eines der ältesten Drucke und artistischen Beilagen, besonders zur Geschichte der Holzschneidekunst. Nieuwkoop 1965. (Nachdruck der Ausgabe Ulm 1840).

346 Henkel, Nikolaus: Leipzig als Übersetzungszentrum am Ende des 15. und Anfang des 16. Jahrhunderts. In: Literatur und Laienbildung im Spätmittelalter und in der Reformationszeit. Symposion Wolfenbüttel 1981. Hrsg. von Ludger Grenzmann und Karl Stackmann. Stuttgart 1984. S. 559–576. (Germanistische Symposien. Berichtsbände. Bd. 5).

347 Kapp, Friedrich: Luther und der Buchhandel. In: Die Nation 1 (1883/84), S. 83–85.

348 Kienitz, Werner: Formen literarischer Ankündigung im 15. und 16. Jahrhundert. Diss. Köln 1930.

349 Kiepe, Hansjürgen: Die Nürnberger Priameldichtung. Untersuchungen zu Hans Rosenplüt und zum Schreib- und Druckwesen im 15. Jahrhundert. München 1984. (Münchener Texte und Untersuchungen zur deutschen Literatur des Mittelalters. Bd. 74).

350 Kieslich, Günter: Das *Historische Volkslied* als publizistische Erscheinung. Untersuchungen zur Wesensbestimmung und Typologie der gereimten Publizistik zur Zeit des Regensburger Reichstages und des Krieges der Schmalkaldener gegen Herzog Heinrich den Jüngeren von Braunschweig 1540–1542. Münster 1958.

351 Kindermann, Heinz: Theatergeschichte Europas. Bd. 1: Das Theater der Antike und des Mittelalters. 2. Aufl. Salzburg 1966.

352 Kleinschmidt, Erich: Stadt und Literatur in der frühen Neuzeit. Voraussetzungen und Entfaltung im südwestdeutschen, elsässischen und schweizerischen Städteraum. Köln, Wien 1982. (Literatur und Leben. Neue Folge. Bd. 22).

353 Kleinschmidt, Erich: Volkssprache und historisches Umfeld. Funktionsräume einer deutschen Literatursprache in der Frühen Neuzeit. In: Zeitschrift für deutsche Philologie 101 (1982), S. 411–436.

354 Köhler, Hans Joachim: Flugschriften als Massenmedium der Reformationszeit. Beiträge zum Tübinger Symposion 1980. Stuttgart 1981. (Spätmittelalter und Frühe Neuzeit. Bd. 13).

355 Koppitz, Hans-Joachim: Zur Verbreitung unterhaltsamer und belehrender deutscher Literatur durch den Buchhandel in der zweiten Hälfte des 16. Jahrhunderts. In: Jahrbuch für Internationale Germanistik 7,2 (1975), S. 20–35.

356 Kreutzer, Hans Joachim: Buchmarkt und Roman in der Frühdruckzeit. In: Literatur und Laienbildung im Spätmittelalter und in der Reformationszeit. Symposion Wolfenbüttel 1981. Hrsg. von Ludger Grenzmann und Karl Stackmann. Stuttgart 1984. S. 197–211. Diskussionsbericht von Werner Höver. S. 212–213. (Germanistische Symposien. Berichtsbände. Bd. 5).

357 Kristeller, Paul Oskar: Der Gelehrte und sein Publikum im späten Mittelalter und in der Renaissance. In: Medium aevum vivum. Festschrift für Walter Bulst. Hrsg. von Hans Robert Jauss und Dieter Schaller. Heidelberg 1960. S. 212–230.

358 Krohn, Rüdiger: Literaturbetrieb im Mittelalter. In: Propyläen Geschichte der Literatur. Gesamtplanung und Redaktion von Erika Wischer. Bd. 2: Die mittelalterliche Welt. Übersicht von Klaus Siebenhaar. Berlin (West) 1982. S. 199–220.

359 Leipold, Inge: Untersuchungen zum Funktionstyp *Frühe deutschsprachige Druckprosa*. Das Verlagsprogramm des Augsburger Druckers Anton Sorg. In: Deutsche Vierteljahrsschrift für Literaturwissenschaft und Geistesgeschichte 48 (1974), S. 264–290.

360 Lenk, Werner: Das Nürnberger Fastnachtspiel des 15. Jahrhunderts. Berlin (Ost) 1966. (Veröffentlichungen des Instituts für deutsche Sprache und Literatur. Deutsche Akademie der Wissenschaften zu Berlin. Bd. 33).

361 Lhotsky, Alphons: Die Wiener Artistenfakultät, 1365–1497. Wien 1965. (Österreichische Akademie der Wissenschaften. Philosophisch-historische Klasse. Sitzungsberichte. Bd. 247. 2. Abhandlg.).

362 Literatur in der Stadt. Bedingungen und Beispiele städtischer Literatur des 15. bis 17. Jahrhunderts. Hrsg. von Horst Brunner. Göppingen 1982. (Göppinger Arbeiten zur Germanistik. Bd. 343).

363 Literatur und Laienbildung im Spätmittelalter und in der Reformationszeit. Symposion Wolfenbüttel 1981. Hrsg. von Ludger Grenzmann und Karl Stackmann. Stuttgart 1984. (Germanistische Symposien. Berichtsbände. Bd. 5).

364 Michael, Wolfgang Friedrich: Frühformen der deutschen Bühne. Berlin (West) 1963. (Schriften der Gesellschaft für Theatergeschichte. Bd. 62).

365 Müller, Jan-Dirk: «Gedechtnus». Literatur und Hofgesellschaft um Maximilian I. München 1982. (Forschungen zur Geschichte der älteren deutschen Literatur. Bd. 2).

366 Nöth, Martin: Die Gesellschaft der Meistersinger zu Memmingen von 1600 bis 1875. Examensarb. (Maschinenschr.) Erlangen 1979.

367 Pape, Walter: Der Mythos vom Katechismus als Volksbuch. In: Buchhandelsgeschichte 1986/2. S. B 41-B 50. (Beilage zum Börsenblatt für den Deutschen Buchhandel. Frankfurter Ausgabe Nr. 45 vom 6. 6. 1986).

368 Pascher, Erhard; Müller, Ulrich: Merkur und Minerva, oder: Buchwerbung und Universitätsunterricht: die gedruckten Vorlesungsankündigungen des Leipziger Humanisten Johannes Honorius Cubinensis. In: Festschrift für Adalbert Schmidt zum 70. Geburtstag. Hrsg. von Gerd Stein und Gerlinde Weiss. Stuttgart 1976. S. 235–256. (Stuttgarter Arbeiten zur Germanistik 4).

369 Paulsen, Friedrich: Geschichte des gelehrten Unterrichts auf den deutschen Schulen und an den Universitäten. Vom Ausgang des Mittelalters bis zur Gegenwart. Bd. 1. 2. Aufl. Leipzig 1869.

370 Peters, Ursula: Herolde und Sprecher in mittelalterlichen Rechnungsbüchern. In: Zeitschrift für deutsches Altertum und deutsche Literatur 105 (1976), S. 233–250.

371 Peters, Ursula: Literatur in der Stadt. Studien zu den sozialen Voraussetzungen und kulturellen Organisationsformen städtischer Literatur im 13. und 14. Jahrhundert. Tübingen 1983. (Studien und Texte zur Sozialgeschichte der Literatur. Bd. 7).

372 Prantl, Carl: Geschichte der Ludwig-Maximilian-Universität in Ingolstadt, Landshut, München. 2 Bde. München 1872.

373 Quellen zur Geschichte des Memminger Meistersingertheaters. Hrsg. von Constantin Kooznetzoff. Assen 1967. (Melbourne Monographs in Germanic Studies. Bd. 1).

374 Rädle, Fidel: Aus der Frühzeit des Jesuitentheaters. Zur Begleitung einer Edition lateinischer Ordensdramen. In: Daphnis 7 (1978), S. 403–462.

375 Richter, Günter: Humanistische Bücher in Buchhändlerkatalogen des 15. und 16. Jahrhunderts. In: Das Verhältnis der Humanisten zum Buch. Hrsg. von Fritz Krafft und Dieter Wuttke. Boppard 1977. S. 184–208. (Deutsche Forschungsgemeinschaft. Mitteilung 4 der Kommission für Humanismusforschung).

376 Ritter, Gerhard: Die Heidelberger Universität. Ein Stück deutscher Geschichte. Bd. 1: Das Mittelalter 1386–1508. Heidelberg 1936.

377 Rupprich, Hans: Das Wiener Schrifttum des ausgehenden Mittelalters. Wien 1954. (Österreichische Akademie der Wissenschaften. Philosophisch-historische Klasse. Sitzungsberichte. Bd. 228. 5. Abhandlg.).

378 Rupprich, Hans: Willibald Pirckheimer. Beiträge zu einer Wesenserfassung. In: Schweizer Beiträge zur Allgemeinen Geschichte 15 (1957), S. 64–110.

379 Schmidt, Wieland: Vom Lesen und Schreiben im späten Mittelalter. In: Festschrift für Ingeborg Schröbler zum 65. Geburtstag. Hrsg. von D. Schmidtke und H. Schüppel, S. 309–327. (Beiträge zur Geschichte der deutschen Sprache und Literatur 95. Sonderheft 1973).

380 Schnell, Fritz: Zur Geschichte der Augsburger Meistersingerschule. Augsburg 1956. (Abhandlungen zur Geschichte der Stadt Augsburg. Schriftenreihe des Stadtarchivs Augsburg. H. 11).

381 Scholz, Manfred Günter: Hören und Lesen. Studien zur primären Rezeption der Literatur im 12. und 13. Jahrhundert. Wiesbaden 1980.

382 Scholz, Manfred Günter: Zum Verhältnis von Mäzen, Autor und Publikum im 14. und 15. Jahrhundert. ‹Wilhelm von Österreich› – ‹Rappoltsteiner Parzifal› – Michel Beheim. Darmstadt 1987.

383 Schreiner, Klaus: Grenzen literarischer Kommunikation. In: Literatur und Laienbildung im Spätmittelalter und in der Reformationszeit. Symposium Wolfenbüttel 1981. Hrsg. von Ludger Grenzmann und Karl Stackmann. Stuttgart 1984. S. 1–20. (Germanistische Symposien. Berichtsbände. Bd. 5).

384 Seidel, Hellmut: Die Meistersingerschule in Breslau. Diss. (Maschinenschr.). Breslau 1925.

385 Simon, Gerd: Die erste deutsche Fastnachtsspieltradition. Lübeck, Hamburg 1970. (Germanistische Studien. Heft 240).

386 Specht, Reinhold: Dichterkrönungen bis zum Ausgang des Mittelalters. Zerbst 1928.

387 Stahl, Irene: Die Meistersinger von Nürnberg. Archivalische Studien. Nürnberg 1982. (Nürnberger Werkstücke zur Stadt- und Landesgeschichte. Bd. 33).
388 Stauber, Richard: Die Schedelsche Bibliothek. Ein Beitrag zur Geschichte der Ausbreitung der italienischen Renaissance, des deutschen Humanismus und der medizinischen Literatur. Hrsg. von Otto Hartig. Freiburg (Breisgau) 1908. (Unveränd. fotomechan. Nachdruck Nieuwkoop 1969).
389 Steer, Georg: Der Laie als Anreger und Adressat deutscher Prosaliteratur im 14. Jahrhundert. In: Zur deutschen Literatur und Sprache des 14. Jahrhunderts. Dubliner Colloqium 1981. Hrsg. von Walter Haug, Timothy R. Jackson und Johannes Janota. Heidelberg 1983. S. 354–367. (Reihe Siegen. Beiträge zur Literatur- und Sprachwissenschaft. Bd. 45).
390 Steer, Georg: Hugo Ripelin von Straßburg. Zur Rezeptions- und Wirkungsgeschichte des ‹Compendium theologicae veritatis› im deutschen Spätmittelalter. Tübingen 1981. (Texte und Textgeschichte 2).
391 Steinhoff, Hans-Hugo: Eleonore von Österreich. In: Die deutsche Literatur des Mittelalters. Verfasserlexikon. Begr. von Wolfgang Stammler. Fortgeführt von Karl Langosch. Unter Mitarbeit zahlreicher Fachgelehrter hrsg. von Kurt Ruh, Gundolf Keil u. a. 2., völlig neu bearb. Aufl. Bd. 2. Berlin (West), New York 1980. Sp. 470–473.
392 Streinz, Franz: Die Singschule in Iglau und ihre Beziehungen zum allgemeinen deutschen Meistergesang. München 1958. (Veröffentlichungen des Collegium Carolinum. Historisch-philologische Reihe. Bd. 2).
393 Stumpfl, Robert: Kultspiele der Germanen als Ursprung des mittelalterlichen Dramas. Berlin 1936.
394 Theiß, Winfried: Die ‹Schöne Magelone› und ihre Leser. Erzählstrategie und Publikumswechsel im 16. Jahrhundert. In: Euphorion 73 (1979), S. 132–148.
395 Tiroler Volksschauspiel. Beiträge zur Theatergeschichte des Alpenraumes. Hrsg. von Egon Kühebacher. Bozen 1976. (Schriftenreihe des Südtiroler Kulturinstituts. Bd. 3).
396 Trathnigg, Gilbert: Von Meistersingern in Niederösterreich und Wien. In: Unsere Heimat. Monatsblatt des Vereins für Landeskunde von Niederösterreich und Wien 25 (1954), S. 70–73.
397 Valentin, Jean-Marie: Le théâtre des Jésuites dans les pays de langue allemande (1554–1680). Salut des âmes et ordre des cités. 3 Bde. Bern 1978. (Europäische Hochschulschriften. Serie I. Deutsche Sprache und Literatur. Bd. 255/1).
398 Volz, Hans: Aus der Druckpraxis der Neudrucke der Lutherbibel (1522/46). In: Gutenberg-Jahrbuch (1962), S. 234–250.
399 Voullieme, Ernst: Die deutschen Drucker des fünfzehnten Jahrhunderts. 2. Aufl. Berlin 1922.
400 Weinmayer, Barbara: Studien zur Gebrauchssituation früher deutscher Druckprosa. Literarische Öffentlichkeit in Vorreden zu Augsburger Frühdrucken. München, Zürich 1982. (Münchener Texte und Untersuchungen zur deutschen Literatur des Mittelalters. Bd. 77).
401 Wenzel, Horst: «Alls in ain summ zu pringen». Füetrers ‹Bayerische Chronik› und sein ‹Buch der Abenteuer› am Hof Albrechts IV. In: Mittelalter-

Rezeption. Ein Symposion. Hrsg. von Peter Wapnewski. Stuttgart 1986. S. 10–31.

402 Widmann, Hans: Die Wirkung des Buchdrucks auf die humanistischen Zeitgenossen und Nachfahren des Erfinders. In: Das Verhältnis der Humanisten zum Buch. Hrsg. von Fritz Krafft und Dieter Wuttke. Boppart 1977. S. 63–88. (Deutsche Forschungsgemeinschaft. Mitteilung 4 der Kommission für Humanismusforschung).

403 Wolf, Norbert Richard: Bozner Passionsspiele. In: Die deutsche Literatur des Mittelalters. Verfasserlexikon. Begr. von Wolfgang Stammler. Fortgeführt von Karl Langosch. Unter Mitarbeit zahlreicher Fachgelehrter hrsg. von Kurt Ruh, Gundolf Keil u. a. 2., völlig neu bearb. Aufl. Bd. 1. Berlin (West), New York 1978. Sp. 979–982.

404 Zahn: Die Darstellung des Bauern in den Nürnberger Fastnachtspielen des 15. Jahrhunderts. Univ. of Texas Thesis, Austin 1967.

5. Zur Literaturgeschichte

405 Baechtold, Jakob: Geschichte der deutschen Literatur in der Schweiz. Frauenfeld 1892.

406 Bärnthaler, Günther: Übersetzen im deutschen Spätmittelalter. Der Mönch von Salzburg, Heinrich Laufenberg und Oswald von Wolkenstein als Übersetzer lateinischer Hymnen und Sequenzen. Göppingen 1983. (Göppinger Arbeiten zur Germanistik. Bd. 371).

407 Bartels, Adolf: Geschichte der deutschen Literatur. Zwei Bde. 1. Bd.: Die ältere Literatur. 3. u. 4. Aufl. Leipzig 1905.

408 Beiträge zur Sprachwirkung Martin Luthers im 17. und 18. Jahrhundert. Hrsg. von Manfred Lemmer. Halle (Saale) 1988. (Kongreß- und Tagungsberichte der Martin-Luther-Universität Halle-Wittenberg).

409 Benz, Richard: Die deutschen Volksbücher. Ein Beitrag zur Geschichte der deutschen Dichtung. Jena 1913.

410 Bollenbeck, Georg: Das ‹Volksbuch› als Projektionsformel. Zur Entstehung und Wirkung eines Konventionsbegriffes. In: Mittelalter-Rezeption. Gesammelte Vorträge des Salzburger Symposions: Die Rezeption mittelalterlicher Dichter und ihrer Werke in Literatur, Bildender Kunst und Musik des 19. und 20. Jahrhunderts. Hrsg. von Jürgen Kühnel u. a. Göppingen 1979. S. 141–171.

411 Boor, Helmut de; Newald, Richard: Geschichte der deutschen Literatur von den Anfängen bis zur Gegenwart. Bd. 4, I: Rupprich, Hans: Die deutsche Literatur vom späten Mittelalter bis zum Barock. Das ausgehende Mittelalter, Humanismus und Renaissance 1370–1520. München 1970.

412 Boor, Helmut de; Newald, Richard: Geschichte der deutschen Literatur von den Anfängen bis zur Gegenwart. Bd. 4, II: Rupprich, Hans: Die deutsche Literatur vom späten Mittelalter bis zum Barock. Das Zeitalter der Reformation 1520–1570. München 1973.

413 Brann, Noel L.: Humanism in Germany. In: Renaissance Humanism. Foundations, Forms and Legacy. Ed. by Albert Rabil, Jr. Philadelphia 1988. Bd. 2: Humanism beyound Italy. S. 123–155.

414 Burger, Heinz Otto: Renaissance, Humanismus, Reformation. Deutsche Literatur im europäischen Kontext. Bad Homburg v. d. H., Berlin (West), Zürich 1969.
415 Die deutsche Literatur des Mittelalters. Verfasserlexikon. Begr. von Wolfgang Stammler. Fortgeführt von Karl Langosch. Unter Mitarbeit zahlreicher Fachgelehrter hrsg. von Kurt Ruh, Gundolf Keil u. a. 2., völlig neu bearb. Aufl. Berlin (West), New York 1978ff.
416 Diller, Hans; Schalk, Fritz: Studien zur Periodisierung und zum Epochenbegriff. In: Akademie der Wissenschaften und der Literatur. Abhandlungen der geistes- und sozialwissenschaftlichen Klasse. H. 4. Mainz 1972.
417 Ehrismann, Gustav: Geschichte der deutschen Literatur bis zum Ausgang des Mittelalters. 4 Bde. 2. Aufl. München 1932–35.
418 Eis, Gerhard: Vom Werden altdeutscher Dichtung. Literarhistorische Proportionen. Berlin 1962.
419 Ellinger, Georg: Geschichte der neulateinischen Literatur Deutschlands im sechzehnten Jahrhundert. 3 Bde. Berlin 1929–33.
420 Ellinger, Georg; Ristow, Brigitte: Neulateinische Dichtung Deutschlands im 16. Jahrhundert (mit Ausschluß des Dramas). In: Reallexikon der deutschen Literaturgeschichte. Begr. von Paul Merker u. Wolfgang Stammler. 2. Aufl. hrsg. von Werner Kohlschmidt u. Wolfgang Mohr. Bd. 2. Berlin (West) 1965. S. 620–645.
421 Engels, Friedrich (Pseudonym: Friedrich Oswald): Die deutschen Volksbücher. In: Karl Marx. Friedrich Engels. Werke. Hrsg. vom Institut für Marxismus-Leninismus beim ZK der SED. Ergänzungsband: Schriften, Manuskripte, Briefe bis 1844. 2. T. Berlin (Ost) 1967. S. 13–21.
422 Entner, Heinz: Probleme der Forschung zum Frühhumanismus 1450–1500. In: Wissenschaftliche Zeitschrift d. Ernst-Moritz-Arndt-Universität Greifswald. Gesellsch.-sprachwissenschaftl. Reihe H. 5/6 (1969), S. 587–590.
423 Fischer, Hanns: Deutsche Literatur und lateinisches Mittelalter. In: Werk – Typ – Situation. Studien zu poetologischen Bedingungen in der älteren deutschen Literatur. Hugo Kuhn zum 60. Geburtstag. Hrsg. von Ingeborg Glier. Stuttgart 1969. S. 1–19.
424 Gervinus, Georg Gottfried: Geschichte der poetischen Nationalliteratur der Deutschen. 5 Bde. 5. Aufl. Leipzig 1871–1874. (Unter dem Titel: Geschichte der deutschen Dichtung).
424a Geschichte der deutschen Literatur im Mittelalter. 3 Bde. Bd. 1: Kartschoke, Dieter: Geschichte der deutschen Literatur im frühen Mittelalter. Bd. 2: Bumke, Joachim: Geschichte der deutschen Literatur im hohen Mittelalter. Bd. 3: Cramer, Thomas: Geschichte der deutschen Literatur im späten Mittelalter. München 1990.
425 Grubmüller, Klaus: Latein und Deutsch im 15. Jahrhundert. Zur literaturhistorischen Physiognomie der *Epoche*. In: Deutsche Literatur des Spätmittelalters: Ergebnisse, Probleme und Perspektiven der Forschung. Greifswald 1986. S. 35–49. (Deutsche Literatur des Mittelalters. Bd. 3).
426 Grundpositionen der deutschen Literatur im 16. Jahrhundert. Hrsg. von Heinz Entner, Werner Lenk, Hildegard Schnabel und Ingeborg Spriewald. 2. Aufl. Berlin (Ost), Weimar 1976.
427 Heitz, Paul: Versuch einer Zusammenstellung der deutschen Volksbücher

des 15. und 16. Jahrhunderts nebst deren späteren Ausgaben und Literatur. Hrsg. von Paul Heitz und Fr. Ritter, Straßburg 1924.

428 Hess, Günter: Deutsch-lateinische Narrenzunft. Studien zum Verhältnis von Volkssprache und Latinität in der satirischen Literatur des 16. Jahrhunderts. München 1971. (Münchener Texte und Untersuchungen zur deutschen Literatur des Mittelalters. Bd. 41).

429 IJsewijn, Jozef: Companion to Neo-Latin Studies. Amsterdam, New York, Oxford 1977. (2nd entireley rewritten edition Löwen 1990).

430 Interpretation. Das Paradigma der europäischen Renaissance-Literatur. Hrsg. von Klaus W. Hempfer und Gerhard Regn. Wiesbaden 1983.

431 Janota, Johannes: Neue Forschungen zur deutschen Dichtung des Spätmittelalters (1230–1500), 1957–1968. In: Deutsche Vierteljahrsschrift für Literaturwissenschaft und Geistesgeschichte. Sonderheft Forschungsreferate 45 (1971), S. 1–242.

432 Kühlmann, Wilhelm: Nationalliteratur und Latinität. Zum Problem der Zweisprachigkeit in der frühneuzeitlichen Literaturbewegung Deutschlands. In: Nation und Literatur im Europa der Frühen Neuzeit. Akten des Ersten Internationalen Osnabrücker Kongresses zur Kulturgeschichte der Frühen Neuzeit. Hrsg. von Klaus Garber. Tübingen 1989. S. 164–206.

433 Kuhn, Hugo: Versuch über das 15. Jahrhundert in der deutschen Literatur. In: Hugo Kuhn: Liebe und Gesellschaft. Kleine Schriften Bd. 3. Hrsg. von Wolfgang Walliczek. Stuttgart 1980. S. 135–155.

434 Liebertz-Grün, Ursula: Höfische Autorinnen. Von der karolingischen Kulturreform bis zum Humanismus. In: Deutsche Literatur und Frauen. Hrsg. von Gisela Brinker-Gabler. Bd. 1. München 1988. S. 39–64.

435 Nadler, Josef: Geschichte der deutschen Literatur. Wien o. J.

436 Palmer, Nigel F.: Zum Nebeneinander von Volkssprache und Latein in spätmittelalterlichen Texten. In: Literatur und Laienbildung im Spätmittelalter und in der Reformationszeit. Symposion Wolfenbüttel 1981. Hrsg. von Ludger Grenzmann und Karl Stackmann. Stuttgart 1984. S. 579–600. (Germanistische Symposien. Berichtsbände. Bd. 5).

437 Ponert, Dietmar Jürgen: Deutsch und Latein in deutscher Literatur und Geschichtsschreibung des Mittelalters. Stuttgart, Berlin (West), Köln, Mainz 1975. (Studien zur Poetik und Geschichte der Literatur. Bd. 43).

438 Renaissance und Renewal in the Twelfth Century. Hrsg. von Robert L. Benson und Giles Constable. Oxford 1982.

439 Ruh, Kurt: Versuch einer Begriffsbestimmung von *städtischer Literatur* im deutschen Spätmittelalter. In: Über Bürger, Stadt und städtische Literatur. Hrsg. von Karl Stackmann und Josef Fleckenstein. Göttingen 1980. S. 311–328.

440 Rupprich, Hans: Das Wiener Schrifttum des ausgehenden Mittelalters. Wien 1954. (Österreichische Akademie der Wissenschaften. Philosophisch-historische Klasse. Sitzungsberichte. Bd. 228, 5. Abh.).

441 Scherer, Wilhelm: Geschichte der deutschen Litteratur. 1880–1883.

442 Schmitt, Anneliese: Die deutschen Volksbücher. Ein Beitrag zur Begriffsgeschichte und zur Tradierung im Zeitraum von der Erfindung der Druckkunst bis 1550. Teil 1.2. Diss. (Maschinenschr.) Berlin (Ost) 1973.

443 Schnell, Rüdiger: Zum Verhältnis von hoch- und spätmittelalterlicher Lite-

ratur. Versuch einer Kritik. Berlin 1978. (Philologische Studien und Quellen H. 92).
444 Spitz, Lewis W.: The Third Generation of German Renaissance Humanists. In: Aspects of the Renaissance. A Symposion. Hrsg. von A. R. Lewis. Austin, London 1967. S. 105–121.
445 Stammler, Wolfgang: Von der Mystik zum Barock. 1400–1600. 2., durchges. u. erw. Aufl. Stuttgart 1950. (1. Aufl. Stuttgart 1927). (Epochen der deutschen Literatur. Bd. 2).
446 Trillitzsch, Winfried: Der deutsche Renaissancehumanismus. Abriß und Auswahl. Frankfurt (Main) 1981.
447 Uhland, Ludwig: Werke. 4 Bde. Hrsg. von Hartmut Froeschle u. Walter Scheffler. München 1980–1984. Bd. 3: Geschichte der deutschen Poesie im Mittelalter. Nach d. Erstausg. ‹Geschichte der altdeutschen Poesie› (1865/66, 1870). Hrsg. von Hartmut Froeschle. München 1981.
448 Vilmar, August Friedrich Christian: Geschichte der deutschen National-Literatur. 18., verm. Aufl. Hrsg. von Karl Goedeke. Marburg 1877.
449 Walz, Herbert: Deutsche Literatur der Reformationszeit. Eine Einführung. Darmstadt 1988.
450 Wege in die Neuzeit. Hrsg. von Thomas Cramer. München 1988. (Forschungen zur Geschichte der älteren deutschen Literatur. Bd. 8).
451 Wehrli, Max: Geschichte der deutschen Literatur vom frühen Mittelalter bis zum Ende des 16. Jahrhunderts. Stuttgart 1980. (Geschichte der deutschen Literatur von den Anfängen bis zur Gegenwart. Bd. 1).
452 Wehrli, Max: Literatur im deutschen Mittelalter. Eine poetologische Einführung. Stuttgart 1984.
453 Wuttke, Dieter: Deutsche Germanistik und Renaissanceforschung. Ein Vortrag zur Forschungslage. Bad Homburg 1968. (Respublica literaria. Bd. 3).

6. Zu den Gattungen

454 Abbé, Derek Maurice van: Drama in Renaissance Germany and Switzerland. Melbourne 1961.
455 Abbé, Derek Maurice van: Was ist Fastnachtspiel? In: Maske und Kothurn 6 (1960), S. 53–72.
456 Aichele, Klaus: Das Antichristdrama des Mittelalters der Reformation und Gegenreformation. Den Haag 1974.
457 Assion, Peter: Altdeutsche Fachliteratur. Berlin 1973. (Grundlagen der Germanistik. Bd. 13).
458 Assion, Peter: Fachliteratur. In: Geschichte der deutschen Literatur von den Anfängen bis zur Gegenwart. Begründet von Helmut de Boor und Richard Newald. Bd. 3, 2: Die deutsche Literatur im späten Mittelalter 1250–1370. Zweiter Teil. Reimpaargedichte, Drama, Prosa. Hrsg. von Ingeborg Glier. München 1987. S. 371–395.
459 Bahlmann, Paul: Die lateinischen Dramen von Wimpfelings Stylpho bis zur Mitte des sechzehnten Jahrhunderts, 1480–1550. Münster 1893.
460 Bauer, Werner M.: Spiele, Mittelalterliche weltiche (Fastnachtspiel). In:

Reallexikon der deutschen Literaturgeschichte. Begr. von Paul Merker und Wolfgang Stammler. Bd. 4. Hrsg. von Klaus Kanzog und Achim Masser. 2. Aufl. Berlin (West), New York 1979. S. 100–105.

461 Bergmann, Rolf: Katalog der deutschsprachigen geistlichen Spiele und Marienklagen des Mittelalters. Unt. Mitarb. von Eva P. Diedrichs und Christoph Treutwein. München 1986.

462 Bergmann, Rolf: Spiele, Mittelalterliche geistliche. In: Reallexikon der deutschen Literaturgeschichte. Begr. von Paul Merker und Wolfgang Stammler. Bd. 4. Hrsg. von Klaus Kanzog und Achim Masser. 2. Aufl. Berlin (West), New York 1979. S. 64–100.

463 Bergmann, Rolf: Studien zu Entstehung und Geschichte der deutschen Passionsspiele des 13. und 14. Jahrhunderts. München 1972. (Münstersche Mittelalter-Schriften. Bd. 14).

464 Biermann, Heinrich: Die deutschsprachigen Legendenspiele des späten Mittelalters und der frühen Neuzeit. Diss. Köln 1977.

465 Bobertag, Felix: Geschichte des Romans und der ihm verwandten Dichtungsgattungen in Deutschland. 1. Abt.: Bis zum Anfang des 18. Jahrhunderts. Bd. 1. Berlin 1881.

466 Bodmer, Johann Jakob: Charakter der teutschen Gedichte. In: J. J. Bodmer: Vier kritische Gedichte. Heilbronn 1883. (Deutsche Litteraturdenkmale des 18. Jahrhunderts. Nr. 12).

467 Bradner, Leicester: The Latin Drama of the Renaissance (1340–1640). In: Studies in the Renaissance 4 (1957), S. 31–70.

468 Brandis, Tilo: Mittelhochdeutsche, mittelniederdeutsche und mittelniederländische Minnereden. Verzeichnis der Handschriften und Drucke. München 1968. (Münchener Texte und Untersuchungen zur deutschen Literatur des Mittelalters. Bd. 25).

469 Brandstetter, Alois: Prosaauflösung. Studien zur Rezeption der höfischen Epik im frühneuhochdeutschen Prosaroman. Frankfurt (Main) 1971.

470 Brinkmann, Sabine Ch.: Die deutschsprachige Pastourelle. 13. bis 16. Jahrhundert. Göppingen 1985. (Göppinger Arbeiten zur Germanistik. Bd. 307).

471 Brogsitter, Karl Otto: Artusepik. 2., verb. und erg. Aufl. Stuttgart 1971.

472 Brunner, Horst; Rettelbach, Johannes: Der Vrsprung des Maystergesangs. Eine Schulkunst aus dem frühen 16. Jahrhundert und die Kolmarer Liederhandschrift. In: Zeitschrift für deutsches Altertum und deutsche Literatur 114 (1985), S. 221–240.

473 Catholy, Eckehard: Das deutsche Lustspiel. Vom Mittelalter bis zum Ende der Barockzeit. Stuttgart, Berlin (West), Köln, Mainz 1969. (Sprache und Literatur. Bd. 47).

474 Catholy, Eckehard: Das Fastnachtspiel des Spätmittelalters. Tübingen 1961. (Hermaea. Neue Folge. Bd. 8).

475 Catholy, Eckehard: Fastnachtspiel. Stuttgart 1966.

476 Conrady, Karl O.: Lateinische Dichtungstradition und deutsche Lyrik des 17. Jahrhunderts. Bonn 1962.

477 Creizenach, Wilhelm: Geschichte des neueren Dramas. Bd. 1: Mittelalter und Frührenaissance. 2. verm. u. verb. Aufl. Halle a. S. 1911.

478 Curschmann, Michael: Der Münchener Oswald und die deutsche spielmännische Epik. Mit einem Exkurs zur Kultgeschichte und Dichtungstradition.

München 1964. (Münchener Texte und Untersuchungen zur deutschen Literatur des Mittelalters. Bd. 6).

479 Der Brief im Zeitalter der Renaissance. Hrsg. von Franz Josef Worstbrock. Weinheim 1983. (Deutsche Forschungsgemeinschaft. Mitteilung 9 der Kommission für Humanismusforschung).

480 Dörrie, Heinrich: Der heroische Brief. Bestandsaufnahme, Geschichte, Kritik einer humanistisch-barocken Literaturgattung. Berlin 1968.

481 Ebenbauer, Alfred: Das Dilemma mit der Wahrheit. Gedanken zum *historisierenden Roman* des 13. Jahrhunderts. In: Geschichtsbewußtsein in der deutschen Literatur des Mittelalters. Tübinger Colloquium 1983. Hrsg. von Christoph Gerhardt, Nigel F. Palmer, Burghart Wachinger. Tübingen 1985. S. 52–73.

482 Ehlers, Anke: Des Teufels Netz. Untersuchung zum Gattungsproblem. Stuttgart 1973. (Studien zur Poetik und Geschichte der Literatur. Bd. 35).

483 Elschenbroich, Adalbert: Sammeln und Umgestalten aesopischer Fabeln bei den Neulateinern des 16. Jahrhunderts. In: Daphnis 14,1 (1985), S. 1–63.

484 Ertzdorff, Xenja von: Romane und Novellen des 15. und 16. Jahrhunderts in Deutschland. Darmstadt 1989.

485 Fischer, Hanns: Studien zur deutschen Märendichtung. Tübingen 1968. 2. durchges., erw. Aufl. von Johannes Janota. Tübingen 1983.

486 Gärtner, Kurt: Überlieferungstypen mittelhochdeutscher Weltchroniken. In: Geschichtsbewußtsein in der deutschen Literatur des Mittelalters. Tübinger Colloquium 1983. Hrsg. von Christoph Gerhardt, Nigel F. Palmer, Burghardt Wachinger. Tübingen 1985. S. 110–118.

487 Geschichte der deutschen Lyrik vom Mittelalter bis zur Gegenwart. Hrsg. von Walter Hinderer. Stuttgart 1983.

488 Geschichte der politischen Lyrik in Deutschland. Hrsg. von Walter Hinderer. Stuttgart 1978.

489 Geulen, Hans: Erzählkunst der frühen Neuzeit. Zur Geschichte epischer Darbietungsweisen und Formen im Roman der Renaissance und des Barock. Tübingen 1975.

490 Giovanoli, Sandro: Form und Funktion des Schuldramas im 16. Jahrhundert: eine Untersuchung zu Rudolf Gwalthers ‹Nabal› (1549). Bonn 1980. (Studien zur Germanistik, Anglistik und Komparatistik. Bd. 101).

491 Glier, Ingeborg: Artes amandi. Untersuchung zu Geschichte, Überlieferung und Typologie der deutschen Minnereden. München 1971. (Münchener Texte und Untersuchungen zur deutschen Literatur des Mittelalters. Bd. 34).

492 Glier, Ingeborg: Geschichtsschreibung. In: Boor, Helmut de; Newald, Richard: Geschichte der deutschen Literatur von den Anfängen bis zur Gegenwart. Bd. 3, II: Die deutsche Literatur im späten Mittelalter (1250–1370). Reimpaargedichte, Drama, Prosa. Hrsg. von Ingeborg Glier. München 1987. S. 432–454.

493 Glier, Ingeborg: Kleinere Reimpaargedichte und verwandte Großformen. In: Boor, Helmut de; Newald, Richard: Geschichte der deutschen Literatur von den Anfängen bis zur Gegenwart. Bd. 3, II: Die deutsche Literatur im späten Mittelalter (1250–1370). Reimpaargedichte, Drama, Prosa. Hrsg. von Ingeborg Glier. München 1987. S. 18–141.

494 Glier, Ingeborg: Personifikationen im deutschen Fastnachtspiel des Spätmittelalters. In: Deutsche Vierteljahrsschrift für Literaturwissenschaft und Geistesgeschichte 39 (1965), S. 542–587.
495 Görres, Joseph: Die teutschen Volksbücher. In: Gesammelte Schriften. Hrsg. im Auftrage der Görres-Gesellschaft von Wilhelm Schellberg. Bd. 3: Geistesgeschichtliche und literarische Schriften I (1803–1808). Hrsg. von Günther Müller. Köln 1926. S. 167–293.
496 Grubmüller, Klaus: Meister Esopus. Untersuchungen zu Geschichte und Funktion der Fabel im Mittelalter. München 1977. (Münchener Texte und Untersuchungen zur deutschen Literatur des Mittelalters. Bd. 56).
497 Grunewald, Eckhard: Die Zecher- und Schlemmerliteratur des deutschen Spätmittelalters. Mit einem Anhang: «Der Minner und der Luderer». Diss. Köln 1976.
498 Handbuch des Volksliedes. Hrsg. von Rolf Wilhelm Brednich, Lutz Röhrich, Wolfgang Suppan. 2 Bde. München 1973–1975.
499 Hassauer, Friederike: Volkssprachliche Reiseliteratur: Faszination des Reisens und räumlicher ordo. In: Grundriß der romanischen Literaturen des Mittelalters. Bd. XI, 1: La Littérature historiographique des origines à 1500. Hrsg. von Hans Ulrich Gumbrecht, Ursula Link-Heer und Peter-Michael Spangenberg. Heidelberg 1986. S. 259–283.
500 Heinzle, Joachim: Heldenbücher. In: Die deutsche Literatur des Mittelalters. Verfasserlexikon. Begr. von Wolfgang Stammler. Fortgeführt von Karl Langosch. Unter Mitarbeit zahlreicher Fachgelehrter hrsg. von Kurt Ruh, Gundolf Keil u. a. 2., völlig neu bearb. Aufl. Bd. 3. Berlin (West), New York 1981. Sp. 947–956.
501 Hess, Günther: *Vulgaris cantio* Gattungsprobleme zwischen Volkssprache und Latinität um 1500. In: Werk – Typ – Situation. Studien zu poetologischen Bedingungen in der älteren deutschen Literatur. Hugo Kuhn zum 60. Geburtstag. Hrsg. von Ingeborg Glier u. a. Stuttgart 1969. S. 346–370.
502 Hoffmann, Werner: Mittelhochdeutsche Heldendichtung. Berlin 1974. (Grundlagen der Germanistik. Bd. 14).
503 Hübner, Arthur: Die deutschen Geißlerlieder. Studien zum geistlichen Volksliede des Mittelalters. Berlin 1931.
504 Jacobsohn, Fritz: Der Darstellungsstil der historischen Volkslieder des 14. und 15. Jahrhunderts und die Lieder von der Schlacht bei Sempach. Diss. Berlin 1914.
505 Janota, Johannes: Studien zu Funktion und Typus des deutschen geistlichen Liedes im Mittelalter. München 1968. (Münchener Texte und Untersuchungen zur deutschen Literatur des Mittelalters. Bd. 23).
506 Jones, George Fenwick: Fachschrifttum. In: Europäisches Spätmittelalter. Hrsg. von Willi Erzgräber. Wiesbaden 1978. (Neues Handbuch der Literaturwissenschaft. Hrsg. von Klaus von See. Bd. 8). S. 645–656.
507 Keil, Gundolf: Prosa und gebundene Rede im medizinischen Kurztraktat des Hoch- und Spätmittelalters. In: Poesie und Gebrauchsliteratur im deutschen Mittelalter. Würzburger Colloquium 1978. Hrsg. von Volker Honemann u. a. Tübingen 1979. S. 76–94.
508 King, Norbert: Mittelalterliche Dreikönigsspiele. Eine Grundlagenarbeit zu den lateinischen, deutschen und französischen Dreikönigsspielen und

-spielszenen bis zum Ende des 16. Jahrhunderts. Freiburg (Schweiz) 1979. (Germanistica Friburgensia. Bd. 3).
509 Kochs, Theodor: Das deutsche geistliche Tagelied. Münster 1928.
510 Koppitz, Hans-Joachim: Einige Beobachtungen zum Stil der Prosaversionen mittelhochdeutscher Ritterromane und anderer mittelhochdeutscher Erzählwerke. In: Studien zur deutschen Literatur des Mittelalters. Hrsg. von Rudolf Schützeichel. Bonn 1979. S. 553–574.
511 Koppitz, Hans-Joachim: Studien zur Tradierung der weltlichen mittelhochdeutschen Epik im 15. und beginnenden 16. Jahrhundert. München 1980.
512 Kornrumpf, Gisela: Strophik im Zeitalter der Prosa: Deutsche Heldendichtung im ausgehenden Mittelalter. In: Literatur und Laienbildung im Spätmittelalter und in der Reformationszeit. Symposion Wolfenbüttel 1981. Hrsg. von Ludger Grenzmann und Karl Stackmann, Stuttgart 1984. S. 316–340. Diskussionsbericht von Joachim Behr S. 341–343. (Germanistische Symposien. Berichtsbände. Bd. 5).
513 Kreutzer, Hans Joachim: Der Mythos vom Volksbuch. Studien zur Wirkungsgeschichte des frühen deutschen Romans seit der Romantik. Stuttgart 1977.
514 Krüger, Karl Heinrich: Die Universalchroniken. Turnhout 1976. (Typologie des sources du Moyen Age occidental Fasc. 16. A.-I.2).
515 Kühlmann, Wilhelm: Das Zeitalter des Humanismus und der Reformation. In: Geschichte der deutschen Lyrik vom Mittelalter bis zur Gegenwart. Hrsg. von Walter Hinderer. Stuttgart 1983. S. 49–73.
516 La littérature didactique, allégorique et satirique. 2 Bde. Directeur: Hans Robert Jauss. Heidelberg 1968/1970. Bd. 6,1 u. 6,2 aus: Grundriß der romanischen Literaturen des Mittelalters. In Zusammenarb. mit Jean Frappier, Martin de Rigner, Aurelio Roncaglia. Hrsg. von Hans Robert Jauss und Erich Köhler.
517 Liliencron, Rochus Freiherr von: Die historischen Volkslieder der Deutschen vom 13. bis 16. Jahrhundert, gesammelt und erläutert. 4 Bde. Leipzig 1865–69.
518 Linke, Hansjürgen: Bauformen geistlicher Dramen des späten Mittelalters. In: Zeiten und Formen in Sprache und Dichtung. Festschrift für Fritz Tschirch. Hrsg. von Karl-Heinz Schirmer und Bernhard Sowinski. Köln, Wien 1972. S. 203–225.
519 Linke, Hansjürgen: Das volkssprachige Drama und Theater im deutschen und niederländischen Sprachbereich. In: Europäisches Spätmittelalter. Hrsg. von Willi Erzgräber. Wiesbaden 1978. (Neues Handbuch der Literaturwissenschaft. Hrsg. von Klaus von See. Bd. 8). S. 733–763.
520 Lugowski, Clemens: Die Form der Individualität im Roman. Mit einer Einleitung von Heinz Schlaffer. Frankfurt (Main) 1976. (zuerst Berlin 1932).
521 Lyrik des ausgehenden 14. und des 15. Jahrhunderts. Hrsg. von Franz Viktor Spechtler. Amsterdam 1984. (Chloe. Beihefte zum Daphnis. Bd. 1).
522 Lyrik des Mittelalters. Hrsg. von Heinz Bergner. 2 Bde. Stuttgart 1983.
523 Mackensen, Lutz: Die deutschen Volksbücher. Leipzig 1927.
524 Margetts, John: Neidhartspiele. Graz 1982. (Wiener Neudrucke. Bd. 7).
525 Masser, Achim: Zaubersprüche und Segen. In: Reallexikon der deutschen Literaturgeschichte. Begründet von Paul Merker und Wolfgang Stammler.

Bd. 4. Hrsg. von Klaus Kanzog und Achim Masser. 2. Aufl. Berlin (West), New York 1984. S. 957–965.

526 Mayer, F.: Der Meistergesang in Oberösterreich. Wien 1898.

527 Mayer-Rosa, Norbert: Studien zum deutschen Tagelied. Untersuchungen zur Gruppe *Tagelieder* in Uhlands Sammlung ‹Alte hoch- und niederdeutsche Volkslieder›. Diss. Tübingen 1938.

528 Meier, Christel: Grundzüge der mittelalterlichen Enzyklopädik. Zu Inhalten, Formen und Funktionen einer problematischen Gattung. In: Literatur und Laienbildung im Spätmittelalter und in der Reformationszeit. Symposion Wolfenbüttel 1981. Hrsg. von Ludger Grenzmann und Karl Stackmann. Stuttgart 1984. S. 467–500.

529 Metzner, Ernst Erich: Die deutschsprachige chronikalische Geschichtsdichtung im Rahmen der europäischen Entwicklung. In: Europäisches Spätmittelalter. Hrsg. von Willi Erzgräber. Wiesbaden 1978. (Neues Handbuch der Literaturwissenschaft. Hrsg. von Klaus von See. Bd. 8). S. 623–643.

530 Michael, Wolfgang Friedrich: Das deutsche Drama der Reformationszeit. Bern, Frankfurt (Main), Nancy, New York 1984.

531 Michael, Wolfgang Friedrich: Das deutsche Drama des Mittelalters. Berlin (West), New York 1971. (Grundriß der germanischen Philologie 20).

532 Michael, Wolfgang Friedrich: Das deutsche Drama und Theater vor der Reformation. Ein Forschungsbericht. In: Deutsche Vierteljahrsschrift für Literaturwissenschaft und Geistesgeschichte 31 (1957), S. 106–153.

533 Michael, Wolfgang Friedrich: Das deutsche Drama und Theater vor der Reformation. Ein Forschungsbericht. In: Deutsche Vierteljahrsschrift für Literaturwissenschaft und Geistesgeschichte. Sonderheft Forschungsreferate. Jg. 47 (1973). S. 1–47.

534 Michael, Wolfgang Friedrich: Die geistlichen Prozessionsspiele in Deutschland. Baltimore, Göttingen 1947. (Hespera. No. 22).

535 Michels, Victor: Studien über die ältesten deutschen Fastnachtspiele. Straßburg 1896. (Quellen und Forschungen zur Sprach- und Culturgeschichte der germanischen Völker. Bd. 77).

536 Mihm, Arend: Überlieferung und Verbreitung der Märendichtung im Spätmittelalter. Heidelberg 1967.

537 Misch, Georg: Geschichte der Autobiographie. 4 Bde. Frankfurt (Main) 1949ff.

538 Mone, Franz Joseph: Einleitung zu: Altteutsche Schauspiele. Hrsg. von Franz Joseph Mone. Quedlinburg, Leipzig 1841. S. 1–18. (Bibliothek der gesammten deutschen National-Literatur. Bd. 21).

539 Moser, Hans-Joachim: Renaissancelyrik deutscher Musiker um 1500. In: Deutsche Vierteljahrsschrift für Literaturwissenschaft und Geistesgeschichte 5 (1927), S. 381–412.

540 Müller, Hans: Zur Blütezeit des Straßburger Meistergesangs 1591 bis zum Dreißigjährigen Krieg. In: Zeitschrift für Geschichte des Oberrheins 110 (1962), S. 151–169.

541 Müller, Jan-Dirk: *Curiositas* und *erfarung* der Welt im frühen deutschen Prosaroman. In: Literatur und Laienbildung im Spätmittelalter und in der Reformationszeit. Symposium Wolfenbüttel 1981. Hrsg. von Ludger Grenz-

mann und Karl Stackmann. Stuttgart 1984. S. 252–271. (Germanistische Symposien. Berichtsbände. Bd. 5).

542 Müller, Jan-Dirk: Funktionswandel ritterlicher Epik am Ausgang des Mittelalters. In: Gesellschaftliche Sinnangebote mittelalterlicher Literatur. Mediaevistisches Symposium an der Universität Düsseldorf. Hrsg. von Gert Kaiser. München 1980. S. 11–59. (Forschungen zur Geschichte der älteren deutschen Literatur. Bd. 1).

543 Müller, Jan-Dirk: Gattungstransformation und Anfänge des literarischen Marktes. In: Textsorten und literarische Gattungen. Dokumentation des Germanistentages in Hamburg vom 1. bis 4. April 1979. Berlin 1983. S. 432–449.

544 Müller, Jan-Dirk: Volksbuch/Prosaroman im 15./16. Jahrhundert. Perspektiven der Forschung. In: Internationales Archiv für Sozialgeschichte der deutschen Literatur. 1. Sonderheft Forschungsreferate. Tübingen 1985. S. 1–128.

545 Müller, Ulrich: Ein Beschreibungsmodell zur mittelhochdeutschen Lyrik – ein Versuch: In: Zeitschrift für Deutsche Philologie 98 (1979), S. 53–73.

546 Müller, Ulrich: *Historisches Volkslied*: Überlegungen zu einem verfehlten Terminus. In: Historische Volksmusikforschung. Bericht über die 4. Arbeitstagung der Studiengruppe zur Erforschung und Edition historischer Volksmusikquellen im International Folk Music Council. Hrsg. von Ludwik Bielawski u. a. Krakow 1979. S. 111–120.

547 Müller, Ulrich: «Minne ist ein swaerez spil.» Neue Untersuchungen zum Minnesang und zur Geschichte der Liebe im Mittelalter. Göppingen 1986. (Göppinger Arbeiten zur Germanistik. Bd. 440).

548 Müller, Ulrich: Thesen zu einer Geschichte der Autobiographie im deutschen Mittelalter. In: Akten des V. Internationalen Germanisten-Kongresses Cambridge 1975. Bd. 2. S. 300–310. Erweitert in: Die Autobiographie. Zu Form und Geschichte einer literarischen Gattung. Hrsg. von Günter Niggl. Darmstadt 1989. S. 297–320. (Wege der Forschung. Bd. 565).

549 Müller, Ulrich: Untersuchungen zur politischen Lyrik des deutschen Mittelalters. Göppingen 1974. (Göppinger Arbeiten zur Germanistik. Bd. 55/56).

550 Neumann, Bernd: Geistliches Schauspiel im Zeugnis der Zeit. Zur Aufführung mittelalterlicher religiöser Dramen im deutschen Sprachgebiet. 2 Bde. München 1987 (Münchener Texte und Untersuchungen zur deutschen Literatur des Mittelalters. Bde. 84 und 85).

551 Neuschäfer, Hans-Jörg: Boccaccio und der Beginn der Novelle. Strukturen der Kurzerzählung auf der Schwelle zwischen Mittelalter und Neuzeit. München 1969. (Theorie und Geschichte der Literatur und der schönen Künste. Bd. 8).

552 Ohling, Hertha: Das deutsche Tagelied vom Mittelalter bis zum Ausgang der Renaissance. Diss. Köln 1938.

553 Ott, Norbert H.: Chronistik, Geschichtsepik, Historische Dichtung. In: Epische Stoffe des Mittelalters. Hrsg. von Volker Mertens und Ulrich Müller. Stuttgart 1984. S. 182–204.

554 Ott, Nobert H.: Kompilation und Zitat in Weltchronik und Kathedralikonographie. Zum Wahrheitsanspruch (pseudo-)historischer Gattungen. In: Geschichtsbewußtsein in der deutschen Literatur des Mittelalters. Tübinger

Colloquium 1983. Hrsg. von Christoph Gerhard, Nigel F. Palmer, Burghart Wachinger. Tübingen 1985. S. 119–135.

555 Parente, James A. Jr.: Religious Drama and the Humanist Tradition. Christian Theater in Germany and in the Netherlands 1500–1680. Leiden, New York, København, Köln 1987.

556 Petzsch, Christoph: Einschränkendes zum Geltungsbereich von *Gesellschaftslied*. In: Euphorion 61 (1967), S. 342–348.

557 Platel, Marguerite: Vom Volkslied zum Gesellschaftslied. Zur Geschichte des Liedes im 16. und 17. Jahrhundert. Nendeln 1970. (Repr. d. Ausg. Bern, Leipzig 1939).

558 Radmehr, Ingeborg: Typik der Gefühlsdarstellung in der frühneuhochdeutschen Erzählprosa. Göttingen 1980.

559 Rahmelow, Jan M.: Die publizistische Natur und der historiographische Wert deutscher Volkslieder um 1530. Diss. Hamburg 1966.

560 Rattay, Beate: Entstehung und Rezeption politischer Lyrik im 15. und 16. Jahrhundert. Die Lieder im ‹Chronicon Helveticum› von Aegidius Tschudi. Göppingen 1986. (Göppinger Arbeiten zur Germanistik. Bd. 405).

561 Realismus in der Renaissance. Aneignung der Welt in der erzählenden Prosa. Hrsg. von Robert Weimann. Berlin (Ost), Weimar 1977.

562 Rheinheimer, Melitta: Rheinische Minnereden. Untersuchungen und Edition. Göppingen 1975. (Göppinger Arbeiten zur Germanistik. Bd. 144).

563 Röcke, Werner: Die Freude am Bösen. Studien zu einer Poetik des deutschen Schwankromans im Spätmittelalter. München 1987. (Forschungen zur Geschichte der Älteren deutschen Literatur. Bd. 6).

564 Roloff, Hans-Gert: Neulateinisches Drama. In: Reallexikon der deutschen Literaturgeschichte. Begr. von Paul Merker und Wolfgang Stammler. Neu hrsg. von Werner Kohlschmidt und Wolfgang Mohr. Bd. 2. 2. Aufl. Berlin (West) 1965. S. 645–678.

565 Rosenfeld, Hellmut: Legende. 3. Aufl. Stuttgart 1972.

566 Rudwin, Maximilian Josef: A Historical and Bibliographical Survey of the German Religious Drama. Pittsburgh 1924 (University of Pittsburgh Studies in Language and Literature. Bd. 1).

567 Rudwin, Maximilian Josef: The Origin of the German Carnival. In: The Journal of English and Germanic philology 18 (1919), S. 402–454.

568 Ruh, Kurt: Deutsche Predigtbücher des Mittelalters. In: Beiträge zur Geschichte der Predigt. Hrsg. von Heimo Reinitzer. Hamburg 1981. S. 11–30.

569 Ruh, Kurt: Epische Literatur des deutschen Spätmittelalters. In: Neues Handbuch der Literaturwissenschaft. Hrsg. von Klaus von See. Bd. 8: Europäisches Spätmittelalter. Hrsg. von Willi Erzgräber. Wiesbaden 1978. S. 117–188.

570 Ruh, Kurt: Geistliche Prosa. In: Neues Handbuch der Literaturwissenschaft. Hrsg. von Klaus von See. Bd. 8: Europäisches Spätmittelalter. Hrsg. von Willi Erzgräber, Wiesbaden 1978. S. 565–605.

571 Ruh, Kurt: Höfische Epik des deutschen Mittelalters. Teil 1: Von den Anfängen bis zu Hartmann von Aue. 2., verb. Aufl. Berlin 1977 (Grundlagen der Germanistik 7).

572 Ruh, Kurt: Höfische Epik des deutschen Mittelalters. Teil 2: ‹Reinhart

Fuchs›, ‹Lanzelet›, Wolfram von Eschenbach, Gottfried von Straßburg. Berlin 1980. (Grundlagen der Germanistik 25).
573 Sachs, Hans Günter: Die deutschen Fastnachtspiele von den Anfängen bis zu Jacob Ayrer. Diss. (Maschinenschr.) Tübingen 1957.
574 Sauer-Geppert, Waldtraut-Ingeborg: Sprache und Frömmigkeit im deutschen Kirchenlied. Vorüberlegungen zu einer Darstellung seiner Geschichte. Kassel 1984.
575 Schanze, Frieder: Meisterliche Liedkunst zwischen Heinrich von Mügeln und Hans Sachs. 2 Bde. München, Zürich 1983–84. (Münchener Texte und Untersuchungen zur deutschen Literatur des Mittelalters. Bde. 82, 83).
576 Scherer, Wilhelm: Die Anfänge des deutschen Prosaromans und Jörg Wickram von Colmar. Eine Kritik von Wilhelm Scherer. Strassburg, London 1877. (Quellen und Forschungen zur Sprach- und Culturgeschichte der germanischen Völker. Bd. 21).
577 Scheuer, Helmut: Trivialisierung und Reduktion? Individualität in der Erzählprosa des 16. Jahrhunderts als zeit- und wirkungsgeschichtliches Phänomen. In: Zur Dichotomisierung von hoher und niederer Literatur. Hrsg. von Christa Bürger, Peter Bürger und Jochen Schulte-Sasse. Frankfurt (Main) 1982. S. 145–171.
578 Schmidt, Ronald Michael: Studien zur deutschen Minnerede. Untersuchungen zu Zilies von Sayn, Johann von Konstanz und Eberhard von Cersne. Göppingen 1982. (Göppinger Arbeiten zur Germanistik. Bd. 345).
579 Schnell, Rüdiger: Prosaauflösung und Geschichtsschreibung im deutschen Spätmittelalter. Zum Entstehen des frühneuhochdeutschen Prosaromans. In: Literatur und Laienbildung im Spätmittelalter und in der Reformationszeit. Symposion Wolfenbüttel 1981. Hrsg. von Ludger Grenzmann und Karl Stackmann. Stuttgart 1984. S. 214–248. Diskussionsbericht von Werner Höver, S. 249–251. (Germanistische Symposien. Berichtsbände. Bd. 5).
580 Singer, Samuel: Die religöse Lyrik des Mittelalters. (Das Nachleben der Psalmen). Bern 1933.
581 Sittig, Doris: «Vyl wonders machet minne.» Das deutsche Liebeslied in der ersten Hälfte des 15. Jahrhunderts. Versuch einer Typologie. Göppingen 1987. (Göppinger Arbeiten zur Germanistik. Bd. 465).
582 Spengler, Walter Eckehart: Volksbuch. In: Reallexikon der deutschen Literaturgeschichte. Begr. von Paul Merker und Wolfgang Stammler. 2. Aufl. Bd. 4. Hrsg. von Klaus Kanzog und Achim Masser. Berlin (West), New York 1979. S. 734–743.
583 Steer, Georg: Geistliche Prosa. In: Boor, Helmut de; Newald, Richard: Geschichte der deutschen Literatur von den Anfängen bis zur Gegenwart: Bd. 3, II: Die deutsche Literatur im späten Mittelalter. 1250–1370. Reimpaargedichte, Drama, Prosa. Hrsg. von Ingeborg Glier. München 1987. S. 306–370.
584 Steidel, Max: Die Zecher- und Schlemmerlieder im deutschen Volksliede bis zum Dreißigjährigen Kriege. Diss. Karlsruhe 1914.
585 Steinbach, Rolf: Die deutschen Oster- und Passionsspiele des Mittelalters. Versuch einer Darstellung und Wesensbestimmung nebst einer Bibliographie zum deutschen geistlichen Spiel des Mittelalters. Köln, Wien 1970. (Kölner germanistische Studien. Bd. 4).

586 Strobach, Hermann: Deutsches Volkslied in Geschichte und Gegenwart. Berlin (Ost) 1980.
587 Suppan, Wolfgang: Deutsches Liedleben zwischen Renaissance und Barock. Die Schichtung des deutschen Liedgutes in der zweiten Hälfte des 16. Jahrhunderts. Tutzing 1973.
588 Suppan, Wolfgang: Volkslied. Seine Sammlung und Erforschung. Stuttgart 1966.
589 Tarot, Rolf: Literatur zum deutschen Drama und Theater des 16. und 17. Jahrhunderts. Ein Forschungsbericht (1945–1962). In: Euphorion 57 (1963), S. 411–453.
590 Tetzlaff, Otto Walter: Neulateinische Dramen der Niederlande in ihrer Einwirkung auf die deutsche Literatur des sechzehnten Jahrhunderts. In: Amsterdamer Beiträge zur älteren Germanistik 1 (1972), S. 111–183.
591 Thomas, Norbert: Handlungsstruktur und dominante Motivik im deutschen Prosaroman des 15. und frühen 16. Jahrhunderts. Nürnberg 1971.
592 Valentin, Jean-Marie: Die Moralität im 16. Jahrhundert: konfessionelle Wandlungen einer dramatischen Struktur. In: Daphnis 9 (1980), S. 769–788.
593 Wahrenburg, Fritz: Funktionswandel des Romans und ästhetische Norm. Die Entwicklung seiner Theorie in Deutschland bis zur Mitte des 18. Jahrhunderts. Stuttgart 1976.
594 Walther, Hans: Das Streitgedicht in der lateinischen Literatur des Mittelalters. München 1920. (Quellen und Untersuchungen zur lateinischen Philologie des Mittelalters. Bd. 5, H. 2).
595 Wenzel, Horst: Die Autobiographie des späten Mittelalters und der frühen Neuzeit. 2 Bde. München 1980.
596 Wenzel, Horst: Höfische Geschichte. Literarische Tradition und Gegenwartsdeutung in den volkssprachigen Chroniken des hohen und späten Mittelalters. Bern, Frankfurt (Main), Las Vegas 1980. (Beiträge zur Älteren Deutschen Literaturgeschichte. Bd. 5).
597 Wenzel, Horst: Zu den Anfängen der volkssprachigen Autobiographie im späten Mittelalter. In: Daphnis 13 (1984), H. 1–2, S. 59–75.
598 Weydt, Günther: Der deutsche Roman von der Renaissance und Reformation bis zu Goethes Tod. In: Deutsche Philologie im Aufriß. Hrsg. von Wolfgang Stammler. 2. Aufl. Bd. 2. Berlin 1960. Sp. 1217–1356.
599 Widmann, Hans: Zur Geschichte und Literatur des Meistergesangs in Oberösterreich. Wien, Leipzig 1885.
600 Wiegand, Hermann: Hodoeporica. Studien zur neulateinischen Reisedichtung des deutschen Kulturraums im 16. Jahrhundert. Mit einer Bio-Bibliographie der Autoren und Drucke. Baden-Baden 1984. (Saecula Spiritalia. Bd. 12).
601 Williams-Krapp, Werner: Die deutschen und niederländischen Legendare des Mittelalters. Studien zu ihrer Überlieferungs-, Text- und Wirkungsgeschichte. Tübingen 1986. (Texte und Textgeschichte. Würzburger Forschungen 20).
602 Wuttke, Dieter: Zum Fastnachtspiel des Spätmittelalters. In: Zeitschrift für deutsche Philologie 84 (1965), S. 247–267.
603 Ziegler, Klaus: Das deutsche Drama der Neuzeit. In: Deutsche Philologie

im Aufriß. Hrsg. von Wolfgang Stammler. Unveränd. Nachdruck d. 2. überarb. Aufl., Berlin 1966. Sp. 1997–2350.

7. Zu einzelnen Autoren und Werken

604 Abele, Wilhelm: Die antiken Quellen des Hans Sachs I/II. In: Beilage zum Programm der Realanstalt in Cannstatt. Cannstatt 1897.

605 Adam Puschmann. ‹Gründlicher Bericht des deutschen Meistergesangs›. (Die drei Fassungen von 1571, 1584, 1596) Texte in Abbildung mit Anhang und einleitendem Kommentar. Hrsg. und eingel. von Brian Taylor. 2 Bde. Göppingen 1984. (Litterae. Bde. 84/I und II).

606 Agricola, Rudolf: «In laudem philosophiae et reliquarum artium oratio». In: Hans Rupprich: Humanismus und Renaissance in den deutschen Städten und an den Universitäten. Darmstadt 1964. S. 164–183. (Unveränd. reprogr. Nachdruck d. Ausg. Leipzig 1935).

607 Arndt, Erwin; Brandt, Gisela: Luther und die deutsche Sprache: «wie redet der Deudsche man jnn solchem fall?». Leipzig 1983.

608 Arnold, Udo: Nikolaus von Jeroschin OT. In: Die deutsche Literatur des Mittelalters. Verfasserlexikon. Begr. von Wolfgang Stammler. Fortgeführt von Karl Langosch. Unter Mitarbeit zahlreicher Fachgelehrter hrsg. von Kurt Ruh, Gundolf Keil u. a. 2., völlig neu bearb. Aufl. Bd. 6. Berlin (West), New York 1987, Sp. 1081–1089.

609 Asper, Ulrich: Aspekte zum Werden der deutschen Liedsätze in Johann Walters ‹Geistlichem Gesangsbüchlein› (1524–1551). Baden-Baden 1985.

610 Baasch, Karen; Nürnberger, Helmuth: Oswald von Wolkenstein. Mit Selbstzeugnissen und Bilddokumenten. Reinbek bei Hamburg 1986.

611 Bach, Adolf: Die Werke des Verfassers der Schlacht bei Göllheim (Meister Zilies von Seine?). Untersucht und hrsg. Bonn 1930. (Rheinisches Archiv 11).

612 Bachorski, Hans-Jürgen: Der *antiffrasin*. Das System der Negationen in Heinrich Wittenwilers ‹Ring›. In: Monatshefte für deutschen Unterricht, deutsche Sprache und Literatur Vol. 80 (1988), Nr. 4, S. 469–487.

613 Bachtin, Michail M.: Rabelais und seine Welt. Volkskultur als Gegenkultur. Hrsg. von Renate Lachmann. Frankfurt (Main) 1987.

614 Bauch, Gustav: Caspar Ursinus Velius. Der Hofhistoriograph Ferdinands I. und Erzieher Maximilians II. In: Ungarische Revue 7 (1887), S. 1–43; 201–240.

615 Bebermeyer, Gustav: Tübinger Dichterhumanisten. Bebel, Frischlin, Flayder. Tübingen 1927.

616 Beckers, Hartmut: Karlmeinet-Kompilationen. In: Die deutsche Literatur des Mittelalters. Verfasserlexikon. Begr. von Wolfgang Stammler. Fortgeführt von Karl Langosch. Unter Mitarbeit zahlreicher Fachgelehrter hrsg. von Kurt Ruh, Gundolf Keil u. a. 2., völlig neu bearb. Aufl. Bd. 4. Berlin (West), New York 1983. Sp. 1012–1028.

617 Beckers, Otto: Das Spiel von den zehn Jungfrauen und das Katharinenspiel. Breslau 1905. (Germanische Abhandlungen. 24. Heft).

618 Behr, Hans-Joachim: Herzog Ernst. Eine Übersicht über die verschiedenen Textfassungen und deren Überlieferung. Göppingen 1979. (Litterae. Bd. 62).
619 Behr, Hans-Joachim: Von der *aventiure* zum *abenteur*. Überlegungen zum Wandel des Artusromans in Ulrich Füetrers ‹Buch der Abenteuer›. In: Internationales Archiv für Sozialgeschichte der deutschen Literatur 11 (1986), S. 1–20.
620 Bellot, Josef: Konrad Peutinger und die literarisch-künstlerischen Unternehmungen Kaiser Maximilians. In: Philobiblon 11 (1967), S. 171–190.
621 Bennewitz-Behr, Ingrid: «Darumb eine fraw jrem mann nit kan zu viel gehorsam seyn». Zur Konstituierung von Weiblichkeitsidealen im ‹Ritter von Thurn› des Marquart von Stein. In: Festschrift für Ingo Reiffenstein zum 60. Geburtstag. Hrsg. von Peter K. Stein, Andreas Weiss und Gerold Hayer. Göppingen 1988. S. 545–564. (Göppinger Arbeiten zur Germanistik. Nr. 478).
622 Bergmann, Rolf: Die Gothaer Botenrolle. In: Studien zur deutschen Literatur des Mittelalters. In Verb. m. Ulrich Fellmann hrsg. von Rolf Schützeichel. Bonn 1979. S. 589–609.
623 Bergmann, Rolf: Überlieferung, Interpretation und literaturgeschichtliche Stellung des Osterspiels von Muri. In: Internationales Archiv für Sozialgeschichte der deutschen Literatur 9 (1984), S. 1–21.
624 Bertelsmeier-Kierst, Christa: ‹Griseldis› in Deutschland. Studien zu Steinhöwel und Arigo. Heidelberg 1988. (Germanisch-romanische Monatsschrift. Beiheft 8).
625 Birkhan, Helmut: Das Historische im ‹Ring› des Heinrich Wittenweiler. Wien 1973. (Österreichische Akademie der Wissenschaften. Philosophisch-historische Klasse. Sitzungsberichte. Bd. 287, Abh. 2).
626 Bögl, Heribert: Soziale Anschauungen bei Heinrich dem Teichner. Göppingen 1975. (Göppinger Arbeiten zur Germanistik 175).
627 Bohn, Peter: Marienklage. Handschrift der trierischen Stadtbibliothek aus dem 15. Jahrhundert. In: Monatshefte für Musikgeschichte 9 (1877), S. 1–2 u. S. 17–24 (Musikbeilage).
628 Bolte, Johannes: Der Meistersinger Hans Vogel. In: Archiv für das Studium der neueren Sprachen und Literaturen 127 (1912), S. 273–301.
629 Bonorand, Conradin: Aus Vadians Freundes- und Schülerkreis in Wien. St. Gallen 1965. (Vadian-Studien. Bd. 8).
630 Bornkamm, Heinrich: Luther als Schriftsteller. Heidelberg 1965. (Sitzungsberichte der Heidelberger Akademie der Wissenschaften. Philosophisch-Historische Klasse. Jahrg. 1965. 1. Abh.).
631 Brinkmann, Richard: Zur Deutung von Wittenwilers ‹Ring›. In: Deutsche Vierteljahrsschrift für Literaturwissenschaft und Geistesgeschichte 30 (1956) Heft 2, S. 57–201; Heft 3, S. 87–231.
632 Brunner, Horst: ‹Hürnen Seyfried›. In: Die deutsche Literatur des Mittelalters. Verfasserlexikon. Begr. von Wolfgang Stammler. Fortgeführt von Karl Langosch. Unter Mitarbeit zahlreicher Fachgelehrter hrsg. von Kurt Ruh, Gundolf Keil u. a. 2., völlig neu bearb. Aufl. Bd. 4. Berlin (West), New York 1983. Sp. 317–326.
633 Cäsarius, Johannes: Widmung der ‹Dialektik› an Hermann von Neuenar.

In: Hans Rupprich: Humanismus und Renaissance in den deutschen Städten und an den Universitäten. Darmstadt 1964. S. 158–163.

634 Celtis, Conrad: Der Briefwechsel. Ges., hrsg. und erl. von Hans Rupprich. München 1934.

635 Christ, Hannelore: Literarischer Text und historische Realität. Jörg Wickrams ‹Knabenspiegel›- und ‹Nachbarn›-Roman. Düsseldorf 1974.

636 Classen, Albrecht: Zur Rezeption norditalienischer Kultur des Trecento im Werk Oswalds von Wolkenstein (1376/77–1445). Göppingen 1987. (Göppinger Arbeiten zur Germanistik. Bd. 471).

637 Classen, Carl J.: Cicero Orator inter Germanos redivivus. In: Humanistica Lovaniensia. Journal of Neo-Latin Studies 37 (1988), S. 79–114.

638 Cormeau, Christoph: Konrad von Stoffeln. In: Die deutsche Literatur des Mittelalters. Verfasserlexikon. Begr. von Wolfgang Stammler. Fortgeführt von Karl Langosch. Unter Mitarbeit zahlreicher Fachgelehrter hrsg. von Kurt Ruh, Gundolf Keil u. a., 2., völlig neu bearb. Aufl. Bd. 5. Berlin (West), New York 1985. Sp. 254f.

639 Cormeau, Christoph; Störmer, Wilhelm: Hartmann von Aue. Epoche – Werk – Wirkung. München 1985.

640 Cues, Nikolaus von: Philosophisch-theologische Schriften. Hrsg. u. eingel. von Leo Gabriel. Übers. und komm. von Dietlind und Wilhelm Dupre. Bd. 2. Wien 1966. (De coniecturis, S. 1–210).

641 Danne, Werner: Die Beziehungen des Osterspiels von Muri zu den lateinischen Osterfeiern und -spielen und zu den übrigen deutschsprachigen Osterspielen. Diss. Berlin 1955 (Maschinenschr.).

642 Diemeringen, Otto von: A German Version of Sir John Mandevilles ‹Travels›. Hrsg. von Edward W. Crosby. Diss. Kansas 1965.

643 Dittrich, Paul: Plautus und Terenz in Pädagogik und Schulwesen der deutschen Humanisten. Leipzig 1915.

644 Dornik-Eger, Hanna: Albrecht Dürer und die Druckgraphik für Kaiser Maximilian I. Wien 1971.

645 Dutschke, Manfred: «... was ein Singer soll singen». Untersuchung zur Reformationsdichtung des Meistersängers Hans Sachs. Bern, Frankfurt (Main) 1985.

646 Ebenbauer, Alfred: Der ‹Apollonius von Tyrlant› des Heinrich von Neustadt und die bürgerliche Literatur im spätmittelalterlichen Wien. In: Die österreichische Literatur. Ihr Profil von den Anfängen bis ins 18. Jahrhundert (1050–1750). Unter Mitwirkung von Fritz Peter Knapp hrsg. von Herbert Zeman. Teil 1. Graz 1986. S. 311–348.

647 Ehrmann, Gabriele: Georg von Ehingen. Reisen nach der Ritterschaft. Untersuchung, Kommentar. Göppingen 1979. (Göppinger Arbeiten zur Germanistik. Bd. 262).

648 Eichler, Wolfgang: Jan van Ruusbroecs ‹Brulocht› in oberdeutscher Überlieferung. Untersuchungen und kritische Textausgabe. München 1969. (Münchener Texte und Untersuchungen zur deutschen Literatur des Mittelalters. Bd. 22).

649 Elden, Stefanie Lain van d': Peter Suchenwirt and Heraldic Poetry. Wien 1976.

650 Elden, Stefanie Lain van d': The Ehrenreden of Peter Suchenwirt and

Gelre. In: Beiträge zur Geschichte der deutschen Sprache und Literatur 97 (1975), S. 88–101.

651 Entner, Heinz: Frühhumanismus und Schultradition in Leben und Werk des Wanderpoeten Samuel Karoch von Lichtenberg. Biographisch-literarische Studie mit einem Anhang unbekannter Texte. Berlin 1968.

652 Ertz, Stefan: Aufbau und Sinn des Lalebuchs. Diss. Köln 1965.

653 Ertzdorff, Xenja von: Die Fee als Ahnfrau. Zur ‹Melusine› des Thüring von Ringoltingen. Festschrift für Hans Eggers zum 65. Geburtstag. Hrsg. von Herbert Backes. Tübingen 1972. S. 428–457. (Beiträge zur Geschichte der deutschen Sprache und Literatur. Bd. 94. Sonderheft).

654 Ertzdorff, Xenja von: Ritterliche Idealität im 15. Jahrhundert. Zum Roman von Pontus und Sidonia in der Übersetzung eines Unbekannten. In: Studien zur deutschen Literatur und Sprache des Mittelalters. Festschrift für Hugo Moser zum 65. Geburtstag. Hrsg. von Werner Besch u. a. Berlin 1974. S. 245–252.

655 Evans, Marshall Blakemore: The Passion Play of Lucerne. An Historical and Critical Introduction. Millwood, N. Y. 1975. (Repr. d. Ausg. New York 1943).

656 Fischer, Klaus-Dietrich: «Quo sanam servare queat moderamine vitam». Lateinische Lehrgedichte zur Gesundheitspflege von 1490–1803 und ihre ärztlichen Verfasser. Habil.-Schrift. Berlin 1986.

657 Funke, Helmut: Die graphischen Hinweise Heinrich Wittenwilers für das Verständnis seiner Dichtung ‹Der Ring›. Diss. Münster 1973.

658 Georg Hager. A Meistersinger of Nürnberg. 1552–1634. Hrsg. von Clair Hayden Bell. 4 Bde. Berkely, Los Angeles 1947. (University of California Publications in Modern Philology. Bde. 29–32). (v. a. Bd. 29).

659 Gesammelte Vorträge der 600-Jahrfeier Oswalds von Wolkenstein, Seis am Schlern 1977. Hrsg. von Hans-Dieter Mück und Ulrich Müller. Göppingen 1978. (Göppinger Arbeiten zur Germanistik. Bd. 206).

660 Gillespie, George T.: Probleme um die Dichtungen vom ‹Wunderer› oder ‹König Theoderichs Glück und Ende›. In: Deutsche Literatur des späten Mittelalters. Hamburger Colloquium 1973. Hrsg. von Wolfgang Harms und Peter L. Johnson. Berlin 1975. S. 99–115.

661 Glowatzki-Mullis, Marie-Louise u. a.: Untersuchungen zur Identifizierung der Skelettreste aus Neustift: Ist es Oswald von Wolkenstein? In: Jahrbuch der Oswald-von-Wolkenstein-Gesellschaft 2 (1982/1983), S. 155–191.

662 Grubmüller, Klaus: Ein Arzt als Literat: Hans Hartlieb. In: Poesie und Gebrauchsliteratur im deutschen Mittelalter. Würzburger Colloquium 1978. Hrsg. von Volker Honemann, Kurt Ruh u. a. Tübingen 1979, S. 14 bis 36.

663 Grubmüller, Klaus: Hartlieb, Johannes. In: Die deutsche Literatur des Mittelalters. Verfasserlexikon. Begr. von Wolfgang Stammler. Fortgeführt von Karl Langosch. Unter Mitarbeit zahlreicher Fachgelehrter hrsg. von Kurt Ruh, Gundolf Keil u. a. 2., völlig neu bearb. Aufl. Bd. 3. Berlin (West), New York 1981.

664 Gruchot, Christoph: Heinrich Wittenwilers ‹Ring›. Konzept und Konstruktion eines Lehrbuches. Göppingen 1988. (Göppinger Arbeiten zur Germanistik. Nr. 475).

665 Gruenter, Rainer: Die Narrheit in Sebastian Brants ‹Narrenschiff›. In: Neophilologus 43 (1959), S. 207–221.
666 Gusinde, Konrad: Neidhart mit dem Veilchen. Breslau 1899.
667 Haage, Bernhard Dietrich: Das gereimte Pestregimen des Cod. Sang. 1164 und seine Sippe. Metamorphosen eines Pestgedichts. Pattensen/Hannover 1977. (Würzburger medizinhistorische Forschungen. Bd. 8).
667a Haage, Bernhard Dietrich: Das ‹Kunstbüchlein› des Alchemisten Caspar Hartung vom Hoff. Göppingen 1975. (Litterae. Bd. 39).
668 Haage, Bernhard Dietrich: Wolframs ‹Parzival› als Gegenstand medizinhistorischer Forschung. Eine Studie zu Wissenschaftsrezeption und Wissensverarbeitung in der Fiktionalliteratur. Habil.-Schrift. (Maschinenschr.) Würzburg 1988.
669 Hahn, Gerhard: ‹Der Ackermann aus Böhmen› des Johannes von Tepl. Darmstadt 1984. (Erträge der Forschung. Bd. 215).
670 Hahn, Gerhard: Die Einheit des ‹Ackermann aus Böhmen›. Studien zur Komposition. München 1963. (Münchener Texte und Untersuchungen zur deutschen Literatur des Mittelalters. Bd. 5).
671 Hahn, Reinhard: ‹Die löbliche Kunst›. Studien zu Dichtung und Poetik des späten Meistergesangs am Beispiel Adam Puschmans (1532–1600). Wroclaw 1984. (Acta Universitatis Wratislaviensis 737; Germanica Wratislaviensia. Bd. 60).
672 Hahn, Sönke: Luthers Übersetzungsweise im Septembertestament von 1522. Untersuchungen zu Luthers Übersetzung des Römerbriefs im Vergleich mit Übersetzungen vor ihm. Hamburg 1973. (Hamburger Philologische Studien. Bd. 29).
673 Hannemann, Kurt: Tüsch, Hans Erhart. In: Die deutsche Literatur des Mittelalters. Verfasserlexikon. Begr. von Wolfgang Stammler. Fortgeführt von Karl Langosch. Unter Mitarbeit zahlreicher Fachgelehrter hrsg. von Karl Langosch. Bd. 4. Berlin (West) 1953. Sp. 517–529.
674 Hartmann, Sieglinde: Altersdichtung und Selbstdarstellung bei Oswald von Wolkenstein. Göppingen 1980. (Göppinger Arbeiten zur Germanistik. Bd. 288).
675 Hartmann von Aue. Hrsg. von Hugo Kuhn und Christoph Cormeau. Darmstadt 1973. (Wege der Forschung. Bd. 359).
676 Hauffen, Adolf: Johann Fischart. Ein Literaturbild aus der Zeit der Gegenreformation. 2 Bde. Berlin, Leipzig 1921/22.
677 Hauffen, Adolf: Neue Fischart-Studien. Wien, Leipzig 1908. (Euphorion. 7. Ergänzungsheft).
678 Hausner, Renate: Thesen zur Funktion frühester weltlicher Polyphonie im deutschsprachigen Raum (Oswald von Wolkenstein, Mönch von Salzburg). In: Jahrbuch der Oswald-von-Wolkenstein-Gesellschaft 3 (1984/1985), S. 45–78.
679 Heimann, Sabine: Begriff und Wertschätzung der menschlichen Arbeit bei Sebastian Brant und Thomas Murner: ein Beitrag zur Bestimmung des historischen Standortes der Autoren hinsichtlich ihres Verhältnisses zur frühbürgerlichen Entwicklung in Deutschland an der Wende vom 15. zum 16. Jahrhundert. Diss. Leipzig 1986. (Erscheint 1990 in der Reihe: Stuttgarter Arbeiten zur Germanistik).

680 Heinzle, Joachim: ‹Laurin›. In: Die deutsche Literatur des Mittelalters. Verfasserlexikon. Begr. von Wolfgang Stammler. Fortgeführt von Karl Langosch. Unter Mitarbeit zahlreicher Fachgelehrter hrsg. von Kurt Ruh, Gundolf Keil u. a. 2., völlig neu bearb. Aufl. Bd. 5. Berlin (West), New York 1985. Sp. 625–630.

681 Heinzle, Joachim: Überlieferungsgeschichte als Literaturgeschichte. Zur Textentwicklung des ‹Laurin›. In: Deutsche Heldenepik in Tirol. Hrsg. von Egon Kühebacher. Bozen 1979. S. 172–191.

682 Heitmann, Klaus: *Fortuna* und *Virtus*. Eine Studie zu Petrarcas Lebensweisheit. Köln, Graz 1958 (Studi italiani. Bd. 1).

683 Hennig, Jörg: Chronologie der Werke Heinrichs von Mügeln. Hamburg 1972. (Hamburger Philologische Studien. Bad. 27).

684 Hess, Ursula: Heinrich Steinhöwels ‹Griseldis›. Studien zur Text- und Überlieferungsgeschichte einer frühhumanistischen Prosanovelle. München 1975.

685 Hils, Hans-Peter: Meister Johann Liechtenauers Kunst des langen Schwertes. Diss. (Maschinenschr.) Freiburg (Breisgau) 1984. Auch: Frankfurt (Main), Bern, New York 1985 (Europäische Hochschulschriften. R. 3. Bd. 257).

686 Hohmann, Thomas: Heinrichs von Langenstein ‹Unterscheidung der Geister› lateinisch und deutsch. Texte und Untersuchungen zu Übersetzungsliteratur aus der Wiener Schule. München 1977. (Münchener Texte und Untersuchungen zur deutschen Literatur des Mittelalters Bd. 63.)

687 Honegger, Peter: Die Schiltbürgerchronik und ihr Verfasser Johann Fischart. Hamburg 1982.

688 Honemann, Volker: Petrus Lombardus in mittelhochdeutscher Sprache. Die Sentenzenabbreviation des Johannes de Fonte. In: Zeitschrift für deutsches Altertum und deutsche Literatur 109 (1980), S. 251–275.

689 Jacobi, Reinhold: Jörg Wickrams Romane. Interpretationen unter besonderer Berücksichtigung der zeitgenössischen Erzählprosa. Diss. Bonn 1970.

690 Janota, Johannes: ‹Ambraser Heldenbuch›. In: Die deutsche Literatur des Mittelalters. Verfasserlexikon. Begr. von Wolfgang Stammler. Fortgeführt von Karl Langosch. Unter Mitarbeit zahlreicher Fachgelehrter hrsg. von Kurt Ruh, Gundolf Keil u. a. 2., völlig neu bearb. Aufl. Bd. 1. Berlin (West), New York 1978. Sp. 323–327.

691 Janota, Johannes: Folz, Hans. In: Die deutsche Literatur des Mittelalters. Verfasserlexikon. Begr. von Wolfgang Stammler. Fortgeführt von Karl Langosch. Unter Mitarbeit zahlreicher Fachgelehrter hrsg. von Kurt Ruh, Gundolf Keil u. a. 2., völlig neu bearb. Aufl. Bd. 2. Berlin (West), New York 1980. Sp. 769–793.

692 Jedin, Hubert: Ein Prinzenspiegel für den jungen Maximilian I. In: Archiv für Kulturgeschichte 43 (1961), S. 52–61.

693 Jöst, Erhard: Bauernfeindlichkeit. Die Historien des Ritters Neidhart Fuchs. Göppingen 1976. (Göppinger Arbeiten zur Germanistik. Bd. 192).

694 Jones, George Fenwick: Oswald von Wolkenstein. New York 1973.

695 Joschko, Dirk: Oswald von Wolkenstein. Eine Monographie zu Person, Werk und Forschungsgeschichte. Göppingen 1985.

696 Jungbluth, G.: Seifried. In: Die deutsche Literatur des Mittelalters. Verfasserlexikon. Hrsg. von Karl Langosch. Bd. 4. Berlin 1953. Sp. 152.

697 Junghans, Helmar: Der junge Luther und die Humanisten. Göttingen 1985.
698 Junk, Ulrike: «So müssen Weiber sein». Zur Analyse eines Deutungsmusters von Weiblichkeit am Beispiel von Thürings von Ringoltingen ‹Melusine›. In: Versuche zu einer feministischen Mediävistik. Hrsg. von Ingrid Bennewitz. Göppingen 1989.
699 Junker, Uwe: Das ‹Buch der Heiligen Dreifaltigkeit› in seiner zweiten, alchemistischen Fassung (Kadolzburg 1433). Köln 1986. (Kölner medizinhistorische Beiträge. Bd. 40).
700 Kästner, Hannes: ‹Pontus und Sidonia› in Innsbruck. Appell und Apologie im Hofroman des 15. Jahrhunderts. In: Jahrbuch der Oswald-von-Wolkenstein-Gesellschaft 2 (1982/83), S. 99–128.
701 Kallenbach, Hans: Georg Forsters ‹Frische teutsche liedlein›. Gießen 1931.
702 Kartschoke, Dieter: Jörg Wickrams ‹Dialog vom ungeratnen Sohn›. In: Daphnis 7,3 (1978), S. 377–401.
703 Kartschoke, Dieter: Weisheit oder Reichtum? Zum Volksbuch von Fortunatus und seinen Söhnen. In: Literatur im Feudalismus. Hrsg. von Dieter Richter. Stuttgart 1975. S. 213–259. (Literaturwissenschaft und Sozialwissenschaften 5).
704 Kayser-Petersen, Annemarie: Hugo von Montfort. Beiträge zum Gattungsproblem im Mittelalter. Diss. München 1960.
705 Ketter, Elke: Hugo von Montfort (1357–1423). Eine Biographie. Diss. (Maschinenschr.) Salzburg 1987.
706 Kibelka, Johannes: *der ware meister.* Denkstile und Bauformen in der Dichtung Heinrichs von Mügeln. Berlin 1963 (Philologische Studien und Quellen. Bd. 13).
707 Kiepe-Willms, Eva: Die Spruchdichtungen Muskatbluts. Vorstudien zu einer kritischen Ausgabe. München, Zürich 1976. (Münchener Texte und Untersuchungen zur deutschen Literatur des Mittelalters. Bd. 58).
708 Klesatschke, Eva: Lienhard Nunnenbeck: Die Meisterlieder und der Spruch. Edition und Untersuchungen. Göppingen 1984. (Göppinger Arbeiten zur Germanistik. Bd. 363).
709 Klitzke, Carl: Hans Winter's Bericht von der Kunst des Meistergesangs. In: Modern Language Notes 54 (1939), S. 567–572.
710 Knape, Joachim: De oboedentia et fide uxoris. Petrarcas humanistisch-moralisches Exempel ‹Griseldis› und seine frühe deutsche Rezeption. Göttingen 1978.
711 Könneker, Barbara: Hans Sachs. Stuttgart 1971.
712 Kratochwill, Dagmar: Die Autographe des Michel Beheim. In: Litterae Ignotae. Beiträge zur Textgeschichte des deutschen Mittelalters. Neufunde und Neuinterpretationen. Im Auftrag des Herausgeber-Gremiums gesammelt von Ulrich Müller. Göppingen 1977. S. 109–135. (Litterae. Bd. 50. S. 109–135).
713 Krogmann, Willy: ‹Der Wunderer›. In: Die deutsche Literatur des Mittelalters. Verfasserlexikon: Unter Mitarbeit zahlreicher Fachgenossen hrsg. von Karl Langosch. Bd. 4. Berlin 1953. Sp. 1094–1099.
714 Kühn, Dieter: Ich Wolkenstein. Eine Biographie. Frankfurt (Main) 1977.

715 Kugler, Hartmut: Handwerk und Meistergesang. Ambrosius Metzgers Metamorphosen-Dichtung und die Nürnberger Singschule im frühen 17. Jahrhundert. Göttingen 1977. (Palaestra. Bd. 265).

716 Kuhn, H.: ‹Sigenot›. In: Die deutsche Literatur des Mittelalters. Verfasserlexikon. Unter Mitarbeit zahlreicher Fachgenossen hrsg. von Karl Langosch. Bd. 4. Berlin 1953. Sp. 209–212.

717 Lämmert, Eberhard: Reimsprecherkunst im Spätmittelalter. Eine Untersuchung der Teichnerreden. Stuttgart 1970.

718 Lebeau, Jean: Salvator Mundi: l'‹exemple› de Joseph dans le théâtre allemand au XVIe siècle. Nieuwkoop 1977.

719 Lemmer, Manfred: Studien zur Wirkung von Sebastians Brants ‹Narrenschiff›. Habil. (Maschinenschr.) Halle 1981.

720 Liepe, Wolfgang: Elisabeth von Nassau-Saarbrücken. Entstehung und Anfänge des Prosaromans in Deutschland. Halle 1920.

721 Lühe, Irmela von der: Die Anfänge des Prosaromans: ‹Hug Schapler› und ‹Fortunatus›. In: Einführung in die deutsche Literatur des 12. bis 16. Jahrhunderts. Von Winfried Frey, Walter Raitz, Dieter Seitz. Bd. 3: Bürgertum und Fürstenstaat – 15./16. Jahrhundert. Opladen 1981. S. 69–91.

722 Lühe, Irmela von der: ‹Von guten und bösen Nachbarn›. In: Einführung in die deutsche Literatur des 12. bis 16. Jahrhunderts. Von den Autoren Frey, Winfried; Raitz, Walter; Seitz, Dieter. Bd. 3: Bürgertum und Fürstenstaat – 15./16. Jahrhundert. Opladen 1981. S. 190–210.

723 Luthers Sprachschaffen. Gesellschaftliche Grundlagen. Geschichtliche Wirkungen. Referate der internationalen sprachwissenschaftlichen Konferenz Eisenach 21.–25. März 1983. Hrsg. von Joachim Schildt. Berlin (Ost) 1984. (Linguistische Studien. Reihe A. Arbeitsberichte 119/I).

724 Lutz, Heinrich: Conrad Peutinger. Beiträge zu einer politischen Biographie. Augsburg 1958.

725 MacDonald, William C.: «Whose bread I eat»: The song-poetry of Michel Beheim. Göppingen 1981. (Göppinger Arbeiten zur Germanistik. Bd. 318).

726 Manger, Klaus: Das ‹Narrenschiff›. Entstehung, Wirkung und Deutung. Darmstadt 1983. (Erträge der Forschung. Bd. 186).

727 Marchal, Guy P.: Appenzeller Reimchronik. In: Die deutsche Literatur des Mittelalters. Verfasserlexikon. Begr. von Wolfgang Stammler. Fortgeführt von Karl Langosch. Unter Mitarbeit zahlreicher Fachgelehrter hrsg. von Kurt Ruh, Gundolf Keil u. a. 2., völlig neu bearb. Aufl. Bd. 1. Berlin (West), New York 1978. Sp. 412.

728 Martin Luther. Leben, Werk, Wirkung. Hrsg. von Günther Vogler. Berlin (Ost) 1983.

729 Maschek, Hermann: Die Geschichte des Pfarrers vom Kahlenberg. Historische Grundlagen. Verfasser. Entstehungszeit. In: Zeitschrift für deutsches Altertum und deutsche Literatur 73 (1936), S. 33–56.

730 Melzer, Helmut: Trivialisierungstendenzen im Volksbuch. Ein Vergleich der Volksbücher ‹Tristrant und Isalde›, ‹Wigoleis› und ‹Wilhelm von Österreich› mit den mittelhochdeutschen Epen. Hildesheim, New York 1972. (Deutsche Volksbücher in Faksimiledrucken. Hrsg. von Ludwig Erich Schmitt und Renate Noll-Wiemann. Reihe B. Untersuchungen zu den deutschen Volksbüchern. Bd. 3).

731 Mertens, Volker: Gregorius Eremita. Eine Lebensform des Adels bei Hartmann von Aue in ihrer Problematik und ihrer Wandlung in der Rezeption. Zürich, München 1978. S. 130–143 (Münchener Texte und Untersuchungen zur deutschen Literatur des Mittelalters. Bd. 67).

732 Merzbacher, Dieter: Kettner, Fritz. In: Die deutsche Literatur des Mittelalters. Verfasserlexikon. Begr. von Wolfgang Stammler. Fortgeführt von Karl Langosch. Unter Mitarbeit zahlreicher Fachgelehrter hrsg. von Kurt Ruh, Gundolf Keil u. a. 2., völlig neu bearb. Aufl.Berlin (West), New York 1983, Bd. 4. Sp. 1138–1141.

733 Merzbacher, Dieter: Meistergesang in Nürnberg um 1600. Untersuchungen zu den Texten und Sammlungen des Benedict von Watt (1569–1616). Nürnberg 1987. (Nürnberger Werkstücke zur Stadt- und Landesgeschichte. Bd. 39).

734 Moczygemba, Gustav: Hugo von Montfort. Fürstenfeld 1967.

735 Moeller, Bernd; Stackmann, Karl: Zu Luthers Familiennamen: In: Martin Luther. Hrsg. von Heinz Ludwig Arnold. München 1983. S. 218–220.

736 Mück, Hans-Dieter: Untersuchungen zur Überlieferung und Rezeption spätmittelalterlicher Lieder und Spruchgedichte im 15. und 16. Jahrhundert. Die *Streuüberlieferung* von Liedern und Reimpaarrede Oswalds von Wolkenstein. Unter Mitwirkung bei Hs. K von Dirk Joschko. 2 Bde. Göppingen 1980. (Göppinger Arbeiten zur Germanistik. Bd. 263).

737 Müller, Irmgard: Die pflanzlichen Heilmittel bei Hildegard von Bingen. Salzburg 1982.

738 Müller, Jan-Dirk: Frühbürgerliche Privatheit und altständische Gemeinschaft. Zu Jörg Wickrams Historie ‹Von Guten und Bosen Nachbaun›. In: Internationales Archiv für Sozialgeschichte der deutschen Literatur 5 (1980), S. 1–32.

739 Müller, Jan-Dirk: Held und Gemeinschaftserfahrung. Aspekte der Gattungstransformation im frühen deutschen Prosaroman am Beispiel des ‹Hug Schapler›. In: Daphnis 9,3 (1980), S. 393–426.

740 Müller, Ulrich: Beheim, Michel. In: Die deutsche Literatur des Mittelalters. Verfasserlexikon. Begr. von Wolfgang Stammler. Fortgeführt von Karl Langosch. Unter Mitarbeit zahlreicher Fachgelehrter hrsg. von Kurt Ruh, Gundolf Keil u. a. 2., völlig neu bearb. Aufl. Bd. 1. Berlin (West), New York 1978. Sp. 672–680.

741 Müller, Ulrich: Beobachtungen und Überlegungen über den Zusammenhang von Stand, Werk, Publikum und Überlieferung mittelhochdeutscher Dichter: Oswald von Wolkenstein und Michel Beheim – ein Vergleich. In: Oswald von Wolkenstein. Beiträge der philologisch-musikwissenschaftlichen Tagung in Neustift bei Brixen 1973. Hrsg. von Egon Kühebacher. Innsbruck 1974. S. 167–181.

742 Müller, Ulrich: «Dichtung» und «Wahrheit» in den Liedern Oswalds von Wolkenstein: Die autobiographischen Lieder von den Reisen. Göppingen 1968. (Göppinger Arbeiten zur Germanistik. Bd. 1).

743 Müller, Ulrich: Von Narren auf und in Schiffen: Sebastian Brant (1494), Kathleen Ann Porter (1962) / Stanley Kramer (1965), Federico Fellini (1983). In: Sammlung – Deutung – Wertung. Mélanges de littérature médiévale et de linguistique allemande offerts à Wolfgang Spiewok. Hrsg. von Danielle Buschinger. Amiens 1988. S. 249–257.

744 Müller-Breuer, Maria E.: Der Poet der Moralität. Untersuchungen zu Hans Sachs. Bern, Frankfurt (Main), Las Vegas 1985.
745 Näf, Werner: Vadian und seine Stadt St. Gallen. Bd. I: Bis 1518. Humanist in Wien. St. Gallen 1944.
746 Niethammer, Petra-Marion: Urkundenfindbuch zu Oswald von Wolkenstein. Verzeichnis der veröffentlichten Dokumente (1400–1445). Göppingen 1984. (Göppinger Arbeiten zur Germanistik. Bd. 412).
747 Niewerth, Heinz-Peter: Allegorische Schilderung und allegorische Handlung: zum Rahmen von Eberhard von Cersne ‹Der minne regel›. Text und Deutung. Diss. Bonn 1973.
748 Noggler, Josef: Die Gesundheitslehre des Apothekers im ‹Ring› des Heinrich Wittenwiler. In: International Society for the History of Pharmacy. Vorträge der Hauptversammlung. Salzburg 1951. Wien 1952. S. 81–89.
749 Nyholm, Kurt: Fuetrer, Ulrich. In: Die deutsche Literatur des Mittelalters. Verfasserlexikon. Begr. von Wolfgang Stammler. Fortgeführt von Karl Langosch. Unter Mitarbeit zahlreicher Fachgelehrter hrsg. von Kurt Ruh, Gundolf Keil u. a. 2., völlig neu bearb. Aufl. Bd. 2. Berlin (West), New York 1980. Sp. 999–1007.
750 Okken, Lambertus; Mück, Hans-Dieter: Die satirischen Lieder Oswalds von Wolkenstein wider die Bauern. Untersuchungen zum Wortschatz und zur literaturhistorischen Einordnung. Göppingen 1981. (Göppinger Arbeiten zur Germanistik. Bd. 316).
751 Oswald von Wolkenstein. Beiträge der philologisch-musikwissenschaftlichen Tagung in Neustift bei Brixen 1973. Hrsg. von Egon Kühebacher. Innsbruck 1974. (Innsbrucker Beiträge zur Kulturwissenschaft. Germanistische Reihe Bd. 1).
752 Oswald von Wolkenstein. Hrsg. von Ulrich Müller. Darmstadt 1980. (Wege der Forschung. Bd. 526).
753 Ott, Karl August: Der Rosenroman. Darmstadt 1980. (Erträge der Forschung. Bd. 145).
754 Ott, Norbert H.: Christherre-Chronik. In: Die deutsche Literatur des Mittelalters. Verfasserlexikon. Begr. von Wolfgang Stammler. Fortgeführt von Karl Langosch. Unter Mitarbeit zahlreicher Fachgelehrter hrsg. von Kurt Ruh, Gundolf Keil u. a. 2., völlig neu bearb. Aufl. Bd. 1. Berlin (West), New York 1978. Sp. 1213–1217.
755 Ott, Norbert H.: Heinrich von München. In: Die deutsche Literatur des Mittelalters. Verfasserlexikon. Begr. von Wolfgang Stammler. Fortgeführt von Karl Langosch. Unter Mitarbeit zahlreicher Fachgelehrter hrsg. von Kurt Ruh, Gundolf Keil u. a. 2., völlig neu bearb. Aufl. Bd. 3. Berlin (West), New York 1981. Sp. 827–837.
756 Pelnar, Ivana: Die mehrstimmigen Lieder Oswalds von Wolkenstein. Textband. Tutzing 1982.
757 Petzsch, Christoph: Das Lochamer-Liederbuch. München 1967. (Münchener Texte und Untersuchungen zur deutschen Literatur des Mittelalters. Bd. 19).
758 Pfeiffer, Rudolf: Die Meistersingerschule in Augsburg und der Homerübersetzer Johannes Spreng. München, Leipzig 1919.
759 Piccolomini, Enea Silvio: Ausgewählte Texte aus seinen Schriften. Lat. und

dt. Hrsg., übers. und biographisch eingel. von Berthe Widmer. Basel, Stuttgart 1960.

760 Plate, Bernward: Heinrich Wittenwiler. Darmstadt 1977. (Erträge der Forschung. Bd. 76).

761 Plate, Bernward: Verstehensprinzipien im Prosa-Tristant von 1484. In: Literatur-Publikum – historischer Kontext. Hrsg. von Gert Kaiser. Bern, Frankfurt (Main), Las Vegas 1977. S. 79–89. (Beiträge zur älteren deutschen Literaturgeschichte. Hrsg. von Joachim Bumke u. a. Bd. 1).

762 Puchta-Mähl, Christa Maria: «Wan es ze ring umb uns beschait». Studien zur Narrenterminologie, zum Gattungsproblem und zur Adressatenschicht in Heinrich Wittenwilers ‹Ring›. Heidelberg 1986.

763 Raitz, Walter: Zur Soziogenese des bürgerlichen Romans. Eine literatursoziologische Analyse des ‹Fortunatus›. Düsseldorf 1973.

764 Rettelbach, Johannes: Die geistlichen Meisterlieder des Jahres 1548 von Hans Sachs. Laientheologie nach der Reformation? In: Literatur und Laienbildung im Spätmittelalter und in der Reformationszeit. Symposion Wolfenbüttel 1981. Hrsg. von Ludger Grenzmann und Karl Stackmann. Stuttgart 1984. S. 745–759. (Germanistische Symposien. Berichtsbände. Bd. 5).

765 Rischer, Christelrose: Literarische Rezeption und kulturelles Selbstverständnis in der deutschen Literatur der «Ritterrenaissance› des 15. Jahrhunderts. Untersuchungen zu Ulrich Füetrers ‹Buch der Abenteuer› und dem ‹Ehrenbrief› des Jakob Püterich von Reichertshausen. Stuttgart, Berlin (West), Köln, Mainz 1973. (Studien zur Poetik und Geschichte der Literatur. Bd. 29).

766 Robertshaw, Alan: Oswald von Wolkenstein: The Myth and the Man. Göppingen 1977. (Göppinger Arbeiten zur Germanistik. Bd. 178).

767 Röcke, Werner: Bilder vom Bauern, vom Untergang und vom glücklichen Landleben. Zum Verhältnis von Individuum und Gesellschaft in Johann Fischarts ‹Fürtreffliches artliches Lob / deß Landlustes Mayersmut und lustigen Feldbaumanns leben› und in Heinrich Wittenwilers ‹Ring›. In: Typus und Individualität im Mittelalter. Hrsg. von Horst Wenzel. München 1983. S. 103–122. (Forschungen zur Geschichte der älteren deutschen Literatur. Bd. 4).

768 Röll, Walter: Zur Überlieferungsgeschichte der ‹Gesta Romanorum›. In: Mittellateinisches Jahrbuch 21 (1986), S. 208–229.

769 Roloff, Hans-Gert: Stilstudien zur Prosa des 15. Jahrhunderts. Die ‹Melusine› des Thüring von Ringoltingen. Köln, Wien 1970.

770 Roloff, Hans-Gert: Überredung – Unterricht – Ergetzung der Leute. Zur Funktion der Romane Georg Wickrams. In: Recherches Germaniques 9 (1979), S. 263–277.

771 Schäfer, Eckart: Deutscher Horaz: Conrad Celtis, Georg Fabricius, Paul Melissus, Jacob Balde. Die Nachwirkung des Horaz in der neulateinischen Dichtung Deutschlands. Wiesbaden 1976.

772 Schafferus, Ella: «Der Ackermann aus Böhmen» und die Weltanschauung des Mittelalters. In: Zeitschrift für deutsches Altertum und deutsche Literatur 72 (1935), S. 209–239.

773 Scheuer, Helmut: Ludwig Tiecks ‹Die schöne Magelone›. Ein Vergleich mit

dem Volksbuch. In: Mittelalter-Rezeption II. Gesammelte Vorträge des 2. Salzburger Symposions ‹Die Rezeption des Mittelalters in Literatur, Bildender Kunst und Musik des 19. und 20. Jahrhunderts›. Hrsg. von Jürgen Kühnel u. a. Göppingen 1982. S. 473–491.

774 Schierling, Maria: ‹Das Kloster der Minne›: Edition und Untersuchung. Göppingen 1980. (Göppinger Arbeiten zur Germanistik. Bd. 208).

775 Schmid, Elisabeth: Leben und Lehre in Heinrich Wittenwilers ‹Ring›. In: Jahrbuch der Oswald-von-Wolkenstein-Gesellschaft 4 (1986/87), S. 273–292.

776 Schmidt, Carl: Johannes Tauler von Straßburg. Beitrag zur Geschichte der Mystik und des religiösen Lebens im 14. Jahrhundert. Aalen 1972. (Neudr. der Ausg. Hamburg 1841).

777 Schmidt, Emil: Die Frage nach der Zusammengehörigkeit der poetischen Fragmente von dem Minnehof, der Böhmenschlacht, der Göllheimer Schlacht und dem Ritterpreis. Diss. Marburg 1908.

778 Schmitz, Wolfgang: Die Dichtungen des Hartwig von dem Hage. Untersuchungen und Edition. Göppingen 1976. (Göppinger Arbeiten zur Germanistik. Bd. 193).

779 Schneider, Karin: Buch von Troja I. In: Die deutsche Literatur des Mittelalters. Verfasserlexikon. Begr. von Wolfgang Stammler. Fortgeführt von Karl Langosch. Unter Mitarbeit zahlreicher Fachgelehrter hrsg. von Kurt Ruh, Gundolf Keil u. a. 2., völlig neu bearb. Aufl. Bd. 1. Berlin (West), New York 1978. Sp. 1100.

780 Schneider, Karin: Buch von Troja II. In: Die deutsche Literatur des Mittelalters. Verfasserlexikon. Begr. von Wolfgang Stammler. Fortgeführt von Karl Langosch. Unter Mitarbeit zahlreicher Fachgelehrter hrsg. von Kurt Ruh, Gundolf Keil u. a. 2., völlig neu bearb. Aufl. Bd. 1. Berlin (West), New York 1978. Sp. 1100–1101.

781 Schneider, Karin: Buch von Troja nach Guido de Columnis. In: Die deutsche Literatur des Mittelalters. Verfasserlexikon. Begr. von Wolfgang Stammler. Fortgeführt von Karl Langosch. Unter Mitarbeit zahlreicher Fachgelehrter hrsg. von Kurt Ruh, Gundolf Keil u. a. 2., völlig neu bearb. Aufl. Bd. 1. Berlin (West), New York 1978. Sp. 1101–1104.

782 Schnell, Bernhard: Thomas Peutner: ‹Büchlein von der Liebhabung Gottes›. Edition und Untersuchungen. München 1984. Münchener Texte und Untersuchungen zur deutschen Literatur des Mittelalters. Bd. 81).

783 Schuetz, Alfred: Die Dramen des Konrad Celtis. Diss. (Maschinenschr.) Wien 1948.

784 Schultze, Bernd-Friedemann: Der Augsburger Meistersinger Onoferus Schwartzenbach. Göppingen 1982. (Göppinger Arbeiten zur Germanistik. Bd. 336).

785 Schulze, Franz: Balthasar Springers Indienfahrt 1505/06. Wissenschaftliche Würdigung der Reiseberichte Springers zur Einführung in den Neudruck seiner ‹Meerfahrt› vom Jahre 1509. Straßburg 1902.

786 Schulze, Ursula: Nibelungenlied. In: Deutsche Literatur. Eine Sozialgeschichte. Hrsg. von Horst Albert Glaser. Bd. 1: Aus der Mündlichkeit in die Schriftlichkeit: Höfische und andere Literatur (750–1320). Hrsg. von Ursula Liebertz-Grün. Reinbek 1988. S. 264–278.

787 Schwanholz, Wilfried: Volksliedhafte Züge im Werk Oswalds von Wolkenstein: Die Trinklieder. Frankfurt (Main), Bern, New York 1985.
788 Schweikle, Günther: Neidhart. Stuttgart 1989.
789 Schwenk, Rolf: Vorarbeiten zu einer Biographie des Niklas von Wyle und zu einer Ausgabe seiner ersten Translatze. Göppingen 1978. (Göppinger Arbeiten zur Germanistik. Bd. 227).
790 Schwob, Anton: Historische Realität und literarische Umsetzung. Beobachtungen zur Stilisierung der Gefangenschaft in den Liedern Oswalds von Wolkenstein. Innsbruck 1979. (Innsbrucker Beiträge zur Kulturwissenschaft. Germanistische Reihe Bd. 9).
791 Schwob, Anton: Oswald von Wolkenstein. Eine Biographie. 3. Aufl. Bozen 1977.
792 Seidel, Kurt Otto: *Wandel* als Welterfahrung des Spätmittelalters im didaktischen Werk Heinrichs des Teichners. Göppingen 1973. (Göppinger Arbeiten zur Germanistik. Bd. 106).
793 Seitz, Dieter: Johann Fischarts ‹Geschichtsklitterung›. Untersuchungen zur Prosastruktur und zum grobianischen Motivkomplex. Frankfurt (Main) 1974. (These. Neue Folge. Bd. 6).
794 Simon, Eckehard: The alemannic ‹Herbst und Mai› Play and its Literary Background. In: Monatshefte für deutschen Unterricht, deutsche Sprache und Literatur 62 (1970), S. 217–230.
795 Sommerhalder, Hugo: Johann Fischarts Werk. Eine Einführung. Berlin (West) 1960. (Quellen und Forschungen zur Sprach- und Kulturgeschichte der germanischen Völker. Neue Folge 4).
796 Spitz, Lewis W.: Conrad Celtis. The German Arch-Humanist. Cambridge (Mass.) 1957.
797 Spriewald, Ingeborg: Jörg Wickram und die Anfänge der realistischen Prosaerzählung in Deutschland. Diss. (Maschinenschr.) Potsdam 1971.
798 Stackmann, Karl: Der Spruchdichter Heinrich von Mügeln. Vorstudien zur Erkenntnis seiner Individualität. Heidelberg 1958.
799 Stackmann, Karl: Schradin, Nikolaus. In: Die deutsche Literatur des Mittelalters. Verfasserlexikon. Hrsg. von Karl Langosch. Bd. 4. Berlin 1953. Sp. 101–102.
800 Stäblein, Bruno: Oswald von Wolkenstein, der Schöpfer des Individualliedes. In: Deutsche Vierteljahrsschrift für Literaturwissenschaft und Geistesgeschichte 46 (1972), S. 113–160.
801 Steinhoff, Hans Hugo: Elisabeth von Nassau-Saarbrücken. In: Die deutsche Literatur des Mittelalters. Verfasserlexikon. Begr. von Wolfgang Stammler. Fortgeführt von Karl Langosch. Unter Mitarbeit zahlreicher Fachgelehrter hrsg. von Kurt Ruh, Gundolf Keil u. a. 2., völlig neu bearb. Aufl. Bd. 2. Berlin (West), New York 1980. Sp. 482–488.
802 Steinhoff, Hans Hugo: Mair, Hans, von Nördlingen. In: Die deutsche Literatur des Mittelalters. Verfasserlexikon. Begr. von Wolfgang Stammler. Fortgeführt von Karl Langosch. Unter Mitarbeit zahlreicher Fachgelehrter hrsg. von Kurt Ruh, Gundolf Keil u. a. 2., völlig neu bearb. Aufl. Bd. 5. Berlin (West), New York 1985. Sp. 1180–1183.
803 Steinhoff, Hans Hugo: Meister Babiloth. In: Die deutsche Literatur des Mittelalters. Verfasserlexikon. Begr. von Wolfgang Stammler. Fortgeführt

von Karl Langosch. Unter Mitarbeit zahlreicher Fachgelehrter hrsg. von Kurt Ruh, Gundolf Keil u. a. 2., völlig neu bearb. Aufl. Bd. 1. Berlin (West), New York 1978. Sp. 577–579.

804 Straub, Veronika: Entstehung und Entwicklung des frühneuhochdeutschen Prosaromans. Studien zur Prosaauflösung ‹Wilhelm von Östereich›. Amsterdam 1974. (Amsterdamer Publikationen zur Sprache und Literatur. Bd. 16).

805 Tailby, John E.: Der Reimpaardichter Peter Schmieher: Texte und Untersuchungen. Göppingen 1978. (Göppinger Arbeiten zur Germanistik. Bd. 241).

806 The Early Meisterlieder of Hans Sachs. Hrsg. von Frances H. Ellis. Bloomington, Indiana 1974.

807 Timm, Erika: Die Überlieferung der Lieder Oswalds von Wolkenstein. Lübeck, Hamburg 1972. (Germanische Studien. Bd. 242).

808 Trathnigg, Gilbert: Die Welser Meistersinger-Handschriften. Untersuchungen zum Welser Meistergesang. In: Jahrbuch des Musealvereins Wels (1954), S. 127–180.

809 Trümpy, Hans: Lenz, Hans (Johannes). In: Die deutsche Literatur des Mittelalters. Verfasserlexikon. Begr. von Wolfgang Stammler. Fortgeführt von Karl Langosch. Unter Mitarbeit zahlreicher Fachgelehrter hrsg. von Kurt Ruh, Gundolf Keil u. a. 2., völlig neu bearb. Aufl. Bd. 5. Berlin (West), New York 1985. Sp. 709–712.

810 Uhle, P.: Der Dramatiker und Meistersänger Valentin Voith aus Chemnitz. In: Mitteilungen des Vereins für Chemnitzer Geschichte. Jahrbuch 9 (1895), S. 159–192.

811 Urban, Ingrid: Antike Dichtung in den weltlichen Liedern des Meistersängers Johannes Spreng. In: Euphorion 55 (1961), S. 146–162.

812 Urban, Ingrid: Johannes Spreng – Meistergesänge. Berlin 1967.

813 Valckx, Josef: ‹Das Volksbuch von Fortunatus›. In: Fabula 16 (1975), S. 91–112.

814 Van Dam, J.: Wierstrait, Christian. In: Die deutsche Literatur des Mittelalters. Verfasserlexikon. Hrsg. von Karl Langosch. Bd. 4. Berlin 1953. Sp. 959–961.

815 Vita Caroli Quarti: Die Autobiographie Karls IV. Einführung, Übersetzung und Kommentar von Eugen Hillenbrand. Stuttgart 1979.

816 Wachinger, Burghart: Der Mönch von Salzburg. Zur Überlieferung geistlicher Lieder im späten Mittelalter. Tübingen 1989. (Hermaea. Neue Folge. Bd. 57).

817 Wawrzyniak, Udo: Gesta Romanorum. In: Enzyklopädie des Märchens. Begr. von Karl Ranke. Hrsg. von Rolf Wilhelm Brednich u. a. Bd. 5. Berlin (West), New York 1987. Sp. 1201–1212.

818 Weber, Otfried: Peter Suchenwirt. Studien über sein Wesen und Werk. Bamberg 1939. (Deutsches Werden 11).

819 Weddige, Hilkert: Die ‹Historien vom Amadis auss Franckreich›. Dokumentarische Grundlegung zur Entstehung und Rezeption. Wiesbaden 1975.

820 Weinacht, Helmut: Albrecht von Eyb: «Ob einem manne sey zunemen eyn eelichs weyb oder nicht». Mit einer Einführ. zum Neudruck. Darmstadt 1982. (Texte zur Forschung. Bd. 36).

821 Weis, Peter: Studien zum ‹Roten Buch› der Ulmer Meistersinger. Examensarbeit (Maschinenschr.) Erlangen 1978.

822 Welker, Lorenz: New Light on Oswald von Wolkenstein: Central European Traditions and Burgundian Polyphony. In: Early Music History 7 (1987), S. 187–226.
823 Wendler, Josef: Studien zur Melodiebildung bei Oswald von Wolkenstein. Die Formeltechnik in den einstimmigen Liedern. Tutzing 1963.
824 Wenzel, Edith: Zur Judenproblematik bei Hans Folz. In: Zeitschrift für deutsche Philologie 191 (1982), S. 79–104.
825 Westermann, Karl: Der Meistersinger Daniel Holzman. Sein Leben und seine Werke. Diss. Straßburg 1910.
826 Wiemann, Renate: Die Erzählstruktur im Volksbuch ‹Fortunatus›. Hildesheim, New York 1970. (Deutsche Volksbücher in Faksimiledrucken. Reihe B. Untersuchungen zu den deutschen Volksbüchern. Bd. 1.).
827 Wiesflecker, Hermann: Joseph Grünpecks ‹Commentaria› und ‹Gesta Maximiliani Romanorum Regis›. Die Entdeckung eines verlorenen Geschichtswerkes. Inaugurationsrede, gehalten an der Karl-Franzens-Universität in Graz am 11. 11. 1964. Graz 1965.
828 Wiesflecker, Hermann: Joseph Grünpecks Redaktionen der lateinischen Autobiographie Maximilians I. In: Mitteilungen des Instituts für Österreichische Geschichtsforschung 78 (1970), S. 416–431.
829 Wiessner, Edmund: Kommentar zu Heinrich Wittenwilers ‹Ring›. Darmstadt 1964. (Unveränd. reprogr. Nachdruck d. Ausg. Leipzig 1936).
830 Wittmann-Klemm, Dorothee: Studien zum ‹Rappoltsteiner Parzifal›. Göppingen 1977. (Göppinger Arbeiten zur Germanistik. Bd. 224).
831 Wolf, Herbert: Germanistische Luther-Bibliographie. Martin Luthers deutsches Sprachschaffen im Spiegel des internationalen Schrifttums der Jahre 1880–1980. Heidelberg 1985. (Germanistische Bibliothek. Neue Folge. 6. Reihe).
832 Wolf, Herbert: Martin Luther. Eine Einführung in germanistische Luther-Studien. Stuttgart 1980.
833 Wolf, Herbert: Zum Stand der sprachlichen Lutherforschung. In: Zeitschrift für Deutsche Philologie 106 (1987). Sonderheft Frühneuhochdeutsch. Hrsg. von Werner Besch und Klaus-Peter Wegera. S. 246–272.
834 Wolff, L.: Wigand von Marburg. In: Die deutsche Literatur des Mittelalters. Verfasserlexikon. Hrsg. von Karl Langosch. Bd. 4. Berlin 1953.
835 Wotke, Karl: Augustinus Olumucensis. Augustin Käsembrot von Wssehrd. In: Zeitschrift des deutschen Vereins für die Geschichte Mährens Schlesiens 2 (1898), S. 47–51.
836 Zimmermann, Manfred: Die Sterzinger Miszellaneen-Handschrift. Kommentierte Edition der deutschen Dichtungen. Innsbruck 1980. (Innsbrucker Beiträge zur Kulturwissenschaft. Germanistische Reihe. Bd. 8).

8. Einzelne Themen, Stoffe, Topoi

837 Bäschlin, Alfred: Die altdeutschen Salbenkrämerspiele. Diss. Basel 1929.
838 Bebermeyer, Gustav: Pritschmeister. In: Reallexikon der deutschen Literaturgeschichte. Begr. von Paul Merker und Wolfgang Stammler. 2. Aufl. 1967, Bd. III/3. S. 257–262.

839 Bennewitz-Behr, Ingrid: Melusines Schwestern. Beobachtungen zu den Frauenfiguren im Prosaroman des 15. und 16. Jahrhunderts. In: Germanistik und Deutschunterricht im Zeitalter der Technologie. Selbstbestimmung und Anpassung. Vorträge des Germanistentags Berlin 1987. Hrsg. von Norbert Oellers. Tübingen 1988. Bd. 1. S. 291–300.

840 Besch, Werner: Vers oder Prosa? Zur Kritik am Reimvers im Spätmittelalter. In: Festschrift für Hans Eggers zum 65. Geburtstag. Hrsg. von Herbert Backes. Tübingen 1972. S. 745–766.

841 Blank, Walter: Die deutsche Minneallegorie. Gestaltung und Funktion einer spätmittelalterlichen Dichtungsform. Stuttgart 1970. (Germanistische Abhandlungen 34).

842 Bremer, Natascha: Das Bild der Juden in den Passionsspielen und in der bildenden Kunst des deutschen Mittelalters. Frankfurt (Main), Bern, New York 1986. (Europäische Hochschulschriften. Reihe I: Deutsche Sprache und Literatur. Bd. 892).

843 Brinkmann, Henning: Verhüllung (*integumentum*) als literarische Darstellungsform im Mittelalter. In: Der Begriff der *repraesentatio* im Mittelalter. Hrsg. von Albert Zimmermann. Berlin (West), New York 1971. S. 314–339.

844 Buntz, Herwig: Die deutsche Alexanderdichtung des Mittelalters. Stuttgart 1973.

845 Casey, Paul F.: The Susanna theme in German literature. Variations of the biblical drama. Bonn 1976. (Abhandlungen zur Kunst-, Musik und Literaturwissenschaft. Bd. 214).

846 Das rheinische Marienlob. Eine deutsche Dichtung des 13. Jahrhunderts. Hrsg. von Adolf Bach. Leipzig 1934. (Bibliothek des litterarischen Vereins in Stuttgart. Bd. 281).

847 Der tanzende Tod. Mittelalterliche Totentänze. Hrsg., übers. u. komm. von Gert Kaiser, Frankfurt (Main) 1982.

848 Doren, Alfred: Fortuna im Mittelalter und in der Renaissance. In: Vorträge der Bibliothek Warburg. Hrsg. von Fritz Saxl. II: Vorträge 1922–1923, I. Teil. S. 71–144. (Reprint Nendeln/Liechtenstein 1967).

849 Ebenbauer, Alfred: Spekulieren über Geschichte im höfischen Roman um 1300. In: Philologische Untersuchungen gewidmet Elfriede Stutz zum 65. Geburtstag. Hrsg. von Alfred Ebenbauer. Wien 1984. S. 151–166.

850 Ebenbauer, Alfred: Wigamur und die Familie. In: Artusrittertum im späten Mittelalter. Ethos und Ideologie. Hrsg. von Friedrich Wolfzettel. Gießen 1984. S. 28–46. (Beiträge zur deutschen Philologie. Bd. 57).

851 Ebenbauer, Alfred; Wyss, Ulrich: Der mythologische Entwurf der höfischen Gesellschaft im Artusroman. In: Höfische Literatur – Hofgesellschaft – Höfische Lebensformen um 1200. Kolloquium am Zentrum für Interdisziplinäre Forschung der Universität Bielefeld (3. bis 5. November 1983). Hrsg. von Gert Kaiser und Jan-Dirk Müller. Düsseldorf 1986. S. 513–539.

852 Eggers, Hans: Darstellung der Marienklagen (div.). In: Die deutsche Literatur des Mittelalters. Verfasserlexikon. Begr. von Wolfgang Stammler. Fortgeführt von Karl Langosch. Unter Mitarbeit zahlreicher Fachgelehrter hrsg. von Kurt Ruh, Gundolf Keil u. a. 2., völlig neu bearb. Aufl. Berlin (West), New York 1978ff. Bd. 1: Sp. 74f., 294f., 373–375, 523f., 747f., 793f., 930f.,

958–960, 1007, 1026, 1026f. Bd. 2: Sp. 531, 591f., 1042. Bd. 3: Sp. 413. Bd. 4: Sp. 82, 926f. Bd. 5: Sp. 355f., 776f., 1093.
853 Eisenhut, Werner: Spätantike Troja-Erzählungen. Mit einem Ausblick auf die mittelalterliche Troja-Literatur. In: Mittellateinisches Jahrbuch 18 (1983), S. 1–28.
854 Folz, Robert: Le souvenir et la légende de Charlemagne dans l'Empire germanique médiéval. Paris 1950.
855 Formen und Funktionen der Allegorie. Symposion Wolfenbüttel 1978. Hrsg. von Walter Haug. Stuttgart 1979.
856 Grubmüller, Hans: Artus- und Gralromane. In: Deutsche Literatur. Eine Sozialgeschichte. Hrsg. von Horst Albert Glaser. Bd. 1: Aus der Mündlichkeit in die Schriftlichkeit: Höfische und andere Literatur (750–1320). Hrsg. von Ursula Liebertz-Grün. Reinbek 1988. S. 216–235.
857 Grubmüller, Klaus: Vocabularius ex quo. Untersuchungen zu lateinisch-deutschen Vokabularen des Spätmittelalters. München 1967. (Münchener Texte und Untersuchungen zur deutschen Literatur des Mittelalters. Bd. 17).
858 Hauffen, Adolf; Dietsch, Carl: Grobianische Dichtung. In: Reallexikon der deutschen Literaturgeschichte. Begr. von Paul Merker u. Wolfgang Stammler. 2. Aufl. Hrsg. von Werner Kohlschmidt u. Wolfgang Mohr. 1. Bd. Berlin 1958. S. 605–608.
859 Haug, Walter: Die historische Dietrichsage. Zum Problem der Literarisierung geschichtlicher Fakten. In: Zeitschrift für deutsches Altertum und deutsche Geschichte 100 (1971), S. 43–62.
860 Heinemann, Wolfgang: Zur Ständedidaxe in der deutschen Literatur des 13.–15. Jahrhunderts. In: Beiträge zur Geschichte der deutschen Sprache und Literatur (Halle) 88 (1966), S. 1–90; 89 (1967), S. 290–403; 92 (1970), S. 388–437.
861 Heinzle, Joachim: Mittelhochdeutsche Dietrichepik. Untersuchungen zur Tradierungsweise, Überlieferungskritik und Gattungsgeschichte später Heldendichtung. München 1978. (Münchener Texte und Untersuchungen zur deutschen Literatur des Mittelalters. Bd. 62).
862 Hess, Ursula: Lateinischer Dialog und gelehrte Partnerschaft. Frauen als humanistische Leitbilder in Deutschland (1500–1550). In: Deutsche Literatur von Frauen. Hrsg. von Gisela Brinker-Gabler. München 1988. Bd. 1. S. 113–148.
863 Hieber, Wolfgang: Legende, protestantische Bekennerhistorie, Legendenhistorie. Studien zur literarischen Gestaltung der Heiligenthematik im Zeitalter der Glaubenskämpfe. Diss. Würzburg 1970.
864 Hübner, Annemarie: Seelentrost. In: Die deutsche Literatur des Mittelalters. Verfasserlexikon. Hrsg. von Karl Langosch. Bd. 4. Berlin 1953. Sp. 147–150.
865 Imhoff, Christoph von: Nürnbergs Indienpioniere. Reiseberichte von der ersten oberdeutschen Handelsfahrt nach Indien (1505/06). In: Reiseberichte der Frühen Neuzeit. Wirtschafts- und kulturhistorische Quellen. Hrsg. von Stephan Füssel. München 1987. S. 11–44. (Pirckheimer-Jahrbuch Bd. 2).
866 Kartschoke, Dieter: Narrendichtung. In: Einführung in die deutsche Litera-

tur des 12. bis 16. Jahrhunderts. Von den Autoren Winfried Frey, Walter Raitz, Dieter Seitz. Bd. 3: Bürgertum und Fürstenstaat – 15./16. Jahrhundert. Opladen 1981. S. 139–164.

867 Kindl, Ulrike: ‹Melusine› – Feenmärchen oder historische Sage? In: Annali della Facoltà di Lingue e Letterature straniere di Ca' Foscari 23,2 (1984), S. 115–126.

868 Kliewer, Heinz-Jürgen: Die mittelalterliche Schachallegorie und die deutschen Schachzabelbücher in der Nachfolge des Jacobus de Cessolis. Diss. Heidelberg 1966.

869 Knape, Joachim: *Historie* in Mittelalter und früher Neuzeit. Begriffs- und gattungsgeschichtliche Untersuchungen im interdisziplinären Kontext. Baden-Baden 1984. (Saecula spiritalia. Bd. 10).

870 Kuhn, Hugo: Hildebrand, Dietrich von Bern und die Nibelungen. In: Hugo Kuhn: Text und Theorie. Stuttgart 1969. S. 126–140.

871 Kuhn, Hugo: Tristan, Nibelungenlied, Artusstruktur. In: Hugo Kuhn: Liebe und Gesellschaft. Hrsg. von Wolfgang Walliczek. Stuttgart 1980. S. 12–35.

872 Kully, Rolf Max: Die Ständesatire in den deutschen geistlichen Schauspielen des ausgehenden Mittelalters. Bern 1966. (Basler Studien zur deutschen Sprache und Literatur. H. 31).

873 Lohse, Gerhart: Das Nachleben Karls des Großen in der deutschen Literatur des Mittelalters. In: Karl der Große. Lebenswerk und Nachleben. Hrsg. von Wolfgang Braunfels. Unter Mitwirkung von Helmut Beumann. Bd. 4: Das Nachleben. Hrsg. von Wolfgang Braunfels und Percy Ernst Schramm. Düsseldorf 1967. S. 337–347.

874 Meyer, Wilhelm: Gesammelte Abhandlungen zur mittellateinischen Rythmik (!). 3 Bde. Berlin 1905–1936.

875 Moser, Dietz-Rüdiger: Die Tannhäuser-Legende. Eine Studie über Intentionalität und Rezeption katechetischer Volkserzählungen zum Buß-Sakrament. Berlin (West), New York 1977.

876 Müller, Jan-Dirk: Melusine in Bern. Zum Problem der *Verbürgerlichung* höfischer Epik im 15. Jahrhundert. In: Literatur – Publikum – historischer Kontext. Hrsg. von Gert Kaiser. Bern, Frankfurt (Main), Las Vegas 1977. S. 29–77.

877 Müller, Jan-Dirk: Vertauschte Väter und verlorene Söhne. Versuche der sozialhistorischen Entzifferung eines literarischen Motivs bei Jörg Wickram. In: Akten des VI. Internationalen Germanisten-Kongresses Basel 1980. Bern, Frankfurt (Main), Las Vegas 1980. S. 247–255. (Jahrbuch für Internationale Germanistik. Reihe A. Bd. 8,4).

878 Ott, Norbert H.: Überlieferung, Ikonographie – Anspruchsniveau, Gebrauchssituation. Methodisches zum Problem der Beziehungen zwischen Stoffen, Texten und Illustrationen in Handschriften des Spätmittelalters. In: Literatur und Laienbildung im Spätmittelalter und in der Reformationszeit. Symposion Wolfenbüttel 1981. Hrsg. von Ludger Grenzmann und Karl Stackmann. Stuttgart 1984. S. 356–386. (Germanistische Symposien. Berichtsbände. Bd. 5).

879 Ott-Meimberg, Marianne: Karl, Roland, Guillaume. In: Epische Stoffe des Mittelalters. Hrsg. von Volker Mertens und Ulrich Müller. Stuttgart 1984. S. 81–110.

880 Paul, Rainer: Vorstudien für ein Wörterbuch zur Bergmannssprache in den sieben niederungarischen Bergstädten während der frühneuhochdeutschen Sprachperiode. Tübingen 1987. (Germanistische Linguistik. Bd. 72).
881 Pauli, Johannes: Schimpf und Ernst. Hrsg. von Hermann Österley. Amsterdam 1967. Photomechan. Nachdr. d. Ausg. Stuttgart 1866. (Bibliothek des literarischen Vereins in Stuttgart. Bd. 85).
882 Plate, Bernward: Natura Parens Amoris. Beobachtungen zur Begründung der *minne* in mittelhochdeutschen und frühneuhochdeutschen Texten. In: Euphorion 67 (1973), S. 1–23.
883 Richter, Dieter: Schlaraffenland. Geschichte einer populären Phantasie. Köln 1984.
884 Rudolph, Wolfgang: Das Schiff als Zeichen. Bürgerliche Selbstdarstellung in Hafenorten. Leipzig 1987.
885 Schäfer, Eckart: Der deutsche Bauernkrieg in der neulateinischen Literatur. Daphnis 9,1 (1980), S. 1–31.
886 Schilling, Silke: Die Schlangenfrau. Frankfurt (Main) 1984.
887 Schmidt, Paul Gerhard: Mittelalterliches und humanistisches Städtelob. In: Die Rezeption der Antike. Zum Problem der Kontinuität zwischen Mittelalter und Renaissance. Hrsg. von August Buck. Hamburg 1981. S. 119–128.
888 Schmidtke, Dietrich: Geistliche Schiffahrt. Zum Thema des Schiffes der Buße im Spätmittelalter. In: Beiträge zur Geschichte der deutschen Sprache und Literatur 91 (1969), S. 357–385 und 92 (1970), S. 115–177.
889 Schneider, Karin: Der Trojanische Krieg im späten Mittelalter. Deutsche Trojaromane des 15. Jahrhunderts. Berlin 1968.
890 Seibert, Peter: Aufstandsbewegungen in Deutschland 1476–1517 in der zeitgenössischen Reimliteratur. Heidelberg 1978.
891 Shaw, Frank: Karl der Große und die schottischen Heiligen. In: Die deutsche Literatur des Mittelalters. Verfasserlexikon. Begr. von Wolfgang Stammler. Fortgeführt von Karl Langosch. Unter Mitarbeit zahlreicher Fachgelehrter hrsg. von Kurt Ruh, Gundolf Keil u. a. 2., völlig neu bearb. Aufl. Bd. 4. Berlin (West), New York 1983. Sp. 1004–1006.
892 Siebert, Johannes: Die Astronomie in den Gedichten des Kanzlers und Frauenlobs. In: Zeitschrift für deutsches Altertum und deutsche Literatur 75 (1938), S. 1–23.
893 Siebert, Johannes: Meistergesänge astronomischen Inhalts. I und II. In: Zeitschrift für deutsches Altertum und deutsche Literatur 83 (1951/1952), S. 181–235 und S. 288–320.
894 Spechtler, Franz Viktor: Lied und Szene im mittelalterlichen deutschen Spiel. In: Tiroler Volksschauspiel. Beiträge zur Theatergeschichte des Alpenraumes. Hrsg. von Egon Kühebacher. Bozen 1976. S. 337–348. (Schriftenreihe des Südtiroler Kulturinstituts. Bd. 3).
895 Steer, Georg: Zum Begriff *Laie* in deutscher Dichtung und Prosa des Mittelalters. In: Literatur und Laienbildung im Spätmittelalter und in der Reformationszeit. Symposion Wolfenbüttel 1981. Hrsg. von Ludger Grenzmann und Karl Stackmann. Stuttgart 1984. S. 764–768. (Germanistische Symposien. Berichtsbände. Bd. 5).
896 Stolt, Birgit: Biblische Erzählweise vor und seit Luther – sakralsprachlich – volkssprachlich – umgangssprachlich? In: «Was Dolmetschen fur Kunst und

Erbeit sey». Beiträge zur Geschichte der deutschen Bibelübersetzung. Hrsg. von Heino Reinitzer. Hamburg 1982. S. 179–192. (Vestigia Bibliae. Bd. 4).

897 Suchomski, Joachim: *Delectatio* und *Utilitas*. Ein Beitrag zum Verständnis mittelalterlicher komischer Literatur. Bern, München 1975. (Bibliotheca Germanica 18).

898 Van der Poel, Marc Gerard Marie: *De Declamatio* bij de Humanisten, Bijdrage tot de Studie van de Functies van de Rhetorica in de Renaissance. Diss. Nieuwkoop 1987.

899 Wellershoff, Dieter: Infantilismus als Revolte oder das ausgeschlagene Erbe – Zur Theorie des Blödelns. In: Das Komische. Hrsg. von Wolfgang Preisendanz und Rainer Warning. München 1976. S. 335–357. (Poetik und Hermeneutik. Bd. 7).

900 Welz, Dieter: Der Große Alexander. In: Die deutsche Literatur des Mittelalters. Verfasserlexikon. Begr. von Wolfgang Stammler. Fortgeführt von Karl Langosch. Unter Mitarbeit zahlreicher Fachgelehrter hrsg. von Kurt Ruh, Gundolf Keil u. a. 2., völlig neu bearb. Aufl. Bd. 3. Berlin (West), New York 1981. Sp. 278–280.

901 Wenzel, Edith: Synagoga und Ecclesia. Zum Antijudaismus im deutschsprachigen Spiel des späten Mittelalters. In: Internationales Archiv für Sozialgeschichte der deutschen Literatur 12 (1987), S. 57–81.

902 Wenzel, Horst: Frauendienst und Gottesdienst. Studien zur Minne-Ideologie. Berlin 1974. (Philologische Studien und Quellen. Bd. 74).

903 Wieckenberg, Ernst Peter: Zur Geschichte der Kapitelüberschrift im deutschen Roman vom 15. Jahrhundert bis zum Ausgang des Barock. Göttingen 1969.

904 Wisniewski, Roswitha: Mittelalterliche Dietrichdichtung. Stuttgart 1986.

905 Worstbrock, Franz Joseph: Zur Einbürgerung der Übersetzung antiker Autoren im deutschen Humanismus. In: Zeitschrift für deutsches Altertum und deutsche Literatur 99 (1970), S. 45–81.

906 Wyss, Heinz: Der Narr im schweizerischen Drama des 16. Jahrhunderts. Bern 1959. (Sprache und Dichtung. Neue Folge Bd. 4).

(Zusammengestellt von Rita Glaser)

Zeittafeln

	Daten deutscher Literatur und Philosophie	Allgemeine kulturgeschichtliche Daten
	Die Daten sind weitgehend hypothetisch. Sie entsprechen dem Stand der Forschung, wie er zur Zeit vom Standardwerk: Die deutsche Literatur des Mittelalters. Verfasserlexikon (1978ff.) repräsentiert wird.	
1320	*Das Märterbuch* (1320/40) Katharina Gebweiler: *Vitae sororum* (zw. 1320 u. 1340) *Innsbrucker (Neustifter) Osterspiel* (entst. 1320/50; Hs. von 1391) *Karlmeinet* (um 1320 bis 1350) Ottokar von Steiermark: *Österreichische Reimchronik*	Pietro Lorenzetti: Altarwerk in Pieve de S. Maria, Arezzo Philippe de Vitry, Johannes de Muris pflegen als erste französische Komponisten die weltliche Liedkunst der italienischen «Ars nova»
1321	Hartwic von Erfurt: *Postille* (zw. 1321 und 1343)	Dante Alighieri (†): *Die Göttliche Komödie* Universität Florenz gegründet
1322	Deutschordens-*Makkabäer*-Dichtung	Ma Tuan Lin: *Enzyklopädie* Chor des Kölner Doms geweiht Papst verbietet mehrstimmigen Kontrapunkt i. d. Kirchenmusik wegen Gefahr der Verweltlichung.
1323		Dom S. Gennaro in Neapel (gotisch, Baubeginn 1294) Sozialer Aufstand in Flandern (bis 1328) Torsteuer in Paris Wilna wird Hauptstadt von Litauen. Wittelsbacher erlangen Herrschaft in Brandenburg.

1324		Marsilius von Padua: *Defensor pacis* Provenzialische Dichtung der Troubadoure (um 1150–um 1250) wird vom Bürgertum weitergepflegt: Erste Veranstaltung der «Blumenspiele» in Toulouse, bei denen goldene und silberne Blumen als Preise f. provenz. Dichtung verteilt werden. Wilhelm von Occam wird wegen seiner Lehre (Unabhängigkeit d. Staates von der Kirche) nach Avignon geladen, flieht aber nach München, wo er bis zu seinem Tode (1349) bleibt.
1325		*Der Salbenhändler* (tschech. Osterspiel) *Sprüche von Beatrix* (niederl. relig. Spruchdichtg.) Tuchhalle in Gent
1326		Chorgestühl des Kölner Domes Gründung des schottischen Parlaments durch König Robert I. von Schottland (1328 wird Schottlands Unabhängigkeit v. England anerkannt)
1327	Heinrich Seuse: *Büchlein der ewigen Weisheit*	Großer Brand in München
1328		Anon.: *Ovide moralisé* (seit 1316) *In agro dominico* (päpst. Bulle) Simone Martini: Reiterbildnis d. Guidoriccio di Ricci (Fresko im Rathaus von Siena) Erfindung der Sägemühle Moskau wird Hauptstadt von Rußland (durch Iwan I.)
1329	*In principio-Dialog* (zw. 1329 u. 1357)	Dantes *Über die Monarchie* wird wegen antikirchl. Haltg. öffentl. verbrannt.

1329	*Gratia-Dei-Traktat* (zw. 1329 u. 1357) *Von des Menschen adel, val und erlösung* (zw. 1329 u. 1357)	Philippe de Vitry prägt für den neuen, stark kontrapunktischen Musikstil den Begriff «Ars nova».
1330	*St. Galler Weihnachtsspiel* (Mitte d. 15. Jhs. niedergeschr. nach der älteren Vorlage: *Das St. Galler Spiel von der Kindheit Jesu*, entst. um 1330)	Jan van Boendale: *Der Leken Spiegel* «Dienstboten-Madonna» im Wiener Stephansdom Ambrogio Lorenzetti: «Maestà» (Wandbild i. Siena) Benediktinerkloster Ettal gegründet Beginn planmäßiger Hexenverfolgungen i. d. Pyrenäen
1331	*Rappoltsteiner Parzival* (*Der nüwe Parzival*) (um 1331/36)	Schwäb. Städtebund gegründet
1332	Anon.: *Das Kloster der Minne* (zw. 1332 u. 1350)	Straßburger Zünfte erlangen Sitz im Rat.
1333		Francesco Petrarca reist durch Frankreich, Flandern u. das Rheinland Simone Martini: Altar d. hl. Ansanus mit «Verkündigung» im Dom von Siena (gemeinsam mit seinem Schwager Lippo Memmi) Palast Bargello in Florenz ausgebaut (bis 1345) Ausbau der Prager Hofburg auf dem Hradschin Kasimir III. (der Große) (1309–1370), König v. Polen, überläßt Westpreußen dem Deutschen Orden.
1334	Heinrich Seuse: *Horologium Sapientiae*	Giotto di Bondone beginnt mit dem Bau des Glockenturms am Dom in Florenz. Baubeginn des Papstschlosses in Avignon
1335	Hadamar von Laber: *Die Jagd* (1335/40)	Gotischer Choranbau am Aachener Münster Gotische Fassade des Rathauses in Münster (Baubeginn i. 12. Jh.)
1336	*Parzival-Handschrift Gs*	Andrea Pisano: Südliche Bronzetür am Baptisterium von Florenz (gotisch) Francesco Petrarca: Besteigung des Mont Ventoux

1337	Konrad von Ammenhausen: *Schachzabelbuch*	Robert Mannyng: *Die Geschichte Englands* Francesco Petrarca in Rom Lupold von Bebenburg verfaßt Staatsrecht im Sinne des Kurvereins von Rhense. Erste regelmäßige Wetterbeobachtung in Oxford
1338		Giovanni Boccaccio: *Filostrato* Francesco Petrarca: *Africa* Universität Pisa gegründet Kurfürsten im Kurverein von Rhense sprechen sich gegen die Ansprüche des Papstes aus, die deutsche Königswahl zu bestätigen.
1339		Richard Rolle: *Incendium amoris* Richard Rolle: *Anleitung zum vollkommenen Leben* Giovanni Villani: *Chronik* von Florenz Universität Grenoble gegründet Eröffnung des Hundertjährigen Krieges durch König Eduard III. von England, nachdem er gegen das Haus Valois Anspruch auf den französischen Thron erhebt.
1340	*Das Büchlein von der genaden ueberlast* (*Engelthaler Schwesternbuch*) *Paradisus anime intelligentis* (Predigtsammlg.) Elsbeth von Oye: *Puechlein des lebens und der Offenbarung* *Tösser Schwesternbuch*	Kastilien schlägt das Marokkaner-Heer. Englische Handelsflotte schlägt die französische bei Slugs ohne Einsatz von Fernwaffen.
1341		Dichterkrönung Petrarcas in Rom Spaltung des byzantinischen Reiches Lübeck erhält als erste deutsche Stadt das Recht der Goldmünzenprägung. Erstmalige Erwähnung eines Kölner Karnevalumzuges
1342		Giovanni Boccaccio: *Liebesvision*

1342		Simone Martini: Passionsaltar am Papsthof in Avignon Ludwig I. (der Große) von Anjou-Neapel (1326–1382) wird König von Ungarn.
1343		Giovanni Boccaccio: *Fiametta* Francesco Petrarca: *Über die Weltverachtung* Juan Ruiz von Hita: *Buch des guten Liebens* Fertigstellung des Domes von Triest (Baubeginn im 12. Jh.)
1344	Margaretha Ebner: *Offenbarungen*	† Simone Martini Baubeginn St.-Veits-Dom in Prag Spanien erobert Algeciras von den Mauren.
1345		Taddeo Gaddi: Konstruktion des «Ponte Vecchio» in Florenz Die Florentiner Bankhäuser Bardi und Peruzzi machen Bankrott nach Anleihen für England.
1346		Bau der Liebfrauenkirche in Münster (gotisch) Karl IV. von Luxemburg wird von päpstlicher Seite gegen einen Beschluß des Kurvereins von Rhense als König aufgestellt. In den norditalienischen Städterepubliken entwickeln sich Formen der Vermögenssteuer. In Deutschland wird die Bede, eine Form von Grund- und Gebäudesteuer eingeführt.
1347	Konrad von Megenberg: *Deutsche Sphära* (entst. 1347/50, Dr. 1516)	Giovanni Boccaccio: *Griseldis* Francesco Petrarca unterstützt in einem Brief die politischen Bemühungen des Cola di Rienzi in Rom. Die deutschen Fürsten erkennen den päpstlichen Gegenkönig Karl IV. von Luxemburg an (Luxemburger Kaiser auf dem deutschen Thron bis 1437). Calais kommt in englischen Besitz.

1347		Cola di Rienzi versucht eine Neugründung der römischen Republik.
1348		Verbreitung der Flagellantenlieder Universität Prag gegründet Zunehmend mehr Geißlerzüge Pocken- und Pestepidemie (bis 1350) löst schwere Judenpogrome aus. Karl IV. von Luxemburg gründet die Residenz in Prag. Aufblühen der Handelsbeziehungen zwischen Nürnberg und Italien, die vor allem von den Patriziern getragen werden.
1349	Ulrich Boner: *Der Edelstein* (1349/50) Konrad von Megenberg: *Buch der Natur* (1349/50, Dr. 1475)	Giovanni Boccaccio: *Das Dekameron* (entst. 1349–1353, Dr. 1470) Jan van Ruusbroec: *Zierde der geistlichen Hochzeit* (1349/50) † Wilhelm von Occam (Ockham) † Andrea Pisano «Triumph des Todes», Fresken im Campo Santo von Pisa (vermutl. von Buffalmacco)
1350	*Die Minneburg* *Elsässische Legenda aurea* (Anon. Übers.) Heinrich von Mügeln: *Der Meide Kranz* (1350/60) *Jüngerer Sigenot* (Ausg. von 1487 bis 1661) Karl IV.: *Vita Karoli Quarti* *Pelzbuch*	Eynsteinn Asgrimsouf: *Lilja* (isländ. religiöser Hymnus) Francesco Petrarca: *Lateinische Briefe* Entstehung der gotischen Glasbilder im Kölner Dom Pisaner Glockenturm (der «schiefe Turm») Johann II. (der Gute) König von Frankreich Verbot von Leichensezierung (bis 1560 wirksam)
1351	*Zweimannenbuch* (nach 1351)	Jan de Weert verfaßt seine Lehrgedichte. Der «Mediceische Seeatlas» erscheint; enthält erstmals mit Hilfe des Kompasses gewonnene Einsichten.
1352	Seyfrit: Übersetzung der *Historia de preliis*	

1353	Peter von Arberg: *Große Tageweise*	
1354	Johannes von Neumarkt: Übersetzung von *Soliloquia animae ad deum* (1354–1357)	Francesco Petrarca: *Vom einsamen Leben*
1355	Pfarrer zu dem Hechte: *Schachbuch*	Festlegung der kaiserlichen Kanzleisprache und -formen Karl IV. von Luxemburg wird in Rom zum römisch-deutschen Kaiser gekrönt und verzichtet auf den Herrschaftsanspruch in Italien. Türken erobern Gallipoli.
1356		Baubeginn der Kaiserpfalz in Ulm (bis 1603) Peter Parler: Chor des St.-Veits-Doms in Prag (bis 1385) «Goldene Bulle» von Kaiser Karl IV., Zuerkennung des ausschließlichen Königswahlrechts an die sieben Kurfürsten; Frankfurt wird zum Ort der Königswahl bestimmt; für die weltlichen Kurfürstentümer gilt nun in der Erbfolge das Erstgeburtsrecht (Primogenitur); die «Goldene Bulle» bedeutet eine Schwächung der deutschen zentralen Reichsgewalt. Die Pfalz und Sachsen Wittenberg erhalten die Kurwürde. Pestepidemie im Rheinland Der französische König (Johann II.) gerät in englische Gefangenschaft.
1357		Francesco Petrarca: *Die Triumphe* Orcagua (eigentl. Andrea di Lione): Altar der Strozzikapelle in Santa Maria Novella (Florenz) Gesetzgebung des Kirchenstaates unter Ägidius
1358		Bremen wird Hansestadt.
1359	*Engelberger Handschrift* (überliefert u. a. die *Predigten* Johannes Taulers)	Bau der Mittel- und Seitenschiffe im Wiener Stephansdom Orcagua: Sakramentshäuschen und Reliefs im Or San Michele in Florenz Berlin wird Hansestadt.

1360	Konrad von Gaming (Haimburg): *Salve regina* Konrad von Gaming (Haimburg): *Ave maria* Konrad von Gaming (Haimburg): *Magnificat*	Bijbelvertaler: *Südmittelniederländische Legenda* Giovanni Boccaccio: *Über berühmte Frauen* (entst. 1360/62, Dr. 1439) Bau der Ca' d'Oro in Venedig Peter Parler: Pulverturm in Prag Stettin wird Hansestadt. Beim Frieden von Bretigny erhält England Calais und Südwestfrankreich, nachdem der englische König Eduard III. auf die französische Krone verzichtet hat.
1361		Universität Pavia gegründet Danzig wird Hansestadt. Die Grafschaft Champagne fällt an Frankreich. Eroberung von Adrianopel durch Murad I.; wird zur Hauptstadt des Osmanischen Reiches
1362	Heinrich Seuse: *Exemplar* (1362/63)	William Langland: *Visionen Peters des Pflügers* Moschee Sultan Hassans in Kairo fertiggestellt Papst Urban V. Stiftung des Annunziatenordens durch Amadäus VI. von Savoyen In Italien Gründung der ersten kirchlichen leihhausartigen Bank (Montes pietatis) zur Bekämpfung des Wuchers der weltlichen Kapitalgesellschaften
1363		Baubeginn des Kreml unter dem Moskauer Großfürsten Demetrius Iwanowitsch Donskoi Magdeburger Dom geweiht Guy de Chauliac verfaßt ein bis ins 16. Jh. maßgebliches Sammelwerk der Chirurgie. Philipp der Kühne, Sohn des französischen Königs Johann II., erhält das Herzogtum Burgund. Herzog Rudolf IV. erwirbt Tirol.

1364		Guillaume de Machaut: *Das Buch von der wahren Dichtung* Universität Krakau gegründet durch König Kasimir III. Karl V. (der Weise), König von Frankreich
1365		John Wyclif(fe) (Wiclif) wendet sich in einer Schrift gegen die Tributforderungen des Papstes Urban V. Universität Wien gegründet durch Herzog Rudolf IV. von Österreich Leopold III. wird Herzog von Österreich.
1366	Heinrich Seuse (†): *Vita* (vor 1366)	Francesco Petrarca: *Canzoniere* Francesco Petrarca: *Trostspiel in Glück und Unglück* (im Orig. lat.) Fertigstellung der Synagoge in Toledo Or San Michele in Florenz wird zur Kirche umgebaut. Gründung des Schlegelerbundes durch den ritterlichen Kleinadel Schwabens gegen Großadel und Städte Adrianopel wird Sitz der osmanischen Herrscher.
1367		Beginn des Krieges des Kölner Bundes der Hansestädte gegen Dänemark Fugger kommen als Weber nach Augsburg
1368		Ausarbeitung des polnischen Gesetzbuches unter König Kasimir III. Beginn der Ming-Dynastie in China unter Kaiser Hung Wu Ausbreitung des Neukonfuzianismus in China Wiederherstellung der großen chinesischen Mauer
1369		Fertigstellung der Kathedrale von Exeter Baubeginn der Bastille unter König Karl V.

1369		Frankreich und Kastilien verbünden sich gegen England Amsterdam tritt der Hanse bei.
1370	*Wolfenbütler Äsop*	Jean Froissart: *Chroniken* Beginn der Kölner Malerschule Fertigstellung des Aachener Rathauses Zweiter Hansekrieg gegen Dänemark bringt der Hanse u. a. die Mitbestimmung bei der Nachfolge des dänischen Königs. Ludwig der Große von Anjou-Neapel, ungarischer König, wird König von Polen.
1371	Johannes von Neumarkt: Übersetzung der *Hieronymus-Briefe* (1371 bis 1375)	Beginn der Stuart-Herrschaft in Schottland
1372		Chevalier de La Tour Landry: *Das Buch über die Erziehung seiner Töchter*
1373		Francesco Petrarca: *Griseldis* England und Portugal verbünden sich.
1374	Adelheid Langmann: *Offenbarungen* (vor 1375)	† Francesco Petrarca Unter dem Einfluß des Predigers Geert Groote gründet Florentius Radewijns die Religions-Genossenschaft der «Brüder des gemeinsamen Lebens».
1375	*Stimulus amoris* (Übers.: *Stachel der Liebe*, 1375/80)	Johan Barbour: *The Brouce* † Giovanni Boccaccio *Reinaerts Historie* (niederl. Tierepos)
1376		Papst Gregor XI. kehrt nach Rom zurück. Ende der Papstresidenz in Avignon Schwäbischer Städtebund und süddeutsche Ritterbünde erheben sich gegen Fürsten.
1377		Baubeginn des Ulmer Münsters Süddeutscher Städtekrieg gegen Fürsten und Adel Richard II., König von England In England wird erstmals die allgemeine Kopfsteuer eingeführt.

1378		Giovanni Fiorentino: *Pecorone* † Karl IV. von Luxemburg Wenzel, Sohn Karls IV., wird deutscher König. Vatikan wird päpstliche Residenz. Gegen den neuen Papst, Urban VI., wählen einige Kardinäle den Gegenpapst Klemens VII.; Beginn des großen Schismas mit Gegenpäpsten in Rom und Avignon.
1379		Meister Bertram: Petrialtar in Hamburg Haus Habsburg teilt sich in die Albertinische und die Leopoldinische Linie
1380	Martin von Amberg: *Gewissenspiegel* Meister Altswert: *Sat. Minneallegorie* *Magdeburger Schoppenchronik* (seit 1380)	Geoffrey Chaucer: *Canterbury-Geschichten* (teilw. entst. vor 1380, Dr. um 1478) Jan van Ruusbroec: *Von den zwölf Beginen* Karl VI., der Wahnsinnige, König von Frankreich
1381	Hugo von Monfort: *Gedichte*	Der Rheinische Städtebund schließt sich dem Schwäbischen im Kampf gegen Fürsten und Adel an. Großer Bauernaufstand in England Venedig besiegt Genua im «Hundertjährigen Krieg», beherrscht damit den Handel mit dem Orient; in der Folge kommt es in Venedig zu einer Blüte auch des geistigen Lebens. Begründung der «Handelsbilanz» in England
1382	*Bremer Arzneibuch* Rulman Merswin (†): *Von den vier Jahren seines anfangenden Lebens* (vor 1382)	Willem van Hildegaersbech verfaßt Lehrgedichte und Satiren am holländischen Grafenhof John Gower: *Vox clamantis* Londoner Konzil verurteilt die reformatorischen Lehren Wyclifs. In Paris Aufstand gegen neue Steuern

1382		Triest fällt an das Herzogtum Österreich. Türken erobern Sofia.
1383		John Wyclif übersetzt das Neue Testament aus dem Lateinischen ins Englische.
1384	Heinrich von Langenstein an der Universität Wien	
1385		Johann I. wird König von Portugal.
1386	Otto von Passau: *Die 24 Alten* (myst. Sentenzensammlung)	Stiftung der Universität Heidelberg durch Kurfürst Ruprecht I. Baubeginn des Mailänder Doms
1387		† Fra Angelico (auch: Fra Giovanni da Fiesde) Fertigstellung des Campanile am Dom in Florenz Margarete von Dänemark wird Königin von Dänemark und Norwegen. Sigismund wird König von Ungarn.
1388	Heinrich von Langenstein: *Erchantnuzz der sund*	Fertigstellung des Doms in Bologna Universität Köln gegründet Schwäbische Reichsstädte werden von Eberhard von Württemberg geschlagen. Rheinischer Städtebund wird von Ruprecht II. von der Pfalz geschlagen. Stadt Nürnberg kämpft gegen die Hohenzollern, Burggrafen von Nürnberg.
1389	*Wenzelbibel* (Bibelübers. in Prosa)	Papst Bonifatius IX. Ende des süddeutschen Städtekrieges beim Frieden zu Eger; König Wenzel sagt den Städten Reichsfreiheit zu. Schlacht auf dem Amselfeld zwischen Türken und der Vereinigung der Serbenfürsten
1390	Peter Suchenwirt: *Reimreden* (um 1390)	Jean le Sénéchal: *Das Buch der hundert Balladen*
1391	Handschrift des *Innsbrucker (Neustifter) Osterspiels* (entst. zw. 1320 u. 1350)	Judenverfolgung in Sevilla nach antijüdischer Predigt des Erzbischofs

1392	Hans Mair von Nördlingen: *Buch von Troja I*	Eustache Deschamps: *Die Kunst zu dichten und Lieder zu verfassen* Francesco Eiximenis: *Buch über die Engel* Jan van de Kling: *De Summa quaestione* Universität Erfurt gegründet In Frankreich Machtkämpfe zwischen dem Herzog von Burgund und dem Herzog von Orléans
1393	*Sempacher Brief*	
1394		
1395		Gründung der Medizinischen Fakultät in Köln
1396		In Florenz wird von Manuel Chrysoloras erstmals die griechische Sprache öffentlich gelehrt; der so ermöglichte Zugang zur griechischen Literatur fördert Übersetzung und Nachahmung klassischer griechischer Autoren.
1397	*Großer (Wernigeroder) Alexander*	
1398	Tileman Elhen: *Limburger Chronik*	Erste niederländische «Redekammer» in Ypern; in diesen Theatervereinen werden zunächst geistliche Schauspiele, später auch Moralitäten und Possen rezitiert.
1399	Der Frankforter: *Theologia deutsch* (spätes 14. Jh.) Konrad Harder: *Lyrik* (bes. Marienpreis)	Baubeginn des Turmes am Straßburger Münster unter Leitung von Ulrich Eusinger Fertigstellung der Westminster Hall im Parlamentsgebäude in London Sturz des englischen Königs Richard II. Machtantritt des Hauses Lancaster unter dem neuen englischen König Heinrich IV.
1400	*Kunst des Fechtens* *Magdeburger Äsop* *Wenzelpassional* Heinrich Wittenwiler: *Der Ring* (mögl. entst. auch 1414–1418)	Christine de Pisan: *Das Buch vom Wechsel des Glücks* *John Mandevilles Reisen* † Geoffrey Chaucer

1400		Neubau der Marienkirche in Danzig Erste Ausgrabungen des antiken Roms unter Filippo Brunelleschi Der Rheinische Städtebund setzt den deutschen König Wenzel ab; zu seinem Nachfolger wählt er Ruprecht III. von der Pfalz.
1401	Johann von Tepl: *Der Ackermann aus Böhmen* (kurz nach 1400) Oswald von Wolkenstein: *Frühe Lyrik*	Begründung der antiken Inschriftenkunde durch Isidoris von Monemwasia und Ciriaco von Ancona
1402		Christine de Pisan: *Das Buch des langen Studienwegs* Umbau einer Moschee zur Kathedrale von Sevilla
1403		Basilius' Rede *De utilitate studii* wird von Leonardo Bruni ins Italienische übersetzt. Dirc Potter: *Der Minnenloep* Verfolgung der Anhänger John Wyclifs unter dem englischen König Heinrich IV. In Korea erstmals Buchdruck mit beweglichen Lettern
1404	Eberhard von Cersne: *Regel der Minne*	Universität Turin gegründet
1405	Konrad Kyeser (von Eichstätt): *Bellifortis*	Christine de Pisan: *Die Vision der Christine* *Tagebuch eines Pariser Bürgers* (1405–1449) Baubeginn des «Römer» in Frankfurt (bis 1413) und des Rathauses in Bremen
1406	Ulrich von Pottenstein: *Katechismus*	Florenz erobert Pisa; erhält so Zugang zum Meer. Verona fällt von Mailand an Venedig.
1407		Ermordung Ludwigs von Orléans auf Anstiftung des burgundischen Herzogs Johann Bürgerkrieg in Frankreich zwischen den Anhängern von Orléans (Armagnacs) und Burgund (Bourguignons)

1408		In Lübeck kommt es zu Aufständen gegen den Rat der Stadt.
1409		Auf dem Reformkonzil in Pisa Versuch, die beiden Päpste abzusetzen; trotz Wahl eines neuen Papstes besteht das Schisma weiter. «Kuttenberger Dekret»: die deutschen Professoren und Studenten verlassen die Universität Prag wegen der Hussiten und gründen die Universität Leipzig.
1410	*Berliner Liederhandschrift*	Sigismund, Sohn Karl IV., König von Ungarn, wird römisch-deutscher Kaiser. Polen/Litauen besiegt den Deutschen Orden in der Schlacht bei Tannenberg. Jan (Johannes) Hus wird vom Prager Erstbischof gebannt.
1411	Hans Vintler: *Die Blumen der Tugend*	Jan Hus: *Über die Kirche* Im Thorner Frieden verliert der Deutsche Orden Schamaiten (Westlitauen) an Polen/Litauen. Appenzell tritt der Schweizer Eidgenossenschaft bei.
1412	Hans von Bühel: *Diokletians Leben* Ulmannus: *Buch der Heiligen Dreifaltigkeit* (1412/16)	
1413	Johannes Rothe: *Der Ritterspiegel* (nach 1410)	Jacopo della Quercia: Wandaltar in San Frediano in Lucca Heinrich V., neuer König von England, unterdrückt den Aufstand der Anhänger Wyclifs. Aufstand der «Cabochiens» in Paris Gründung des gemeinsamen polnisch-litauischen Reichstags
1414	Michel Beheim: *Des Teufels Netz* (1414/20)	2. Reformkonzil in Konstanz; Beilegung des großen Schismas; Verurteilung und Verhaftung von Jan Hus trotz Zusicherung des freien Geleits durch Kaiser Sigismund, der das Konzil einberufen hatte.

1414		Das englische Unterhaus erhält die Gleichberechtigung mit dem Oberhaus.
1415	Brüder von Limburg: *Stundenbuch* des Herzogs von Berry Muskatblüt: *Lieder und Sprüche* (1415/1433) Oswald von Wolkenstein: *Spätere Lyrik* (um 1415/30)	Donatello (eigentl. Name: Donato di Niccolò di Betto Bardi): «Heiliger Georg» (Plastik) Jan Hus wird als Ketzer verbrannt. John Wyclif wird zum Ketzer erklärt. Neubeginn des «Hundertjährigen Krieges» zwischen England und Frankreich; der englische König Heinrich V. läßt weite Teile Frankreichs besetzen.
1416		Giovanni Francesco Bracciolini (gen. Il poggio) entdeckt im Kloster St. Gallen eine vollständige Handschrift der *Institutio oratorio* von Quintilian, die maßgebend auf die Humanismus-Entwicklung einwirkt. Erste portugiesische Expedition nach Westafrika Alfons V. (der Weise) König von Aragon
1417		Nach Beilegung des großen Schismas auf dem Konzil von Konstanz schließt der neue Papst, Martin X., Konkordate mit Deutschland, England und Frankreich.
1418		Filippo Brunelleschi erstellt sein Modell für den Dom von Florenz. Die Pariser Zünfte erlangen die Herrschaft der Stadt und übergeben sie an die Engländer.
1419	Thomas von Kempen: *De imitatione Christi* (vor 1420)	Donatello: «Evangelist Johannes» (Plastik) Jacopo della Quercia: Brunneneinfasssung der Fonte Gaia in Siena Universität Rostock gegründet Beginn der Hussitenkriege nach dem ersten Prager Fenstersturz; König Wenzel hatte die Forderungen der aufständischen An-

1419		hänger des Reformators abgelehnt.
1420	*Leipziger Äsop* (1420/50)	König Heinrich V. von England heiratet die Tochter Karls VI. von Frankreich; erhält Regentschaft und Anrecht auf Thronfolge. Mit dem Vertrag von Troyes verbünden sich England und Burgund. Portugiesen besiedeln Madeira. Dalmatien kommt erneut unter die Herrschaft Venedigs.
1421	Johannes Rothe: *Thüringische Chronik*	Giovanni di Bicci de' Medici wird zum Oberhaupt («Gonfaloniere») von Florenz.
1422		Heinrich VI., König von England Karl VII., König von Frankreich Osmanen belagern Konstantinopel. Radikale Hussiten («Taboriten») schlagen das Kaiserheer bei Prag.
1423		Vittorino da Feltre gründet bei Mantua seine Lumanistische Schule «Casa giocosa»
1424		Lorenzo Ghiberti: Nördliche Bronzetür am Baptisterium in Florenz Türken erobern Smyrna.
1425		Filippo Brunelleschi erneuert San Lorenzo in Florenz in Form einer Säulenbasilika.
1426	*Alchymey teuczsch*	Masaccio (eigentl. Name: Tommaso di Giovanni di Simone Guidi): Altar in Pisa Hussiteneinfälle in Sachsen, Franken, Bayern und Schlesien
1427	Hans Rosenplüt (gen. der Schnepperer): *Spruch von Böhmen*	Masaccio: Fresken in der Brancacci-Kapelle der Kirche S. Maria del Carmine in Florenz Francesco Filelfo bringt die Kenntnis der griechischen Schriftsteller von Konstantinopel nach Italien; teilweise übersetzt er sie ins Lateinische. Nürnberg wird durch den Kauf

1427		der Besitzrechte von den Hohenzollern selbständig.
1428	Johannes Nider: *Predigten*	Filippo Brunelleschi: Pazzi-Kapelle an S. Croce in Florenz Masaccio: «Dreieinigkeit»; Fresko in S. Maria Novella in Florenz Über Giovanni Aurispa gelangt der vollständige griechische Text der Werke Platos von Konstantinopel nach Venedig. Engländer belagern Orléans.
1429	Heinrich von Laufenberg: *Regimen sanitatis*	Jeanne d'Arc befreit Orléans von der englischen Belagerung. Florenz unterwirft Pisa und beherrscht so die gesamte Toskana. Cosimo de'Medici an der Spitze der Volkspartei in Florenz
1430	*Basler Betrügnisse der Gyler* (Abschriften seit 1430/40, Dr. 1749) Elisabeth von Nassau-Saarbrücken: *Herzog Herpin* (entst. zw. 1430–1440, Dr. 1514) Elisabeth von Nassau-Saarbrücken: *Hug Schapler* (*Huge Scheppel*, entst. zw. 1430–1440) Elisabeth von Nassau-Saarbrücken: *Sibille* Johannes Hartlieb: *Kunst der gedechtnüß*	Eustache Marcadé: *Mysterienspiel der Passion von Arras* Alfonso Martinez de Toledo: *Corbacho* Jacopo della Quercia: Taufbrunnen in San Giovanni, Siena Krakau tritt dem Hanse-Bund bei. Auslieferung der Jeanne d'Arc an die Engländer Türken erobern Saloniki und Albanien.
1431	Johannes Nider: *Das Ameisenbuch* (entst. 1431–1449)	3. Reformkonzil in Basel; Wahl des neuen Papstes Eugen IV. Universität Poitiers gegründet Jeanne d'Arc in Rouen als Ketzerin verurteilt und verbrannt.
1432	Erhard Gross: *Grisardis* (Übers.)	Hubert und Jan van Eyck: Genter Altar Portugiesen beginnen die Besiedlung der Azoren.
1433		Fra Angelico: Madonnenaltar Donatello: «David» (Plastik, früher neuzeitl. Akt) Vollendung des Turmes am Stephansdom in Wien Das Baseler Konzil schließt Verträge mit den gemäßigten Hussiten; Ende des Hussitenkrieges.

1434	Johannes Herolt: *Promptuarium exemplorum secundum ordinem alphabeti* Heinrich von Laufenberg: *Geistliche Lieder* (1434/1460)	Nikolaus von Cues: *De concordantia catholica* Jan van Eyck: «Giovanni Arnolfini und seine Frau»; «Madonna des Kanzlers Rollin» Fra Filippo Lippi: «Madonna betet das Kind an» Cosimo de'Medici wird Herrscher der Diktatur («Balia») über Florenz.
1435	Georg von Trebizonde: *Rhetoricum Libri V*	Leon Battista Alberti: *Über die Malerei* Pisanello (eigentl. Name: Andrea Pisano): «Heiliger Georg» (Fresken in Verona) Friedensschluß in Arras zwischen Frankreich und Burgund Hanse-Krieg gegen Dänemark endet mit dem Frieden von Vordingborg.
1436		Fra Angelico: Fresken im Kloster S. Marco, Florenz Unter Filippo Brunelleschi wird die achtseitige Domkuppel in Florenz fertiggestellt. Einnahme Paris' durch Karl VII.
1437	Elisabeth von Nassau-Saarbrücken: *Loher und Maller* (entst. um 1437, Dr. 1514) Hans Rosenplüt: *Lobspruch auf Nürnberg*	Luca della Robbia: Säulenkanzel im Dom zu Florenz Nikolaus von Cues schließt sich Papst Eugen IV. an; geht nach Konstantinopel, um für eine Wiedervereinigung mit der morgenländischen Kirche zu wirken.
1438		Giovanni Francesco Bracciolini: *Facetiae* (1438–1450) Leonardo Bruni übersetzt die *Poetik* des Aristoteles ins Italienische. Fertigstellung des Dogenpalastes in Venedig. Beginn des Konzils von Ferrara, dessen Beschluß der Vereinigung mit der morgenländischen Kirche ohne Wirkung bleibt. Albrecht II. wird nach dem Tod Sigismunds deutscher König; Beginn der Herrschaft des Hauses Habsburg.

1439		Auf dem Reformkonzil von Basel wird Felix V. zum Gegenpapst gewählt. Der französische Thronfolger erhält den Namen «Le Dauphin» als Graf von «Le Dauphiné»
1440	*Deutscher Ptolemäus* *Donaueschinger Sammelhandschrift* (um 1440/70) Johannes Hartlieb: *De amore libri tres* Johannes Hartlieb: *Namenmantik* Heinrich Münsinger: *Buch von Falken, Sperbern und Hunden* (um 1440/50)	Leonardo Bruni: *Historia Florentinorum* Nikolaus von Cues: *De docta ignorantia* Nikolaus von Cues: *De coniecturis* Stephan Lochner: Dreikönigsaltar, Köln Friedrich III., römisch-deutscher Kaiser Preußischer Bund: Adel und Städte des Ordensstaates schließen sich gegen den Deutschen Orden zusammen.
1441		Cosimo de'Medici gründet die öffentliche Bibliothek von San Marco in Florenz. Heinrich V. von England gründet das Eton-College. Portugiesen beginnen mit der Einfuhr von Sklaven aus Afrika.
1442	*Eger Fastnachtsspiele* (Auff. zw. 1442 und 1522)	Alain Chartier: *Die schöne Dame ohne Gnade* Fertigstellung der Kirche S. Croce in Florenz König Alfons V. von Aragonien erobert das Königreich Neapel und vereinigt es mit dem Königreich Sizilien.
1443	*Egerer Passionsspiel* (nachweisbare Auff. von 1443–1517) *Heiligenleben* (1443/49; von Hermann von Fritzlar in Auftrag gegebene Predigtsammlung)	Enea Silvio de Piccolomini: *Pentalogus de rebus ecclesiae imperii*
1444		Niccolò dei Conti: *Vier Bücher mit Geschichten eines wechselvollen Schicksals* Enea Silvio de Piccolomini: *De curialium miseriis epistola* Enea Silvio de Piccolomini: *Historia de duobus amantibus* (Dr. 1468)

1444		Cosimo de'Medici gründet die «Biblioteca Medicea Laurenziana». Schlacht bei Warna; Türken besiegen polnisch-ungarisches Heer.
1445	Ostfränk. Humanistenkreis um Gregor von Heimburg	Fra Angelico: Fresken i. d. Nikolauskapelle des Vatikans. Stefan Lochner: «Madonna im Rosenhang». Johann Gutenberg druckt erstmals mit beweglichen, gegossenen Metallettern. König Heinrich VI. von England heiratet Margarete von Anjou. König Karl VII. von Frankreich schafft erstmals ein stehendes Heer. Portugiesen unter Diniz Fernandez umsegeln Kap Verde. Kopenhagen wird dänische Hauptstadt.
1446		Enea Silvio de Piccolomini: *Epistola de ortu et auctoritate imperii Romani*. Luca della Robbia: Reliefs im Dom zu Florenz.
1447	Johannes Hartlieb: *Buch vom großen Alexander* (Dr. 1472)	Fra Angelico: «Das jüngste Gericht». Stefan Lochner: «Darbringung im Tempel». Papst Nikolaus V. Kasimir IV., König von Polen
1448	Johannes Hartlieb: *Buch von der Hand* (Dr. 1473)	Abschluß des Wiener Konkordats zwischen Vatikan und Kaiser Friedrich III. Türken besiegen Ungarn auf dem Amselfeld.
1449		Konstantin XI. (I.), letzter Kaiser von Byzanz. Frankreich erneuert den «Hundertjährigen Krieg» gegen England. Antijüdische Ausschreitungen in Toledo; erstmals werden nach dem Prinzip der «limpieza de sangre» (Blutreinheit) Juden von städtischen Ämtern ausgeschlossen.

1450	*Algorismus Ratisbonensis* *Hessisches Weihnachtsspiel* (zw. 1450 u. 1460)	Arnoul Gréban: *Mysterienspiel der Passion von Paris* Enea Silvio Piccolomini: *De Liberorum educatione* Nikolaus von Cues: *De Staticis* Handschrift der *Germania* des Tacitus im Kloster Harsfeld entdeckt Universität Glasgow gegründet Mit dem Condottiere Francesco I. Sforza, Herzog von Mailand, beginnt die Herrschaft der Sforza. Engländer räumen die Normandie.
1451	*Sibyllenbuch* (14. Jh., Dr. 1451)	
1452	*Druck der Gutenbergbibel* (1452–1455) *Lochamer Liederbuch* (angelegt um 1452–1460)	Lorenzo Ghiberti: Paradiestür am Baptisterium in Florenz fertiggestellt Kaiser Friedrich III. wird in Rom zum Kaiser gekrönt. Markgrafen von Este werden zu Herzögen von Modena erhoben. Die Bulle «Dum diversae» Papst Nikolaus' V. gibt Portugiesen das Recht, Muslims' und Heiden zu bekriegen und zu versklaven.
1453	Wilhelm von Savona: *Am mortui sint lugendi an non*	Anon.: *Mysterienspiel von der Belagerung Orléans'* Österreich wird Erzherzogtum. Franzosen erobern Bordeaux; besiegen die Engländer bei Castillon; der «Hundertjährige Krieg» geht ohne offiziellen Friedensschluß zu Ende. Türken erobern Konstantinopel; nach dem Zusammenbruch des byzantinischen Reiches flüchten griechische Gelehrte vor allem nach Italien und verstärken die Kenntnisse über die griechische Antike.
1454	Georg Aunpekh (G. von Peuerbach): *Theoriae novae planetarum*	Johann Gutenberg druckt Ablaßbriefe.

1454	Johann Tröster: *De remedio amoris*	Der preußische Bund sagt sich vom Deutschen Orden los; Beginn des Ständekriegs zwischen Polen, Danzig, Preußischer Bund und dem Deutschen Orden.
1455	Johannes Hartlieb: *Puoch aller verpoten kunst, vngelaubens vnd der zaubrey* (1455/1456)	Jacques van Thienen, Jan van Ruysbroek stellen das Brüsseler Rathaus fertig Papst Kalixt III. In England Beginn der «Rosenkriege» zwischen dem Hause Lancaster (rote Wappenrose) und dem Hause York (weiße Wappenrose).
1456	Johannes Hartlieb: Übersetzung der *Brandanlegende* (vermutl. 12. Jh.) und des *Dialogus Miraculorum* (entst. vor 1240) Thüring von Ringoltingen: *Melusine* (Dr. 1474)	Antoine de la Sale: *Der kleine Jehan von Saintré* François Villon: *Das Legat* (auch: *Das kleine Testament*) Unter Leon Battista Alberti Baubeginn der Fassade von S. Maria Novella, Florenz Luca della Robbia: Bischofsgrabmal in der Kirche Santa Trinità, Florenz Universität Greifswald gegründet Türken erobern Griechenland.
1457		Kaiser Friedrich III. erbt Ober- und Niederösterreich. Der deutsche Orden verliert Marienburg an Danzig/Polen; neuer Sitz des Hochmeister vom Deutschen Orden wird Königsberg.
1458		Enea Silvio Piccolomini: *De situ, ritu, moribus et conditione Germaniae descripto* (Dr. 1496) Fra Filippo Lippi: «Anbetung im Walde» (in der Hauskapelle der Medici in Florenz) Enea Silvio Piccolomini wird neuer Papst, Pius IV. Mathias I. Corvinus, König von Ungarn
1459	Albrecht von Eyb: *Margarita Poetica* *Nördlinger Scharlachordnung*	Flavio Biondo: *Illustriertes Italien* François Villon: *Das Testament* (auch: *Das große Testament*) Andrea Mantegna: «Thronende

1459		Madonna mit Engeln und Heiligen» Baubeginn des Palazzo Pitti in Florenz Papst Pius II. stiftet die Universität Basel. Cosimo de'Medici gründet «Accademia Platonica». Türken erobern Serbien.
1460	Georg Aunpekh: *Epitoma in Almagestum Ptolemai* (vollendet von Johannes Müller [Regiomontanus]) Georg Aunpekh: *Tabulae ecklipsium* *Kolmarer Liederhandschrift* Regula: *Buch von den heiligen Mägden und Frauen*	In Italien entsteht die Antiqua-Schrift Entwicklung der Dezimalbruchrechnung durch Regiomontan Einrichtung einer Börse in Antwerpen Thurgau fällt an die Schweizer Eidgenossenschaft
1461	Hartmann Schedel: *Liederbuch* (angelegt 1461–1467)	Anon.: *Meister Pierre Pathelin* Leonardo da Vinci wird in Florenz Schüler des Andrea del Verrochio Eduard IV. (Haus York) stürzt im Verlauf der Rosenkriege Heinrich VI. (Haus Lancaster). Ludwig XI., König von Frankreich Portugiesen besiedeln Kapverdische Inseln.
1462	Michel Beheim: *Buch von den Wienern* (1462/66) Niklas Wyle: *Euryalus und Lucretia* (Übersetzung von E. S. Piccolomini)	Anon.: *Die hundert neuen Novellen* Alesso Baldovinetti: «Geburt Christi» (Fresken in S. Annunziata, Florenz) Iwan III., Großfürst von Moskau, beansprucht den bisher den damaligen byzantinischen Kaisern und den Tataren-Khanen gebührenden Titel «Zar» Araber werden aus Gibraltar vertrieben.
1463	Michel Beheim: *Buch von der Stadt Triest* (nach 1463, vor 1469)	Bernt Notke (?): «Totentanz» (Marienkirche, Lübeck) Fertigstellung des Campo Santo, Pisa François Villon wird vom Galgen zu zehn Jahren Verbannung aus Paris begnadigt (seitdem verschollen).

1464	*Redentiner Osterspiel*	Andrea Mantegna: «Beweinung» † Nikolaus von Cues † Cosimo de'Medici
1465	Regiomontanus (eigentl.: Johannes Müller): *Tabula ac problemata primi mobilis* **Prosaauflösungen älterer Texte:** *Secreta mulierum* (Johannes Hartlieb)	Giovanni Bellini: «Pietà» Fra Filippo Lippi: Fresken im Dom zu Prato Andrea del Verrocchio: «David» (Bronzeplastik, Florenz)
1466	*Mentel-Bibel* (Erste gedr. dt. Bibel, Gutenberg-Druck)	In Hamburg wird der Prologsprecher eines Passionsspiels erstmals durch Theaterzettel ersetzt. Ende des «Dreizehnjährigen Krieges» zwischen Danzig, Polen, Preußischer Bund und Deutschem Orden nach Sieg König Kasimirs IV. von Polen über das Heer des Deutschen Ordens. Danzig wird Freistadt unter polnischem König.
1467		Karl der Kühne, Herzog von Burgund Ende des Bürgerkriegs in Kastilien (seit 1462); Isabella wird Königin.
1468	Burghard Zink: *Chronik der Stadt Augsburg*	Luca della Robbia: Tür der neuen Domsakristei, Florenz
1469	Michel Beheim: *Pfälzische Reimchronik*	Fra Filippo Lippi: Fresken im Dom von Spoleto Lorenzo de'Medici, il Magnifico, wird Stadtherr von Florenz; die Stadt wird Mittelpunkt der italienischen Renaissance und des Humanismus. Seekrieg zwischen der Hanse und England Ferdinand V. (II.) von Aragonien heiratet Isabella von Kastilien. Venedig entwickelt sich zum bedeutendsten Druckort und Buchhandelsplatz.
1470	Ulrich Füetrer: *Buch der Abenteuer* (zw. 1470/75–1478, enthält: *Wigalois* u. a.) *Königsteiner Liederbuch* (um 1470/73)	Druck der *Annales* von Tacitus Thomas Malory: *Der Tod König* Niccolò Perotti: *De generibus metrorum* Druck des *Dekameron* von Giovanni Boccacio

1471	Clara Hätzerlin: *Liederbuch* (erhalten in Hs. von 1471) Heinrich Steinhöwel: *Apollonius* *Weltgerichtsspiel* von Rheingau **Prosaauflösungen älterer Texte:** *Gregorius auf dem Stein* (nach Hartmanns von Aue *Gregorius*)	Druck der *Metamorphosen* von Ovid Angelo Poliziano: *Die Fabel vom Orpheus* Der neue Papst, Sixtus IV., fördert Kunst und Wissenschaft, u. a. beginnt er mit der Sammlung antiker Skulpturen. In England stirbt das Haus Lancaster aus. Ferrara wird unter dem Hause Este Herzogtum und ein Zentrum der Renaissancekultur. Wladislaw wird König von Ungarn. Portugiesen überqueren auf ihren Seefahrten den Äquator.
1472	Albrecht von Eyb: *Ehebüchlein* *Dresdner Heldenbuch* (*Heldenbuch des Kaspar von der Rhön*) *Ordnung der Gesundheit* (entst. um 1400) Heinrich Schlüsselfelder: Übersetzung des *Descamerone* **Prosaauflösungen älterer Texte:** *Wigoleis vom Rade* (nach *Wigalois* von Wirnt von Gravenberg)	Matteo Maria Bojardo: *Der verliebte Roland* Erster Druck von Dantes *Göttlicher Komödie* Unter Leon Battista Alberti Fertigstellung der von ihm entworfenen Kirche S. Andrea, Mantua Universität Ingolstadt gegründet Iwan III. v. Rußland heiratet die Nichte des letzten byzantinischen Kaisers, Sophia; verstärkter griechisch-byzantinischer Einfluß in Moskau. Krim-Tataren unterstellen sich türkischer Oberhoheit.
1473	Philipp Frankfurter: *Geschicht des Pfarrers vom Kalenberg* Heinrich Steinhöwel: *Ein Tütsche Cronica vom anfang der Welt* Heinrich Steinhöwel: *Pestbüchlein* Heinrich Steinhöwel: *Euryalius und Lukretia* (Übers. nach E. S. Piccolomini); *Von den sinnrychen erluchten Wyben* (Übers. nach G. Boccaccio)	Sandro Botticelli (eigentl. Name: Alessandro Filipepi): «Der heilige Sebastian» Martin Schongauer: «Madonna im Rosenhag» (Stiftskirche Colmar) Universität Trier gegründet Erstmals Geschäftsverbindungen zwischen dem Bankhaus Fugger, Augsburg, und den Habsburgern.
1474	Bartholomäus Metlinger: *Kinderbüchlein*	Andrea Mantegna: Fresken im Castello di Corte, Mantua

1474	Werner Rolevinck: *De laude antique Saxoniae*	Baubeginn des Domes in Faenza Universität Saragossa gegründet Isabella I. (die Katholische) wird Königin von Kastilien.
1475	Albrecht von Eyb: *Bacchides* (entst. vor 1475, Dr. 1511) Albrecht von Eyb: *Manaechmi* (entst. vor 1475, Dr. 1511) Heinrich Steinhöwel: *Der Spiegel menschlichs lebens* (Übers.)	Sandro Botticelli: «Mars und Venus» Martin Schongauer: «Versuchung des heiligen Antonius» (Kupferstich) Papst Sixtus IV. beruft Regiomontanus nach Rom zur Durchführung einer Kalenderreform, die nicht vollendet wird. Erbfolgekrieg zwischen Kastilien und Portugal Waffenstillstand beendet «Hundertjährigen Krieg» zwischen Frankreich und England.
1476	Rudolf Agricola: *In laudem philosophiae et reliquarum artium oratio* *Bozner Passion* (seit 1476) Heinrich Steinhöwel: *Esopus* (Dr. zw. 1476 und 1480) Niklas Wyle: *Ghismonda* (1476/1477)	Jorge Manrique: *Coplas de Manrique* Sandro Botticelli: «Anbetung der Könige» William Caxton gründet erste englische Buchdruckerei in London. † Regiomontanus
1477	*Straßburger Heldenbuch* Hans Erhart Tüsch: *Burgundische Historie* **Drucke bzw. Prosaauflösungen älterer Texte:** *Jünger Titurel* (Albrecht von Scharfenberg) *Macer floridus* (latein. Heilkräuterlehre) *Parzival* (Wolfram von Eschenbach) *Wilhelm von Österreich* (Johann von Würzburg)	Universitäten Tübingen, Mainz und Upsala gegründet Karl der Kühne, Herzog von Burgund, fällt vor Nancy; Ende der burgundischen Staatenbildung; Heirat seiner Erbtochter mit Maximilian I. von Habsburg. Streit um burgundisches Erbe zwischen Habsburg und Frankreich; Niederlande fallen an Habsburg.
1478	*Buch der Weine* (Ende d. 13. Jhs., Ü 1478) Jakob von Jüterbogk: *De animabus exutis* *Niederdeutsche Bibel* Niklas Wyle: *Epistole Enee Silui Poete laureati Incipunt foeliciter*	Sandro Botticelli: «Frühling» Ermordung Giulianos de'Medici Iwan III. von Rußland unterwirft die Stadtrepublik Groß-Nowgorod mit weiten Gebieten im nördlichen Rußland; Beginn des russischen Nationalstaates.

1478	Niklas Wyle: *Translatzen*	Inquisition in Spanien als kirchlich-staatliches Organ Spanien beginnt, die Kanarischen Inseln zu erobern.
1479	Rudolf Agricola: *De Inventione Dialecta* (Dr. 1518)	Andrea del Verocchio: «Enthauptung Johannes des Täufers» (Florenz) Universität Kopenhagen gegründet Ferdinand II., König von Aragon, vereinigt Aragon und Kastilien. Ende des Krieges zwischen Portugal und Kastilien durch Frieden von Alaçovas. Friede von Scutari beendet türkisch-venezianischen Krieg (seit 1463); Venedig erhält Freihandelsrecht im Osmanischen Reich.
1480	*Fischbüchlein vom Bodensee* (Dr. 1502) Hans Folz: *Die alt und neu ee* *Glogauer Liederbuch* Antonius Pforr: *Buch der Beispiele der alten Meister* Jakob Wimpfeling: *Stylpho*	Diego de San Pedro: *Liebeskerker* Jacopo Sannazaro: *Arcadia* (Dr. 1502) Sandro Botticelli: «Venus» Filippino Lippi: «Vision des heiligen Bernhard» Baubeginn des Palastes in Guadalajara Osmanen erobern Otranto (Süditalien); Versuch, ganz Italien zu erobern Iwan III. befreit Rußland von der Herrschaft der Tataren-Khans der «Goldenen Horde».
1481		Luigi Pulci: *Der Riese Morgante* Pietro Lombardi: Palazzo Vendramin Calergi, Venedig Fertigstellung der Sixtinischen Kapelle; Fresken u. a. von Ghirlandaio (eigentl. Name: Domenico di Bigordi) König Ludwig XI. von Frankreich vereinigt Anjou, Maine und die Provence mit der Krone. Freiburg und Solothurn schließen sich der Schweizer Eidgenossenschaft an.

1482	Anon.: *Frag und Antwort Salomons und Marcolfi* (Übers.) *Grammatica nova*	Perugino (eigentl. Name: Pietro Vannucci): «Schlüsselübergabe an Petrus» (Fresko in d. Sixt. Kapelle) Syrlin (d. Ältere): Brunnen auf dem Ulmer Marktplatz Kathedrale in Valencia fertiggestellt Johann II., König von Portugal Krieg zw. Kastilien/Aragon und Granada Turin wird Residenz des Hauses Savoyen
1483	*Deutsche Bibel* *Gart der Gesundheit* (1483–85) Johann Kerckmeister: *Codrus* *Von der rechtverdicheyt* (Lübekker Neidharttradition)	Verocchio: «Christus und Thomas» (Bronzeplastik, Florenz) Dante-Grabmal in Ravenna Torquemada, Generalinquisitor von Spanien Richard III. ermordet seinen Neffen Eduard V. (York) und wird König von England. Karl VIII., König von Frankreich
1484	**Drucke älterer Texte / Prosaauflösungen:** *Tristrant und Isalde* (Eilhart von Oberge)	Sandro Botticelli: «Geburt der Venus» Albrecht Dürer: «Selbstbildnis» Ghirlandaio: «Leben des heiligen Franziskus» (Freskenzyklus, Florenz) Innozenz III., neuer Papst, löst mit seiner Hexenbulle zahlreiche Verfolgungen aus. Savonarola in Florenz
1485	**Drucke älterer Texte** *Roßarzneibuch*	Sandro Botticelli: «Thronende Maria mit den beiden Johannes» Benozzo Gozzoli (eigentl. Name: Benozzo di Lese di Sandro): 25 Monumentalfresken, Campo Santo in Pisa Heinrich VII. (Haus Tudor) verdrängt als Erbe der Thronansprüche des Hauses Lancaster Richard III. (Haus York) und wird englischer König. König Matthias Corvinus von Ungarn erobert Wien.

1486	Conrad Celtis (eigentl. Name: Konrad Pickel): *Ars verificandi et carminum* *Pfarrkircher Passion* Matthäus Roritzer: *Fialenbüchlein (Puechlen von der fialen gerechtikait)* Augustin Tünger: *Facetiae Latinae et Germanicae*	Jean Michel: *Mysterienspiel der Passion von Angers* Maximilian I. wird zum deutschen König gewählt. Giovanni Pico della Mirandola wird in Rom nach Veröffentlichung von 900 philosophischen Thesen wegen Ketzerei angeklagt, jedoch freigesprochen.
1487	Heinrich Institoris / Jakob Sprenger: *Der Hexenhammer (Malleus Maleficarum)* Dichterkrönung von Conrad Celtis als 1. dt. Dichter auf der Nürnberger Burg.	Hinrek van Alkmar: *Vom Fuchs Reinaerd* Giovanni Bellini: «Madonna mit den Bäumchen» Bau der Hauptmoschee «El Haram» in Medina; mit den Grabmälern Mohammeds, Fatimas und der ersten Kalifen. Spanier erobern Malaga von den Arabern. Bartolomeo Diaz umsegelt erstmals das Kap der Guten Hoffnung (zuvor: «Kap der Stürme»). Pedro de Covilhao erkundet den Weg nach Indien über das östliche Mittelmeer.
1488	Priamus Capotius: *Fridericeis* Johann Sternhals: *Der Ritterkrieg*	Matthijs de Casteleine: *Geschichte von Pyramus und Thisbe* Filippino Lippi: Fresken in der Caraffakapelle, S. Maria sopra Minerva, Rom Fertigstellung der Frauenkirche in München Bürger von Brügge nehmen den deutschen König Maximilian I. gefangen. Gründung des Schwäbischen Bundes zum Schutz des Landfriedens
1489		Philippe de Commynes: *Memoiren* Veit Stoß: Hochaltar der Marienkirche in Krakau Benedetto da Majano: Palazzo Strozzi, Florenz Venedig gewinnt Zypern.

1490	Sebastian Brant: *Phagifacetus* (Übers.)	Fernando de Rojas: *Komödie von Calisto und Melibea* Ghirlandaio: «Leben der Maria und Johannes des Täufers» Tilman Riemenschneider: Altar der Pfarrkirche Münnerstadt Lorenzo de' Medici begründet Bildhauerschule in Florenz. Das in drei Linien gespaltene österreichische Erbe der Habsburger wird durch Kaiser Friedrich III. wieder vereinigt. Wladislaw II., König von Böhmen, wird nach dem Tod von Matthias Corvinus König von Ungarn. Maximilian I. vertreibt die Ungarn aus Niederösterreich.
1491	Conrad Celtis: *Germania illustrata* (bis um 1491 geplant, nicht ausgeführt) *Neidhart Fuchs* (Dr. 1491/97)	Sandro Botticelli: Federzeichnungen zu Dantes *Göttlicher Komödie* Tilman Riemenschneider: «Adam und Eva» (Steinplastiken, Würzburg) Baubeginn der Kathedrale von Turin
1492		Erhaltene, bearb. Form des *Amadis*-Romans (Dr. 1508, Ü 1559) Carlo Verardi: *Historia Baetica*
1493	Herman Bote: *Räderbuch* *Frankfurter Passionsspiel* (13. Jh., überliefert in Hs. von 1493) Heinrich Geßler: *Formulare und tütsch Rethorica* Augustinus Olomucensis (eigentl.: A. Käsenbrot von Wscherd): *Dialogus in defensionem poeticae* Friedrich Riedrer: *Spiegel der waren rhetoric* Hartmann Schedel: *Liber Chronicarum*	Hans Holbein (d. Ä.): Flügelbilder am Altar in Weingarten Cesare Borgia, Sohn Papst Alexanders VI., wird Kardinal. Auf seiner 2. Seereise entdeckt Kolumbus «Westindien» (Amerika). Teilung der «Neuen Welt» zwischen Spanien und Portugal wird durch einen Schiedsspruch des Papstes entschieden. Nach dem Tod Friedrichs III. wird Maximilian I. deutscher Kaiser. Erster Bauernaufstand unter dem Zeichen des Bundschuh

1494	Sebastian Brant: *Das Narrenschiff* Jakob Locher: *Historia de rege Franciae* (1494/95)	Giovanni Pico della Mirandola: *De hominis dignitate oratio* Erster Druck eines Lehrbuchs für Arithmetik und Algebra, enthält zugleich System doppelter Buchführung Sturz und Vertreibung der Medici in Florenz; nachfolgend Theokratie unter der Führung Savonarolas. Karl VIII., König von Frankreich, zieht nach Italien und erobert vorübergehend Neapel; Beginn des Kampfes um Italien zwischen Frankreich und dem Hause Habsburg.
1495	Conrad Celitis: *De origine, situ, moribus et institutis Norimbergae libellus* Georg von Ehingen: *Des schwäbischen Ritters Georg von Ehingen Reisen nach der Ritterschaft* (nach 1495) Augustinus Olomucensis: *De modo epistolandi* Johannes Trithemius (eigentl.: J. Zeller): *Catalogus illustrium virorum Germaniae*	*Elckerlijk* (niederl.) Gieronimo Balbi: *De Italicis Cladibus Elegia* Gieronimo Balbi: *De laudibus Regis Pannoniae Carmen* Reichstag in Worms versucht umfangreiche Reichsreform. Gründung der Heiligen Liga Kastilien / Aragon, Habsburg, England, Venedig, Mailand, Vatikan.
1496	Laurentius Corvinus: *Ars versificatoria* **Drucke älterer Texte:** *Almagest* (2. Jh.)	Andrien de La Vigne: *Moralität vom Lahmen und vom Blinden* Erster Aufenthalt Michelangelos in Rom Perugino: «Madonna mit dem Schutzheiligen von Perugia» Philipp der Schöne, Sohn Maximilians I., heiratet die spanische Erbtochter Johanna (die Wahnsinnige), spanische Krone fällt damit an das Haus Habsburg.
1497	Hans Folz: *Herzog von Burgund* Hans Folz: *Kaiser Constantinus* (vor 1498/99) Jakob Locher: *Tragoedia de Thurcis et Soldano* Johannes Reuchlin: *Henno*	Leonardo da Vinci beendet das 1495 begonnene Fresko «Das Abendmahl» im Kloster S. Maria della Grazie, Mailand. Exkommunikation Savonarolas Der Italiener Johan Labot(o) erreicht und befährt die Ostküste von Nordamerika und entdeckt Labrador.

1497		Erster polnisch-türkischer Krieg Rechtsbuch Iwans III. König Emanuel I. von Portugal heiratet Isabella von Spanien.
1498	Johann Geiler von Kaiserberg: *Narrenschiff*-Predigten im Straßburger Münster (1498/99)	Hinrek van Alkmar: *Reinke de Vos* (in Lübeck gedr.) Albrecht Dürer: «Selbstbildnis» Albrecht Dürer: «Apokalypse» (Holzschnitte) Verbrennung Savonarolas in Florenz Vasco da Gama umsegelt Afrika und erreicht Indien. Ludwig XII., König von Frankreich
1499	Veit Warbeck: *Florio und Biancefora*	Fernando de Rojas (?): *Celestina* Giorgione (eigentl. Name: Giorgio da Castelfranco): «Junger Mann» Tilman Riemenschneider: Scherenberg-Grabmal im Würzburger Dom Im Schwaben-(Schweizer-)Krieg löst sich die Schweiz vom Deutschen Reich. Frankreich erobert das Herzogtum Mailand.
1500	Conrad Celtis: *Germania generalis* (Fragment) *Henselyns boek* *Nützlich Bergbüchlein* Jakob Wimpfeling: *Adolescentia* (*Jugendbuch*)	Erasmus von Rotterdam: *Adagia* Albrecht Dürer: «Selbstbildnis» Michelangelo: «Pietà» (Plastik) Universität Valencia gegründet Portugiesen entdecken und besiedeln Brasilien.
1501	*Alsfelder Passionsspiel* (bezeugte Auff. von 1501, 1511 u. 1517) Heinrich Bebel: *Dialogus de optimo studio scholasticum* (1501/1506) Conrad Celtis: *Ludus Dianae*	Leonardo da Vinci: «Hl. Anna selbdritt» (1501–1506) Ludwig XII. von Frankreich und Ferdinand von Aragonien erobern vorübergehend das Königreich Neapel.
1502	Heinrich Bebel: *Commentaria epistolarum conficiendarum* Conrad Celtis: *Quatuor libri amorum*	Gil Vicente: *Schäferspiel* Erasmus von Rotterdam: *Handbuch des christlichen Streiters* Lucas Cranach (d. Ä.): «Kreuzigung»

1502		Albrecht Dürer: «Der Hase» Tizian (eigentl. Name: Tiziano Vecellio): «Die Zigeuner-Madonna» Universität Wittenberg gegründet Bauernaufstand in Speyer
1503	Reform des Meistergesangs durch Hans Folz	William Dunbar: *Die Distel und die Rose* Matthias Grünewald: «Verspottung Christi» Leonardo da Vinci: «Mona Lisa» Michelangelo: «Heilige Familie» Papst Julius II. Sansibar wird portugiesisch.
1504	*Ambraser Heldenbuch* (Handschrift des Hans Ried) Maximilian I.: *Fischereibuch*	Albrecht Dürer: «Anbetung der Heiligen Drei Könige» Albrecht Dürer: «Adam und Eva» Giorgione: «Madonna» (Dom in Castelfranco) Leonardo da Vinci: «Anghiarischlacht» (1504–1506) Michelangelo: «David» (Plastik) Franz Taxis erweitert Post Wien-Brüssel nach Spanien. Spanien erobert Neapel.
1505	Rubin von Calw: *Bergbüchlein* Johann Adelphus Muling: *Buch des Lebens* (Übers. von M. Ficinos *De vita triplici*) Matthias Ringmann-Philesius: *Hemistichia poetarum sententiosiora pro pueris* Jakob Wimpfeling: *De integritate*	Matthias Grünewald: «Kreuzigung» Raffael (eigentl. Name: Raffaello Santi): «Madonna Tempi» Erste Sklaven aus Afrika in Amerika
1506	Heinrich Bebel: *Ars versificandi* Conrad Celtis: *Der allegorische Reichsadler* (1506/07) Konrad Peutinger: *Sermones Convivales de mirandis Germaniae Antiquitatibus* Regiomontanus: *Ephemerides* Johann Reuchlin: *De rudimentis hebraicis*	Albrecht Dürer: «Madonna mit dem Zeisig» Papst Julius II. legt den Grundstein zum Neubau der Peterskirche in Rom unter der Leitung Bramantes (eigentl. Name: Donato d'Angelo); Beginn des Ablaßhandels zur Baufinanzierung. Jakob Fugger bezieht ostindische Gewürze auf dem Seeweg.

1507	Chilianus Eques (eigentl. Name: Kilian Reut(h)er: *Comedia gloriose parthenices et martiris Dorothee agoniam passionemque depingens* Matthias Ringmann-Philesius: *Julius der erst Römisch Kayser von seinen Kriegen* Martin(us) Waldseemüller: *Cosmographiae Introductio*	Fracanzio da Montalboddo: *Paesi Novamente Retrovati* Priesterweihe Luthers Bezeichnung des Neuen Kontinents als «Amerika» zu Ehren des Florentiners Amerigo Vespucci. Franzosen erobern Republik Genua.
1508	Anon.: *Newe unbekanthe landte Und ein newe Welte in kurtz vergangener zeyte erfunden* (Übers. von F. de Montalboddos *Paesi Novamente Retrovati*, vgl. 1507) Rufus Festus Avienus: *Descriptio orbis* Heinrich Bebel: *De mercatore et Iuadaeo* Heinrich Bebel: *Proverbia Germanica* † Conrad Celtis Johannes Pfefferkorn: *Judenbeicht*	Ariosto: *Das Schatzkästlein* Druck des *Amadis*-Romans Raffael beginnt die Stanzen im Vatikan auszumalen. Martin Luther wird Professor an der Universität Wittenberg. Kaiser Maximilian I. ernennt sich selbst zum «Erwählten römischen Kaiser»; gründet die Liga von Cambrai, in der sich Frankreich, Spanien und der Vatikan gegen Venedig verbünden.
1509	Heinrich Bebel: *Facetiae* (1509/1514) Heinrich Bebel: *Triumphus veneris* Herman Bote: *Ein kurtzweilig Lesen von Dyl Ulenspiegel* *Fortunatus* (anon. verfaßt im letzten Drittel d. 15. Jhs., Dr. 1509) Matthias Hütlin: *Liber vagatorum* Johannes Pfefferkorn: *Juden veindt* Balthasar Sprenger: *Die Merfahrt vn erfarung nüwer Schiffung vnd Wege zu viln onerkanten Inseln vnd Künigreichen*	Jean Lemaire de Belges: *Die Berühmtheiten Galliens und Eigentümlichkeiten Trojas* Ulrich Tengler: *Laienspiegel* (Rechtshandbuch für Laien) Raffael beginnt mit der Ausmalung der Stanzen (Gemächer d. Papstes) im Vatikan (bis 1517) Heinrich VIII., König von England Jakob Fugger unterstützt den kaiserlichen Feldzug gegen Venedig mit 170000 Dukaten.
1510	Herman Bote: *Dat Schichtbok* (1510/13) Heinrich Cornelius Agrippa von Nettesheim: *De occulta philosophia* Lienhard Nunnenbeck: *Troja-Meisterlied*	Albrecht Altdorfer: «Die Flucht nach Ägypten» Lucas Cranach: «Venus» Hamburg wird Freie Reichsstadt.

1511	Albrecht von Eyb: *Menaechmi*	Erasmus von Rotterdam: *Morias Encomion* Pierre Gringore: *Das Spiel vom Narrenfürsten und von der Narrenmutter* Jean Lemaire de Belges: *Brief des grünen Liebhabers an Madame Marguérite* Unter Baldassare Peruzzi Fertigstellung der Villa Farnesina, Rom Papst Julius II. schließt (2.) Heilige Liga mit Spanien, Venedig, Schweiz, England und dem Kaiser gegen Frankreich. Spanien besetzt Kuba.
1512	Johannes Cochlaeus (eigentl. Name: J. Dobeneck): *Brevis Descriptio Germaniae* C. Silbanus Germanicus: *Panegyris* (1512/24) Thomas Murner: *Der schelmen zunfft* Thomas Murner: *Doctor murners narrenbeschwerung* Joachim Vadian(us) (eigentl. Name: J. von Watt): *De poetica et carminis ratione* (1512/13) Joachim Vadian(us): *Minusculae poeticae* **Prosaauflösungen:** *Orendel* (entst. 1180/1200)	Erasmus von Rotterdam: *De ratione studii* Nikolaus Kopernikus: *Commentariolus* (Grundlage d. neuen Weltbildes: Erde dreht sich um die Sonne) Hans Baldung (gen. Grien): «Kreuzigung» Michelangelo: Fertigstellung der Decken-Fresken in der Sixtinischen Kapelle Raffael: «Madonna in Foligno» Beginn des fünften Laterankonzils Reichstag in Köln Abzug der Franzosen aus Italien; in Mailand gelangen die Sforza, in Florenz die Medici wieder an die Macht. Frakturschrift als Weiterentwicklung der gotischen Schrift.
1513	Conrad Celtis: *Quatuor libri odarum* Heinrich Loriti Glareanus: *Helvetiae descriptio* Eucharius Rößlein d. Ä.: *Der swangeren frawen und Hebammen Rosengarten*	Albrecht Dürer: «Ritter, Tod und Teufel» (Kupferstich) Raffael: «Die heilige Cäcilie» Tilman Riemenschneider: Fertigstellung des Grabs für Heinrich II. und seine Gemahlin im Bamberger Dom Papst Leo X.

1513		Bauernaufstand im Breisgau Appenzell kommt zur Schweizer Eidgenossenschaft
1514	Janus Cesinge: *Elegiarum opusculum* *Sterzinger Passion* (entst. bald nach 1400, große 7teilige Auff. 1514) **Drucke älterer Texte:** *Loher und Maller; Herczog Herpin* (E. von Nassau-Saarbrücken)	Niccolò Macchiavelli: *Der Fürst* (Dr. 1532) Hieronymus Bosch: «Der Garten der irdischen Lüste» Albrecht Dürer: «Hieronymus» (Kupferstich) Albrecht Dürer: «Meine Mutter» Albrecht Dürer: «Melancholie» (Kupferstich)
1515	Conrad Benedictus Chelidonius: *Voluptatis cum Virtute disceptatio* Kunz Has: *Der falschen Bettler Täuscherei* (1515/25) Thomas Murner: *Dryzehen Aenaeadischen Bücher von Troianischer zerstörung und uffgang des Römischen Reichs* Crotus Rubeanus: *Epistole obscorum virorum* (*Dunkelmännerbriefe*) *Volksbuch von Eulenspiegel*	John Shelton: *Magnificence* Hans Baldung: «Frau und Tod» (Zeichnung) Hans Baldung: «Ruhe auf der Flucht» Coreggio (eigentl. Name: Antonio Allegri): «Madonna des heiligen Franz» Matthias Grünewald: Fertigstellung des Isenheimer Altars Franz I., König von Frankreich Kaiser Maximilian I. muß im Frieden von Brüssel Mailand an Frankreich, Verona an Venedig abgeben.
1516	*Asanger Aderlaßbüchlein* Ulrich von Hutten: *Phalarismus* **Drucke älterer Texte:** *Deutsche Sphära* (K. von Megenberg)	Ariosto: *Der rasende Roland* Thomas More: *Utopia* Erasmus von Rotterdam: Erste Ausgabe des griechischen Neuen Testamentes mit lateinischer Übersetzung Fra Bartolommeo (eigentl. Name: Baccio della Porta): «Beweinung Christi» Michelangelo: «Moses» (Plastik) Raffael: «Sixtinische Madonna» Franz von Taxis wird Hauptpostmeister der niederländischen Post
1517	Johannes Aventinus: *Annales Boiorum* Martin Luther: *Die sieben Bußpsalmen* Martin Luther: *Disputatio contra*	Teofilo Folegno (auch: Merlino Coccajo): *Opus maccaronicum* Andrea del Sarto: «Madonna di San Francesco»

1517	*scholasticam theologiam* Maximilian I.: *Freydal* (nicht abgeschlossen) Maximilian I.: *Theuerdank* Johannes Murmellius: *Scoparius in barbarei propugnatores et osores humanitatis* (*Besenbuch*) Joachim Vadian(us) (eigentl.: J. von Watt): *De insignibus familiae Vadianorum*	Fertigstellung der Kathedrale von Sevilla Luther veröffentlicht seine 95 Thesen in Wittenberg. Bauernaufstand am Oberrhein Osmanen erobern Ägypten, Mekka und die Küste Eritreas. Portugiesen besiedeln Ceylon und erreichen Kanton auf dem Seeweg.
1518	Georg Agricola: *De Inventione Dialecta* Franciscus Irenicus (eigentl.: F. Friedlieb): *Germaniae Exegeseos volumina XII* Martin Luther: *Sermon von Ablaß und Gnade*	Erasmus von Rotterdam: *Familiarum colloquiorum formulae* Adam Riese: *Rechenung auf der Linihen* Albrecht Altdorfer: St. Florian-Altar Albrecht Dürer: «Jakob Fugger» Raffael: «Die Heilige Familie» Veit Stoß: «Englischer Gruß» Ariosto am Hof von Ferrara
1519	Aventinus (eigentl.: Johannes Turmayr): *Bayerische Chronik* Martin Luther: *Ein Sermon von dem Wucher* (erweitert 1520)	Erasmus von Rotterdam: *Convivium profanum* Hans Holbein (d. Ä.): «Brunnen des Lebens» † Leonardo da Vinci Streitgespräch zwischen Luther, Karlstadt und Eck Reformationsbeginn in der Schweiz unter Zwingli Magellanes beginnt erste Weltumseglung. Nach dem Tod Maximilians I. wird Karl I. zum deutschen Kaiser Karl V. gewählt; Bankhaus Fugger unterstützt seine Wahl finanziell gegen Franz I. von Frankreich.
1520	Anon.: *Ein guter grober Dialogus Teutsch zwischen zweien guten Gesellen* Herman Bote: *Köker* Johann Geiler von Kaisersberg: *Buch arbare humano oder vom menschlichen Baum* Martin Luther: *An den Christlichen Adel teutscher Nation: von des Christlichen Stantes besserung*	Bannbulle Papst Leos X.: *Decet Romanum pontificem* Lucas Cranach: «Lutherbildnis» Raffael: «Verklärung Christi» Martin Luther verbrennt die Bannandrohungsbulle. Beginn der Wiedertäufer-Bewegung unter Thomas Müntzer «Stockholmer Blutbad» durch

1520	Martin Luther: *Von der babylonischen Gefangenschaft der Kirche* Martin Luther: *Von der Freiheit eines Christenmenschen* Willibald Pirckheimer: *Eckius dedolatus*	Dänenkönig Christian II.; Gustav Wasa von Schweden leitet Bauernaufstand in Schweden gegen den dänischen König.
1521	Anon.: *Ein schöner Dialogus* (*Cuntz und Fritz*) Martin Butzer: *Gesprächsbüchlein Neu-Karsthans* Ulrich von Hutten: *Gesprächsbüchlein* Martin Luther: *Magnificat verdeutscht und ausgelegt* Wilhelm Ziely: *Olwyer und Artus* Wilhelm Ziely: *Valentino und Orso*	Philipp Melanchthon: *Loci communes* Erasmus von Rotterdam beginnt Ausgabe der Kirchenväter. Hans Holbein (d. J.): «Der tote Christus» Michelangelo: «Christus» Ende der «Accademia Platonica» in Florenz Martin Luther beginnt, vom Papst gebannt und vom Reichstag in Worms in Reichsacht getan, auf der Wartburg seine Bibelübersetzung. Kaiser Karl V. überläßt den habsburgischen Besitz in Deutschland seinem Bruder Ferdinand I. «Wormser Edikt» gegen die Reformation
1522	Anon.: *Hie kommt ein Bäuerlein zu einem reichen Bürger* Andreas Bodenstein (genannt Karlstadt): *Von Abtuung der Bilder, und daß kein Bettler unter den Christen sein soll* Johannes Cuspinianus (eigentl.: J. Spiessheimer): *De Caesaribus atque Imperatoribus Romanis* (entst. 1522, Dr. 1540) Johann Eberlin von Günzburg: *Ein neues und letztes Ausschreiben der letzten 15 Bundesgenossen* Martin Luther: *Das Neue Testament Deutzsch* Martin Luther: *Eine treue Vermahnung Martini Luther zu allen Christen sich zu hüten vor Aufruhr und Empörung* Martin Luther: *Epistel oder Unterricht von den Heiligen an die Kirche zu Erfurt*	Andrea Alciati: *Emblemata* Albrecht Altdorfer: «Landschaft» Matthias Grünewald: «Kreuzigung» Papst Hadrian VI. Johanniterorden flieht vor den Türken von Rhodos nach Malta.

1522	Niklas Manuel: *Vom Papst und seiner Priesterschaft* Thomas Murner: *Von dem großen lutherischen Narren* Diepold Peringer: *Eine schöne Auslegung über das Göttlich Gebet* Johannes Pauli: *Schimpf und Ernst* (Exemplum-Sammlung)	
1523	*Alt ordnung der Püxenschüczen* Wenzeslaus Linck: *Von Arbeit und Betteln* Martin Luther: *Aus tiefer Not schrei ich zu Dir* (zus. mit Heinrich Vogtherr) Martin Luther: *Das Alte Testament* (4 Teile bis 1524) Martin Luther: *Nun freut euch, lieben Christen, gemein* Martin Luther: *Von weltlicher Obrigkeit wie weit man ihr Gehorsam schuldig sei* Thomas Müntzer: *Protestation oder Erbietung* Thomas Müntzer: *Von dem gedichteten Glauben* Jakob Strauß: *Hauptstücke und Artikel christlicher Lehre wider den unchristlichen Wucher*	Erasmus: *Encomion eloquentiae* (*Lob der Eloquenz*) Correggio: «Noli me tangere» Albrecht Dürer: «Friedrich der Weise» (Kupferstich) Veit Stoß: Marienaltar am Bamberger Dom Papst Klemens VII. Rat von Zürich bekennt sich zu Zwinglis Reformation. Nach der Vertreibung der Dänen aus Schweden gelangen die Wasa mit Gustav I. auf den schwedischen Thron.
1524	Johann Göritz: *Coryciana* Kaspar Hedio: *Von dem Zehnten* Johann Landtsperger: *Ein nützlicher Sermon von der Liebe zu Gott und dem Nächsten* Johann Locher (eigentl.: J. Rott): *Ein Sendbrief des Bauernfeinds an Karsthans* Martin Luther: *An die Ratsherren aller Städte (...) daß sie christliche Schulen aufrichten (...) sollen* Martin Luther: *Nun bitten wir den heiligen Geist* Martin Luther: *Von Kaufhandlung und Wucher* Niklas Manuel: *Vom Babst und*	*Niccolò Macchiavelli: Mandragola* Giovanni Trissino: *Sofonisba* Erasmus v. Rotterdam: *Über den freien Willen* Petrus Apianus (eigentl.: P. Bienewitz): *Cosmographia* Albrecht Dürer: «Willibald Pir(c)kheimer» Beginn des Bauernkrieges

1524	*seiner Priesterschaft oder Der Totenfresser* Thomas Müntzer: *Auslegung des andern Unterschieds Danielis (Fürstenpredigt)* Thomas Müntzer: *Hochverehrte Schutzrede und Antwort wider das geistlose, sanft lebende Fleisch zu Wittenberg* Hans Sachs: *Disputation zwischen einem Chorherren und einem Schuhmacher* Jakob Strauß: *Daß Wucher zu nehmen und zu geben unserem christlichen Glauben entgegen ist*	
1525	Anon.: *An die Versammlung gemeiner Bauernschaft* *Der Artikelbrief der Schwarzwälder Bauern* Martin Luther: *De servo arbitrio* Martin Luther: *Vermanung an die Drucker* Martin Luther: *Wider die Mordischen vnd Reubischen Rotten der Bawren* Thomas Müntzer: *Deutsch Kirchenamt*	*Pietro Bembo: Prosa in einfacher Sprache* Albrecht Dürer: *Underweysung der messung mit dem zirckel und richtscheyt, in linien, ebnen und ganzen corporen* (erstes deutsches Lehrbuch der perspektivischen Geometrie) Matthias Grünewald: «Erasmus und Mauritius» Tizian: «Vanitas» Heirat Luthers mit der früheren Nonne Katharina von Bora Ende des Bauernkrieges durch Schlacht bei Mühlhausen Karl V. beendet französische Vorherrschaft in Italien; nimmt nach der Schlacht von Pavia den französischen König Franz I. gefangen.
1526	Hieronymus Emser: *Das new Testament* Michael Gaismair: *Tiroler Landesordnung* Martin Luther: *Ein feste Burg ist unser Gott* Niklas Manuel: *Barbali* Hermann Schottenius: *Ludus Martinus sive bellicus*	William Tyndale: Übersetzung des *Neuen Testaments* ins Englische Hans Holbein: «Totentanz» (Holzschnittfolge) Tizian: «Madonna des Hause Pesaro» Speyerer Reichstag gibt Landesfürsten Freiheit bei der Stellung zur Reformation. Judenvertreibung aus Ungarn Ferdinand I. von Habsburg wird König von Böhmen und Ungarn.

1527	Veit Warbeck: *Die Schön Magelona* Hans Sachs: *Lucretia* Burkhard Waldis: *De parabell vom verlorn szon*	Marco Girolamo Vida: *Von der Dichtkunst* Correggio: «Der Raub des Ganymed» Albrecht Dürer: *Etlicher Unterricht zur Befestigung der Schloß und Flecken* Hans Holbein (d. J.): «Thomas More» Tizian: «Venus von Urbino» In der Musik Beginn der venezianischen Schule unter Willaert, dem Kapellmeister an San Marco. «Sacco di Roma»: Eroberung und Plünderung Roms durch kaiserliche Söldnertruppen Paracelsus gibt an der Universität Basel das Programm seiner neuen Heilkunde bekannt. Argentinien wird spanische Kolonie.
1528	Martin Agricola: *Eyn kurtz deudsche Musica* Johannes Cuspinianus: *Austria* Sebastian Franck: *Vom Laster der Trunkenheit* *Von der falschen Betler buberey* (Wittenberger Ausg. des *Liber vagatorum*)	Baldassare Castiglione: *Das Buch vom Hofmann* Erasmus von Rotterdam: *Über die richtige Aussprache der lateinischen und griechischen Sprache* Albrecht Dürer: *Über die Proportionen des Menschen* † Albrecht Dürer † Matthias Grünewald Das Augsburger Bank- und Handelshaus Welser erhält von Karl V. zum Ausgleich für Kredite Venezuela.
1529	Johannes Caesarius: *Rhetorica* Giulielmus Gnapheus (eigentl.: Willem van de Voldersgroft): *Acolastus sive de filio prodigo* Georg von Logau: *Heudekasyllabi, Elegiae et Epigrammata* Martin Luther: *Großer Katechismus* Martin Luther: *Kleiner Katechismus* Niklas Manuel: *Das Chorgericht*	Antonio de Guevara: *Die Uhr der Fürsten* Albrecht Altdorfer: «Alexanderschlacht» Andrea del Sarto: «Heilige Familie» Marburger Religionsgespräch zwischen Luther und Zwingli Zweiter Reichstag in Speyer; erneuert das «Wormser Edikt». Erste Türkenbelagerung von Wien

1529		In Italien erstmals Frauen als Schauspielerinnen Reichsgesetz führt Buchzensur ein. Beim Frieden zu Cambrai beenden Karl V. und Franz I. den 2. Krieg; Italien fällt an Karl V.
1530	Georg Agricola: *De re metallica* Johannes Honterus: *Cosmographia* (umgearb. 1541) Martin Luther: *Etliche Fabeln aus dem Esopo verdeutscht* Martin Luther: *Koburger Sendbrief vom Dolmetschen und Fürbitte der Heiligen*	Albrecht Altdorfer: «Donaulandschaft bei Regensburg» Correggio: «Mariä Himmelfahrt» (Perspektivfresko im Dom zu Parma) Papst krönt Karl V. in Bologna. Im «Schmalkaldischen Bund» vereinigen sich die evangelischen Fürsten gegen den Kaiser.
1531	Sebastian Franck: *Chronica, Zeitbuch und Geschichtsbibel* Antonius Margaritha: *Der gantz Jüdisch glaub* Joachim Mynsinger: *Neccharides* Beatus Rhenanus: *Rerum Germanicarum libri III* Thomas Ventorius (eigentl.: Th. Jäger): *Der Reichtum* (Übers. nach Aristophanes)	Marguérite de Navarra: *Religiöse Gedichte* † Tilman Riemenschneider Erscheinen des Halleyschen Kometen löst Panik aus.
1532	Sixt(us) Birck: *Die historiy von der frummen Gottesfürchtigen Frawen Susanna* (1537 als Tragödie) Wilhelm Salzmann: *Fierabras*	Clément Marot: *Die Jugend der Clementine* François Rabelais: *Gargantua und Pantagruel* (5 Bücher bis 1564) Correggio: «Leda mit dem Schwan» Aufhebung des «Wormser Edikts» durch Karl V. im «Nürnberger Friedstand». *Constitutio Criminalis Carolina*
1533	Martin Luther: *Summarien über die Psalmen und Ursachen des Dolmetschens* Regiomontanus: *De triangulis omnimodis libri quinque*	† Ludovico Ariosto † Michel de Montaigne Lukas Cranach: «Adam und Eva» Tizian: «Bildnis Karls V.» Clement Janequin: Sacrae cantiones (frz. Motetten) Heinrich VIII. heiratet Anna Boleyn.

1533		Iwan IV. (der Schreckliche), Zar von Rußland Fernando Pizzaro zerstört in Peru die Reste des Inka-Reiches.
1534	Johannes Cochlaeus (eigentl.: J. Dobeneck): *Commentaria de actis et scriptis Martini Lutheri Saxonis* (1534/35) Johann Dietenberger: *Vollbibel* (*Biblia beider Allt vnnd Newen Testamenten*) Sebastian Franck: *Weltbuch* Joachim Greff: *Spiel von dem Patriarchen Jakob und seinen zwölf Söhnen* Martin Luther: Gesamtausgabe der *Bibel* **Übersetzungen:** Sebastian Franck: *Das theür und künstlich Büchlein Morie Encomion das ist ein Lob der Torheyt* (nach E. von Rotterdam) *Die New Welt der landschaften unnd Insulen, so bis hierher allen Altweltbeschrybern unkannt* (nach *Novus Orbis*) Willibald Pirckheimer: *Hellenica* (nach Xenophon)	Francesco Guicciardini: *Geschichte Italiens* Michelangelo: Vollendung der Grabkapelle der Medici in Florenz Dom in Regensburg fertiggestellt Johann Ott: *121 neue Lieder Lustig zu singen und auf allerley Instrument dienlich*
1535	*Die zween stenndt* (Tiroler Spiel) Georgius Macropedius (eigentl.: Georg von Langenfeld): *Rebelles* Wilhelm Salzmann: *Die Haymons Kinder* Wilhelm Salzmann: *Kaiser Octavianus*	Lukas Cranach (d. Ä.): «Frauen, 5 Mönche züchtigend» (Zeichnung) Giulio Romano: Palazzo del Tè, Mantua Karl X. erobert Tunis; befreit 20000 christliche Sklaven. Frankreich verliert Herzogtum Mailand an Spanien. Spanische Vorherrschaft in Italien Jacques Cartier gründet Neu-Frankreich am Lorenzstrom, Kanada.
1536	Christianus Ischyrius (eigentl.: Chr. Sterck): *Homulus*	Johannes Calvin: *Institutio Religonis Christiane* Paracelsus: *Große Wunderarznei* Hans Holbein (d. J.): «Mann mit Laute»

1536		Reformation in Dänemark und Norwegen Klöster in England säkularisiert Spanier gründen Buenos Aires
1537	Sixt Birck: *Susanna* (Tragödie) Jörg Wickram: *Das Narren gießen* (UA 1537, Dr. 1538)	Pietro Aretino: *Briefe* Bonaventure Des Périers: *Weltglocke, in französischer Sprache, vier poetische, sehr antike, heitere und fazetiöse Dialoge enthaltend* Paracelsus: *Große Astronomie* Tizian: «König Franz I. von Frankreich»
1538	Thomas Naogeorgus (eigentl.: Th. Kirchmayer): *Tragoediae nova Pammachius*	Vittoria Colonna: *Reime* Paracelsus: *Irrgang der Ärzte* Baubeginn der Kathedrale von Malaga Baubeginn des Berliner Schlosses unter Caspar Theyß Türken schlagen Flotte der Heiligen Liga. Ende des dritten Krieges zwischen Franz I. von Frankreich und Kaiser Karl V. im Bündnis mit dem türkischen Sultan Suleiman II. Katholische Liga unter Führung Bayerns gegen Schmalkaldischen Bund
1539	Sixt Birck: *Joseph* Sixt Birck: *Judith* Georg Forster: *Frische Teutsche Liedlein* (Dr. 1539–1556) Georgius Macropedius: *Andrisca* Georgius Macropedius: *Hecastus* Petrus Pap(a)eus: *De samaritano evangelico* Johannes Sapidus: *Anabion*	Tizian: «Ruhende Venus» Spanier erobern Kuba. Reformation in Brandenburg und Sachsen
1540	Nicolaus Brylinger: *Comoediae ac Tragoediae (...) ex novo et vetere Testamento desumptae* Helius Eobanus Hessus (eigentl.: H. E. Koch): *Ilias* Georgius Macropedius: *Bassarus*	Hans Baldung: «Maria mit dem Kinde» (auch: «Caritas») Papst Paul III. bestätigt den 1534 gegründeten Jesuitenorden.

1540	Thomas Naogeorgus: *Mercator seu Iudicium*	
1541	Johannes Honter: *Cosmographia* Martin Luther: *Medianbibel* (*Biblia: das ist: die gantze Heilige Schrifft: Deudsch*)	Clément Marot: *Dreißig Psalmen Davids ins Französische übersetzt* Michelangelo: «Jüngstes Gericht» (Fresko) Johannes Calvin wird nach Genf berufen; Genf wird Zentrum des Calvinismus. Calvinistische Reformation in Schottland durch John Knox. Ignatius von Loyola wird erster General des Jesuitenordens. Santiago de Chile gegründet
1542	*Waidwerk und Federspiel*	Antoine Héroet: *Die vollkommene Freundin* Clément Marot: *Die Hölle* Cosimo I. de' Medici erneuert Universität von Pisa.
1543	Martin Luther: *Von den Juden und ihren Lügen* Thomas Naogeorgus: *Hamanus* Jörg Wickram: *Weiberlist* Jodocus Willichius (eigentl.: J. Wilke): *Commentarius anatomicus* (1543/44) Jodocus Willichius: *Dialogus de locustis*	Nikolaus Kopernikus: *Über die Bewegung der Himmelskörper* Andreas Vesalius: *De humani corporis fabrica* Tizian: «Ecce homo» Tizian: «Papst Paul III.» Philipp II. heiratet Maria von Portugal.
1544	Guilielmus Gnapheus: *Hyprocrisis. Tragi-comoedia* Sebastian Münster: *Cosmographia universalis. Beschreibung aller Länder* Jacobus Schoepperus: *Ectrachelistes sive Joannes decollatus* (1544/46)	Maurice Scève: *Délie, Inbegriff höchster Tugend* Palestrina (eigentl.: Giovanni Pierluigi da P.) wird Kapellmeister in Palestrina. Universität Köln gegründet Erste deutsche protestantische Kirche: Schloßkapelle Hartenfels in Torgau Friede von Crépy: Ende des vierten Krieges zwischen dem Kaiser und Frankreich/Türkei
1545	Martin Luther: *Biblia: das ist: die gantze Heilige Schrifft: Deudsch Auffs new zugericht. D. Mart. Luth.* (Ausgabe letzter Hand) Georg Rhau: *Bicinia* Jakob Ruoff: *Lyden unseres*	*Johannes Calvin: Genfer Katechismus* Aufstellung des Juliusgrabmales von Michelangelo (nicht vollendet) Tizian: «Danaë»

1545	*Herrn Jesu Chrysti* Wolfgang Schmeltzl: *Comedia des verlorenen Sohns* Christoph Stymmelius (eigentl.: Ch. Stummel): *Studentes. Comoedia de vita studiosorum* (UA 1545, Dr. 1549)	Tintoretto (eigentl.: Jacopo Robusti): «Himmelfahrt Mariä» Papst Paul III. beruft (vom Kaiser veranlaßt) Konzil zu Trient ein. Claude Garamond entwirft Antiqua-Druckschrift
1546	Wolfgang Lazius: *Vienna Austriae* Paul Rebhu(h)n: *Hochzeitsspill auff die Hochzeit zu Cana Galilee*	Pietro Aretino: *Horaz* Michelangelo übernimmt die Bauleitung für die Peterskirche in Rom. Baubeginn des Louvre unter Pierre Lescot Tridentinisches Konzil akzeptiert lediglich die *Vulgata* als autorisierte Bibelübersetzung. Gründung des Trinity College in Cambridge und des Christ Church College in Oxford Krieg zwischen Kaiser/Katholischer Liga und Schmalkaldischem Bund
1547	Hieronymus Ziegler: *Cyrus Major*	Noël Du Fail: *Ländliche Gespräche von Meister Leon Ladulfi Champenois* Marguérite de Navarre: *Margueriten der Marguerite der Prinzessinnen* (*und: Fortsetzung der Margueriten*...) Eduard VI., König von England Heinrich II., König von Frankreich Iwan IV. verwendet erstmals offiziell den Titel «Zar». Nach der Schlacht bei Mühlberg und dem Sieg des Kaisers wird der Schmalkaldische Bund aufgelöst. Verschwörung des Fiesco in Genua. Gründung der englischen «High Church»
1548	Johannes Prasinus: *Philaemus* Julius Cäsar Scaliger: *Lateinische Gedichte* Burkhard Waldis: *Esopus*	Thomas Sébillet: *Lehrbuch der französischen Poesie, für junge, in der Dichtkunst noch wenig fortgeschrittene Studenten*

1548		Ignatius von Loyola: *Geistliche Übungen* Tizian: «Portrait Karls V.» Im Augsburger «Interium» konzediert der Kaiser den Protestanten u. a. die Priesterehe. Sigismund II., König von Polen Entdeckung der Silberminen in Mexiko und Peru führen zur Entwicklung der allgemeinen europäischen Geldwirtschaft.
1549	Zacharias Bletz: *Luzerner Antichristspiel* Livinus Brechtus (eigentl.: Levin Brecht): *Euripus. Tragoedia christiana de vitae humanae inconstantia* Friedrich Dedekind: *Grobianus. De morvm simplicitate Libri duo* (2. Ausg. 1552, Ü 1551) Konrad Gesner: *Bibliotheca universalis* Rudolf Gwalther: *Nabal* Caspar Hartung vom Hoff: *Kunstbüchlein*	Joachim Du Bellay: *Olive und einige andere dichterische Werke* Joachim Du Bellay: *Verteidigung und Bereicherung der französischen Sprache* Pontus de Tyard: *Irrtümer der Liebe* Adrian Willaert: *Fantasie e Ricercari* *Common Prayer Book* (engl. evangelisches Gebetbuch) Berufung der Jesuiten an die Universität Ingolstadt Jesuitische Mission in Ostindien und Japan; in Brasilien schützen Jesuiten die Indianer.
1550	Paulus Fabricius: *Historia de divo Abrahamo mactaturo filium Isaac carmine scripta* (um 1550) Johann Fischart: *Schertz mit der Wahrheyt* (Erweiterung von: *Schimpf und Ernst*, 1522) Philipp von Hutten: *Zeitung aus India Junckher Philippus von Hutten* Jodocus Willichius: *De formando studio* (entst. 1550, Dr. 1564)	Pierre de Ronsard: *Die ersten vier Odenbücher* Giovan Francesco Staparola: *Märchen* Giorgio Vasari: *Leben einiger berühmter Maler, Bildhauer und Baumeister* Baubeginn der Villa d'Este Papst Julius III.
1551	Konrad Gesner: *Geschichte der Tiere* Caspar Scheidt: *Grobianus. Von groben sitten / vnd vnhoeflichen geberden* Jörg Wickram: *Gabriotto und Reinhart*	Zweites Tridentinisches Konzil Ignatius von Loyola gründet Collegium Romanum als päpstliche Universität. Judenvertreibung aus Bayern Gründung der Universität Lima (Peru)

1552	*Sterzinger Neidhartspiel* (vor 1552 abgeschrieben) *Sterzinger Neidhartszenar* (vor 1552 abgeschrieben)	Aufhebung des Augsburger «Interims» durch Passauer Vertrag Gründung des «Collegium Germanicum» als jesuitische Ausbildungsstätte deutscher Priester
1553	Hans Sachs: *Die Burgerinn mit dem Thvmbherrn*	Etienne Jodelle: *Die gefangene Kleopatra* Pierre de Ronsard: *Die Liebesgedichte* Nicholas Udall: *Ralph Roister Doister* Maria I. (die Katholische), Königin von England Miguel Serveto wird in Genf auf Anordnung von Calvin als Antiarinitarier verbrannt. Protestantenverfolgung in England unter Maria I. Frankreich besetzt Korsika.
1554	Friedrich Dedekind: *Grobiana* (als Anhang zur 3. Umarb. des *Grobianus*) Paulus Fabricius: *Tityrus. Idyllion de natali servitoris nostri* Ulrich Schmidel: *Warhafftige Historien. Einer wunderbaren Schiffart*... (entst. zw. 1554 u. 1562, Dr. 1567) Johannes Zschorn: *Aethiopica Historia* Jörg Wickram: *Der jungen Knaben Spiegel*	Anon.: *Das Leben des Lazarillo von Tormes* Christoph Amberger: Marienaltar (Dom in Augsburg) Maria I. heiratet Philipp II. von Spanien Gerhard Mercator (eigentl.: G. Kremer): Europakarte Jesuiten gründen São Paulo.
1555	Johann Fischart: *An Ehr und Billigkeit liebende Leser. Etlich Sonnet* Konrad Gesner: *Es macht alleinig der glaub die gleubige sälig* Johannes Sleidanus/Johannes Sturm: *De statu religionis et reipublicae Carolo V Caesare commentarii* Jörg Wickram: *Rollwagenbüchlein*	Louise Labé: *Werke der Louise Labé, Lyoneserin* Tizian: «Die Jünger von Emmaus» Palestrina: «Missa Pape Marcelli» Petrus Canisius: *Summa doctrinae christianae* Karl V. dankt als Kaiser und Herzog von Burgund ab. Cosimo I. de' Medici erobert Siena. Nostradamus veröffentlicht seine astrologischen Prophezeiungen. Papst Marcellus II.; Papst Paul IV.

1555		Augsburger Religionsfrieden: «Cuius regio, eius religio»
1556	Wolfgang Lazius: *Des Khunigreichs Hungarn sambt seinen eingeleibten Landen grundtlich und warhafftige Chorographica beschreybung* Johannes Sleidanus: *De quattuor summis imperiis* Jörg Wickram: *Von guten und bösen Nachbarn* Christoff Wirsung: *Zeit für andere torecht toll*	Orlando di Lasso wird Kapellmeister in München. Karl V. dankt endgültig ab und zieht sich ins Kloster zurück. Philipp II., König von Spanien, Burgund, Mailand, Neapel; sein Bruder Ferdinand I. wird deutscher Kaiser; erhält Herrschaft über Österreich, Ungarn, Böhmen.
1557	Nikolaus Federmann: *Indianische Historia* (Dr. 1557) Jacob Frey: *Die Gartengesellschaft* Martinus Montanus: *Der Wegkürtzer* Hans Staden: *Warhaftige Historia und Beschreibung eyner Landtschaft der Wilden / Nacketen / Grimmigen Menschenfresser Leuthen / in der Newenwelt America gelegen* Jörg Wickram: *Der Goldfaden*	Gründung der Kunstakademie San Luca in Rom Erster Staatsbankrott des Hauses Habsburg
1558	Michael Lindener: *Der Erste Theyl Katzipori* Michael Lindener: *Rastbüchlein* Georg Widmann: *History Peter Lewen, des andern Kalenbergers, was er fuer seltzamer abenthewr fürgehabt vnd begangen*	Bonaventure Des Périers: *Die neuen Schwänke und lustigen Gespräche* Joachim Du Bellay: *Erstes Buch über die Ruinen des antiken Rom, eine allgemeine Beschreibung seiner Größe enthaltend, gleichsam als Klage über seinen Untergang* Joachim Du Bellay: *Die Klagelieder und andere dichterische Werke* Druck des kabbalistischen Hauptwerks der jüdischen Mystik: *Sohar* Pieter Brueghel (d. Ä.): «Die niederländischen Sprichwörter» Gründung der Universität Jena Elisabeth I., Königin von England † Karl V.

1559	Elias Corvinus (eigentl.: E. Rabener): *Elegia de dignitate et excellentia poesos* Georg Messerschmidt: *Brissoneteus* Valentin Schumann: *Nachtbüchlein*	Jacques Amyot: *Lebensbeschreibungen berühmter Griechen und Römer, miteinander verglichen von Plutarch* Jorge de Montemayor: *Diana* Marguérite de Navarre: *Das Heptameron der Novellen der Marguerite von Valois, Königin von Navarra* Erster katholischer «Index librorum prohibitorum» Papst Pius IV. Graf Egmont wird Statthalter in Flandern und Artois. Philipp II. heiratet Elisabeth von Valois.
1560	Martinus Montanus: *Der Ander Theyl der Gartengesellschaft* (um 1560)	Etienne Pasquier: *Untersuchungen über Frankreich* Karl IX., König von Frankreich, zunächst unter Regentschaft seiner Mutter Katharina von Medici
1561	Julius Cäsar Scaliger: *Poetik*	Tintoretto: «Hochzeit zu Kana» Palestrina wird Kapellmeister an der Peterskirche in Rom. Maria Stuart kehrt nach Schottland zurück, erhebt Anspruch auf den englischen Thron und unterstützt in Schottland die Gegenreformation.
1562	Cornelius Lauriman(n)us: *Esthera regina: comoedia sacra* (1562/1563) Hieronymus Rauscher: *400 auserwählte große feiste wolgemeste erstunkene papistische Lügen* (1562/64)	Drittes Tridentinisches Konzil Hugenottenkriege in Frankreich
1563	*Erlauer Spiele* (erh. in Sammelhs. von 1563) Galeotto Marti: *Libellus elegans* (Dr. 1563) Hans-Wilhelm Kirchoff: *Wendunmuth. Darinnen fünff hundert und fünffzig höflicher, züchtiger, und lustiger Historien, Schimpffreden, und Gleichnüssen begriffen und gezogen seyn auß alen*	Pieter Brueghel (d. Ä.): «Turmbau zu Babel» Veronese (eigentl.: Paolo Caliari): «Die Hochzeit zu Kana» Baubeginn des Escorial Giorgio Vasari regt Malerschule in Florenz an. Calvinistisches Zentrum in Deutschland wird die Pfalz unter Kurfürst Friedrich III.

1563	*und jetzigen Scribenten* (Fortsetzungen 1602 u. 1603)	Abschluß des Tridentinum, Beginn der Gegenreformation Durch die Ermordung des Herzogs von Guise verschärft sich der Religionskonflikt in Frankreich.
1564	Jodocus Willichius (eigentl.: J. Wilke): *De formando studio* (entst. 1550, Dr. 1564)	†Michelangelo Galileo Galilei geb. William Shakespeare geb. Erster Bücherkatalog auf der Frankfurter Messe Maximilian III., römisch-deutscher Kaiser Philipp II. verbietet Spaniern das Studium im Ausland, ausgenommen sind Bologna, Rom, Neapel, Coimbra.
1565		Remy Belleau: *Die Schäferdichtung* Henri Estienne: *Abhandlung über die Konformität der griechischen und französischen Sprache* Thomas Sackville: *Ferrex and Porrex* (auch: *Gorboduc*) Tintoretto: Wand- und Deckengemälde in der Scuola di San Rocco, Venedig Cornelius Floris: Rathaus von Antwerpen Torquato Tasso wird Hofdichter der Este in Ferrara. Palestrina wird Komponist der päpstlichen Kapelle.
1566	Johannes Stigel(ius): *Poemata* (Dr. 1566–1569, 1572)	Pieter Brueghel (d. Ä.): «Hochzeitstanz im Freien» Niederländische Erhebung unter Wilhelm von Oranien und Graf Egmont gegen intolerante spanische Herrschaft und deren gegenreformatorische Wirkung der katholischen Kirche in den Niederlanden; radikaler Flügel der Bewegung: die Geusen («geux»: Bettler). Zweiter Krieg Österreichs gegen die Türken, die in Ungarn einfallen.

1566		Augsburger Münzordnung regelt Reichswährung.
1567	Sigmund Feyerabend (Hg.): *Warhafftige Beschreibunge aller theil der Welt* (1. dt. Sammlg. von Reiseliteratur) Hans Sachs: *Summa all meiner gedicht*	Anna Bijus: *Refereinen* Pieter Brueghel (d. Ä.): «Das Schlaraffenland» Bildersturm der niederländischen Calvinisten Herzog Alba wird in den Niederlanden als Militärgouverneur zur Unterdrückung der Opposition eingesetzt. Nach dem Abdanken Maria Stuarts wird Jakob I. König von Schottland. Gründung der Royal Exchange (Londoner Börse)
1568	Jost Ammann: *Eygentliche Beschreibung aller stände auf erden* Elias Corvinus: *Poematum libri duo*	Pieter Brueghel (d. Ä.): «Bauernhochzeit» Pieter Brueghel (d. Ä.): «Bauerntanz» Pieter Brueghel (d. Ä.): «Die Blinden» Maria Stuart wird nach ihrer Flucht in England von Elisabeth I. gefangengesetzt. Hinrichtung der Grafen Egmont und Hoorne durch Herzog Alba; offener Aufstand der Niederlande gegen Spanien. Philipp II. von Spanien setzt seinen Sohn Don Carlos gefangen. Morisko-Aufstand in Spanien Waffenstillstand von Adrianopel beendet den zweiten Türkenkrieg.
1569	Übers. des *Amadis*-Romans	Gründung des Großherzogtums Toskana unter der Führung Cosimo I. de' Medici. Tycho Brahe erreicht größere Genauigkeit bei der Sternbeobachtung durch Benutzung eines Riesenquadranten. Gerhard Mercator: Weltkarte in neuartiger Projektion
1570	Anon.: *Märchen von Hans Pfriem* (zw. 1570 u. 1600) Johann Fischart: *Der Barfüßer*	*Roger Ascham: Der Schulmeister* Orlando di Lasso: *Bußpsalmen*

1570	*Secten vnd Kuttenstreit*	Veronese: «Das Mahl bei Simon dem Pharisäer» Frieden von St. Germain beendet zunächst französische Hugenottenkriege. Frieden von Stettin beendet den Siebenjährigen Krieg zwischen Dänemark/Lübeck und Schweden. Allgemeine Amnestie in den Niederlanden Papst Pius V. exkommuniziert Elisabeth I. von England Niederschlagung des Morisko-Aufstandes in Spanien
1571	Wolfhart Spangenberg: *Gründtlicher Bericht des Deudschen Meistergesanges* Johann Fischart: *Von S. Dominici, des Predigermuenchs, vnd S. Francisci Barfuessers, artlichem Leben vnd grossen Greweln* Bernard Möller: *Rhenus*	Andrea Gabrieli: Canzoni all francese (Orgelkomp.) Gründung des Jesus-College in Oxford In der Seeschlacht bei Lepanto brechen die Flotten Italiens und Spaniens die Seemacht der Türken Türkische Eroberung Zyperns abgeschlossen Katholikenverfolgung in England Krim-Tartaren brennen nach der Eroberung Moskau nieder.
1572	Johann Fischart: *Das Erste Buch Newerleßner Fleissiger ettlicher viel schöner Lautenstück* Johann Fischart: *Eulenspiegel Reimensweiß* Wolf Büttner: *Claus Narr (Sechs hundert sieben und zwantzig Historien von Claus Narren)* Paul Melissus Schede: *Psalmenübersetzung*	Luis de Camões: *Die Luisaden* Pierre de Ronsard: *Die ersten vier Bücher der «Franciade»*/ Jacques Yver: *Der Frühling von Yver* Tycho Brahe entdeckt «Neuen Stern» in der Milchstraße (überhelle Supernova, Häufigkeit ca. 2–3 in 2000 Jahren) «Bartholomäusnacht» («Pariser Bluthochzeit»): Ermordung von 2000 protestantischen Hugenotten auf Veranlassung der Königsmutter Katharina von Medici Gregor XIII. Förderer der Jesuiten und geistlicher Bildung

(*Zusammengestellt von Rita Glaser*)

Über die Verfasser

Dr. Hans-Jürgen Bachorski, Akademischer Rat a. Z. für Ältere Deutsche Philologie an der Universität Bayreuth

Dr. Werner M. Bauer, Professor für Neuere Deutsche Sprache und Literatur an der Universität Innsbruck (Österreich)

Dr. Hans-Joachim Behr, Professor für Deutsche Literatur des Mittelalters und Deutsche Sprache an der Universität Münster

Dr. Ingrid Bennewitz, Universitätsassistentin für Ältere Deutsche Sprache und Literatur an der Universität Salzburg (Österreich)

Dr. Heinz Dopsch, Professor für Geschichte des Mittelalters und Vergleichende Landesgeschichte an der Universität Salzburg (Österreich)

Dr. Irene Erfen, Hochschulassistentin für Ältere Deutsche Literatur und Sprache an der Freien Universität Berlin

Dr. Winfried Frey, Professor für Deutsche Philologie an der Universität Frankfurt am Main

Dr. Stephan Füssel, Akademischer Rat a. Z. für Deutsche Philologie an der Universität Regensburg

Dr. Bernhard Dietrich Haage, Privatdozent für Geschichte der Medizin an der Universität Würzburg und Akademischer Oberrat für Deutsche Sprache und Literatur des Mittelalters und der beginnenden Neuzeit an der Universität Mannheim

Dr. Leopold Hellmuth, Universitätsdozent für Ältere deutsche und nordische Philologie an der Universität Wien (Österreich)

Dr. Jozef IJsewijn, Professor für Lateinische und Neulateinische Literatur an der Universität Löwen (Belgien)

Dr. Eva Klesatschke, Wissenschaftliche Mitarbeiterin am Repertorium der Sangsprüche und Meisterlieder der Universität Würzburg

Dr. Ulrich Müller, Professor für Ältere Deutsche Literatur an der Universität Salzburg (Österreich)

Dr. Fidel Rädle, Professor für Lateinische Philologie des Mittelalters und der Neuzeit an der Universität Göttingen

Dr. Werner Röcke, Professor für Ältere Deutsche Philologie an der Universität Bayreuth

Dr. Peter Schmitt, Wissenschaftlicher Angestellter der Bayerischen Akademie der Wissenschaften (Arbeitsstelle d. Corpus d. Altdeutschen Originalurkunden) an der Freien Universität Berlin

Dr. André Schnyder, Privatdozent für Germanische Philologie an der Universität Bern (Schweiz) und Lehrbeauftragter an der Universität Genf (Schweiz)

Dr. Dieter Seitz, Professor für Deutsche Philologie an der Universität Frankfurt am Main

Dr. Horst Wenzel, Professor für Ältere Deutsche Literatur und Sprache an der Universität Essen/Gesamthochschule

Personenregister

Die Daten sind weitgehend hypothetisch. Sie entsprechen dem Stand der Forschung, wie er zur Zeit vom Standardwerk: Die deutsche Literatur des Mittelalters. Verfasserlexikon (1978ff.) repräsentiert wird.

(Zusammengestellt von Rita Becker)

Werkregister

Die Daten sind weitgehend hypothetisch. Sie entsprechen dem Stand der Forschung, wie er zur Zeit vom Standardwerk: Die deutsche Literatur des Mittelalters. Verfasserlexikon (1978ff.) repräsentiert wird.

(Zusammengestellt von Rita Bekker)

Deutsche Literatur

Eine Sozialgeschichte
Herausgegeben von Horst Albert Glaser

Band 1 – Aus der Mündlichkeit in die Schriftlichkeit:
Höfische und andere Literatur 750–1320
Herausgegeben von Ursula Liebertz-Grün
rororo handbuch 6250

Band 2 – Von der Handschrift zum Buchdruck:
Spätmittelalter, Reformation, Humanismus 1320–1572
Herausgegeben von Horst Albert Glaser
rororo handbuch 6251

Band 3 – Zwischen Gegenreformation und Frühaufklärung:
Späthumanismus, Barock 1572–1740
Herausgegeben von Harald Steinhagen
rororo handbuch 6252

Band 4 – Zwischen Absolutismus und Aufklärung:
Rationalismus, Empfindsamkeit, Sturm und Drang 1740–1786
Herausgegeben von Ralph-Rainer Wuthenow
rororo handbuch 6253

Band 5 – Zwischen Revolution und Restauration:
Klassik, Romantik 1786–1815
Herausgegeben von Horst Albert Glaser
rororo handbuch 6254

HANDBUCH rororo

C 2410/1

Deutsche Literatur

Eine Sozialgeschichte
Herausgegeben von Horst Albert Glaser

Band 6 - Vormärz:
Biedermeier, Junges Deutschland, Demokraten 1815-1848
Herausgegeben von Bernd Witte
rororo handbuch 6255

Band 7 - Vom Nachmärz zur Gründerzeit:
Realismus 1848-1880
Herausgegeben von Horst Albert Glaser
rororo handbuch 6256

Band 8 - Jahrhundertwende:
Vom Naturalismus zum Expressionismus 1880-1918
Herausgegeben von Frank Trommler
rororo handbuch 6257

Band 9 - Weimarer Republik - Drittes Reich:
Avantgardismus, Parteilichkeit, Exil 1918-1945
Herausgegeben von Horst Albert Glaser und Alexander von Bormann
rororo handbuch 6258

HANDBUCH rororo

C 2410/1 a

Fritz J. Raddatz

Zur deutschen Literatur der Zeit
3 Bände
rororo sachbuch 8450

Band 1: Tradition und Tendenzen
rororo sachbuch 8447

Band 2: Die Nachgeborenen
rororo sachbuch 8448

Band 3: Eine dritte deutsche Literatur
rororo sachbuch 8449

Geist und Macht
Essays 1
Polemiken, Glossen und Profile
rororo sachbuch 8551

Karl Marx
Der Mensch und seine Lehre
rororo sachbuch 8324

Mohr an General
Marx und Engels in ihren Briefen
rororo sachbuch 8325

Heine
Ein deutsches Märchen
rororo sachbuch 8353

SACHBUCH rororo
C 2317/2 a